D1673996

Xpert.press

EBOOK INSIDE

Die Zugangsinformationen zum eBook Inside finden Sie am Ende des Buchs.

Die Reihe **Xpert.press** vermittelt Professionals in den Bereichen Softwareentwicklung, Internettechnologie und IT-Management aktuell und kompetent relevantes Fachwissen über Technologien und Produkte zur Entwicklung und Anwendung moderner Informationstechnologien.

Weitere Bände in der Reihe http://www.springer.com/series/4393

Richard Kaiser

C++ mit Visual Studio 2017

Ein Fach- und Lehrbuch für Standard-C++

Richard Kaiser
Fakultät Technik
Duale Hochschule Baden-Württemberg
Lörrach, Deutschland

ISSN 1439-5428   ISSN 2522-0667 (electronic)
Xpert.press
ISBN 978-3-662-49792-0   ISBN 978-3-662-49793-7 (eBook)
https://doi.org/10.1007/978-3-662-49793-7

Die Deutsche Nationalbibliothek verzeichnet diese Publikation in der Deutschen Nationalbibliografie; detaillierte bibliografische Daten sind im Internet über http://dnb.d-nb.de abrufbar.

Springer Vieweg
© Springer-Verlag GmbH Deutschland 2018, korrigierte Publikation 2018
Das Werk einschließlich aller seiner Teile ist urheberrechtlich geschützt. Jede Verwertung, die nicht ausdrücklich vom Urheberrechtsgesetz zugelassen ist, bedarf der vorherigen Zustimmung des Verlags. Das gilt insbesondere für Vervielfältigungen, Bearbeitungen, Übersetzungen, Mikroverfilmungen und die Einspeicherung und Verarbeitung in elektronischen Systemen.
Die Wiedergabe von Gebrauchsnamen, Handelsnamen, Warenbezeichnungen usw. in diesem Werk berechtigt auch ohne besondere Kennzeichnung nicht zu der Annahme, dass solche Namen im Sinne der Warenzeichen- und Markenschutz-Gesetzgebung als frei zu betrachten wären und daher von jedermann benutzt werden dürften.
Der Verlag, die Autoren und die Herausgeber gehen davon aus, dass die Angaben und Informationen in diesem Werk zum Zeitpunkt der Veröffentlichung vollständig und korrekt sind. Weder der Verlag noch die Autoren oder die Herausgeber übernehmen, ausdrücklich oder implizit, Gewähr für den Inhalt des Werkes, etwaige Fehler oder Äußerungen. Der Verlag bleibt im Hinblick auf geografische Zuordnungen und Gebietsbezeichnungen in veröffentlichten Karten und Institutionsadressen neutral.

Gedruckt auf säurefreiem und chlorfrei gebleichtem Papier

Springer Vieweg ist ein Imprint der eingetragenen Gesellschaft Springer-Verlag GmbH, DE und ist ein Teil von Springer Nature
Die Anschrift der Gesellschaft ist: Heidelberger Platz 3, 14197 Berlin, Germany

Für

Daniel, Alex, Kathy

Emelie, Jonathan und Maximilian

Vorwort

Dieses Buch erscheint in zwei weitgehend identischen Ausgaben:

– **In der vorliegenden Ausgabe** werden reine Standard-C++-Programme geschrieben, d.h. ohne graphische Benutzeroberfläche. Alle Ein- und Ausgaben erfolgen über die Konsole.

– **In der anderen Ausgabe** „C++ mit Visual Studio 2017 und Windows-Forms-Anwendungen" werden Programme mit einer grafischen Benutzeroberfläche geschrieben. Alle Ein- und Ausgaben erfolgen über eine Windows-Benutzeroberfläche.

Beide Ausgaben sind sowohl ein Lehrbuch, das keine Vorkenntnisse voraussetzt, als auch ein Fachbuch, das alle C++-Themen behandelt, die in der professionellen Software-Entwicklung eingesetzt werden. Die Themen bauen schrittweise aufeinander auf. Der Aufbau hat sich in zahlreichen Vorlesungen und Seminaren für Firmen bewährt.

Der Inhalt der beiden Ausgaben ist im Wesentlichen identisch. Das vorliegende Buch enthält aber einige weitere Themen, die etwas spezieller sind, sowie ein Kapitel über Standard-C++ Multithreading, das in Windows Forms Anwendungen nicht verfügbar ist. Die andere Ausgabe enthält dagegen Ausführungen zur Ein- und Ausgabe von Daten über die graphische Benutzeroberfläche.

Der Unterschied zwischen den beiden Ausgaben ist oft nur, dass in „C++ mit Visual Studio 2017 und Windows Forms Anwendungen" Ein- und Ausgaben über ein Windows-Steuerelement (meist eine TextBox) erfolgen

```
textBox1->AppendText("Hello World");
```

während in „C++ mit Visual Studio 2017" die Konsole verwendet wird:

```
cout << "Hallo world" << endl;
```

Die vorliegende Ausgabe ist eine umfassende Überarbeitung meines Buchs „C++ mit Visual Studio 2008". Da der damals gültige C++-Standard stark erweitert wurde (zu C++11 und C++14), unterscheidet sie sich in den folgenden Punkten von dem Buch über Visual C++ 2008:

– Die Sprachelemente von C++11 und C++14 werden von Anfang an eingesetzt.

– Da ausschließlich Standard-C++ behandelt wird, ist dieses Buch nicht auf Visual Studio beschränkt. Praktisch alle Ausführungen gelten für jeden standardkonformen C++-Compiler (wie gcc, Intel, Embarcadero usw.).
– Der Umfang wurde auf ca. 800 Seiten begrenzt, um Leser nicht schon allein durch das Gewicht und die Fülle des Stoffs zu abzuschrecken. Die Erfahrungen aus meinen Firmenseminaren geben mir aber die Hoffnung, dass die allermeisten Themen abgedeckt sind, die im industriellen Einsatz notwendig sind.
– Viele Rückmeldungen aus meinen Vorlesungen (vor allem für Elektrotechnik-Studenten an der Dualen Hochschule Lörrach) und Firmen-Seminaren wurden eingearbeitet.

Die Lernziele sind dieselben wie schon in dem Buch über Visual Studio 2008:

– Die wichtigsten Sprachelemente von C/C++ kennenlernen. C++ ist nach wie vor eine der am häufigsten eingesetzten Programmiersprachen.
– Programmieren lernen, d.h. Programme zu schreiben, die konkrete, vorgegebene Aufgaben lösen. Das ist nur mit viel Übung möglich. Deshalb enthält dieses Buch auch viele Aufgaben. Es ist unerlässlich, zahlreiche Übungsaufgaben selbständig zu lösen.
- Eine moderne Entwicklungsumgebung kennenlernen. Insbesondere zu lernen, wie man sie effektiv einsetzt. Visual Studio ist das in der Industrie wohl am häufigsten eingesetzte Werkzeug zur Software-Entwicklung.

Ich habe versucht, bei allen Konzepten nicht nur die Sprachelemente und ihre Syntax zu beschreiben, sondern auch Kriterien dafür anzugeben, wann und wie man sie sinnvoll einsetzen kann.

Man hört immer wieder die Meinung, dass C++ zu schwierig ist, um es als einführende Programmiersprache einzusetzen. Dieses Buch soll ein in vielen Jahren erprobtes Gegenargument zu dieser Meinung sein. Damit will ich aber die Komplexität von C++ überhaupt nicht abstreiten. Wer C++ kann, findet sich leicht mit C#, Java usw. zurecht. Der umgekehrte Weg ist meist schwieriger.

Zahlreiche Übungsaufgaben geben dem Leser die Möglichkeit, die Inhalte praktisch anzuwenden und so zu vertiefen. Da man Programmieren nur lernt, indem man es tut, möchte ich ausdrücklich dazu ermuntern, zumindest einen Teil der Aufgaben zu lösen und sich dann selbst neue Aufgaben zu stellen. Der Schwierigkeitsgrad der Aufgaben reicht von einfachen Wiederholungen des Textes bis zu kleinen Projektchen, die ein gewisses Maß an selbständiger Arbeit erfordern. Die Lösungen der meisten Aufgaben findet man auf meiner Internetseite *http://www.rkaiser.de*.

Anregungen, Korrekturhinweise und Verbesserungsvorschläge sind willkommen. Bitte senden Sie diese an die Mail-Adresse auf meiner Internetseite.

Bei meinen Schulungskunden und Studenten bedanke ich mich für die zahlreichen Anregungen. Herrn Engesser und seinem Team vom Springer-Verlag danke ich für die Unterstützung und Geduld.

Tübingen, im September 2017   Richard Kaiser

Die Original-Version des Buches wurde korrigiert. Ein Erratum finden Sie unter https://doi.org/10.1007/978-3-662-49793-7_19

Inhalt

1	**Die Entwicklungsumgebung**	**1**
1.1	Installation von Visual Studio für C++ Projekte	1
1.2	Ein erstes C++-Projekt	2
1.2.1	Ein Projekt für ein Standard-C++-Programm anlegen	2
1.2.2	Ein- und Ausgaben über die Konsole	4
1.2.3	Fehler beim Kompilieren	6
1.2.4	Den Quelltext auf Header-Dateien aufteilen	8
1.2.5	Ein Projekt für die Lösung der Übungsaufgaben	9
1.2.6	An einem Projekt weiterarbeiten	10
1.2.7	Der Start des Compilers von der Kommandozeile Θ	10
1.3	Der Quelltexteditor	11
1.3.1	Tastenkombinationen	11
1.3.2	Intellisense	13
1.3.3	Die Formatierung des Quelltexts	13
1.3.4	Definitionen einsehen	14
1.3.5	Symbole suchen	15
1.3.6	Namen umbenennen	16
1.3.7	Zeichenfolgen suchen und ersetzen	17
1.4	Kontextmenüs und Symbolleisten	19
1.5	Die Online-Hilfe (MSDN Dokumentation)	20
1.5.1	Hilfe mit F1 in Visual Studio	21
1.5.2	Die MSDN-Dokumentation im Internet	21
1.6	Projekte und der Projektmappen-Explorer	23
1.6.1	Projekte, Projektdateien und Projektoptionen	23
1.6.2	Projektmappen und der Projektmappen-Explorer	24
1.7	Weiterführende Möglichkeiten Θ	26
1.7.1	Navigieren	26
1.7.2	Code-Ausschnitte	28
1.7.3	Aufgabenliste	28
1.7.4	Der Objektkatalog und die Klassenansicht Θ	29
1.7.5	Die Fenster von Visual Studio anordnen Θ	29
1.7.6	Einstellungen für den Editor Θ	30
1.8	Bereitstellung (Deployment) Θ	31

2 Elementare Datentypen und Anweisungen 33

- 2.1 Syntaxregeln 33
- 2.2 Variablen und Bezeichner 37
- 2.3 Ganzzahldatentypen 40
  - 2.3.1 Die interne Darstellung von Ganzzahlwerten 43
  - 2.3.2 Ganzzahlliterale und ihr Datentyp 45
  - 2.3.3 Typ-Inferenz: Implizite Typzuweisungen mit auto 48
  - 2.3.4 Zuweisungen und Standardkonversionen bei Ganzzahlausdrücken 49
  - 2.3.5 Operatoren und die „üblichen arithmetischen Konversionen" 52
  - 2.3.6 Die Datentypen char und wchar_t 57
  - 2.3.7 Der Datentyp bool 62
- 2.4 Kontrollstrukturen und Funktionen 66
  - 2.4.1 Die if- und die Verbundanweisung 66
  - 2.4.2 Die for-, die while- und die do-Schleife 70
  - 2.4.3 Funktionen und der Datentyp void 74
  - 2.4.4 Eine kleine Anleitung zum Erarbeiten der Lösungen 77
  - 2.4.5 Werte- und Referenzparameter 81
  - 2.4.6 Die Verwendung von Bibliotheken und Namensbereichen .. 82
  - 2.4.7 Zufallszahlen 83
  - 2.4.8 Default-Argumente 85
  - 2.4.9 Programmierstil für Funktionen 88
  - 2.4.10 Rekursive Funktionen 94
  - 2.4.11 Die switch-Anweisung ⊖ 100
  - 2.4.12 Die Sprunganweisungen goto, break und continue ⊖ 103
  - 2.4.13 Assembler-Anweisungen ⊖ 105
- 2.5 Gleitkommadatentypen 105
  - 2.5.1 Die interne Darstellung von Gleitkommawerten 106
  - 2.5.2 Der Datentyp von Gleitkommaliteralen 109
  - 2.5.3 Standardkonversionen 110
  - 2.5.4 Mathematische Funktionen 115
- 2.6 Der Debugger, Tests und Ablaufprotokolle 119
  - 2.6.1 Der Debugger 120
  - 2.6.2 Der Debugger – Weitere Möglichkeiten ⊖ 123
  - 2.6.3 Systematisches Testen 127
  - 2.6.4 Unittests: Funktionen, die Funktionen testen 133
  - 2.6.5 Ablaufprotokolle 137
  - 2.6.6 Symbolische Ablaufprotokolle 141
- 2.7 Konstanten 146
  - 2.7.1 Laufzeitkonstanten mit const 146
  - 2.7.2 Compilezeit-Konstanten mit constexpr 149
  - 2.7.3 constexpr Funktionen ⊖ 149
- 2.8 Kommentare 151
  - 2.8.1 Kommentare zur internen Dokumentation 152
  - 2.8.2 Kommentare und Intellisense 154
  - 2.8.3 Dokumentationskommentare für externe Programme ⊖ ... 155
- 2.9 Exception-Handling Grundlagen: try, catch und throw 156
- 2.10 Namensbereiche – Grundlagen 160
- 2.11 Präprozessoranweisungen 162

Inhalt   xiii

2.11.1	Die #include-Anweisung	162
2.11.2	Makros ⊖	164
2.11.3	Bedingte Kompilation	166
2.11.4	Pragmas ⊖	170

3 Die Stringklassen: string, wstring usw. 173

3.1	Die Definition von Variablen eines Klassentyps	174
3.2	Einige Elementfunktionen der Klasse string	176
3.3	Raw-String-Literale (Rohzeichenfolgen)	186
3.4	Konversionen zwischen string/wstring und elementaren Datentypen	188
3.5	Konversionen zwischen string und Klassen mit Stringstreams ⊖	191
3.6	Unicode-Strings ⊖	193
3.7	Landesspezifische Einstellungen ⊖	193
3.8	Reguläre Ausdrücke ⊖	196

4 Arrays und Container 207

4.1	Synonyme für Datentypen	208
4.1.1	Einfache typedef-Deklarationen	208
4.1.2	Synonyme für Datentypen mit using	208
4.2	Eindimensionale Arrays	209
4.3	Die Initialisierung von Arrays bei ihrer Definition	215
4.4	Arrays als Container	216
4.5	Mehrdimensionale Arrays ⊖	220
4.6	Dynamische Programmierung ⊖	221

5 Einfache selbstdefinierte Datentypen 223

5.1	Mit struct definierte Klassen	223
5.2	Aufzählungstypen	229
5.2.1	Schwach typisierte Aufzählungstypen (C/C++03)	229
5.2.2	enum Konstanten und Konversionen ⊖	231
5.2.3	Stark typisierte Aufzählungstypen (C++11)	232

6 Zeiger, Strings und dynamisch erzeugte Variablen 235

6.1	Die Definition von Zeigervariablen	237
6.2	Der Adressoperator, Zuweisungen und generische Zeiger	239
6.3	Ablaufprotokolle für Zeigervariable	243
6.4	Dynamisch erzeugte Variablen	244
6.4.1	new und delete	245
6.4.2	Der Unterschied zu „gewöhnlichen" Variablen	248
6.4.3	Memory Leaks in Visual C++ finden ⊖	251
6.5	Dynamische erzeugte eindimensionale Arrays	253
6.6	Arrays, Zeiger und Zeigerarithmetik	255

6.7	Arrays als Funktionsparameter ⊖	258
6.8	Funktionszeiger und Datentypen für Funktionen ⊖	260
6.9	Konstante Zeiger	261
6.10	Stringliterale, nullterminierte Strings und char*-Zeiger	263
6.11	Verkettete Listen	268
6.12	Binärbäume ⊖	278
6.13	Zeiger als Parameter ⊖	283
6.14	C-Bibliotheksfunktionen in string.h für nullterminierte Strings ⊖	284

7 Überladene Funktionen und Operatoren 289

7.1	Inline-Funktionen ⊖	289
7.2	Überladene Funktionen	291
7.2.1	Funktionen, die nicht überladen werden können	293
7.2.2	Regeln für die Auswahl einer passenden Funktion	294
7.3	Überladene Operatoren mit globalen Operatorfunktionen	300
7.3.1	Globale Operatorfunktionen	302
7.3.2	Die Ein- und Ausgabe von selbst definierten Datentypen	305
7.4	Referenztypen, Werte- und Referenzparameter	307
7.4.1	Werteparameter	307
7.4.2	Referenztypen	307
7.4.3	Referenzparameter	309
7.4.4	Referenzen als Rückgabetypen	311
7.4.5	Konstante Referenzparameter	313

8 Objektorientierte Programmierung 317

8.1	Klassen	318
8.1.1	Datenelemente und Elementfunktionen	319
8.1.2	Der Gültigkeitsbereich von Klassenelementen	323
8.1.3	Datenkapselung: Die Zugriffsrechte private und public	326
8.1.4	Der Aufruf von Elementfunktionen und der this-Zeiger	332
8.1.5	Konstruktoren und Destruktoren	333
8.1.6	OO Analyse und Design: Der Entwurf von Klassen	345
8.1.7	Klassendiagramme	349
8.2	Klassen als Datentypen	350
8.2.1	Der Standardkonstruktor	351
8.2.2	Objekte als Klassenelemente und Elementinitialisierer	353
8.2.3	Initialisiererlisten	358
8.2.4	friend-Funktionen und –Klassen	363
8.2.5	Überladene Operatoren mit Elementfunktionen	366
8.2.6	Der Kopierkonstruktor	370
8.2.7	Der Zuweisungsoperator = für Klassen	375
8.2.8	Die Angaben =delete und =default	380
8.2.9	Konvertierende und explizite Konstruktoren ⊖	382
8.2.10	Konversionsfunktionen mit und ohne explicit ⊖	386
8.2.11	Statische Klassenelemente	387

Inhalt

8.2.12	Konstante Objekte und Elementfunktionen	391
8.2.13	Funktionen als Objekte und Parameter mit std::function	393
8.2.14	Delegierende Konstruktoren ϴ	397
8.2.15	Klassen und Header-Dateien	399
8.3	Vererbung und Komposition	401
8.3.1	Die Elemente von abgeleiteten Klassen	401
8.3.2	Zugriffsrechte auf die Elemente von Basisklassen	403
8.3.3	Verdeckte Elemente	405
8.3.4	Konstruktoren, Destruktoren und implizit erzeugte Funktionen	408
8.3.5	OO Design: public Vererbung und „ist ein"-Beziehungen	414
8.3.6	OO Design: Komposition und „hat ein"-Beziehungen	419
8.3.7	Konversionen zwischen public abgeleiteten Klassen	420
8.3.8	Mehrfachvererbung und virtuelle Basisklassen	423
8.4	Virtuelle Funktionen, späte Bindung und Polymorphie	428
8.4.1	Der statische und der dynamische Datentyp	428
8.4.2	Virtuelle Funktionen in C++03	429
8.4.3	Virtuelle Funktionen mit override in C++11	430
8.4.4	Die Implementierung von virtuellen Funktionen: vptr und vtbl	438
8.4.5	Virtuelle Konstruktoren und Destruktoren	444
8.4.6	Virtuelle Funktionen in Konstruktoren und Destruktoren	446
8.4.7	OO-Design: Einsatzbereich und Test von virtuellen Funktionen	447
8.4.8	OO-Design und Erweiterbarkeit	449
8.4.9	Rein virtuelle Funktionen und abstrakte Basisklassen	452
8.4.10	OO-Design: Virtuelle Funktionen und abstrakte Basisklassen	456
8.4.11	Objektorientierte Programmierung: Zusammenfassung	458
8.5	R-Wert Referenzen und Move-Semantik	460
8.5.1	R-Werte und R-Wert Referenzen	461
8.5.2	move-Semantik und std::move	463
8.5.3	Move-Semantik in der C++11 Standardbibliothek	469
8.5.4	Move-Semantik für eigene Klassen	470

9 Namensbereiche 473

9.1	Die Definition von Namensbereichen	474
9.2	Die Verwendung von Namen aus Namensbereichen	477
9.3	Header-Dateien und Namensbereiche	480
9.4	Aliasnamen für Namensbereiche ϴ	483

10 Exception-Handling 485

10.1	Die try-Anweisung	486
10.2	Exception-Handler und Exceptions der Standardbibliothek	491
10.3	throw-Ausdrücke und selbst definierte Exceptions	494
10.4	Fehler und Exceptions	500
10.5	Die Freigabe von Ressourcen bei Exceptions: RAII	503
10.6	Exceptions in Konstruktoren und Destruktoren	505

10.7	noexcept	511
10.8	Die Exception-Klasse system_error Θ	512

11 Containerklassen der C++-Standardbibliothek 515

11.1	Sequenzielle Container der Standardbibliothek	515
11.1.1	Die Container-Klasse vector	515
11.1.2	Iteratoren	520
11.1.3	Geprüfte Iteratoren (Checked Iterators)	524
11.1.4	Die bereichsbasierte for-Schleife	525
11.1.5	Iteratoren und die Algorithmen der Standardbibliothek	528
11.1.6	Die Speicherverwaltung bei Vektoren Θ	531
11.1.7	Mehrdimensionale Vektoren Θ	533
11.1.8	Die Container-Klassen list und deque	534
11.1.9	Gemeinsamkeiten und Unterschiede der sequenziellen Container	535
11.1.10	Die Container-Adapter stack, queue und priority_queue Θ	537
11.1.11	Container mit Zeigern	539
11.1.12	std::array - Array Container fester GrößeΘ	539
11.2	Assoziative Container	540
11.2.1	Die Container set und multiset	541
11.2.2	Die Container map und multimap	542
11.2.3	Iteratoren der assoziativen Container	544
11.2.4	Ungeordnete Assoziative Container (Hash-Container)	546

12 Dateibearbeitung mit den Stream-Klassen 551

12.1	Stream-Variablen, ihre Verbindung mit Dateien und ihr Zustand	551
12.2	Fehler und der Zustand von Stream-Variablen	555
12.3	Lesen und Schreiben von Binärdaten mit read und write	557
12.4	Lesen und Schreiben mit den Operatoren << und >>	562
12.5	Dateibearbeitung im Direktzugriff Θ	570
12.6	Manipulatoren und Funktionen zur Formatierung von Texten Θ	572

13 Funktoren, Funktionsobjekte und Lambda-Ausdrücke 575

13.1	Der Aufrufoperator ()	575
13.2	Prädikate und Vergleichsfunktionen	579
13.3	Binder Θ	584
13.4	Lambda-Ausdrücke	587
13.5	Lambda-Ausdrücke – Weitere Konzepte Θ	596
13.5.1	Lambda-Ausdrücke werden zu Funktionsobjekten	596
13.5.2	Nachstehende Rückgabetypen	597
13.5.3	Generische Lambda-Ausdrücke	598
13.5.4	Lambda-Ausdrücke höherer Ordnung Θ	598
13.6	Kompatible function-Typen: Kovarianz und Kontravarianz Θ	599

14 Templates 601
14.1 Generische Funktionen: Funktions-Templates 602
- 14.1.1 Die Deklaration von Funktions-Templates mit Typ-Parametern 603
- 14.1.2 Spezialisierungen von Funktions-Templates 604
- 14.1.3 Funktions-Templates mit Nicht-Typ-Parametern 612
- 14.1.4 Explizit instanziierte Funktions-Templates Θ 614
- 14.1.5 Explizit spezialisierte und überladene Templates 614
- 14.1.6 Rekursive Funktions-Templates Θ 618
- 14.1.7 Variadische Templates 619

14.2 Generische Klassen: Klassen-Templates 623
- 14.2.1 Die Deklaration von Klassen-Templates mit Typ-Parametern 623
- 14.2.2 Spezialisierungen von Klassen-Templates 624
- 14.2.3 Klassen-Templates mit Nicht-Typ-Parametern 631
- 14.2.4 Explizit instanziierte Klassen-Templates Θ 632
- 14.2.5 Partielle und vollständige Spezialisierungen Θ 633
- 14.2.6 Vererbung mit Klassen-Templates Θ 639
- 14.2.7 Tupel mit <tuple> Θ 640
- 14.2.8 Alias Templates Θ 641

14.3 Type Traits 643
- 14.3.1 Prüfungen bei der Kompilation: static_assert 643
- 14.3.2 type traits und static_assert 644
- 14.3.3 Eine Konstruktion von type traits 647
- 14.3.4 Die type traits Kategorien 648
- 14.3.5 type traits zur Steuerung der Übersetzung und Optimierung 649

14.4 Typ-Inferenz 651
- 14.4.1 Implizite Typzuweisungen mit auto 651
- 14.4.2 Mit decltype den Datentyp eines Ausdrucks bestimmen 656

14.5 Kovarianz und Kontravarianz 659

15 STL-Algorithmen und Lambda-Ausdrücke 661
15.1 Iteratoren 661
- 15.1.1 Die verschiedenen Arten von Iteratoren 662
- 15.1.2 Umkehriteratoren 664
- 15.1.3 Einfügefunktionen und Einfügeiteratoren 665
- 15.1.4 Stream-Iteratoren 667
- 15.1.5 Container-Konstruktoren mit Iteratoren 669
- 15.1.6 Globale Iterator-Funktionen Θ 670

15.2 Lineares Suchen 671
15.3 Zählen 673
15.4 Der Vergleich von Bereichen 674
15.5 Suche nach Teilfolgen 675
15.6 Minimum und Maximum 676
15.7 Mit all_of, any_of, none_of alle Elemente in einem Bereich prüfen 677
15.8 Kopieren und Verschieben von Bereichen 678
15.9 Elemente transformieren und ersetzen 680
15.10 Elementen in einem Bereich Werte zuweisen Θ 682

- 15.11 Elemente entfernen – das erase-remove Idiom 683
- 15.12 Die Reihenfolge von Elementen vertauschen 686
  - 15.12.1 Elemente vertauschen 686
  - 15.12.2 Permutationen ⊖ 686
  - 15.12.3 Die Reihenfolge umkehren und Elemente rotieren ⊖ 688
  - 15.12.4 Elemente durcheinander mischen ⊖ 689
- 15.13 Algorithmen zum Sortieren und für sortierte Bereiche 689
  - 15.13.1 Partitionen ⊖ 689
  - 15.13.2 Bereiche sortieren 690
  - 15.13.3 Binäres Suchen in sortierten Bereichen 693
  - 15.13.4 Mischen von sortierten Bereichen 694
- 15.14 Numerische Berechnungen 696
  - 15.14.1 Verallgemeinerte numerische Algorithmen 696
  - 15.14.2 Valarrays ⊖ 699
  - 15.14.3 Zufallszahlen mit <random> ⊖ 701
  - 15.14.4 Komplexe Zahlen ⊖ 703
  - 15.14.5 Numerische Bibliotheken neben dem C++-Standard ⊖ 706

16 Zeiten und Kalenderdaten mit chrono 707
- 16.1 Brüche als Datentypen: Das Klassen-Template ratio 707
- 16.2 Ein Datentyp für Zeiteinheiten: duration 709
- 16.3 Datentypen für Zeitpunkte: time_point 712
- 16.4 Uhren: system_clock und steady_clock 714

17 Multithreading 719
- 17.1 Funktionen als Threads starten 720
  - 17.1.1 Funktionen mit async als Threads starten 721
  - 17.1.2 Funktionen mit thread als Threads starten 725
  - 17.1.3 Lambda-Ausdrücke als Threads starten 728
  - 17.1.4 Zuweisungen und move für Threads 732
  - 17.1.5 Die Klassen future und promise 733
  - 17.1.6 Exceptions in Threads und ihre Weitergabe mit promise 737
  - 17.1.7 Der Programmablauf mit async 741
  - 17.1.8 Informationen über Threads 748
  - 17.1.9 Sleep-Funktionen 752
  - 17.1.10 Threads im Debugger 753
- 17.2 Kritische Abschnitte 754
  - 17.2.1 Atomare Datentypen 757
  - 17.2.2 Kritische Bereiche mit mutex und lock_guard sperren 759
  - 17.2.3 Weitere Lock-Klassen: unique_lock und shared_lock 767
  - 17.2.4 Weitere Mutex-Klassen 769
  - 17.2.5 Deadlocks 771
  - 17.2.6 call_once zur Initialisierung von Daten 774
  - 17.2.7 Thread-lokale Daten 775
- 17.3 Bedingungsvariablen zur Synchronisation von Threads 776

17.4	Die „Parallel Patterns Library" von Microsoft.. 779

18 C++11 Smart Pointer: shared_ptr, unique_ptr und weak_ptr 781

18.1	Gemeinsamkeiten von unique_ptr und shared_ptr... 782
18.2	unique_ptr.. 787
18.3	shared_ptr 790
18.4	Deleter ϴ.. 794
18.5	weak_ptr ϴ... 796

Erratum zu: C++ mit Visual Studio 2017..E1

19 Literaturverzeichnis...801

Index 803

ϴ Angesichts des Umfangs dieses Buches habe ich einige Abschnitte mit dem Zeichen ϴ in der Überschrift als „weniger wichtig" gekennzeichnet. Damit will ich dem Anfänger eine kleine Orientierung durch die Fülle des Stoffes geben. Diese Kennzeichnung bedeutet aber keineswegs, dass dieser Teil unwichtig ist – vielleicht sind gerade diese Inhalte für Sie besonders relevant.

1 Die Entwicklungsumgebung

Visual Studio besteht aus verschiedenen Werkzeugen (Tools), die einen Programmierer bei der Entwicklung von Software unterstützen. Eine solche Zusammenstellung von Werkzeugen zur Softwareentwicklung bezeichnet man auch als Programmier- oder **Entwicklungsumgebung**.

Einfache Entwicklungsumgebungen bestehen nur aus einem Editor und einem Compiler. Für eine effiziente Entwicklung von komplexeren Anwendungen sind aber oft weitere Werkzeuge notwendig. Wenn diese wie in Visual Studio in einem einzigen Programm integriert sind, spricht man auch von einer **integrierten Entwicklungsumgebung** (engl.: „integrated development environment", **IDE**).

In diesem Kapitel wird zunächst an einfachen Beispielen gezeigt, wie man mit Visual Studio 2017 (und früheren Versionen) C++-Programme entwickeln kann. Anschließend (ab Abschnitt 1.3) werden dann die wichtigsten Werkzeuge von Visual Studio ausführlicher vorgestellt. Für viele einfache Anwendungen (wie z.B. die Übungsaufgaben) reichen die Abschnitte bis 1.5. Die folgenden Abschnitte sind nur für anspruchsvollere oder spezielle Anwendungen notwendig. Sie sind deshalb mit dem Zeichen Θ (siehe Seite xvii) gekennzeichnet und können übergangen werden. Weitere Elemente der Entwicklungsumgebung werden später beschrieben, wenn sie dann auch eingesetzt werden können.

1.1 Installation von Visual Studio für C++ Projekte

Damit mit Visual Studio 2017 C++-Programme entwickelt werden können, muss bei der Installation von Visual Studio die „Desktopentwicklung mit C++" markiert werden:

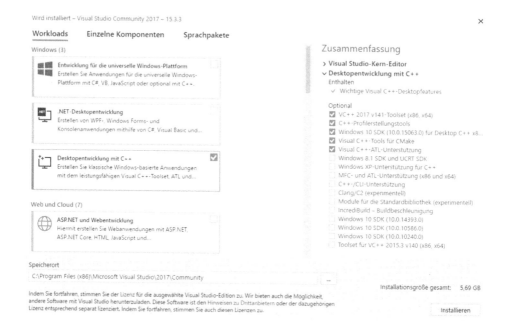

1.2 Ein erstes C++-Projekt

Im Folgenden wird an einem einfachen Beispiel gezeigt, wie man ein Projekt für ein Standard-C++ Programm anlegt. In dieses Programm werden dann einige einfache Anweisungen aufgenommen.

Wenn dabei Begriffe wie „Variable", „Funktion" usw. verwendet werden und diese für Sie neu sind, lesen Sie Sie trotzdem weiter – aus dem Zusammenhang erhalten Sie sicherlich eine intuitive Vorstellung, die zunächst ausreicht. Später werden diese Begriffe dann genauer erklärt.

1.2.1 Ein Projekt für ein Standard-C++-Programm anlegen

Ein Projekt für ein Standard-C++ Programm erhält man in Visual Studio mit einer Windows-Konsolenanwendung. Eine Konsolenanwendung verwendet wie ein DOS-Programm ein Textfenster für Ein- und Ausgaben. Ein Textfenster ist im Vergleich zu einer grafischen Benutzeroberfläche sehr spartanisch: Es ist nicht möglich, über Buttons oder Menüs verschiedene Aktionen auszuwählen. Obwohl eine Konsolen-Anwendung wie ein DOS-Programm aussieht, kann man es nicht unter MS-DOS, sondern nur unter Windows starten.

Nach der Installation von Visual Studio wie in Abschnitt 1.1 findet man unter *Datei|Neu|-Projekt|Installiert|Visual C++* eine Projektvorlage für Windows-Konsolenanwendungen. Hier gibt man nach *Name* einen Namen und nach *Speicherort* ein Verzeichnis für das Projekt eingibt und dann den OK-Button anklickt:

1.2 Ein erstes C++-Projekt

Ein Projekt für eine solche Anwendung erhält man, indem man nach *Name* einen Namen und nach *Speicherort* ein Verzeichnis für das Projekt eingibt:

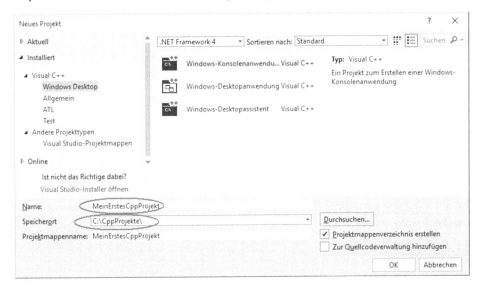

Nach dem Anklicken des OK-Buttons wird links der Editor und rechts der Projektmappen-Explorer angezeigt:

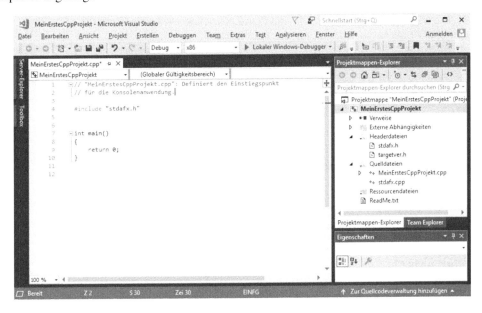

Der Editor enthält eine Funktion mit dem Namen *main*:

```cpp
#include "stdafx.h"

int main()
{
    return 0;
}
```

Diese Funktion wird beim Start des Konsolen-Programms aufgerufen. Die Anweisungen, die durch dieses Programm ausgeführt werden sollen, fügt man dann in diese Funktion vor *return* ein.

1.2.2 Ein- und Ausgaben über die Konsole

Ein- und Ausgaben erfolgen bei einem Konsolenprogramm vor allem über die nach

```cpp
#include <iostream> // für cin und cout notwendig
using namespace std;
```

vordefinierten Streams

```
cin     // für die Eingabe von der Tastatur
cout    // für die Ausgabe am Bildschirm
```

Die Anmerkungen nach „//"sind übrigens ein sogenannter **Kommentar** (siehe Abschnitt 2.8). Ein solcher Text zwischen „//" und dem Zeilenende wird vom Compiler nicht übersetzt und dient vor allem der Erläuterung des Quelltextes.

Für *cout* ist der Ausgabeoperator „>>" definiert. Damit kann man einen Ausdruck (z.B. einen Text oder den Wert einer Variablen) an der Konsole ausgegeben. Mit *endl* wird ein Zeilenvorschub eingefügt, so dass die nächste Ausgabe in der nächsten Zeile beginnt. Fügt man die Anweisung

```cpp
cout << "Hallo Welt" << endl;
```

in die *main*-Funktion vor *return 0* ein,

```cpp
#include "stdafx.h"

#include <iostream> // für cin und cout notwendig
using namespace std;

int main()
{
  cout << "Hallo Welt" << endl;
  return 0;
}
```

wird beim Start des Programms mit

1.2 Ein erstes C++-Projekt

- mit *Debuggen|Debugging starten* von der Menüleiste, oder
- mit *F5* von einem beliebigen Fenster in Visual Studio oder
- durch den Aufruf der vom Compiler erzeugten Exe-Datei.

der Text „Hallo Welt" an der Konsole ausgegeben:

Bitte stören Sie sich nicht daran, dass die Konsole beim Start mit *F5* gleich wieder verschwindet und der Text nur ganz kurz sichtbar ist. Wir werden diesen Schwachpunkt gleich anschließend beheben. Beim Start des Programms von einer Eingabeaufforderung (Windows StartButton *Windows-System|Eingabeaufforderung*)

oder über eine PowerShell tritt dieses Problem nicht auf:

Für den Eingabestream *cin* ist der Eingabeoperator „>>"definiert. Gibt man nach diesem Operator eine Variable an, wartet das Programm bei der Ausführung darauf, dass der Anwender einen Wert an der Konsole eintippt, und weist diesen dann der Variablen zu. Wie man Variablen definiert und verwendet, wird in Abschnitt 2.2 noch genauer beschrieben.

Durch das Programm

```cpp
#include "stdafx.h"

#include <iostream> // für cin und cout notwendig
using namespace std;
```

```
int main()
{
  int x, y;
  cout << "x="; // der Anwender soll einen Wert eingeben
  cin >> x;     // den Wert einlesen
  cout << "y=";
  cin >> y;
  cout << "x+y=" << x + y << endl;
  return 0;
}
```

wird zunächst die Meldung „x=" ausgegeben, und dann eine vom Benutzer eingegebene Zahl in der Variablen x gespeichert. Entsprechend auch für y. Danach wird die Summe der beiden Werte ausgegeben.

Mit dem Eingabeoperator kann man auch das Problem lösen, dass die Konsole nach dem Start mit F5 gleich wieder verschwindet: Man wartet einfach, dass der Benutzer einen Wert eingibt. Das erreicht man z.B. mit den Anweisungen vor return 0:

```
char c;
cin >> c;
return 0;
```

Zur Formatierung der Ausgabe kann man Manipulatoren (siehe Abschnitt 12.6) verwenden.

Aufgabe 1.2.2

Schreiben Sie eine einfache Windows Konsolen-Anwendung, die den Text „Hello world" am Bildschirm ausgibt.

1.2.3 Fehler beim Kompilieren

Bei allen Anweisungen muss man die Sprachregeln von C++ genau einhalten. So muss man z.B. als Begrenzungszeichen für einen String das Zeichen " (*Umschalt+2*) verwenden und nicht eines der ähnlich aussehenden Akzentzeichen ` oder ´ bzw. das Hochkomma ' (*Umschalt+#*). Jedes dieser Zeichen führt bei der Übersetzung des Programms zu einer **Fehlermeldung des Compilers**:

1.2 Ein erstes C++-Projekt

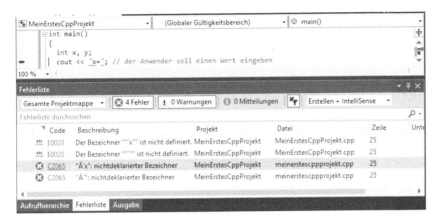

Ein solcher Fehler bedeutet, dass der Compiler die angezeigte Anweisung nicht verstehen kann, weil sie die Sprachregeln von C++ nicht einhält. Ein Fehler zieht oft eine Reihe von Folgefehlern nach sich.

Mit einem Doppelklick auf eine Zeile der Fehlerliste springt der Cursor im Editor an die Stelle mit dem Fehler. Mit *F1* erhält man in der Fehlerliste noch eine ausführlichere Beschreibung des Fehlers.

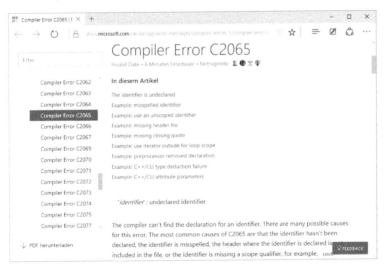

Wenn Sie eine solche Fehlermeldung des Compilers erhalten, müssen Sie den Fehler im Quelltext beheben. Das kann vor allem für Anfänger eine mühselige Angelegenheit sein, insbesondere wenn die Fehlermeldung nicht so präzise auf den Fehler hinweist wie in diesem Beispiel. Da Fehler Folgefehler nach sich ziehen können, sollte man immer den Fehler zur ersten Fehlermeldung zuerst beheben.

Manchmal sind die **Fehlerdiagnosen** des Compilers sogar eher **irreführend** als hilfreich und schlagen eine falsche Therapie vor. Auch wenn Ihnen das kaum nützt: Betrachten Sie es als kleinen Trost, dass die Fehlermeldungen in anderen Programmiersprachen (z.B. in C) oft noch viel irreführender sind und schon so manchen Anfänger völlig zur Verzweiflung gebracht haben.

1.2.4 Den Quelltext auf Header-Dateien aufteilen

Damit die Quelltextdateien nicht zu umfangreich und unübersichtlich werden, empfiehlt es sich, diese auf verschiedene Dateien aufzuteilen. Eine solche Aufteilung wird für alle größeren **Projekte** und insbesondere auch für die Lösungen der **Übungsaufgaben** in diesem Buch empfohlen.

Dazu kann man folgendermaßen vorgehen:

1. Mit *Datei|Neu|Projekt|Visual C++|Windows-Konsolenanwendung* (siehe Abschnitt 1.2.1) ein neues Projekt anlegen. Bei den folgenden Beispielen wird ein Projekt mit dem Namen *MeinProjekt* angenommen.

2. Die Funktionen, Deklarationen, Klassen usw. kommen in eine eigene Datei, die dem Projekt mit *Projekt|Neues Element hinzufügen|Visual C++|Code* als *Headerdatei(.h)* mit einem passenden Namen (z.B. *MeinHeader.h*) hinzugefügt wird. Diese Datei wird dann vor der *main*-Funktion und nach *#include "stdafx.h"* mit einer *#include*-Anweisung in cpp-Datei des Projekts aufgenommen:

    ```
    #include "stdafx.h"
    #include <iostream>  // für cin und cout notwendig
    #include "MeinHeader.h"
    int main()
    {
    ...
    ```

Im Prinzip hat die *#include*-Anweisung (siehe Abschnitt 2.11.1) der Header-Datei von 3. denselben Effekt, wie wenn man die Anweisungen der Header-Datei an der Stelle der *#include*-Anweisung in das Programm aufnimmt.

Damit auch in der Header-Datei Daten mit *cin* und *cout* ein- und ausgegeben werden können, wird auch in diese Datei am Anfang

```
#include <iostream>  // für cin und cout notwendig
```

eingefügt.

Nimmt man in eine solche Header-Datei die Funktion

```
int plus1(int x)
{
   return x + 1;
}
```

auf, kann man diese in der *main*-Funktion aufrufen und das Ergebnis anzeigen:

1.2 Ein erstes C++-Projekt

```
int main()
{
  cout << "17+1=" << plus1(17) << endl; // 17+1=18
...
```

Bei großen Projekten ist oft eine differenziertere Aufteilung auf Dateien empfehlenswert: In die Header-Dateien werden nur die Deklarationen und in die cpp-Dateien nur die Definitionen aufgenommen. Diese Vorgehensweise hat aber zur Folge, dass man nach jeder Änderung einer Parameterliste in der cpp-Datei die Parameterliste in der Header-Datei anpassen muss. Das ist recht umständlich und führt zu Fehlermeldungen, wenn es vergessen wird. In Abschnitt 8.2.15 wird gezeigt, wie man eine solche Aufteilung mit Unterstützung von Visual Studio leicht durchführen kann.

1.2.5 Ein Projekt für die Lösung der Übungsaufgaben

Die in Abschnitt 1.2.4 beschriebene Aufteilung von Funktionen auf verschiedene Header-Dateien kann auch für die Lösungen der Übungsaufgaben in diesem Buch sinnvoll sein. Wenn man für jede Aufgabe ein eigenes Projekt anlegt, hat man bereits nach Kapitel 2 eine unübersichtlich große Anzahl von Projekten.

Deswegen wird empfohlen, einige oder sogar alle Lösungen eines Kapitels in eine einzige Header-Datei zu schreiben: Für jede Lösung einer Aufgabe werden eine oder mehrere Funktionen geschrieben und diese dann in der *main*-Funktion aufgerufen. Dann kann eine solche Datei zwar auch ziemlich groß werden, wenn Sie alle Aufgaben machen. Aber man kann leicht zu den Lösungen von anderen Aufgaben blättern und sich davon anregen lassen. Mit Namensbereichen (siehe Abschnitt 2.10) kann man eine Header-Datei gut gliedern und die Übersichtlichkeit steigern.

Auf diese Empfehlung wird bei den ersten Aufgaben hingewiesen, später dann nicht mehr.

Der Aufwand, diese Funktionen mit Werten zu testen, die von einem Benutzer über die Konsole eingegeben werden, ist relativ groß. Deshalb reicht es bei vielen Übungsaufgaben aus, diese Funktionen mit hartkodierten Werten aufzurufen:

```
int main()
{
  cout << "plus1(1)=" << plus1(1) << endl;
  cout << "plus1(2)=" << plus1(2) << endl;
  cout << "plus1(3)=" << plus1(3) << endl;
```

Ein Programm ist aber flexibler, wenn die Eingabewerte eingelesen werden:

```
int main()
{
  int n;
  cout << "n=";
  cin >> n;
  cout << n<<"+1=" << plus1(n) << endl;
```

Das Programm wird noch flexibler, wenn mehrere Optionen angeboten werden:

```
int main()
{
  int n, m;
  do {
    cout << "plus1 (1)" << endl;
    cout << "plus2 (2)" << endl;
    cout << "Programmende (0)" << endl;
    cin >> m;
    if (m == 1)
    {
      cout << "n=";
      cin >> n;
      cout << n << "+1=" << plus1(n) << endl; // 17+1=18
    }
    else if (m==2)
    {
      cout << "n=";
      cin >> n;
      cout << n << "+1=" << plus2(n) << endl; // 17+2=19
    }
  } while (m == 0);
```

Da der Schreibaufwand für eine solche Menüstruktur relativ groß ist, kann in den Lösungen der Übungsaufgaben auch darauf verzichtet werden.

1.2.6 An einem Projekt weiterarbeiten

Wenn man an einem **Projekt weiterarbeiten** will, das man zu einem früheren Zeitpunkt begonnen hat, kann man im Windows Explorer die Projektdatei mit der Namensendung *.sln oder *.vcproj öffnen. Da das Projektverzeichnis aber auch noch viele andere Dateien enthält, besteht die Gefahr, dass man eine andere Datei anklickt und dann nicht das Projekt, sondern nur die Datei geöffnet wird.

Das hat dann zur Folge, dass z.B. die Option *Debuggen|Start Debugging* ausgegraut ist:

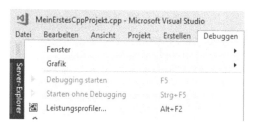

Diese Gefahr besteht mit **Datei|zuletzt geöffnete Projekte** oder *Datei|Öffnen|Projekt* nicht. Hier werden nur Projekte angeboten.

1.2.7 Der Start des Compilers von der Kommandozeile ⊖

Der C++-Compiler von Visual Studio kann nach einem Aufruf von

1.3 Der Quelltexteditor

```
"C:\Program Files (x86)\Microsoft Visual Studio\2017\Community\
                  Common7\Tools\vsdevcmd\ext\vcvars.bat"
```

unter dem Namen *cl* auch von einer Kommandozeile aus (z.B. *Start|Programme|Zubehör|-Eingabeaufforderung* oder *Take Command* (http://www.jpsoft.com)) gestartet werden:

```
cl test.cpp
```

Die zahlreichen Parameter erhält man mit der Option /? (z.B. /D für Präprozessor-Makros und /I für *#include*-Suchpfade).

Eine solche Konsole kann man auch von Windows 10 aus mit einer „Developer Eingabeaufforderung" starten:

Aufgabe 1.2

Erstellen Sie wie im Text ein Projekt mit dem Namen *MeinErstesCppProjekt*, das eine Header-Datei mit einer Funktion enthält (z.B. *plus1*), die in der *main*-Funktion mit einem Argument aufgerufen wird. Das Ergebnis von *plus1* soll dann auf der Konsole angezeigt werden.

Alle Lösungen der Übungsaufgaben in diesem Buch können in eine Header-Datei eines Projekts aufgenommen werden, das so aufgebaut ist.

1.3 Der Quelltexteditor

Der Quelltexteditor (kurz: **Editor**) ist das Werkzeug, mit dem die Quelltexte geschrieben werden. Er ist in die Entwicklungsumgebung integriert und kann z.B. über über *Ansicht|Code* aufgerufen werden.

1.3.1 Tastenkombinationen

Der Editor enthält über Tastenkombinationen zahlreiche Funktionen, mit denen sich nahezu alle Aufgaben effektiv durchführen lassen, die beim Schreiben von Programmen auftreten.

Die nächste Tabelle enthält Funktionen, die vor allem beim Programmieren nützlich sind, und die man in einer allgemeinen Textverarbeitung nur selten findet. Die meisten dieser Optionen werden auch unter *Bearbeiten|Erweitert* sowie auf der *Text Editor* Symbolleiste (unter *Ansicht|Symbolleisten*) angezeigt:

Tastenkürzel	Aktion oder Befehl
F5 bzw. ▷	kompilieren und starten, wie *Debuggen|Debugging Starten*
Umschalt+F5	Laufendes Programm beenden, wie *Debuggen|Debugging beenden*. Damit können auch Programme beendet werden, die mit ☒ nicht beendet werden können. Versuchen Sie immer zuerst diese Option wenn Sie meinen, Sie müssten Visual Studio mit dem Windows Task Manager beenden.
F1	kontextsensitive Hilfe (siehe Abschnitt 1.5)
Strg +´ (´ ist das Zeichen links von der Rücktaste)	setzt den Cursor vor die zugehörige Klammer, wenn er vor einer Klammer (z.B. (), {}, [ ] oder <>) steht
Umschalt+Strg +´	markiert den Bereich zwischen den Klammern außerdem noch
Strg+M+M bzw. unter *Bearbeiten|Gliedern*	ganze Funktionen, Klassen usw. auf- oder zuklappen
Alt+Maus bewegen bzw. *Alt+Umschalt*+Pfeiltaste (←, →, ↑ oder ↓)	zum Markieren von Spalten , z.B. /// <summary> /// Clean up any /// </summary> /// <param name=
Strg+K+C oder *Strg+K+U* bzw. ⟶ oder ↷	einen markierten Block auskommentieren bzw. die Auskommentierung entfernen
Rechte Maustaste *Dokument öffnen*	öffnet in einer Zeile mit einer *#include*-Anweisung die angegebene Datei

Eine ausführliche Liste der Tastenkombinationen findet man in der MSDN-Dokumentation (siehe Abschnitt 1.5) mit dem Suchbegriff „Visual Studio Tastenkombinationen".

Weitere Möglichkeiten des Editors, die gelegentlich nützlich sind:

- Die Schriftgröße kann man mit *Strg*+Mausrad vergrößern und verkleinern.
- Wenn man verschiedene Teile eines Textes in verschiedenen Fenstern anschauen (und z.B. vergleichen will), kann man die aktuelle Datei in verschiedenen Fenstern öffnen:

1.3.2 Intellisense

Die folgenden Programmierhilfen beruhen auf einer Analyse des aktuellen Programms. Sie werden zusammen mit einigen weiteren (siehe *Bearbeiten|IntelliSense*) unter dem Oberbegriff **Intellisense** zusammengefasst:

- Der Editor bietet fast jederzeit eine Auswahl von **zulässigen Sprachelementen** an.
- **Elemente anzeigen und auswählen**: Nachdem man den Namen einer Variablen eines Klassentyps (bzw. eines Zeigers auf ein solche Variable, bzw. den Namen eines Namensbereichs) und einen zugehörigen Operator (z.B. „.", „->", „::" usw.) eingetippt hat, wird eine Liste mit allen Elementen der Klasse oder des Namensbereichs angezeigt. Aus dieser Liste kann man mit der Enter-Taste ein Element auswählen.
- **Parameter Info**: Zeigt nach dem Eintippen eines Funktionsnamens und einer öffnenden Klammer die Parameter der Funktion an
- **Quick Info**: Wenn man mit der Maus über einen Namen für ein zuvor deklariertes Symbol fährt (bzw. mit *Strg+K+I*), wird die Deklaration angezeigt. Bei einer vordefinierten Funktion wird außerdem eine Beschreibung angezeigt.

Beispiel: Wenn s eine Variable des Klassentyps *std::string* ist, wird nach dem Eintippen von „s." eine Liste mit allen Elementen des Strings angezeigt.

Tippt man weitere Buchstaben ein, werden nur die Elemente angezeigt, die diese Zeichenfolge enthalten. In einem weiteren Fenster werden außerdem der Datentyp und eine kurze Beschreibung der Eigenschaft angezeigt.

Unterbricht man die Eingabe einer Zeichenfolge (z.B. weil man die Zeile verlässt und anschließend wieder zurückkehrt), bietet Intellisense keine Vorschläge an. Mit *Strg+Leerzeichen* werden dann wieder Vorschläge angezeigt.

Falls der Editor einen **Syntaxfehler** entdeckt, zeigt er das mit einer rot unterstrichenen Wellenlinie an (wie bei Rechtschreibfehlern in Word).

1.3.3 Die Formatierung des Quelltexts

Nach dem Eintippen eines Zeichens, das für den Editor ein Hinweis auf das Ende einer Anweisung, eines Blocks usw. ist (z.B. nach einem Semikolon oder einer schließenden geschweiften Klammer „}") „verschönert" der Editor das Layout. Tippt man z.B.

```
int x=17
```

macht der Editor daraus mit dem Eintippen des „;"

```
int x = 17;
```

Diese automatische Formatierung erfolgt aber nur bei beim Eintippen eines abschließenden Symbols. Entfernt man die Leerzeichen anschließend wieder, wird der Text nicht erneut formatiert.

Mit *Bearbeiten|Erweitert|Dokument formatieren* oder *Strg+K+D* kann man den Text jederzeit formatieren lassen. Damit wird z.B. aus

```
int main()
{
  int x =17;
      x = x + 1;
cout << x << endl;
}
```

dieser Text

```
int main()
{
  int x = 17;
  x = x + 1;
  cout << x << endl;
}
```

bei dem die Anweisungen einer Funktion in derselben Spalte beginnen.

Unter *Extras|Optionen|Text-Editor|C/C++|Formatierung* gibt es zahlreiche Möglichkeiten, das so erzeugte Layout zu gestalten.

1.3.4 Definitionen einsehen

Beim Aufruf einer Funktion oder der Verwendung einer Variablen besteht immer wieder die Notwendigkeit, die Definition einer Funktion bzw. Variablen anzuschauen. Das ist mit der Option *Definition einsehen* aus dem Kontextmenü zu einer Anweisung besonders einfach, da sie das Suchen und Blättern im Quelltext erspart und man nicht einmal die aktuelle Position im Editor verlassen muss:

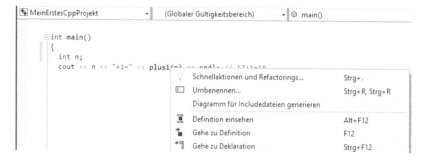

1.3 Der Quelltexteditor

Damit wird ein Fenster mit dem Quelltext eingeblendet, indem man sogar Änderungen vornehmen kann.

```
int main()
{
    int n;
    cout << n << "+1=" << plus1(n) << endl; // 17+1=18
}

#pragma once
int plus1(int x)
{
    return x + 1;
}
```

Falls man trotzdem noch zur Definition oder Deklaration gehen will, ist das *Gehe zu Definition* bzw. *Gehe zu Deklaration* aus dem Kontextmenü möglich.

1.3.5 Symbole suchen

Alle Aufrufe einer Funktion bzw. alle Stellen, an denen eine Variable verwendet wird, kann man mit der Option „Alle Verweise suchen" aus dem Kontextmenü im Editor anzeigen lassen:

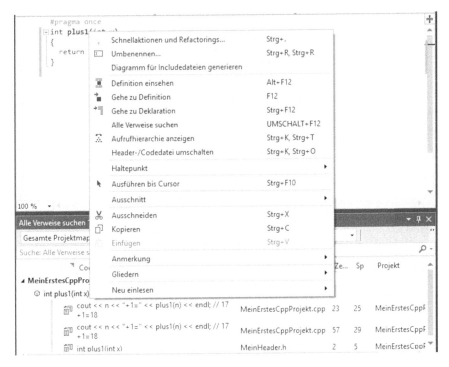

Die Treffer sind hiermit viel präziser als mit *Bearbeiten|Suchen* von Abschnitt 1.3.7. Insbesondere werden keine Kommentare und Strings gefunden, die den gesuchten Namen enthalten.

1.3.6 Namen umbenennen

Ab Visual Studio 2015 kann man Namen, die in C++ definiert wurden (Namen von Variablen, Funktionen, Klassen usw.), mit der im Kontextmenü des Editors verfügbaren Option **Umbenennen** einfacher und sicherer umbenennen:

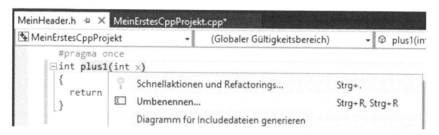

Da die meisten Zeichenfolgen, die man in einem Programm ersetzen will, solche Namen sind, ist die *Bearbeiten|Ersetzen*-Option nur noch selten notwendig.

Klickt man im Editor mit der rechten Maustaste den Namen einer Variablen, Funktion usw. an, wird im Kontextmenü die Option **Umbenennen** angeboten, mit der man diese Variable, Funktion usw. im gesamten Quelltext umbenennen kann:

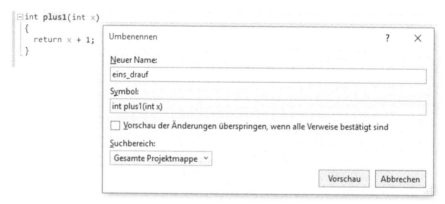

Wenn der Name anders verwendet wird (z.B. für eine andere Variable mit demselben Namen), wird er nicht geändert. Vor der Durchführung der Änderungen kann man eine Vorschau anzeigen lassen:

1.3 Der Quelltexteditor

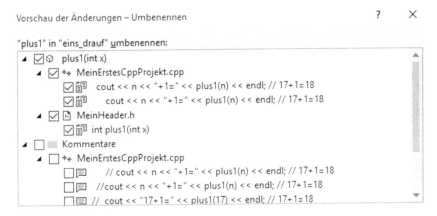

Hier kann man im oberen Fenster noch korrigieren, ob der Name von anderen Variablen oder in Kommentaren doch geändert werden soll.

1.3.7 Zeichenfolgen suchen und ersetzen

Die im Folgenden beschriebenen Möglichkeiten bestehen schon seit den ersten Versionen von Visual Studio. Da sie auf Zeichenfolgen und nicht auf Symbolen (wie die neueren Möglichkeiten der Abschnitte 1.3.4, 1.3.5 und 1.3.6) beruhen, sind sie den neueren Möglichkeiten meist unterlegen. Trotzdem gibt es noch Situationen, in denen sie benötigt werden.

Mit *Bearbeiten|Suchen und Ersetzen|Schnellsuche* bzw. mit *Strg+F* kann man nach einer Zeichenfolge im Text oder in einer Datei suchen. Ruft man diese Option vom Editor aus auf, wird der Dialog zur Eingabe des gesuchten Ausdrucks rechts oben im Editor-Fenster angezeigt (siehe linke Abbildung). Er kann nicht verschoben werden.

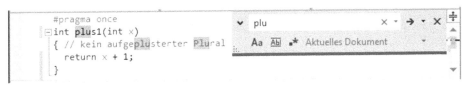

Beim Aufruf von einem anderen Fenster (z.B. der Fehlerliste) erhält man dagegen den übersichtlicheren Dialog, den man auch andocken kann:

Klickt man auf den Weitersuchen-Pfeil, werden die Textstellen, die zu dem Suchmuster passen, farbig unterlegt.

Mit dem Button bzw. mit „Reguläre Ausdrücke verwenden" kann man auch nach einem Muster suchen, das als regulärer Ausdruck angegeben wird. Die Syntax für reguläre Ausdrücke erlaubt komplexe Suchmuster und soll nur an zwei Beispielen illustriert werden.

1. ab.*xyz passt zu jeder Zeichenfolge, die zwischen ab und xyz beliebige Zeichen enthält (Wildcard):

2. ^xyz passt zu jeder Zeile, die in der ersten Spalte mit xyz beginnt:

1.4 Kontextmenüs und Symbolleisten

Über das Menü oben links in *Suchen und Ersetzen* kann man nicht nur im aktuellen Text oder Projekt, sondern auch in Dateien suchen:

Mit den Ersetzen-Optionen unter *Bearbeiten|Suchen und Ersetzen* kann man auch Zeichenfolgen ersetzen. Damit besteht aber die Gefahr, dass auch Zeichenfolgen ersetzt werden, die eine andere Variable darstellen. Diese Gefahr besteht bei den im nächsten Abschnitt vorgestellten Optionen nicht. Diese stehen aber erst seit Visual Studio 2015 zur Verfügung.

1.4 Kontextmenüs und Symbolleisten

Einige der häufiger gebrauchten Menüoptionen stehen auch über Kontextmenüs und Symbolleisten zur Verfügung. Damit kann man diese Optionen etwas schneller auswählen als über ein Menü.

Über die rechte Maustaste erhält man in den meisten Fenstern von Visual Studio ein sogenanntes **Kontextmenü** (auch die Bezeichnung „**lokales Menü**" ist verbreitet), das eine Reihe gebräuchlicher Optionen für dieses Fenster anbietet.

Beispiele: In einem **Formular** erhält man das Kontextmenü links oben, mit dessen erster Option man in den Editor kommt. Im Kontextmenü des **Quelltexteditors** (Abbildung rechts) kann man mit der ersten Option ins Formular wechseln. Das Kontextmenü in der **Titelzeile** der meisten Fenster bietet Möglichkeiten zur Gestaltung der Entwicklungsumgebung.

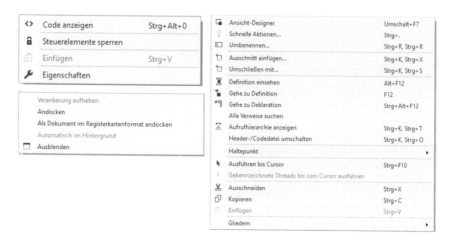

Eine **Symbolleiste** (Toolbar) ist eine Leiste mit grafischen Symbolen (Icons), die unterhalb der Menüleiste angezeigt wird. Diese Symbole stehen für Optionen, die auch über die Menüleiste verfügbar sind. Durch das Anklicken eines Symbols kann man sie mit einem einzigen Mausklick auswählen. Das ist etwas schneller als die Auswahl über ein Menü, die mindestens zwei Mausklicks erfordert. Symbolleisten können außerdem zur Übersichtlichkeit beitragen, da sie Optionen zusammenfassen, die inhaltlich zusammengehören.

Visual Studio enthält einige vordefinierte Symbolleisten. Mit *Ansicht|Symbolleisten* kann man diejenigen auswählen, die man gerade braucht, sowie eigene Symbolleisten konfigurieren. Einige Optionen der *Text-Editor* Symbolleiste wurden schon im Zusammenhang mit dem Editor vorgestellt.

Falls Ihnen die relativ kleinen Symbole nicht viel sagen, lassen Sie den Mauszeiger kurz auf einer Schaltfläche stehen. Dann wird die entsprechende Option in einem kleinen Fenster beschrieben.

Eigene Symbolleisten können mit *Ansicht|Symbolleisten|Anpassen* auf der Seite *Symbolleisten* mit *Neu* angelegt werden. In eine eigene oder vordefinierte Symbolleiste kann man dann von der Seite *Ansicht|Symbolleisten|Anpassen|Symbolleisten* durch Ziehen mit der Maus Befehle einfügen.

1.5 Die Online-Hilfe (MSDN Dokumentation)

Da sich kaum jemand die vielen Einzelheiten von Visual Studio, C++ usw. merken kann, ist es für eine effektive Arbeit **unerlässlich**, die zugehörige Dokumentation nutzen zu können.

Diese Dokumentation wird auch als **Online-Hilfe**, **Hilfebibliothek** oder **MSDN Dokumentation** bezeichnet. Sie steht über das Internet zur Verfügung und muss nicht mehr wie bei früheren Versionen von Visual Studio lokal auf dem Rechner installiert werden.

1.5 Die Online-Hilfe (MSDN Dokumentation)

Da Microsoft die MSDN-Dokumentation immer mal wieder verändert, können die folgenden Ausführungen von der tatsächlichen Darstellung abweichen. Insbesondere wurde sie mit Visual Studio 2017 gegenüber Visual Studio 2015 stark überarbeitet. Deshalb ist zu hoffen, dass die folgenden Ausführungen auch mit einer abweichenden Darstellung hilfreich sind.

1.5.1 Hilfe mit *F1* in Visual Studio

Am einfachsten ist oft die kontextbezogene Hilfe mit *F1*: In den meisten Fenstern der Entwicklungsumgebung erhält man mit *F1* Informationen, wie z.B.

– im Editor zum Wort unter dem Cursor,
– in Visual Studio zu dem gerade aktiven Element

Beispiele:

– Drückt man die Taste *F1*, während sich der Cursor **im Editor** auf dem Wort *int* befindet, erhält man eine Beschreibung des Datentyps *int*:

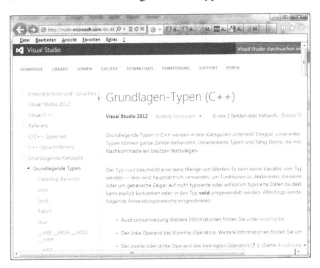

– Drückt man *F1*, während gerade der Projektmappen-Explorer aktiviert ist, erhält man eine Beschreibung des Projektmappen-Explorers.

1.5.2 Die MSDN-Dokumentation im Internet

Die deutsche MSDN-Dokumentation erhält man mit einem Webbrowser über *http://-msdn.microsoft.com/de-de* und dem Link unter *Library*

bzw. direkt unter *http://msdn.microsoft.com/de-de/library/default.aspx*. Die neue Dokumentation zu Visual Studio 2017 erhält man unter *https://docs.microsoft.com/de-de/*.

Gibt man dann im Suchfeld (Aufschrift „MSDN durchsuchen …") den gesuchten Begriff (hier: „TextBox") ein

erhält man meist viele Treffer. Während der einzige Treffer bei der Suche mit *F1* immer zutreffend war, sind die meisten dieser vielen Treffer aber unpassend, da ein Name in verschiedenen Zusammenhängen verwendet wird.

Mit Suchoperatoren wie AND, OR usw. kann die Suche eingeschränkt werden:

Operator	Beispiel
AND	TextBox AND "System.Windows.Forms"
&	TextBox & "System.Windows.Forms"
Kein Operator	TextBox "System.Windows.Forms"
OR	Word OR Excel
|	Word | Excel
-	FindWindow –CE
(Begriff1 Begriff2)	FindWindow AND (CE OR MFC)
"Ausdruck"	"Anbietertoolkit"
prefer:[op]Begriff2	FindWindow prefer:MFC

Deutsche Übersichtsartikel findet man oft mit einem Suchbegriff wie

TextBox AND „Gewusst wie"

und englische mit „how to":

1.6 Projekte und der Projektmappen-Explorer

Visual Studio erzeugt eine ausführbare Anwendung aus verschiedenen Dateien, die zusammenfassend als **Projekt** bezeichnet werden. Einige dieser Dateien werden nach *Datei|-Neu|Projekt* erzeugt. Andere werden durch Aktionen wie *Debuggen|Debugging Starten* oder *Erstellen* erzeugt. Sie befinden sich in dem als *Projektmappenname* angegebenen Unterverzeichnis von *Speicherort*, sowie in Unterverzeichnissen davon, die dem Namen des Projekts entsprechen. In der Voreinstellung ist *Projektmappenname* der Name des Projekts.

1.6.1 Projekte, Projektdateien und Projektoptionen

Zu einem Projekt mit dem Namen *MeinProjekt*, das in einer Projektmappe mit dem Namen *MeineSolution* enthalten ist, gehören unter anderem die folgenden Dateien im Verzeichnis *MeineSolution\MeinProjekt*:

MeinProjekt.vcxproj enthält Informationen über die verwendete Version von Visual Studio, die gewählte Plattform, die gewählten Projektoptionen usw.

MeinProjekt.cpp enthält die **main**-Funktion der Anwendung. Diese Funktion wird beim Start der Anwendung aufgerufen

```
#include "stdafx.h"

#include <iostream> // für cin und cout notwendig
using namespace std;
```

```
int main()
{
  cout << "Hallo Welt" << endl;
  return 0;
}
```

StdAfx.h, **StdAfx.cpp**: Diese Dateien werden zur Erzeugung einer vorkompilierter Header-Datei (PCH) verwendet, die der Beschleunigung der Kompilierung dient. Alle Anweisungen bis zu einer *#include "stdafx.h"*-Anweisung werden vorkompiliert (d.h. nur einmal kompiliert). Fügt man später vor dieser *#include*-Anweisung noch Anweisungen ein, werden diese nicht kompiliert.

In der Symbolleiste *Standard* kann man auswählen, ob eine Anwendung als **Debug**- oder **Release**-Version erzeugt werden soll. Die Debug-Version ist nicht optimiert und enthält Debug-Informationen, mit denen man sie im Debugger (siehe Abschnitt 2.6.1) ausführen kann. Das ist normalerweise die richtige Wahl während man eine Anwendung entwickelt, oder wenn man programmiert, um das Programmieren zu lernen. Die Release-Version ist dagegen optimiert, enthält aber keine Debug-Informationen. Sie ist die richtige Wahl, wenn die Entwicklung einer Anwendung abgeschlossen ist und sie in Betrieb genommen werden soll. Die ausführbaren Dateien befinden sich in den Unterverzeichnissen „Debug" oder „Release" des Projektmappenverzeichnisses. Unter *Projekt|Eigenschaften|Konfiguration* kann man die Einstellungen für diese und weitere Konfigurationen (die mit dem Konfigurations-Manager angelegt werden können) setzen.

In Abhängigkeit von der *Debug* oder *Release* Konfiguration erzeugt der Compiler in den Unterverzeichnissen *Debug* oder *Release* des Projekts **Objektdateien** mit der Endung „.obj". Aus diesen Objektdateien erzeugt der **Linker** dann in diesen Unterverzeichnissen das ausführbare Programm mit der Endung „.exe". Der Linker ist wie der Compiler ein in die Entwicklungsumgebung integriertes Programm, das automatisch beim Erzeugen eines Programms (z.B. mit *F5*) ausgeführt wird. Bei vielen Visual Studio Projekten braucht man allerdings nicht einmal zu wissen, dass der Linker überhaupt existiert. Normalerweise ist es kein Fehler, wenn man sich vorstellt, dass das ausführbare Programm allein vom Compiler erzeugt wird.

Die Dateien eines Projekts werden von Visual Studio vor dem Erstellen (z.B. mit *F5*) automatisch **gespeichert**, wenn unter *Extras|Optionen|Projekte und Projektmappen|Allgemein* die Einstellung *Neue Projekte beim Erstellen speichern* markiert ist (Voreinstellung). Man kann sie außerdem mit *Datei|Alle speichern* speichern.

Diese Dateien belegen auch bei kleinen Projekten mehr als 10 MB. Ein Teil dieser Dateien wird bei jeder Kompilation neu erzeugt und kann mit *Erstellen|**Projektmappe bereinigen*** gelöscht werden. Aber auch danach belegen die verbleibenden Dateien mehrere MB.

1.6.2 Projektmappen und der Projektmappen-Explorer

Eine **Projektmappe** (in der englischen Version „Solution") fasst ein oder mehrere Projekte zusammen und ermöglicht, diese gemeinsam zu bearbeiten, zu verwalten und zu konfigurieren.

1.6 Projekte und der Projektmappen-Explorer

Falls man ein neues Projekt mit *Datei|Neu|Projekt* anlegt, ist der *Projektmappenname* in der Voreinstellung derselbe Name wie der des Projekts. Man kann aber auch einen anderen Namen für die Projektmappe wählen oder mit *Datei|Hinzufügen* ein Projekt zu einer Projektmappe hinzufügen. Nachdem man eine Projektmappe angelegt hat, kann man außerdem mit dem **Projektmappen-Explorer** (*Ansicht|Projektmappen-Explorer*) nach einem Klick auf die rechte Maustaste ein vorhandenes oder ein neues Projekt hinzufügen.

Alle Projekte einer Projektmappe werden durch die Optionen des *Erstellen* Menüs erzeugt:

- *Erstellen|Projektmappe erstellen* kompiliert und linkt alle Dateien, die seit dem letzten Build verändert wurden.
- *Erstellen|Projektmappe neu erstellen* kompiliert und linkt alle Dateien, unabhängig davon, ob sie geändert wurden oder nicht.
- *Erstellen|Projektmappe bereinigen* entfernt alle Dateien, die beim nächsten Build wieder erzeugt werden.

Der Projektmappen-Explorer enthält zahlreiche verschiedene Kontextmenüs, je nachdem, ob man eine Projektmappe, ein Projekt usw. anklickt. Mit ihnen kann man steuern, wie Projekte erzeugt und ausgeführt werden. Insbesondere kann man damit:

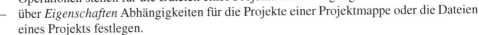

- mit „Startprojekte festlegen" das Projekt auswählen, das mit dem nächsten *Debuggen|Debugging starten (F5)* erzeugt und ausgeführt wird (das **Startprojekt**).
- Projekte zu einer Projektmappe hinzufügen oder aus ihr entfernen. Entsprechende Operationen stehen für die Dateien eines Projekts zur Verfügung.
- über *Eigenschaften* Abhängigkeiten für die Projekte einer Projektmappe oder die Dateien eines Projekts festlegen.

Einige der Optionen für ein Projekt stehen auch über das Projekt-Menü zur Verfügung.

Im Projektmappen-Explorer wird jede zum Projekt gehörige Datei angezeigt. Klappt man die Datei auf, werden alle Klassen in dieser Datei angezeigt. Und wenn man eine Klasse aufklappt, werden alle Elemente der Klasse angezeigt. Auf diese Weise kann man einfach zu den einzelnen Elementen im Quelltext gehen.

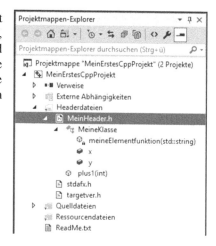

1.7 Weiterführende Möglichkeiten ⊖

Die in diesem Abschnitt vorgestellten Möglichkeiten sind für kleinere Projekte wie die Übungen in diesem Buch nicht unbedingt notwendig. Anfänger können diese zunächst übergehen. Für größere Projekte können sie aber sehr nützlich sein.

1.7.1 Navigieren

In der **Navigationsleiste** am oberen Rand des Editors wird in der linken Spalte das aktuelle Projekt, in der mittleren die Klasse und in der rechten die Funktion angezeigt, in der sich der Cursor gerade befinden. Nach dem Aufklappen der Pulldown-Menüs werden die Klassen der aktuellen Quelltextdatei bzw. die Funktionen der aktuellen Klasse angezeigt. Wählt man diese aus, wird der Cursor direkt auf die erste Zeile des Elements platziert. Entsprechende Möglichkeiten bestehen auch im Projektmappen-Explorer (siehe Abschnitt 1.6.2).

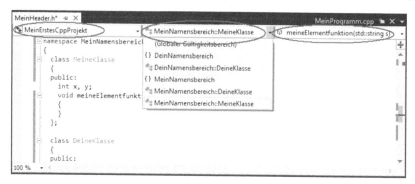

Mit *Bearbeiten|Gehe zu|Gehe zu allen* (**Strg-T**) kann man einen Namen eingeben. Dann werden alle Datentypen, Namensbereich, Dateien usw. angezeigt, die diesen Namen enthalten. Über die Symbolleiste (bzw. den anderen Optionen von *Bearbeiten|Gehe zu*) können Klassen, Datentypen usw. gefiltert werden:

1.7 Weiterführende Möglichkeiten Θ

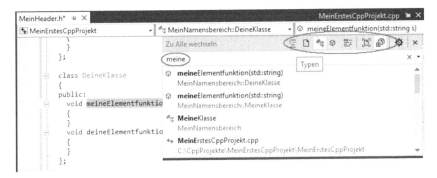

Werden Strings durch Leerzeichen getrennt, müssen beide enthalten sein.

Im Kontextmenü des Editors zum Namen einer Funktion kann man mit *Alle Verweise suchen* alle Stellen in einem Projekt anzeigen, in denen der Name verwendet wird:

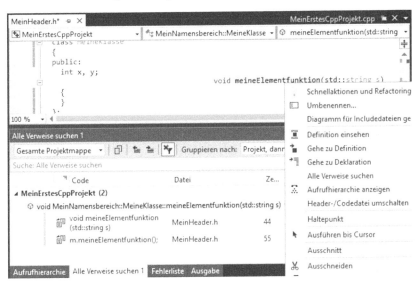

Klickt man hier einen Treffer an, wird die entsprechende Stelle im Editor angezeigt. Über das Kontextmenü gibt es weitere Optionen.

Im Kontextmenü des Editors zum Namen einer Funktion kann man alle **Aufrufe** von sowie durch diese Funktion **anzeigen** lassen. Klickt man hier einen Treffer an, wird die Stelle angezeigt, wo sie aufgerufen wird. Klickt man die Funktion im Aufrufort an, wird diese Stelle angezeigt:

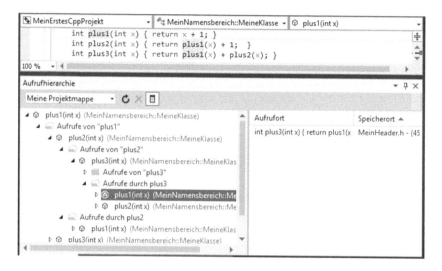

1.7.2 Code-Ausschnitte

Code-Ausschnitte sind Textbausteine für häufig vorkommende Texte. Sie werden im Editor eingefügt, wenn man z.B. „for" eintippt und dann zweimal die Tab-Taste drückt. So wird der Code-Ausschnitt

```
for (size_t i = 0; i < length; i++)
{
}
```

im Editor eingefügt. Mit der Tab-Taste kann man dann zum nächsten Platzhalter in einem Code-Ausschnitt springen. Die verfügbaren Code-Ausschnitte werden mit *Strg+K Strg+X* oder im Kontextmenü des Editors unter *Ausschnitt einfügen* angezeigt. Die von Visual Studio vordefinierten Code-Ausschnitte können durch eigene ergänzt werden. Diese müssen nach einem vorgegebenen Schema in XML geschrieben und mit dem Codeauschnitt-Manager (unter *Tools*) in Visual Studio aufgenommen werden.

1.7.3 Aufgabenliste

Eine **Aufgabenliste** kann Merkzettel sparen. Dazu gibt man im Editor einen Kommentar mit dem Schlüsselwort TODO und anschließend einen beliebigen Text ein:

```
// TODO Abendessen einkaufen
// TODO Meinen Geburtstag nicht vergessen
```

Alle solchen Aufgaben werden dann in einer Aufgabenliste (*Ansicht|Aufgabenliste*) angezeigt:

1.7 Weiterführende Möglichkeiten Θ

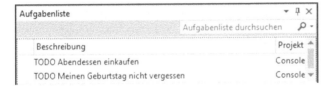

1.7.4 Der Objektkatalog und die Klassenansicht Θ

Mit *Ansicht|Objektkatalog* werden alle Klassen und ihre Elemente angezeigt. Durch einen Doppelklick kommt man an die entsprechende Stelle im Quelltext:

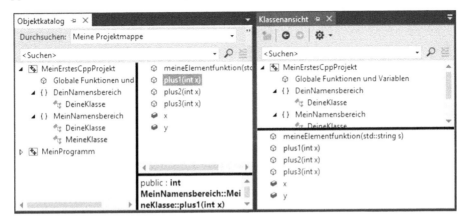

1.7.5 Die Fenster von Visual Studio anordnen Θ

Für die Anordnung der Fenster von Visual Studio hat man große Freiheiten. Zieht man ein Fenster (durch Anklicken der Titelzeile) über Visual Studio, wird das sogenannte Diamant-Führungssymbol angezeigt,

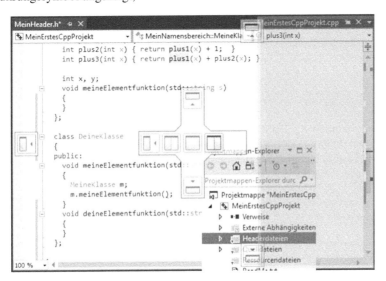

das die verschiedenen Bereiche der IDE skizziert, in denen man ein Fenster andocken kann. Lässt man die Maustaste beim Ziehen des Fensters über einem der Bereiche des Diamant-Führungssymbols los, wird das Fenster im entsprechenden Teil von Visual Studio angedockt. Die andockbaren Bereich können für verschiedene Arten von Fenstern verschieden sein. Für Tool-Fenster wie den Projektmappen-Explorer ist es wie in der letzten Abbildung recht umfangreich. Für Editor-Fenster ist gibt es weniger Bereiche zum Andocken:

Falls Sie sich dabei vertun und nicht die gewünschte Anordnung erhalten, können Sie die letzte Anordnung bei einer gedrückten Strg-Taste durch einen Doppelklick auf die Titelzeile des Fensters wieder erhalten. Den Ausgangszustand bei der Installation von Windows erhält man mit *Fenster|Fensterlayout zurücksetzen*.

1.7.6 Einstellungen für den Editor Θ

Unter *Extras|Optionen|Umgebung|Schriftarten und Farben|Einstellungen anzeigen für: Text-Editor* kann man zahlreiche Einstellungen für den Editor individuell anpassen:

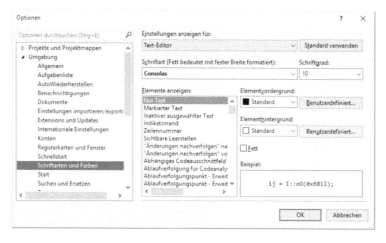

Unter *Extras|Optionen|Umgebung|Tastatur* kann man die Tastenkombinationen für alle Editor-Befehle anpassen. Falls Sie sich z.B. nicht merken können, dass *Strg+´* (links von der Backspace-Taste) das Tastenkürzel ist, mit dem man zur passenden Klammer springen kann, können Sie dafür (der Editor-Befehl *Bearbeiten.GehezuKlammer*) ein intuitiveres Tastenkürzel wählen wie z.B. *Strg+<*.

1.8 Bereitstellung (Deployment) Θ

Die Verteilung, Installation und Konfiguration von Software auf den Rechner eines Anwenders wird auch als Software-Verteilung (neudeutsch: Deployment) bezeichnet. Dabei geht es vor allem darum, dass bei größeren Programmen, die nicht nur eine exe-Datei benötigen, sondern auch noch DLLs und weiteren Dateien, nichts vergessen wird. Für die einfachen Übungsaufgaben in diesem Buch ist das aber nicht von Bedeutung.

In Visual Studio Professional steht dafür unter *Datei|Neu|Projekt|Andere Projekttypen|Setup und Bereitstellung* für C++-Anwendungen die InstallShield Limited Edition zur Verfügung. In Visual Studio 2017 Community ist InstallShield aber nicht enthalten.

Unter *Extras|Optionen|Erweiterungen und Updates|Online* kann man die **Microsoft Visual Studio 2017 Installer Projects** installieren. Mit dieser Erweiterung kann man z.B. Setup-Projekte und Microsoft Installerdateien (.msi) erstellen. Nach der Installation dieser Erweiterung werden von Visual Studio Installer-Projekte angeboten:

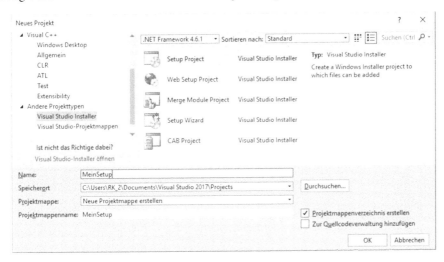

Fügt man ein solches Projekt einer Projektmappe mit einem Projekt hinzu, kann man über die Option *Add* im Kontextmenü des Projektmappen-Explorers

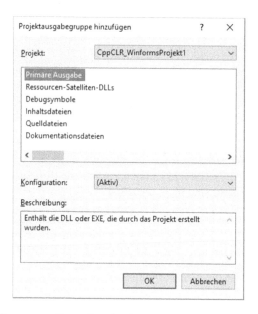

alle notwendigen Dateien in die Setup-Datei aufnehmen. Über zahlreiche weitere Optionen kann man die Oberfläche gestalten, Verzeichnisse festlegen usw.

2 Elementare Datentypen und Anweisungen

Nachdem im letzten Kapitel gezeigt wurde, wie man mit der Entwicklungsumgebung Visual Studio arbeitet, beginnen wir jetzt mit der Vorstellung der Sprachelemente von C++.

Zunächst werden die Syntaxregeln dargestellt, mit denen die Sprachelemente im C++-Standard beschrieben werden. Darauf folgen elementare Konzepte wie Variablen, fundamentale Datentypen, Anweisungen, Zeiger, Konstanten usw. Programmieren ist allerdings mehr, als nur Anweisungen zu schreiben, die der Compiler ohne Fehlermeldung akzeptiert. Deswegen werden zusammen mit den Sprachelementen auch systematische Tests und Techniken zur Programmverifikation vorgestellt und mit Aufgaben geübt.

Die meisten dieser Konzepte und Datentypen findet man auch schon in der Programmiersprache C. Deshalb ist dieses Kapitel auch eine umfassende und detaillierte Einführung in C. Da aber nicht jeder Programmierer alle diese Details benötigt, sind zahlreiche Abschnitte (vor allem gegen Ende des Kapitels) in der Überschrift mit dem Zeichen Θ gekennzeichnet. Diese Abschnitte können bei einem ersten Einstieg ausgelassen werden.

Die meisten Themen werden durch **Übungsaufgaben** ergänzt. Alle Programmieraufgaben können mit einer Konsolenanwendung gelöst werden, die wie in Abschnitt 1.2.4 aufgebaut ist.

2.1 Syntaxregeln

Im C++-Standard wird die Syntax der Sprachelemente durch Syntaxregeln beschrieben. Diese Syntaxregeln zeigen oft klarer als verbale Beschreibungen, wie die Sprachelemente verwendet werden müssen, und werden deshalb auch in diesem Buch verwendet. Da die Syntaxregeln im C++-Standard oft ziemlich komplex sind, werden hier meist nur Ausschnitte dargestellt, die das Wesentliche zeigen.

In diesem Abschnitt wird an einigen Beispielen gezeigt, wie Syntaxregeln aufgebaut sind und wie man sie lesen kann.

Ein Sprachelement wird oft durch weitere Sprachelemente definiert, die dann nach einem Doppelpunkt in den folgenden Zeilen angegeben werden. Für das zu definierende Sprachelement können dann alle Zeichenfolgen eingesetzt werden, die für die definierenden Sprachelemente zulässig sind.

Die Syntaxregel

translation-unit:
   declaration-seq opt

definiert eine Übersetzungseinheit („translation-unit") als eine Folge von Deklarationen („declaration-seq"). Wegen „opt" kann diese Folge auch leer sein.

Werden nach dem zu definierenden Begriff mehrere Zeilen angegeben, sind sie als Alternative zu verstehen. Für das zu definierende Sprachelement können dann alle Zeichenfolgen eingesetzt werden, die für die Sprachelemente der einzelnen Zeilen zulässig sind.

declaration-seq:
   declaration
   declaration-seq declaration

Aus der mittleren dieser drei Zeilen folgt deshalb, dass eine „declaration-seq" eine „declaration" sein kann. Wenn in einer dieser Zeilen der zu definierende Begriff verwendet wird, kann man für ihn eine Definition einsetzen, die sich aus dieser Syntaxregel ergibt. Verwendet man hier in der letzten Zeile, dass eine „declaration-seq" eine „declaration" sein kann, erhält man eine „declaration-seq" aus zwei Deklarationen. Diese Schritte kann man beliebig oft wiederholen (Rekursion). Deshalb besteht eine „declaration-seq" aus einer oder mehreren Deklarationen.

Ein Deklaration ist eine Blockdeklaration oder eine Funktionsdefinition usw:

declaration:
   block-declaration
   function-definition
   template-declaration
   namespace-definition
   ...

Vorläufig werden wir nur Blockdeklarationen verwenden, die eine „einfache Deklaration" sind:

block-declaration:
   simple-declaration
   using-declaration
   using-directive
   ...

simple-declaration:
   decl-specifier-seq opt *init-declarator-list* opt ;

Offensichtlich können die Syntaxregeln recht verschachtelt sein. Will man herausfinden, wie man ein Sprachelement einsetzen kann, erfordert das oft eine ganze Reihe von Zwischenschritten. Die Suche ist erst dann beendet, wenn man ein sogenanntes **terminales Symbol** gefunden hat. Terminale Symbole sind in den Syntaxregeln in

2.1 Syntaxregeln

Schreibmaschinenschrift gedruckt und müssen im Programm genauso wie in der Syntaxregel verwendet werden.

Über einige weitere Zwischenschritte ergibt sich, dass eine *decl-specifier-seq* ein *simple-type-specifier* sein kann:

simple-type-specifier:
    `::` opt *nested-name-specifier* opt *type-name*
    `char`
    `char16_t`
    `char32_t`
    `wchar_t`
    `bool`
    `short`
    `int`
    `long`
    `signed`
    `unsigned`
    `float`
    `double`
    `void`
    `auto`

Deshalb kann eine Deklaration z.B. mit einem der Typnamen *int*, *short*, *char* usw. beginnen. Nach einigen Zwischenschritten kann man ebenso feststellen, dass eine „init-declarator-list" aus einem oder mehreren **Bezeichnern** (**identifier**) bestehen kann, die durch Kommas getrennt werden. Diese Syntaxregel gilt in C++ für alle Namen, die ein Programmierer für Variablen, Funktionen, Datentypen usw. wählt.

identifier:
    nondigit
    identifier nondigit
    identifier digit

nondigit: one of
    universal-character-name
    `_ a b c d e f g h i j k l m n o p q r s t u v w x y z`
    `A B C D E F G H I J K L M N O P Q R S T U V W X Y Z`

digit: one of
    `0 1 2 3 4 5 6 7 8 9`

Hier bedeutet „one of", dass die folgenden Symbole alternativ verwendet werden können. Die Konstruktion mit „one of" entspricht einer langen Liste von Alternativen, die aus Platzgründen in eine Zeile geschrieben wurden.

Ein Bezeichner muss deshalb mit einem Buchstaben des ASCII-Zeichensatzes, dem Unterstrichzeichen „_" oder einem *universal-character-name* (dazu gehören auch länderspezifische Buchstaben wie Umlaute, Buchstaben mit Akzent-Zeichen, arabische und asiatische Buchstaben usw.) beginnen und kann von weiteren solchen Zeichen sowie den Ziffern 0..9 gefolgt werden.

Allerdings informieren die Syntaxregeln nur über die notwendigen Voraussetzungen dafür, dass der Compiler ein Programm übersetzen kann. Oft gibt es weitere Regeln, die nicht in den Syntaxregeln enthalten sind. Für Bezeichner sind das beispielsweise:

- Nach dem C++ Standard sollen Bezeichner **1024 Zeichen** lang sein können. Visual C++ berücksichtigt „nur" die ersten 2048 Zeichen. Namen, die sich erst ab dem 2049-ten Zeichen unterscheiden, werden als identisch betrachtet.
- Innerhalb eines Blocks (siehe Abschnitt 2.4.1) müssen die Namen eindeutig sein.
- Groß- und Kleinbuchstaben werden in Bezeichnern unterschieden. Die beiden Bezeichner *summe* und *Summe* sind also nicht identisch.
- Bezeichner sollten nicht mit einem „_" beginnen. Solche Namen sind üblicherweise für Bibliotheken reserviert und können zu Namenskonflikten führen.
- Ein **Schlüsselwort** (das ist ein Wort, das für den Compiler eine feste Bedeutung hat) darf nicht als Bezeichner verwendet werden. Im C++-Standard sind die folgenden Schlüsselworte definiert:

```
alignas       decltype      false         protected     typeid
alignof       default       float         public        typename
asm           delete        for           register      union
auto          do            friend        return        unsigned
bool          double        goto          short         using
break         else          if            signed        virtual
case          enum          inline        sizeof        void
catch         explicit      int           static        volatile
char          export        long          struct        wchar_t
char16_t      extern        mutable       switch        while
char32_t      false         namespace     template
class         float         new           this          dynamic_cast
const         for           noexcept      throw         reinterpret_cast
constexpr     friend        nullptr       true          static_assert
const_cast    goto          operator      try           static_cast
continue      extern        private       typedef       thread_local
```

Aufgabe 2.1

Geben Sie drei Beispiele für Ziffernfolgen an, die nach den Syntaxregeln für ein *decimal-literal* gebildet werden können, sowie drei Beispiele, die diese Regeln nicht einhalten. Formulieren Sie diese Syntaxregel außerdem verbal.

decimal-literal:
   nonzero-digit
   decimal-literal digit

nonzero-digit: one of
   1 2 3 4 5 6 7 8 9

digit : one of
   0 1 2 3 4 5 6 7 8 9

2.2 Variablen und Bezeichner

Wie in jeder anderen Programmiersprache kann man auch in C++ Speicherplätze im **Hauptspeicher** zur Speicherung von Daten verwenden. Dieser Hauptspeicher wird auch als **RAM** (Random Access Memory) bezeichnet. Die meisten PCs besitzen heute 4096 MB (Megabytes) oder mehr Hauptspeicher, wobei 1 MB ca. 1 Million (genau: 2^{20}=1048576) Speicherzellen (Bytes) sind. Ein Byte ist die grundlegende Speichereinheit und umfasst 8 Bits, die zwei Werte (0 und 1) annehmen können. Deshalb kann ein Byte 256 (=2^8) verschiedene Werte darstellen. Die Bytes sind der Reihe nach durchnummeriert, und diese Nummer eines Bytes wird auch als seine **Adresse** bezeichnet.

Damit sich der Programmierer nun nicht für alle seine Daten die Adressen der jeweiligen Speicherplätze merken muss, bieten höhere Programmiersprachen die Möglichkeit, Speicherplätze unter einem Namen anzusprechen. Ein solcher Name für Speicherplätze wird als **Variable** bezeichnet, da sich die in diesen Speicherplätzen dargestellten Daten während der Laufzeit eines Programms ändern können. Die durch eine Variable dargestellten Daten werden als **Wert** der Variablen bezeichnet. Zu einer Variablen gehört außer ihrem Namen und Wert auch noch ihre **Adresse** und ihr **Datentyp**: Der Datentyp legt fest, wie viele Bytes die Variable ab ihrer Adresse im Hauptspeicher belegt, und wie das Bitmuster dieser Bytes interpretiert wird.

Für jede in einem Programm verwendete Variable werden dann während der Kompilation des Programms die Adressen der Speicherplätze durch den Compiler berechnet. Der Programmierer braucht sich also nicht um diese Adressen zu kümmern, sondern kann sie unter dem Namen ansprechen, den er für die Variable gewählt hat.

Alle Variablen eines C++-Programms müssen vor ihrer Verwendung definiert werden. Eine solche **Definition** enthält den **Namen der Variablen**, ihren **Datentyp** und eventuell noch weitere Angaben. Durch den Datentyp wird festgelegt,

- wie viel **Speicherplatz** der Compiler für die Variable reservieren muss,
- welche **Werte** sie annehmen kann, und
- welche **Operationen** mit ihr möglich sind.

Eine Definition wird im einfachsten Fall durch die Syntaxregel für eine **einfache Deklaration** beschrieben, die schon im letzten Abschnitt vorgestellt wurde. Solche Deklarationen sind nach folgendem Schema aufgebaut:

```
T var1, var2, ...;
```

Hier steht T für einen Datentyp, wie z.B. den vordefinierten Datentyp *int*, mit dem man ganzzahlige Werte darstellen kann. Die Namen der Variablen sind hier *var1*, *var2* usw. und müssen Bezeichner (siehe Abschnitt 2.2) sein, die alle verschieden sind.

Beispiel: Durch

```
int a, b, d;
```

werden drei Variablen *a*, *b* und *d* des Datentyps *int* definiert. Diese Definition mit mehreren durch Kommas getrennten Bezeichnern und einem Datentyp wie *int* ist gleichwertig mit einer Reihe von Variablendefinitionen, bei denen jeweils nur eine Variable definiert wird:

```
int a;
int b;
int d;
```

Variablen können **global** oder **lokal** definiert werden. Eine globale Variable erhält man durch eine Definition, die außerhalb einer Funktion oder Klasse erfolgt. Sie kann dann ab ihrer Definition in jeder Funktion verwendet werden, die keine lokale Variable mit demselben Namen definiert:

Beispiel: Die Variable i ist außerhalb einer Klasse und Funktion definiert und deshalb eine globale Variable:

```
int i; // Definition der globalen Variablen i

int main()
{
...
```

Diese Variable kann dann in jeder anschließend definierten Funktion verwendet werden:

```
int meineFunktion() // Eine Funktion. Funktionen sind
{                  // wichtige Programmbausteine und werden
  i = 0;           // in Abschnitt 2.4.3 vorgestellt.
}

int deineFunktion()
{
  i++;
  cout << i << endl;
}

int main()
{
  meineFunktion(); // i=0
  deineFunktion(); // i=1
  deineFunktion(); // i=2
}
```

Beim Aufruf von *meineFunktion* wird der Variablen i der Wert 0 zugewiesen. Der Wert von i wird bei jedem Aufruf von *deineFunktion* um 1 erhöht und angezeigt.

Da Programme mit globalen Variablen leicht unübersichtlich werden, sollte man globale Variable vermeiden. Das ist allerdings ohne die Sprachelemente der objektorientierten

2.2 Variablen und Bezeichner

Programmierung (siehe Kapitel 8) nicht immer möglich. Deshalb werden sie bis zu diesem Kapitel trotzdem gelegentlich verwendet.

Definiert man eine Variable dagegen innerhalb einer Funktion, erhält man eine **lokale Variable**. Eine solche Variable kann nur in dieser Funktion verwendet werden. Falls man in verschiedenen Funktionen lokale Variablen mit demselben Namen definiert, sind das verschiedene Variablen.

```
void meineFunktion()
{
  int k;
}

void deineFunktion()
{
  k = 2; // error: 'k' : nichtdeklarierter Bezeichner
}
```

Eine lokale Variable kann denselben Namen haben wie eine globale. Das sind dann verschiedene Variablen.

Variablen können bei ihrer Definition initialisiert werden. Dazu gibt man nach dem Namen der Variablen ein Gleichheitszeichen und den Wert an, den sie bei der Definition erhalten soll:

```
int a = 17, b = 18, d = 19;
```

Ohne eine explizite Initialisierung werden alle globalen Variablen eines fundamentalen Datentyps (wie z.B. *int*) beim Start des Programms mit dem Wert 0 initialisiert. Lokale Variablen werden dagegen nicht initialisiert: Ihr Wert ergibt sich aus dem Bitmuster, das bei der Reservierung des Speicherplatzes zufällig an den entsprechenden Speicherzellen steht. Den Wert einer solchen lokalen Variablen bezeichnet man auch als **unbestimmt**.

```
int i;   // global, wird mit 0 initialisiert

void meineFunktion()
{
  int j; // lokal, der Wert von j ist unbestimmt.
  int k = 0;
  cout << i + j + k << endl; // error: nicht initialisierte
                                        Variablen i und j
};
```

Variable, bei denen die Initialisierung vergessen wurde und die deshalb einen undefinierten Wert haben, können die Ursache von diffizilen Fehlern sein. Deswegen sollten alle Variablen bei ihrer Definition initialisiert werden.

Aufgabe 2.2

1. Begründen Sie für jede dieser Definitionen, ob sie zulässig ist oder nicht:

   ```
   int Preis_in_$, x kleiner y, Zinssatz_in_%, x / y, this,
       Einwohner_von_Tübingen, àáãÃéÉêÊ;
   ```

2. Welche Werte werden beim Start dieses Programms ausgegeben?

   ```
   int i = 0;
   int j;

   int main()
   {
     int k = 1;
     cout << "i=" << i << endl;
     cout << "j=" << j << endl;
     cout << "k=" << k << endl;
     int i = 3;
     cout << "i=" << i << endl;
   };
   ```

2.3 Ganzzahldatentypen

Variablen, deren Datentyp ein Ganzzahldatentyp ist, können ganzzahlige Werte darstellen. Je nach Datentyp können dies ausschließlich positive Werte oder positive und negative Werte sein. Der Bereich der darstellbaren Werte hängt dabei davon ab, wie viele Bytes der Compiler für eine Variable des Datentyps reserviert und wie er diese interpretiert.

In C++ gibt es die folgenden Ganzzahldatentypen:

Datentyp	Wertebereich in Visual C++ (32 und 64 bit)	Datenformat
signed char *char* (Voreinstellung)	−128 .. 127	8 bit mit Vorzeichen
unsigned char	0 .. 255	8 bit ohne Vorzeichen
short int *short* *signed short* *signed short int*	−32768 .. 32767	16 bit mit Vorzeichen
unsigned short int *unsigned short* *wchar_t*	0 .. 65535	16 bit ohne Vorzeichen
int *signed* *signed int* *long int*	−2,147,483,648.. 2,147,483,647	32 bit mit Vorzeichen

2.3 Ganzzahldatentypen

Datentyp	Wertebereich in Visual C++ (32 und 64 bit)	Datenformat
long *signed long* *signed long int*		
unsigned int *unsigned* **unsigned long int** *unsigned long*	0 .. 4,294,967,295	32 bit ohne Vorzeichen
long long	−9223372036854775808 ..9223372036854775807	64 bit mit Vorzeichen
unsigned long long	0 ..18446744073709551615	64 bit ohne Vorzeichen
bool	*true, false*	
char16_t	Unicode-Zeichen	16 bit
char32_t	Unicode-Zeichen	32 bit

Wie diese Tabelle zeigt, gibt es für die meisten Datenformate verschiedene Namen. Ein fett gedruckter Name steht dabei für denselben Datentyp wie die darauf folgenden nicht fett gedruckten Namen. So sind z.B. *char*, *signed char* und *unsigned char* drei verschiedene Datentypen. Dagegen sind *signed* und *signed int* alternative Namen für den Datentyp *int*. Dass diese Namen unterschiedliche Datentypen sind, ist aber außer in Zusammenhang mit überladenen Funktionen kaum von Bedeutung. Die *long long* Datentypen sind mindestens 64 bit breit.

Der C++-Standard legt explizit nicht fest, welchen **Wertebereich** ein bestimmter Ganzzahldatentyp darstellen können muss. Es wird lediglich verlangt, dass der Wertebereich eines Datentyps, der in der Liste

signed char, signed short, int, long int

rechts von einem anderen steht, nicht kleiner ist als der eines Datentyps links davon. Deswegen können verschiedene Compiler verschiedene Formate für den Datentyp *int* verwenden: Bei Compilern für 16-bit-Systeme werden häufig 16 Bits für den Datentyp *int* verwendet und bei Compilern für 32-bit-Systeme 32 Bits. Für 64-Bit Systeme könnte man 64 Bits erwarten, tatsächlich verwenden viele Compiler aber 32 Bits.

Die Datentypen *signed char, short int, int, long int* usw. werden unter dem Oberbegriff **Ganzzahldatentyp mit Vorzeichen** zusammengefasst. Ein **Ganzzahldatentyp ohne Vorzeichen** ist einer der Datentypen *unsigned char, unsigned short int, unsigned int, unsigned long* usw. Die Ganzzahldatentypen mit und ohne Vorzeichen sind zusammen mit den Datentypen *bool, char* und *wchar_t* die **Ganzzahldatentypen**.

Die potentiellen Unsicherheiten über die Breite eines Ganzzahldatentyps können mit den seit C++11 nach

```
#include <cstdint>
```

verfügbaren Ganzzahldatentypen fester Breite vermieden werden:

int8_t, int16_t, int32_t, int64_t: 8-, 16-, 32- oder 64-Bit mit Vorzeichen *uint8_t, uint16_t, uint32_t, uint64_t*: 8-, 16-, 32- oder 64-Bit ohne Vorzeichen

Diese Namen sind aber keine eigenständigen Datentypen, sondern nur andere Namen für *char, int* usw. Namen für die maximalen Ganzzahldatentypen sind:

intmax_t und *uintmax_t*

Der Standard für die Programmiersprache C verlangt, dass die Wertebereiche in einer Datei dokumentiert werden, die man mit „#include <limits.h>" erhält". Da der C-Standard auch weitgehend in den C++-Standard übernommen wurde, gilt das auch für C++. Bei dem folgenden Auszug aus „include\limits.h" wurde das Layout etwas überarbeitet:

```
#define CHAR_BIT      8    // number of bits in a char
#define SCHAR_MIN   (-128) // minimum signed char value
#define SCHAR_MAX    127   // maximum signed char value
#define UCHAR_MAX    255   // maximum unsigned char value
#define SHRT_MIN  (-32767-1)// minimum signed short value
#define SHRT_MAX    32767    // maximum signed short value
#define USHRT_MAX  65535U    // maximum unsigned short value
#define LONG_MIN  (-2147483647L-1)//minimum signed long ..
#define LONG_MAX  2147483647L // maximum signed long value
#define ULONG_MAX 4294967295UL//maximum unsigned long ..
#define INT_MIN LONG_MIN    // minimum signed int value
#define INT_MAX LONG_MAX    // maximum signed int value
```

Beispiel: Die Konstanten aus dieser Datei können nach

```
#include <limits.h>
```

verwendet werden:

```
cout << "Min=" << INT_MIN << " Max=" << INT_MAX << endl;
```

In C++ sind diese und weitere Grenzen außerdem im Klassen-Template **numeric_limits** definiert. Es steht zur Verfügung nach

```
#include <limits>
```

Auch wenn bisher noch nichts über Klassen und Templates gesagt wurde, soll mit den folgenden Beispielen gezeigt werden, wie man auf die Informationen in diesen Klassen zugreifen kann:

```
int i1 = std::numeric_limits<int>::min(); //-2147483648
int i2 = std::numeric_limits<int>::max(); // 2147483647
```

Natürlich erhält man hier keine anderen Werte als mit den Konstanten aus „limits.h". Und die etwas längeren Namen wirken zusammen mit der für Anfänger vermutlich ungewohnten Syntax auf den ersten Blick vielleicht etwas abschreckend. Allerdings sind hier alle Namen nach einem durchgängigen Schema aufgebaut, im Unterschied zu den teilweise etwas

2.3 Ganzzahldatentypen

kryptischen Abkürzungen in „limits.h". Die minimalen und maximalen Werte für den Datentyp *char* erhält man, indem man im letzten Beispiel einfach nur *int* durch *char* ersetzt:

```
int c1 = std::numeric_limits<char>::min(); //-128
int c2 = std::numeric_limits<char>::max(); // 127
```

2.3.1 Die interne Darstellung von Ganzzahlwerten

Die meisten Prozessoren verwenden für die interne Darstellung von Werten eines **Ganzzahldatentyps ohne Vorzeichen** das Binärsystem. Dabei entspricht jedem Wert im Wertebereich ein eindeutiges Bitmuster.

Beispiel: Das Bitmuster für Werte des Datentyps *unsigned char* (8 Bits):

Zahl z_{10}	Binärdarstellung mit 8 Bits
0	0000 0000
1	0000 0001
2	0000 0010
3	0000 0011
...	...
254	1111 1110
255	1111 1111

Zwischen den einzelnen Bits $b_7b_6b_5b_4b_3b_2b_1b_0$ und der durch sie im Dezimalsystem dargestellten Zahl z_{10} besteht dabei die folgende Beziehung:

$$z_{10} = b_7*2^7 + b_6*2^6 + b_5*2^5 + b_4*2^4 + b_3*2^3 + b_2*2^2 + b_1*2^1 + b_0*2^0$$

Beispiel: 25_{10} $= 0*2^7 + 0*2^6 + 0*2^5 + 1*2^4 + 1*2^3 + 0*2^2 + 0*2^1 + 1*2^0$
$= 00011001_2$

Hier ist die jeweilige Basis durch einen tiefer gestellten Index dargestellt: 25_{10} ist eine Zahl im Dezimalsystem, 00011001_2 eine im Binärsystem.

Bei der Darstellung einer Zahl z durch Ziffern $..z_3z_2z_1z_0$ im **Dezimalsystem** wird ebenfalls ein Stellenwertsystem verwendet, nur mit dem Unterschied, dass als Basis die Zahl 10 und nicht die Zahl 2 verwendet wird. Als Ziffern stehen die Zahlen 0 .. 9 zur Verfügung:

$$z = ... z_3*10^3 + z_2*10^2 + z_1*10^1 + z_0*10^0 \text{ // } z_i: 0..9$$

Beispiel: $25_{10} = 2*10^1 + 5*10^0$

Offensichtlich kann eine ganze Zahl in einem beliebigen **Zahlensystem zur Basis B** mit B Ziffern 0 .. B−1 dargestellt werden:

$$z = ... z_3*B^3 + z_2*B^2 + z_1*B^1 + z_0*B^0 \text{ // } z_i: 0..B-1$$

Beispiel: $17_{10} = 1*3^2 + 2*3^1 + 2*3^0 = 122_3$
$17_{10} = 2*7^1 + 3*7^0 = 23_7$

Zur übersichtlicheren Darstellung von Binärzahlen wird oft das **Hexadezimalsystem** (zur Basis 16) verwendet. Die 16 Ziffern im Hexadezimalsystem werden mit 0, 1, ..., 9, A, B, C, D, E, F bezeichnet:

```
dezimal   dual    hexadezimal     dezimal   dual    hexadezimal
      0   0000              0           8   1000              8
      1   0001              1           9   1001              9
      2   0010              2          10   1010              A
      3   0011              3          11   1011              B
      4   0100              4          12   1100              C
      5   0101              5          13   1101              D
      6   0110              6          14   1110              E
      7   0111              7          15   1111              F
```

Im Hexadezimalsystem können die 8 Bits eines Bytes zu 2 hexadezimalen Ziffern zusammengefasst werden, indem man die vordere und hintere Gruppe von 4 Bits einzeln als Hexadezimalziffer darstellt:

Beispiel: $25_{10} = 0001\ 1001_2 = 19_{16}$

In C++ wird ein hexadezimaler Wert dadurch gekennzeichnet, dass man vor den hexadezimalen Ziffern die Zeichenfolge „0x" angibt:

```
int i = 0x19; // gleichwertig mit i=25;
```

Bei **Datentypen mit Vorzeichen** werden mit n Bits die positiven Zahlen von 0 .. $2^{n-1}-1$ ebenfalls im Binärsystem dargestellt. Für negative Zahlen wird dagegen das sogenannte **Zweierkomplement** verwendet. Das Zweierkomplement beruht darauf, dass man zu einer Zahl, die im Speicher mit n Bits dargestellt wird, die Zahl $10...0_2$ aus n Nullen und einer führenden 1 addieren kann, ohne dass sich diese Addition auf das Ergebnis auswirkt, da die 1 wegen der begrenzten Bitbreite ignoriert wird. Stellt man so die negative Zahl

$-\ 00011001_2$

durch

$(100000000_2 - 00011001_2)$

dar, wird die Addition der negativen Zahl (Subtraktion) auf eine Addition des Zweierkomplements zurückgeführt. Das Zweierkomplement erhält man direkt durch die Subtraktion:

```
 100000000₂
-000110012
 111001112
```

Einfacher erhält man es aus der Binärdarstellung, indem man jede 1 durch eine 0 und jede 0 durch eine 1 ersetzt (Einerkomplement) und zum Ergebnis 1 addiert.

```
Beispiel:    25₁₀             =    00011001₂
             Einerkomplement:      11100110
```

2.3 Ganzzahldatentypen

```
+ 1.......         .           1
Zweierkomplement:     11100111
```

Damit hat die Zahl −25 die Darstellung 11100111

Im Zweierkomplement zeigt also eine 1 im höchstwertigen Bit an, dass die Zahl negativ ist. Insbesondere wird die Zahl −1 im Zweierkomplement immer durch so viele Einsen dargestellt, wie Bits für die Darstellung der Zahl vorgesehen sind:

- −1 mit 8 Bits: 1111 1111
- −1 mit 16 Bits: 1111 1111 1111 1111
- −1 mit 32 Bits: 1111 1111 1111 1111 1111 1111 1111 1111

Berechnet man von einer negativen Zahl, die im Zweierkomplement dargestellt ist, wieder das Zweierkomplement, erhält man die entsprechende positive Zahl.

Beispiel: 1.
```
-25₁₀                  = 11100111₂
Einerkomplement:         00011000
+ 1                             1
Zweierkomplement:        00011001
```

Das ist gerade die Zahl 25 im Binärsystem.

2. Dem maximalen negativen Wert $100..00_2$ entspricht kein positiver Wert. Das Zweierkomplement ist wieder derselbe Wert.

Wegen dieser verschiedenen Darstellungsformate kann dasselbe Bitmuster zwei verschiedene Werte darstellen – je nachdem, welches Datenformat verwendet wird. Zum Beispiel stellt das Bitmuster 11100111 für einen 8-bit-Datentyp ohne Vorzeichen den Wert 231 dar, während es für einen 8-bit-Datentyp mit Vorzeichen den Wert −25 darstellt.

2.3.2 Ganzzahlliterale und ihr Datentyp

Eine Zeichenfolge, die einen Wert darstellt, bezeichnet man als **Konstante** oder als **Literal**. Beispielsweise ist die Zahl „20" in

```
i = 20;
```

ein solches Literal. Ab Visual Studio 2015 kann ein Ganzzahlliteral auch Hochkommas als **Trennzeichen** enthalten. Diese werden vor allem verwendet, um Gruppen von Ziffern optisch zu gliedern.

Beispiel: Trennzeichen werden z.B. für Tausendergruppen verwendet:

```
int x = 1'000'000;
```

Der Compiler akzeptiert aber Trennzeichen an beliebigen Positionen:

```
int y = 1'0'00'00'0;
```

In C++ gibt es die folgenden Ganzzahlliterale:

integer-literal:
    decimal-literal integer-suffix$_{opt}$
    octal-literal integer-suffix$_{opt}$
    hexadecimal-literal integer-suffix$_{opt}$
    binary-literal integer-suffix$_{opt}$

Die ersten Zeichen (von links) eines Literals entscheiden darüber, um welche Art von Literal es sich handelt:

- Eine Folge von Dezimalziffern, die mit einer von Null verschiedenen Ziffer beginnt, ist ein Dezimalliteral (zur Basis 10):

   decimal-literal:
       nonzero-digit
       decimal-literal '$_{opt}$ *digit*

   nonzero-digit: one of
       1 2 3 4 5 6 7 8 9

   digit: one of
       0 1 2 3 4 5 6 7 8 9

- Eine Folge von Oktalziffern, die mit 0 (Null, nicht der Buchstabe „O") beginnt, ist ein Oktalliteral (Basis 8).

   octal-literal:
       0
       octal-literal '$_{opt}$ *octal-digit*

   octal-digit: one of
       0 1 2 3 4 5 6 7

- Ein Folge von Hexadezimalziffern, die mit der Zeichenfolge „0x" oder „0X" (Null, nicht dem Buchstaben „O") beginnt, ist ein hexadezimales Literal:

   hexadecimal-literal:
       0x *hexadecimal-digit*
       0X *hexadecimal-digit*
       hexadecimal-literal '$_{opt}$ *hexadecimal-digit*

   hexadecimal-digit: one of
       0 1 2 3 4 5 6 7 8 9
       a b c d e f
       A B C D E F

2.3 Ganzzahldatentypen

– Seit Visual Studio 2015 können auch binäre Literale verwendet werden: Das ist eine Folge der Ziffern 0 oder 1, die auf „0b" oder „0B" (Null, nicht dem Buchstaben „O") folgen. :

Beispiele:
```
int i = 017; // dezimal 15
int j = 0xf; // dezimal 15
int b = 0b00101; // binäres Literal, dezimal 7
```

Jedes **Literal** hat einen **Datentyp**. Dieser ergibt sich nach dem C++-Standard aus seinem Wert, seiner Form und einem optionalen Suffix. Ohne ein Suffix ist der Datentyp

– eines Dezimalliterals der erste der Datentypen *int*, *long int* oder *long long int*, der den Wert darstellen kann.
– eines Oktal- oder Hexadezimalliterals der erste der Datentypen *int*, *unsigned int*, *long int*, *unsigned long int*, *long long int* oder *unsigned long long int* der den Wert darstellen kann.

Falls der Wert nicht in einem dieser Datentypen dargestellt werden kann, ist sein Datentyp nicht durch den C++-Standard definiert.

Der Datentyp eines Ganzzahlliterals kann durch ein **Suffix** festgelegt werden:

integer-suffix:
   unsigned-suffix long-suffix opt
   long-suffix unsigned-suffix opt

unsigned-suffix: one of
   u U

long-suffix: one of
   l L

long-long-suffix: one of
   ll LL

Durch das Suffix „u" oder „U" erhält das Literal den Datentyp *unsigned int* oder *unsigned long int*, durch „l" oder „L" den Datentyp *long int* oder *unsigned long int* und durch LL *long long*. Werden diese beiden Suffixe kombiniert (ul, lu, uL, Lu, Ul, lU, UL, oder LU), hat das Literal immer den Datentyp *unsigned long int*.

Beispiel: Da in 32-bit Visual C++ der Wertebereich von *int* und *long int* gleich ist, haben Dezimalliterale mit Werten im Bereich *INT_MIN .. INT_MAX* den Datentyp *int*. Die Datentypen der folgenden Literale sind als Kommentar angegeben:

```
13     // Datentyp int, Wert 13 (dezimal)
013    // Datentyp int, Wert 11 (dezimal)
0x13   // Datentyp int, Wert 19 (dezimal)
17u    // Datentyp unsigned int, Wert 17 (dezimal)
17uLL  // Datentyp unsigned long long, Wert 17
0xflu  // Datentyp unsigned long, Wert 15 (dezimal)
```

Der Datentyp eines Dezimalliterals außerhalb des Wertebereichs von *long int* ist im C++-Standard nicht definiert. In 32-bit Visual C++ hat 2147483648 (INT_MAX+1) den Datentyp *unsigned long*.

Aufgaben 2.3.2

1. Stellen Sie mit 8 Bits

   a) die Zahl 37 im Binärsystem dar
   b) die Zahl -37 im Zweierkomplement dar
   c) die Zahlen 37 und -37 im Hexadezimalsystem dar.

   Führen Sie die folgenden Berechnungen im Binärsystem durch und geben Sie das Ergebnis im Dezimalsystem an:

   d) 37 – 25 // berechnen Sie 37 + (-25)
   e) 25 – 37 // berechnen Sie 25 + (-37)

2. Welchen Wert stellt das Bitmuster ab_{16} im Dezimalsystem dar, wenn es

   a) im Zweierkomplement interpretiert wird?
   b) im Binärsystem interpretiert wird?

3. Welche Werte werden durch die folgenden Anweisungen ausgegeben:

   ```
   cout << "Vorwahl Berlin=" << 030 << " b=" << 017 + 15 << " c="<<
                                                   0x12 + 10 << endl;
   ```

2.3.3 Typ-Inferenz: Implizite Typzuweisungen mit *auto*

Bei der Definition einer globalen oder lokalen Variablen mit einer Initialisierung kann anstelle eines Datentyps auch das Schlüsselwort **auto** angegeben werden. Dann verwendet der Compiler für diese Variable den Datentyp des Initialisierungs-Ausdrucks. Da der Compiler den Datentyp selbst ableitet, spricht man auch **Typ-Inferenz** oder von **impliziten Typzuweisungen**.

Beispiel: Da der Initialisierungsausdruck 17 in

```
auto i = 17; // wie int i = 17;
```

den Datentyp *int* hat, ersetzt der Compiler *auto* durch *int*. Die Variable i erhält so den Datentyp *int*. Der Initialisierungsausdruck kann auch eine Variable oder ein beliebiger Ausdruck sein:

```
auto k = i; // k hat denselben Datentyp wie int i
```

Ohne einen Initialisierungsausdruck führt *auto* zu einer Fehlermeldung des Compilers:

```
auto i ; // Fehler: Initialisierer erforderlich
```

2.3 Ganzzahldatentypen

Die Verwendung von *auto* bedeutet nicht, dass die Variable keinen oder einen universellen Datentyp wie in typlosen Sprachen hat. Vielmehr hat sie genau den Datentyp, den der Initialisierungsausdruck hat. Die Angabe *auto* erspart dem Programmierer lediglich, den Namen dieses Datentyps zu schreiben.

Implizite Typzuweisungen bringen bei einfachen Datentypen wie *int* auf den ersten Blick keinen großen Vorteil: Die Vereinfachung des Schreibaufwands ist minimal, und dass der Datentyp der Variablen nicht explizit da steht, macht das Programm nicht immer leichter verständlich. Trotzdem hat *auto* oft Vorteile:

- Da *auto* einen Initialisierungsausdruck verlangt, kann die Initialisierung einer Variablen nicht vergessen werden.
- Da der Datentyp immer der des Initialisierers ist, werden unbeabsichtigte Konvertierungen vermieden.
- Mit *auto* kann man sicherstellen, dass mehrere Variable denselben Datentyp haben. Ändert man im letzten Beispiel den Datentyp von i, hat k automatisch denselben Datentyp wie i, ohne dass man die Definition von k ändern muss.
- Bei komplexeren Datentypen (z.B. den Iterator-Klassen der Container-Klassen, siehe Abschnitt 11.1.2) kann *auto* die Schreibarbeit beträchtlich reduzieren.
- In Templates und Lambda-Ausdrücken kann *auto* die einzige Möglichkeit sein, einen Datentyp zu bestimmen.

Deswegen ist es oft empfehlenswert, *auto* gegenüber einer expliziten Typangabe zu bevorzugen.

Eine ausführlichere Darstellung von *auto* folgt in Abschnitt 14.4.1.

2.3.4 Zuweisungen und Standardkonversionen bei Ganzzahlausdrücken

Traditionellerweise wird bei einer Zuweisung der zugewiesene Wert wie in

```
int j = i;
```

nach einem Zuweisungsoperator angegeben. Diese Schreibweise kann zu einer Standardkonversion mit unerwarteten Ergebnissen führen (siehe die anschließenden Ausführungen). Seit Visual Studio 2013 kann der Wert bei einer Initialisierung oder einer Zuweisung auch in geschweiften Klammern (einer sogenannten **Initialisiererliste**, siehe Abschnitt 8.2.3) angegeben werden. Diese Schreibweise hat den Vorteil, dass der Compiler eine Fehlermeldung ausgibt, wenn der Wert nicht im Wertebereich des Datentyps liegt:

```
int a = { 100'000'000'000 }; // Fehler: zu groß für int
```

Da der Compiler bei einer Initialisierliste prüft, ob eine Konversion sicher ist, sollte man **diese Schreibweise bevorzugen**, wenn die beteiligten Datentypen verschieden sind.

Beispiel: Die unsichere Konversion

```
unsigned int i = 1;
int j = i;
```

wird vom Compiler akzeptiert, während sie mit einer Initialisiererliste vom Compiler zurückgewiesen wird:

```
unsigned int i = 1;
int j = { i };//Fehler: Konvertierung "unsigned int" zu "int"
```

Standardkonversionen sind Konversionen für die vordefinierten Datentypen, die der Compiler implizit (d.h. automatisch) durchführt. Sie sind im C++-Standard definiert und werden z.B. in den folgenden Situationen durchgeführt:

- Wenn ein Ausdruck als Operand eines Operators verwendet wird (siehe Abschnitt 2.3.5). So wird z.B. bei der Zuweisung v=a der Ausdruck a in den Datentyp von v konvertiert.
- Wenn beim Aufruf einer Funktion für einen Parameter eines Datentyps T1 ein Argument eines anderen Datentyps T2 eingesetzt wird.

Insbesondere sind Standardkonversionen für alle Ganzzahldatentypen definiert. Deshalb können in einer Zuweisung

v=a

beliebige Ganzzahldatentypen von a und v kombiniert werden. Falls dabei die **Datentypen** von v und a **identisch** sind, wird durch die Zuweisung einfach das Bitmuster von a an die Adresse von v kopiert, so dass der Wert von v mit dem von a identisch ist. Sind die beiden **Datentypen** dagegen **verschieden**, wird der Datentyp der rechten Seite durch eine der folgenden Konversion in den Datentyp der linken Seite konvertiert:

1. Ausdrücke der Datentypen *bool, char, signed char, unsigned char, short int* oder *unsigned short int* werden in den Datentyp *int* konvertiert.
2. Bei der Konversion einer Zahl a in einen n bit breiten Ganzzahldatentyp ohne Vorzeichen besteht das Ergebnis gerade aus den letzten n Bits von a.
3. Bei der Konversion in einen Ganzzahldatentyp mit Vorzeichen wird der Wert nicht verändert, wenn er im Ziel-Datentyp exakt dargestellt werden kann. Andernfalls ist das Ergebnis nicht durch den C++-Standard festgelegt.

Die erste Konversion betrifft nur Konversionen „kleinerer" Datentypen als *int* in den Datentyp *int* und wird auch als **ganzzahlige Typangleichung (integral promotion)** bezeichnet. Die letzten heißen auch **ganzzahlige Typumwandlungen (integral conversion)**.

Beispiel: Gemäß der Regeln 2. und 3. werden die folgenden Zuweisungen alle von Visual C++ übersetzt. Obwohl keiner der zugewiesenen Werte im Wertebereich des Datentyps der linken Seite liegt, gibt Visual C++ mit dem voreingestellten Warnlevel keine Warnung aus.

```
int a = -257;
char v1 = a;         // v1=='ÿ' (-1)
unsigned int v2 = a; // v2==4294967039
unsigned int b = 2147483648; // INT_MAX+1
char v3 = b;         // v3= 0
int v4 = b;          // v4==-2147483648
```

2.3 Ganzzahldatentypen

Eine Konversion, bei der der Zieldatentyp alle Werte des konvertierten Datentyps darstellen kann, wird als **sichere Konversion** bezeichnet. Die ganzzahligen Typangleichungen und die folgenden Konversionen sind sichere Konversionen:

unsigned char → *unsigned short* → *unsigned int* → *unsigned long*
signed char → *short* → *int* → *long*

Da bei einem 32-bit-Rechner

sizeof(char)=1 < sizeof(short)=2 < sizeof(int)=sizeof(long)=4

gilt, sind hier außerdem noch diese Konversionen sicher:

unsigned char → *short*
unsigned short → *int*

Falls die beteiligten Datentypen unterschiedlich breit sind wie in

```
int v;  // 32 bit breit
char a; //  8 bit breit
...
v = a;    // char wird in int konvertiert
```

wird das Bitmuster folgendermaßen angepasst:

– Bei einem positiven Wert von a werden die überzähligen linken Bits von v mit Nullen aufgefüllt:

```
a = 1; // a = 0000 0001 binär
v = a; // v = 0000 0000 0000 0000 0000 0000 0000 0001
```

– Bei einem negativen Wert von a werden die überzähligen linken Bits mit Einsen aufgefüllt.

```
-1 mit 8 Bits:    binär 1111 1111, hexadezimal FF
-1 mit 32 Bits:   hex.: FFFFFFFF
```

Diese Anpassung des Bitmusters wird als **Vorzeichenerweiterung** bezeichnet. Das erweiterte Bitmuster stellt dann im Zweierkomplement denselben Wert dar wie das ursprüngliche.

Da Ganzzahlliterale einen Ganzzahldatentyp haben, können sie in einen beliebigen anderen Ganzzahltyp konvertiert werden. Falls der Wert des Literals nicht im Wertebereich des anderen Datentyps liegt, können die impliziten Konversionen zu überraschenden Ergebnissen führen.

Beispiel: Die folgenden Zuweisungen werden von Visual C++ ohne Fehlermeldungen übersetzt:

```
// #define INT_MAX  2147483647
```

```
int k = 2147483648; // =INT_MAX+1
cout << k << endl;  // -2147483648
int m = 12345678901234567890; // warning: Verkürzung von
                              // '__int64' zu 'int'
cout << m << endl;  // m=-350287150
```

Hier ist das an k und m zugewiesene Literal zu groß für den Datentyp *int*. Die ausgegebenen Werte entsprechen vermutlich nicht unbedingt den Erwartungen:

Offensichtlich können harmlos aussehende Zuweisungen zu Ergebnissen führen, die auf den ersten Blick überraschend sind. Nicht immer wird durch eine Warnung auf ein solches Risiko hingewiesen. Bei einem umfangreichen Programm mit vielen Warnungen werden diese auch leicht übersehen.

Die Verantwortung für die gelegentlich überraschenden Folgen der impliziten Konversionen liegt deshalb letztendlich immer beim Programmierer: Er muss bei der Wahl der Datentypen stets darauf achten, dass sie nur zu sicheren Konversionen führen. Das erreicht man **am einfachsten** dadurch, dass man als Ganzzahldatentyp **immer denselben Datentyp** verwendet. Da der Datentyp eines Dezimalliterals meist *int* ist, liegt es nahe, immer diesen Datentyp zu wählen.

Diese Empfehlung steht im Gegensatz zu einer anderen Empfehlung, die man relativ oft findet, nämlich **Datentypen minimal** zu **wählen**. Danach sollte man einen Datentyp immer möglichst klein wählen, aber dennoch groß genug, damit er alle erforderlichen Werte darstellen kann. Das führt zu einem minimalen Verbrauch an Hauptspeicher, erfordert allerdings eine gewisse Sorgfalt bei impliziten Konversionen.

Beispiel: Für eine Variable, die einen Kalendertag im Bereich 1..31 darstellen soll, ist der Datentyp *char* oder *unsigned char* ausreichend. Da beide Datentypen sicher in den Datentyp *int* konvertiert werden können, spricht auch nichts gegen diese Datentypen.

Für eine Variable, die eine ganzzahlige positive Entfernung darstellen soll, ist auf den ersten Blick der Datentyp *unsigned int* naheliegend. Da die Konversion dieses Datentyps in *int* nicht sicher ist, sollte stattdessen *int* bevorzugt werden.

Am einfachsten ist es, wenn man für alle diese Variablen den Datentyp *int* verwendet.

2.3.5 Operatoren und die „üblichen arithmetischen Konversionen"

Für Ganzzahloperanden sind unter anderem die folgenden **binären Operatoren** definiert. Sie führen zu einem Ergebnis, das wieder einen Ganzzahldatentyp hat:

2.3 Ganzzahldatentypen

    +   Addition
    −   Subtraktion
    *   Multiplikation
    /   Division, z.B. 7/4=1
    %   Rest bei der ganzzahligen Division, z.B. 7%4 = 3

Für y ≠ 0 gilt immer:

$(x / y)*y + (x \% y) = x.$

Das Ergebnis einer %-Operation mit nicht negativen Operanden ist immer positiv. Falls einer der Operanden negativ ist, ist das Vorzeichen des Ergebnisses im C++-Standard nicht festgelegt.

Im C++-Standard ist explizit nicht festgelegt, wie sich ein Programm verhalten muss, wenn bei der Auswertung eines Ausdrucks ein Überlauf oder eine unzulässige Operation (wie z.B. eine Division durch 0) stattfindet. Die meisten Compiler (wie auch Visual C++) ignorieren einen Überlauf und rechnen modulo 2^n. Bei einer Division durch 0 wird das Programm abgebrochen.

Beispiele: Das Vorzeichen von x/y ergibt sich nach den üblichen Regeln:

```
i = 17 / -3;    // i == -5
j = -17 / 3;    // j == -5
k = -17 / -3;   // k == 5
```

    Mit dem %-Operator kann man z.B. feststellen, ob eine Ganzzahl ein Vielfaches einer anderen Ganzzahl ist.

```
if ((i % 2) == 0)// nur für gerade Werte von i erfüllt
```

In Zusammenhang mit den binären Operatoren stellt sich die Frage, welchen Datentyp das Ergebnis hat, wenn der Datentyp der beiden Operanden verschieden ist wie z.B. in

```
short s;
char c;

... = c + s;
```

C++ geht dabei in zwei Stufen vor, die auch als die **üblichen arithmetischen Konversionen** bezeichnet werden. Sie konvertieren die Operanden in einen **gemeinsamen Datentyp**, der dann auch der Datentyp des Ausdrucks ist. Für Ganzzahldatentypen sind sie folgendermaßen definiert:

– In einem ersten Schritt werden alle Ausdrücke der Datentypen *char, signed char, unsigned char, short int* oder *unsigned short int* durch eine **ganzzahlige Typangleichung** (siehe Seite 50) in den Datentyp *int* konvertiert.
– Falls der Ausdruck nach dieser Konvertierung noch verschiedene Datentypen enthält, ist der gemeinsame Datentyp der erste in der Reihe

unsigned long int, long int, unsigned int

wenn einer der Operanden diesen Datentyp hat. Der gemeinsame Datentyp von *long int* und *unsigned int* ist in 32-bit Visual C++ *unsigned long int*.

Beispiele:

1. Nach den Definitionen

   ```
   char ca = 65; // 'A'
   char cb = 0;
   ```

   wird der Datentyp der Operanden von ca+cb durch ganzzahlige Typangleichungen in *int* konvertiert. Deshalb hat ca+cb den Datentyp *int* und nicht etwa *char*.

2. Für eine Variable u des Datentyps *unsigned int* wird der zweite Operand des Ausdrucks *u–1* ebenfalls in den Datentyp *unsigned int* konvertiert. Deshalb hat dieser Ausdruck mit u=0 den Wert 4294967295 und nicht den Wert –1. In

   ```
   unsigned int u = 0;
   int i = 1 / (u-1);
   ```

   erhält man so den Wert i=0 und nicht etwa den Wert i=–1. Mit

   ```
   int i = u-1;
   ```

   erhält i dagegen den Wert –1, da der *unsigned* Wert in *int* konvertiert wird.

   Das erste Beispiel zeigt insbesondere, dass sich der Datentyp eines Ausdrucks allein aus dem Datentyp der Operanden ergibt. Falls der Ausdruck einer Variablen zugewiesen wird, beeinflusst der Datentyp, an den die Zuweisung erfolgt, den Datentyp des Ausdrucks nicht.

3. Auch die Operanden der **Vergleichs- oder Gleichheitsoperatoren** werden mit den **üblichen arithmetischen Konversionen** in einen gemeinsamen Datentyp konvertiert. Deshalb werden nach der Definition

   ```
   unsigned int ui = 1;
   ```

   die beiden Operanden in der Bedingung (ui > –1) in den gemeinsamen Datentyp *unsigned int* konvertiert. Dadurch wird das Bitmuster 0xFFFFFFFF des *int*-Werts –1 als *unsigned int*-Wert interpretiert. Da kein Wert größer als dieser Wert sein kann, wird durch

   ```
   if (ui > -1) cout << "1 > -1" << endl;
   else cout << "1 <= -1" << endl;
   ```

   „1 <= –1" ausgegeben, obwohl man auf den ersten Blick wohl „1 > –1" erwarten würde. Der Compiler gibt dazu auch mit dem Warnlevel W3 keine Warnungen aus:

Neben den binären gibt es die **unären Operatoren** + und –. „+" ändert den Wert des Operanden nicht. „–" sollte nur auf Datentypen mit Vorzeichen angewandt werden. Man

2.3 Ganzzahldatentypen

muss aber beachten, dass aufgrund der Asymmetrie der Wertebereiche dieser Datentypen für den kleinsten Wert *min* nicht $-(-min) = min$ sein kann:

```
short i = -32768; // Wertebereich von short: -32768..32767
i = -i;// i = -32768
```

Für Operanden eines Ganzzahldatentyps sind die **bitweisen Operatoren &** (*bitand*), | (*bitor*) und ^ (*xor*) definiert. Nach den üblichen arithmetischen Konversionen der Operanden werden ihre einzelnen Bits gemäß der folgenden Tabelle verknüpft. Der Operator ~ negiert die einzelnen Bits und erzeugt so das Einerkomplement:

p	q	p & q	p | q	p ^ q	~p
1	1	1	1	0	0
1	0	0	1	1	0
0	1	0	1	1	1
0	0	0	0	0	1

Diese Operatoren werden oft dazu verwendet, einzelne Bits bei Ganzzahldatentypen ohne Vorzeichen zu setzen oder zu löschen.

Beispiel: Durch

```
unsigned int m = 3, n = 0x0000ffff, i, j;
i = i | m;
j = j&n;
```

werden die niedrigstwertigen beiden Bits von i gesetzt, unabhängig davon, welchen Wert i zuvor hatte. Die obersten 16 Bits von j werden auf 0 gesetzt, und die unteren 16 Bits bleiben unverändert:

Durch die **Inkrement- und Dekrementoperatoren**

++, --

wird der Wert des Operanden um 1 erhöht bzw. reduziert. Beide können als Präfix- und als Postfixoperator verwendet werden. Wenn man einen solchen Ausdruck wie in

```
i++; ++i;   bzw.
i--; --i;
```

als eigenständige Anweisung verwendet, ist das Ergebnis des Präfix- und Postfixoperators gleichwertig. Weist man einen solchen Ausdruck in derselben Anweisung einer Variablen zu, erhält die Variable beim Präfixoperator einen anderen Wert als beim Postfixoperator.

– Bei den Postfixoperatoren ist der Wert des Ausdrucks der Wert des Operanden vor der Erhöhung bzw. Reduzierung:

```
int i = 0, j = 0, k;
k = i++; // k=0, i=1
k = j--; // k=0, j=-1
```

- Dagegen ist bei den Präfixoperatoren der Wert des Ausdrucks der Wert des Operanden nach der Erhöhung bzw. Reduzierung:

```
int i = 0, j = 0, k;
k = ++i; // k=1, i=1
k = --j; // k=-1, j=-1
```

Wenn man sich über diese diffizilen Unterschiede nicht ganz sicher ist, empfiehlt es sich, diese Operatoren nur als eigenständige Anweisungen zu verwenden. Die Präfixoperatoren sind bei manchen Datentypen ein klein wenig schneller. Bei fundamentalen Datentypen (wie z.B. *int*) besteht meist kein Laufzeitunterschied (siehe Abschnitt 2.5.2).

Beispiel: Diese beiden *for*-Anweisungen (siehe Abschnitt 2.4.2) haben denselben Effekt.

```
for (int i = 0; i<n; i++) ...
for (int i = 0; i<n; ++i) ...
```

Mit dem Operator *sizeof* kann man die Anzahl der Bytes bestimmen, die ein Ausdruck bzw. eine Variable eines Datentyps belegen. Der Operand ist entweder ein Ausdruck oder ein Datentyp, der in Klammern angegeben wird:

```
sizeof  unary-expression
sizeof ( type-id )
```

Das Ergebnis ist eine Konstante des Datentyps *size_t*. Dieser Datentyp steht nach *#include <stddef.h>* zur Verfügung. Bei den meisten Compilern ist das ein anderer Name für *unsigned int*.

Beispiel:
```
int sc = sizeof(char);    // 1
int sh = sizeof(short);   // 2
int si = sizeof(int);     // 4
short s;
int vs = sizeof(s);       // 2
int v0 = sizeof(s + 0);   // 4, ganzzahlige Typangleichung
```

Aufgaben 2.3.5

1. a) Welchen Wert haben die Variablen b, c, d, e und f nach den Zuweisungen

```
unsigned char b = 255;
unsigned char c = 0;
int i = 1234567898;

b = b + 1;
c = c - 1;
```

2.3 Ganzzahldatentypen

```
int d = i / 100;
int e = i % 100;
int f = i + i
```

b) Welche der Zuweisungen in a) sind zulässig, wenn die rechte Seite in einer Initialisiererliste angegeben wird?

2. Beschreiben Sie für beliebige positive Werte von i und j (beide Ganzzahldatentypen) das Ergebnis von

   ```
   (i/j)*(j/i)
   ```

3. Beschreiben Sie für einen ganzzahligen Operanden x das Ergebnis von

   a) `int a = x^x;`
   b) `int b = x & 1;`

4. Welche Voraussetzungen müssen für das Bitmuster der *int*-Werte x und y gelten, damit die folgenden drei Ausdrücke gleich sind?

   ```
   x|y, x+y, x^y
   ```

2.3.6 Die Datentypen *char* und *wchar_t*

Eine Variable des Datentyps *char* (für character, Zeichen) kann ein einzelnes Zeichen des dem System zugrunde liegenden Zeichensatzes darstellen.

Alle diese Zeichensätze sind eine Obermenge des **ASCII-Zeichensatzes**, in dem die Zeichen mit den Nummern 0 bis 127 standardisiert sind. Von diesen sind die Zeichen mit den Nummern 32 bis 126 druckbare Zeichen. Die Zeichen 0 .. 31 werden oft als Steuerzeichen (z.B. zur Datenfernübertragung und Druckersteuerung) verwendet.

Die Zeichen Nr. 32 (Leerzeichen) bis 126 im ASCII-Zeichensatz:

```
      0   1   2   3   4   5   6   7   8   9
 30               !   "   #   $   %   &   '
 40   (   )   *   +   ,   -   .   /   0   1
 50   2   3   4   5   6   7   8   9   :   ;
 60   <   =   >   ?   @   A   B   C   D   E
 70   F   G   H   I   J   K   L   M   N   O
 80   P   Q   R   S   T   U   V   W   X   Y
 90   Z   [   \   ]   ^   _   `   a   b   c
100   d   e   f   g   h   i   j   k   l   m
110   n   o   p   q   r   s   t   u   v   w
120   x   y   z   {   |   }   ~
```

Einige Steuerzeichen:

```
 8: BS   // Backspace - ein Zeichen zurück
10: LF   // Linefeed - Zeilenvorschub
12: FF   // Formfeed - Blattvorschub
13: CR   // Carriage Return - Wagenrücklauf
27: ESC  // Escape - Altdeutsch: Fluchtsymbol
```

Die Zeichen 128 .. 255 können unter verschieden Systemen (MS-DOS, Windows usw.) eine verschiedene Bedeutung haben.

Beispiele: Unter Windows wird der **ANSI-Zeichensatz** verwendet. Ein Auszug:

	0	1	2	3	4	5	6	7	8	9
190	¾	¿	À	Á	Â	Ã	Ä	Å	Æ	Ç
200	È	É	Ê	Ë	Ì	Í	Î	Ï	Ð	Ñ
210	Ò	Ó	Ô	Õ	Ö	×	Ø	Ù	Ú	Û
220	Ü	Ý	Þ	ß	à	á	â	ã	ä	å
230	æ	ç	è	é	ê	ë	ì	í	î	ï
240	ð	ñ	ò	ó	ô	õ	ö	÷	ø	ù
250	ú	û	ü	ý	þ	ÿ				

In allen Zeichensätzen wird ein **Zeichen** durch seine **Nummer im Zeichensatz dargestellt**. Das Zeichen 'A' wird also durch die Zahl 65_{10} dargestellt. Das Zeichen mit der Nummer 0 (dessen Bitmuster ausschließlich aus Nullen besteht), wird auch als **Nullzeichen** bezeichnet.

Ein **Literal** des Typs *char* wird im einfachsten Fall durch einfache Hochkommas begrenzt und enthält ein Zeichen des zugrunde liegenden Zeichensatzes:

Beispiel: char c = 'A';
         c = 'ä';

Da der Datentyp *char* ein Ganzzahldatentyp ist, kann man einer Variablen des Datentyps *char* auch einen Ganzzahlwert zuweisen.

Beispiele: char c = 27; // ESC
          c = 65; // 'A'
          char NullZeichen = 0;

Einige spezielle Zeichen können als **Escape-Sequenz** dargestellt werden. Eine Escape-Sequenz beginnt mit \:

simple-escape-sequence: one of
  \' \" \? \\ \a \b \f \n \r \t \v

Die einfachen Escape-Sequenzen bedeuten im Einzelnen:

2.3 Ganzzahldatentypen

	Wert (dez.)	Symbol	Bedeutung
\a	7	BEL	Alarmton
\b	8	BS	Backspace
\t	9	HT	horizontaler Tabulator
\n	10	LF	Zeilenvorschub
\v	11	VT	vertikaler Tabulator
\f	12	FF	Seitenvorschub
\r	13	CR	Wagenrücklauf (Carriage Return)
\"	34	"	doppeltes Anführungszeichen
\'	39	'	einfaches Anführungszeichen (Apostroph)
\?	63	?	Fragezeichen
\\	92	\	Backslash (umgekehrter Schrägstrich)

Beispiele: `char c = '\'';`
`c = '\n'; // newline-Zeichen`

Da '\' immer als erstes Zeichen einer Escape-Sequenz interpretiert wird, muss dieses Zeichen in einer Pfadangabe in einem String doppelt angegeben werden. Anstelle von „\\" ist bei **Pfadangaben** in Windows auch „/" möglich.

Beispiel: Die nächsten beiden Pfadangaben sind gleichwertig:

```
auto Dateiname1 = "c:\\Projekt1\\Projekt1";
auto Dateiname1 = "c:/Projekt1/Projekt1";
```

Obwohl eine Escape-Sequenz aus zwei oder mehr Zeichen besteht, stellt sie ein einzelnes Zeichen mit dem Wert aus der Spalte *Wert* dar.

Da *char*-Werte durch ihre Nummern im verwendeten Zeichensatz dargestellt werden, können sie wie Zahlen mit einem der Vergleichsoperatoren <, <= (für ≤), >, >= (für ≥), == und != (für ≠) verglichen werden:

```
if ((c >= 'A') && (c <= 'Z')) ...
```

Da im ASCII-Zeichensatz jeweils Ziffern, Groß- und Kleinbuchstaben in der üblichen Reihenfolge aufeinander folgen, wird durch diese Abfrage also geprüft, ob das Zeichen c ein Großbuchstabe ist oder nicht.

Es gibt drei *char*-Datentypen: *char*, *signed char* und *unsigned char*. Nach dem C++-Standard sind das drei verschiedene Datentypen, die jeweils 1 Byte belegen (*sizeof*). Der Datentyp *char* muss entweder dieselbe Darstellung wie *signed char* oder *unsigned char* verwenden. Es ist aber explizit offen gelassen, welche von beiden.

Visual C++ verwendet als **Voreinstellung** den Datentyp ***signed char***. Mit der Compiler-Option „J" (z.B. über *Projekt\Eigenschaften\Konfigurationseigenschaften\C/C++\Sprache\Standardzeichen "unsigned"*) kann das Datenformat von *char* auf das von *unsigned char* gesetzt werden.

Diese Wahl erscheint zumindest auf den ersten Blick überraschend: So sind in den Tabellen mit dem ASCII- oder ANSI-Zeichensatz die einzelnen Zeichen meist von 0 bis 255 durchnummeriert und nicht von –128 bis 127. Eine Zuweisung wie in

```
char c = -28; // 'ä'
```

wirkt auf den Blick meist irritierend. Außerdem erhält man z.B. in

```
for (char c = 0; c < 255; c++)
   ...
```

eine Endlosschleife, obwohl diese Anweisung ohne Warnung kompiliert wird.

Die C/C++-**Standardbibliotheken** enthalten zahlreiche Funktionen für den Datentyp *char*. Die folgenden Funktionen stehen nach

```
#include <ctype.h>
```

zur Verfügung. Die Funktion *toupper* wandelt ein Argument, das einen Kleinbuchstaben ('a'.. 'z') im ASCII-Zeichensatz darstellt, in den entsprechenden Großbuchstaben um. Andere Argumente werden unverändert zurückgegeben. Entsprechend wandelt *tolower* eine Zahl, die einen Großbuchstaben darstellt, in den entsprechenden Kleinbuchstaben um:

```
int toupper(int ch); // c=toupper('a') ergibt c='A'
int tolower(int ch);
```

Da die Buchstaben sowohl im Bereich der Groß- als auch der Kleinbuchstaben in derselben Reihenfolge aufeinander folgen, entspricht *tolower* der Anweisung:

```
if ((c >= 'A') && (c <= 'Z'))
   c = c -'A' + 'a';
```

Da deutsche Umlaute (ä, ö usw.) nicht zum ASCII-Zeichensatz gehören, werden sie bei diesen Funktionen nicht berücksichtigt.

Mit weiteren Funktionen kann man prüfen, zu welcher Gruppe ein Zeichen gehört. Alle diese Funktionen haben den Funktionswert 0, wenn das übergebene Zeichen nicht zu der Gruppe gehört, und andernfalls den Wert 1:

```
int isalpha (int  c); // Buchstabe
int isupper (int  c); // Großbuchstabe
int islower (int  c); // Kleinbuchstabe
int isdigit (int  c); // Ziffer
int isalnum (int  c); // alphanumerisch
int isspace (int  c); // Whitespace (blank, tab usw.)
int isxdigit(int  c); // Hexadezimalziffer
int iscntrl (int  c); // Steuerzeichen
```

Alle diese Funktionen sind auf Zeichen des ASCII-Zeichensatzes beschränkt.

2.3 Ganzzahldatentypen

Die *char*-Datentypen verwenden ein Byte zur Darstellung eines Zeichens. Die damit möglichen 256 verschiedenen Zeichen sind jedoch für Sprachen mit einer größeren Anzahl von Zeichen (z.B. asiatische und arabische) nicht ausreichend. C++ unterstützt solche Zeichen durch die Datentypen **wchar_t, char16_t, char32_t**:

– Werte des Typs **wchar_t** werden auch als **Multibyte-Zeichen** oder „**wide char**" bezeichnet. Literale dieses Typs müssen mit einem L beginnen.

  Beispiel: `wchar_t w = L'A';`

  Für diesen Datentyp stehen in <ctype.h> Funktionen wie

  *int **towupper**(wint_t c);*

  (mit einem zusätzlichen „w" im Namen) zur Verfügung, die nicht nur ASCII-Zeichen, sondern auch nationale Sonderzeichen wie z.B. Umlaute berücksichtigen.

– **char16_t** und **char32_t** stellen Zeichen durch einen sogenannten Code-Punkt mit 16 oder 32 Bits im **Unicode**-Standard dar. Unicode umfasst praktisch alle Zeichen aller verschiedenen nationalen Schriftarten, einschließlich technischer und typografischer Sonderzeichen. Unicode-Zeichen im Bereich 0 .. 255 sind mit denen des ANSI-Zeichensatzes identisch. Literale dieser Typen müssen mit einem u (Kleinbuchstabe) oder einem U (Großbuchstabe) beginnen.:

  Beispiel: `char16_t u1 = u'A';`
  `char32_t u2 = U'A';`

Aufgaben 2.3.6

1. *c* soll eine Variable des Datentyps *char* sein. Weisen Sie einer booleschen Variablen

   a) *Grossbuchstabe* genau dann den Wert *true* zu, wenn *c* ein Großbuchstabe ist.
   b) *Buchstabe* genau dann den Wert *true* zu, wenn *c* ein Buchstabe ist.
   c) *alphanumerisch* genau dann den Wert *true* zu, wenn *c* ein Buchstabe oder eine Ziffer ist.

2. Schaltjahre

   Die Umlaufzeit der Erde um die Sonne bezeichnet man als ein Jahr. Ein Tag ist der Zeitraum, in dem sich die Erde einmal um ihre Achse dreht (Abstand zwischen zwei Mittagen).

   Misst man ein Jahr als den Zeitraum zwischen den sogenannten Frühlingspunkten, an denen ein Tag und eine Nacht genau gleich lang sind, war am 1.1.1900 ein Jahr 365 Tage, 5 Stunden, 48 Minuten und 46,0 Sekunden oder 365,24220 Tage lang. Dass ein Jahr in einem Jahrtausend 5,6 Sekunden kürzer wird, soll im Folgenden nicht berücksichtigt werden.

Der von Julius Cäsar 46 v. Chr. festgelegte **Julianische Kalender** ging von durchschnittlich 365,25 Tagen pro Jahr aus. Dieser Fehler ist bis in das 16. Jahrhundert auf ca. 10 Tage angewachsen.

Papst Gregor XIII. hat im Jahr 1582 den auch heute noch gültigen **Gregorianischen Kalender** eingeführt, nach dem ein Jahr durchschnittlich 365,2425 Tage lang ist. Dabei wurden die Nachkommastellen folgendermaßen durch Schaltjahre berücksichtigt: Jede durch 4 teilbare Jahreszahl ist ein Schaltjahr, außer den durch 100 teilbaren, wenn diese nicht durch 400 teilbar sind. Bei diesem Verfahren summiert sich der Fehler in 3300 Jahren auf einen Tag auf.

Weisen Sie einer booleschen Variablen *Schaltjahr* den Wert eines booleschen Ausdrucks zu, so dass *Schaltjahr* den Wert *true* erhält, wenn die Variable *Jahr* (Datentyp *int*) nach dem Gregorianischen Kalender ein Schaltjahr ist, und andernfalls den Wert *false*.

3. Die Ganzzahlvariablen t1, m1 und j1 sowie t2, m2 und j2 sollen zwei Kalenderdaten bezeichnen (z.B. t1=17, m1=12, j1=2017). Eine boolesche Variable *vorher* soll den Wert *true* erhalten, wenn das Datum (t1, m1, j1) zeitlich vor dem Datum (t2, m2, j2) liegt, und andernfalls den Wert *false*.

4. Die logischen Operatoren sehen ähnlich aus wie die bitweisen und werden deshalb leicht verwechselt, so dass z.B. x&y anstelle von x&&y geschrieben wird. Wie unterscheiden sich die Werte dieser Ausdrücke für Operanden des Datentyps *bool* und *int*?

5. Bei einem Lösungsversuch habe ich einmal den folgenden Ausdruck gesehen (dabei war x eine *int*-Variable):

```
if (x==!0) ... // gemeint war if (x!=0) ...
```

Wird dieser Ausdruck vom Compiler akzeptiert? Falls ja, was bedeutet er?

2.3.7 Der Datentyp *bool*

Der Datentyp **bool** ist ein vordefinierter Ganzzahldatentyp, der die Werte *true* und *false* annehmen kann. Diese Werte sind die booleschen Literale :

boolean-literal:
```
    false
    true
```

Damit sind nach der Definition

```
bool b;
```

diese Zuweisungen möglich:

```
b = true;
b = false;
```

2.3 Ganzzahldatentypen

Diesen Datentyp erhält man aber nicht nur bei entsprechend definierten Variablen. Vielmehr hat in C++ jeder Ausdruck, der mit einem der **Vergleichs- oder Gleichheitsoperatoren** <, <= (für ≤), >, >= (für ≥), == (für =) und != (für ≠) gebildet wird, den Datentyp *bool* und damit einen der beiden Werte *true* oder *false*. Wenn also in einem Programm

```
if (x < 17) ...
```

geschrieben wird, ist „x<17" ein boolescher Ausdruck, der entweder den Wert *true* oder *false* hat.

Ein boolescher Ausdruck kann einer booleschen Variablen zugewiesen werden:

```
bool b = (x < 17);
```

Hier erhält b den Wert *true*, falls der Wert von x kleiner als 17 ist, und andernfalls den Wert *false*. Diese Zuweisung ist einfacher als

```
if (x < 17) b = true;
else b = false;
```

Eine boolesche Variable kann direkt in einer *if*-Anweisung verwendet werden:

```
if (b) ...
```

Dabei ist es nicht notwendig, sie mit dem Wert *true* zu vergleichen:

```
if (b == true) ... // umständlich
```

Für boolesche Ausdrücke sind die binären **logischen Operatoren &&** und || sowie der unäre logische Operator **!** definiert. Das Ergebnis dieser Operationen ergibt sich aus der Tabelle:

p	q	p && q	p || q	!p
true	*true*	*true*	*true*	*false*
true	*false*	*false*	*true*	*false*
false	*true*	*false*	*true*	*true*
false	*false*	*false*	*false*	*true*

Deshalb kann man in einer *if*-Anweisung boolesche Ausdrücke verknüpfen oder negieren.

Beispiel: Traditionellerweise verwendet man für die booleschen Operationen die Operatoren &&, || und !:

```
if ((x >= 0) && (x <= 17)) ...
if (!b) ...
```

Es gibt keinen xor-Operator für boolesche Operanden. Mit dem bitweisen xor-Operator ^ erhält man aber für boolesche Operanden das richtige Ergebnis.

Bei einer solchen Verknüpfung können die Klammern auch ausgelassen werden:

```
if (x >= 0 && x <= 17) ...
```

Da die Prioritäten der einzelnen Operatoren aber durch ein recht umfangreiches Regelwerk beschrieben werden, besteht die Gefahr von Missverständnissen. Deshalb empfiehlt es sich immer, alle binären Ausdrücke zu klammern.

Die Bedeutung des **umgangssprachlichen „und"** bzw. **„oder"** kann von der von && bzw. || (die auch als **„logisches und"** bzw. **„oder"** bezeichnet werden) abweichen. Es empfiehlt sich deshalb, bei jeder solchen Verknüpfung noch einmal kurz nachzudenken, ob man jetzt wirklich ein && oder ein || braucht.

Beispiel: Die umgangssprachliche Aussage „Ich besuche dich heute oder morgen." wird meist als falsch betrachtet, wenn ich die angesprochene Person heute und morgen besuche. Das „oder" hat hier die Bedeutung eines „ausschließenden oder" (xor). Verknüpft man dagegen die beiden Einzelaussagen

p = „Ich besuche dich heute."
q = „Ich besuche dich morgen."

mit ||, ist p||q auch dann wahr, wenn beide Aussagen p und q wahr sind.

Allerdings muss das „logische und" bzw. „oder" nicht vom umgangssprachlichen abweichen. Es gibt viele Beispiele, wo sie gleich sind.

Zwischen dem Datentyp *bool* und den anderen Ganzzahldatentypen sind **implizite Standardkonversionen** definiert. Durch eine **ganzzahlige Typangleichung** wird der Wert *true* in 1 und der Wert *false* in 0 konvertiert. Der Wert 0 wird in *false* und jeder andere Wert wird in *true* konvertiert. Diese Konversionen finden z.B. dann statt, wenn einer Ganzzahlvariablen ein *bool*-Wert zugewiesen wird oder umgekehrt:

```
int i = true;   // i=1;
int j = false;  // j=0
bool b = 0;     // b=false
bool d = 17;    // d=true
```

Durch diese Standardkonversionen wird insbesondere die Kompatibilität zur Programmiersprache C hergestellt, in der es den Datentyp *bool* nicht gibt. In C wird der Wert 0 als *false* und jeder andere Wert als *true* interpretiert.

Diese Konversionen werden oft dazu verwendet, für einen Ausdruck i die Bedingung „i==0" kürzer zu formulieren, indem man sie durch „!i" ersetzt:

```
if (!(i % 2))  // gleichwertig mit "if (i%2==0)"
```

Wegen dieser Konversionen kann der Compiler allerdings den folgenden subtilen **Schreibfehler**, der leicht vorkommen kann, nicht entdecken:

```
if (x = 10)  // Schreibfehler: gemeint ist "if (x==10)"
```

2.3 Ganzzahldatentypen

Da in C++ eine Zuweisung wie „x=10" ein Ausdruck ist, der den Wert der rechten Seite hat (hier also 10), ist die Bedingung unabhängig vom Wert von x immer erfüllt, da der Wert 10 als *true* interpretiert wird. Als Folge dieses Schreibfehlers erhält x auch noch den Wert 10.

Kombiniert man einen booleschen Ausdruck und einen Ganzzahlausdruck mit einem binären Operator, wird der Wert des booleschen Ausdrucks durch eine **ganzzahlige Typangleichung** immer in einen Ganzzahltyp konvertiert.

Beispiele: In

```
if (0 <= x <= 10)..
```

wird zuerst der linke Teilausdruck „0<=x" als boolescher Ausdruck ausgewertet. Das Ergebnis wird dann in einen der Werte 0 oder 1 konvertiert und mit 10 verglichen. Deshalb hat der gesamte Ausdruck immer den Wert *true*, unabhängig vom Wert von x.

Die folgenden Anweisungen werden mit Warnungen (aber ohne Fehler) übersetzt:

```
bool b = 7; //warning: Verkürzung von 'int' in 'bool'
if (b == 7) //warning: '==' : unsichere operation,...
    cout << "b==7" << endl;
else
    cout << "b!=7" << endl;
```

In der ersten Anweisung wird 7 in den Wert *true* konvertiert. Dieser Wert wird dann in (b==7) in den Wert 1 konvertiert. Deswegen hat der Ausdruck (b==7) immer den Wert *false*.

Die logischen Operatoren && und || sind kommutativ, d.h. für boolesche Ausdrücke p und q haben

p&&q und q&&p, sowie
p||q und q||p

jeweils dasselbe Ergebnis. Allerdings müssen bei einem solchen Ausdruck nicht immer alle Operanden ausgewertet werden, um sein Ergebnis zu bestimmen: Sobald in einem mit && verknüpften Ausdruck einer der Operanden *false* ist, kann das Gesamtergebnis nicht mehr *true* werden. Ebenso kann das Ergebnis nicht mehr *false* werden, falls einer der Operanden bei einem mit || verknüpften Ausdruck *true* ist. Dann ist die Auswertung der restlichen Bedingungen des Gesamtausdrucks nicht mehr notwendig.

Wenn ein Compiler einen solchen Fall erkennt und dann die Auswertung des Gesamtausdrucks abbricht, bezeichnet man dies als **short-circuit evaluation** (Kurzschlussverfahren) im Unterschied zu einer „complete evaluation" (vollständige Auswertung). Nach dem C++-Standard werden boolesche Ausdrücke immer mit *short-circuit evaluation* ausgewertet. Deshalb führt der Ausdruck

```
(i%k == 0) && (k>0)
```

mit k==0 zu einem Laufzeitfehler (Division durch 0), während der logisch gleichwertige Ausdruck

```
(k>0) && (i%k == 0)
```

nicht zu einer Division durch Null führt. Obwohl die beiden Ausdrücke dasselbe Ergebnis haben, werden sie unterschiedlich ausgewertet. Deshalb kann man boolesche Ausdrücke so aufbauen, dass „Schutzbedingungen" links von den geschützten Bedingungen stehen. So kann man eine extra Prüfung sparen wie in

```
if (k>0)
  if ((k>0) && (i%k == 0))
```

2.4 Kontrollstrukturen und Funktionen

In diesem Abschnitt werden die wichtigsten Kontrollstrukturen vorgestellt, mit denen man Anweisungen wiederholen und in Abhängigkeit von Bedingungen ausführen kann. Eine ausführliche Behandlung von Funktionen folgt in Kapitel 7.

2.4.1 Die *if*- und die Verbundanweisung

Mit einer ***if*-Anweisung** kann man in Abhängigkeit von einer Bedingung steuern, ob eine Anweisung ausgeführt wird oder nicht:

```
if ( condition ) statement
if ( condition ) statement else statement
```

Der **Ausdruck** *condition* wird oft durch den Vergleich von zwei Ausdrücken mit einem der Operatoren ==, !=, <, <=, >, >= gebildet und stellt umgangssprachlich eine Bedingung dar. Die Anweisung nach *(condition)* wird auch als **then-Zweig** bezeichnet und die Anweisung nach *else* (sofern vorhanden) als **else-Zweig**.

In der ersten Form (ohne *else*) wird die Anweisung nur dann ausgeführt, wenn *condition* den Wert *true* hat. In der zweiten Form (mit *else*) wird erste Anweisung ausgeführt, falls die Bedingung erfüllt ist, und andernfalls die zweite. Die *if*-Anweisung ohne *else* kann als Spezialfall einer *if-else*-Anweisung aufgefasst werden, bei der im *else*-Zweig keine Anweisung steht.

Beispiel: Durch

```
if (x < 1) a = 1;
else a = 2;
```

wird die Anweisung „a = 1" ausgeführt, wenn die Bedingung x < 1 erfüllt ist, und andernfalls die Anweisung „a = 2".

2.4 Kontrollstrukturen und Funktionen

Verwendet man als Bedingung eine boolesche Variable, muss diese nicht auf Gleichheit mit dem Wert *true* geprüft werden:

```
if (Schaltjahr) MaxTag = 29;//siehe Aufgabe 2.3.6,2.
else MaxTag = 28;
```

Da bei einer *if*-Anweisung ohne *else*-Zweig keine Anweisung ausgeführt wird, wenn die zugehörige Bedingung nicht erfüllt ist, haben die nächsten Anweisungen denselben Effekt wie die letzte:

```
MaxTag = 28;
if (Schaltjahr) MaxTag = 29;
```

Mit dem Operator „==" prüft man die Gleichheit der beiden Operanden und mit „!=" deren Ungleichheit. Dabei muss man darauf achten, dass man den Operator „==" nicht mit dem Zuweisungsoperator „=" verwechselt. Eine solche Verwechslung wird vom Compiler nicht als Fehler bemängelt, sondern lediglich mit der Warnung „Zuweisung in bedingtem Ausdruck" honoriert, wenn das Level für Warnungen auf Stufe 4 eingestellt ist.

Die *condition* in einer *if*-Anweisung kann außerdem ein Ausdruck eines Datentyps sein, der in *bool* konvertiert werden kann, oder eine Definition, die mit einer Initialisierung verbunden ist:

condition:
   expression
   type-specifier-seq declarator = assignment-expression

Der Wert von *condition* ist dann der in den Datentyp *bool* konvertierte Wert des Ausdrucks bzw. des Zuweisungsausdrucks.

Sollen mehrere Anweisungen in Abhängigkeit von einer Bedingung ausgeführt werden, müssen sie durch eine **Verbundanweisung** mit { und } zusammengefasst werden. Eine Verbundanweisung wird auch als **Block** bezeichnet. In ihr können auch Variable definiert werden, die dann in diesem Block **lokal** sind.

compound-statement:
   { *statement-seq* opt }

Beispiel:
```
if (n > 0)
  {
    double Mittelwert = Summe / n;
    cout<<"Mittelwert="<< Mittelwert<<endl;
  }
else
  cout<<"Fehler, n="<< n<<endl;
```

Verwendet man in einer *if*-Anweisung wieder eine *if*-Anweisung, erhält man eine **verschachtelte** *if*-Anweisung.

– Bei einer *if*-Anweisung im *then*-Zweig

```
if (b1) if (b2) s;
```

wird die Anweisung s genau dann ausgeführt, wenn b1 und b2 den Wert *true* haben. Wenn der *then*-Zweig einer *if*-Anweisung eine *if-else*-Anweisung ist, lässt sich aus den bisherigen Ausführungen nicht ableiten, ob sich der *else*-Zweig in

```
if (b1) if (b2) S1; else S2;
```

auf b1 oder b2 bezieht. Diese Zweideutigkeit ist generell so geregelt, dass ein *else*-Zweig immer zu der letzten Bedingung ohne *else*-Zweig gehört. Deshalb ist die letzte Anweisung gleichwertig mit

```
if (b1)
{
  if (b2) S1;
  else S2;
}
```

– Mit einer *if*-Anweisung in einem *else*-Zweig ist eine **Mehrfachauswahl** möglich:

```
if (x < 0)
{
  a = -1;
  ..
}
else if (x > 0) a = 1;
else a = 0;
```

Bei einer Mehrfachauswahl ist es oft empfehlenswert, im letzten Zweig keine *if*-Anweisung zu verwenden. Bei der rechten *if*-Anweisung

```
if (x<0) // gleichwertig zum letzten Beispiel, aber
  ...    // nicht empfehlenswert
else if (x>0) ...;
else if
```

Aufgaben 2.4.1

1. Welche der folgenden *if*-Anweisungen sind nach den Definitionen

```
int x, Punkte, i, j;
bool b;
```

syntaktisch und inhaltlich korrekt?

2.4 Kontrollstrukturen und Funktionen

```
a) if (x = 17) cout << "Volltreffer" << endl;
b) if (i >= 1 && i <= 10) cout << "Volltreffer" << endl;
c) if b && (i = j*x) cout << "Volltreffer" << endl;
d) if (Punkte >= 0) cout << "Extremes Pech" << endl;
   else if (Punkte >= 20) cout << "Ziemliches Pech" << endl;
   else if (Punkte >= 40) cout << "Ein wenig Glück gehabt" << endl;
```

2. In Abhängigkeit vom Wert einer Variablen *Bewegungsart* (Datentyp *char*, zulässige Werte '+' oder '–') soll der Wert der Variablen *Betrag* zur Variablen *Kontostand* addiert oder von dieser subtrahiert werden.

3. In Abhängigkeit vom Wert der beiden Variablen *Lagergruppe* und *Materialgruppe* (beide Datentyp *char*) sollen gemäß der folgenden Tabelle die Werte der Variablen *LA_Summe*, *LB_Summe* usw. um den Wert der Variablen *Summe* erhöht werden:

Lager-gruppe	Material-gruppe	Verarbeitung
'A'	'A'	*LA_Summe* und *MA_Summe* um *Summe* erhöhen
'A'	'B'	*LA_Summe* und *MB_Summe* um *Summe* erhöhen
'A'	'X'	*LA_Summe* und *MX_Summe* um *Summe* erhöhen
'B'	'B'	*LB_Summe* und *MB_Summe* um *Summe* erhöhen
'B'	'D'	*LB_Summe* und *MD_Summe* um *Summe* erhöhen

Falls *Lagergruppe* den Wert 'A' hat, aber *Materialgruppe* nicht einen der Werte 'A', 'B' oder 'X', soll die Meldung

„Unzulässige Materialgruppe in Lager A"

ausgegeben werden; entsprechend für *Lagergruppe* = 'B'.

Falls *Lagergruppe* weder den Wert 'A' noch den Wert 'B' hat, soll die Meldung

„Unzulässige Lagergruppe"

erfolgen. In jedem dieser unzulässigen Fälle soll keine Summation durchgeführt werden.

4. **Datumsvergleich**

Die Ganzzahlvariablen t1, m1 und j1 sowie t2, m2 und j2 sollen zwei Kalenderdaten bezeichnen (z.B. t1=17, m1=5, j1=2017). Eine boolesche Variable *vorher* soll den Wert *true* erhalten, wenn das Datum (t1, m1, j1) zeitlich vor dem Datum (t2, m2, j2) liegt, und andernfalls den Wert *false*.

Diese Aufgabe wurde schon in Aufgabe 2.3.6, 3. allein mit booleschen Variablen behandelt. Sie kann aber auch mit *if*-Anweisungen bearbeitet werden, was oft als einfacher angesehen wird.

Falls die Jahreszahlen in j1 und j2 verschieden sind, gibt der boolesche Ausdruck

```
j1 < j2
```

an, ob das erste Datum zeitlich vor dem zweiten liegt:

```
if (j1 != j2) vorher = (j1 < j2)
```

Wenn dagegen die Jahreszahlen gleich und die Monate verschieden sind, entscheiden die Monate über die zeitliche Anordnung der beiden Kalenderdaten. Sind sowohl die Jahre als auch die Monate gleich, entscheidet der Tag.

Wie muss die Lösung geändert werden, wenn eine boolesche Variable *vorher_oder_gleich* genau dann den Wert *true* erhalten soll, wenn das erste Datum vor dem zweiten liegt oder gleich dem zweiten ist?

2.4.2 Die *for-*, die *while-* und die *do-*Schleife

Wiederholungsanweisungen gehören wie die Auswahlanweisungen zu den Kontrollstrukturen. Während man mit einer Auswahlanweisung steuern kann, **ob** eine bestimmte Anweisung (oft eine Verbundanweisung) ausgeführt werden soll oder nicht, steuert man mit einer Wiederholungsanweisung, **wie oft** eine bestimmte Anweisung ausgeführt werden soll.

Wiederholungsanweisungen werden auch als **Schleifen** bezeichnet. Dieser Ausdruck kommt aus der Steinzeit der Programmierung, als den Rechnern die Programme noch mit Lochstreifen eingegeben wurden: Um Anweisungen wiederholt auszuführen, wurde der Lochstreifen zu einer Schleife zusammengeklebt.

In C++ gibt es die folgenden drei Wiederholungsanweisungen:

iteration-statement:
```
    while ( condition ) statement
    do statement while ( expression ) ;
    for ( for-init-statement condition opt ; expression opt ) statement
```

Die Bedingung, die die Ausführung einer Schleife kontrolliert, wird auch als **Schleifenbedingung** bezeichnet. Die Anweisung heißt auch **Schleifenkörper**.

In diesem Abschnitt werden die *for-* und die *while-*Anweisung vorgestellt.

Bei der Ausführung der *for-***Anweisung** wird zuerst das *for-init-statement* ein einziges Mal ausgeführt. Dann wird geprüft, ob die Bedingung *condition* erfüllt ist (also den Wert *true* hat): Solange dies zutrifft, wird die Anweisung *statement* ausgeführt und der Ausdruck *expression* ausgewertet (in dieser Reihenfolge). Sobald die Bedingung nicht mehr erfüllt ist, wird die *for-*Anweisung beendet.

Zunächst sollen nur solche *for-*Anweisungen betrachtet werden, bei denen

for-init-statement eine Zuweisung wie i=1 oder i=10 ist, die eine Laufvariable eines Ganzzahltyps initialisiert. Die Laufvariable kann im *for-init-statement* definiert werden: Dann ist sie nur in der *for-*Anweisung verfügbar.

2.4 Kontrollstrukturen und Funktionen

condition eine Bedingung darstellt, in der der Wert der Laufvariablen mit einem Grenzwert verglichen wird, wie z.B. i < 10 oder i >= 1

expression den Wert der Laufvariablen inkrementiert oder dekrementiert, wie z.B. i++, i=i+2, i--, i=i−3

Beispiele: Die Kommentare beziehen sich auf die Ausführung des Schleifenkörpers:

```
int s = 0;
for (int i = 1; i<1; i++) s = s + i; // wird nie ausgeführt
for (int i = 1; i <= 1; i++)s = s + i; // wird mit i=1 ausgeführt
for (int i = 2; i>0; i--) s = s + i; // wird mit i=2 und i=1 ausgeführt
```

Dekrementiert man in *expression* den Wert der Laufvariablen, kann man eine Folge von Werten von oben nach unten durchlaufen:

```
int s = 0;
for (int i = 10; i >= 0; i--)
{
  s = s + i;
  cout << "s=" << s << endl;
};
```

Nach *for(...)* darf normalerweise kein Semikolon stehen: Setzt man es trotzdem, stellt es die sogenannte **„leere Anweisung"** dar, die denselben Effekt wie keine Anweisung hat. Durch die *for*-Schleife wird dann diese leere Anweisung wiederholt, und die darauf folgende Anweisung wird nur einmal ausgeführt:

```
s = 0;
for (i = 1; i < 10; i++); // <-- ; meist ein Fehler
{                         // die for-Anweisung wird mit i==10 beendet
  s = s + i;
  cout << "s=" << s << endl;
}; //cout wird einmal mit s=10 ausgeführt
```

In einer *for*-Schleife sind das *for-init-statement*, *condition* und *expression* optional und können ausgelassen werden:

      `for` (*for-init-statement condition* opt ; *expression* opt) *statement*

Die Semikolons sind aber immer notwendig. Lässt man das *for-init-statement* oder *expression* aus, muss die Initialisierung der Laufvariablen vor der Schleife bzw. ihre Erhöhung in der Schleife durchgeführt werden. Fehlt *condition*, wird angenommen, dass dieser Ausdruck *true* ist. Die Schleife ist dann eine Endlosschleife, falls sie nicht durch eine Sprunganweisung (siehe Abschnitt 2.4.12) verlassen wird. Diese Formen der *for*-Schleife sind aber eher unüblich.

Beispiel: Die folgenden Anweisungen sind syntaktisch korrekte Endlosschleifen:

```
1. for (int i = 0; true; i++) { S; } // S eine Anweisung
2. for (int i = 0; ; i++) { S; }
```

```
3. int i = 0; // initialisiere i vor der Schleife
   for (;; i++) { S; }
4. int i = 0;
   for (;;) { S; i++; }// erhöhe i in der Schleife
```

Die *while*-**Schleife** ist wie die *for*-Schleife eine Wiederholungsanweisung:

```
while ( condition ) statement
```

Bei der Ausführung einer *while*-Schleife wird zunächst die Bedingung *condition* geprüft. Wenn sie den Wert *true* hat, wird anschließend die Anweisung *statement* ausgeführt und danach erneut *condition* geprüft. Diese Abfolge wird so lange wiederholt, bis *condition* den Wert *false* hat. Falls die Bedingung bei der ersten Ausführung des Schleifenkörpers nicht erfüllt ist, wird der Schleifenkörper nie ausgeführt.

Beispiele: Die folgenden Schleifen geben beide die Zahlen 1 bis n aus, falls n größer oder gleich 1 ist. Falls n kleiner als 1 ist, werden keine Werte ausgegeben.

```
int i = 0;
while (i < n) // Datentyp von n: int
{
  i++;
  cout << i << endl;
}
int i = 1;
while (i <= n)
{
  cout << i << endl;
  i++;
}
```

Bei der ersten Schleife wird i mit einem Wert initialisiert, der um 1 geringer ist als der Wert, mit dem der Schleifenkörper erstmals ausgeführt wird. Nach dem Verlassen der Schleife ist der Wert von i gleich dem Wert, mit dem die Verarbeitungsanweisung zuletzt ausgeführt wurde. Bei der zweiten Schleife wird i mit dem Wert initialisiert, mit dem die Verarbeitung erstmals ausgeführt werden soll. Nach dem Verlassen der Schleife ist der Wert von i um 1 höher als der, mit dem der Schleifenkörper zuletzt ausgeführt wurde.

Beim Entwurf einer Schleife muss man stets darauf zu achten, dass sie nach einer endlichen Anzahl von Wiederholungen auch wieder verlassen wird. Wenn beispielsweise vor der Ausführung von

```
while (i != n)
   i++;  // i und n: ein Ganzzahldatentyp
   ...   // keine weiteren Veränderungen von i und n
```

2.4 Kontrollstrukturen und Funktionen

i == 5 und n == 0 gilt, wird die Abbruchbedingung i == 0 nie eintreten und deshalb die Schleife auch nie verlassen, da i in der Schleife immer weiter erhöht wird. Eine solche Schleife wird deshalb als **Endlosschleife** bezeichnet.

Genau genommen wird diese Endlosschleife aber doch nicht endlos durchlaufen: Da i einen Ganzzahldatentyp hat, wird i so lange erhöht, bis es den maximal darstellbaren positiven Wert erreicht hat. Danach bewirkt eine weitere Addition von 1 einen negativen Wert von i, über den man dann doch wieder bei n ankommt. Trotzdem ist das meist ziemlich sicher nicht das, was man eigentlich wollte, und es dauert auch fast endlos.

Bei den früher üblichen DOS-Programmen konnte eine Endlosschleife das ganze System blockieren. Diese Gefahr besteht bei einem Programm, das unter der Entwicklungsumgebung Visual Studio läuft, nicht, da man es kann jederzeit mit *Debuggen|Debuggen beenden* (*Umschalt+F5*) abbrechen kann. Es ist nicht notwendig, Visual Studio mit dem Windows Task-Manager abzubrechen.

Die *do*-Anweisung

```
do statement while ( expression ) ;
```

ist eine weitere Wiederholungsanweisung. Hier ist *expression* ein Ausdruck ist, der in den Datentyp *bool* konvertiert werden kann. Dieser Ausdruck ist die **Schleifenbedingung**, und die Anweisungen zwischen *do* und *while* sind der **Schleifenkörper**.

Bei der Ausführung einer *do*-Anweisung wird zunächst der Schleifenkörper ausgeführt. Dann wird die Schleifenbedingung ausgewertet. Ergibt sich dabei der Wert *false*, wird die *do*-Anweisung verlassen. Andernfalls werden diese Schritte wiederholt, bis die Schleifenbedingung den Wert *false* hat.

Beispiel: Die mit einer *while*-Anweisung erzielte Ausführung kann auch mit einer *do*- und einer *if*-Anweisung erreicht werden (linke Spalte), und die einer *do*-Anweisung mit einer *while*-Schleife (rechte Spalte):

```
while (b) S;            do S;
                        while (b););

if (b)                  S;
  do S;                 while (b) S;
  while (b);
```

Offensichtlich wäre bereits eine der beiden Wiederholungsanweisungen ausreichend. Die zweite Formulierung ist jedoch umständlicher, da die Bedingung b oder die Anweisung S zweimal aufgeführt werden müssen.

Im Allgemeinen sollte man eine *while*-Schleife gegenüber einer *do*-Schleife bevorzugen. Sie hat den Vorteil, dass man bei der Ausführung von S immer die Bedingung b voraussetzen kann. Typische Anwendungen von do-Schleifen sind aber Menüs in einem Konsolenprogramm.

Beispiel:
```
do {
    cout << "Bitte wählen Sie:" << endl;
    cout << "Fibonacci(50) berechnen   (1)" << endl;
    cout << "Fakultaet(10) berechnen   (2)" << endl;
    cout << "Programmende              (q)" << endl;
    char c;
    cin >> c;
    if (c == '1') cout << "Fib(50)=" << Fibo(50) << endl;
    else if (c == '2') cout << "Fact(10)=" << Fact(10) << endl;
} while (c != 'q');
```

2.4.3 Funktionen und der Datentyp *void*

Eine **Funktion** wird im einfachsten Fall nach dem folgenden Schema definiert:

```
T F (parameter-declaration-list ) compound-statement
```

Hier steht T für den Datentyp des Funktionswertes (der auch als Rückgabetyp bezeichnet wird), F für den Namen der Funktion und *compound-statement* für eine Verbundanweisung. Die Verbundanweisung besteht aus den Anweisungen, die beim Aufruf der Funktion ausgeführt werden und enthält oft eine oder mehrere *return*-Anweisungen:

```
return expression opt ;
```

Durch die *return*-Anweisung wird die Funktion verlassen. Gibt man nach *return* noch einen Ausdruck an, ist sein Wert der **Funktionswert** (**Rückgabewert**). Ohne ein *return* in der Verbundanweisung wird die Funktion nach der letzten Anweisung verlassen. Danach wird die nächste Anweisung nach dem Aufruf der Funktion ausgeführt.

Eine Funktion darf nicht im Anweisungsteil einer anderen Funktion definiert werden. Anfänger schreiben manchmal eine Funktion in die Funktion *main* und wundern sich dann, wenn sich der Compiler weigert, das zu übersetzen:

```
int main()
{
  int f()
  { //error: Lokale Funktionsdefinitionen sind unzulässig
  }
}
```

In einer Parameterdeklaration kann man einen oder mehrere Parameter einschließlich ihres Datentyps angeben. Falls der Datentyp des Parameters kein Referenztyp (siehe Abschnitte 2.4.5 und 7.4) ist, bezeichnet man ihn auch als **Werteparameter**. Ein Werteparameter ist eine lokale Variable in der Funktion, die beim Aufruf der Funktion mit dem entsprechenden Argument initialisiert wird. .

Eine Funktion wird dann dadurch aufgerufen, dass man ihren Namen angibt und in runden Klammern für jeden Parameter ein Argument. Falls die Funktion ohne Parameter definiert wurde, gibt man nur ein Klammerpaar ohne Argumente an. Durch den Funktionsaufruf wird jeder Parameter mit dem entsprechenden Argument initialisiert und dann die

2.4 Kontrollstrukturen und Funktionen

Verbundanweisung aus der Funktionsdefinition ausgeführt. Der Funktionswert ist dann ein Ausdruck des Datentyps, der bei der Definition der Funktion als Rückgabetyp angegeben wurde.

Beispiel: Durch

```
int Quadratsumme(int a, int b)
{
  int s = 0;
  for (int i = a; i <= b; i++)
    s = s + i*i;
  return s;
}
```

wird eine Funktion definiert, deren Funktionswert die Summe der Quadratzahlen von a bis b ist. Diese Funktion kann dann wie in den nächsten Anweisungen aufgerufen werden. Dabei wird die Summe der ersten 5 Quadratzahlen ($1^2+2^2+3^2+4^2+5^2=55$) ausgegeben:

```
int qs = Quadratsumme(1, 5); // Funktionsaufruf
cout << qs << endl;
```

Den Ausdruck nach *return* kann man auch in einer Initialisiererliste (siehe Abschnitt 8.2.3) angeben. Dann prüft der Compiler, ob die Konversion des Ausdrucks in den Rückgabetyp sicher ist.

Beispiel: Die Funktion wird vom Compiler zurückgewiesen:

```
int f(unsigned int x)
{
  return{ x }; // Fehler: Konvertierung von "unsigned int"
}                               // zu "int"
```

Wenn man durch eine Funktion nur eine Anweisungsfolge unter einem Namen zusammenfassen und keinen Wert zurückgeben will, kann man das mit dem Datentyp ***void*** als Rückgabetyp explizit zum Ausdruck bringen. Dieser Datentyp ist gerade dadurch charakterisiert, dass er keine Werte darstellen kann. Es ist insbesondere nicht möglich, eine Variable des Datentyps *void* zu definieren oder einen Ausdruck dieses Datentyps (z.B. auf der rechten Seite einer Zuweisung) zu verwenden:

```
void x; // error: Unzulässige Verwendung des Typs 'void'
```

Beispiel: Durch den Rückgabetyp *void* wird explizit zum Ausdruck gebracht, dass die Funktion

```
void zeigeQuadratsummen(int v, int b)
{
  for (int i = v; i <= b; i++)
    cout<<"v="<<v<<".i="<<i<<": "<<Quadratsumme(v,
i)<<endl;
}
```

lediglich aufgerufen werden kann und dass sie keinen Wert zurückgibt:

```
zeigeQuadratsummen(1, 10);
```

Es ist nicht möglich, sie auf der rechten Seite einer Zuweisung oder in einem Ausdruck zu verwenden:

```
x = zeigeQuadratsummen(1, 10); //Fehler: Kein zulässiger Typ
```

Jede Funktion mit einem anderen Rückgabetyp als *void* sollte für jedes Argument einen Wert zurückgeben, da der Funktionswert sonst unbestimmt ist.

Beispiel: Der Funktionswert der Funktion f ist für das Argument 0 unbestimmt:

```
int f(int x)
{
  if (x>0) return x;
  else if (x<0) return -x; //besser: else return -x;
} // warning: Nicht alle Steuerelementpfade geben
  //          einen Wert zurück
```

Die Umsetzung dieser Anforderung ist aber nicht immer einfach. Bei manchen Funktionen ist der Wertebereich der Parameter größer als der der zulässigen Argumente. Dann muss man auch für unzulässige Argumente einen Wert zurückgeben (am besten einen, der auf den Fehler hinweist), oder eine Exception (siehe Abschnitt 2.9) auslösen.

Beispiel: Wenn ein Wochentag durch einen *int*-Wert im Bereich 1 (Montag) bis 7 kodiert wird, dann gibt es keinen *int*-Datentyp, der nur diese Werte und keine anderen darstellen kann. In einer Funktion für solche Argumente muss man dann auch für unzulässige Argumente wie 17 einen Wert zurückgeben.

```
bool Wochenende(int d)
{
  if ((d>0) && (d<6))
    return false;
  else if ((d == 6) || (d == 7)) return true;
  else return false;
}
```

Ohne den letzten *else*-Zweig erhält man eine Warnung oder Fehlermeldung "Nicht alle Steuerelementpfade geben einen Wert zurück".

2.4 Kontrollstrukturen und Funktionen

In C++ kann man **Funktionen überladen**, d.h. verschiedene Funktionen mit demselben Namen definieren. Diese Funktionen müssen dann Parameter mit unterschiedlichen Datentypen haben. Beim Aufruf einer solchen Funktion entscheidet der Compiler dann anhand des Datentyps der Argumente, welche Funktion er aufruft. Die Regeln, nach denen der Compiler die aufgerufene Funktion auswählt, werden in Abschnitt 7.3 noch genauer beschrieben. Die einfachste Regel ist die, dass die Funktion mit derselben Anzahl und demselben Datentyp der Argumente aufgerufen wird.

Beispiel: Nach der Definition der überladenen Funktionen

```
int abs(int x)              long abs(long x)
{                           {
if (x>0) return x;          if (x>0) return x;
else return -x;             else return -x;
}                           }
```

werden durch die folgenden Aufrufe die als Kommentar angegebenen Funktionen aufgerufen:

```
abs(17);   // abs(int)
abs(17L);  // abs(long)
```

2.4.4 Eine kleine Anleitung zum Erarbeiten der Lösungen

Nicht nur Anfängern fällt es oft schwer, zu einer Programmieraufgabe eine Lösung zu finden. Deswegen jetzt einige Tipps, die bei vielen Aufgaben dazu beitragen können, eine Lösung zu finden.

1. Zuerst muss man die **Aufgabe verstehen**. Wenn man eine Aufgabe nicht verstanden hat, kann man auch nicht erwarten, eine Lösung zu finden.
Das Verständnis für eine Aufgabe wird oft dadurch erleichtert, dass man einige typische **Ausgangswerte** und die zugehörigen **Ergebnisse** auf ein Blatt Papier schreibt. Bei einfachen Aufgaben ist das oft nur eine Tabelle mit Werten. Bei komplexeren Aufgaben spricht man auch von Anwendungsfällen (engl. „use cases"), deren Beschreibung umfangreich sein kann.

2. Oft sieht man in einer solchen Tabelle Werte, für die die Lösung einfach ist. Dann sucht man zunächst für diese einfachen Fälle nach **Anweisungen in der Programmiersprache**, die die Ergebnisse aus den Ausgangswerten bestimmen. Nachdem man einige einfache Fälle gelöst hat, versucht man, diese Anweisungen auf schwierigere Fälle zu übertragen

3. Diese Anweisungen für die verschiedenen Einzelfälle aus 2. versucht man so zusammenzufassen, dass eine gemeinsame Anweisungsfolge alle diese Einzelfälle abdeckt. Falls man kein Schema findet, sind in 1. eventuell weitere Fälle notwendig.

4. Die Anweisungen aus 3. versucht man dann in einer oder mehreren **Funktionen** zusammenzufassen, bei der die Parameter den Ausgangswerten und das Ergebnis dem Rückgabewert oder einem Referenzparameter entsprechen.

Aufgaben 2.4.4

Schreiben Sie die Lösungsfunktionen in eine wie in Abschnitt 1.2.5 beschriebene Header-Datei (z.B. mit dem Namen „Loesungen-Kap-2.h") und rufen Sie diese auf.

1. Diese Aufgabe soll vor allem zeigen, wie der Ergebnisse der Lösungsfunktionen angezeigt werden können.

    a) Schreiben Sie eine Funktion *plus1*, die für einen als Parameter übergebenen *int*-Wert den um 1 höheren Wert zurückgibt (z.B. *plus1*(17)=18, *plus1*(0)=1).

    Die folgenden Teilaufgaben sollen einige Varianten zeigen, wie man die Ergebnisse einer Funktion anzeigen kann. Sie können sich bei den folgenden Aufgaben meist für eine dieser Varianten entscheiden.

    b) Rufen Sie *plus1* in der *main*-Funktion auf. Lesen Sie dazu mit *cin* eine Zahl ein, die der Benutzer eingeben soll. Von dieser Zahl soll dann mit *plus1* der um 1 höhere Wert berechnet und mit *cout* ausgegeben werden.

    c) Damit Sie in der *main*-Funktion einfach vom Aufruf einer der folgenden Lösungen zum Aufruf einer anderen Lösung wechseln können, können Sie die Anweisungen von b) auch in eine eigene Funktion (z.B. mit dem Namen *plus1_im_Dialog_aufrufen*) aufnehmen und diese Funktion dann in der *main*-Funktion aufrufen.

    Da das Einlesen von Benutzereingaben etwas aufwendig ist, können Sie *plus1* sowie die Funktionen aus den folgenden Aufgaben auch mit hartkodierten Werten aufrufen und diese Werte dann ausgeben.

    d) Rufen Sie *plus1* in einer Funktion mit einigen Werten auf, die im Programm einzeln hartkodiert eingegeben werden.

    e) Rufen Sie *plus1* einer Schleife mit aufeinanderfolgenden Werten auf. Die Anfangs- und Endwerte der Schleife können Sie hartkodiert eingeben.

Falls Sie die Lösungen bei den folgenden Aufgaben nicht nach wenigen Minuten finden, gehen Sie in Abschnitt 2.4.4 vor.

2. Schreiben Sie

    a) eine Funktion *Quersumme*, die für einen als Parameter übergebenen Ganzzahlwert die **Quersumme** als Funktionswert zurückgibt (z.B. Quersumme(123)=6, Quersumme(1000)=1)

    b) eine Funktion *zeigeQuersummen*, die für jeden Wert, der zwischen zwei als Parametern übergebenen Grenzen liegt, die Quersumme ausgibt. Die Grenzen können hartkodiert übergeben werden.

Sie können sich bei der Lösung dieser Aufgabe an den Funktionen *Quadratsumme* und *zeigeQuadratsumme* aus Abschnitt 2.4.3 orientieren.

2.4 Kontrollstrukturen und Funktionen

3. Die **Fibonacci-Zahlen** 0, 1, 1, 2, 3, 5, 8 usw. sind durch $f_0 = 0$, $f_1 = 1$, $f_i = f_{i-1} + f_{i-2}$ für $i = 2, 3, 4, \ldots$ definiert, d.h. jede Zahl, außer den ersten beiden, ist die Summe der beiden vorangehenden.

   Diese Zahlenfolge geht auf eine Additionsübung des italienischen Mathematikers Fibonacci im Jahr 1202 zurück. Dabei bezeichnet f_n die Anzahl der Hasenpaare nach n Monaten, wenn jedes Hasenpaar jeden Monat ein neues Paar Junge bekommt, das nach einem Monat ebenfalls ein Paar Junge bekommt. In diesem einfachen Modell sind alle Hasen unsterblich.

   a) Schreiben Sie eine Funktion, die für einen als Parameter übergebenen Ganzzahlwert n den n-ten Wert der Fibonacci-Folge als Funktionswert zurückgibt (z.B. Fibo(0)=0, Fibo(1)=1, Fibo(2)=1).
   b) Schreiben Sie eine Funktion, die die ersten n Werte der Fibonacci-Folge auf der Konsole ausgibt. Rufen Sie diese Funktion mit n=50 auf.

4. Welche Werte werden durch die *for*-Schleife ausgegeben

   ```
   int n;
   cin >> n;
   for (unsigned int u = 0; u <= n - 1; u++)
     cout << u << endl;
   ```

   a) mit n=0?
   b) mit n=1?
   c) Welche Ausgabe erhält man mit n=0, wenn man in der *for*-Schleife die Bedingung u<=n-1 durch u<n ersetzt?

5. Eine positive ganze Zahl n ist eine **Primzahl**, wenn sie genau zwei verschiedene Teiler hat (nämlich 1 und n) und keine weiteren. Beispielsweise sind 2, 3 und 5 Primzahlen, aber 1, 4 und 6 sind keine.

   a) Schreiben Sie eine boolesche Funktion *istPrim*, die für einen als Parameter übergebenen Ganzzahlwert n den Wert *true* zurückgibt, wenn n eine Primzahl ist, und andernfalls den Wert *false*. Prüfen Sie dazu in einer Schleife alle möglichen Teiler von n.
   b) Schreiben Sie eine Funktion *zeigePrimzahlen*, die für einen als Parameter übergebenen Wert n alle Primzahlen ausgibt, die <= n sind.
   c) Nach einer Vermutung des Mathematiker **Goldbach** kann jede gerade ganze Zahl >2 als Summe von zwei Primzahlen dargestellt werden. Obwohl diese Vermutung schon vor über 200 Jahren aufgestellt und für zahlreiche Werte überprüft wurde, konnte sie bis jetzt noch nicht bewiesen werden. Schreiben Sie eine Funktion *zeigeGoldbachPaare*, die für einen als Parameter übergebenen Wert n alle Paare von Primzahlen mit der Summe n ausgibt. Die Anzahl dieser Paare ist z.B. 6 für n=100 (100 = 3 + 97 = 11 + 89 = 17 + 83 = 29 + 71 = 41 + 59 = 47 + 53) und 28 für n=1000.

6. Drei Zahlen a, b und c, für die $a^2 + b^2 = c^2$ gilt (z.B. 3, 4 und 5), heißen **Pythagoräisches Zahlentripel**. Geben Sie alle solchen Zahlentripel für a und b <= n (ein Parameter) aus. Probieren Sie dazu für alle Kombinationen von a und b alle möglichen Werte von c aus, ob die Bedingung gilt. Für n=50 gibt es 26 solche Tripel.

7. Beim sogenannten **3n+1-Problem** wird ausgehend von einer positiven ganzen Zahl n nach dem folgenden Verfahren eine Zahlenfolge bestimmt:

   Für n=1 wird das Verfahren abgebrochen.
   Falls n ungerade ist, ersetzt man n durch (3n+1).
   Falls n gerade ist, ersetzt man n durch n/2.

   So erhält man z.B. für n=5 die Zahlenfolge   5, 16, 8, 4, 2, 1. Nach einer Vermutung der Mathematiker Ulam und Collatz konvergiert diese Folge immer. Obwohl diese Vermutung inzwischen für alle Zahlen $<7*10^{11}$ überprüft wurde, konnte sie bisher nicht allgemein bewiesen werden.

   Schreiben Sie eine Funktion *f3nPlus1*, die für einen als Parameter übergebenen Wert n die Anzahl der Schritte als Funktionswert zurückgibt, bis das Verfahren abbricht. Zum Testen soll über einen zweiten Parameter gesteuert werden können, ob alle Werte dieser Zahlenfolge ausgegeben werden oder nicht.

8. **Die Gauß'sche Osterformel**

   Auf dem Konzil von Nicäa (325 n. Chr.) wurde festgelegt, dass der Ostersonntag der erste Sonntag nach dem ersten Vollmond im Frühling ist. Nach Knuth (1973, Bd. 1) war die Berechnung des Ostersonntags die einzige wichtige Anwendung der Arithmetik im Mittelalter.

   Gauß hat die Arbeit der mit dieser Berechnung beschäftigten Mönche durch den folgenden Algorithmus rationalisiert. Die hier dargestellte Version gilt allerdings nur bis zum Jahr 2299. Ein allgemeineres Verfahren findet man bei Knuth.

   M und N seien durch die folgende Tabelle gegeben:

Jahr	M	N
1583–1699	22	2
1700–1799	23	3
1800–1899	23	4
1900–2099	24	5
2100–2199	24	6
2200–2299	25	0

   A, B, C seien die Reste der Divisionen der Jahreszahl durch 19, 4 bzw. 7, D der Rest der Division von (19A + M) durch 30 und E der Rest der Division von (2B + 4C + 6D + N) durch 7.

   Dann ist der Ostersonntag gleich dem (22 + D + E)-ten März oder gleich dem (D + E − 9)-ten April, falls die folgenden Grenzfälle berücksichtigt werden:

   1. Ergibt sich der 26. April, so setze man stets den 19. April.
   2. Ergibt sich der 25. April und gilt D = 28, E = 6 und A > 10, so fällt der Ostersonntag auf den 18. April.

2.4 Kontrollstrukturen und Funktionen

Der Pfingstsonntag ist dann der siebte Sonntag nach Ostern.

Schreiben Sie ein Programm, das den Oster- und Pfingstsonntag berechnet. Testen Sie das Programm mit den folgenden Werten:

```
1970 Ostern: 29. März    Pfingsten: 17. Mai
1971 Ostern: 11. April   Pfingsten: 30. Mai
1972 Ostern:  2. April   Pfingsten: 21. Mai
1973 Ostern: 22. April   Pfingsten: 10. Juni
1974 Ostern: 14. April   Pfingsten:  2. Juni
1975 Ostern: 30. März    Pfingsten: 18. Mai
1976 Ostern: 18. April   Pfingsten:  6. Juni
1977 Ostern: 10. April   Pfingsten: 29. Mai
1978 Ostern: 26. März    Pfingsten: 14. Mai
1979 Ostern: 15. April   Pfingsten:  3. Juni
1980 Ostern:  6. April   Pfingsten: 25. Mai
```

Eine schön ausgedruckte Liste mit den so berechneten Osterdaten ist auch gut als Ostergeschenk geeignet (jedes Jahr ein anderes Jahrhundert). Weniger guten Freunden kann man eine Liste mit dem Datum von Weihnachten schenken (auch jedes Jahr ein anderes Jahrhundert).

9. Haben Sie darauf geachtet, dass alle Ihre Funktionen zur Lösung dieser Aufgaben für jedes Argument im Wertebereich der Funktionsparameter einen definierten Wert zurückgeben?

2.4.5 Werte- und Referenzparameter

Nach dem Datentyp eines Parameters kann man das Zeichen & angeben. Dadurch wird der Datentyp des Parameters zu einem sogenannten **Referenztyp**. Ein Referenztyp bewirkt, dass die Anweisungen der Funktion beim Aufruf direkt mit den Argumenten ausgeführt werden. Deshalb werden bei einem Aufruf von

```
void vertausche(int& a, int& b)
{
  int h = a;
  a = b;
  b = h;
}
```

die Werte der beiden als Argument übergebenen Variablen vertauscht:

```
int x = 1, y = 2;
vertausche(x, y);
// x=2; y=1
```

Hätte man das Zeichen & in der Funktionsdefinition ausgelassen, wären die Parameter **Werteparameter** (siehe Seite 74). Werteparameter unterscheiden sich von Referenzparametern dadurch, dass sie lokale Variable in der Funktion sind, die beim Aufruf mit den Argumenten initialisiert werden. Dann wären die Werte von x und y nicht vertauscht worden, da alle Anweisungen mit den Parametern in der Funktion mit den lokalen Variablen durchgeführt werden, die zu den Parametern gehören. Die Operationen mit diesen lokalen Variablen wirken sich aber nicht auf die entsprechenden Argumente aus.

Eine ausführlichere Darstellung von Werte- und Referenzparametern folgt in Abschnitt 7.4.

2.4.6 Die Verwendung von Bibliotheken und Namensbereichen

Nach dem C++-Standard gehören zahlreiche **Bibliotheken** mit **vordefinierten Funktionen** und Datentypen zu C++. Außerdem gehören zu den meisten Compilern noch weitere Bibliotheken. Alle diese Bibliotheken stehen nach einer *#include*-Anweisung (siehe Abschnitt 2.11.1) zur Verfügung. Eine solche *#include*-Anweisung muss auf der äußersten Programmebene angegeben werden, d.h. außerhalb einer Funktion, Klasse oder eines *namespace*.

Für die **C++-Standardbibliotheken** verwendet man einen Header-Namen ohne „h" wie z.B.

```
#include <cstdlib>
```

Die Elemente der C++-Bibliothek sind im Namensbereich (siehe Kapitel 9) *std* enthalten. Um eine Funktion oder Klasse f aus einer solchen Bibliothek zu verwenden,

– schreibt man entweder jedes Mal *std::* vor f wie in

```
std::f()
```

oder man erspart sich die Notwendigkeit, jedes Mal „std::" zu schreiben

– mit einer *using*-Direktive

```
#include <cstdlib>
using namespace std;
```

– oder mit einer sogenannten *using*-Deklaration

```
#include <cstdlib>
using std::f;
```

vor dem ersten Zugriff auf die Bibliotheksfunktion. Eine einzige *using*-Direktive reicht für alle C++-Standardbibliotheken aus. Bei kleinen Projekten (wie z.B. den Übungsaufgaben in diesem Buch) ist eine *using*-Direktive meist am einfachsten. Bei großen Projekten ist die Gefahr von Namenskonflikten aber größer. Dann sollte man eine der beiden anderen Alternativen bevorzugen.

Die meisten **Bibliotheken** des **C-Standards** gehören ebenfalls zu C++. Sie stehen nach einer *#include*-Anweisung mit einem Header-Namen mit der Erweiterung „h" zur Verfügung, wie in

```
#include <stdlib.h>
```

Für sie ist keine *using*-Direktive oder –Deklaration notwendig.

2.4 Kontrollstrukturen und Funktionen

Zu den meisten **C-Standardbibliotheken** gibt es **auf C++ angepasste** Versionen, deren Name mit dem Buchstaben „c" beginnt und von dem Namen der C-Bibliothek ohne die Endung „.h" gefolgt wird.

Beispiele: Den C-Standardbibliotheken in der linken Spalte entsprechen die C++-Bibliotheken der rechten Spalte:

```
#include <stdlib.h>    #include <cstdlib>
#include <math.h>      #include <cmath>
```

Verschiedene Bibliotheken können ähnliche Namen haben. Mit der ersten der nächsten beiden *#include*-Anweisungen erhält man die Stringklasse der C++-Standardbibliothek (siehe Abschnitt 3) und mit der zweiten die C-Funktionen für nullterminierte Strings (siehe Abschnitt 6.14):

```
#include <string>    // C++ Stringklasse
#include <string.h>  // nullterminierte Strings
```

Obwohl oft kein Unterschied zwischen einer C-Bibliothek und ihrer C++-Version besteht, gibt es gelegentlich doch kleine Unterschiede. Deswegen wird empfohlen, die **C++-Versionen** zu **verwenden**.

In den folgenden Beispielen werden diese Bibliotheken zusammen mit einer *using*-Deklaration wie in der linken Spalte verwendet. Die anderen beiden Varianten sind genauso möglich:

```
#include <cmath>     #include <cmath>  #include <math.h>
using namespace std; using std::sin;   // kein using notw.
```

Die Lösungen einiger Übungsaufgaben, die auch für andere Aufgaben oder Anwendungen hilfreich sein können, sind im Namensbereich *rk1* zusammengefasst.

2.4.7 Zufallszahlen

Nach

```
#include <cstdlib>
using namespace std;
```

steht die Funktion

int **rand**();

aus der C Standardbibliothek zur Verfügung, die einen Zufallswert im Bereich 0 .. RAND_MAX (0x7FFFU=32767 bei den meisten Compilern) zurückgibt. Obwohl der Wertebereich dieser Funktion recht klein ist, reicht er für einfache Anwendungen aus.

Die Arbeitsweise eines Zufallszahlengenerators wie *rand* kann man sich folgendermaßen vorstellen:

- Vor dem ersten Aufruf wird eine globale Variable mit 1 initialisiert:

    ```
    int seed=1; // eine globale Variable
    ```

- Bei jedem Aufruf wird aus dieser globalen Variablen ein neuer Wert berechnet und dieser dann als Funktionswert zurückgegeben. Der Park/Miller Algorithmus liefert wesentlich bessere Zufallswerte als *rand*:

    ```
    int Rand() // Rückgabewert im Bereich 0..
    { // siehe Park/Miller (1988)
      const long long a = 48271;//für 64-bit Multiplikation a*seed
      seed = (a*seed) % 2147483647; // 2³¹-1, Mersenne-Primzahl
      return seed;
    }
    ```
    (mit $2^{31}-1$ als Mersenne-Primzahl)

Falls *seed* vor dem Start des Zufallszahlengenerators nicht auf einen anderen Wert gesetzt wird, erhält man nach jedem Start des Programms immer dieselbe Folge von Zufallszahlen. Da ein solches Verfahren streng determiniert ist und eigentlich nichts Zufälliges hat, wird ein solcher Zufallszahlengenerator auch als **Pseudozufallszahlengenerator** bezeichnet. Dass nach jedem Start dieselbe Folge von Zahlen erzeugt wird, ist oft sogar erwünscht, damit man ein Experiment reproduzieren kann.

Mit der Funktion

   *void **srand** (unsigned __seed);*

kann man den Startwert *seed* auf den als Argument übergebenen Wert setzen. Diese Funktion ruft man oft mit einem zeitabhängigen Wert auf wie z.B. mit einem Wert der nach

```
#include <ctime>
```

verfügbaren Funktion *time*, die mit dem Argument 0

```
srand(std::time(0));
```

die Anzahl der Sekunden seit dem 1.1.1970 zurückgibt.

In C++ stehen nach

```
#include <random>
```

zahlreiche Zufallszahlengeneratoren (u.a. auch für nicht gleichverteilte Verteilungen) zur Verfügung. Einer der einfachsten ist ***minstd_rand***, der den Park-Miller Algorithmus von oben implementiert. Die Verwendung von *minstd_rand* ist auf den ersten Blick etwas ungewöhnlich, da *minstd_rand* ein Datentyp ist und eine Variable dieses Datentyps wie eine Funktion aufgerufen werden kann. Jeder Aufruf liefert dann eine neue Zufallszahl im Bereich 0 .. 2147483647-1 zurück.

Beispiel: Jeder Aufruf von *rnd* liefert eine neue Zufallszahl:

2.4 Kontrollstrukturen und Funktionen

```
std::minstd_rand rnd;
for (int i = 0; i < 10; i++)
{
  int r = rnd();
  cout << r << endl;
}
```

Den Zufallszahlengenerator kann man bei der Definition mit einem Startwert initialisieren:

```
std::minstd_rand rnd(std::time(0));
```

Aufgaben 2.4.7

Schreiben Sie die Lösungsfunktionen in eine wie in Abschnitt 1.2.5 beschriebene Header-Datei (z.B. in die schon in Aufgabe 2.4.4 angelegte Header-Datei) und rufen Sie diese auf.

1. Schreiben Sie eine Funktion, die die folgenden Zufallszahlen ausgibt. Vor jeder Gruppe soll ein Text darauf hinweisen, wie die Werte erzeugt wurden:

   – Zuerst 5 mit *rand* erzeugte Zufallszahlen, ohne dass *srand* zuvor gesetzt wurde.
   – Dann 5 mit *rand* erzeugte Zufallszahlen, nachdem *srand* mit *std::time(0)* aufgerufen wurde.
   – Dann 5 mit *minstd_rand* erzeugte Zufallszahlen, ohne dass der Zufallszahlengenerator mit einem Startwert initialisiert wurde.
   – Dann 5 mit *minstd_rand* erzeugte Zufallszahlen im Bereich 1 .. 49, nachdem der Zufallszahlengenerator mit *std::time(0)* initialisiert wurde

   Vergleichen Sie die Ergebnisse, wenn Sie das Programm mehrfach starten.

2.4.8 Default-Argumente

Da ein Funktions-Parameter eine lokale Variable ist, die beim Aufruf mit dem Argument initialisiert wird, muss beim Aufruf einer Funktion jeder Parameter ein Argument haben. Meist gibt man das explizit an. Es gibt aber auch Situationen, bei denen es bequemer ist, das Argument nicht selbst anzugeben, sondern vom Compiler einsetzen zu lassen.

Das ist mit einem **Default-Argument** möglich. Ein Default-Argument ist ein Wert, den man in einer Parameterdeklaration nach einem Parameter und einem Gleichheitszeichen angibt:

parameter-declaration: // nur ein Auszug
  decl-specifier-seq declarator = assignment-expression

Für einen Parameter mit einem Default-Argument muss beim Aufruf der Funktion kein Argument angegeben werden. Lässt man es aus, verwendet der Compiler das Default-Argument. Die Zuordnung der Argumente zu den Parametern ergibt sich dabei aus der Reihenfolge von links nach rechts.

In der Funktion *fd* haben alle drei Parameter Default-Argumente:

```
int fd(int x = 0, int y = 0, int z = 0)
{
  return 100 * x + 10 * y + z;
}
```

Die Funktion *fd* kann deshalb sowohl ohne Argumente als auch mit einem, zwei oder drei Argumenten aufgerufen werden. Für die am Ende der Parameterliste fehlenden Argumente setzt der Compiler dann die Default-Argumente ein:

```
int r1 = fd();        // wie fd(0, 0, 0), r1 = 0;
int r2 = fd(1);       // wie fd(1, 0, 0), r2 = 100
int r3 = fd(1, 2);    // wie fd(1, 2, 0), r3 = 120
int r4 = fd(1, 2, 3); // wie fd(1, 2, 3), r4 = 123
```

Alle auf einen Parameter mit Default-Argumenten folgenden Parameter müssen ebenfalls Default-Argumente haben. Sonst könnte der Compiler die Argumente nicht den Parametern zuordnen.

```
void f(int i, int j = 0, int k)
{ // Fehler: Fehlender Standardparameter für Parameter 2
}
```

Im Unterschied zu manchen anderen Sprachen kann man ausgelassene Parameter nicht durch Kommas markieren:

```
f(1, , 3); // in C++ nicht möglich
```

Default-Argumente sind oft eine Alternative zu überladenen Funktionen: Wenn verschiedene überladene Funktionen mit derselben Parameterliste beginnen, und die Anweisungen in den Funktionen gleich sind, erreicht man mit einer einzigen Funktion mit Default-Argumenten oft denselben Effekt wie mit mehreren überladenen Funktionen.

Beispiel: Die Standardbibliothek verwendet oft Default-Argumente. Mit der Funktion *stoi* (nach #include <string>) kann man einen String in eine Zahl umwandeln. Meist wird man die Ziffern der Zahl im Dezimalsystem angeben. Dann muss man das Argument 10 nicht angeben:

*int **stoi**(const string& str, size_t *idx = 0, int base = 10);*

Hier wären drei überladende Funktionen eine Alternative, die allerdings aufwendiger wäre.

Auch Funktionen mit Default-Argumenten können überladen werden. Dann muss man beim Design der Parameterlisten darauf achten, dass die Aufrufe nicht mehrdeutig werden können.

Beispiel: Die Funktionen

2.4 Kontrollstrukturen und Funktionen

```
void defA(int x = 0) { }
void defA(string s = "") { }
```

werden ohne Probleme kompiliert. Der Aufruf

```
defA();
```

ist aber mehrdeutig und verursacht eine Fehlermeldung des Compilers.

Die folgenden Beispiele zeigen, wie auch Konstanten- und Referenzparameter sowie Parameter eines Klassentyps Default-Argumente haben können:

```
struct Punkt {
  Punkt(int x_, int y_) { x = x_; y = y_; }
  int x, y;
};

void ClassDefArg(Punkt p = Punkt(0, 0)) {}; // temporäres Objekt
int j;
void RefDefArg(int& i = j){};
void ConstDefArg(const int& i = j){};
```

Wenn ein Programm sowohl eine Definition als auch eine oder mehrere Deklarationen einer Funktion enthält, darf man ein Default-Argument nur einmal angeben. Gibt man es mehrfach an, ist das für den Compiler ein Fehler. Am besten gibt man es nur in der Deklaration in der Header-Datei an: Dann kann man das Default-Argument nach einem *#include* der Header-Datei auslassen.

Aufgaben 2.4.8

1. Wenn man die Deklaration und die Definition einer Funktion auf eine Header- und eine cpp-Datei aufteilt, kann man die Default-Argumente entweder in der Header-Datei (dann aber nicht in der .cpp-Datei) angeben

   ```
   // MeineFunktion.h
      int inc(int x, int inc = 1);
   
   // MeineFunktion.cpp
      int inc(int x, int inc)
      {
        return x + inc;
      }
   ```

   oder in der cpp-Datei (dann aber nicht in der Header-Datei):

   ```
   // MeineFunktion.h
      int inc(int x, int inc);
   ```

```
// MeineFunktion.cpp
   int inc(int x, int inc = 1)
   {
      return x + inc;
   }
```

Nach welcher dieser beiden Alternativen kann man *inc* nach einem #include "MeineFunktion.h" mit nur einem Argument aufrufen?

2.4.9 Programmierstil für Funktionen

Wenn die Anweisungen einer Funktion zwischen ihrem **Ergebnis** und ihren Parametern eine bestimmte Beziehung herstellen, dann gilt diese Beziehung nach einem **Aufruf** der Funktion für das Ergebnis und ihre **Argumente**. Eine solche Beziehung wird auch als Nachbedingung bezeichnet (siehe Abschnitt 2.6.6). Die Nachbedingung eines Funktionsaufrufs ergibt sich also aus der Nachbedingung der Funktion, indem man die Parameter durch die Argumente ersetzt.

Beispiel: Zwischen dem Parameter n und dem Rückgabewert s besteht die als Kommentar angegebene Beziehung:

```
int Quadratsumme(int n)
{
   ...
   return s; // s==1²+...+(n-1)²+n²
}
```

Deshalb besteht nach dem nächsten Aufruf zwischen q und k die als Kommentar angegebene Beziehung:

```
int q = Quadratsumme(k);
// q=1²+2²+...+(k-1)²+k²
```

Wie die Funktion *vertausche* von Abschnitt 2.4.5 zeigt, muss das **Ergebnis** einer Funktion nicht ihr Rückgabewert sein. Es kann es auch ein **Referenzparameter** sein.

Den Effekt von Funktionen, die kein Ergebnis zurückgeben (Rückgabetyp *void* und keine Referenzparameter) kann man so allerdings nicht beschreiben, sondern nur durch die Aktionen mit den Parametern.

Funktionsaufrufe gehören zu den am häufigsten verwendeten Anweisungen. Da sich ihre Nachbedingungen aus den Nachbedingungen der Funktion ergeben, sollte man für alle **Funktionen** präzise **Nachbedingungen** formulieren. Nachbedingungen von Anweisungen, die nicht als Ganzes eine Funktion bilden, sind dagegen meist nicht so nützlich.

Aus der Nachbedingung ergibt sich dann auch, ob eine Funktion ihre Spezifikation erfüllt. Dazu muss die **Spezifikation** so **vollständig** und **präzise** sein, dass diese Entscheidung für jedes Argument aus dem Wertebereich der Parameter möglich ist.

2.4 Kontrollstrukturen und Funktionen

Aus diesem einfachen Zusammenhang zwischen einer Funktionsdefinition und ihrem Aufruf ergeben sich einige Empfehlungen, die oft auch als **Programmierstil** bezeichnet werden, da sie zur Verständlichkeit eines Programms beitragen.

1. Der **Name** der Funktion soll ihr **Ergebnis** präzise beschreiben. Dann beschreibt auch der Funktionsaufruf das Ergebnis, da eine Funktion über ihren Namen aufgerufen wird.

   Beispiel: Hätte man für die Funktion *Quadratsumme* einen wenig aussagekräftigen Namen wie z.B. *f17* gewählt, würde das Ergebnis des Funktionsaufrufes trotzdem gelten:

   ```
   int s = f17(k);
   // s=1²+2²+...+(k-1)²+k²
   ```

   Da dieses Ergebnis aber nicht aus dem Programmtext hervorgeht, wäre ein erläuternder Kommentar notwendig. Mit einem aussagekräftigen Namen wird das Ergebnis dagegen schon durch den Aufruf selbst ohne einen zusätzlichen Kommentar beschrieben:

   ```
   int s = Quadratsumme(k); // kein Kommentar notwendig
   ```

   Wenn in diesem Buch Funktionen mit Namen wie f, g usw. verwendet werden, dann vor allem, um Sprachelemente zu illustrieren.

2. Aus 1. folgt, dass eine Funktion **eine Aufgabe** haben soll, die man mit **einem aussagekräftigen Namen** beschreiben kann. Falls man keinen passenden Namen für eine Funktion findet, muss das nicht an einer mangelnden Formulierungsgabe liegen. Es kann auch ein Hinweis auf ein **Design-Problem** sein: Oft hat man zu viele verschiedene Aktionen in die Funktion gepackt, die man besser auf andere Funktionen verteilen sollte.

   Beispiel: Bei Funktionen, die einen einzigen Wert zurückgeben (z.B. mathematischen Funktionen) ist die Wahl eines aussagekräftigen Namens oft einfach: *fib(n)* berechnet den n-ten Wert der Fibonacci-Folge, *ggT* den größten gemeinsamen Teiler usw. Falls diese kurzen Namen keine Missverständnisse befürchten lassen, sind sie ausreichend. Sonst sind längere Namen notwendig.

   Bei Funktionen, die keinen oder mehr als einen Wert zurückgeben, ist das oft nicht so einfach. Es soll schon vorgekommen sein, dass ein Programmierer länger nach einem passenden Namen als nach den Anweisungen für eine Funktion gesucht hat.

   Wenn der Name einer Funktion ihr Ergebnis nur unvollständig beschreibt und man sie einige Zeit später verwenden will, aber ihren genauen Inhalt nicht mehr weiß, bleibt nur die zeitraubende Lektüre der Dokumentation oder des Quelltextes. Außerdem gibt der Quelltext dann nicht genau das wieder, was beim Ablauf des Programms passiert.

3. Kein Argument sollte zu einem **Programmfehler** beim Aufruf der Funktion führen, wie z.B. einer Division durch Null, einem Überlauf, einer Endlosschleife oder dem Aufruf einer Funktion, deren Vorbedingung nicht erfüllt ist. Auch die Rückgabe eines

unbestimmten Wertes ist meist ein Fehler. Um solche Fehler zu vermeiden, **prüft** man am besten **jede Anweisung** der Funktion einzeln.

Beispiel: In der Funktion *Quatsch* sind Bedingungen angegeben, die zu einem Fehler führen können. Die erste dieser beiden Bedingungen kann man leicht vor einem Aufruf der Funktion prüfen. Bei Bedingungen wie der zweiten ist das meist nicht so einfach.

```
int Quatsch(int a, int b)
{
  int s = 0, i = a;
  while (i != b) // Endlosschleife für a>b
  {
    s = s + i*i; // Überlauf für s+i*i> INT_MAX
    i++;
    if (i == b) return s; // Für a==b unbestimmter
  }                       // Funktionswert
} // Warnung: Funktion sollte einen Wert zurückgeben
```

Der Wertebereich der Parameter einer Funktion ist oft größer als der Bereich, der in der Spezifikation für die Argumente beschrieben ist. Dann sind Aufrufe möglich, für die in der Spezifikation kein Ergebnis verlangt ist.

Beispiel: Die Spezifikation für eine Funktion wie *Quersumme* setzt oft implizit positive Argumente voraus. Falls man diese Funktion mit einem *int*-Parameter definiert, muss man auch für negative Argumente einen definierten Wert zurückgeben.

4. Falls eine Funktion nicht alle Fehler abfängt, muss man vor ihrem Aufruf die notwendigen Vorbedingungen prüfen. Das kann aber recht aufwendig sein.

Beispiel: Wenn eine Funktion *StringToInt* eine Folge von Zeichen (z.B. des Datentyps *String*) in eine Zahl umwandelt, falls ihr Argument eine Zahl darstellt, muss man vor jedem Aufruf dieser Funktion prüfen, ob das Argument eine Zahl darstellt. Diese Prüfung ist aber mit fast genauso viel Arbeit verbunden wie die Umwandlung des Strings.

```
int StringToInt(string s)
{ // Vorbedingung: s stellt eine Zahl dar
   ...
   return n; // das in int konvertierte Argument
}
```

Oft ist es einfacher, die notwendigen Prüfungen in der Funktion vorzunehmen und einen Fehler zu signalisieren, falls die Voraussetzungen nicht erfüllt sind. Dazu gibt es verschiedene Möglichkeiten: Man kann einen speziellen Funktionswert zurückgeben, ein Flag setzen, eine Exception auslösen usw. Anstatt vor dem Aufruf die Vorbedingung zu prüfen, muss dann nach dem Aufruf geprüft werden, ob ein Hinweis auf einen Fehler vorliegt.

2.4 Kontrollstrukturen und Funktionen

Beispiel: Wenn man die Spezifikation der Funktion *StringToInt* so ändert, dass sie entweder den Parameter in eine Zahl umwandelt oder einen Fehler signalisiert, wenn das nicht möglich ist, kann man sie aufrufen, ohne vor dem Aufruf prüfen zu müssen, ob das Argument eine Zahl darstellt.

```
int StringToInt(string s)
{ // Vorbedingung: true
  ...
    if (string_is_convertible) return n;
    else signal_error; // irgendein Hinweis
} // Nachbedingung: das in int umgewandelte Arg.
  // oder ein Hinweis auf einen Fehler
```

Funktionen mit **schwächeren Vorbedingungen** sollte man gegenüber solchen mit stärkeren Vorbedingungen **bevorzugen**: Je weniger Voraussetzungen man vor einem Funktionsaufruf prüfen muss, desto weniger kann man falsch machen.

5. Eine Funktion sollte **übersichtlich**, **verständlich** und leicht **testbar** sein. Obwohl diese Kriterien nur schwer quantifizierbar sind, tragen die folgenden Faktoren dazu bei.

   – Empfehlungen für die maximale **Größe** von Funktionen reichen von einer Bildschirm- oder Druckseite bis zu ca. 200 Zeilen. Von längeren Funktionen wird meist abgeraten.
   – Zu tiefe Verschachtelungen sollten vermieden werden: Möglichst keine verschachtelten Schleifen und bei bedingten Anweisungen nicht mehr als 3 Stufen.
   – Die **Anzahl der Parameter** sollte nicht allzu groß sein (z.B. ≤ 5). In der Literatur findet man oft Obergrenzen von ca. 7 Parametern, die mit Ergebnissen von psychologischen Untersuchungen begründet werden. Falls eine Funktion mehr Parameter benötigt, sollte man versuchen, solche Parameter zusammenzufassen (z.B. mit *struct* oder *class*, siehe Abschnitt 5.1 und Abschnitt 8.1), die eine logische Einheit bilden.
   – Das Ergebnis einer globalen Funktion sollte sich allein aus den Parametern ergeben. Dann enthält ein Funktionsaufruf alle Faktoren, die sich auf das Ergebnis auswirken. Elementfunktionen von Klassen können auch Datenelemente verwenden.
   Globale Variable sollten aber nicht in das Ergebnis eingehen. Wenn in Beispielen oder Lösungen der Übungsaufgaben globale Variablen verwendet werden, dann nur, weil Klassen und Elementfunktionen (siehe Kapitel 8) bisher noch nicht behandelt wurden.
   – Ihre **Komplexität** sollte nicht allzu groß sein. Als Maßzahl dafür wird oft die Anzahl ihrer bedingten Anweisungen und Schleifen verwendet. Dabei trägt jedes *if*, *for*, *while*, *do* und *case* (in einer *switch*-Anweisung) mit dem Wert 1 zu dieser Anzahl bei. Ein *else* erhöht diese Anzahl dagegen nicht.
   Bezeichnet man diese Anzahl mit s, wird der Wert s+1 auch als **zyklomatische Komplexität** bezeichnet. Diese sollte nicht größer als 10 sein.

   Beispiel: Die Funktion f hat die zyklomatische Komplexität 7. Die Beiträge der einzelnen Anweisungen sind als Kommentar angegeben:

```
// zyklomatische Komplexität
int f(int x, int y)        // 1
{ // inhaltlich Unsinn
  int s = 0;
  if (x<y)                 // 2
    s = x + y;
  while (s<x && s<y)       // 3,4 - 2 Bedingungen
  {
    s = s + y;
  }
  for (int i = 0; i<5; i++)// 5
  {
    if (i == 0) s++;       // 6
    else if (i == 1) s--;// 7 - nur if zählt
    else s--;
    s++;
  }
  return s;
}
```

6. Die Entwicklung eines umfangreichen Anwendungsprogramms unterscheidet sich von den Übungsaufgaben in einem Lehrbuch vor allem durch ihre wesentlich höhere Komplexität.

Diese Komplexität lässt sich meist nur dadurch bewältigen, dass man die Aufgabe in **einfachere Teilprobleme** zerlegt und diese dann in eigenen Funktionen löst. Eine solche Vorgehensweise wird als **schrittweise Verfeinerung** bezeichnet und ist eine der wichtigsten Strategien zur Lösung von Problemen. Sie kommt auch in der schon Julius Cäsar zugeschriebenen Devise „teile und herrsche" zum Ausdruck. Stroustrup (1997, Abschnitt 23.2) fasst das mit den Worten „There is only one basic way of dealing with complexity: divide and conquer" zusammen.

Um diese Strategie anzuwenden, muss man

1. geeignete Teilprobleme finden.
   Das ist keineswegs trivial, da es keine festen Regeln dafür gibt, wie man ein umfangreiches Gesamtproblem optimal (was immer das auch sein mag) in Bausteine zerlegen kann. Es sagt einem nämlich niemand (anders als bei den Aufgaben in einem Lehrbuch), welche Anweisungen man zu einer Funktion zusammenfassen soll.
   Ghezzi (1991, S. 125) bezeichnet das **Design** eines umfangreichen Softwaresystems als kreative Aktivität, die man nicht automatisieren kann. Mit den Worten von Stroustrup (1997, Abschnitt 23.2): „...the selection of the parts and the specification of the interfaces between the parts is where the most experience and taste is required."
2. nachweisen, dass die Funktionen auch zusammenpassen und das Problem gemeinsam lösen.

Ein Nachweis, dass diese Funktionen zusammenpassen, ist oft nur dadurch möglich, dass man eine Bedingung findet, die vor und nach dem Aufruf jeder dieser Funktionen gilt. Eine solche Bedingung wird als **Invariante** (siehe Abschnitt 2.6.6) bezeichnet, die bei den Elementfunktionen einer Klasse auch als **Klasseninvariante** (siehe Abschnitt 8.1.6)

2.4 Kontrollstrukturen und Funktionen

bezeichnet wird. Dabei ist die größte Schwierigkeit meist, eine solche gemeinsame Bedingung zu finden. Wenn man sie gefunden hat, ist es meist nicht so schwierig, Funktionen zu schreiben, die diese Bedingung herstellen, und nachzuweisen, dass sie das auch tatsächlich tun.

7. Gelegentlich findet man Empfehlungen für **Funktionsnamen** wie diese:

   - Verben oder Kombinationen von Verben mit Substantiven für Funktionen, die für eine Aktion stehen (Rückgabetyp *void*).
   - Adjektive oder mit „ist" beginnende Namen für Funktionen, die einen booleschen Wert zurückgeben.
   - Substantive für Funktionen, die einen Wert zurückgeben.

   Solche Regeln sollte man aber nicht überbewerten. Die folgenden Varianten sind oft gleichermaßen aussagekräftig:

   Message, DisplayMessage, displayMessage oder *display_message*
   prim, IstPrim, istPrim oder *ist_prim*

Wichtiger als solche detaillierten Vorschriften sind oft **einheitliche Namens-** und **Parameterkonventionen**. Sie ermöglichen den Aufruf einer Funktion, ohne dass man jedes Mal mühsam nach der genauen Schreibweise suchen muss. Ähnliche Funktionen sollten **ähnliche Parameterlisten** haben. In diesem Punkt sind die Funktionen der C-Bibliotheken nicht immer vorbildlich: Beispielsweise erwarten *fread* und *fwrite* den FILE-Stream immer als letztes Argument. Bei *fseek* muss er dagegen das erste Argument sein.

Aufgaben 2.4.9

1. Versuchen Sie, einen passenden Namen für die folgende Funktion zu finden:

    ```c
    double doit_babe(double i, int *p1, int p2, float p3)
    {
      int y;
      if (p2 == 1)
        for (int j = 0; j <= i; j++) y = y + i;
      else if (i == 2) y = Mehrwertsteuer(p2, 5);
      else if (i == 3) y = druckeAdressaufkleber(p2);
      return y;
    };
    ```

2. Beschreiben Sie für die Funktionen

    ```c
    int Plus(int a, int b)    { return a - b; }
    int Minus(int a, int b)   { return a*b; }
    int Product(int a, int b) { return a + b; }
    ```

    das Ergebnis des Ausdrucks

    ```c
    int x = Plus(1, Product(Minus(3, 4), Plus(5, 6)));
    ```

2.4.10 Rekursive Funktionen

Die einführende Darstellung von Funktionen und Parametern in den Abschnitten 2.4.3 und 2.4.5 ist für viele Anwendungen ausreichend. Für ein Verständnis von gegenseitigen Funktionsaufrufen und rekursiven Funktionen ist aber ein Verständnis der internen Implementation von Funktionen und Funktionsaufrufen hilfreich.

Funktionsaufrufe und ihre Rücksprungadressen werden über einen **Stack** verwaltet. Für einen Stack stehen im Wesentlichen nur zwei Operationen zur Verfügung: Mit **push** wird ein Element oben auf dem Stack abgelegt bzw. mit **pop** das oberste Element vom Stack genommen.

Der Programmablauf bei Funktionsaufrufen wird folgendermaßen realisiert: Jedes laufende Programm besitzt einen Aufruf-Stack, auf dem der **Prozessor** immer die Adresse der auf den aktuellen Funktionsaufruf folgenden Anweisung findet. Sobald er die letzte Anweisung in einer Funktion ausgeführt hat, holt er diese Adresse vom Stack und führt als Nächstes diese Anweisung aus. Der Aufruf-Stack wird folgendermaßen verwaltet:

- Bei der Übersetzung einer **Funktionsdefinition** merkt sich der **Compiler** zunächst die Adresse der ersten Anweisung, die zur Funktion gehört. Danach übersetzt er alle Anweisungen dieser Funktion bis zum Ende der Funktionsdefinition. Das entsprechende „}" erkennt der Compiler dadurch, dass er die Klammern „{"und „}" seit dem Beginn der Funktionsdefinition mitzählt: Sobald er so viele „}" wie „{" gesehen hat, erzeugt er eine Sprunganweisung an die aktuelle Rücksprungadresse auf dem Stack. Auch bei einer *return*-Anweisung wird eine solche Anweisung erzeugt.
- Wenn der **Compiler** einen **Funktionsaufruf** übersetzt, erzeugt er eine Anweisung, durch die der Prozessor die Adresse der nächsten auszuführenden Anweisung (nach dem Funktionsaufruf) auf den Stack legt. Anschließend erzeugt er einen Sprung auf die erste Anweisung der aufgerufenen Funktion.
- Außerdem werden die Argumente auf dem Stack übergeben.

Wenn eine Funktion in dem Block aufgerufen wird, der zu ihrer Definition gehört, bezeichnet man sie als rekursiv. **Rekursive Funktionen** ermöglichen oft einfache Lösungen rekursiv formulierter Probleme.

Beispiel: Die Summe s(n) der ersten n Zahlen

$$s(n) = 0 + 1 + 2 + \ldots + (n-1) + n$$
$$= \underbrace{s(n-1)} + n$$

kann rekursiv definiert werden durch

$$s(n) = \begin{cases} 0, \text{ falls } n <= 0 \\ s(n-1) + n, \text{ falls } n > 0 \end{cases}$$

In diesem Beispiel sind die Funktionswerte für n<=0 explizit definiert und können unmittelbar bestimmt werden. Die nicht explizit definierten Funktionswerte für n>0 können

2.4 Kontrollstrukturen und Funktionen

dagegen nicht direkt aus der Definition bestimmt werden und erfordern rekursive Zwischenschritte:

Beispiel: s(2) = 2 + s(1)   // s(2) ist nach der rekursiven Definition 2 + s(1)
       = 2 + 1 + s(0) // s(1) ist nach der rekursiven Definition 1 + s(0)
       = 2 + 1 + 0   // s(0) ist nach der rekursiven Definition 0
       = 3   // Jetzt erst kann man die Summanden summieren.

Die rekursive Definition von s(n) aus dem ersten Beispiel lässt sich unmittelbar in eine rekursive Funktion übersetzen:

```
int s(int n)
{
  if (n <= 0) return 0;     // Abbruchbedingung
  else return s(n-1) + n; // rekursiver Aufruf
}
```

Ruft man diese Funktion mit einem Argument n<=0 auf, wird unmittelbar der Funktionswert 0 zurückgegeben. Für n>0 wird dagegen beim Aufruf von s(n) auch s(n−1) aufgerufen. Falls auch n−1>0 ist, wird beim Aufruf von s(n−1) auch noch s(n−2) aufgerufen. Diese Verschachtelung von Aufrufen wird so lange fortgeführt, bis n=0 ist.

Anfänger sehen rekursive Funktionen oft als etwas Mysteriöses an und wundern sich, wie das überhaupt funktionieren kann. Rekursive Aufrufe sind aber einfach deswegen möglich, weil bei jedem Aufruf einer Funktion die Rücksprungadresse (die Adresse der auf den Aufruf folgenden Anweisung) auf den Stack gelegt wird. Diese Technik ermöglicht auch rekursive Aufrufe. Außerdem werden alle lokalen Variablen auf den Stack gelegt, und dazu gehören insbesondere auch die Parameter.

Beispiel: Ein Aufruf von s(2) führt zu den in der linken Spalte aufgeführten Anweisungen. In den rechten Spalten ist angegeben, wie die lokalen Variablen auf dem Stack abgelegt werden (ohne die Rücksprungadressen):

Stack ---->

	n	s				
Aufruf s(2)	n	s				
n = Argument	2					
Aufruf s(1)	–	–	n	s		
n = Argument	–	–	1			
Aufruf s(0)	–	–	–	–	n	s
n = Argument	–	–	–	–	0	
s = 0	–	–	–	–		0
// s(0)=0 berechnet	–	–	–	–	–	
s = s(0) + n	–	–	–		1	
// s(1)=1 berechnet	–	–				
s = s(1) + n		3				
// s(2)=3 berechnet						

Beim Aufruf von s(2) werden zuerst die lokalen Variablen n und s auf dem Stack angelegt. Dann erhält n den Wert des Arguments. In der nächsten Anweisung

```
s = n + s(n-1)
```

wird zuerst die rechte Seite ausgewertet. Da diese Auswertung mit einem erneuten Aufruf der Funktion s verbunden ist, werden neue lokale Variablen s und n auf dem Stack angelegt. Sie verdecken die vorher angelegten Variablen s und n, was durch „–" dargestellt wird.

Diese Schritte werden so lange wiederholt, bis ein Aufruf von n nicht mehr mit einem rekursiven Aufruf verbunden ist. Der dabei berechnete Wert s(0) wird dann zur Berechnung von s im Aufruf von s(1) usw. verwendet, bis schließlich der Wert von s(2) zurückgegeben wird.

Offensichtlich können rekursive Funktionen den **Stack kräftig beanspruchen**. Wollte man mit der rekursiven Funktion s die Summe der ersten 100 000 Zahlen berechnen, würde man 100 000 Mal ca. 10 Bytes auf den Stack legen. Das ist aber alles andere als optimal, da die Verwaltung des Stacks auch Zeit braucht.

Außerdem besteht bei rekursiven Funktionen die Möglichkeit, dass die rekursiven Aufrufe wie bei einer **Endlosschleife** nicht abbrechen, wenn eine Abbruchbedingung vergessen oder falsch formuliert wird. Bei der Funktion s wäre das etwa dann der Fall, wenn die Abbruchbedingung

```
if (n <= 0) s = 0
```

durch

```
if (n == 0) s = 0
```

ersetzt würde und s mit einem negativen Argument aufgerufen wird.

Im Unterschied zur rekursiven hat die iterative Lösung

```
int s(int n)
{
  int sum = 0;
  for (int i = 1; i <= n; i++) sum = sum + i;
  return sum;
}
```

den Vorteil, dass sie wesentlich weniger Speicherplatz auf dem Stack erfordert und deutlich schneller ist. Die rekursive Version der Funktion s ist also äußerst ineffektiv. Sie wurde nur behandelt, um die Funktionsweise rekursiver Funktionen an einem besonders einfachen Beispiel aufzuzeigen.

Unabhängig von irgendwelchen technischen Einschränkungen ist **ein Problem** dann durch eine **rekursive** Funktion **lösbar**, wenn die folgenden beiden Voraussetzungen erfüllt sind:

1. Es kann in bestimmten Spezialfällen explizit gelöst werden. Diese Spezialfälle entsprechen den Abbruchbedingungen.

2.4 Kontrollstrukturen und Funktionen

2. Alle anderen Fälle führen in endlich vielen Schritten auf eine Abbruchbedingung (Rekursionsschritte).

Iterative und rekursive Lösungen sollen anhand eines weiteren Beispiels verglichen werden. Das sogenannte **Pascal-Dreieck** (nach dem Mathematiker Blaise Pascal) entsteht dadurch, dass man zunächst die Zahl 1 in eine Zeile schreibt. Die nächste Zeile entsteht dann aus der vorhergehenden, indem man die Summe der darüber stehenden bildet, wobei man sich links von der ersten und rechts von der letzten eine Null denkt.

```
                1
             1     1
          1     2     1
       1     3     3     1
    1     4     6     4     1
 1     5    10    10     5     1
                ............
```

Bezeichnet man die k-te Zahl in der n-ten Zeile des Pascal-Dreiecks mit p(n,k), dann ist p(n,k) für 0 <= k <= n definiert durch:

$$p(n,k) = \begin{cases} 1, \text{ falls } (n=0) \text{ oder } (k=n) \\ p(n-1,k-1) + p(n-1,k) \text{ sonst } // \text{ eine Zahl ist die Summe der} \\ \phantom{p(n-1,k-1) + p(n-1,k) \text{ sonst }} // \text{ beiden darüber stehenden} \end{cases}$$

Sowohl n als auch k werden dabei ab 0 gezählt.

Beispiel: p(0,0) = 1

              p(1,0) = 1   p(1,1) = 1

    p(2,0) = 1   p(2,1) = 2   p(2,2) = 1   usw.

Eine rekursive Funktion zur Berechnung von p(n,k) lässt sich unmittelbar aus der rekursiven Definition von p(n,k) ableiten. Bei dieser Lösung muss man gar nicht viel überlegen – es genügt, die Definition abzuschreiben:

```
long long p(int n, int k)
{
  if ((0 <= k) && (k <= n))
    if ((k == 0) || (k == n)) return 1;
    else return p(n-1, k-1) + p(n-1, k);
  else return 0;//außerhalb des Dreiecks alles auf 0 setzen
}
```

Eine Messung der Rechenzeiten von p(n,k) ergab etwa die folgenden Werte:

ca. 1982 auf einem AppleII+ mit Apple Pascal		2017 auf einem Core I5 mit Visual Studio 2015	
p(14,7)	18 Sek	p(30,15)	0,6 Sek.
P(15,7)	33 Sek	p(31,15)	1,2 Sek.
P(16,8)	65 Sek	p(32,16)	2,4 Sek.
P(17,8)	130 Sek	p(33,16)	4,8 Sek.

Unabhängig von den tatsächlichen Zeiten zeigen beide Vergleiche dasselbe Grundverhalten: Erhöht man n in der Mitte des Pascal-Dreiecks um 1, verdoppelt sich die Rechenzeit. Dieses Verhalten wird sofort verständlich, wenn man sich die Struktur der Aufrufe veranschaulicht, z.B. bei der Berechnung von p(4,2):

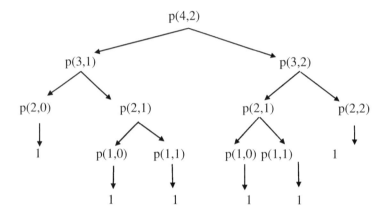

Hier wird p(2,1) zweimal berechnet, da sich die rekursive Funktion nicht „merken kann", dass sie diesen Wert bereits berechnet hat. Solche Mehrfachberechnungen führen dazu, dass bei der Berechnung von p(16,8) die kompletten Verzweigungen unter p(15,7) und p(15,8) durchgerechnet werden, wodurch sich der Rechenaufwand bei jeder Erhöhung von n um 1 verdoppelt.

Während sich die rekursive Version der Funktion p direkt aus der Definition des Pascal-Dreiecks ergab, ist kaum unmittelbar einsichtig, dass eine iterative Funktion zur Berechnung von p(n,k) durch die Funktion *bin* (Binomialkoeffizient) gegeben ist:

```
long long bin(int n, int k)
{ // Berechnet den Binomialkoeffizienten "n über k"
  long long b;
  if ((0 <= k) && (k <= n)) b = 1;
  else b = 0;
  for (int i = 1; i <= k; i++)
    b = b*(n-i + 1) / i;
  return b;
}
```

Diese Funktion liefert ihre Ergebnisse im Unterschied zur rekursiven Lösung im Bruchteil einer Sekunde, da höchstens (n–k) Multiplikationen und Divisionen notwendig sind.

2.4 Kontrollstrukturen und Funktionen

Das Beispiel zeigt, dass **rekursive Lösungen oft einfacher** und eleganter als iterative formuliert werden können. Allerdings ist die Funktion p derart **ineffektiv**, dass man sie kaum in einem realen Programm verwenden kann. Sie kann aber nützlich sein, um die Ergebnisse einer nichtrekursiven mit denen einer rekursiven Version zu vergleichen:

```
void test()
{
  for (int n = 0; n <= 10; n++)
    for (int k = 0; k <= n; k++)
    {
      long long p1 = p(n, k), b = bin(n, k);
      if (p1 != b)
        cout << "(" << n << "," << k << "): p=" << p1 << " b=" << b << endl;
    }
}
```

Allerdings muss **nicht jede rekursive Lösung ineffektiv** sein. Es gibt zahlreiche rekursive Algorithmen, bei denen die Rekursionstiefe nicht allzu groß wird und bei denen keine unnötigen Mehrfachberechnungen auftreten. Wenn diese dann noch wesentlich einfacher sind als entsprechende iterative Verfahren, ist die rekursive Lösung vorzuziehen. Oft ist auch die in Abschnitt 4.6 vorgestellte dynamische Programmierung eine effiziente Alternative zu rekursiven Funktionen.

Aufgaben 2.4.10

Schreiben Sie die Lösungsfunktionen in eine wie in Abschnitt 1.2.5 beschriebene Header-Datei (z.B. in die schon in Aufgabe 2.4.4 angelegte Header-Datei) und rufen Sie diese auf.

1. Schreiben Sie die folgenden Funktionen als rekursive Funktionen. Alle diese Aufgaben sind lediglich Übungen zur Formulierung rekursiver Funktionen. Keine der so erhaltenen Lösungen ist bezüglich der Effizienz mit der iterativen Lösung vergleichbar.

    a) Fakultät (siehe Aufgabe 2.5, 3.).
    b) Fibonacci-Zahlen (siehe Aufgabe 2.4.4, 3.).
    c) Die Funktion *ggT* soll den größten gemeinsamen Teiler von zwei Werten als Funktionswert zurückgeben.
    d) Schreiben Sie eine Funktion, die die Ergebnisse der Funktionen von a) bis c) mit denen von entsprechenden iterativen Funktionen vergleicht.

2. Die Ackermann-Funktion

$$\mathrm{ack}(n,m) = \begin{cases} m+1 & \text{für } n=0 \\ \mathrm{ack}(n-1,1) & \text{für } m=0 \\ \mathrm{ack}(n-1,\mathrm{ack}(n,m-1)) & \text{sonst} \end{cases}$$

setzt mit dem Index n (ab n=1) in gewisser Weise die „Folge" Addition, Multiplikation, Potenzierung fort. Für die ersten Werte von n gilt:

$$\text{ack}(0,m) = m + 1$$
$$\text{ack}(1,m) = m + 2$$
$$\text{ack}(2,m) = 2*m + 3$$
$$\text{ack}(3,m) = 2^{m+3} - 3$$

Definieren Sie die rekursive Funktion *ack* und vergleichen Sie ihre Werte bis n=3 und m=10 mit den expliziten Formeln. Wegen

$$\text{ack}(4,m) = \text{ack}(3,\text{ack}(4,m-1)) = 2\wedge(\text{ack}(4,m-1)+3) - 3 \; // \; 2^{\text{ack}(4,m-1)+3} - 3$$

$$= 2\wedge\{2\wedge(\text{ack}(4,m-2)+3) - 3\} + 3) - 3$$

ergibt sich für ack(4,m) ein Wert in der Größenordnung

$$\text{ack}(4,m) = 2^{2^{2^{\cdots}}}$$

wobei der „Turm der Potenzen" m+3 Glieder hoch ist. Offensichtlich wächst diese Funktion sehr schnell: Bereits ack(4,2) hat 19729 Dezimalstellen. Mit n>4 erhält man ein noch schnelleres Wachstum.

2.4.11 Die *switch*-Anweisung Θ

Die Auswahl einer aus mehreren Anweisungen ist nicht nur mit einer verschachtelten *if*-Anweisung möglich, sondern auch mit einer ***switch*-Anweisung**. Allerdings müssen die folgenden **Voraussetzungen** erfüllt sein:

1. Die Bedingung, aufgrund der die Auswahl der Anweisung erfolgt, muss dadurch gebildet werden, dass ein Ausdruck auf Gleichheit mit einer Konstanten geprüft wird. Bedingungen mit den Operatoren <, <=, !=, > und >= können also nicht verwendet werden, ebensowenig wie Bedingungen, bei denen ein Ausdruck nicht mit einer Konstanten verglichen wird.
2. Der Datentyp der zum Vergleich herangezogenen Ausdrücke muss ein Ganzzahl- oder ein Aufzählungstyp sein. Gleitkommadatentypen und Strings können nicht verwendet werden.

Obwohl diese Voraussetzungen auf den ersten Blick recht einschränkend wirken, sind sie in der Praxis häufig erfüllt: Bei vielen Programmen kann ein Großteil der Auswahlanweisungen mit einer *switch*-Anweisung formuliert werden.

```
switch ( condition ) statement
```

Hier muss der Datentyp des Ausdrucks *condition* ein Ganzzahl- oder ein Aufzählungstyp sein. Die Anweisung nach *(condition)* ist meist eine Verbundanweisung. In ihr kann man vor jeder Anweisung eine oder mehrere ***case*-Marken** angeben:

```
case constant-expression :
```

2.4 Kontrollstrukturen und Funktionen

Dieser konstante Ausdruck muss einen ganzzahligen Datentyp haben. Die Werte aller Konstanten einer *switch*-Anweisung müssen verschieden sein. Außerdem kann vor höchstens einer der Anweisungen eine **default-Marke** stehen:

```
default :
```

Bei der Ausführung einer *switch*-Anweisung wird die Anweisung ausgeführt, die auf die *case*-Marke mit dem Wert von *condition* folgt. Gibt es keine *case*-Marke mit diesem Wert, wird die auf *default* folgende Anweisung ausgeführt oder, wenn sie keine *default*-Marke besitzt, ohne die Ausführung einer Anweisung verlassen.

Nach der Ausführung der Anweisung, die auf eine *case*- oder eine *default*-Marke folgt, werden die darauf folgenden Anweisungen ausgeführt, unabhängig davon, ob vor ihnen weitere *case*- oder *default*-Marken stehen. Insbesondere wird eine *switch*-Anweisung nicht mit dem Erreichen der nächsten Marke beendet. Die *switch*-Anweisung verhält sich in dieser Hinsicht wie eine *goto*-Anweisung.

Wie schon am Anfang dieses Abschnitts bemerkt wurde, wird die **switch-Anweisung** oft zur Auswahl einer aus mehreren Anweisungsfolgen verwendet. Diese Anweisungsfolgen werden dann durch verschiedene *case*-Marken begrenzt. Damit die *switch*-Anweisung nach der Ausführung einer solchen Anweisungsfolge verlassen wird, verwendet man eine *break*-Anweisung (siehe Abschnitt 2.4.12).

Beispiel: Die *switch*-Anweisung in

```cpp
std::string NoteToString(int Note)
{
  switch (Note)
  {
  case 1:return "sehr gut!!!";
    break;
  case 2:return "gut";
    break;
  case 3:return "na ja";
    break;
  case 4:return "schwach";
    break;
  case 5:
  case 6:return "durchgefallen";
    break;
  default: return "Unzulässige Note ";
  }
}
```

hat dasselbe Ergebnis wie die verschachtelte *if*-Anweisung:

```cpp
if (Note == 1) return  "sehr gut!!!";
else if (Note == 2) return  "gut";
else if (Note == 3) return  "na ja";
else if (Note == 4) return  "schwach";
```

```
    else if ((Note == 5) or (Note == 6))
       return  "durchgefallen";
    else return "Unzulässige Note ";
```

Wie dieses Beispiel zeigt, können für verschiedene Werte von *condition* (hier die Werte 5 und 6) dieselben Anweisungen ausgeführt werden, indem verschiedene *case*-Marken ohne weitere Anweisungen (insbesondere ohne ein *break*) aufeinander folgen.

In Abschnitt 5.2.2 wird gezeigt, wie man eine *switch*-Anweisung für einen Aufzählungstyp mit einem Code-Ausschnitt erzeugen kann.

In einer *switch*-Anweisung wird eine *case*-Marke angesprungen, auch wenn sie in einer anderen Anweisung enthalten ist.

Beispiel: Die folgenden Anweisungen werden ohne Warnung oder Fehlermeldung kompiliert. Sie setzen s auf 7, da nach der Ausführung von s=s+3 auch noch s=s+4 ausgeführt wird.

```
int x = 1, s = 0;
switch (x)       // kompletter Schwachsinn
{
case 3:s = s + 1;
  if (x == 2)
case 0:s = s + 2;
  else
case 1:s = s + 3;
case 2:s = s + 4;
  break;
default: s = -1;
}
```

Wie dieses Beispiel zeigt, unterscheidet sich die *switch*-Anweisung in ihrem Sprungverhalten nicht von einer *goto*-Anweisung (siehe Abschnitt 2.4.12). Deshalb sind damit auch dieselben undefinierten Ergebnisse wie mit einer *goto*-Anweisung möglich. Solche Konstruktionen müssen vermieden werden.

Da die *switch*-Anweisung nicht verlassen wird, wenn die Anweisungen nach einer *case*-Marke abgearbeitet sind und die nächste erreicht wird, muss man immer darauf achten, dass nicht versehentlich ein *break* vergessen wird. Ohne *break* werden alle folgenden Anweisungen der *switch*-Anweisung ausgeführt, unabhängig davon, ob vor ihnen weitere *case*- oder *default*-Marken stehen.

Beispiel: Durch diese Anweisungen erhält i den Wert 4:

```
int k = 1, i = 0;
switch (k)
{
case 1: i = i + 1;   // i=1
case 2: i = i + 1;   // i=2
case 5:
```

2.4 Kontrollstrukturen und Funktionen

```
      case 6: i = i + 1;  // i=3
      default: i = i + 1; // i=4
      }
```

Aufgaben 2.4.11

Lösen Sie die folgenden Aufgaben mit *switch*- anstelle von *if*-Anweisungen. Falls eine der Aufgaben nicht lösbar ist, geben Sie den Grund dafür an.

1. Aufgabe 2.4.1, 3 (Material- und Lagergruppe)
2. Aufgabe 2.4.1, 4 (Datumsvergleich)

2.4.12 Die Sprunganweisungen *goto*, *break* und *continue* Θ

Durch eine Sprunganweisung wird das Programm an einer anderen Stelle fortgesetzt.

jump-statement:
    break ;
    continue ;
    return *expression* opt ;
    goto *identifier* ;

Bei der ***goto***-Anweisung muss der Bezeichner nach *goto* eine Sprungmarke (*label*) sein. Eine solche Sprungmarke wird dadurch definiert, dass man sie zusammen mit einem Doppelpunkt vor eine Anweisung schreibt. Die Ausführung einer *goto*-Anweisung bewirkt, dass als nächste Anweisung die Anweisung ausgeführt wird, die auf das angesprungene Label folgt. Solche Sprünge sind nur innerhalb einer Funktion möglich.

Beispiel: Die Funktion *f3nplus1a* entspricht etwa der Assemblyausgabe (*Projekt|-Eigenschaften|Konfigurationseigenschaften|C/C++|Ausgabedateien*) von *f3nplus1* (Aufgabe 2.4.7, 6.).

```
int f3nplus1a(int n)           int f3nplus1a(int n)
{                              {
  if (n <= 0) return -1;         if (n <= 0) return -1;
  int m = 0;                     int m = 0;
L1:  if (n == 1) goto L9;        while (n != 1)
  m++;                           {
L2:  if (n & 1) goto L4;           m++;
  n = n / 2;                       if (n % 2 == 1) n = 3 * n + 1;
  goto L5;                         else n = n / 2;
L4:  n = 3 * n + 1;              }
L5:  if (n != 1) goto L1;        return m;
L9: return m;                  };
}
```

In den Anfangszeiten der Programmiersprachen war das *goto* oft (fast) die einzige Kontrollstruktur, da es direkt in eine entsprechende Anweisung des Prozessors übersetzt werden kann. Mit diesem *goto* mussten dann fast alle Schleifen, *if*-Anweisungen, Funktionsaufrufe usw. realisiert werden. Da mit *goto*-Anweisungen die Reihenfolge, in der die Anweisungen im Programm stehen, völlig von der abweichen kann, in der sie ausgeführt werden, werden solche Programme leicht unübersichtlich.

Außerdem kann man mit *goto*-Anweisungen Programme schreiben, deren Auswirkungen nicht definiert sind! Zu den undefinierten *goto*-Anweisungen gehört ein Sprung in eine Auswahlanweisung und in eine Schleife. Solche Sprünge werden von den meisten C++-Compilern nicht als Fehler bemängelt:

Da man aber doch manchmal aus einer Schleife springen möchte, wurde die Anweisung **break** erfunden. Sie kann nur in einer Schleife oder in einer *switch*-Anweisung verwendet werden und hat dasselbe Ergebnis wie ein *goto* auf die nächste Anweisung nach der aktuell umschließenden Schleife bzw. *switch*-Anweisung. Bei verschachtelten Schleifen wird allerdings nurdie innerste verlassen wird, nicht jedoch die gesamte Schleife. In einer solchen Situation kann ein *goto* auf ein Schleifenende überschaubarer sein.

Beispiel: Eine verschachtelte Schleife wird durch *break* nicht verlassen:

```
for (int i = 1; i <= s.length(); i++)
  for (int j = 1; j <= gesuchte_Zeichen.Length(); i++)
    if (s[i] == gesuchte_Zeichen[j])
    {
      gefunden = true;
      break; // jetzt wird nur noch die innere
    }          //        Schleife verlassen
```

Die Anweisung **continue** kann nur in einer Schleife verwendet werden und bewirkt, dass die restlichen Anweisungen des Schleifenkörpers übergangen werden. Anschließend wird die Schleifenbedingung geprüft und der nächste Durchlauf der Schleife durchgeführt. *continue* ist also gleichwertig mit einem Sprung auf das Ende des Schleifenkörpers. *continue* wird aber nur selten benötigt.

Beispiel: Die Anweisungen in der linken und rechten Spalte sind gleichwertig:

```
int i = 0, n = 10, k = 0;    int i = 0, n = 10, k = 0;
while (i<n)                  while (i<n)
{                            {
   k++;                         k++;
   if (i>3) continue;           if (i>3);
   i++;                         else i++;
}                            }
}
```

Die einzige Sprunganweisung, auf die man in den wenigsten Programmen verzichten kann, ist die **return**-Anweisung:

```
return expression opt ;
```

Sie kann nur in einer Funktion verwendet werden und beendet ihren Aufruf. Als nächste Anweisung wird die auf den Aufruf folgende Anweisung ausgeführt. Falls nach *return* ein

2.5 Gleitkommadatentypen   105

Ausdruck angegeben wird, ist sein Wert der Rückgabewert der Funktion. Er wird durch eine implizite Konversion in den Rückgabetyp der Funktion umgewandelt. Falls der Datentyp des Funktionswerts *void* ist, darf nach *return* kein Ausdruck angegeben werden.

Aufgabe: Hier gibt es (außer nichts zu üben) nichts zu üben.

2.4.13 Assembler-Anweisungen Θ

In ein Visual C++ Programm kann man auch „Assembler"-Anweisungen aufnehmen. Das nächste Beispiel soll nur die Syntax illustrieren und zeigen, wie man gewöhnliche Variable auch in solchen Anweisungen verwenden kann:

```
double rdtsc()
{
  unsigned int x = 0, y = 0;
  __asm {
    rdtsc//write tsc high-order 32 bits into EDX, low -> EAX
    mov x, eax
    mov y, edx
  }
  long long yl = y;
  return (yl << 32) + x;
}
```

Diese Funktion gibt den Wert des „time stamp counters" zurück, der die Anzahl der Taktzyklen seit dem letzten Start des Prozessors enthält. Die Assembler-Anweisung *rdtsc* („read time stamp counter") schreibt diesen Wert in die Register EAX und EDX. Diese Werte werden durch die beiden *mov*-Anweisungen in die Variablen x und y kopiert und können anschließend als gewöhnliche Variable verarbeitet werden.

Normalerweise besteht keine Notwendigkeit, Assembler-Anweisungen in einem C++-Programm zu verwenden. Wenn man aber solche Anweisungen verwendet, ist besondere Vorsicht geboten, da der Compiler nur wenige Prüfungen durchführt. Insbesondere muss man selbst darauf achten, dass die Datentypen der C++-Variablen zu den Datenformaten der Assembler-Anweisungen passen.

2.5 Gleitkommadatentypen

Offensichtlich ist der Wertebereich der Ganzzahldatentypen für viele Anwendungen nicht ausreichend: Die größte darstellbare Zahl ist 10-stellig, außerdem können keine Zahlen mit Nachkommastellen dargestellt werden.

Diese Einschränkungen sind bei den sogenannten Gleitkommadatentypen wesentlich geringer:

Datentyp	Wertebereich (pos./negativ) in Visual Studio	signifikante Stellen (Genauigkeit)	Größe in Bytes
float	$1{,}18 \times 10^{-38}$ .. $3{,}40 \times 10^{38}$	6	4
double	$2{,}23 \times 10^{-308}$ .. $1{,}79 \times 10^{308}$	15	8
long double	wie *double*	wie *double*	wie *double*

Im C++-Standard sind keine expliziten Wertebereiche für diese Datentypen festgelegt. Es wird lediglich verlangt, dass *double* mindestens so genau ist wie *float* und *long double* mindestens so genau wie *double*. Der Wertebereiche von *float*, *double* und *long double* müssen (in dieser Reihenfolge) Teilmengen voneinander sein. Deshalb können die **Wertebereiche, die Genauigkeit und die Größe bei anderen Compilern verschieden** sein. Obwohl *long double* denselben Wertebereich wie *double* hat, ist das ein eigener Datentyp.

Visual C++ verwendet die zum IEEE 754 Standard konformen Gleitkommaformate der Floating Point Unit (FPU), die in allen Pentium-Prozessoren eingebaut ist. Da andere Prozessoren eventuell andere Formate verwenden, sind Binärdateien mit Gleitkommawerten eventuell nicht portabel.

Die Gleitkommadatentypen werden zusammen mit den Ganzzahldatentypen als **arithmetische Datentypen** bezeichnet. Zusammen mit dem Datentyp *void* fasst man die arithmetischen Datentypen zu den **fundamentalen, vordefinierten** oder **eingebauten Datentypen** zusammen. Diese werden vom jedem C++-Compiler zur Verfügung gestellt und müssen im Unterschied zu den zusammengesetzten Datentypen (siehe Kapitel 4) nicht explizit definiert werden.

2.5.1 Die interne Darstellung von Gleitkommawerten

Gleitkommawerte werden in einem sogenannten **Gleitkommaformat** dargestellt. Ein solches Format verwendet eine vorgegebene **Basis b**, für die in der Praxis nur die Werte 2 (**binäres Gleitkommaformat**) und 10 (**dezimales Gleitkommaformat**) üblich sind. Die **Gleitkommadarstellung** einer (im mathematischen Sinn) reellen Zahl r besteht dann aus 3 ganzzahligen Werten s (für das Vorzeichen), m (für die sogenannte Mantisse, die auch als **Signifikand** bezeichnet wird) und e (dem Exponenten), so dass

$r = s*m*b^e$

gilt oder möglichst gut angenähert wird. Um eine eindeutige Darstellung zu erreichen, wird der Exponent in der Regel so gewählt, dass entweder $0{,}1 \leq m < 1$ oder $1 \leq m < b$ gilt. *float*, *double* und *long double* verwenden binäre Gleitkommaformate. Datentypen mit dezimalen Gleitkommaformaten sollen eventuell in Zukunft in den C++-Standard aufgenommen.

Beispiel: Für die Zahl 3,14 im Dezimalsystem (b=10) erhält man die Darstellung

$3{,}14 = (+1) * 0{,}314 * 10^1$, also s=1, m=0,314 und e=1

Die Zahl 314 hat dieselbe Mantisse und dasselbe Vorzeichen, aber den Exponenten 3:

$314 = (+1) * 0{,}314 * 10^3$, also s=1, m=0,314 und e=3

2.5 Gleitkommadatentypen

Da mit diesem Datenformat die Zahl Null nicht dargestellt werden kann, wird dafür meist ein spezielles Bitmuster von s, m und e verwendet.

Visual C++ verwendet die Gleitkommaformate der Floating Point Unit (FPU) der Intel Prozessoren. Beim Datentyp **double** sind die 8 Bytes folgendermaßen auf Vorzeichen, Exponent und Mantisse (Fraction) verteilt:

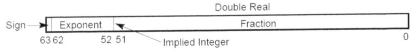

Der Wert v der dargestellten Zahl ergibt sich folgendermaßen aus dem Vorzeichen s, der Fraction m und dem Exponenten e:

if $0 < e < 2047$, then $v = (-1)^s * 2^{(e-1023)} * (1.m)$.
if $e = 0$ and $m \neq 0$, then $v = (-1)^s * 2^{(-1022)} * (0.m)$.
if $e = 0$ and $m = 0$, then $v = (-1)^s * 0$.
if $e = 2047$ and $m = 0$, then $v = (-1)^s * \text{Inf}$. // +8 und −8
if $e = 2047$ and $m \neq 0$, then v is a NaN. // **n**ot **a N**umber – keine Zahl

Bei der Bestimmung des binären Gleitkommadarstellung einer reellen Zahl r geht man ähnlich wie bei Ganzzahlen vor und sucht Koeffizienten $...b_1 b_0 b_{-1} b_{-2}...$, so dass

$r = ... b_1 2^1 + b_0 2^0 + b_{-1} 2^{-1} + b_{-2} 2^{-2} ...$

gilt. Von diesen Koeffizienten nimmt man ab dem ersten, von Null verschiedenen, so viele für die Mantisse m, wie diese Bits hat. Die Position der ersten Stelle wird dann durch eine Multiplikation mit 2^e berücksichtigt.

Beispiele: $5_{10} = 1*2^2 + 0*2^1 + 1*2^0 = 1{,}01_2 * 2^2$ (m = 1,01, e = 2)
$0{,}5_{10} = 1*2^{-1}$ (m = 1,0, e = −1)
$0{,}1875_{10} = 1*2^{-3} + 1*2^{-4} = 1{,}1_2 * 2^{-3}$ (m = 1,1, e = −3)

Ein Algorithmus zur Bestimmung der Koeffizienten b_1, b_0, b_{-1}, b_{-2} usw. soll am Beispiel der Zahl $0{,}1_{10}$ gezeigt werden:

Beispiel: $0{,}1_{10} = 0*2^{-1}$ Rest $0{,}1_{10}$
$0{,}1_{10} = 0*2^{-2}$ Rest $0{,}1_{10}$
$0{,}1_{10} = 0*2^{-3}$ Rest $0{,}1_{10}$
$0{,}1_{10} = 1*2^{-4}$ Rest   // 1/10 − 1/16 = 8/80 − 5/80 = 3/80
$3/80_{10} = 1*2^{-5}$ Rest   // 3/80 − 1/32 = 1/160 = (1/16)*(1/10)

Offensichtlich wiederholen sich die Ziffern anschließend, d.h. die Ziffernfolge wird ein nichtabbrechender, periodischer Dezimalbruch:

0.1_{10} = $0{,}0(0011)_2$ // Periode in Klammern
      = $1{,}(1001)2^{-4}$ // normiert, so dass die Mantisse mit 1 beginnt

Dieses Beispiel zeigt, dass eine Zahl, die in einem bestimmten Zahlensystem eine abbrechende Dezimalbruchentwicklung hat, in einem anderen Zahlensystem ein nichtabbrechender periodischer Dezimalbruch sein kann. Weitere Beispiele aus anderen Zahlensystemen:

$1/3_{10} = 0,1_3$ Der im Dezimalsystem periodische Dezimalbruch 1/3 ist im System zur Basis 3 abbrechend.

$1/7_{10} = 0,1_7$ Der im Dezimalsystem periodische Dezimalbruch 1/7 ist im System zur Basis 7 abbrechend.

Generell gilt: Ein Bruch z/n lässt sich genau dann als abbrechender Dezimalbruch in einem Zahlensystem zur Basis B darstellen, wenn alle Primfaktoren des Nenners Teiler von B sind.

Deshalb können in einem binären Gleitkommaformat alle die reellen Zahlen r exakt als Gleitkommazahlen dargestellt werden, für die

$$r = ... b_1 2^1 + b_0 2^0 + b_{-1} 2^{-1} + b_{-2} 2^{-2} ...$$

gilt und bei denen die Mantisse für die Anzahl der Koeffizienten ausreicht. Alle anderen reellen Zahlen werden entweder nur durch Näherungswerte dargestellt (falls die Mantisse nicht breit genug ist) oder können nicht dargestellt werden, weil der Exponent e zu klein (Unterlauf, underflow) oder zu groß (Überlauf, overflow) wird.

Bei einem Gleitkommaformat werden also alle reellen Zahlen, die sich erst ab der letzten Stelle der Mantisse unterscheiden, durch dasselbe Bitmuster dargestellt. Deshalb ist die Darstellung einer reellen Zahl im Gleitkommaformat **nur relativ genau, aber nicht immer exakt**. In diesem Punkt unterscheiden sich Gleitkommadatentypen grundlegend von den Ganzzahldatentypen: Bei einem Ganzzahldatentyp entspricht jedem Bitmuster genau eine Zahl im Wertebereich, und diese Darstellung ist immer exakt. In der Tabelle auf Seite 106 gibt die Anzahl der **signifikanten Stellen** an, wie viele Stellen einer Dezimalzahl im jeweiligen Gleitkommaformat dargestellt werden können.

Allerdings ist eine Gleitkommadarstellung auch nicht besonders ungenau. In vielen Anwendungen wirkt sich diese Ungenauigkeit beim Rechnen mit Gleitkommazahlen überhaupt nicht aus.

Bei der Subtraktion von fast gleichgroßen Gleitkommazahlen hat das Ergebnis jedoch oft wesentlich weniger richtige Stellen als die Ausgangszahlen:

Beispiel: f1 und f2 unterscheiden sich in der 7. Stelle:

```
float f1 = 1.0000010; // float hat 6 signifikante
float f2 = 1.0000001;              // Stellen
float f = f1-f2; // f=8.34465026855469E-7
```

Beim Ergebnis f ist bereits die erste Stelle falsch. Ersetzt man hier *float* durch *double*, erhält man bessere Ergebnisse. Aber auch mit *double* kann der Fehler in der Größenordnung von 10% liegen, wenn sich die beiden Operanden nur auf den letzten signifikanten Stellen unterscheiden.

Solche Rundungsfehler können sich im Lauf einer Folge von Rechnungen so weit aufschaukeln, dass das berechnete Ergebnis deutlich vom tatsächlichen abweicht. Es

2.5 Gleitkommadatentypen

empfiehlt sich deshalb, die Ergebnisse von Rechnungen mit Gleitkommazahlen immer nachzuprüfen (z.B. eine Probe ins Programm aufzunehmen).

Die bisherigen Ausführungen zeigen insbesondere, dass bei der Addition einer kleinen Zahl zu einer großen Zahl die Summe gleich der großen Zahl sein kann, wenn sich die kleine Zahl erst nach der letzten Stelle der Mantisse auf das Ergebnis auswirkt. Damit kann im Unterschied zu den reellen Zahlen der Mathematik

a + x = a

sein, ohne dass dabei x = 0 ist.

Außerdem kann das Ergebnis des Ausdrucks a + b + c davon abhängen, in welcher Reihenfolge der Compiler die Zwischensummen berechnet. Wie das Beispiel (mit B = 10 und einer Mantisse mit 3 Stellen)

a = –123,0   b = 123,0   c = 0,456

zeigt, gilt (a + b) + c = 0,456 ≠ 0 = a + (b + c), d.h. das **Assoziativgesetz muss bei der Addition von Gleitkommazahlen nicht gelten.**

2.5.2 Der Datentyp von Gleitkommaliteralen

Gleitkommaliterale können nach den folgenden Regeln gebildet werden:

floating-literal:
  fractional-constant exponent-part opt *floating-suffix* opt
  digit-sequence exponent-part floating-suffix opt

fractional-constant:
  digit-sequence opt . *digit-sequence*
  digit-sequence .

exponent-part:
  e *sign* opt *digit-sequence*
  E *sign* opt *digit-sequence*

sign: one of
  + –

digit-sequence:
  digit
  digit-sequence digit

floating-suffix: one of
  f l F L

Der Datentyp eines Gleitkommaliterals ist *double*, solange nicht durch ein Suffix „f" oder „F" der Datentyp *float* oder durch „l" oder „L" *long double* definiert wird. Da der

Kleinbuchstabe l leicht mit der Ziffer 1 verwechselt wird, empfiehlt es sich, immer das große L für *long double* Literale zu verwenden.

Beispiele: Einige Gleitkommaliterale:

```
double d = .1;         // d1=0.1
float f1 = 1.234E-38f; // f1==1.234E-38
float f2 = 1.234E-50f; // f2==0
float f3 = 3.4E38f;    // f3=3.4E38
float f4 = 3.5E38f;    // f4==INF

double d1 = 2.5E-308;  // d1==2.5E-308
double d2 = 1.1E-324;  // d2==0
double d3 = 1.7E308;   // d3==1.7E308
double d4 = 1.8E308;   // d4==INF
```

Hier sieht man insbesondere, dass Werte in der Nähe von Null, die außerhalb des darstellbaren Bereichs liegen, auf 0 abgerundet werden. Zu große Werte werden als „INF" (für „infinity", unendlich) dargestellt.

Bei Gleitkommaliteralen **muss** man darauf achten, dass die Nachkommastellen mit einem Punkt und **nicht mit** einem **Komma** getrennt werden. Der Ausdruck

```
double d = 3, 1415; // falsch
```

ist in C++ syntaktisch zulässig und wird mit dem sogenannten Kommaoperator ausgewertet. Dabei erhält d den Wert 3 und nicht 3.1415, ohne dass eine Warnung oder Fehlermeldung auf den Schreibfehler hinweist.

2.5.3 Standardkonversionen

Wie für die Ganzzahldatentypen (siehe Abschnitt 2.3.3) sind im C++-Standard auch für die Gleitkommadatentypen **Standardkonversionen** definiert, die der Compiler z.B. in den folgenden Situationen implizit (d.h. automatisch) durchführt:

- Bei der Zuweisung v=a eines Ausdrucks a des einen an eine Variable v eines anderen Datentyps.
- Wenn beim Aufruf einer Funktion für einen Parameter des Datentyps T1 ein Argument des Datentyps T2 eingesetzt wird.

In Zusammenhang mit den Gleitkommadatentypen gilt nach dem C++-Standard:

1. Ein Ganzzahlwert wird exakt in einen Gleitkommatyp konvertiert, außer wenn der Ganzzahlwert mehr signifikante Stellen als der Gleitkommatyp hat. In diesem Fall wird der nächste darstellbare Wert darüber oder darunter ausgewählt.

    Beispiel: Ein 32-bit *int*-Wert kann mehr signifikante Stellen haben als *float*:

    ```
    float f = 1234567891;// f=1234567936
    ```

2.5 Gleitkommadatentypen

2. Bei der Konvertierung eines Gleitkommawertes in einen Ganzzahltyp werden die Nachkommastellen abgeschnitten und nicht, wie man eventuell erwarten könnte, gerundet.

Beispiele:
```
int i = 1.4;   int j = 1.6;    // i=1, j=1
int i = -1.4;  int j = -1.6;   // i=-1, j=-1
```

Falls der Gleitkommawert nicht im Wertebereich des Ganzzahltyps liegt, ist das Ergebnis unbestimmt.

Beispiel: `char c = 12345.0; // c='9'=57`

3. Falls ein Wert eines genaueren in einen ungenaueren Gleitkommatyp konvertiert wird, können Bereichsüberschreitungen auftreten oder signifikante Stellen verloren gehen. Deshalb kann man nach den Zuweisungen

```
double d = 0.1;
float f = d;
double d1 = f;
```

nicht erwarten, dass die Bedingung (d==d1) auch erfüllt ist in

```
if (d1 == d)
  cout << "gleich" << endl;
else
  cout << "ungleich" << endl;// Ergebnis: "ungleich"
```

4. Falls ein ungenauerer in einen genaueren Gleitkommatyp konvertiert wird, kann der falsche Eindruck einer höheren Genauigkeit entstehen. So wird z.B. *float*-Wert nach einer Zuweisung an eine die *double*-Variable mit ca. 15 Stellen dargestellt. Dabei sind die letzten Stellen bedeutungslos:

```
float f = 1.2345678790123456789;
double d = f; // 1,23456788063049
```

Mit f=1.23456789 erhält man exakt dasselbe Ergebnis.

Für Operanden eines arithmetischen Datentyps sind zahlreiche **binäre Operatoren** definiert wie z.B.:

+ (Addition), − (Subtraktion), * (Multiplikation), / (Division),
die Vergleichs- oder Gleichheitsoperatoren <, <=, >, >=, ==, !=

Falls bei einem dieser Operatoren der Datentyp der beiden Operanden verschieden ist, werden sie in einen gemeinsamen Datentyp konvertiert, der dann auch bei +, −, * und / der Datentyp des Ausdrucks ist. Diese Konversionen sind im C++-Standard definiert und werden dort als die „**üblichen arithmetischen Konversionen**" (usual arithmetic conversions) bezeichnet. Dabei wird in der folgenden Tabelle die Konversion aus der ersten Zeile von oben verwendet, in der die Operanden den entsprechenden Datentyp haben:

Typ des einen Operanden	Typ des anderen Operanden	Konversion
long double	beliebig	*long double*
double	beliebig	*double*
float	beliebig	*float*
Ganzzahldatentyp	Ganzzahldatentyp	übliche arithmetische Konversionen für Ganzzahldatentypen

Einige Beispiele:

1. In dem Ausdruck

   ```
   1/3
   ```

   haben die beiden Operanden 1 und 3 den Datentyp *int*. Deswegen wird die Division als Ganzzahldivision durchgeführt, wobei der Ausdruck den Datentyp *int* und den Wert 0 erhält.

2. Da Gleitkommaliterale ohne Suffix immer den Datentyp *double* haben, wird eine *float*-Variable f in dem Ausdruck f==0.1 in den Datentyp *double* konvertiert. Deshalb kann man nicht erwarten, dass die Bedingung (f==0.1) in

   ```
   if (f == 0.1)
     cout<< "gleich"<<endl;
   else
     cout<< "ungleich"<<endl;// Ergebnis: "ungleich"
   ```

   erfüllt ist. Wenn dagegen in einem solchen Ausdruck keine Datentypen gemischt werden, ist die Bedingung d==0.1 erfüllt, weil die *double*-Variable d dasselbe Bitmuster hat wie der *double*-Wert 0.1:

   ```
   double d = 0.1;
   if (d == 0.1)
     cout << "gleich" << endl;//Ergebnis: "gleich"
   else
     cout << "ungleich" << endl;
   ```

Verwendet man auf der rechten Seite einer Zuweisung einen Ausdruck, wird dieser immer zuerst ausgewertet und sein Ergebnis dann der linken Seite zugewiesen. Der Datentyp der rechten Seite ergibt sich dabei allein aus dem Datentyp der beteiligten Operanden und ist unabhängig vom Datentyp der linken Seite. Falls der Datentyp des Ausdrucks nicht dem Datentyp der linken Seite entspricht, wird er durch eine implizite Standardkonversion angepasst.

Diese Art der Ausführung von Zuweisungen gilt für alle Datentypen und wurde auch schon für Ganzzahldatentypen beschrieben. Wie die folgenden Beispiele zeigen, kann das zu Ergebnissen führen, die man auf den ersten Blick vermutlich nicht erwarten würde:

1. Durch die Zuweisung

2.5 Gleitkommadatentypen

```
double d = 1 / 3; // d=0
```

erhält d den Wert 0, da der Ausdruck 1/3 den Wert 0 hat. Ebenso wird in

```
int i = 2147483647; //INT_MAX-10;
float f = i + i; // f=-22 !!!
```

der Ausdruck i+i als Ganzzahlausdruck ausgewertet, wobei i+i hier nach einem Überlauf den Wert -22 hat. Diese Ergebnisse überraschen insbesondere deswegen oft, weil der Wertebereich von d bzw. f für das Ergebnis ausreicht.

2. In der Zuweisung

```
bool b = 1.0 / 4; // wird ohne Warnung kompiliert
```

hat die rechte Seite den Datentyp *double* und den Wert 0.25. Da dieser Wert nicht Null ist, erhält b den Wert *true*. Weist man diesen Wert einer *int* Variablen zu, erhält sie den Wert 1.

```
double d = b; // d=1;
```

3. Wie schon auf Seite 54 (Beispiel 2) gezeigt wurde, wird mit „unsigned int u=0" der Ausdruck „u-1" in den Datentyp *unsigned* konvertiert. Dabei wird -1 binär interpretiert, so dass „u-1" den Wert $2^{32}-1$ und nicht etwa -1 erhält:

```
unsigned int u = 0;
double d = u - 1; // d=4294967295
```

Falls bei der Auswertung eines Gleitkommaausdrucks ein Überlauf oder eine Division durch 0 stattfindet, bricht der von Visual C++ erzeugte Code das Programm im Unterschied zu manchen anderen Compilern nicht ab. Stattdessen ist das Ergebnis „not a number" (NAN). Das ist ein spezielles Bitmuster, das keine Gleitkommazahl darstellt.

```
float f = 1E20;
f = f*f; // f= Infinity
int i = 0;
f = f / i; // f= Infinity
```

Sobald ein zum Vergleich herangezogener Wert das **Ergebnis von Rechenoperationen** ist, muss das Ergebnis dieses Vergleichs nicht mehr dem erwarteten Ergebnis entsprechen, da es durch Rundungsfehler verfälscht sein kann:

Beispiel: Diese Anweisungen geben „ungleich" aus:

```
float f = 0;
for (int i = 1; i <= 2; i++) f = f + 0.1;
   if (f == 0.2f) // muss nicht gelten!
     cout << "gleich" << endl;
   else
     cout << "ungleich" << endl;
```

Ersetzt man hier *float* durch *double*, erhält man dagegen „gleich". Bei einer 10fachen Summation der Werte 0.1 und einem Vergleich mit 1 erhält man für alle Gleitkommatypen das Ergebnis „ungleich".

Wenn man aber schon nicht feststellen kann, ob zwei Gleitkommawerte gleich sind, die bei einer exakten Darstellung und Rechnung gleich sein müssten, kann man auch bei einem Vergleich von zwei annähernd gleich großen Werten mit >, >=, < und <= nie sicher sein, ob das Ergebnis in die richtige Richtung ausschlägt.

Beispiel: Diese Anweisungen geben die Meldung „größer" aus.

```
float f = 0.1;
if (f > 0.1)
  cout << "größer" << endl;
else
  cout << "nicht größer" << endl;
```

Ersetzt man hier *float* durch *double*, erhält man jedoch „nicht größer".

Deshalb sollte man annähernd gleich große **Gleitkommawerte weder mit dem Operator „==" noch mit einem anderen Vergleichsoperator vergleichen.** Das gilt für jede Programmiersprache und nicht nur für Visual C++ oder C++.

Die Ungenauigkeit von Gleitkommarechnungen ist dann am geringsten, wenn der Datentyp mit der größten Genauigkeit gewählt wird. Außerdem tritt dann ein Unter- oder Überlauf seltener auf. Es empfiehlt sich daher **immer, den Datentyp *double* zu verwenden,** solange der verfügbare Speicherplatz nicht dagegen spricht. Der Unterschied zwischen 4 Bytes für *float* und 8 Bytes für *double* fällt aber bei dem unter Windows fast unbegrenzten Speicher meist nicht ins Gewicht. Da Gleitkommaliterale ohne Suffix immer den Datentyp *double* haben, ist es am einfachsten, immer *double* zu verwenden.

Die nächste Tabelle enthält die Laufzeiten für die Schleife

```
for (int i = 1; i <= 100000000; i++)
  s = s + d;
```

mit verschiedenen Ganzzahl- und Gleitkommadatentypen:

Visual Studio 2017 Release (optimiert /O2)	
float s=0,d=0.1	0,11 Sek.
double s=0,d=0.1	0,11 Sek.
int s=0,d=1	0,018 Sek.
long long s=0,d=1	0,085 Sek.

Offensichtlich spricht die Laufzeit nicht gegen den genaueren Datentyp *double*.

Man sollte solche Laufzeitvergleiche allerdings nicht überbewerten:

2.5 Gleitkommadatentypen

- Bei diesem Test wurden sehr viele Zahlen addiert, um überhaupt auf messbare Zeiten zu kommen. In vielen Anwendungen hat man viel weniger Rechnungen, so dass man keine Unterschiede zwischen den verschiedenen Datentypen bemerkt.
- Außerdem können kleinere Änderungen im Programm spürbare Unterschiede zur Folge haben: Bei manchen Datentypen haben die Anweisungen „s+=d" oder „s=s+0.1" anstelle von „s=s+d" Änderungen von 10% zur Folge, bei anderen keine.
- Falls das Programm auf einem Rechner mit einem anderen Prozessor läuft, können sich ganz andere Laufzeiten ergeben. Da man meist sowieso nicht weiß, auf welchem Prozessor ein Programm später läuft, kann man über seine Laufzeit auch keine genauen Aussagen machen.
- Eine Wiederholung desselben Programms ergibt oft Unterschiede von 10%.

2.5.4 Mathematische Funktionen

Die C und C++-Standardbibliotheken enthalten zahlreiche **mathematische Funktionen**, die nach

```
#include <cmath>      // C-Bibliothek: #include <math.h>
#include <cstdlib>    // C-Bibliothek: #include <stdlib.h>
using namespace std;  // C-Bibliothek: ohne using ...
```

zur Verfügung stehen. Da die meisten Bibliotheksfunktionen des C-Standards in den C++-Standard übernommen wurden, sind große Teile der C- und der C++-Bibliotheken identisch. Es gibt aber auch Unterschiede, da sowohl die C++-Bibliotheken als auch die C-Bibliotheken unabhängig voneinander erweitert wurden. Obwohl die Verwendung der C-Bibliotheken in C++ sehr verbreitet ist, empfiehlt sich die Verwendung der C++-Bibliotheken, da sie einige Vorteile haben:

```
#include <cmath> // oft besser als <math.h>
using namespace std;
```

Dann sind unter anderem die folgenden Funktionen mit Parametern der Datentypen *float*, *double* und *long double* verfügbar (überladene Funktionen, siehe Abschnitt 7.2). Der Datentyp des Rückgabewertes ist derselbe wie der des Parameters:

sqrt(x): Quadratwurzel von x
pow(x, y): x^y
sin(x), **cos**(x), **tan**(x): trigonometrische Funktionen Sinus, Cosinus, Tangens. Die Argumente werden im Bogenmaß und nicht in Grad angegeben.
acos(x), **asin**(x): Arcusfunktionen von Sinus, Cosinus, Tangens. Falls das Argument nicht im Bereich [−1,1] liegt, ist ein Domain-Fehler die Folge.
atan(x), **atan2**(y, x): Arcustangens
sinh(x), **cosh**(x), **tanh**(x): Hyperbelfunktionen von Sinus, Cosinus, Tangens
exp(x), **log**(x), **log10**(x): e^x, ln(x) und Logarithmus zur Basis 10
ceil(x): der kleinste Ganzzahlwert >= x (z.B. ceil(4.5)=5, ceil(−4.5)=−4)
floor(x): der größte Ganzzahlwert <= x (z.B. floor(4.5)=4, floor(−4.5)=−5)
fmod(x, y): Gleitkomma-Rest von x/y (z.B. fmod(2.8,1.2)=0.4)

Den Betrag des Arguments erhält man mit einer der überladenen *abs*-Funktionen aus *math.h* bzw. *cmath* für Argumente eines Gleitkomma- und Ganzzahl-Typs. Die *abs*-Funktion aus *stdlib.h* bzw. *cstdlib* gibt dagegen immer nur einen *int*-Wert zurück:

```
int abs (int x)          // stdlib.h
```

Beispiel:
```
#include <stdlib.h>
...
double f1 = abs(-2.3);   // 2, nicht 2.3 !!!
```

Die Datei <math.h> von Visual C++ (aber nicht von Standard-C++) enthält außerdem noch einige nützliche Konstanten wie z.B.

```
/* Constants rounded for 21 decimals. */
#define M_E      2.71828182845904523536    // e
#define M_PI     3.14159265358979323846    // π
#define M_1_PI   0.31830988618379067153 8  // 1/π
```

Diese stehen aber nur zur Verfügung, wenn man vor *#include <cmath>* bzw. *#include <math.h>* das Makro _USE_MATH_DEFINES definiert:

```
#define _USE_MATH_DEFINES
#include <cmath>
```

Aufgaben 2.5

Schreiben Sie die Lösungsfunktionen in eine wie in Abschnitt 1.2.5 beschriebene Header-Datei (z.B. in die schon in Aufgabe 2.4.4 angelegte Header-Datei) und rufen Sie diese auf.

1. Welche der folgenden Anweisungen werden vom Compiler ohne Fehler übersetzt? Welche Werte erhalten die Variablen d1, d2, i1, ..., i6?

    ```
    int j = 10, k = 6;
    double x = j, y = 3.14, z = 10;

    double d1 = j / k;
    double d2 = x / k;
    int i1 = j / k;
    int i2 = x / k;
    int i3 = 3(j + k);
    int i4 = j / k / k;
    ```

2. Mit dem folgenden Experiment kann man einen Näherungswert für die Kreiszahl π bestimmen: Man zeichnet bei Regen in ein Quadrat mit der Seitenlänge 2 einen Kreis mit dem Radius 1 und zählt die Regentropfen, die in das Quadrat bzw. in den Kreis fallen. Bezeichnet man diese Anzahlen als k und n, ist der Quotient k/n ein Näherungswert für den Anteil des Kreises an der Fläche des Quadrates, also π/4.

    Dieses Experiment kann man folgendermaßen simulieren: Mit der vordefinierten Funktion *rand()* erhält man eine Zufallszahl zwischen 0 und *RAND_MAX* (0x7FFFU).

2.5 Gleitkommadatentypen

Transformiert man zwei aufeinander folgende Zufallswerte in den Bereich zwischen 0 und 1, kann man sie als Koordinaten eines Punktes (x,y) im ersten Quadranten betrachten. Dieser Punkt liegt im Einheitskreis, wenn $x^2+y^2<1$ gilt.

Schreiben Sie eine Funktion *RegentropfenPi*, die einen nach dieser „**Regentropfenmethode**" bestimmten Näherungswert für π als Funktionswert zurückgibt. Die Anzahl der Versuche soll als Parameter übergeben werden. Geben Sie die Näherungswerte bei 1000 (10000) Wiederholungen aus.

3. Das Produkt der ersten n (n>0) Zahlen

    f = 1*2*3* ... *n

   wird auch als **n!** (n Fakultät) bezeichnet. Schreiben Sie eine Funktion *Fakultaet*, die die Fakultät für einen als Argument übergebenen Wert berechnet. Geben Sie die Werte für n=1 bis n=30 aus.

   Die Fakultät tritt z.B. beim sogenannten **Problem des Handlungsreisenden** auf: Wenn ein Handlungsreisender n Städte besuchen soll, hat er für die erste Stadt n Möglichkeiten, für die zweite n–1, für die dritte n–2 usw. Um jetzt die kürzeste Route durch diese n Städte zu finden, müssen (zumindest im Prinzip) alle n! Routen miteinander verglichen werden.

   Angenommen, Sie hätten ein Computerprogramm zur Verfügung, das in einer Sekunde 1000000 Routen vergleichen kann. Zeigen Sie die Rechenzeit zur Bestimmung der kürzesten Route für n=15 bis n=30 an.

4. Ein **Hypothekendarlehen** über einen Betrag von k Euro mit einem Zinssatz von p% und einer Tilgung von t% sei als Annuitätendarlehen vereinbart. Dabei hat der Schuldner jedes Jahr am Jahresende eine gleich bleibende Rate von (p+t)% des Betrags k zu leisten.

   Von dieser konstanten Rate entfallen p% der Restschuld auf die Zinsen. Der Rest ist dann die Tilgung, die wegen der im Laufe der Jahre abnehmenden Restschuld jährlich größer wird.

   Schreiben Sie eine Funktion, die die Restschuld, Zinsen und Tilgungsraten für jedes Jahr der Laufzeit des Hypothekendarlehens ausgibt. Dieser Funktion sollen k, p und t als Parameter übergeben werden. Die Zinsen und die Tilgungsraten sollen jeweils am Jahresende fällig werden.

5. Die Fläche zwischen der Funktion y=f(x) und der x-Achse im Bereich von a bis b kann näherungsweise durch die Summe der Trapezflächen berechnet werden (**Numerische Integration** mit der Trapezregel):

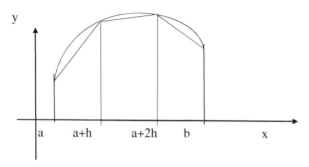

Die Fläche des Trapezes

  von a bis a+h ist dabei durch h*(f(a) + f(a+h))/2 gegeben,
  die von a+h bis a+2h durch h*(f(a+h) + f(a+2*h))/2 usw.

Unterteilt man das Intervall von a bis b in n Teile, ist h = (b–a)/n.

Schreiben Sie eine Funktion *Trapezsumme*, die einen Näherungswert für π als Fläche des Einheitskreises berechnet, indem sie die Trapezflächen unter der Funktion sqrt(1–x*x) von 0 bis 1 aufsummiert. Wählen Sie für n verschiedene Werte, z.B. 100, 1000 und 10000.

6. Das **Geburtstagsproblem von Mises**

   Die Wahrscheinlichkeit q, dass zwei zufällig ausgewählte Personen an verschiedenen Tagen Geburtstag haben, ist

   q = 364/365

   Bei drei Personen ist die Wahrscheinlichkeit, dass alle drei an verschiedenen Tagen Geburtstag haben

   q = (364*363)/(365*365)

   Bei n Personen ist diese Wahrscheinlichkeit

   q = 364*363*...*(364–n+2)/365^{n-1} (n-1 Faktoren im Zähler und Nenner)

   Die Wahrscheinlichkeit, dass von n Personen mindestens zwei am selben Tag Geburtstag haben, ist dann gegeben durch

   p = 1–q

   a) Schätzen Sie zuerst, ab wie vielen Personen diese Wahrscheinlichkeit > 50% ist.
   b) Schreiben Sie eine Funktion *Mises*, deren Funktionswert diese Wahrscheinlichkeit für n Personen ist. Bestimmen Sie dann den kleinsten Wert von n, für den ihr Funktionswert größer als 0.5 ist. Am einfachsten geben Sie dazu den Funktionswert für verschiedene Werte von n aus.
   c) Bei der sogenannten gestreuten Speicherung (Hash-Tabelle) legt man einen Datensatz in einer Tabelle ab, wobei seine Position in der Tabelle aus den Daten berechnet wird.

Falls sich dann für zwei verschiedene Datensätze dieselbe Position ergibt, erhält man eine Kollision. Wie viele Tabellenplätze sind notwendig, damit für 23 Datensätze mit zufälligen Positionen die Wahrscheinlichkeit für eine Kollision <50% ist?

7. Schreiben Sie eine Funktion **RoundToInt**, die ein Gleitkomma-Argument auf den nächsthöheren Ganzzahlwert aufrundet, falls seine Nachkommastellen >=0.5 sind, und andernfalls abrundet. Diese Funktion soll auch negative Werte richtig runden (z.B. *RoundToInt(3.64)=4*, *RoundToInt(3.14)=3*, *RoundToInt(–3.14)=-3*, *RoundToInt(-3.64)=–4*)

8. Angenommen, die Ausführung der nächsten Schleife dauert eine Sekunde. Schätzen Sie ihre Laufzeit, wenn der Datentyp *double* durch *float* ersetzt wird.

```
double x = 1e8;
while (x > 0)
   --x;
```

2.6 Der Debugger, Tests und Ablaufprotokolle

In diesem Abschnitt werden einige einfache Techniken vorgestellt, mit denen man das Ergebnis von Anweisungen untersuchen kann. Diese Ausführungen haben eigentlich nur wenig mit C++ zu tun. Aber sie haben mit Programmieren im Allgemeinen und mit Qualitätssicherung beim Programmieren zu tun, und damit doch auch wieder mit C++.

Diese Techniken werden hier unmittelbar nach der Vorstellung der ersten Sprachelemente behandelt, damit von Anfang an ein Bewusstsein für Programmierlogik und Softwarequalität entwickelt wird. Da sie die Sprachelemente außerdem aus einer Sicht beleuchten, die für viele Anfänger (und auch manchen erfahrenen Praktiker) nicht selbstverständlich ist, können sie zu einem tieferen Verständnis der Sprachelemente beitragen. Einige etwas anspruchsvollere Anwendungen folgen bei verketteten Listen (siehe Abschnitt 6.11 und den Aufgaben dazu).

Bei vielen Programmen (z.B. den Lösungen der Übungsaufgaben aus einem Lehrbuch) ist der Schaden aufgrund eines Programmfehlers nicht besonders hoch. Aber es gibt auch Anwendungen mit hohen Zuverlässigkeitsanforderungen. Würden Sie sich z.B. gerne in ein Flugzeug oder ein Auto mit einem Aufkleber „99,9% safe software inside" setzen?

Empirische Untersuchungen haben gezeigt, dass ausgelieferte (also getestete) Programme oft eine Fehlerrate haben, die zwischen einem und zehn Fehlern pro 1000 Zeilen Quelltext liegt. Der Coverity Scan Open Source Report 2013 bezeichnet eine Fehlerrate von einem Fehler pro 1000 Zeilen Programmtext als akzeptierten Industriestandard. Da die meisten Beispiele in diesem Buch kürzer als 10 Zeilen sind, mag es als übertrieben erscheinen, derart einfache und offensichtlich richtige Programme so gründlich zu untersuchen. Deshalb geht es in hier vor allem um die Techniken und weniger um die Korrektheit der Beispiele.

2.6.1 Der Debugger

Da bisher noch niemand das fehlerfreie Programmieren erfunden hat, kommt es immer wieder vor, dass sich ein Programm einfach nicht so verhält, wie man sich das gedacht hat. Ein Fehler, der die Ursache für ein falsches Programmergebnis ist (eine Abweichung von der Spezifikation), wird auch als **Bug** (Wanze) bezeichnet, und die Suche nach solchen Fehlern sowie deren Behebung als **Debugging**.

Ein **Debugger** ist ein Werkzeug, das die Suche nach Programmierfehlern erleichtert, indem es z.B. die schrittweise Ausführung eines Programms und die Beobachtung von Variablen während der Laufzeit eines Programms ermöglicht. Da die Suche nach Fehlern oft keineswegs trivial ist, kann man Fehler oft nur so mit vertretbarem Aufwand finden. Der Debugger kann aber auch **für Anfänger** außerordentlich hilfreich sein, da man bei einer schrittweisen Programmausführung sieht, was im Programm tatsächlich passiert.

Wenn man ein Programm für den Debugger kompiliert (mit der Einstellung *Debug* in der Symbolleiste Standard, bzw. *Erstellen|Konfigurations-Manager|Konfiguration der aktuellen Projektmappe|Debug*) und dann in der Entwicklungsumgebung mit *F5* oder *Debuggen|Debuggen Starten* startet, wird es vom integrierten Debugger ausgeführt. Dieser bietet insbesondere die folgenden Möglichkeiten:

Haltepunkte (Breakpoints)

Ein Haltepunkt ist eine Zeile im Quelltext, vor deren Ausführung das Programm anhält, wenn es vom Debugger ausgeführt wird. Danach kann man die Werte von Variablen anschauen oder verändern, die nächsten Anweisungen schrittweise mit *F11* oder *F10* ausführen, oder das Programm mit *F5* fortsetzen.

Mit *F9*, oder *Haltepunkt|Haltepunkt einfügen* im Kontextmenü des Editors oder durch Anklicken des linken Rands einer Zeile im Editor wird die Zeile mit dem Cursor ein Haltepunkt. Falls sie bereits ein Haltepunkt war, wird er ausgeschaltet. Eine Zeile, die ein Haltepunkt ist, wird mit einem gefüllten roten Kreis am linken Rand gekennzeichnet.

Mit *Ausführen bis Cursor* im Kontextmenü des Editors führt der Debugger das Programm bis zu der Zeile aus, in der sich der Cursor befindet.

Mit *Debuggen|Fenster|Haltepunkte* werden alle aktuell gesetzten Haltepunkte angezeigt:

Hier können Bedingungen und Durchlaufzähler eingetragen werden. Damit kann das Anhalten an einem Haltepunkt von Bedingungen abhängig gemacht werden. Beispielsweise wird dann in einer Schleife nicht jedes Mal angehalten, sondern erst ab einem bestimmten

2.6 Der Debugger, Tests und Ablaufprotokolle

Wert des Schleifenzählers. Über *Spalten* kann man weitere Eigenschaften eines Haltepunkts anzeigen.

Schrittweise Programmausführung:

Mit *F11* oder *Debuggen|Einzelschritt* bzw. *F10* oder *Debuggen|Prozedurschritt* führt der Debugger die nächste Anweisung aus und unterbricht anschließend die Programmausführung. *F11* und *F10* unterscheiden sich nur bei Funktionsaufrufen: Falls die nächste Anweisung ein Funktionsaufruf ist, hält der Debugger mit *F11* bei der ersten Anweisung in der Funktion an. Mit *F10* hält er bei der nächsten Anweisung nach dem Funktionsaufruf an.

Werte von Variablen anzeigen und verändern

Wenn man den Mauszeiger kurz über einer Variablen stehen lässt, wird ihr Wert in einem kleinen Fenster angezeigt:

```
int i = 18;
     ♦ i 18
```

Mit *Debuggen|Fenster|Lokal* werden die **Werte aller lokalen Variablen** der aktuell ausgeführten Funktion angezeigt, und mit *Auto* die der letzten beiden Zeilen. Falls hier in einer Ereignisbehandlungsroutine die Werte von *this*, *e* und *sender* angezeigt werden und Ihnen diese nichts sagen, ignorieren Sie sie einfach. Den **Überwachen** Fenstern kann man einen Ausdruck hinzufügen, indem man ihn im Editor markiert und mit der Maus in das Fenster zieht oder im Kontextmenü des Editors mit *Überwachung hinzufügen*.

In allen diesen Fenstern kann man den **Wert** einer Variablen auch **ändern**. Diese Möglichkeit ist insbesondere dann nützlich, wenn man beim Debuggen einen Fehler entdeckt hat, der einen falschen Wert einer Variablen zur Folge hat. Ändert man diesen Wert hier, kann man das Programm fortsetzen, ohne dass man es neu kompilieren und die Debug-Sitzung neu beginnen muss.

Manchmal will man wissen, über welche Funktionsaufrufe man an die aktuelle Programmstelle gekommen ist. Diese Information erhält man im Fenster *Aufrufliste* (*Debuggen|Fenster|Aufrufliste*). Hier wird in der ersten Zeile die zuletzt aufgerufene Funktion angezeigt. Darunter folgen die zuvor aufgerufenen in der Reihenfolge der Aufrufe. Die letzte Zeile enthält die nach dem Start des Programms zuerst aufgerufene Funktion.

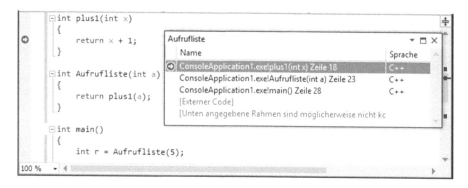

Mit einem Doppelklick auf eine Zeile in diesem Fenster wird der Quelltext angezeigt, an der diese Funktion aufgerufen wird.

Einige weitere Anweisungen, die im Umgang mit dem Debugger oft nützlich sind:

- Falls man vor lauter Blättern in den Quelltexten nicht mehr weiß, welche Anweisung als nächste ausgeführt wird, kann man diese im Kontextmenü des Editors mit **Nächste Anweisung anzeigen** finden.
- Die Ausführung eines Programms kann mit mit *Debuggen|Alle beenden* unterbrochen werden. Später kann man es dann wieder mit *F5* fortsetzen.
- Die aktuelle Debug-Sitzung kann mit *Debuggen|Debuggen beenden* (*Umschalt+F5*) beendet werden. Alle Halte- und Überwachungspunkte der aktuellen Sitzung bleiben erhalten und können in der nächsten Debug-Sitzung verwendet werden.
- Mit **Nächste Anweisung festlegen** im Kontextmenü des Editors bzw. durch Ziehen mit der Maus am Anweisungszeiger am linken Rand kann man auch eine andere Anweisung als die nächste Anweisung im Quelltext als nächste Anweisung ausführen. Allerdings kann das auch unerwartete Ergebnisse zur Folge haben, da diese Anweisung dann mit anderen Werten der Prozessorregister ausgeführt wird.

Damit ein Programm vom Debugger ausgeführt werden kann, muss der Compiler zusätzliche Informationen erzeugen und auch etliche Optimierungen unterlassen. Dadurch wird das Programm langsamer. Deshalb kompiliert man ein Programm, das ausgeliefert werden und mit optimaler Geschwindigkeit laufen soll, nach der Konfiguration als **Release** unter *Erstellen|Konfigurations-Manager*.

Es wird oft empfohlen, **jede Funktion im Debugger mindestens einmal schrittweise auszuführen**, damit man gesehen hat, ob sie auch wirklich das tut, was sie tun soll. Dabei sollte jede Verzweigung mindestens einmal durchlaufen werden, ebenso jede Schleife für die Randwerte sowie für Werte innerhalb und außerhalb der Grenzbereiche.

2.6 Der Debugger, Tests und Ablaufprotokolle

Aufgabe 2.6.1

Setzen Sie in Ihrer Lösung der Funktion *zeigeQuersummen* (Aufgabe 2.4.4, 1) einen Haltepunkt. Starten Sie Ihr Programm so, dass die Anweisung mit dem Haltepunkt ausgeführt wird.

- a) Gehen Sie mit einer schrittweisen Programmausführung in die Funktion *Quersumme*. Zeigen Sie die Variablen i und s in den Fenstern *Lokal*, *Auto* und *Überwachen* an und führen Sie die Anweisungen schrittweise aus.
- b) Schauen Sie in der Funktion *Quersumme* den Aufrufstack an.
- c) Schreiben Sie eine Endlosschleife und unterbrechen Sie das Programm einmal mit *Debuggen|Alle beenden* und einmal mit *Debuggen|Debugging beenden*.

2.6.2 Der Debugger – Weitere Möglichkeiten Θ

Die im letzten Abschnitt vorgestellten Möglichkeiten des Debuggers sollte jeder Programmierer kennen. Der Debugger bietet aber noch Einiges mehr, das vor allem für Programmierer von größeren und komplexeren Projekten hilfreich ist. Anfänger können diesen Abschnitt übergehen.

Unter *Extras|Optionen|Debugging* können Optionen für den Debugger gesetzt werden.

Mit *Nächste Anweisung festlegen* im Kontextmenü des Editors bzw. durch Ziehen mit der Maus am Anweisungszeiger am linken Rand kann man auch eine andere Anweisung als die nächste Anweisung im Quelltext als nächste Anweisung ausführen. Allerdings kann das auch unerwartete Ergebnisse zur Folge haben, da diese Anweisung dann mit anderen Werten der Prozessorregister ausgeführt wird.

Kommandozeilenargumente kann man im Debugger mit *Projekt|Eigenschaften|-Konfigurationseigenschaften|Debuggen|Befehlsargumente* übergeben.

Zu einem **Haltepunkt** kann man (im Kontextmenü zum Haltepunkt, bzw. im Fenster *Haltepunkte*) differenzierte **Bedingungen** angeben, die erfüllt sein müssen, damit das Programm anhält. Auf diese Weise kann man z.B. erreichen, dass in einer Schleife nicht jedes Mal, sondern erst beim vorletzten Durchlauf angehalten wird.

- Bedingungen für Haltepunkte können nicht nur Literale, sondern auch Werte von Ausdrücken sein, die mit Operatoren wie +, *, Funktionsaufrufen usw. gebildet werden.
- Als Bedingung für einen Haltepunkt kann auch festgelegt werden, dass sich der Wert einer Variablen (allgemeiner: Der Wert eines Ausdrucks) ändert:

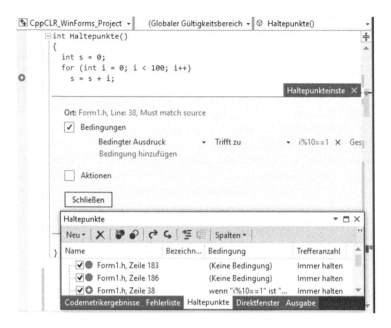

Die Bedingung kann nicht nur ein Variablenwert, sondern auch ein Ausdruck sein:

- Mit einem Haltepunktfilter kann ein Haltepunkt auf bestimmte Prozesse und Threads eingeschränkt werden.
- Haltepunkte können exportiert und wieder geladen werden. Das ist vor allem bei komplexen Fehlern hilfreich, nach denen man mit einer größeren Anzahl von Haltepunkten sucht.
- Haltepunkte können auch in der Aufrufliste oder im Disassembly-Fenster gesetzt werden.

Ändert man den Quelltext während der Ausführung eines Programms im Debugger, das auf eine Benutzereingabe wartet, wird man durch eine Meldung darauf hingewiesen, dass die Änderung nicht berücksichtigt wird:

2.6 Der Debugger, Tests und Ablaufprotokolle

Das gilt aber nicht, wenn ein Programm, das gerade im Debugger ausgeführt wird, durch einen Haltepunkt unterbrochen wurde und **Bearbeiten und Fortfahren** aktiviert (*Extras|Optionen|Debugging* aufklappen). Dann sind Änderungen im Quelltext sehr wohl möglich, und diese Änderungen werden in der laufenden Debug-Sitzung berücksichtigt. Das heißt, man kann das laufende Programm während der Ausführung ändern, und der Debugger führt dann das geänderte Programm aus, ohne dass es neu gestartet werden muss.

Markiert man im Kontextmenü zu einem Haltepunkt im Fenster Haltepunkte die Option „Aktionen", wird das Fenster „Haltepunkteinstellungen ..."

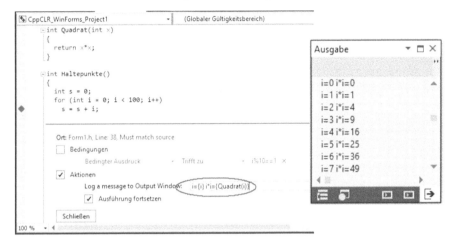

angezeigt, in dem man nach „Meldung drucken" einen Text mit Platzhaltern für Variable und Funktionen angeben kann, die beim Erreichen eines Haltepunkts im Ausgabefenster angezeigt werden. Markiert man hier noch „Ausführung fortsetzen", hält das Programm beim Erreichen des Haltepunktes nicht an, sondern gibt nur den Text aus. Damit kann man sehr einfach **Werte** aus einem Programmablauf **protokollieren**. Im Beispiel oben wurde eine Variable i und eine Funktion *Quadrat* protokolliert.

Im *Auto-* und im *Lokal*-Fenster des Debuggers werden auch die **Rückgabewerte** von verschachtelten Funktionsaufrufen angezeigt, wenn man einen Haltepunkt auf den Funktionsaufruf setzt und danach die nächste Anweisung mit *F10* ausführt:

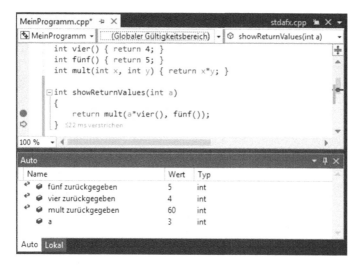

In älteren Versionen von Visual Studio musste man die Rückgabewerte einer Funktion einer Variablen zuweisen, wenn man diese im Debugger überprüfen wollte.

Im sogenannten **Direktfenster** (*Debuggen|Fenster|Direkt*) kann man Werte von Variablen anzeigen, Funktionen aufrufen, Variablen definieren und deren Werte anzeigen usw.

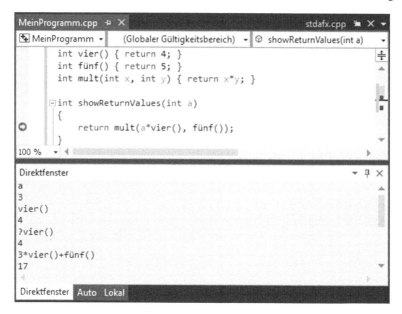

Im **Befehlsfenster** (*Ansicht|Weitere Fenster|Befehlsfenster*) kann man beliebige Visual Studio Befehle eingeben und so insbesondere alle Anweisungen ausführen, die über das Menü von Visual Studio verfügbar sind. Dazu gehören auch die Debug-Befehle, die in der deutschen Version von Visual Studio über den Befehl *Debuggen* verfügbar sind. *Debuggen.Drucken* (in der englischen Version *Debug.Print*, Abkürzung ?) gibt den Wert eines danach angegebenen Ausdrucks aus:

2.6 Der Debugger, Tests und Ablaufprotokolle

```
Befehlsfenster                                    ▼ ↥ ×
>Debuggen.Drucken vier()
4
>? vier()
4
>

Befehlsfenster  Direktfenster  Auto  Lokal
```

Das Befehlsfenster ist nicht auf Debug-Anweisungen beschränkt. Es ermöglicht eine komplette Steuerung von Visual Studio über Befehle, die als Text eingegeben werden.

Fährt man mit dem Mauszeiger über eine Variable, nachdem ein Programm bei einem Haltepunkt angehalten wurde, wird der Wert der Variablen in einem sogenannten **Datentipp** angezeigt. Diesen Datentipp kann man im Editor anheften (und auf dem ganzen Desktop verschieben), indem man das Pin-Symbol

```
● x 21 ↥
```

anklickt.

```
int Datentipps(int x, int y)
{                  ● x 4    ● y 5
    int a = x + y;
    return a;
}                          ● a 9

100 %
```

Der Debugger bietet außerdem noch zahlreiche Möglichkeiten, parallel ablaufende Threads und Tasks zu debuggen. Diese werden im Kapitel Multithreading vorgestellt.

2.6.3 Systematisches Testen

Letztendlich ist das entscheidende Kriterium für die Korrektheit eines Programms immer das Ergebnis, das man bei seiner Ausführung erhält. Deshalb sollte man jede Funktion oder Anweisungsfolge **immer testen**, indem man sie mit bestimmten Werten ausführt und dann die Ergebnisse prüft. Ein Test setzt eine **präzise und vollständige Beschreibung** der Anforderungen an ein Programm voraus, die für jede Konstellation von Eingangswerten eine eindeutige Prüfung ermöglicht. Eine solche Beschreibung wird auch als **Spezifikation** bezeichnet.

In diesem Abschnitt werden die Grundbegriffe des sogenannten **„White-Box"-Testens** vorgestellt. Dabei analysiert man den Quelltext und versucht, für die zu testenden Anweisungen die Testwerte so zu konstruieren, dass möglichst alle Fehler entdeckt werden. Da ein solcher Test nur die Anweisungen testet, die in einem Programm enthalten sind, kann man so natürlich keine Fehler entdecken, die sich aufgrund von Anforderungen ergeben, die vergessen wurden. Solche Fehler versucht man mit sogenannten **„Black-Box"-Tests** zu finden, die völlig unabhängig vom Quelltext nur anhand der Spezifikation durchgeführt werden. Für eine ausführliche Darstellung zum Thema Testen wird auf Liggesmeyer (2002), Beizer (1990) und Kaner (1999) verwiesen.

Damit bei einem Test möglichst viele Fehler entdeckt werden, ist eine gewisse Systematik notwendig. Wenn man die Testwerte willkürlich wählt, ist die Gefahr groß, dass Fehler übersehen werden.

Die Werte, mit denen ein einzelner Test durchgeführt wird, bezeichnet man auch als **Testfall**. Ein **Test** besteht aus einem oder mehreren Testfällen. Dafür wird im Folgenden diese **Schreibweise** verwendet:

{x=0,y=1;s=1}   für einen Test mit den Werten x=0, y=1, bei dem die Variable s den Wert 1 erhalten soll.
{x=0,y=1;s=1 | x=2,y=2;s=3} für die beiden Tests {x=0,y=1;s=1} und {x=2,y=2;s=3}, usw.
Falls nur die Testwerte dargestellt werden sollen, aber nicht das Ergebnis, werden die Angaben nach dem Semikolon ausgelassen. Falls die Zuordnung der Werte zu den Variablen unmissverständlich ist, werden die Namen der Variablen wie in {0, 1; 1 | 2, 2; 3} ausgelassen.

Die **Mindestanforderung** an systematisch konstruierte Tests ergibt sich daraus, dass jede Anweisung eines Programms falsch sein kann. Deshalb sollte man die Testfälle so wählen, dass **jede Anweisung mindestens einmal** ausgeführt wird.

Anweisungsfolgen mit *if*-Anweisungen sollte man mit solchen Werten testen, dass jede Bedingung sowohl den Wert *true* und *false* erhält. Dadurch wird jeder Zweig mindestens einmal ausgeführt, weshalb man dieses Kriterium auch als **Zweigüberdeckung** (engl. „**branch coverage**") bezeichnet. Da erfahrungsgemäß bei den Bedingungen leicht Fehler gemacht werden (z.B. „if (x<0) ..." anstelle von „if (x<=0) ..."), wird oft empfohlen, jede Bedingung mit den Randwerten zu testen.

Beispiele: Für eine Zweigüberdeckung der Anweisungsfolge

```
if (x>0) S1; // A)
S2; // S1 und S2 irgendwelche Anweisungen
```

sind zwei Tests notwendig, z.B. {x=0| x=1}. Für die Anweisungsfolge

```
if (x<0) S1; // B)
else S2;
if (y<0) T1;
else T2;
```

erhält man mit den beiden Tests {x=−1, y=−1|x=0, y=0} eine Zweigüberdeckung. Sie führen zur Ausführung von „S1; T1;" und „S2; T2;".

Für eine Anweisungsfolge ohne Schleifen und Verzweigungen erreicht man mit einem einzigen Test eine Zweigüberdeckung.

2.6 Der Debugger, Tests und Ablaufprotokolle

Falls sich eine Bedingung aus Teilbedingungen zusammensetzt, die mit *and* oder *or* verknüpft werden, verlangt man oft, dass jede Teilbedingung mit Werten getestet wird, die das Ergebnis *true* und *false* haben. Dieses Kriterium wird als **Bedingungsüberdeckung** (engl. „**condition coverage**") bezeichnet.

Beispiel: Mit den Tests {x=-1|x=0|x=10} erhält man eine Bedingungsüberdeckung für

```
if ((x >= 0) && (x<10)) S;
```

Mit den Tests {x=-1|x=0|x=9|x=10} erhält man eine Bedingungsüberdeckung und einen Test aller Randwerte.

Alle bisher vorgestellten Testkriterien sind intuitiv naheliegende Minimalanforderungen an Tests. Sie berücksichtigen aber alle nicht, dass manche Fehler nur bei bestimmten Kombinationen von Anweisungen (Programmpfaden) auftreten und bei anderen nicht. So werden z.B. die Pfade „S1; T2" und „S2; T1" in der Anweisungsfolge B) mit der angegebenen Bedingungsüberdeckung nicht getestet. Falls diese Pfade zu Fehlern führen, werden sie nicht entdeckt. Deshalb sollte ein Test immer zur Ausführung aller Programmpfade führen. Dieses Kriterium wird als **Pfadüberdeckung** (engl. „**path coverage**") bezeichnet.

Beispiel: Für die Anweisungsfolge B) des vorletzten Beispiels sind für eine Pfadüberdeckung 4 Tests notwendig, z.B.

{x=-1, y=-1|x=0, y=0|x=-1, y=0|x=0, y=-1}

Bei einem Programm mit n aufeinander folgenden *if*-Anweisungen sind für eine Pfadüberdeckung 2^n Tests notwendig.

Die Funktion

```
void f1(int n)
{
   for (int i = 0; i < n; i++)
      S; // irgendeine Anweisung
}
```

kann mit jedem Wert aus dem Wertebereich von *int* aufgerufen werden. Für jeden Wert von n führt das zu einem anderen Programmpfad:

; // für n<=0 keine Anweisung
S; // für n=1
S; S; // für n=2
usw.

Wenn *int* 2,147,483,647 Werte >= 0 annehmen kann, sind für f1 2,147,483,647 Programmpfade möglich.

Die Schleife

```
for (int i = 0; i<n; i++)
  if (x<0) S1
  else S2;
```

kann zu $1+2^1+2^2+\ldots+2^{2,147,483,647}$ Pfaden führen:

n<=0: ein Pfad „;" (keine Anweisung)
n=1: die 2 Pfade „S1;" oder „S2;",
n=2: die 4 Pfade „S1;S1;", „S1;S2;", „S2;S1;", „S2;S2;"
n=3: die 8 Pfade „S1;S1;S1", „S1;S1;S2", „S1;S2;S1", „S1;S2;S2;",
„S2;S1;S1", „S2;S1;S2", „S2;S2;S1", „S2;S2;S2;"

Dieses Beispiel zeigt, dass das Pfadüberdeckungskriterium oft zu einer so großen Anzahl von Testfällen führt, dass es praktisch nicht mehr durchführbar ist. Hier kommt man an die Grenze des Testens.

Die Aufgaben eines Programms werden oft in Teilaufgaben aufgeteilt, die von **Funktionen** gelöst werden. Die Funktionen sollen dann mit den Argumenten ein bestimmtes Ergebnis erzielen. Deswegen ist es meist empfehlenswert, **ganze Funktionen** als Gegenstand des Testens zu betrachten, und nicht einzelne Anweisungen. Zum Testen einer Funktion wählt man für die Testfälle Argumente, die beim Aufruf der Funktion zu einer Pfad- oder Bedingungsüberdeckung für ihre Anweisungen führen.

Da diese Kriterien bei **Funktionen mit Schleifen** aber oft zu aufwendig sind, sollte man sie mindestens mit solchen Argumenten testen, dass jede Schleife

– FT-0: nie durchgeführt wird,
– FT-1: genau einmal durchgeführt wird,
– FT-n: mehr als einmal durchgeführt wird,
– FT-p: dass jeder Pfad innerhalb und außerhalb einer Schleife einmal durchgeführt wird, und
– FT-t: mit einer typischen Anzahl von Wiederholungen durchgeführt wird.

Beispiel: Für die Funktionen (*pwr* soll für n>=0 x^n und sonst -1 zurückgeben)

```
int QS(int n)              int pwr(int x, int n)
{ // wie Quadratsumme      {
int s = 0;                 int p = 1;
for (int i=1;i<=n;i++)     if (n < 0) p = -1;
  s = s + i*i;             while (n > 0)
return s;                    {
}                            if (n%2==1) p=p*x;
                             n = n / 2;
                             x = x*x;
                           }
                           return p;
                           }
```

werden diese Kriterien mit den folgenden Argumenten erfüllt:

2.6 Der Debugger, Tests und Ablaufprotokolle

QS: FT-0 mit n=0; FT-1 mit n=1; FT-n z.B. mit n=2; FT-p erfordert keine Tests, da keine *if*-Anweisungen

Diese Kriterien werden durch diese Testfälle abgedeckt: {n=0; QS=0 | n=1; QS=1 | n=2; QS=5}

pwr: FT-0 mit n=0; FT-1 mit n=1; FT-n mit n=5; FT-p zum ersten *if* mit n=−1 und n=0, und zum zweiten *if* mit einem geraden und ungeraden n>0; FT-t: z.B. 3 oder 4 Schleifenwiederholungen

Diese Kriterien werden durch diese Testfälle abgedeckt:

{x=2,n= −1; pwr= −1| x=2,n=0;pwr=1 | x=2,n=1;pwr=2}
{x=2,n= 2; pwr= −1| x=2,n=5;pwr=32 | x=2,n=8;pwr=128}

Für 3 und 4 Wiederholungen sind Werte von n im Bereich $4 \leq n \leq 7$ und $8 \leq n \leq 15$ notwendig.

Das sind aber nur Mindestanforderungen. **Oft** sind **weitere Tests** notwendig. Beispielsweise würde mit diesen drei Tests bei der Funktion *Fibonacci* (Aufgabe 2.4.6, 2.) der Überlauf für größere Argumente als 46 nicht entdeckt. Deshalb benötigt man für die Wahl guter Testfälle auch ein Verständnis der Aufgabe und ein Gefühl für die möglichen Probleme.

Mindestens genauso wichtig wie eine systematische Vorgehensweise ist aber die **mentale Einstellung**: Beim Entwurf von Testdaten sollte man sich immer das Ziel setzen, Fehler zu finden. Ein Test, der nur zeigen soll, dass ein Programm funktioniert und der alle kritischen Fälle auslässt, ist wertlos. Nehmen Sie sich bei einem Test immer vor, das Programm zu knacken. Stellen Sie sich dazu doch einfach vor, es wäre von einem Kollegen geschrieben, den Sie überhaupt nicht leiden können, und dem Sie es schon immer mal zeigen wollten.

Größere Programme können umfangreiche Tests erfordern. Nach Cem Kaner (http://www.testingeducation.org/course_notes/hoffman_doug/test_automation/auto8.pdf) hat Windows NT (Version 4) 6 Millionen Zeilen Quelltext und 12 Millionen Zeilen Testanweisungen.

Aufgaben 2.6.3

1. Entwerfen Sie für die Funktionen in a) bis f) systematische Tests. Geben Sie für jeden Testfall das erwartete Ergebnis an. Die Tests mit diesen Testdaten werden dann in Aufgabe 2.6.4 durchgeführt und sind hier nicht notwendig.

a) ```
int Quersumme(int n) // (Aufgabe 2.4.4, 2.)
{
   if (n < 0) n = -n; // berücksichtige negative n
   int s = 0;
   while (n > 0)
   {
      s = s + n % 10;
      n = n / 10;
   }
   return s;
}
```

b) ```
int Fibonacci(int n) // (Aufgabe 2.4.4, 3.)
{
   int f = 0, x = 0, y = 1;
   for (int i = 0; i < n; i++)
   {
      x = y;
      y = f;
      f = x + y;
   }
   return f;
}
```

c) ```
bool istPrim(int n) // (Aufgabe 2.4.4, 5. a)
{
   if (n < 2) return false;
   else if (n == 2) return true;
   else
   {
      for (int i = 2; i*i <= n; i++)
         if (n%i == 0) return false;
      return true;
   }
}
```

d) ```
int Goldbach(int n) // (Aufgabe 2.4.4, 5. c)
{
   if ((n<4) || (n % 2 == 1)) return -1;
   else
   {
      int k = 0;
      for (int i = 2; i <= n / 2; i++)
         if (istPrim(i) && istPrim(n - i)) k++;
      return k;
   }
}
```

2.6 Der Debugger, Tests und Ablaufprotokolle 133

e)
```
int zeigePythagTripel(int n) // (Aufgabe 2.4.4, 6.)
{
  int nt = 0; // Anzahl der gefundenen Tripel
  for (int a = 1; a < n; a++)
    for (int b = a; b < n; b++)
      for (int c = b; c*c <= a*a + b*b; c++)
        if (a*a + b*b == c*c)
        {
          cout << "a=" << a << " b=" << b << " c=" << c << endl;
          nt++;
        }
  return nt;
}
```

f)
```
int f3nplus1(int n) // (Aufgabe 2.4.4, 7.)
{
  if (n <= 1) return 0;
  int m = 0;
  while (n != 1)
  {
    m++;
    if (n % 2 == 1) n = 3 * n + 1;
    else n = n / 2;
  }
  return m;
}
```

g) Wie viele Tests sind für einen vollständigen Pfadtest bei den Funktionen in a) bis d) notwendig, wenn der Datentyp *int* Werte im Bereich -2,147,483,648 ... 2,147,483,647 annehmen kann?

2. Geben Sie einige Beispiele für Funktionen an, die nicht oder zumindest nicht so einfach, wie in Aufgabe 1 automatisch getestet werden können.

2.6.4 Unittests: Funktionen, die Funktionen testen

Tests sollten **immer dokumentiert** werden, damit man auch noch später überprüfen kann, ob das Programm wirklich umfassend getestet wurde. Außerdem spart man den Aufwand für die Suche nach Testfällen, wenn nach einer Programmänderung oder einer neuen Version des Compilers ein erneuter Test notwendig wird.

Dazu sollte man die Testprotokolle aber nicht nur auf ein Blatt Papier schreiben und in einem Ordner abheften. **Testfunktionen**, die Tests durchführen, sind eine bessere Dokumentation. Ein einfacher Aufruf ermöglicht dann später die Wiederholung der Tests mit einem geringen Zeitaufwand.

Die Grundidee für solche Testfunktionen ist einfach: Sie machen nichts anderes, als wenn man ein Programm mit einer zu testenden Funktion aufruft. Anstatt zu schauen, ob der erwartete Wert am Bildschirm angezeigt wird, prüft die Testfunktion, ob die zu testende Funktion den gewünschten Wert hat:

Mit einer globalen Variablen wie

```
int FailCount = 0;
```

und einer Testfunktion wie

```
void Unittests_Quersumme_0()
{ // teste die Testfälle {0;0|123;6|1000;1}
  if (Quersumme(0)    != 0) FailCount++;
  if (Quersumme(123)  != 6) FailCount++;
  if (Quersumme(1000) != 1) FailCount++;
}
```

kann man testen, ob eine Funktion (hier *Quersumme*) die gewünschten Funktionswerte hat. Nach dem Aufruf dieser Funktion kann man mit der Variablen *FailCount* prüfen, ob Fehler aufgetreten sind:

```
void Summary()
{
  if (FailCount == 0)
    cout << "All tests passed" << endl;
  else
    cout << FailCount << " Tests failed" << endl;
}
```

Üblicherweise prüft man die Gleichheit der Werte in einer Funktion mit dem Namen *AreEqual*. Dieser kann man auch noch eine Meldung übergeben, die bei einem Fehler anzeigt, wo der Fehler entstanden ist.

```
void AreEqual(int expected, int actual, std::string msg)
{ // einen Testfall testen
  if (expected != actual)
  {
    FailCount++;
    cout << "Test failed: erwartet=<" << expected <<
            "> tatsächlich=<" << actual << ">; " << msg << endl;
  }
}
```

Die Testfunktion von oben ersetzt man dann durch diese Funktion:

```
void Unittests_Quersumme_1()
{ // ein einfacher Test für die Funktion Quersumme
  // Reihenfolge der Parameter bei Microsoft: expected, actual
  AreEqual(0, Quersumme(0),    " Quersumme(0)");
  AreEqual(6, Quersumme(123),  " Quersumme(123)");
  AreEqual(1, Quersumme(1000), " Quersumme(1000)");
}
```

Wenn alle Testfunktionen wie hier das Ergebnis der Tests mitzählen, kann man mit einer Funktion wie *test_All* anzeigen, ob alle Tests erfolgreich waren:

2.6 Der Debugger, Tests und Ablaufprotokolle

```
  void test_All()
  {
    int FailCount = 0;
    Unittests_Quersumme();
    // Unittests_AndereFunktionen();
    // weitere Tests
    Summary(); // Testzusammenfassung ausgeben
  }
```

Solche Testfunktionen haben gegenüber manuellen Tests wichtige **Vorteile**:

- Da der Aufruf einer Testfunktion auch bei einem umfangreichen Programm oft nur den Bruchteil einer Sekunde dauert, kann man so ohne großen Aufwand nach Programmänderungen alle Tests wiederholen und sicherstellen, dass sich keine Fehler eingeschlichen haben. Mit manuellen Tests ist das meist viel aufwendiger und oft nicht praktikabel.
- Der Aufwand für das erstmalige Erstellen einer Testfunktion ist zwar größer als bei manuellen Tests. Dieser Aufwand wird aber bereits bei wenigen Tests kompensiert.
- Mit der Testfunktion liegt ein Dokument vor, das zeigt, welche Tests durchgeführt wurden.

Automatisierte Tests werden auch als **Unittests** oder **Komponententests** bezeichnet. Sie setzen voraus, dass man alle zu testenden Funktionen so schreibt, dass man sie mit Testfunktionen testen kann. Das erreicht man oft dadurch, dass man das Ergebnis einer Funktion als Wert zurückgibt und nicht nur am Bildschirm ausgibt.

Es gibt einige Bibliotheken, die ähnliche Funktionen wie *AreEqual* zur Verfügung stellen. So sind z.B. die Funktionen *Assert::AreEqual* bei Visual Studio Testprojekten und in NUnit (siehe http://nunit.org) ähnlich aufgebaut wie *AreEqual*. In diesem Buch wird die Datei *SimpleUnitTests.h* verwendet, die im Internet unter

http://free.rkaiser.de/Cpp/**SimpleUnitTests.h**

zur Verfügung steht. Diese enthält im Namensbereich *rk1* eine Klasse **Assert** mit einigen Funktionen wie

```
  static void AreEqual(T expected, T actual, string message ) // T: ein
                                                                 Datentyp
```

Mit diesen Funktionen kann man für die wichtigsten Datentypen die Gleichheit der Argumente für *expected* und *actual* testen. Diese Funktionen sind für die meisten Übungsaufgaben ausreichend.

Speichert man diese Datei im Verzeichnis *c:\CppUtils*, können die *Assert*-Funktionen nach der *#include*-Anweisung

```
  #include "c:\CppUtils\SimpleUnitTests.h"
```

wie in

```
void Unittests_Quersumme()
{// ein einfacher Test für die Funktion Quersumme
  rk1::Assert::Init("Unittests Quersumme"); // Tests initialisieren
  rk1::Assert::AreEqual(0, Quersumme(0), " Quersumme(0)");
  rk1::Assert::AreEqual(6, Quersumme(123), " Quersumme(123)");
  rk1::Assert::AreEqual(1, Quersumme(1000), " Quersumme(1000)");
  rk1::Assert::Summary();// Testzusammenfassung ausgeben
}
```

verwendet werden. Vor der Ausführung der Tests müssen die internen Zähler zurückgesetzt werden. Das erreicht man durch einen Aufruf der Funktion

```
static void Init()
```

Übergibt man *Init* einen String, wird dieser vor den Ergebnissen angezeigt. Mit

```
static void Summary()
```

wird eine kurze Zusammenfassung der Testergebnisse seit dem letzten *Init* ausgegeben.

Mehrere Tests können dann wie in der Funktion *Unittests_AlleFunktionen* zusammengefasst werden:

```
void Unittests_AlleFunktionen()
{
  Unittests_Quersumme();
  // weitere Tests
}
```

Mit den beiden Anweisungen *#ifdef _DEBUG* und *#endif* erreicht man, dass diese Tests nur bei einer Debug-Version, aber nicht bei einer Release-Version (*Erstellen|Konfigurations-Manager*, Konfiguration der aktuellen Projektmappe: *Release* aktivieren) durchgeführt werden. Ruft man die Unittests beim Start der *main*-Funktion auf, werden diese bei jedem Start des Programms ausgeführt:

```
int main()
{
#ifdef _DEBUG
  Unittests_AlleFunktionen();
#endif
}
```

Die Lösungen zu diesem Buch enthalten zahlreiche Unittests. Die meisten dieser Testfunktionen haben „Unittest" im Namen.

Tests sind nicht nur nützlich um zu prüfen, ob eine zuvor geschriebene Funktion die gewünschten Ergebnisse hat. Der Entwurf von Testfällen und Testfunktionen kann zu einem besseren Verständnis der Aufgabenstellung beitragen und dadurch bei der Suche nach einer Lösung hilfreich sein. Kent Beck (1999) empfiehlt unter dem Stichwort „**Test-First Programming**", zuerst Testfälle und Testfunktionen zu entwerfen, und zwar noch bevor man

2.6 Der Debugger, Tests und Ablaufprotokolle

mit der Programmierung der Lösung beginnt. Ausgehend von einfachen Testfällen werden dann erste einfache Lösungsvarianten entworfen, die nur diese einfachen Testfälle erfüllen. Diese Schritte werden dann mit verfeinerten Testdaten so lange wiederholt, bis man eine hinreichend allgemeingültige Lösung hat.

Aufgaben 2.6.4

1. Schreiben Sie Testfunktionen für die Testfälle aus Aufgabe 2.6.3 (für jede Teilaufgabe eine eigene Funktion) und rufen Sie diese in einer Funktion (z.B. mit dem Namen *Unittests_2_6*) auf. Nehmen Sie diese Funktionen in das Projekt mit Ihren Lösungen der Aufgabe 2.4.4 auf und rufen Sie *Unittests_2_6* auf. Sie können die Funktionen aus *SimpleUnitTests.h* verwenden.

   Falls Sie diese Aufgaben im Rahmen einer Gruppe (z.B. in einer Vorlesung) bearbeiten, kann es zur Qualität Ihrer Tests beitragen, wenn Sie nicht Ihre eigenen Funktionen testen, sondern die eines anderen Teilnehmers. Tauschen Sie dazu Ihre Lösungen aus und testen Sie sich gegenseitig.

2.6.5 Ablaufprotokolle

Es gibt viele Programme, die für die meisten Werte der beteiligten Variablen das gewünschte Ergebnis haben, aber für bestimme Werte falsche Ergebnisse liefern oder abstürzen. Solche Fehler werden beim Testen oft deshalb übersehen, weil die Anzahl der notwendigen Testfälle so groß ist, dass sie überhaupt nicht mit einem vertretbaren Aufwand durchgeführt werden können. Deshalb sind für einen allgemeingültigen Nachweis der Korrektheit eines Programms Techniken notwendig, die von speziellen Werten der beteiligten Variablen unabhängig sind.

Ein **Programm** besteht aus Variablen und Anweisungen. Die **Variablen** stellen einen Wert des Datentyps der Variablen dar, und dieser **Wert** kann durch die **Anweisungen** verändert werden.

Die Auswirkung der Anweisungen auf die Variablen kann man sich auf einfache Weise mit einem **Ablaufprotokoll** veranschaulichen. Dazu stellt man den Wert der Variablen nach jeder Anweisung in einer Tabelle dar, deren Zeilen die Anweisungen und deren Spalten die Variablen enthalten. Jede Zeile eines Ablaufprotokolls ist eine **Momentaufnahme** der Werte der protokollierten Variablen. Ein Ablaufprotokoll wird auch als Schreibtischtest bezeichnet und hat Ähnlichkeiten mit einer schrittweisen Ausführung des Programms im Debugger, bei der die Werte der Variablen beobachtet werden. Während man aber im Debugger immer nur die gerade aktuellen Werte der Variablen sieht, zeigt ein Ablaufprotokoll, wie diese Werte entstehen.

Ein Anfänger gewinnt durch die Erstellung eines Ablaufprotokolls oft ein besseres Verständnis für das Ergebnis von Anweisungen als wenn er nur die Anweisungen in ein Programm schreibt und das dann laufen lässt. Eine einfache Verallgemeinerung dieser Technik (die in Abschnitt 2.6.6 vorgestellte **symbolische Ausführung**) ermöglicht es, das Ergebnis von Anweisungen allgemein nachzuweisen.

Beispiele: 1. Für die Anweisungen

```
int h, x = 1, y = 2;
h = x;
x = y;
y = h;
```

erhält man das Ablaufprotokoll:

	h	*x*	*y*
int h,x=1,y=2	?	1	2
h=x;	1		
x=y;		2	
y=h;			1

2. Für die Anweisungen

```
int x = 1, y = 2;
x = x + y;
y = x - y;
x = x - y;
```

erhält man das Ablaufprotokoll:

	x	*y*
int x=1,y=2;	1	2
x=x+y;	3	
y=x-y;		1
x=x-y;	2	

Bei einer *if*-**Anweisung** werden in Abhängigkeit von der Bedingung verschiedene Anweisungen ausgeführt. Wenn sie keinen *else*-Zweig hat, wird keine Anweisung ausgeführt wenn die Bedingung nicht erfüllt ist.

Beispiel: Für die *if*-Anweisung

```
if (n % 2 == 1) n = 3 * n + 1;
else n = n / 2;
```

erhält man mit n=17 das Ablaufprotokoll

	n	*n%2==1*
	17	
if (n%2==1)		true
n=3*n+1;	52	
else		
n=n/2;		

2.6 Der Debugger, Tests und Ablaufprotokolle

Mit n=18 wird der *else*-Zweig ausgeführt:

	n	*n%2==1*
	18	
`if (n%2==1)`		false
`  n=3*n+1;`		
`else`		
`  n=n/2;`	9	

Für die *if*-Anweisung

```
if (n < 0) n = -n;
```

wird mit n=1 keine Anweisung ausgeführt:

	n	*n<0*
	1	
`if (n<0) n=-n`		false

Die Parameter einer Funktion sind lokale Variablen, die beim Aufruf der Funktion mit den Argumenten initialisiert werden. Ein Ablaufprotokoll für eine **Funktion** enthält deshalb neben den übrigen lokalen Variablen auch die Parameter, deren Anfangswert die Argumente sind.

Beispiel: Ein Aufruf *sum(17,18)* der Funktion

```
int sum(int x, int y)
{
  int s = x + y;
  return s;
}
```

kann deshalb durch dieses Ablaufprotokoll dargestellt werden:

	x	*y*	*s*
	17	18	
`int s=x+y;`			35
`return s;`			

Manchmal ist es übersichtlicher, wenn man den durch *return* zurückgegebenen Wert in einer extra Spalte darstellt:

	x	*y*	*result*
	17	18	
`return x+y;`			35

Elementare Datentypen und Anweisungen

Aufgaben 2.6.5

1. Erstellen Sie für die Anweisungen der folgenden Funktionen Ablaufprotokolle mit den jeweils angegebenen Argumenten:

   a) *Fakultaet(4)* (Aufgabe 2.5, 3.)

   ```
   int Fakultaet(int n)
   {
     int f = 1;
     for (int i = 2; i <= n; i++)
       f = f*i;
     return f;
   }
   ```

   b) *Fibonacci(4)* (Aufgabe 2.4.4, 3.)

   ```
   int Fibonacci(int n)
   {
     int f = 0, x = 0, y = 1;
     for (int i = 0; i < n; i++)
     {
       x = y;
       y = f;
       f = x + y;
     }
     return f;
   }
   ```

   c) *Quersumme(289)* (Aufgabe 2.4.4, 2.)

   ```
   int Quersumme(int n)
   {
     if (n < 0) n = -n; // berücksichtige negative n
     int s = 0;
     while (n > 0)
     {
       s = s + n % 10;
       n = n / 10;
     }
     return s;
   }
   ```

   d) *istPrim(17)* und *istPrim(18)* (Aufgabe 2.4.4, 5.)

2.6 Der Debugger, Tests und Ablaufprotokolle

```
bool istPrim(int n)
{
  if (n < 2) return false;
  else if (n == 2) return true;
  else
  {
    for (int i = 2; i*i <= n; i++)
      if (n%i == 0) return false;
    return true;
  }
}
```

e) *Mises(3)* (Aufgabe 2.5, 6.)

```
double Mises(int n)
{
  double q = 1;
  for (int i = 0; i<n - 1; i++)
    q = q*(364 - i) / 365;
  return 1 - q; // 0 für n<=1
}
```

2. Das Ablaufprotokoll für die Anweisungen

```
int x = 1, y = 2;
x = x + y;
y = x - y;
x = x - y;
```

hat gezeigt, dass sie die Werte der Variablen x und y vertauschen. Gilt das nur für die Werte x=1 und y=2, oder auch für beliebige Werte von x und y? Falls Sie sich nicht sicher sind, brechen Sie diese Aufgabe ab. Wir kommen später darauf zurück.

2.6.6 Symbolische Ablaufprotokolle

Die meisten Funktionen haben Parameter, für die beim Aufruf beliebige Argumente des Parametertyps übergeben werden können. Um zu testen, ob eine Funktion für alle möglichen Werte der Argumente das gewünschte Ergebnis hat, müsste man sie mit alle möglichen Argumenten aufrufen. Das ist aber meist mit einem Aufwand verbunden, der sich nicht vertreten lässt.

Alle diese Tests lassen sich oft durch ein einziges symbolisches Ablaufprotokoll ersetzen. Dabei verwendet man im Unterschied zu einem gewöhnlichen Ablaufprotokoll keinen konkreten Wert, sondern ein Symbol wie z.B. x_0 oder x0 für den Wert einer Variablen x. Dafür wird die Bezeichnung „symbolisches Ablaufprotokoll" verwendet, obwohl das Adjektiv „symbolisch" für ein Ablaufprotokoll eigentlich nicht angemessen ist. Aber die präziseren Bezeichnungen wie „symbolische Ausführung" (engl. „symbolic execution") oder „Ablaufprotokoll mit symbolischen Werten" sind oft etwas unhandlich. Ein symbolisches Ablaufprotokoll kann auch als **verallgemeinerter Test** betrachtet werden.

Beispiel: 1. Für die Funktion *vertausche* aus Abschnitt 2.4.5 erhält man das symbolische Ablaufprotokoll, das mit Kommentaren in den Quelltext übernommen wurde:

```
void vertausche(int& x, int& y)
{            // h    x    y
             //      x0   y0
  int h = x; // x0
  x = y;     //      y0
  y = h;     //           x0
} // x==y0 and y==x0
```

Der letzte Kommentar fasst das Ergebnis des Ablaufprotokolls zusammen: Die Variable x hat den ursprünglichen Wert von y und y den ursprünglichen Wert von x.

Da die Parameter von *vertausche* Referenzparameter sind, werden beim Aufruf dieser Funktion ihre Anweisungen direkt mit den Argumenten ausgeführt. Deshalb führt der Aufruf dieser Funktion dazu, dass die Werte ihrer Argumente vertauscht werden, was durch die folgenden Kommentare zum Ausdruck gebracht werden soll:

```
// a==a0, b==b0
vertausche(a, b);
// a==b0, b==a0
```

Hier wurden die Werte von a und b vor dem Aufruf mit a0 und b0 bezeichnet, um das Ergebnis des Funktionsaufrufs darstellen zu können.

2. Für die Funktion mit den Anweisungen aus Aufgabe 2.6.5, 2. erhält man das symbolische Ablaufprotokoll:

```
void vertausche1(int& x, int& y)
{              // x                    y
               // x0                   y0
  x = x + y;   // x0+y0
  y = x - y;   //                      (x0+y0)-y0=x0
  x = x - y;   // (x0+y0)-x0=y0
} //   x==y0 && y==x0
```

Offensichtlich vertauscht auch diese Funktion die Werte ihrer Argumente, falls die Zwischenergebnisse nicht zu einem Überlauf führen. Dieses Ergebnis wird ohne ein symbolisches Ablaufprotokoll meist nicht so leicht gesehen.

Einen allgemeingültigen Nachweis, dass ein Programm oder eine Folge von Anweisungen bestimmte Anforderungen (eine Spezifikation) erfüllt, bezeichnet man auch als **Programmverifikation**. Eine Programmverifikation unterscheidet sich von einem **Test** dadurch, dass ein Test das Ergebnis von Anweisungen nur für die getesteten Werte nachweist. Deshalb kann man mit einem Test nur die Gegenwart von Fehlern entdecken, aber niemals die Korrektheit eines Programms nachweisen (Dijkstra, 1972), außer man testet es für alle möglichen Werte. Die letzten beiden Beispiele zeigen, dass symbolische

2.6 Der Debugger, Tests und Ablaufprotokolle

Ablaufprotokolle eine Technik zur Programmverifikation sind, die oft keinen größeren Aufwand erfordert als ein Ablaufprotokoll mit konkreten Werten.

Symbolische Ablaufprotokolle stehen in einer ähnlichen Relation zu einem Test wie die Algebra zur Arithmetik: In der Algebra werden wie bei einer symbolischen Ausführung Symbole für Werte verwendet, während bei einem Test wie in der Arithmetik konkrete Werte verwendet werden.

In diesem Zusammenhang sind die folgenden Begriffe üblich:

- Eine Bedingung P, die vor der Ausführung einer Anweisung S vorausgesetzt wird, bezeichnet man als **Vorbedingung**. Wenn dann nach der Ausführung von S eine Bedingung Q gilt, bezeichnet man diese als **Nachbedingung**. Solche Bedingungen werden oft als Kommentare in einem Programm dokumentiert:

    ```
    // P
    S
    // Q
    ```

    P, S und Q stehen meist für konkrete Bedingungen oder Anweisungen, wie z.B.

    ```
    // x==x0 and y==y0
    x = x + y;
    y = x - y;
    x = x - y;
    // x==y0 and y==x0
    ```

    Hier besagt die Vorbedingung lediglich, dass der Wert von x mit x0 und der von y mit y0 bezeichnet wird.

- Falls eine Nachbedingung unabhängig von irgendwelchen Vorbedingungen (also immer) erzielt wird, verwendet man *true* als Vorbedingung:

    ```
    // true
    if (x < 0) x = -x;
    // x>=0
    ```

- Für Bedingungen P und Q und eine Anweisung S bedeutet die Schreibweise

    ```
    // P
    S
    // Q
    ```

    dass nach der Ausführung von S die Nachbedingung Q gilt, wenn vor der Ausführung von S die Vorbedingung P erfüllt war. Es wird keine Aussage über die Nachbedingung gemacht, falls die Vorbedingung nicht erfüllt war.

- Eine Bedingung, die sowohl vor als auch nach der Ausführung einer Anweisung gilt, wird als **Invariante** bezeichnet, da sie durch die Anweisung nicht verändert wird. Eine Invariante ist also gleichzeitig Vor- und Nachbedingung:

```
// P
S
// P
```

Im **C++-Standard** sind für zahlreiche Funktionen Vor- und Nachbedingungen (preconditions und postconditions) angegeben. Die Vorbedingungen beschreiben die Voraussetzungen, die beim Aufruf der Funktion erfüllt sein müssen. Die Nachbedingungen beschreiben das Ergebnis der Funktion.

Mit einem **symbolischen Ablaufprotokoll** kann man nicht nur die Werte von Variablen untersuchen und nachweisen, sondern auch **allgemeine Beziehungen** zwischen Variablen.

Beispiel: Wenn vor der Ausführung der Anweisungen

```
r = r - y;
q = q + 1;
```

die Vorbedingung

$q*y + r = x$, d.h. $q_0*y_0 + r_0 = x_0$

gilt, dann sieht man mit dem symbolischen Ablaufprotokoll

```
            // r        q        y
            // r0       q0       y0
r = r - y;  // r0-y0
q = q + 1;  //          q0+1
```

dass diese Beziehung auch noch nach der Ausführung dieser Anweisungen gilt:

$$\begin{aligned} q*y + r &= (q_0 + 1)*y_0 + (r_0 - y_0) \\ &= q_0*y_0 + y_0 + r_0 - y_0 \\ &= q_0*y_0 + r_0 = x_0 = x \end{aligned}$$

Solche Beziehungen werden üblicherweise als Kommentar dokumentiert, da ein Leser des Programms allein aus den Anweisungen kaum auf die Idee kommen würde, die Vorbedingung vorauszusetzen und daraus die Nachbedingung abzuleiten.

```
// q*y + r = x
r = r - y;
q = q + 1;
// q*y + r = x
```

Beispiel: Wenn vor der Ausführung der Anweisungen

```
s = s + i*i;
i++;
```

die Vorbedingung

2.6 Der Debugger, Tests und Ablaufprotokolle

$$s == 0 + 1^2 + \ldots + (i-1)^2$$

gilt, dann sieht man mit dem symbolischen Ablaufprotokoll

```
              //:  i         s
              //:  i0        0+1²+...+(i0-1)²
s = s + i*i;  //:            {0+1²+...+(i0-1)²}+i0²
i++;          //:  i0+1
              ///: i==i0+1 ==> i0==i-1
              ///: d.h. s==0+1²+...+(i-1)²
```

dass diese Beziehung auch noch nach der Ausführung dieser Anweisungen gilt. Dieses Ablaufprotokoll zeigt, dass die Anweisung

```
s = s + i*i;
```

aus der Bedingung

$$s == 0 + 1^2 + \ldots + (i-1)^2$$

zunächst die Bedingung

$$s == 0 + 1^2 + \ldots + (i-1)^2 + i^2$$

herstellt. Da i jedoch anschließend erhöht wird, gilt die ursprüngliche Bedingung

$$s == 0 + 1^2 + \ldots + (i-1)^2$$

anschließend wieder.

Selbstverständlich erwartet niemand von Ihnen, dass Sie allein aus den Anweisungen der letzten Beispiele die gefundenen Beziehungen herleiten, da diese Anweisungen ohne jeden Kontext „vom Himmel gefallen" sind. Wenn man dagegen ein Programm schreibt, will man ja immer ein bestimmtes Ergebnis erzielen. Dieses Ergebnis ist die Nachbedingung, und diese versucht man dann, aus den gegebenen Vorbedingungen herzuleiten.

Aufgaben 2.6.6

1. Versuchen Sie, aus den Vorbedingungen in a) bis e) die als Nachbedingung angegebenen Beziehungen herzuleiten.

   a) n ganzzahlig und ungerade, p, x, u und v Ganzzahl- oder Gleitkommadatentypen

   ```
   // p*xⁿ = uᵛ
   p = p*x;
   n = n / 2;
   x = x*x;
   // p*xⁿ = uᵛ
   ```

   b) n ganzzahlig und gerade, p, x, u und v Ganzzahl- oder Gleitkommadatentypen

```
          // p*x^n = u^v
          n = n / 2;
          x = x*x;
          // p*x^n = u^v
```

c) i ganzzahlig, s Gleitkomma- oder Ganzzahldatentyp

```
          // s = 1 + 2 + ... + i, d.h. s ist die Summe der ersten i
                          Zahlen
          i = i + 1;
          s = s + i;
          // s = 1 + 2 + ... + i
```

d) i ganzzahlig, s Gleitkomma- oder Ganzzahldatentyp

```
          // s = 1*1 + 2*2 + ... + i*i, d.h. s ist die Summe der ersten
                                                       i Quadratzahlen
          i = i + 1;
          s = s + i*i;
          // s = 1*1 + 2*2 + ... + i*i
```

e) i ganzzahlig, s Gleitkomma- oder Ganzzahldatentyp

```
          // s = 1*1 + 2*2 + ... + i*i
          s = s + i*i;
          i = i + 1;
          // s = 1*1 + 2*2 + ... + i*i
```

2. Wie immer, wenn man mehrere Verfahren zur Auswahl hat, stellt sich die Frage: „Welches ist besser?". Vergleichen Sie die beiden Funktionen *vertausche* und *vertausche1*.

2.7 Konstanten

Bei der Definition einer Variablen kann man zusammen mit dem Datentyp oder *auto* das Schlüsselwort **const** oder **constexpr** angeben. Dadurch wird eine **Konstante** definiert. Eine Konstante kann im Wesentlichen wie eine Variable verwendet werden. Allerdings verweigert der Compiler jede Veränderung ihres Wertes (z.B. in einer Zuweisung). Da eine Konstante nach ihrer Definition nicht mehr verändert werden kann, muss sie bei ihrer Definition initialisiert werden.

2.7.1 Laufzeitkonstanten mit *const*

Beispiel: Konstanten können nicht nur mit Literalen initialisiert werden

2.7 Konstanten

```
const int Min = 0, Max = { 100 }; // beide konstant
const auto Pi = 3.14159265358979323846; // wie const double
...
const string s = "konstanter String";
```

sondern auch mit konstanten Ausdrücken

```
const int AnzahlBuchstaben = 'Z' - 'A' + 1;
const int maxZeichenProSpalte = 4 + 4 + 2; //_####.####
const int maxSpalten = { 80 / maxZeichenProSpalte };
const int maxZeilen = 80 - 20;
const int maxZeichen = maxSpalten*maxZeilen;
```

und Variablen möglich:

```
int i;
const int c = i;
```

Nach diesen Definitionen führen die folgenden Anweisungen zu einer Fehlermeldung des Compilers:

```
Max++;     // Fehler: muss ein änderbarer L-Wert sein
Pi = 3.41; // Fehler: muss ein änderbarer L-Wert sein
```

Falls eine Konstante bei ihrer Definition nicht initialisiert wird, erzeugt der Compiler eine Fehlermeldung:

```
const int x;// Fehler: Konstantes Objekt muss initialisiert
                                                    werden
```

Das Schlüsselwort *const* kann vor oder nach dem Datentyp stehen. Die nächste Definition ist zwar nicht verbreitet, aber gleichwertig mit der von oben:

```
int const Max = 100; // gleichwertig zu const int Max=100
```

Die erste Gruppe im Beispiel von oben zeigt, wie man einen **Namen für ein Literal** (z.B. 0, 100, 3.14... usw.) definieren kann. Solche Namen bezeichnet man auch als **symbolische Konstanten**. In der zweiten Gruppe werden die symbolischen Konstanten mit Ausdrücken initialisiert, die keine Literale sind. So kann man konstante Ausdrücke vom Compiler berechnen lassen und sich mühsame und eventuell fehlerhafte eigene Rechnungen sparen. Insbesondere sieht man solchen Ausdrücken direkt an, wie ihr Wert zustande kommt. Ein Ausdruck wie *maxSpalten* ist meist aussagekräftiger, als wenn nur die Zahl 8 im Programm steht.

Symbolische Konstanten sind insbesondere dann **vorteilhaft**, wenn derselbe Wert an mehreren Stellen in einem Programm benutzt wird. Sobald eine Änderung dieses Wertes notwendig ist, reicht eine einzige Änderung. Verwendet man dagegen Literale, muss jede Stelle im Programm gesucht und geändert werden, an der das Literal vorkommt.

Beispiel: for (int i = min; i <= max; i++) ...

Symbolische Konstanten können aber auch dann sinnvoll sein, wenn eine Konstante nur ein einziges Mal verwendet wird: Gibt man der symbolischen Konstanten einen aussagekräftigen Namen, kann das die Verständlichkeit erleichtern und einen Kommentar ersparen. Diese Erleichterung kompensiert meist den zusätzlichen Schreibaufwand.

Beispiel: Die Bedeutung einer „magischen Zahl" wie 123 in

```
if (Fehler == 123) ...
```

ist oft nicht unmittelbar klar. Verwendet man dagegen einen aussagekräftigen Namen für diesen Wert, ergibt sich die Bedeutung sofort:

```
const int Fehler_Datei_nicht_gefunden = 123;
...
if (Fehler == Fehler_Datei_nicht_gefunden) ...
```

Der Compiler kann eine Konstante durch ihren Wert ersetzen, wenn dieser zum Zeitpunkt der Kompilation bekannt ist. Für eine solche Konstante muss dann kein Speicherplatz reserviert werden. Der erzeugte Code ist derselbe, wie wenn anstelle der Konstanten ihr Wert im Programm stehen würde.

Beispiel: Visual C++ erzeugt mit den Konstanten von oben für diese Anweisungen denselben Code wie für die als Kommentar angegebenen Anweisungen:

```
int i = max;                    // int i=100;
int j = max*(maxZeilen + 20);   // int j=8000;
```

In der dritten Gruppe im Beispiel oben wird eine Konstante **mit** dem Wert **einer Variablen initialisiert**. Eine solche Konstante bezeichnet man auch als **„konstante Variable"**, obwohl das eigentlich ein Widerspruch in sich ist, da „variabel" ja gerade für „veränderlich" steht. Um im Folgenden umständliche Formulierungen wie „Variable oder Konstante" zu vermeiden, wird der Begriff Variable auch für Konstanten verwendet, wenn keine Gefahr von Missverständnissen besteht.

Viele Variable, Parameter usw. werden nicht verändert. Dann kann man sie **sowohl mit** als auch **ohne** *const* definieren. Die Verwendung von *const* hat mehrere Vorteile:

– Man sieht dann bereits an der Definition, dass sie nicht verändert wird.
– Bei Referenz- oder Zeigerparametern (siehe Abschnitte 2.4.5 und 7.4) sieht man, dass bei einem Aufruf das Argument bzw. das dereferenzierte Argument nicht verändert wird. Bei Werteparametern gilt das aber auch ohne *const*, da sich Veränderungen des Parameters nur auf den Parameter (die lokale Variable) und nicht auf das Argument auswirken.
– Der Compiler erzeugt eine Fehlermeldung, wenn man „==" und „=" in einer Bedingung verwechselt.

```
void f(const int x)         void f(int x)
{                           {
if (x = 1)... // Fehler     if (x=1)... // kein Fehler
```

2.7 Konstanten

Ohne *const* sind entsprechende Aussagen oft nur nach einer aufwendigen Lektüre des Quelltextes möglich. Deshalb wird generell empfohlen, alle Variablen, Parameter usw. als konstant zu definieren, wenn sie nicht verändert werden. Sie werden dann auch als **const-korrekt** bezeichnet.

Ein angenehmer Nebeneffekt von Konstanten ist, dass ihr Wert von Intellisense im Editor angezeigt wird:

```
const int c1 = 10;
const int c2 = 10 * c1;
           const int c2 = 100
```

2.7.2 Compilezeit-Konstanten mit *constexpr*

Mit *constexpr* können Konstanten definiert werden, deren Wert zur Compilezeit bekannt sind. Das muss für Konstanten, die mit *const* definiert sind, nicht gelten. Für solche Konstanten gilt nur, dass ihr Wert nach der Definition nicht mehr verändert werden kann.

Beispiel: Mit *const* kann einer Konstanten der Wert einer Variablen zugewiesen werden. Das ist mit *constexpr* nicht möglich:

```
void Konstanten(const int n)
{
  const int Max = n;
  constexpr int MaxL = n; // Fehler: n ist keine Konstante
  constexpr int Maxim = 1000;
  int a[Maxim];
}
```

Selbstverständlich kann *constexpr* auch mit *auto* kombiniert werden:

```
constexpr auto Max = 100;
```

Es ist aber nicht möglich, *constexpr* bei einem Parameter anzugeben:

```
void Konstanten(constexpr int n) // Fehler: "constexpr"
                                            nicht möglich
```

2.7.3 *constexpr* Funktionen Θ

Auch Funktionen können mit *constexpr* definiert werden. Dann muss ihr Rückgabewert vom Compiler berechnet werden können. Das heißt, dass dem Compiler alle Werte bekannt sein müssen, die zum Funktionswert beitragen. In Visual C++2015 besteht außerdem die Einschränkung, dass der Anweisungsteil nur aus einer einzigen *return*-Anweisung bestehen darf. Diese Einschränkung ist aber in Visual C++2017 aufgehoben. Es gibt allerdings noch weitere Einschränkungen (z.B. darf eine Funktion nicht zu komplex sein), weshalb viele Funktionen nicht als *constexpr*-Funktion definiert werden können.

Beispiel: In Visual C++ 2015 wird die Definition

```
constexpr int Fakultaet(int n)
{
  return n <= 1 ? 1 : (n * Fakultaet(n - 1));
}
```

mit einer einzigen *return*-Anweisung vom Compiler akzeptiert. Der Funktionswert in

```
auto f4 = Fakultaet(4); // Wird schon bei der Kompilation
                                                berechnet
```

wird dann schon während der Kompilation berechnet und ist ebenfalls eine Compilezeit-Konstante:

```
constexpr auto f4c = Fakultaet(4);
```

Dagegen wird die nächste Definition erst ab Visual C++ 2017 akzeptiert, da sie nicht nur aus einer einzigen *return*-Anweisung besteht:

```
constexpr int Fakultaet(int n)
{
  if (n <= 1)
    return 1;
  else
    return n * Fakultaet(n - 1);
}
```

Ruft man eine *constexpr*-Funktion mit einem Argument auf, das dem Compiler bekannt ist, berechnet er den Funktionswert bereits bei der Kompilation. Das kann zu einer Reduzierung der Laufzeit führen. Außerdem wird der Funktionswert von Intellisense angezeigt, ohne dass das Programm kompiliert werden muss.

Beispiel: Sowohl die Werte von *constexpr* Konstanten als auch Funktionen werden von Intellisense angezeigt.

```
void constexpr_Intellisense()
{
  constexpr int f10 = Fakultaet(10);
}
          constexpr int f10 = 3628800
```

Eine *constexpr*-Funktion kann auch mit einem Argument aufgerufen werden, das keine Compilezeit-Konstante ist. Dann wird die Funktion zur Laufzeit aufgerufen, und der Funktionswert ist dann auch keine Compilezeit-Konstante.

```
int m = 6;
int f6 = Fakultaet(m);
constexpr int f6c = Fakultaet(m); // Fehler: Argument muss constexpr
                                                              sein
```

constexpr-Funktionen sind eine einfachere und bessere Alternative zu Funktionen, die in C++03 mit parametrisierten Makros oder mit rekursiven Funktions-Templates (siehe Abschnitt 14.1.6) formuliert wurden:

```
constexpr double Bogenmass(double Grad)
{
  return 3.14159*Grad / 180;
}
```

Mit *constexpr* können nicht nur gewöhnliche Funktionen, sondern auch Konstruktoren (siehe Abschnitt 8.1.5) definiert werden. Damit können dann Objekte eines Klassentyps definiert werden, die Compilezeit-Konstanten sind.

Beispiel: Die Klasse *array* (siehe Abschnitt 11.1.12) hat einen *constexpr*-Konstruktor. Deswegen kann ein *array*-Objekt mit *constexpr* definiert werden:

```
constexpr std::array<int, 100> a = { 1,2 };
```

Da die Klasse *string* (siehe Kapitel 3) keinen *constexpr*-Konstruktor hat, können keine Strings mit *constexpr* definiert werden:

```
constexpr std::string s=""; // Fehler
```

2.8 Kommentare

Vor allem bei größeren oder komplexeren Programmen besteht gelegentlich das Bedürfnis, Anweisungen oder Deklarationen durch umgangssprachliche Bemerkungen zu erläutern. Deshalb bieten praktisch alle Programmiersprachen die Möglichkeit, Kommentare in ein Programm zu schreiben. Ein **Kommentar** ist ein Text, der vom Compiler ignoriert wird und keine Auswirkungen auf das ausführbare Programm hat.

In C++ wird ein Kommentar entweder durch /* und */ oder durch // und das nächste Zeilenende begrenzt:

```
/* das ist ein Kommentar */
// das ist ein Zeilenendkommentar
```

Ausnahmen: Wenn diese Zeichen in einem String oder Kommentar enthalten sind:

```
string s = "/* kein Kommentar */";
  // die /* ganze Zeile */ ist ein Kommentar
  /* auch diese Zeile // ist ein Kommentar */
```

Ein mit /* begonnener Kommentar wird durch das nächste Auftreten von */ beendet. Deshalb können solche **Kommentare nicht verschachtelt** werden:

```
/* /* dieser Kommentar endet hier */ und vor dem letzten "und" meckert
   der Compiler. * /
```

Insbesondere können mit den Kommentarbegrenzern /* und */ keine Programmteile auskommentiert werden, die selbst solche Kommentare enthalten. Da man aber oft ganze Programmteile auskommentieren will, ohne die Kommentare zu entfernen, verwendet man für Programmerläuterungen meist Zeilenendkommentare:

```
/*
p = 2;    // kleinste Primzahl
...
p = p<<1; // *2, aber schneller
*/
```

Programmteile mit /*...*/-Kommentaren können auch mit Präprozessoranweisungen zur bedingten Kompilation (siehe Abschnitt 2.11.3) auskommentiert werden (verschachtelte Kommentare).

Visual Studio bietet ein paar kleine Hilfen für Kommentare an:
- Mit *Bearbeiten|Erweitert|Auswahl kommentieren* wird jede Zeile eines markierten Blocks mit Zeilenendkommentaren auskommentiert.
- Mit *Bearbeiten|Erweitert|Auskommentieren aufheben* wird die Auskommentierung eines markierten Blocks aufgehoben. Das funktioniert auch mit /*-Kommentaren.
- Mit *Strg +´* springt der Cursor vom Beginn eines /*-Kommentars zu seinem Ende und umgekehrt.

2.8.1 Kommentare zur internen Dokumentation

Kommentare sind eine Möglichkeit zur **internen Dokumentation** eines Programms. Dabei wird der Quelltext im Quelltext selbst beschrieben und erläutert – im Unterschied zur externen Dokumentation, die ein Programm für den Anwender beschreibt. Dabei werden vor allem

- Anweisungen erläutert:

```
(1)   i++;    // erhöhe i
(2)   i--;    // erhöhe i
(3)   int j;  // Initialisierung mit 0 nicht vergessen
(4)   i = 1;  // 0 anstelle von 1 erhöht den Zähler
              // einmal zu oft !! geändert 31.9.2017
(5)   i = 0;  // nach 3.1.1.17, Pflichtenheft
              // Version 4.00.950 vom 24.3.2017
```

- Definitionen von Variablen beschreiben:

```
(6)   double l, b;      // Länge und Breite in Metern
(7)   double z;         // Zinssatz in Prozent
(8)   int Operation;    // 0: Datei löschen,
                        // 1: kopieren, 2: verschieben
```

- Funktionen beschrieben:

2.8 Kommentare

```
(9)   void f()
         /* Löscht alle Dateien auf der Festplatte. Den
          * Anwender besser vorher nochmals fragen, ob er
          * das wirklich will.
          */
      {
         ...
      }

(10)  double Zinsen(double Kapital, double Zinssatz_in_Prozent)
         /*
         Name: Zinsen
         Algorithmus: Zinsformel, siehe Mathematik für Grundschulen,
                                  Klasse 3, S. 9
         Eingaben: Kapital,Zinssatz_in_Prozent (aus Eingabemaske Nr. 18)
         Ausgabe: Zins

         Autor: R. Kaiser
         Datum: 32.9.1816
         Tel.: 0123/456789 - aber ich ziehe demnächst um
         E-Mail: rk@nospam.com
         Augenfarbe: blond
         Schuhgröße: Sandalen
         */
      {
         return Kapital*(1 + Zinssatz_in_Prozent);
      }
```

Viele Programme enthalten Kommentare, die

- nicht aussagekräftig und nur eine reine Wiederholung der beschriebenen Anweisung sind wie (1). Solche Kommentare sind überflüssig und belasten den Leser unnötig.
- schlicht und einfach falsch sind wie z.B. (2). Solche Fehler kommen relativ oft vor und entstehen meist dadurch, dass Quelltext geändert bzw. kopiert wird, ohne dass der Kommentar aktualisiert wird.
- besser durch eine einfache Anweisung ersetzt werden können wie z.B. (3). Hier kann man anstelle des Kommentars j besser gleich initialisieren.

Kommentare sollen hilfreiche Erläuterung des Programms sein und **Informationen enthalten, die sich nicht unmittelbar aus dem Programmtext ergeben**. So weist (4) darauf hin, dass der offensichtlich naheliegende Wert 0 falsch ist und der korrigiert wurde. (5) begründet, weshalb das gerade so gemacht wurde.

Obwohl die Kommentare (6), (7) und (8) Informationen enthalten, die sich nicht unmittelbar aus dem Programmtext ergeben, sind sie nur deswegen notwendig, weil die im Kommentar aufgeführten Informationen nicht aus dem Namen der Variablen hervorgehen. Diese Kommentare sind aber eventuell an der Stelle des Programms, an der die Variablen verwendet werden (z.B. eine Bildschirmseite weiter), nicht mehr unmittelbar sichtbar. **Kommentare** sollten deshalb **nur** verwendet werden, **wenn sich deren Inhalt nicht durch**

geeignete Sprachelemente ausdrücken lässt. Anstelle der Kommentare sind in (6) und (7) aussagekräftige Variablennamen und in (8) ein Aufzählungstyp als Datentyp sinnvoller:

```
(6) double Laenge_in_Metern, Breite_in_Metern; // Maßeinheiten
                         // angeben, falls Missverständnisse möglich sind
(7) double Zinssatz_in_Prozent; // nur "Zins" wäre zu ungenau
(8) enum {Datei_loeschen, Datei_kopieren, Datei_verschieben} Aktion;
```

Der erhöhte Schreibaufwand für aussagekräftige Variablennamen ist meist wesentlich geringer als der Aufwand durch eine Fehlersuche, weil die Bedeutung von z verwechselt wird: „Zinssatz" („6" bei 6%), „Zinssatz in %" („0,06" bei 6%) oder „Zins" („6 Euro" bei 6% für 100 Euro in einem Jahr).

Das heißt allerdings nicht, dass jeder **Variablenname** mindestens 10 Zeichen lang sein muss. Wenn keine Gefahr für Missverständnisse besteht, können Variablennamen auch nur aus einem Buchstaben bestehen. Stroustrup (1997, Abschnitt 4.9.3) empfiehlt, Namen mit einem großen Gültigkeitsbereich **lang** und beschreibend zu wählen. Ein lokaler Name in einem kleinen Block ist aber oft übersichtlicher, wenn er **kurz** ist.

Funktionsbeschreibungen wie in (10) findet man häufig. Hier stellt sich natürlich die Frage nach dem Sinn einer halbseitigen Beschreibung für einen unmissverständlichen Einzeiler. Oft reicht eine Beschreibung wie in (9) völlig aus.

Obwohl die häufige Verwendung von Kommentaren oft fast mit **Softwarequalität** gleichgesetzt wird (es soll Firmen geben, die für jede Programmzeile einen Kommentar verlangen), wird empfohlen

- **so wenig Kommentare wie möglich** zu schreiben und anstelle von Kommentaren alle Möglichkeiten der Programmiersprache ausschöpfen, die Kommentare überflüssig machen (z.B. aussagekräftige Namen für Variablen).
- immer dann, wenn man die Notwendigkeit für einen Kommentar sieht, zuerst zu überlegen, ob man das **Programm** nicht **so formulieren** kann, **dass ein Kommentar überflüssig** wird. Mit Kommentaren kann man undurchsichtige Programmteile erläutern. Solche Programmteile sind aber oft ein Hinweis darauf, dass sie nicht richtig durchdacht sind. Undurchschaubare Programmteile verstecken oft undurchschaubare Fehler.

Eine ausführliche Diskussion zum Thema Kommentare findet man in „Code Complete" (McConnell 2004) und in „The C++ Programming Language" (Stroustrup 1997, Abschnitt 6.4).

2.8.2 Kommentare und Intellisense

In Visual Studio werden Kommentare an bestimmten Stellen im Quelltext von Intellisense berücksichtigt und angezeigt. Dazu gehören Kommentare, die unmittelbar vor der Definition einer Variablen, einer Funktion oder einer Klasse angegeben werden.

2.8 Kommentare

```
// Meine Superfunktion
int msf1(int x)
{
  return x + 1;
}

int x = msf1(7)
        int msf1(int x)
        Meine Superfunktion.
```

```
// Meine Variable
int m = 0;

int z = m;
     int m
     Meine Variable
```

```
// Meine Superklasse
class C { };

C c;
   class C
   Meine Superklasse
```

Mit sogenannten Dokumentationskommentaren können differenziertere Texte angezeigt werden. Das sind Kommentare, die eine spezielle Syntax einhalten, aus denen eine Dokumentation wie die unter msdn.microsoft.com erzeugt werden kann. Einige dieser Dokumentationskommentare werden auch von Intellisense berücksichtigt.

In Visual Studio sind das Kommentare, die mit /// beginnen oder die mit /** und **/ begrenzt sind. Sie enthalten XML-artige Markierungen, die aus denen dann die Dokumentation oder die Anzeige unter Intellisense aufgebaut wird. Text zwischen *<summary>* und *</summary>* wird von Intellisense angezeigt:

```
/// <summary>
/// Meine Superfunktion.
/// </summary>
int msf1(int x)
{
  return x + 1;
}

int x = msf1()
        int msf1(int x)
        Meine Superfunktion.
```

2.8.3 Dokumentationskommentare für externe Programme Θ

Es gibt Programme (z.B. das freie doxygen, http://www.doxygen.org), die speziell aufgebaute Kommentare (z.B. Javadoc-Kommentare) wie

```
/**
* Lösung von Aufgabe 8.5.1
* @version 1.0
* @author R. Kaiser*/
```

aus einem Programm extrahieren und daraus Dokumente in Formaten wie HTML, RTF, PDF usw. erzeugen.

2.9 Exception-Handling Grundlagen: *try*, *catch* und *throw*

Falls eine Funktion ihre Aufgabe nicht erfüllen kann, informiert sie den Aufrufer darüber traditionellerweise (z.B. in C) durch einen speziellen Rückgabewert oder indem sie eine Statusvariable (error flag) setzt. Diese Techniken haben aber Schwächen. Die Standardbibliothek verwendet stattdessen oft Exception-Handling (Ausnahme-Behandlung). Damit diese Technik in den nächsten Kapiteln zusammen mit der Standardbibliothek verwendet werden kann, werden jetzt die elementaren Konzepte vorgestellt. Eine ausführliche Darstellung folgt dann in Kapitel 10.

Wenn bei der Ausführung von Anweisungen (das sind oft Funktionsaufrufe) eine Exception auftreten kann, nimmt man diese Anweisungen in einen Block { ... } nach *try* auf.

> *try-block:*
>   try *compound-statement handler-seq*

Dann kann man die Exception in einem Exception-Handler der *try*-Anweisung abfangen, der zu der Exception passt. Ein Exception-Handler beginnt mit *catch* und enthält einen Block { ... } mit Anweisungen.

> *handler:*
>   catch (*exception-declaration*) *compound-statement*

Der auf *try* folgende Block wird auch als **try-Block** bezeichnet, und der auf *catch* folgende als **catch-Block**.

In diesem einführenden Kapitel werden nur Exception-Handler der Form

```
catch (std::exception& e)
{
// ...
}
```

verwendet. Zu dem nach

```
#include <exception>
```

verfügbaren Datentyp *std::exception* passen alle Exceptions der Standardbibliothek. Die Möglichkeit, nach einem *try*-Block mehrere Exception-Handler anzugeben, wird vorläufig nicht genutzt.

Falls bei der Ausführung der Anweisungen des *try*-Blocks **keine Exception** ausgelöst wird, ist der Programmablauf derselbe, wie wenn die Anweisungen nicht in einem *try*-Block enthalten wären. Der Exception-Handler wird ignoriert, und danach wird die auf den *catch*-Block folgende Anweisung ausgeführt.

Beispiel: Die in Abschnitt 3.4 noch genauer vorgestellte Funktion *std::stoi* gehört zur Standardbibliothek von C++. Sie konvertiert das *string*-Argument in eine Zahl, wenn es eine Zahl darstellt. Falls nicht, wird eine Exception ausgelöst.

2.9 Exception-Handling Grundlagen: try, catch und throw

Bei der Ausführung der Anweisungen im *try*-Block von

```
void Beispiel_1()
{
  try
  {
    cout << "1. Vor std::stoi" << endl;
    unsigned int idx = 0;
    int i = std::stoi("123", &idx);
    cout << "2. i=" << i << endl;
  }
  catch (std::exception& e)
  {
    cout<<"3. Exception-Handler"<<endl;
    cout << e.what() << endl;
  }
  cout<<"4. nach try-catch"<<endl;
}
```

wird keine Exception ausgelöst. Deswegen erhält man die Ausgabe

1. Vor std::stoi
2. i=123
4. nach try-catch

Falls bei der Ausführung einer Anweisung s im *try*-Block dagegen **eine Exception** ausgelöst wird, wird nach der Exception der *catch*-Block des ersten Exception-Handlers ausgeführt, der zu der Exception passt. Die auf s folgenden Anweisungen im *try*-Block werden nicht ausgeführt.

Beispiel: Ersetzt man im letzten Beispiel das Argument von *std::stoi* durch „abc", löst *std::stoi* eine Exception aus, und man erhält die Meldungen

1. Vor std::stoi
3. Exception-Handler
4. nach try-catch

In einem *try*-Block fasst man meist solche Anweisungen zusammen, die gemeinsam ein bestimmtes Ergebnis erzielen sollen. Falls dann eine dieser Anweisungen ihr Teilergebnis nicht beitragen kann, macht es meist keinen Sinn, die darauf folgenden Anweisungen auszuführen. Durch die Aufnahme dieser Anweisungen in einen *try*-Block wird die Ausführung der folgenden Anweisungen unterbunden. Im Exception-Handler kann man dann darauf hinweisen, dass etwas schief ging.

In einem Exception-Handler, der mit

```
catch (std::exception& e)
```

beginnt, ist e eine Variable des Datentyps *std::exception*, die die Exception darstellt. Dieser Datentyp hat eine Elementfunktion **what** mit dem Rückgabetyp *char**. *what* gibt einen nullterminierten String zurück, der die Ursache des Fehlers beschreibt, der zu der Exception geführt hat.

Beispiel: Ergänzt man den *catch*-Block im letzten Beispiel um eine Ausgabe von *what*,

```
catch (std::exception& e)
{
  cout<<"3. Exception-Handler"<<endl;
  cout << e.what() << endl;
}
```

erhält man die Ausgabe

1. Vor std::stoi
3. Exception-Handler
invalid stoi argument
4. nach try-catch

Falls eine Anweisung eine Exception auslöst und nicht innerhalb einer *try*-Anweisung ausgeführt wird, wird das Programm nach der Exception abgebrochen.

– Startet man das Programm im Debugger, wird ein Fenster angezeigt, in dem auf die Exception hingewiesen wird, und in dem man durch Anklicken eines Buttons mit der Aufschrift „Unterbrechen" im Editor die Zeile anzeigen lassen kann, die die Exception ausgelöst hat:

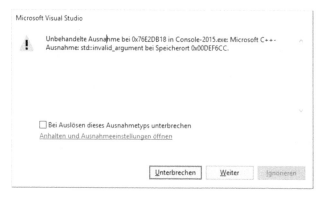

– Bei der Ausführung des Programms ohne Debugger wird ein Fenster angezeigt, in dem auf den Programmabbruch hingewiesen wird:

2.9 Exception-Handling Grundlagen: try, catch und throw

Deswegen sollte man alle Anweisungen (insbesondere alle Funktionsaufrufe), die eine Exception auslösen können, in einen *try*-Block aufnehmen, und im zugehörigen Exception-Handler angemessen auf die Exception reagieren.

Um in einer eigenen Funktion eine Exception auszulösen, verwendet man eine ***throw**-*Anweisung

throw *assignment-expression*$_{opt}$

und gibt für *expression* einen Ausdruck an. Dieser Ausdruck ist am besten eine Exception-Klasse, wie z.B. die nach

```
#include <stdexcept>
```

verfügbare Klasse *invalid_argument*, der man einen String übergibt. Die Ausführung von **throw** bewirkt, dass das Programm im nächsten umgebenden Exception-Handler fortgesetzt wird, der zu der Exception passt. Der bei *throw* an *exception* übergebene String steht dann als Rückgabewert von *what* zur Verfügung. Dabei muss *what* über die Exception-Variable aufgerufen werden, die in den runden Klammern nach *catch* angegeben wird.

Beispiel: Falls die Anweisungen einer Funktion nur für positive Argumente ausgeführt werden können, kann man eine Exception auslösen, falls das nicht zutrifft:

```
int Quersumme(int n)
{
if (n < 0)
  throw std::invalid_argument("Quersumme:für negatives
                         Argument nicht definiert");
// Berechne die Quersumme q
return q;
}
```

Ruft man diese Funktion dann mit einem negativen Argument in einem *try*-Block auf

```
void Beispiel_2()
{
  try
  {
    int qs = Quersumme(-1);
  }
  catch (std::exception& e)
  {
    cout << e.what() << endl;
  }
}
```

wird die Meldung

Quersumme:für negatives Argument nicht definiert

ausgegeben.

Durch die Angabe *noexcept* nach der Parameterliste einer Funktion wird zum Ausdruck gebracht, dass die Funktion keine Exception auslöst. Ohne eine solche Angabe bedeutet das, dass die Funktion eine Exception auslösen kann. Eine solche Funktion sollte man dann in einem *try*-Block aufrufen. Im C++-Standard sind alle Funktionen, die keine Exception auslösen können, mit *noexcept* gekennzeichnet.

Beispiel: Da im C++-Standard nach der Funktion

    *int **stoi**(const string& str, size_t* idx = 0, int base = 10);*

kein *noexcept* steht, ist das ein Hinweis darauf, dass diese Funktion eine Exception auslösen kann. Diese Funktion sollte man deshalb in einem *try*-Block aufrufen.

Eine Funktion mit einer solchen Angabe wie z.B. die *string*-Funktion

    *void **clear**() noexcept;*

kann man dagegen auch aufrufen, ohne dass der Aufruf in einem *try*-Block enthalten ist.

Aufgaben 2.9

Schreiben Sie die Lösungsfunktionen in eine wie in Abschnitt 1.2.5 beschriebene Header-Datei (z.B. in die schon in Aufgabe 2.4.4 angelegte Header-Datei) und rufen Sie diese auf.

1. Schreiben Sie eine Funktion *throwException* mit einem *int*-Parameter, die für ein Argument < 0 eine Exception mit der Message „Argument < 0" auslöst. Rufen Sie *throwException* dann mit einem negativen Argument

   a) in einer *try*-Anweisung auf. Geben die die Meldung aus.
   b) außerhalb von einer *try*-Anweisung auf. Starten Sie das Programm einmal im Debugger und einmal ohne Debugger (*Debuggen|Starten ohne Debugger*).
   c) Exceptions werden auch über verschachtelte Funktionsaufrufe hinweg weitergegeben, wenn die Exception nicht abgefangen wird. Rufen Sie *throwException* mit einem negativen Argument ohne *try* in einer weiteren Funktion *f1* auf, und diese dann in einem *try*-Block.

2.10 Namensbereiche – Grundlagen

Mit einem **Namensbereich** kann man globale Variablen, Funktionen usw. mit demselben Namen definieren. Damit wir diese Möglichkeit bei einigen der folgenden Aufgaben und Beispiele nutzen können, soll jetzt kurz gezeigt werden, wie man Namensbereiche definieren und verwenden kann. Eine ausführliche Darstellung folgt in Abschnitt 9.

2.10 Namensbereiche – Grundlagen

Ein Namensbereich wird im einfachsten Fall wie in

```
namespace Bezeichner
{
  int n = 17;
  void f()
  {
    // ...
  }

  void test()
  {
   f(); // Im Namensbereich kann f mit dem Namen f angesprochen
  }    //                                                  werden
}
```

definiert. Hier ist ein Bezeichner der Name des Namensbereichs. Zwischen den geschweiften Klammern kann man dann Variable, Funktionen usw. definieren. **Innerhalb** des Namensbereichs kann eine Variable, Funktion usw. allein unter ihrem Namen angesprochen werden. **Außerhalb** des Namensbereichs kann man sie mit dem Namen des Namensbereichs, einem :: und dem Namen des Elements ansprechen.

Beispiel: Wenn man einen Namen für eine globale Variable oder Funktion zweimal vergeben will, wird das vom Compiler als Namenskonflikt bemängelt. Nimmt man diese Definitionen in verschiedene Namensbereiche auf,

```
namespace N_1
{
   void f() { }
}

namespace N_2
{
   void f() { }
}
```

kann man diese Funktionen folgendermaßen ansprechen:

```
N_1::f();
N_2::f();
```

Die Elemente der C++-Standardbibliothek sind im Namensbereich *std* enthalten (siehe auch Abschnitt 2.4.6).

Aufgaben 2.10

Bisher wurden bei den Lösungen der Aufgaben alle Funktionen, Variablen usw. ohne weitere Gliederung in eine einzige Header-Datei geschrieben. Das kann etwas unübersichtlich werden. Nehmen Sie die Lösungen der Aufgaben dieses Kapitels in einen Namensbereich (z.B. mit dem Namen *N_Aufgaben_Elementare_Datentypen*) auf und geben Sie diesen Namen beim Aufruf der Funktionen an.

Nehmen Sie auch bei den zukünftigen Aufgaben alle Lösungen in einen Namensbereich auf.

2.11 Präprozessoranweisungen

Der Präprozessor war bei den meisten älteren C-Compilern ein eigenständiges Programm, das vor dem eigentlichen C-Compiler aufgerufen werden musste. Er hat aus dem Quellprogramm eine Datei erzeugt, die dann vom eigentlichen C-Compiler bearbeitet wurde. Bei neueren Compilern muss der Präprozessor aber nicht mehr extra aufgerufen werden. Seine Aufgabe wird vom Compiler übernommen.

Alle Zeilen in einem C/C++-Programm, die mit dem Zeichen "#" (eventuell nach Whitespace-Zeichen) beginnen, sind Präprozessoranweisungen. Mit ihnen kann man z.B. steuern, dass Worte (Makros) im Quelltext durch andere ersetzt werden.

Der Präprozessor ist ein einfaches Textbearbeitungsprogramm, das weitgehend unabhängig von C++ ist:

- Er behandelt den Quelltext lediglich als Folge von Worten, ohne ihre Bedeutung in C++ zu berücksichtigen (z.B. ob ein Name nur lokal ist, oder ob er einen Datentyp, eine Variable oder ein Schlüsselwort darstellt).
- Die wenigen C++-Sprachregeln, die er beachtet sind z.B. Kommentare am Ende von Präprozessoranweisungen und ganzzahlige Ausdrücke nach *#if*.
- Die Syntax der Präprozessoranweisungen ist völlig unabhängig von der C++-Syntax.

Der vom Präprozessor erzeugte Text muss ein korrektes C++-Programm sein, damit es vom Compiler übersetzt werden kann.

Diesen Text (Dateien mit der Endung „.i") kann man nach der Einstellung *Projekt|-Eigenschaften|Konfigurationseigenschaften|C/C++|Präprozessor|Präprozessorlauf* auch anschauen. Den Präprozessor von Visual C++ kann man auch mit *cl /P* aufrufen (z.B. von einer Kommandozeile aus, siehe Abschnitt 1.2.6).

Beispiel: Falls „test.h" nur die Zeile „#include <fstream>" enthält, erzeugt

```
cl /P test.h
```

eine ca. 1 MB große Datei „test.i".

2.11.1 Die *#include*-Anweisung

Mit einer *#include*-Anweisung kann eine Datei eingebunden werden. Das hat denselben Effekt, wie wenn die *#include*-Anweisung durch den Inhalt der angegebenen Datei ersetzt würde. Die eingebundene Datei kann weitere *#include*-Anweisungen enthalten, die dann ebenfalls eingefügt werden.

2.11 Präprozessoranweisungen

Die *include*-Anweisung kann in einer der folgenden drei Formen auftreten:

1. Der Dateiname wird **in spitzen Klammern** angegeben wie in

    #include <header_name>

    Falls *header_name* eine vollständige Pfadangabe ist, sucht der Präprozessor nur nach dieser Datei. Bei einem unvollständigen Pfad sucht er die Datei in all den Verzeichnissen, die unter *Projekt|Eigenschaften|Konfigurationseigenschaften|C/C++|Allgemein|-Zusätzliche Includeverzeichnisse* eingetragen sind.

    Beispiele: #include <c:\CppUtils\U.cpp> // vollständiger Pfad
    #include <CppUtils\U.cpp>   // unvollständiger Pfad
    #include <vector>

2. Der Dateiname wird **in Anführungszeichen** angegeben wie in

    #include "file_name"

    Beispiel: #include "Utils.cpp" // zuerst im Projektverz.
    #include "c:\CppUtils\Utils.cpp" // nur diese

    Falls *file_name* eine vollständige Pfadangabe ist, wird nur nach dieser Datei gesucht. Andernfalls wird die Datei in dieser Reihenfolge in den folgenden Verzeichnissen gesucht:

    – im Verzeichnis, das die Datei mit der *#include*-Anweisung enthält
    – im Fall von verschachtelten #includes in den Verzeichnissen, die die Datei einbinden
    – im aktuellen Verzeichnis
    – in den unter 1. beschriebenen Verzeichnissen

3. #include makro_name

    In dieser Form muss *makro_name* ein Makro (siehe Abschnitt 2.11.2) für einen Dateinamen in einer der ersten beiden Formen sein.

Im Unterschied zu einem Stringliteral wird das Zeichen „\" in einer *include*-Anweisung nicht als Beginn einer Escape-Sequenz interpretiert. Deshalb muss man ein „\" Zeichen in einer Pfadangabe nur einmal angeben.

In älteren C- bzw. C++-Versionen war *header_name* immer ein Dateiname. Nach dem aktuellen C++-Standard wird für die header-Namen der Standardbibliothek lediglich verlangt, dass sie diese Datei eindeutig identifizieren. Der nach *include* angegebene Name muss also nicht der Name einer tatsächlich existierenden Datei sein.

Da eine *#include*-Anweisung denselben Effekt hat wie wenn die eingebundene Datei im Quelltext steht, kann eine solche Datei beliebige C++-Anweisungen enthalten, die an der eingebundenen Stelle zulässig sind. Falls eine solche Datei aber auch in mehrere Übersetzungseinheiten eines Projekts eingebunden werden soll, darf sie nur Deklarationen enthalten, die keine Definitionen sind. Dann werden die Definitionen und die Deklarationen auf zwei verschiedene Dateien verteilt, die meist die Endung „.h" und „.cpp" haben.

Visual Studio an bietet ein paar kleine Hilfen für #include-Anweisungen an:
- Nach dem Eintippen von *#include "* bzw. von *#include <* werden die *.h-Dateien aus den entsprechenden Verzeichnissen angeboten.
- Im Kontextmenü zu einer *#include*-Anweisung wird angeboten, die Datei zu öffnen.

2.11.2 Makros Θ

Ein **Makro ohne Parameter** wird nach diesem Schema definiert:

```
# define identifier replacement-list new-line
```

Der *identifier* ist dann ein Makro, das vom Präprozessor bei jedem Auftreten (außer in einem Stringliteral oder in einem Kommentar) ab seiner Definition durch die *replacement-list* ersetzt wird.

Projektweite Makros können unter *Projekt|Eigenschaften|Konfigurationseigenschaften|C/C++|Präprozessor|Präprozessordefinitionen* eingetragen werden.

Beispiel: Im C++-Standard sind keine Definitionen für mathematische Konstanten wie π, 1/π, e usw. enthalten. Bei Visual C++ enthält „math.h" die folgenden Makros, wenn zuvor (z.B. vor dem ersten #include <cmath> oder projektweit) das Makro _USE_MATH_DEFINES definiert wurde:

```
#define M_E      2.7182818284590452354
#define M_PI     3.14159265358979323846
#define M_1_PI   0.318309886183790671538
```

Der Präprozessor ersetzt dann die Textzeile

```
double U = 2 * M_PI*r;
```

durch

```
double U = 2 * 3.14159265358979323846*r;
```

Mit

```
# undef identifier new-line
```

kann ein Makro wieder außer Kraft gesetzt werden. Falls der dabei angegebene Name nicht der eines zuvor definierten Makros ist, wird *undef* ignoriert: Bei einem Schreibfehler erfolgt keine Fehlermeldung oder Warnung.

Da ein Makro nur zu Textersetzungen führt, die unabhängig vom Compiler sind, können Makros zu undurchsichtigen Fehlermeldungen führen.

Bei der Definition eines Makros sind keine speziellen Zeichen wie = oder ein abschließendes Semikolon notwendig. Sind sie jedoch vorhanden, werden sie ebenfalls eingesetzt.

Beispiel: Nach der Definition

2.11 Präprozessoranweisungen

```
#define N = -1 // Das Zeichen "=" ist falsch!
```

wird die Zeile

```
i = N;
```

durch

```
i = = -1;
```

ersetzt und vom Compiler mit einer Fehlermeldung bemängelt. Dieser Fehlermeldung sieht man ihre Ursache nicht unbedingt sofort an, da die Zeile „i = N;" korrekt aussieht. Wenn sich die Definition des Makros auf einer anderen Bildschirmseite als die Fehlermeldung befindet, kann die Fehlersuche auch etwas länger dauern.

Makros werden im gesamten Quelltext ersetzt, unabhängig von allen Sichtbarkeitsregeln von C++.

Beispiel: Das global definierte m wird auch in der Funktion f ersetzt und das lokal definierte Makro n auch in der Funktion *test*:

```
#define m 10
int n = 100;

void f()
{
  int m; // wird durch "int 10;" ersetzt
#define n 10
}
void test()
{
  int i;
  if (i<n) ...   // wird durch "if (i<10);" ersetzt.
}
```

Bei den meisten C-Compilern sind im Unterschied zu C++ keine symbolischen Konstanten als Arraygrenzen zulässig. Für solche Compiler wird ein Name für die Anzahl der Elemente eines Arrays (siehe Abschnitt 2.8) oft als Makro definiert:

```
#define MAX 100
int a[MAX]; // wird durch a[100] ersetzt
```

Angesichts der Fehlermöglichkeiten bei Makros sollte man in C++ symbolische Konstanten mit *const* verwenden.

Damit man Makros leicht als solche erkennen und ihre Besonderheiten beachten kann, werden sie oft in Großbuchstaben geschrieben. Allerdings wird diese Regel weder vom Compiler erzwungen noch in den Standardbibliotheken konsequent eingehalten.

Nach dem C++-Standard sind unter anderem diese Makros definiert:

__LINE__	Nummer der aktuellen Zeile der Quelltextdatei
__FILE__	Name der aktuellen Quelltextdatei
__DATE__	Datum der Übersetzung der aktuellen Quelltextdatei
__TIME__	Uhrzeit der Übersetzung der aktuellen Quelltextdatei.

In Visual C++ stellen die vordefinierten Makros

__FUNCTION__	// nur Name der Funktion
__FUNCSIG__	// die Signatur der Funktion
__FUNCDNAME__	// die „dekorierte" Signatur der Funktion

in einer Funktion immer den Namen der aktuellen Funktion dar.

Beispiel: Mit einem Makro wie

```
#define TRACE std::cout<<__FILE__<< ", line: " <<\
   __LINE__ <<", function: "<< __FUNCTION__<<endl;
```

kann man den Namen der aktuellen Quelltextdatei, die Zeilennummer und den Namen der aktuellen Funktion protokollieren. Nimmt man dieses Makro in eine Funktion „void f()" auf, erhält man eine Zeile wie:

```
test.cpp, line: 56, function: void f()
```

In *TRACE* sieht man auch, wie man mit einem „\" am Ende einer Zeile **mehrzeilige Makros** definieren kann.

2.11.3 Bedingte Kompilation

Mit den Präprozessoranweisungen für die bedingte Kompilation

```
# if   constant-expression new-line group opt
# elif constant-expression new-line group opt
# else new-line group opt
# endif new-line
```

kann **in Abhängigkeit** vom Wert eines **konstanten Ganzzahlausdrucks** gesteuert werden, ob eine Gruppe von Zeilen in die vom Präprozessor erzeugte Ausgabedatei übernommen und anschließend vom Compiler übersetzt wird oder nicht. Da der Präprozessor vor dem Compiler ausgeführt wird, können die Ganzzahlausdrücke keine Symbole sein, die nur der Compiler kennt (z.B. const int x=17).

Die Logik für die Übernahme von Textzeilen in die Ausgabedatei des Präprozessors folgt dabei der Logik für die Ausführung der Zweige bei einer *if*-Anweisung. Die Bedingungen werden der Reihe nach geprüft, und die erste Gruppe, die auf einen von Null verschiedenen Wert folgt, wird übernommen.

2.11 Präprozessoranweisungen

Beispiel: Die Anweisungen in der linken und rechten Spalte sind gleichwertig. Dabei stehen k1, k2 usw. für ganzzahlige konstante Ausdrücke.

```
#if k1                      #if k1
   Zeilengruppe 1              Zeilengruppe 1
#elif k2                    #else
   Zeilengruppe 2              #if k2
#elif k3                          Zeilengruppe 2
   Zeilengruppe 3              #else
#else                             #if k3
   Zeilengruppe 4                    Zeilengruppe 3
#endif                            #else
                                     Zeilengruppe 4
                                  #endif
                               #endif
                            #endif
```

Der konstante Ganzzahlausdruck nach *#if* oder *#elif* kann auch ein Makro für ganzzahlige Werte sein, sowie ein Ausdruck, der solche Makros mit Ganzzahl-Literalen vergleicht (mit einem der Operatoren =, !=, <, <=, > oder >=).

Visual Studio bietet ein paar kleine Hilfen für die bedingte Kompilation an:

– Mit *Bearbeiten|Erweitert|Intellisense|Umschließen mit* bzw. im Kontextmenü kann ein markierter Block mit *#if*, *#ifdef* oder *#ifndef* umgeben werden:

```
int x = 17;
int y = 18;  Umschließen mit:
                         #if           Codeausschnitt für #if
                         #ifdef        Verknüpfung: #if
                         #ifndef
```

– Mit *Strg + ´* springt der Cursor vom Beginn eines *#if*, *#ifdef* oder *#ifndef*-Blocks zu seinem Ende und umgekehrt.

Beispiele:

1. Nicht ganzzahlige Ausdrücke nach *#if* sind nicht zulässig:

```
#if 1.2    // error: Ungültiger Ausdruck für
#if "123" //                 Ganzzahlkonstante
```

2. Mit diesen Präprozessoranweisungen kann man über den Wert eines Makros räumlich getrennte Programmteile aktivieren bzw. deaktivieren. So kann man z.B. mit bedingten Anweisungen wie

```
#if DEBUG
   TRACE
#endif
```

durch die Deaktivierung des Makros DEBUG erreichen, dass für die TRACE Anweisung kein Code erzeugt wird, der die Größe und die Laufzeit des Programms beeinflusst.

3. Verwendet man nach *#if* einen Namen, der nicht als Makro definiert wurde, wird der Wert des Ausdrucks als 0 (Null) ausgewertet:

```
#if nicht_definiertes_Makro
// wird nicht verarbeitet
#endif
```

Mit einem nicht definierten Makro kann man Programmteile ausblenden, die mehrzeilige Kommentare enthalten. Dazu verwendet man einfach nur ein Präprozessor-Symbol, das zuvor nicht definiert wurde:

```
#if AUSKOMMENTIERT // ein nicht definiertes Makro
void f() { }
/* ein mehrzeiliger
 * Kommentar
 */
#endif
```

Sie sind deshalb eine Alternative zu verschachtelten Kommentaren.

4. Die meisten Compiler definieren zu ihrer Identifikation Makros mit Ganzzahlkonstanten. In Visual C++ sind die folgenden Makros mit der Versionsnummer des Compilers vordefiniert:

_MSC_VER	*Visual C++ Version*	*Visual Studio Version*
1910	Visual C++ 14.1	Visual Studio 2017
1900	Visual C++ 14.0	Visual Studio 2015
1800	Visual C++ 12.0	Visual Studio 2013
1700	Visual C++ 11.0	Visual Studio 2012
1600	Visual C++ 10.0	Visual Studio 2010
1500	Visual C++ 9.0	Visual Studio 2008
1400	Visual C++ 8.0	Visual Studio 2005
1310	Visual C++ 7.1	Visual Studio 2003
1300	Visual C++ 7.0	Visual Studio 2002
1200	Visual C++ 6.0	Visual Studio 6

Hier stehen die ersten beiden Ziffern für die Hauptversion und die letzten beiden für eine Unterversion. Damit kann man Programme schreiben, die mit den verschiedenen Compiler-Versionen übersetzt werden können und die ihre Besonderheiten berücksichtigen.

Die Unterversion von Visual Studio erhält man mit dem Makro **_MSC_FULL_VER**. Es für jedes Upgrade von Visual Studio verschieden. Die Version der Standardbibliothek erhält man mit **_CPPLIB_VER**.

5. In Visual Studio kann man unter *Projekt\Eigenschaften\Konfigurationseigenschaften\C/C++\Präprozessor* unter *Präprozessordefinitionen* Makros definieren, die dann im ganzen Projekt gelten. Hier trägt Visual Studio z.B. das Makro *_DEBUG* ein,

2.11 Präprozessoranweisungen

wenn die Build-Konfiguration „Debug" aktiviert ist, und *NDEBUG* bei einer „Release"-Konfiguration.

6. Mit weiteren vordefinierten Makros erhält man Informationen über die Projekttypen.

Der ganzzahlige konstante Ausdruck in *#if* und *#elif* kann den Operator *defined* in einer der beiden Formen enthalten:

```
defined identifier
defined ( identifier )
```

Dieser Ausdruck hat den Wert 1, falls der Bezeichner zuvor Makro definiert wurde (mit *#define* oder als vordefiniertes Makro), und andernfalls den Wert 0. Mit dem Operator ! vor *defined* kann man die Bedingung negieren:

```
#if defined Makroname
#if !defined Makroname    // if not defined Makroname
```

Diese beiden Präprozessoranweisungen sind gleichwertig mit

```
# ifdef identifier new-line group opt
# ifndef identifier new-line group opt
```

Beispiele:

1. Ein mit dem Wert 0 (Null) definiertes Makro gilt als definiert. Deshalb ist die Bedingung erfüllt, wenn man es nach *#ifdef* verwendet, während sie nach *#if* nicht erfüllt ist. Bei Makros mit dem Wert 0 muss man deshalb darauf achten, dass man *#if* und *#ifdef* nicht verwechselt:

```
#define Makro 0              #define Makro 0
#ifdef Makro                 #if Makro
// wird übersetzt            // wird nicht übersetzt
#endif                       #endif
```

2. Der C++-Standard schreibt vor, dass jeder C++-Compiler das Makro __*cplusplus* definiert, während der C-Standard vorschreibt, dass dieses Makro von keinem C-Compiler definiert werden darf. Damit lassen sich Programme schreiben, die sowohl ein C- als auch ein C++-Compiler übersetzen kann:

```
#ifdef __cplusplus // aus vcruntime.h
  #define NULL 0
#else
  #define NULL ((void *)0)
#endif
```

3. Mehrfachdefinitionen von Variablen, Datentypen, Makros usw. kann man wie mit

```
#ifndef TRUE
# define TRUE  1
#endif
```

vermeiden. Falls mehrere Dateien die Datei mit diesen Anweisungen einbinden, wird das Makro nur definiert, falls es nicht schon zuvor definiert wurden.

4. Mit der unter 3. beschriebenen Technik kann man auch die mehrfache Einbindung derselben Datei unterbinden. In älteren Versionen von Visual C++ waren alle Dateien im Verzeichnis *include* sind nach dem folgenden Schema aufgebaut:

```
#ifndef _INC_STDLIB // aus stdlib.h
#define _INC_STDLIB
  // Hier kommen die eigentlichen Deklarationen
#endif  /* _INC_STDLIB */
```

Hier wird beim ersten Einbinden der Datei ein eindeutiges Makro definiert, das für diese Datei charakteristisch ist. Wenn die Datei dann ein zweites Mal in dieselbe Übersetzungseinheit eingebunden wird (z.B. durch ein *#include* in einer eingebundenen Datei), wird der ganze Block nach *#ifndef* übergangen. Mit solchen **Include-Guards** vermeidet man nicht nur längere Übersetzungszeiten, sondern auch Mehrfachdefinitionen, die zu Fehlermeldungen des Compilers führen. Selbstverständlich funktioniert das nur, wenn die Namen aller so definierten Makros eindeutig sind.

In neueren Versionen von Visual C++ können mehrfache *#includes* mit

```
#pragma once
```

vermieden werden. Eine Datei, die diese Zeile enthält, wird nur einmal eingebunden, unabhängig davon, in wie vielen *#include*-Anweisungen sie angegeben ist. Da dieses #pragma aber nicht von allen Compilern unterstützt wird, kann es bei Projekten, die auch von anderen Compilern übersetzt werden, nicht eingesetzt werden.

Jede Datei, die mit einer *#include*-Anweisung eingebunden werden soll, sollte so geschrieben werden, dass ihre Definitionen nur einmal in eine Übersetzungseinheit (meist eine cpp-Datei) aufgenommen werden. Deklarationen, die keine Definitionen sind, können mehrfach aufgenommen werden.

2.11.4 Pragmas Θ

Jeder Compiler bietet spezifische Möglichkeiten, die nicht im C++-Standard festgelegt sind. Solche Erweiterungen sind z.B. notwendig, damit der Compiler besondere Anforderungen eines Betriebssystems oder Prozessors erfüllen kann. Wenn jetzt jeder Compiler diese Erweiterungen auf seine eigene Art einbauen würde, wären die Programme nicht mehr portabel: Eine Erweiterung des Compilers X wäre beim Compiler Y ein Fehler.

Aus diesem Grund wurden *#pragma* Anweisungen in C und C++ aufgenommen:

```
#pragma Zeichenfolge
```

Damit kann das Verhalten eines Compilers auf eine spezifische Art gesteuert werden. Ist die dabei angegebene Zeichenfolge für den aktuellen Compiler nicht definiert, wird das Pragma ohne Fehler- oder Warnmeldung ignoriert. Das hat den Vorteil, dass Pragmas für einen be-

2.11 Präprozessoranweisungen

stimmten Compiler bei einem anderen Compiler keine Fehlermeldungen auslösen. Allerdings führt schon der kleinste Schreibfehler dazu, dass ein Pragma ohne Warnung überlesen wird.

Für die zahlreichen in Visual C++ definierten Pragmas wird auf die Online-Hilfe verwiesen. Die folgenden Beispiele sollen lediglich die Syntax illustrieren.

1. Das Pragma

   ```
   #pragma once
   ```

   bewirkt, dass die Header-Datei, in der es enthalten ist, vom Compiler nur einmal gelesen wird.

2. Die Pragmas

   ```
   #pragma region name
   #pragma endregion comment
   ```

   begrenzen einen Block im Quelltexteditor, den man auf- und zuklappen kann. Diese Pragmas werden z.B. im Form1.h von Visual Studio verwendet.

3. Gelegentlich möchte man Fehlermeldungen oder Warnungen des Compilers unterdrücken. Beispielsweise gibt Visual C++ bei der Verwendung von C-Funktionen wie *strcpy* eine Fehlermeldung wie in dem Kommentar aus:

   ```
   const char* src = "blablabla";
   char dst[10];
   strcpy(dst, src); // Fehler 'strcpy': This function or variable
   // may be unsafe. Consider using strcpy_s instead.
   // To disable deprecation, use _CRT_SECURE_NO_WARNINGS.
   ```

   Diese Fehlermeldung ist oft nicht gerechtfertigt. Dann kann man sie durch ein unter *Projekt|Eigenschaften* projektweit definiertes Makro unterbinden:

Da sich projektweit definierte Makros oft auch an anderen Stellen auswirken können, an denen sie nicht erwünscht sind, kann eine deaktivierte Warnung eine Alternative sein:

```
#pragma warning( push )
#pragma warning(disable : 4996) //_CRT_SECURE_NO_WARNINGS
std::strcpy(dst, src);
#pragma warning( pop )
```

Durch das Pragma mit *push* wird der aktuelle Stand der Warnungen gesichert. Dann wird durch *disable* die Fehlermeldung für die nächste Anweisung deaktiviert und durch *pop* wieder der Zustand vor *push* hergestellt.

Aufgaben 2.11

1. Die Dateien a.h, und b.h sollen die folgenden Definitionen enthalten:

a.h	b.h
`int i = 0;`	`#include "a.h"` `int j = i + 1;`

   a) Welche Anweisungen enthält dann eine Datei mit diesen *#include*-Anweisungen:

   ```
   #include "a.h"
   #include "b.h"
   ```

   b) Wie können Sie die Fehler in a) vermeiden, ohne den Quelltext in a) zu verändern?

3 Die Stringklassen: *string*, *wstring* usw.

In C und auch in vielen C++-Programmen werden Strings traditionellerweise mit nullterminierten Strings (Datentyp *char**, siehe Abschnitt 6.10) dargestellt. Allerdings ist die Arbeit damit ziemlich umständlich und fehleranfällig. So kann man einen nullterminierten String nicht einfach mit dem Zuweisungsoperator „=" auf einen anderen kopieren, und bei Funktionen wie *strcpy* muss man immer darauf achten, dass die Quelle auf einen nullterminierten String zeigt und im Zielbereich genügend Speicher reserviert ist.

Stringklassen haben gegenüber nullterminierten Strings **viele Vorteile**. Zu den wichtigsten Vorteilen gehört, dass sie bei ihren Operationen den notwendigen **Speicher automatisch reservieren**. Das vermeidet viele Fehler, die durch eine unzureichende Reservierung von Speicherplatz entstehen können. Deshalb ist die Arbeit mit Stringklassen viel einfacher und weniger fehleranfällig.

Die Stringklassen der C++-**Standardbibliothek** können nach

```
#include <string>
```

verwendet werden. Diese *#include*-Anweisung muss außerhalb eines Namensbereichs und auch außerhalb einer Klasse stehen. Nach dieser *#include*-Anweisung stehen die Stringklassen unter dem Namen *std::string* usw. zur Verfügung:

```
std::string s1 = "123";
std::wstring s2 = L"123"; // L"..." ist ein wchar_t-Literal
```

Nach einem

```
using std::string;   // bzw. using namespace std;
```

stehen sie auch ohne „std::" zur Verfügung:

```
string s1 = "123";
wstring s2 = L"123";
```

Ein *string* besteht aus Zeichen des Datentyps *char*, und ein *wstring* aus Multibyte-Zeichen des Datentyps *wchar_t*. Bis zu Visual Studio 2013 waren *string* und *wstring* die einzigen Stringklassen. Ab Visual Studio 2015 kamen dann die Unicode-Stringklassen dazu (siehe Abschnitt 3.6). Da *wstring* und die Unicode-Stringklassen im Wesentlichen genau wie die Klasse *string* benutzt werden können, wird auf sie zunächst nicht weiter eingegangen.

Am Beispiel der Klasse *string* werden auch zwei grundlegende Erweiterungen von Klassentypen gegenüber den fundamentalen Datentypen (wie z.B. *int*) vorgestellt:
– Variable eines Klassentyps können bei ihrer **Definition** nicht nur mit dem Operator = wie in „int x=17;" initialisiert werden, sondern auch **mit Argumenten**, die in Klammern nach dem Namen der Variablen angegeben werden.
– Klassen haben **Elementfunktionen**, die mit einer Variablen eines Klassentyps aufgerufen werden können.

Da diese Möglichkeiten bei allen Klassen bestehen, ist dieses Kapitel auch eine Einführung in die Arbeit mit Variablen eines Klassentyps.

Die Klasse *string* ist intern als Klassen-Template (siehe Abschnitt 14.2) mit dem Namen *basic_string* definiert. Deshalb findet man sie in der Online-Hilfe und in der Header-Datei „include\string" auch unter dem Namen *basic_string*. Hier ist **basic_string** ein anderer Name für **string** und **charT** bzw. **_Elem** ein anderer Name für **char**.

3.1 Die Definition von Variablen eines Klassentyps

Klassen sind Datentypen und können deshalb zur Definition von Variablen verwendet werden. Eine Variable, deren Datentyp eine Klasse ist, wird auch als Klasseninstanz oder Objekt bezeichnet.

Eine *string*-Variable kann mit dem Operator „=" und einem String-Literal oder mit einem Konstruktor initialisiert werden. Traditionellerweise hat das Literal "…" den Datentyp *const char**. Mit dem Postfix s erhält man ein Literal des Datentyps *string*.

Beispiel: Die folgenden Anweisungen initialisieren einen *string* mit einem *string*-Literal, einem *string* und einem Zeiger auf einen nullterminierten String:

```
string s1 = "Hallo Welt";   // Literal des Typs const char*
string s2 = "Hallo Welt"s;  // Literal des Typs string
string s3 = s1;             // string
const char* pc = "Hallo Mond";
string s4 = pc;  // Zeiger auf nullterminierten String
```

Bei einem *wstring* muss ein *wstring*-Literal bzw ein *wchar_t*-Zeiger verwendet werden:

```
wstring w = L"Hallo Welt"; // wstring-Literal
```

Konstruktoren ermöglichen die Initialisierung einer Variablen eines Klassentyps mit Argumenten, die bei der Definition der Variablen angegeben werden. Ein Konstruktor ist dadurch gekennzeichnet, dass er demselben Namen wie die Klasse hat, und außerdem Parameter wie eine Funktion haben kann. Er wird dann bei der Definition der Variablen aufgerufen, wenn nach ihrem Namen Argumente angegeben werden, die zu den Parametern passen. Falls keine zu genau einem Konstruktor passenden Argumente angegeben werden, ist eine Fehlermeldung des Compilers die Folge.

3.1 Die Definition von Variablen eines Klassentyps

Die Klasse *string* enthält unter anderem die folgenden Konstruktoren:

```
class string // vereinfacht
{
...
  explicit string();
// erzeugt einen leeren String
  string(const string& str, size_type pos = 0, size_type n=npos);
// string(str) erzeugt einen String als Kopie von str
// string(str,pos) erzeugt ab Position pos eine Kopie von str
// string(str,pos,n) ab Position pos eine Kopie von str mit
//                                           maximal n Zeichen
  string(const char* s, size_type n);
// erzeugt einen String aus den ersten n Zeichen eines
//                                       nullterminierten Strings
  string(const char* s);
// erzeugt einen String aus einem nullterminierten String
  string(size_type n, char c);
// erzeugt einen String mit n Zeichen c
...
```

Wie eine Funktion

- kann ein Konstruktor **Default-Argumente** (siehe Abschnitt 2.4.8) haben. Das sind Werte, die nach einem Parameter und „=" angegeben werden. Für einen Parameter mit einem Default-Argument muss man beim Aufruf kein Argument angeben. Der Compiler verwendet dann das Default-Argument.
- kann ein Konstruktor **überladen** werden (siehe Abschnitt 2.4.3). Viele Klassen haben wie *string* mehrere Konstruktoren, die sich im Datentyp der Parameter unterscheiden. Dann müssen bei der Definition einer Variablen Argumente angegeben werden, die zur Parameterliste genau eines Konstruktors passen.

Die *string*-Konstruktoren ermöglichen insbesondere, einen String aus einem anderen String oder aus einem nullterminierten String zu konstruieren.

Beispiel: Die folgenden Definitionen der Stringvariablen sind mit den Konstruktoren von oben möglich.

```
string s0;          // initialisiert s0 mit "" (leerer String)
string s1("456");   // initialisiert s1 mit "456"
string s2(s1);      // initialisiert s2 mit s1
string s3("0123456",2,3); // initialisiert s3 mit "234"
string s4(5,'-');   // initialisiert s4 mit "-----"
```

3.2 Einige Elementfunktionen der Klasse *string*

Funktionen, die in einer Klasse definiert sind, werden als **Elementfunktionen** bezeichnet. Der Aufruf einer Elementfunktion erfolgt dann dadurch, dass man den Namen der Funktion nach dem Namen der Stringvariablen und einem Punkt „." angibt.

Die Klasse *string* enthält zahlreiche Elementfunktionen für viele häufig benötigte Operationen. Außerdem können viele Algorithmen der Standardbibliothek wie globale Funktionen mit Argumenten des Datentyps *string* aufgerufen werden. Diese Funktionen verwenden oft den Datentypen *size_type* und den Wert **npos**: *size_type* ist ein Ganzzahldatentyp ohne Vorzeichen und **npos** der größte Wert von *size_type*. Diese beiden Bezeichner können nicht direkt verwendet werden, sondern nur in der relativ umständlichen Schreibweise *string::size_type* bzw. *string::npos*. Der Unterschied von *size_type* und *int* wirkt sich nur bei Strings mit mehr als $2^{31}-1$ Zeichen aus.

Im Folgenden werden einige der wichtigsten Funktionen der Klasse *string* vorgestellt. Viele haben weitere überladene Varianten mit denselben Namen (siehe Abschnitt 7.2) und verwenden Default-Argumente (siehe Abschnitt 2.4.8). Praktisch alle diese Funktionen stehen auch für *wstring* und Unicode-Strings zur Verfügung: Die Signatur dieser Funktionen erhält man dann, indem man *string* durch *wstring* usw. ersetzt.

Mit den Funktionen

size_type **size**() *const noexcept;*
size_type **length**() *const noexcept;*

erhält man die Länge eines Strings. Beide liefern dasselbe Ergebnis.

Beispiel:
```
string s0 = "abc";
int j = s0.size();   // 3
int k = s0.length(); // 3
```

Mit den zahlreichen überladenen **insert**-Funktionen kann man Zeichen in einen *string* einfügen:

string& **insert**(*size_type pos, const string& str*);
string& **insert**(*size_type pos, const char* s*);

Diese beiden Funktionen fügen ab der Position *pos* (Index *pos-1*) das letzte Argument ein. Wie bei diesen beiden *insert*-Funktionen gibt es für viele *string*-Funktionen überladene Varianten für *char** und *string*-Parameter.

Der Aufruf dieser Funktionen verändert den String, dessen Elementfunktion aufgerufen wird. Dasselbe Ergebnis erhält man auch über den Rückgabewert. Da diese Funktionen einen *string&* zurückgeben, kann man sie auch verkettet aufrufen.

Beispiel: Mit dem Aufruf einer Funktion erhält man dasselbe Ergebnis wie mit dem Rückgabewert:

3.2 Einige Elementfunktionen der Klasse string

```
string s0 = "abc", s1 = s0, s2 = s0;
s1.insert(1, "12");        // s1 = "a12bc"
s2 = s2.insert(1, "12");   // s2 = "a12bc"
```

Anstelle von mehreren aufeinanderfolgenden Aufrufen

```
string s3 = s0;
s3.insert(1, "1");
s3.insert(3, "2");  // s3 = "a1b2c"
```

ist auch ein verketteter Aufruf möglich:

```
string s3 = s0;
s3.insert(1, "1").insert(3, "2");  // s3 = "a1b2c"
```

Die überladene Variante

*string& **insert**(size_type pos1,const string& str,size_type pos2,size_type n);*

fügt ab Position *pos1* (Index pos1-1) maximal n Zeichen von *str* ab *pos2* ein. Die Variante für *char** fügt maximal n Zeichen ein:

*string& **insert**(size_type pos,const char* s,size_type n);*

Ein Zeichen c wird n mal an der Position *pos* eingefügt mit:

*string& **insert**(size_type pos, size_type n, char c);*

Beispiel:
```
string s4 = "abc", s5 = s4;
s4.insert(2, "01234", 3, 2);  // s4 = "ab34c"
s5.insert(2, 5, '*');          // s5 = "ab*****c"
```

Da diese Funktionen nicht mit *noexecpt* gekennzeichnet sind, können sie eine Exception auslösen und sollten deshalb in einer *try*-Anweisung aufgerufen werden. Falls *pos > size()* oder der resultierende String die maximal zulässige Länge überschreitet, wird eine Exception ausgelöst. Damit die folgenden Beispiele nicht zu umfangreich werden, wird auf diese try-Anweisung aber oft verzichtet. Das heißt aber nicht, dass Sie auch in Ihren Anwendungen darauf verzichten sollen.

Beispiel:
```
try
{
   string s6 = "abc";
   s6.insert(7,"s6 ist nicht 7 Zeichen lang");
}
catch (std::exception& e)
{
   cout << "Exception " << e.what() << endl; // Exception
                                   invalid string position
}
```

Sowohl *insert* als auch die im Folgenden vorgestellten Funktionen haben zahlreiche weitere überladene Varianten, die hier nicht alle vorgestellt werden.

Die Elementfunktion *erase* entfernt ab der Position *pos* maximal n bzw. *length()-pos* Zeichen:

> *string& **erase**(size_type pos = 0, size_type n = npos);*

Beispiel:
```
try
{
   string s1 = "1234567890", s2 = s1, s3 = s1, s4 = s1;
   s1.erase(3, 2);   // s1="12367890"
   s2.erase(3, 10);  // s2="123"
   s3.erase(3);      // s3="123"
   s4.erase();       // s4=""
}
catch (std::exception& e)
{
   cout << "Exception " << e.what() << endl;
}
```

replace ersetzt ab der Position *pos* maximal *n1* **Zeichen** durch den String *str*:

> *string& **replace**(size_type pos, size_type n1, const string& s);*

Beispiel:
```
try
{
   string s = "1234567890", s1 = s, s2 = s, str = "abc";
   s.replace(3, 2, str);   // s = "123abc67890"
   s1.replace(3, 5, str);  // s1 = "123abc90"
   s2.replace(8, 5, str);  // s2 = "12345678abc"
}
catch (std::exception& e)
{
   cout << "Exception " << e.what() << endl;
}
```

Den **Teilstring** mit maximal n Zeichen ab dem Index *pos* erhält man mit:

> *string **substr**(size_type pos = 0, size_type n = npos) const;*

Für *pos+n>length* wird der Rest des Strings zurückgegeben. Falls beim Aufruf dieser und der folgenden Funktionen nicht *pos<length()* gilt, wird eine Exception ausgelöst.

Beispiel:
```
try
{
   string s = "1234567";
   string s2 = s.substr(3, 2); // s2="45"
   string s3 = s.substr(3, 9); // s3="4567"
   string s4 = s.substr(3);    // "4567", wie s.substr(3,npos)
```

3.2 Einige Elementfunktionen der Klasse string

```
      string s5 = s.substr();      // s5=s, wie s.substr(0,npos);
   }
   catch (std::exception& e)
   {
      cout << "Exception " << e.what() << endl;
   }
```

Die Elementfunktionen *find* suchen nach dem ersten Vorkommen eines **Teilstrings** *str* ab dem Index *pos* und geben seine Position zurück, falls er gefunden wird. Wenn er nicht gefunden wird, ist der Funktionswert **string::npos**. Die Funktion *find* kann auch ohne Argument für *pos* aufgerufen werden. Dann wird der Teilstring ab der Position 0 gesucht.

*size_type **find**(const string& str, size_type pos = 0) const noexcept;*

Mit

*size_type **rfind**(const string& str,size_type pos = npos) const noexcept;*

wird der Teilstring ausgehend von der letzten Position gesucht.

Beispiel: Bei *i1* wird das erste und bei *i2* das zweite Auftreten von "45" gesucht:

```
      string s = "1234512345";     // Da noexcept kein try
      int i1 = s.find("45");       // i1 = 3
      int i2 = s.find("45", i1 + 1); // i2 = 8
      int i3 = s.find("ab");       // i3 = string::npos
      int i4 = s.rfind("45");      // i4 = 8
```

Damit kann man einen String in Bestandteile zerlegen:

```
      string fn = "config.sys";
      int p = fn.find(".");
      string n = fn.substr(0, p);  // n = "config"
      string e = fn.substr(p + 1); // e = "sys"
```

Das i-te Zeichen eines *string* erhält man mit dem Ausdruck **[i]** nach dem Namen der Variablen sowie mit der Elementfunktion *at*. Die einzelnen Zeichen sind mit **0..n–1** nummeriert, wenn der String n Zeichen lang ist:

Beispiel: Die Funktion

```
      string ErsetzePunktDurchKomma(string s)
      {
        for (int i = 0; i < s.length(); i++)
          if (s[i] == '.')
            s[i] = ',';
        return s;
      }
```

ersetzt jeden Punkt im Argument durch ein Komma:

```
string s1 = ErsetzePunktDurchKomma("3.14"); // s1 = "3,14"
```

Gibt man bei [i] einen Index i an, der nicht zwischen 0 und n-1 liegt, kann das zu einer Zugriffsverletzung und einem Programmabbruch führen. Eine Exception wird dabei aber nie ausgelöst. Einen solchen Programmabbruch kann man mit der Elementfunktion *at* verhindern. Damit wird bei einem unzulässigen Index eine Exception ausgelöst.

Beispiel: Ersetzt man die *if*-Anweisung im letzten Beispiel durch

```
if (s.at(i) == '.')
    s.at(i) = ',';
```

erhält man dasselbe Ergebnis. Dann sollte man diese Funktion aber in einer *try-catch*-Anweisung aufrufen.

Mit dem **Operator +** können Strings verkettet („aneinander gehängt", „zusammengeklebt") werden. Das Ergebnis ist dann der String, in dem auf die Zeichen des linken Operanden die des rechten folgen.

Beispiel: Mit

```
string s1 = "x=", s2 = "17";
int x = 17;
string r1 = s1 + s2;
string r2 = s1 + to_string(x);
```

erhalten r1 und r2 den Wert "x=17".

Mindestens einer der beiden Operanden muss den Datentyp *string* haben. Der andere kann ein Zeiger auf einen nullterminierten String (Datentyp *char**) sein.

Beispiel: Die nächste Anweisung wird nicht akzeptiert, da die beiden Operanden den Datentyp *const char** haben und für Zeiger keine Addition definiert ist:

```
string r3 = "x=" + "17"; // Fehler: Zeiger können nicht
                         //         addiert werden
```

Mit einem Operanden des Datentyps *string* ist der Operator + aber möglich:

```
string r4 = string("x=") + "17";
string r5 = "x="s + "17";
```

Die folgende Funktion fügt 1000 Strings mit je 1000 Zeichen zu einem einzigen String zusammen:

```
string LangerString()
{
  string s10 = "0123456789", s1K,s1M;//s10: 10 Zeichen lang
  for (int i = 1; i <= 100; i++)
    s1K = s1K + s10; // s1K: ein String mit 1000 Zeichen
```

3.2 Einige Elementfunktionen der Klasse string

```
      for (int i = 1; i <= 1000; i++)
        s1M = s1M + s1K; // s1M: ein String mit 1000000 Zeichen
      return s1M;
    }
```

Mit dem Operator += kann ein String an einen String angehängt werden. Dieser Operator ist oft mit etwas weniger Schreibaufwand verbunden und ist außerdem oft deutlich schneller der Operator + (siehe die Benchmarks auf den nächsten Seiten).

Beispiel: Die letzten beiden Anweisungen in

```
string s1 = "123";
string s2 = s1 + "abc"; // s2 = "123abc"
s1 += "abc"; // s1 = "123abc"
```

haben dasselbe Ergebnis. Ersetzt man in der Funktion *LangerString* die Anweisungen

```
s1K = s1K + s10; // s1K: ein String mit 1000 Zeichen
s1M = s1M + s1K; // s1M: ein String mit 1000000 Zeichen
```

durch

```
s1K += s10; // s1K: ein String mit 1000 Zeichen
s1M += s1K; // s1M: ein String mit 1000000 Zeichen
```

erhält man dasselbe Ergebnis. Die Benchmarks auf den nächsten Seiten zeigen aber, dass die Operationen mit += deutlich schneller sind.

Für das **Anhängen von Zeichen** stehen neben den Operatorfunktioen += auch Elementfunktionen mit dem Namen *append* zur Verfügung. Einige dieser Funktionen sind gleichwertig zu +=, andere sind etwas vielseitiger. In der Praxis werden sie aber nur selten eingesetzt.

Intern werden Strings der Klasse *string* als nullterminierter String dargestellt (siehe Abschnitt 6.10). Die Elementfunktion *c_str()* liefert einen Zeiger auf das erste Zeichen dieses null-terminierten Strings. Mit ihr können Strings auch als Argumente an Funktionen übergeben werden, die nullterminierte Strings erwarten.

```
void show(const char* s)
{
   cout << s << endl;
}
```

und einem *string* s der folgende Aufruf nicht möglich:

```
show(s);
```

Mit der Funktion *c_str* kann ein String auch einer solchen Funktion übergeben werden:

```
show(s.c_str());
```

Mit den **Vergleichsoperatoren** <, <=, >, >=, == und != (für ≠) können Strings miteinander verglichen werden. Das Ergebnis eines solchen Vergleichs ergibt sich dabei aus der lexikographischen Anordnung der einzelnen Zeichen: Sind die beiden Strings gleich lang, werden die einzelnen Zeichen ausgehend vom ersten miteinander verglichen. Die ersten Zeichen, in denen sich die beiden unterscheiden, entscheiden dann aufgrund ihrer Anordnung im ASCII-Zeichensatz über das Ergebnis des Vergleichs. Sind die beiden Strings dagegen verschieden lang, wird im Prinzip genauso vorgegangen. Allerdings wird jedes Zeichen ab der Länge des kürzeren Strings im längeren String höher bewertet.

Beispiel: Für die drei Strings

```
string s1 = "Halli";
string s2 = "Hallo";
string s3 = "Hall";
```

sind die folgenden Bedingungen erfüllt:

s1 < s2: s1 und s2 unterscheiden sich erstmals im 5. Zeichen. Aus s1[4] < s2[4] folgt das Ergebnis.

s3 < s2: s3 ist nur 4 Zeichen lang. Bis zur Position 3 sind beide gleich.

Die folgende Tabelle enthält die Ausführungszeiten für die Anweisungen unter 1. bis 3.

1. Ein Aufruf einer Funktion wie *LangerString* (siehe Seite 180), bei dem ein *string* der Länge 1 MB (Spalte 1), 10 MB (Spalte 2), ein *wstring* (Spalte3) und ein *u16string* (Spalte 4) erzeugt wurde. Die Unterschiede:

   a) Die Strings wurden mit s=s+a zusammengefügt.
   b) Die Strings wurden mit s+=a zusammengefügt.
   c) Wie in b), aber mit einem Aufruf von *reserve*, um den notwendigen Speicher im Voraus zu reservieren:

   ```
   string LangerString_c()
   {
     string s10,s1K,s1M;
     s1K.reserve(1000);
     s1M.reserve(1000000);
     // Rest wie oben
   ```

2. In einem 1 bzw. 10 MB langen String (von Aufgabe 1) wird jede Zeichenfolge "234" durch "bcde" ersetzt. Dazu werden die folgenden Operationen in einer Schleife verwendet, in der mit *find* die Position von "234" bestimmt wird. Alle drei Operationen haben dasselbe Ergebnis.

   a) ```
      s.erase(p, 3);
      s.insert(p, "bcde");
      ```
   b) `s.erase(p, 3).insert(p, "bcde");`
   c) `s.replace(p, 3, "bcde");`
      ```

3.2 Einige Elementfunktionen der Klasse string

Die Laufzeiten zeigen, dass eine Funktion der Standardbibliothek (wie hier *replace*) oft schneller ist als selbstgestrickte Algorithmen wie in a) oder b).

3. a) Jede der über 6000 Zeilen von Goethes Faust aus einer Datei einlesen und jede Zeile mit der Funktion *tokenize* (meine Lösungen der Aufgaben 3.2.2 und 11.1.5, 3.) in Wörter zerlegen und jedes Wort in ein *set* ablegen
   b) Jede Zeile wie in a) einlesen und zerlegen und jedes Wort im *set* von a) suchen

VS 2017 (Release)	string 1MB	string 10 MB	wstring 1 MB	u16string 1 MB
1. a) s = s + a	0,12 Sek.	18 Sek.	0,30 Sek.	0,39 Sek.
b) s += a	0,001 Sek.	0,010 Sek.	0,002 Sek.	0,003 Sek.
c) +=, *reserve*	0,0003 Sek.	0,003 Sek.	0,0005 Sek.	0,0007 Sek.
2. a) *erase,insert*	0,02 Sek.	2,6 Sek.		
b) *erase,insert*	0,02 Sek.	2,6 Sek.		
c) *replace*	0,013 Sek.	1,6 Sek.		
3. a)	0,017			
b)	0,014			

Die Elementfunktion

  size_type find_first_of(const basic_string& str, size_type pos = 0) const noexcept;

sucht nach dem ersten Vorkommen eines der Zeichen, das im String *str* enthalten ist. Falls ein solches Zeichen gefunden wird, ist der Funktionswert dessen Index. Wird kein solches Zeichen im String gefunden, ist der Rückgabewert **string::npos**. Entsprechend erhält man mit *find_first_not_of* den Index des ersten Zeichens, das nicht im String *str* enthalten ist:

  size_type find_first_not_of(const string& str, size_type pos = 0) const noexcept;

Beispiel:
```
string s = "123a4b5";
int i1 = s.find_first_of("45");        // i1=4
int i2 = s.find_first_of("45", i1 + 1); // i2=6
int i3 = s.find_first_not_of("12");    // i3=2
int i4 = s.find_last_not_of("ab");     // i4=6
```

Mit diesen Funktionen kann man Zeichenfolgen finden, die aus einer bestimmten Gruppe von Zeichen (z.B. Ziffern) bestehen.

Beispiel: Diese Funktion gibt die erste Folge von Ziffern zurück, die in dem als Argument übergebenen String enthalten ist:

```
string first_digit_substring(string s)
{
  string result;
  string digits = "0123456789";
  int p1 = s.find_first_of(digits);
  if (p1 != string::npos)
  {
    int p2 = s.find_first_not_of(digits, p1);
```

```
        if (p2 == string::npos)
          p2 = s.length();
        result = s.substr(p1, p2 - p1);
      }
      return result;
    }

    string s = first_digit_substring("ab123x;%"); // s="123"
```

Aufgaben 3.2

Schreiben Sie die Lösungsfunktionen in eine wie in Abschnitt 1.2.5 beschriebene Header-Datei (z.B. mit dem Namen „Loesungen-Kap-3.h") und rufen Sie diese auf.

Gehen Sie bei diesen Aufgaben folgendermaßen vor: Entwerfen Sie zuerst Testfälle, bevor Sie die Funktionen für die Lösung schreiben. Testen Sie Ihre Lösung dann mit diesen und weiteren Testfällen, die für einen systematischen Test (siehe Abschnitt 2.6.3) notwendig sind.

1. Bei der Arbeit mit Strings treten immer wieder Aufgaben wie die folgenden auf:

   a) Schreiben Sie eine Funktion *AnzahlZeichen*, die einen Parameter des Datentyps *string* und einen des Datentyps *char* hat. Der ganzzahlige Rückgabewert soll angeben, wie oft das *char*-Argument im *string*-Argument enthalten ist.

      Beispiel: `int n=AnzahlZeichen("Prinzessin Emelie", 'e'); // n = 3`

   b) Eine Funktion *Contains* mit zwei Parametern des Datentyps *string* soll den booleschen Wert *true* zurückgeben, wenn das erste Argument das zweite enthält, und andernfalls *false*.

      Beispiel: `bool b=Contains("Holzhackerbub Maxl","lzh"); // b = true`

   c) Schreiben Sie eine Funktion *Split3* mit vier *string*-Parametern und dem Rückgabetyp *bool*. Der Rückgabewert soll *true* sein, wenn das erste Argument aus drei durch einen Punkt getrennten Teilen besteht (z.B. "1.2.17", "11.12.2017" oder "www.rkaiser.de"), und andernfalls *false*. Die drei Teilstrings sollen als Referenzparameter zurückgegeben werden.

      Beispiel: `std::string d, m, j;`
      `         bool b = Split3("11.12.2017", d, m, j); // b = true,`
      `                             d="11", m="12", j="2017"`

   d) Schreiben Sie die Funktionen *TrimLeft* und *TrimRight*, die zu einem als Parameter übergebenen String einen String zurückgeben, der am Anfang bzw. Ende keine Leerzeichen enthält.

      Beispiel: `string s = TrimLeft("   abc   "); // s = "abc   "`

3.2 Einige Elementfunktionen der Klasse string

e) Eine Funktion *ReplaceAll* mit drei *string*-Parametern soll im ersten Argument jedes Vorkommen des zweiten Arguments durch das dritte ersetzen. Der *int*-Rückgabewert soll die Anzahl der Ersetzungen sein, die durchgeführt wurden.

Beispiel:
```
std::string s = "Jonnyathanny";
int n = ReplaceAll(s, "nny", "n"); // n = 2, s = "Jonathan"
```

2. Schreiben Sie eine Funktion *tokenize_0*, die alle Teilstrings eines Strings (Datentyp *string*), die durch eines der Zeichen '.', ';', ' ' und '-' getrennt sind, ausgibt. Dabei sollen die Trennzeichen nicht ausgegeben werden. Für die Strings in *test_tokenize* sollte man die als Kommentar angegebene Ausgabe erhalten:

```
void test_tokenize()
{
tokenize_0("456 ab.xy"); // Ausgabe "456", "ab", "xy"
tokenize_0("123"); // nur ein token, Ausgabe "123"
tokenize_0(""); // leerer String , keine Ausgabe
tokenize_0(" "); // nur Separator, keine Ausgabe
}
```

Testen Sie diese Funktion, indem Sie z.B. die Strings "123" bzw. "456 ab.xy" systematisch mit einem Trennzeichen am Anfang, am Ende sowie am Anfang und am Ende kombinieren.

Anmerkung: In Aufgabe 11.1.5, 3. wird *tokenize_0* zu einer Funktion *tokenize* überarbeitet, die die Teilstrings in einem Container zurückgibt.

3. Schreiben Sie eine Funktion *generatePassword(int n)*, die ein Wort als *string* zurückgibt, der aus n zufälligen Zeichen zwischen ' ' und 'z' besteht. Die Zeichen sollen mit einem Zufallszahlengenerator (siehe Abschnitt 2.4.7) ausgewählt werden.

4. Schreiben Sie eine Funktion *uintToBinaryString*, die aus einem nicht negativen ganzzahligen Wert einen String mit den binären Ziffern der Zahl erzeugt.

Sie können dazu folgendermaßen vorgehen: „Kleben" Sie an einen zunächst leeren String die Zeichen „0" oder „1", und zwar je nachdem, ob die Zahl gerade oder ungerade ist. Verschieben Sie dann die Bits der Zahl um eine Position nach rechts, z.B. durch eine Division durch 2. Wiederholen Sie diese Schritte für alle Bits der Zahl.

5. Schreiben Sie eine Funktion *BigIntAdd*, die zwei positive ganze Zahlen addiert, deren Ziffern in einem String dargestellt werden. Die Länge soll lediglich durch die maximale Länge der Strings begrenzt sein.

Beispiel: `BigIntAdd("123", "1000000") = "1000123"`

Testen Sie diese Funktion, indem Sie den Wert des Strings "2" immer wieder verdoppeln. Dabei müssen sich dann die folgenden Werte ergeben:

$2^2=4$
$2^3=8$

$2^4=16$
...
$2^{50}=1125899906842624$
$2^{100}=1267650600228229401496703205376$

3.3 Raw-String-Literale (Rohzeichenfolgen)

Bei einem gewöhnlichen Stringliteral wie

```
string filename = "c:\\temp\\test.dat";
```

hat das Backslash-Zeichen „\" eine Sonderbedeutung: Es stellt nicht das Zeichen '\' dar, sondern nur zusammen mit einem oder mehreren weiteren Zeichen ein spezielles Zeichen, wie z.B. '\n' das Newline-Zeichen. Eine solche Folge von Zeichen, die mit einem Backslash beginnt, wird als Escape-Sequenz (siehe Abschnitt 2.3.6) bezeichnet.

Wenn ein String einen Backslash enthalten soll, muss man die Escape-Sequenz '\\' verwenden. Das kann bei Dateinamen und insbesondere bei regulären Ausdrücken recht kryptisch werden, da reguläre Ausdrücke oft viele Backslash-Zeichen enthalten:

```
string regexp="('(?:[^\\\\']|\\\\.)*'|\"(?:[^\\\\\"]|\\\\.)*\")|";
```

Die meisten Strings benötigen allerdings keine Escape-Sequenzen. Dem wurde in C++11 (ab Visual Studio 2015) durch sogenannte „raw string" Literale (in der MSDN-Dokumentation „Rohzeichenfolge") Rechnung getragen. Ein **Raw-String-Literal** kann keine Escape-Sequenzen enthalten. Deswegen kann das Backslash-Zeichen durch '\' dargestellt werden.

Ein Raw-String-Literal beginnt im einfachsten Fall mit R"(und endet mit)". Dazwischen werden die Zeichen des Strings angegeben, die keine Escape-Sequenzen enthalten dürfen. Die Strings

```
string filename = R"(c:\temp\test.dat)";
string regexp = R"(('(?:[^\\']|\\.)*'|"(?:[^\\"]|\\.)*")|)";
```

stellen dieselben Zeichenfolgen wie oben dar. Die Syntax für Raw-String-Literale ist allerdings nicht besonders intuitiv. Deshalb ist es hilfreich, dass Visual Studio 2015 dabei eine kleine Unterstützung anbietet.

Beispiel: Nach dem Eintippen von

```
R("
```

fügt Intellisense die zugehörigen abschließenden Zeichen ein:

```
R("")
```

3.3 Raw-String-Literale (Rohzeichenfolgen)

Nach dem Anklicken eines String-Literals mit der rechten Maustaste wird unter „Schnelle Aktionen" angeboten, den String in ein Raw-String-Literal zu konvertieren:

```
string filename = "c:\\temp\\test.dat";
  Zu Rohzeichenfolge konvertieren
```

Auf diese Weise erhält man

```
string filename = R"(c:\temp\test.dat)";
```

Der Nutzen dieser Unterstützung ist allerdings begrenzt: Der String muss korrekte Escape-Sequenzen enthalten. Andernfalls erhält man eine Fehlermeldung:

```
"c:\1emp\2est.dat"; // \1 ist keine korrekte Escape-Sequenz
```

Die etwas komplizierte Syntax von Raw-String-Literalen ergibt sich daraus, dass sie beliebige Zeichenfolgen enthalten können.

- Raw-String-Literale können das New-Line-Zeichen \n enthalten und deshalb über mehrere Zeilen gehen.

Beispiel: Der String

```
string mehrzeilig = R"(Zeile 1
    Zeile 2)"; // mehrzeilig = "Zeile 1\n   Zeile 2"
```

enthält dieselben Zeichen wie

```
string einzeilig = "Zeile 1\n   Zeile 2";
```

Dass die einzelnen Zeilen in der mehrzeiligen Version explizit erkennbar sind, macht insbesondere HTML- oder XML-Texte leichter lesbar:

```
string HTML = R"(
<HTML>
  <HEAD>
    <TITLE>
      Mein Titel
    </TITLE>
  </HEAD>
  <BODY>
    Mein Body
  </BODY>
</HTML>)";
```

- Raw-String-Literale können auch Anführungszeichen enthalten:

```
R"(mit " Anführungszeichen)"; // "mit \" Anführungszeichen"
```

- Raw-String-Literale können auch die Zeichenfolge)" enthalten. Dann muss man aber den Begrenzer R" durch *R"Bezeichner* ersetzen und das Literal durch *)Bezeichner"* beenden. Dabei steht Bezeichner für einen beliebigen Bezeichner. Bei allen bisherigen Beispielen war *Bezeichner* eine leere Zeichenfolge.

Beispiel: Das Raw string Literal

```
R"(mit AZ und Klammer )")" // Fehler
```

ist nicht zulässig. Aber stattdessen geht

```
R"xy(mit AZ und Klammer)")xy" //"mit AZ und Klammer)\" "
```

3.4 Konversionen zwischen *string/wstring* und elementaren Datentypen

Die folgenden globalen Funktionen für Strings sind neu in C++11. Sie stehen ab Visual Studio 2012 nach *#include* *<string>* im Namensbereich *std* zur Verfügung und konvertieren einen elementaren Datentyp in einen *string*:

*string **to_string**(int val);* *string **to_string**(unsigned val);*
*string **to_string**(long val);* *string **to_string**(unsigned long val);*
*string **to_string**(long long val);* *string **to_string**(unsigned long long val);*
*string **to_string**(float val);* *string **to_string**(double val);*
*string **to_string**(long double val);*

Von allen diesen Funktionen gibt es auch Varianten mit einem „w" im Namen, die einen *wstring* zurückgeben.

*wstring **to_wstring**(int val);* *wstring **to_wstring**(unsigned val);*
usw.

Beispiel:
```
int i=17;
string s1=to_string(i); // s = "17"
```

Eine Konversion von einem *string* bzw. einem *wstring* in einen elementaren Datentyp ist mit den Funktionen

*int **stoi**(const string& str, size_t *idx = 0, int base = 10);*
*long **stol**(const string& str, size_t *idx = 0, int base = 10);*
*unsigned long **stoul**(const string& str, size_t *idx = 0, int base = 10);*
*long long **stoll**(const string& str, size_t *idx = 0, int base = 10);*
*unsigned long long **stoull**(const string& str, size_t *idx = 0, int base = 10);*
*float **stof**(const string& str, size_t *idx = 0);*
*double **stod**(const string& str, size_t *idx = 0);*
*long double **stold**(const string& str, size_t *idx = 0);*

bzw. überladenen Varianten mit einem *wstring*-Parameter

3.4 Konversionen zwischen string/wstring und elementaren Datentypen

```
int stoi(const wstring& str, size_t *idx = 0, int base = 10);
```
usw.

möglich. Sie versuchen, die Zeichen ab dem ersten in den Rückgabetyp zu konvertieren. Dabei werden whitespace-Zeichen ignoriert. Falls der String mit solchen Zeichen beginnt, ist der Rückgabewert das Ergebnis der Konversion, und der Index des letzten konvertierten Zeichens wird in das Argument für *idx* geschrieben. Falls der String aber nicht mit solchen Zeichen beginnt, wird eine Exception ausgelöst.

Beispiel: Die Funktion

```
bool try_parse(std::string s, int& result)
{
  try {
    size_t idx;
    result = std::stoi(s, &idx);
    return (idx == s.length()); // Alles wurde
  }                             // konvertiert
  catch (...) {
    return  false;
  }
}
```

gibt *true* zurück, wenn das komplette *string*-Argument eine Zahl darstellt. Mit der Funktion

```
void test_convert_to_int(std::string s)
{
  int i = -99;
  std::string msg = "s='" + s + "' i=";
  if (try_parse(s, i))
    msg += std::to_string(i);
  else
    msg += std::to_string(i) + " success=false";
  cout << msg << endl;
}
```

erhält man mit den Aufrufen

```
test_convert_to_int("");
test_convert_to_int(" 7");
test_convert_to_int("7 ");
test_convert_to_int(" 7 ");
test_convert_to_int(" 7 8 ");
test_convert_to_int("x");
test_convert_to_int(" x7");
test_convert_to_int("7x ");
test_convert_to_int(" 7x ");
```

das Ergebnis (-99 bedeutet, dass eine Exception ausgelöst wurde):

```
        s=''      i=-99 success=false
        s=' 7'    i=7
        s='7 '    i=7   success=false
        s=' 7 '   i=7   success=false
        s=' 7 8 ' i=7   success=false
        s='x'     i=-99 success=false
        s=' x7'   i=-99 success=false
        s='7x '   i=7   success=false
        s=' 7x '  i=7   success=false
```

Mit einem Argument für *base* sind auch Konversionen aus anderen Zahlensystemen (z.B. dem Binär- oder Hexadezimalsystem) möglich:

```
size_t idx;
int result1 = std::stoi("0111", &idx,2);   // 7
int result2 = std::stoi("0111", &idx, 3);  // 13
int result3 = std::stoi("0f", &idx,16);    // 15
```

Diese Funktionen sind wesentlich besser für Konversionen geeignet als die Funktionen *sprintf* oder *sscanf, atoi, atof* usw. von C. In älteren Versionen von C++ bieten die *strstream*-Klassen ähnliche Funktion wie die *stringstream*-Klassen. Der C++-Standard empfiehlt aber ausdrücklich, diese älteren Klassen nicht mehr zu verwenden.

Aufgaben 3.4

Schreiben Sie die Lösungsfunktionen in eine wie in Abschnitt 1.2.5 beschriebene Header-Datei (z.B. in die schon in Aufgabe 3.2 angelegte Header-Datei) und rufen Sie diese auf.

1. Ein *string* mit einem Kalenderdatum soll aus Zahlen für den Tag, den Monat und das Jahr bestehen, die durch einen Punkt getrennt sind (z.B. s="1.2.17" oder s="11.12.2017").

    a) Schreiben Sie eine Funktion *stringToDate*, die die drei Zahlen für den Tag, den Monat und das Jahr in *int*-Werte konvertiert und als Referenzparameter zurückgibt. Falls alle diese Konversionen möglich sind, soll *stringToDate* den booleschen Wert *true* zurückgeben, und ansonsten *false*. Für die Teilstrings, die keine Zahl darstellen, sollen die Argumente den Wert –1 erhalten.

    Zum Zerlegen des Strings können Sie die Funktion *Split3* von Aufgabe 3.2.1c) verwenden.

    b) Schreiben Sie systematische Testfälle (siehe Abschnitt 2.6.3) für *stringToDate*.

2 Welche Änderungen sind in der Funktion *try_parse* notwendig, damit diese einen *string* in einen *double*-Wert konvertiert?

3.5 Konversionen zwischen *string* und Klassen mit Stringstreams ⊖

Mit den Stringstream-Klassen **istringstream** bzw. **ostringstream** der Standardbibliothek kann man Werte von Variablen aus einem *string* lesen bzw. in einen *string* schreiben. Dabei werden die Zeichen des Strings wie die Zeichen eines Streams (siehe Abschnitt 12.4) behandelt. Dazu muss für die Datentypen der Variablen der Operator << bzw. >> definiert sein. Diese Operatoren sind für die elementaren Datentypen vordefiniert. In Abschnitt 7.3.2 wird gezeigt, wie man diese für eine Klasse definieren kann.

Diese beiden Klassen stehen nach

```
#include <sstream>
```

im Namensbereich *std* zur Verfügung. Wenn man einen **istringstream** mit einem String initialisiert

```
std::string s = "1.23";
std::istringstream is(s);
```

kann man den Wert einer Variablen mit dem Eingabeoperator >> aus dem Stringstream *is* einlesen:

```
double d;
is >> d; // d=1.23
```

Dabei erhält die Variable den Wert, den man auch bei einer Eingabe der Zeichen des Strings über die Tastatur erhalten würde:

```
cin >> d;
```

Zur Vereinfachung werden in den folgenden Beispielen vor allem elementare Datentypen wie *int* und *double* verwendet. Diese Beispiele lassen sich aber leicht auf andere Datentypen übertragen, für die die Operatoren >> bzw. << definiert sind.

Für eine *stringstream*-Variable *is* ist wie für alle Stream-Variablen der Negations-Operator definiert. Der Wert *!is* gibt dann an, ob der Anfang des Strings konvertiert werden konnte. Mit

```
bool try_parse_1(std::string s, int& result)
{
  std::istringstream is(s);
  is >> result;
  return !(!is);
}
```

wird für alle *string*-Argumente, die mit einer Zahl beginnen, diese in das zweite Argument konvertiert. Die Prüfung, ob alle Zeichen konvertiert werden konnten, ist aber etwas schwieriger:

```
bool try_parse_2(std::string s, int& result)
{
  std::istringstream is(s);
  is >> result;
  if (!is)
    return false;
  else
  {
    bool success = true;
    std::istringstream::pos_type p = is.tellg();
    size_t p3 = size_t(p);
    if (p3 != size_t(-1))
      success = p3 == s.length();
    return success;
  }
}
```

Mit dieser Funktion erhält man dasselbe Ergebnis wie mit der Funktion *try_parse* aus dem letzten Abschnitt. Sie beruht im Wesentlichen auf der Funktion

 *streampos **tellg**( ); // streampos* kann in *size_t* konvertiert werden

die Anzahl der konvertierten Zeichen zurückgibt. Ist dieser Wert gleich der Länge des Strings, konnten alle Zeichen konvertiert werden. Der Rückgabewert –1 bedeutet, dass d kein Wert zugewiesen wurde.

Mit einem ***ostringstream*** kann man Werte **in einen String** schreiben. Dazu gibt man die Werte mit dem Ausgabeoperator in einen *ostringstream* aus:

```
std::ostringstream os;
os << d;
```

Der so erzeugte String ist der Rückgabewert der Elementfunktion ***str()***:

```
os.str()
```

Er besteht aus den Zeichen, die am Bildschirm ausgegeben würden, wenn man die Werte mit dem Ausgabeoperator in *cout* schreiben würde:

```
cout << d;
```

Da Stringstreams intern wie Streams verwaltet werden, ist es am einfachsten, für jede Konversion eine neue Stringstream-Variable anzulegen.

3.6 Unicode-Strings Θ

Nullterminierte Strings mit 16- und 32-Bit **Unicode**-Zeichen werden mit den Datentypen *char16_t* und *char32_t* dargestellt. Literale dieser Typen werden mit einem u oder U am Anfang gekennzeichnet:

```
const char16_t* s2 = u"UTF-16 Unicode string";
const char32_t* s3 = U"UTF-32 Unicode string";
```

Die Stringklassen *u16string* und *u32string* stellen Strings mit 16- und 32-Bit Unicode-Zeichen dar. Literale dieser Stringklassen erhält man mit einem s am Ende:

```
using namespace std;
u16string s1 = u"UTF-16 Unicode string";
u16string s2 = u"UTF-16 Unicode string"s;
u32string s3 = U"UTF-32 Unicode string";
u32string s4 = U"UTF-32 Unicode string"s;
```

Unicode Strings können auch arabische, chinesische Zeichen usw. darstellen:

```
u16string a1 = u"ب ب ث ش گ"; // arabische Zeichen
u32string a2 = U"ب ب ث ش گ"; // arabische Zeichen
```

Auch Unicode Strings können als Raw-String-Literale dargestellt werden:

```
u16string r1 = uR"(UTF-16 Unicode string)";
u16string r2 = uR"(UTF-16 Unicode string)"s;
u32string r3 = UR"(UTF-32 Unicode string)";
u32string r4 = UR"(UTF-32 Unicode string)"s;
```

Die Elementfunktionen *length* und *size* geben bei Unicode Strings die Anzahl der Zeichen des Strings zurück, und nicht die Anzahl der belegten Bytes.

Für Unicode Strings sind keine Ausgabestreams wie *cout* und *wcout* definiert.

3.7 Landesspezifische Einstellungen Θ

Mit Funktionen wie

```
std::string Uppercase(std::string s)
{
  for (auto& i : s)
    i = std::toupper(i); // #include <cctype>
  return s;
}
```

```
std::wstring Uppercase(std::wstring s)
{
  for (auto& i : s)
    i = std::towupper(i); // #include <cwctype>
  return s;
}
```

kann man Strings der Typen *string* und *wstring* in Großbuchstaben umwandeln. Dabei werden allerdings keine landesspezifischen Besonderheiten berücksichtigt. So werden z.B. bei den Strings

```
std::string s0= "Füschärs Frütz früßt 123 früsche Frösche";
std::wstring w0 = L"Füschärs Frütz früßt 123 früsche Frösche";
```

die Umlaute nicht in Großbuchstaben umgewandelt (für *u16string* und *u32string* erhält man dieselben Ergebnisse):

```
std::string s1 = Uppercase(s0); // s1 = "FüSCHäRS FRüTZ FRüßT 123
                                                  FRüSCHE FRöSCHE"
std::wstring w1 = Uppercase(w0);// w1 = L"FüSCHäRS FRüTZ FRüßT 123
                                                  FRüSCHE FRöSCHE"
```

Wenn man diese berücksichtigen will, muss man Funktionen wie

```
std::string Uppercase(std::string loc, std::string s)
{ // Argumente für loc: Siehe https://msdn.microsoft.com/en-
                                    us/library/cdax410z.aspx
  std::locale::global(std::locale(loc));
  const std::ctype<char>& f =
                  std::use_facet<std::ctype<char>>(std::locale());
  f.toupper(&s[0], &s[0] + s.size());
  return s;
}

std::wstring Uppercase(std::string loc, std::wstring s)
{
  std::locale::global(std::locale(loc));
  auto& f = std::use_facet<std::ctype<wchar_t>>(std::locale());
  f.toupper(&s[0], &s[0] + s.size());
  return s;
}
```

verwenden. Diesen übergibt man für *loc* einen String, der die Landeseinstellung global definiert. Diese Strings sind nicht im Standard definiert, sondern compilerspezifisch. Zulässige Argumente für Microsoft Visual C++ sind z.B.

"": Mit diesem Argument werden die Landeseinstellungen des Betriebssystems verwendet.

"German_germany" oder "de-de" (beide gleichwertig)

3.7 Landesspezifische Einstellungen Θ

"english-us" oder "en-US" (beide gleichwertig)

"C": Die Voreinstellung (die Einstellungen der Programmiersprache C), die keine landesspezifischen Einstellungen verwendet.

Die lokale Variable f des Typs *ctype<T>* verwendet dann diese Landeseinstellungen. Sie hat zahlreiche Elementfunktionen, mit denen man z.B. die Kategorie eines Zeichens (Ziffer, Buchstabe usw.) feststellen kann.

Mit diesen Funktionen erhält man dann die als Kommentar angegeben Strings:

```
std::string  s2 = Uppercase("", s0); // s2 = L"FÜSCHÄRS FRÜTZ FRÜßT
                                     123 FRÜSCHE FRÖSCHE"
std::wstring w2 = Uppercase("", w0); // w2 = L"FÜSCHÄRS FRÜTZ FRÜßT
                                     123 FRÜSCHE FRÖSCHE"
```

Die Werte der Voreinstellung erhält man mit

```
std::string  sc = Uppercase("C", s0); // sc = "FüSCHäRS FRüTZ FRüßT
                                      123 FRüSCHE FRÖSCHE"
std::wstring wc = Uppercase("C", w0); // wc = L"FüSCHäRS FRüTZ FRüßT
                                      123 FRüSCHE FRÖSCHE"
```

Landesspezifische Einstellungen kann man dann iostreams, FileStreams usw. mit Anweisungen wie

```
std::cout.imbue(std::locale(""));
```

zuordnen. Vor der Ausführung dieser Anweisung erhält man mit

```
cout << s1 << endl;
```

auf der Konsole die Ausgabe

```
F³SCHÖRS FR³TZ FR³■T 123 FR³SCHE FR÷SCHE
```

und danach

```
FüSCHäRS FRüTZ FRüßT 123 FRüSCHE FRÖSCHE
```

Diese Einstellungen wirken sich auch auf das Ausgabeformat von anderen Datentypen (z.B. Gleitkommadatentypen) aus. Mit

```
std::cout.imbue(std::locale(""));
cout << 3.14 << endl;
```

erhält man auf einem Rechner mit einem deutschen Windows die Ausgabe mit einem Dezimalkomma

```
3,14
```

und mit

```
std::cout.imbue(std::locale("en-US"));
cout << 3.14 << endl;
```

die Ausgabe mit einem Dezimalpunkt:

```
3.14
```

3.8 Reguläre Ausdrücke Θ

Mit regulären Ausdrücken kann man komplexe Muster in Strings suchen. Reguläre Ausdrücke können in Visual Studio unter der Menüoption *Bearbeiten|Suchen* verwendet werden. In einem Programm stehen sie nach

```
#include <regex>
```

über die Klasse *regex* aus dem Namensbereich *std* zur Verfügung. *regex* ist eine Spezialisierung von *basic_regex* für *char*-Elemente. Eine weitere Spezialisierung *wregex* für *wchar_t*-Elemente kann genauso verwendet werden:

```
typedef basic_regex<char> regex;
typedef basic_regex<wchar_t> wregex;
```

Im Fall eines Fehlers lösen die *regex*-Funktionen eine Exception aus. Deshalb sollten diese in einer *try*-Anweisung aufgerufen werden.

Im Folgenden werden reguläre Ausdrücke zunächst nur für die Suche nach Textmustern mit den Funktionen (genau genommen: Funktions-Templates)

> bool **regex_match**(const string& str, const regex& re,
>   match_flag_type flags = match_default);
> bool **regex_search**(const string& str, const regex& re,
>   match_flag_type flags = match_default);

verwendet. **regex_search** gibt genau dann *true* zurück, wenn ein Teilstring des übergebenen Strings zum regulären Ausdruck passt. Bei **regex_match** muss dagegen der gesamte String zum regulären Ausdruck passen. Für *flags* kann man einen der zahlreichen Werte des streng typisierten Aufzählungstyps *regex_constants* angeben. In der Praxis sind die meisten aber nicht wichtig. Hier nur ein kleiner Auszug:

Flag	
regex_constants::icase	Unabhängig von Groß- und Kleinschreibung
regex_constants::match_not_bol	match am Zeilenanfang nicht berücksichtigen
regex_constants::ECMAScript	ECMA Dialekt
regex_constants::grep	grep Dialekt

Auf die weiteren Funktionen und Klassen, die verschiedenen Dialekte (ECMA und perl Scripts) und die Möglichkeit, Textmuster zu ersetzen, wird nicht eingegangen. Viele

3.8 Reguläre Ausdrücke Θ

Beispiele sind so gewählt, dass sie auch für die Suche im Editor mit *Bearbeiten|Suchen und Ersetzen* verwendet werden können.

Diesen Funktionen übergibt man als zweites Argument einen regulären Ausdruck. Ein regulärer Ausdruck wird durch eine Variable des Typs ***regex*** dargestellt und mit einem String definiert, der bei der Definition der Variablen angegeben wird:

> ***regex****(const string& str, flag_type flags = ECMAScript);*

Ein solcher String besteht aus

> **gewöhnlichen Zeichen** (alle Zeichen außer $ ^ { [(|) * + ? \), und sogenannten
> **Metazeichen** (Zeichenfolgen, die mit $ ^ { [(|) * + ? \ beginnen)

Falls der String keinen regulären Ausdruck darstellt, wird eine Exception ausgelöst.

Der Funktionswert von *regex_match* und *regex_search* gibt dann an, ob das erste Argument zu dem regulären Ausdruck passt (Rückgabewert *true*). Wenn man ein Zeichen verwenden will, das auch einem Metazeichen entspricht, muss man vor dem Zeichen ein \ angeben.

Beispiel: Die Funktion

```cpp
void test_regex(string p, std::vector<std::string> a)
{
  cout << "regulärer Ausdruck: " << p << endl;
  try {
    const std::regex pattern(p);
    for (int i = 0; i < a.size(); i++)
    {
      if (std::regex_search(a[i], pattern))
        cout << a[i] + " passt zu " << p << endl;
      else
        cout << a[i] << " passt nicht zu " << p << endl;
    }
  }
  catch (std::exception& e)
  {
    cout << "Exception: " << e.what() << endl;
  }
}
```

zeigt für jeden String im Vektor a an, ob er zu dem für p übergebenen regulären Ausdruck passt.

Mit einem regulären Ausdruck ohne Metazeichen prüft *regex_search*, ob die Zeichenfolge des regulären Ausdrucks im Argument für *str* enthalten ist.

Beispiel: Mit den Strings

```cpp
vector<string> s={"124", "-1234", " 123%", "abcd", "321" };
```

ergibt der Aufruf

```
test_regex("123", s);
```

die folgende Ausgabe:

```
124 passt nicht zu 123     -1234 passt zu 123
123% passt zu 123          abcd passt nicht zu 123
321 passt nicht zu '123'
```

Die nächsten Tabellen enthalten einige Metazeichen. Das Zeichen „\" muss in einem gewöhnlichen C++-String doppelt angegeben werden. Diese Tabellen sind aber nicht vollständig und sollen lediglich einen ersten Eindruck geben.

Eine Zeichenklasse beschreibt eine Gruppe von Zeichen, die im String enthalten sein müssen, damit der String zum regulären Ausdruck passt.

Zeichenklassen	Bedeutung: Ein String passt zur Zeichenklasse, wenn der String diese Zeichen enthält:
[character_group]	ein beliebiges Zeichen der angegebenen Zeichengruppe
[^ character_group]	ein beliebiges Zeichen, das nicht in der angegebenen Zeichengruppe enthalten ist.
[firstCharacter – lastCharacter]	ein beliebiges Zeichen im Bereich. Falls eine Zeichengruppe ein Minuszeichen enthalten soll, muss es als Escapesequenz „\\-"angegeben werden.
\w	ein beliebiges Wortzeichen, in allen Dialekten wie [A-Za-z]. In manchen passen auch _ und [0-9]
\W	wie [^\w]
.	(Punkt) ein beliebiges Zeichen.
\s	ein beliebiges Whitespace-Zeichen
\S	ein beliebiges Nicht-Leerzeichen, wie [^\s]
\d	eine Dezimalziffer
\D	ein Zeichen, das keine Dezimalziffer ist, wie [^\d]

Zeichenklassen und andere Sprachelemente von regulären Ausdrücken können beliebig kombiniert werden.

Beispiel: Eine Zeichengruppe mit einem Zeichen entspricht dem Zeichen. Die beiden regulären Ausdrücke "x" und "[x]" sind gleichwertig (der Buchstabe 'x'), ebenso "*" und "[*]" (das Zeichen '*' und nicht der später vorgestellte Operator *).

Zu dem regulären Ausdruck

```
string containsInt_100_999_rx = "[1-9][0-9][0-9]";
```

passt eine Zeichenfolge, die mit einer Ziffer im Bereich 1..9 beginnt und von zwei Ziffern im Bereich 0..9 gefolgt wird (Zahlen im Bereich von 100 bis 999). Von den Strings

3.8 Reguläre Ausdrücke Θ

```
vector<string>  s = {  "a124b",  "-1234",  "321"," 12%",
                                     "a024b","a12 3d" };
```

passen die ersten drei, und die letzten drei passen nicht. Mit den regulären Ausdrücken

```
"[123456789][0-9][0-9]"
"[1-9]\\d\\d"
```

erhält man dasselbe Ergebnis. Zu dem regulären Ausdruck

```
string containsDate_rx = "\\d\\d/\\d\\d/\\d\\d";
```

passt eine Datumsangabe im amerikanischen Format MM/DD/YY, bei dem drei Paare von Ziffern durch ein „/"-Zeichen getrennt werden. Dieser letzte Ausdruck ist als Raw-String-Literal einfacher und übersichtlicher:

```
string containsDate_rx = R"(\d\d/\d\d/\d\d)";
```

Bei *Bearbeiten|Suchen* kann man die Raw-String-Literal Syntax verwenden:

Positionsangaben legen eine Position fest, an der eine Zeichenfolge auftreten muss, damit der String zum regulären Ausdruck passt.

Positionsangabe	Position, an der die Zeichenfolge stehen muss
^	Am Anfang des Strings
$	Am Ende des Strings
\b	An einer Wortgrenze (Übergang zwischen alphanumerischen und nicht alphanumerischen Zeichen). Wenn \b am Anfang steht, muss der Wortanfang passen, und wenn es am Ende steht, das Wortende.

Damit der gesamte Vergleichsstring einem Muster entspricht (und nicht nur in ihm enthalten ist), verwendet man ^ am Anfang und $ am Ende. So kann man auch prüfen, ob ein von einem Benutzer eingegebener String zu einem bestimmten Muster passt.

Beispiel: Mit dem regulären Ausdruck (siehe das Beispiel von oben)

```
string containsInt_100_999_rx = "[1-9][0-9][0-9]";
```

passt zu den regulären Ausdrücken

```
string s_beg = "^" + containsInt_100_999_rx;
string s_end = containsInt_100_999_rx + "$";
string s_tot = "^" + containsInt_100_999_rx + "$";
```

nur ein String, der mit dem Muster beginnt (*s_beg*), mit dem Muster endet (*s_end*) oder als Ganzes das Muster darstellt.

Die nächsten Beispiele werden mit den Strings

```
vector<string> v = { "chianti classico", "firstclass wine",
                                          " class Wine{}" };
```

illustriert. Zu dem regulären Ausdruck

```
string containsWord1_rx = R"(class)"; // passt zu allen
```

passt ein String, der das Wort "class" enthält (das sind alle Strings in v). Und zu

```
string WordStartingWith_rx = R"(\bclass)"; // dazu passt 1.
                                                    und 3.
```

passt ein String, der ein Wort enthält, das mit "class" beginnt. Zu

```
string WordEndingWith_rx=R"(class\b)";//dazu passt 2. und 3.
```

passt ein String, der ein Wort enthält, das mit "class" endet. Zu

```
string isolatedWord_rx = R"(\bclass\b)"; //dazu passt nur 3.
```

passt ein String, der "class" als eigenständiges Wort enthält.

Nach einem Ausdruck kann ein Quantifizierer angegeben werden, der dann für den unmittelbar davor stehenden Ausdruck gilt. Ein Quantifizierer gibt an, wie oft eine Zeichenfolge enthalten sein muss, damit der String zum regulären Ausdruck passt.

Quantifizierer	Bedeutung
*	Null oder mehr Übereinstimmungen
+	Eine oder mehr Übereinstimmungen
?	Null oder eine Übereinstimmung
{n}	genau n Übereinstimmungen
{n,}	mindestens n Übereinstimmungen
{n,m}	mindestens n, aber höchstens m Übereinstimmungen

Beispiele:

1. Ob ein String zwei bestimmte Worte enthält mit beliebigen Zeichen dazwischen, kann man mit einem regulären Ausdruck prüfen, bei dem jedes Wort an Wortgrenzen (\b) anfangen und enden muss, und dazwischen beliebig viele beliebige Zeichen kommen können (.*). Der String

   ```
   "Ein Tankwart hat Elvis Presley gestern gesehen. Das ist der
                                                   Beweis. Er lebt!"
   ```

   passt zu dem regulären Ausdruck

3.8 Reguläre Ausdrücke ⊖

```
string ElvisLebt_rx = R"(\bElvis\b.*\blebt\b)";
```

2. Da das Zeichen + ein Metazeichen ist, muss man einen Backslash angeben, damit es im String berücksichtigt wird. Zu dem regulären Ausdruck

   1\+1=2

   passt der String "Beweisen Sie, dass 1 + 1 = 2 ist". Er passt aber nicht zu

   1+1=2

3. Ganze Zahlen passen zu dem regulären Ausdruck

   ```
   string Int_rx = R"([-+]?\d+)";
   ```

4. Versucht man, einen regulären Ausdruck zu finden, zu dem eine Zuweisung an eine Variable x passt, liegt auf den ersten Blick

   ```
   string AssignToX_rx1 = R"(\s*x\s*=)";
   ```

   nahe (beliebig viele Leerzeichen: \s*, dann x, dann wieder beliebig viele Leerzeichen, dann =). Zu diesem regulären Ausdruck passen aber nicht nur die ersten drei Strings von

   ```
   vector<string> s = { "x=17", "  x  =17", "   x=17", " x==17",
                        " nix==17"," if (x == 17)", "x17;" ,"a=x" };
   ```

   sondern auch der vierte " x==17", fünfte " nix==17" und der sechste " if (x == 17)". Die letzten beiden passen nicht. Damit der fünfte Ausdruck nicht passt, kann man verlangen, dass die Zeichenfolge an einer Wortgrenze beginnt und endet:

   ```
   string AssignToX_rx2 = R"(\s*\bx\s*=)";
   ```

   Damit der vierte und sechste Ausdruck nicht passt, kann man verlangen, dass nach einem Gleichheitszeichen ein Buchstabe oder eine Ziffer kommt:

   ```
   string AssignToX_rx3 = R"(\s*\bx\s*=[\w\d])";
   ```

   Aber auch dieser reguläre Ausdruck deckt noch nicht die gesamte C++-Syntax für Zuweisungen ab. Die Zuweisung eines dereferenzierten Zeigers (z.B. x = *p), kombinierte Zuweisungsoperatoren (z.B. x += 1), x++ usw. werden noch nicht berücksichtigt, und Zuweisungen in Kommentaren werden auch erkannt.

   Dieses Beispiel sollte auch zeigen, dass es ziemlich knifflig werden kann, für einen konkreten Anwendungsfall einen passenden regulären Ausdruck zu finden.

   Will man nicht nur nach Zuweisungen an eine Variable mit dem Namen x suchen, sondern den Namen der Variablen als Parameter an eine Funktion übergeben, ist das mit der Funktion

```
string AssignTo_rx(string VarName)
{
   return R"(\s*\b)" + VarName + R"(\s*=[\w\d])";
}
```

möglich. Der von *AssignTo_rx* zurückgegebene String ist im Wesentlichen der String aus dem letzten Beispiel:

```
string AssignToX_rx3 = R"(\s*\bx\s*=[\w\d])";
```

Der einzige Unterschied ist, dass x durch das Argument ersetzt wird. Mit

```
vector<string> s = { "ab=17", "  ab  =17", "  ab=17",
                     " ab==17", " niab=17"," if (ab == 17)",
                     "ab17;" ,"a=ab" ,"  abab= 2", "ab=*17" };
test_regex(tb, AssignTo_rx("ab"), s);
```

erhält man, dass die ersten drei Strings passen.

Mit einem Klammerpaar () kann man Teilausdrücke zusammenfassen. Teilausdrücke können zu einer leichteren Verständlichkeit beitragen und ermöglichen die Quantifizierung von Ausdrücken.

Gruppenkonstrukte	Bedeutung
(subexpression)	Teilausdruck

Mit dem Operator | kann man Ausdrücke kombinieren. Der so entstandene Gesamtausdruck passt dann, wenn einer der Teilausdrücke passt.

Alternierungskonstrukte	Bedeutung
|	Einer der Operanden muss passen

Beispiel: Zu dem regulären Ausdruck

```
string Class_rx = "class|struct";
```

passt ein String, der "class" oder "struct" enthält, zu

```
string Em_rx = "Em(ma|elie)";
```

passen "Emma" und "Emelie", und zu

```
string An_rx = "(\\w{6,8})an";
```

passen "Jonathan" und "Maximilian".

Eine Gleitkommazahl besteht aus einem optionalen Vorzeichen, auf das Ziffern, ein Dezimalpunkt und weitere Ziffern folgen:

```
string Float_rx = R"([-+]?([0-9]*\.[0-9]+|[0-9]+))";
```

3.8 Reguläre Ausdrücke Θ

Mit regulären Ausdrücken wird oft auch die Syntax von **Internet-** oder **EMailadressen** und **Dateinamen** geprüft.

Beispiel: Eine EMail-Adresse besteht (etwas vereinfacht) aus den folgenden Bestandteilen:

1. Am Anfang eine Folge aus Buchstaben, Ziffern und den Zeichen '.', '%', '_', '+' oder '-'.
2. Dem Zeichen '@'
3. Eine Folge aus Buchstaben, Ziffern und den Zeichen '.' oder '-'.
4. Ein Punkt
5. Am Schluss zwei bis vier Buchstaben

Mit dem regulären Ausdruck

```
"^[A-Za-z0-9%+._\\-]+"      // 1.
"@"                          // 2.
"[A-Za-z0-9.\\-]+"           // 3.
"\\."                        // 4.
"[A-Za-z]{2,4}$"             // 5.
```

erhält man die folgenden Ergebnisse:

zulässig	nicht zulässig	
tarzan@junglenet.com	tarzan-1@junglenet.africa	*
jane@xxx-net.za	"sweetie"jane@xxx-net.za	*
2+3_jane@xxx-net.za	jane@@abc.def	
jane...@123.xyz.456.78.za	jane@123.45.678?subject=Hi"	*

Hier sind die mit * gekennzeichneten Ergebnisse falsch, d.h. die Adressen sind zulässig, weil der der reguläre Ausdruck zu einfach ist.

Um alle nach dem offiziellen Standard für EMail-Adressen (RFC 2822) zulässigen Adressen zu prüfen, sind kompliziertere reguläre Ausdrücke notwendig. Auf *http://www.regular-expressions.info/email.html* wird behauptet, dass

```
A(?:[a-z0-9!#$%&'*+/=?^_`{|}~-]+(?:\.[a-z0-
9!#$%&'*+/=?^_`{|}~-]+)*|"(?:[\x01-\x08\x0b\x0c\x0e-
\x1f\x21\x23-\x5b\x5d-\x7f]|\\[\x01-\x09\x0b\x0c\x0e-
\x7f])*")@(?:(?:[a-z0-9](?:[a-z0-9-]*[a-z0-9])?\.)+[a-z0-
9](?:[a-z0-9-]*[a-z0-9])?|\[(?:(?:25[0-5]|2[0-4][0-
9]|[01]?[0-9][0-9]?)\.){3}(?:25[0-5]|2[0-4][0-9]|[01]?[0-
9][0-9]?|[a-z0-9-]*[a-z0-9]:(?:[\x01-\x08\x0b\x0c\x0e-
\x1f\x21-\x5a\x53-\x7f]|\\[\x01-\x09\x0b\x0c\x0e-
\x7f])+)\])\z
```

den offiziellen Standard für EMail-Adressen vollständig umsetzt (ich habe das nicht nachgeprüft). Auf der offiziellen RFC-Seite (http://www.ex-parrot.com/~pdw/Mail-RFC822-Address.html) wird ein regulärer Ausdruck mit über 80 Zeilen für das Format von EMail-Adressen angegeben.

Mit **regex-Iteratoren** kann man alle Teilstrings finden, die zu einem regulären Ausdruck passen. Ein *regex*-Iterator für Strings des Datentyps *string* hat den Datentyp *sregex_iterator*. Für andere Datentypen gibt es entsprechende Iteratoren, die gleich verwendet werden können:

typedef regex_iterator<const char*> cregex_iterator;
typedef regex_iterator<const wchar_t*> wcregex_iterator;
typedef regex_iterator<string::const_iterator> sregex_iterator;
typedef regex_iterator<wstring::const_iterator> wsregex_iterator;

Ein *regex*-Iterator wird mit einem Konstruktor initialisiert, dessen erste beide Argumente Iteratoren auf den Anfang und das Ende des Suchbereichs im String sind. Das dritte Argument ist der reguläre Ausdruck. Der Standardkonstruktor erzeugt einen Wert, der auf das Element nach dem letzten zeigt. Ein solcher Iterator zeigt auf ein Objekt des Datentyps

```
std::smatch match = *next;
```

Dieser Datentyp hat eine Elementfunktion mit dem Namen *str*, die den passenden Teilstring darstellen.

```
string containsInt_100_999_rx = "[1-9][0-9][0-9]";
string s = "123   456 xxx789";
try {
  const regex pattern(containsInt_100_999_rx);
  sregex_iterator end;
  for (sregex_iterator next(s.begin(), s.end(), pattern); next !=
                                                        end; next++)
    cout << "    :" << next->str() << endl;
}
catch (exception& e)
{
  cout << "Exception: "s << e.what() << endl;
}
```

Diese Funktion gibt die Strings "123", "456", und "789" aus.

Falls die in einem regulären Ausdruck angegebenen Kriterien für das Ende im String mehrfach vorkommen, geben die Quantifizierer immer den Teilstring mit der maximalen Länge zurück. Damit man den kürzesten Teilstring erhält, muss man nach dem Quantifizierer noch ein Fragezeichen angeben.

Beispiel: Der String

    "<head><title>Meine Internetseite< / title>< / head>"

passt zu den beiden regulären Ausdrücken

    "<.+>" und "<.+?>"

Mit dem ersten erhält man einen (maximal langen) Teilstring

3.8 Reguläre Ausdrücke Θ

```
<head><title>Meine Internetseite< / title>< / head>
```

und mit dem zweiten vier minimal lange:

```
<head>
<title>
< / title>
< / head>
```

Die folgende Tabelle enthält die Laufzeit für die Suche nach allen Zahlen in einem langen String. In der zweiten Spalte wurden diese mit einer leicht überarbeiteten Version der Funktion *first_digit_substring* bestimmt und in der letzten Spalte mit *regex-Iteratoren*:

Visual C++ 2017, Release	*first_digit_substring*	*regex.Iterator*
String Länge: 100000	0,001 Sek.	7,7 Sek.
String Länge: 1000000	0,012 Sek.	770 Sek

Aufgaben 3.8

Schreiben Sie die Lösungsfunktionen in eine wie in Abschnitt 1.2.5 beschriebene Header-Datei (z.B. in die schon in Aufgabe 3.2 angelegte Header-Datei) und rufen Sie diese auf.

Schreiben Sie Funktionen, die für einen Parameter *Line* des Datentyps *string* prüfen, ob er die Anforderungen erfüllt. Übergeben Sie die variablen Bestandteile der Prüfung als Parameter und bauen Sie mit diesen in den Funktionen reguläre Ausdrücke auf.

Bei den Aufgaben d) bis f) sollen zwischen den Sprachelementen wie in C++ beliebig viele Leerzeichen stehen können. Da die Syntax von C++ recht kompliziert ist, muss diese aber nicht komplett berücksichtigt werden. Es reicht, wenn einige der wichtigsten Fälle berücksichtigt werden. Solche Funktionen können dazu verwendet werden, einen Quelltext bzw. eine Textdatei zeilenweise zu lesen und jede Zeile auszugeben, die das entsprechende Kriterium erfüllt. Die regulären Ausdrücke können aber auch im Editor unter *Bearbeiten|Suchen* eingegeben werden, um den Quelltext zu durchsuchen.

a) Eine Funktion *Contains2* soll *true* zurückgeben, wenn *Line* zwei weitere als Parameter übergebene Strings enthält.
b) Eine Funktion *ContainsSpacesBetween2* soll *true* zurückgeben, wenn *Line* zwei weitere als Parameter übergebene Strings enthält, und zwischen diesen beiden nur Leerzeichen kommen.
c) Eine Funktion *ContainsSpacesBetween2Words* soll *true* zurückgeben, wenn *Line* zwei weitere als Parameter übergebene Strings als eigenständige Worte enthält, und zwischen diesen beiden nur Leerzeichen kommen.
d) Eine Funktion *FunctionCall* soll *true* zurückgeben, wenn *Line* einen als zweiten Parameter übergebenen String enthält und auf diesen nach eventuellen Leerzeichen eine Klammer "(" folgt. Damit kann man prüfen, ob *Line* eine Definition oder einen Aufruf der Funktion mit dem als Parameter übergebenen Namen enthält.

e) Eine Funktion *AssignmentOf* soll *true* zurückgeben, wenn in *Line* auf ein Gleichheitszeichen „=" und eventuellen Leerzeichen ein als Parameter übergebener Name folgt. Damit kann man prüfen, ob *Line* eine Zuweisung einer Variablen mit dem als Parameter übergebenen Namen enthält.

f) Eine Funktion *ClassDefinition* soll *true* zurückgeben, wenn in *Line* auf „class" oder „struct" ein Name folgt. Damit kann man prüfen, ob *Line* eine Klassendefinition enthält.

4 Arrays und Container

Bisher haben wir alle Variablen einzeln definiert. Das kann aber ziemlich aufwendig werden, wenn man eine größere Anzahl von Variablen benötigt:

```
int x1, x2, x3, x4, x5; /* 1000 Variablen definieren zu müssen ist
   eine pädagogisch wertvolle Strafarbeit für Studenten, die während
   der Vorlesung im Internet surfen */
```

Auch die Arbeit mit diesen Variablen ist recht umständlich: Da jede nur unter ihrem Namen angesprochen werden kann, ist es nicht möglich, sie alle in einer Schleife zu durchlaufen.

Diese Nachteile lassen sich vermeiden, wenn die Variablen nicht einzeln, sondern gemeinsam als **Array** definiert werden. Ein Array ist eine Zusammenfassung von Variablen desselben Datentyps unter einem einzigen Namen. Die einzelnen Variablen können über den Namen des Arrays und einen **Index** angesprochen werden und werden auch als Elemente des Arrays bezeichnet. Der Index kann ein Ausdruck und damit insbesondere eine Variable sein.

– Bei einem **gewöhnlichen Array** wird der Speicherplatz für die Elemente vom Compiler reserviert. Die Anzahl der Elemente muss deshalb bereits zum Zeitpunkt der Kompilation bekannt und deshalb eine Konstante sein.
– Bei einem **dynamisch erzeugten Array** (siehe Abschnitt 6.5) wird der Speicherplatz für die Elemente während der Laufzeit reserviert. Die Anzahl der Arrayelemente muss hier keine Konstante, sondern kann auch eine Variable sein.

Arrays stehen schon seit langer Zeit in den meisten Programmiersprachen zur Verfügung und sind weit verbreitet. Mit dem Aufkommen der objektorientierten und generischen Programmierung wurden sie um **Containerklassen** ergänzt, die wie ein Array verwendet werden können, aber viele Vorteile haben. Sie enthalten insbesondere zahlreiche Elementfunktionen, die einfache Lösungen von vielen typischen Aufgaben ermöglichen:

– Die Containerklassen *vector* und *deque* der C++-Standardbibliothek (siehe Abschnitt 11.1) reservieren den Speicherplatz für die Elemente automatisch während der Laufzeit des Programms. Es ist nicht notwendig, die Anzahl der Elemente vorher (bei der Kompilation oder beim Anlegen des Containers) festzulegen.

Diese Containerklassen sind für die meisten Anwendungen besser geeignet als Arrays, da die Arbeit mit ihnen meist einfacher und weniger fehleranfällig ist. Da sie aber auf Arrays beruhen und auch viele Gemeinsamkeiten mit ihnen haben, werden zunächst Arrays ausführlich dargestellt.

4.1 Synonyme für Datentypen

Oft möchte man einen Datentyp an mehreren Stellen im Programm einfach durch einen anderen ersetzen können. Das ist mit einem **Synonym** für einen Datentyp möglich. Ein solches Synonym erhält man mit *typedef* und *using*. Damit sind oft auch einfachere Namen für komplexere Datentypen möglich, wie z.B. Funktionstypen. Sowohl *typedef* als auch *using* definieren keinen neuen Datentyp, sondern nur einen anderen Namen für einen Datentyp. Mit Templates (siehe Kapitel 14) ist man oft noch wesentlich flexibler als mit Synonymen, da man einem Template einen Datentyp als Parameter übergeben kann.

Im Folgenden wird oft das Synonym T verwendet, um zum Ausdruck zu bringen, dass Operationen mit einer Variablen des Datentyps T weitgehend unabhängig vom Datentyp sind.

4.1.1 Einfache *typedef*-Deklarationen

Dazu gibt man nach *typedef* zuerst einen Datentyp und dann einen Bezeichner an. Dieser Bezeichner ist dann ein neuer Name für den Datentyp und kann danach wie der Datentyp verwendet werden. Bei jeder Verwendung wird es vom Compiler durch den ursprünglichen Datentyp ersetzt.

Beispiel: Mit den Deklarationen

```
typedef unsigned char BYTE;
typedef unsigned long ULONG;
```

sind die folgenden Variablendefinitionen gleichwertig mit den als Kommentar angegebenen:

```
BYTE b;    // gleichwertig mit "unsigned char b;"
ULONG u;   // gleichwertig mit "unsigned long u;"
```

4.1.2 Synonyme für Datentypen mit *using*

In C++11 (ab Visual Studio 2013) wurde zusätzlich die Möglichkeit aufgenommen, mit *using* ein Synonym für einen Datentyp zu definieren. Ein so definierter Name wird oft auch als Typ-Alias bezeichnet. Dazu gibt man nach *using* zuerst einen Bezeichner und dann ein Gleichheitszeichen und einen Datentyp an. Dieser Bezeichner ist dann ein neuer Name für den Datentyp und kann danach wie der Datentyp verwendet werden. Bei jeder Verwendung wird er wie bei *typedef* vom Compiler durch den ursprünglichen Datentyp ersetzt.

using *identifier* = *type-id* ;

Beispiel: Mit den Deklarationen

```
using BYTE = unsigned char;
using ULONG = unsigned long;
```

sind die folgenden Variablendefinitionen gleichwertig mit den als Kommentar angegebenen:

```
BYTE b;    // gleichwertig mit "unsigned char b;"
ULONG u;   // gleichwertig mit "unsigned long u;"
```

Bei so einfachen Deklarationen sind Synonyme mit *typedef* und *using* gleichwertig. Bei komplexeren Datentyp (z.B. Funktionstypen, Funktionszeigern, siehe Abschnitt 6.8) ist *using* aber oft einfacher.

4.2 Eindimensionale Arrays

Ein eindimensionales Array wird nach dem Schema

```
T D [constant-expression opt ]
```

definiert. Hier ist

- T der Datentyp der Arrayelemente. Das kann ein beliebiger fundamentaler Datentyp (außer *void*), ein Zeigertyp, eine Klasse oder wiederum ein Array sein.
- D der **Name des Arrays** (ein Bezeichner).
- *constant-expression* die **Anzahl der Arrayelemente** (eine Konstante, größer als Null).

Das **Array**

```
T a[n] // T: ein Datentyp, n: eine ganzzahlige Konstante
```

hat die n Elemente

```
a[0], ..., a[n-1]
```

Durch die Definition eines Arrays a mit n Elementen des Datentyps T reserviert der Compiler einen **zusammenhängenden Speicherbereich** für n Elemente, also n*sizeof(T) Bytes. Damit der Compiler den erforderlichen Speicherplatz reservieren kann, muss die Anzahl der Arrayelemente zum Zeitpunkt der Kompilation bekannt und deshalb eine **Konstante** sein. Es ist nicht möglich, die Größe eines Arrays während der Laufzeit des Programms über eine Variable festzulegen oder gar zu verändern. Der **Datentyp** von a ist „Array mit n Elementen des Datentyps T" oder kurz „T[n]" (z.B. „int[10]"). Der Datentyp Array gehört zu den sogenannten zusammengesetzten Datentypen, da ein Array aus Elementen zusammengesetzt ist.

Beispiele: Alle diese Arraydefinitionen sind zulässig. Der Datentyp des Arrays ist als Kommentar angegeben:

```
int a[10];              // "int[10]"
double d[20];           // "double[20]"
bool Primzahlen[30];    // "bool[30]"
long double e[40];      // "long double[40]"
```

Eine nicht konstante Anzahl von Arrayelementen hat eine Fehlermeldung des Compilers zur Folge:

```
int M = 18;
char line[M]; //error: Konstante erwartet
```

Bei der Definition eines Arrays muss darauf geachtet werden, dass seine Größe im Rahmen der zulässigen **Speichergrenzen** liegt. Die Obergrenze von 2 GB für globale Definitionen unter 32-bit Windows und Visual C++ dürfte meist keine Einschränkung darstellen. Für lokale Definitionen liegt die Voreinstellung für die Obergrenze bei 1 MB. Sie kann unter *Projekt|Eigenschaften|Konfigurationseigenschaften|Linker|System* verändert werden.

Beispiel: Die folgende Definition benötigt mehr als 2 GB und führt zu der Compilerfehlermeldung „Automatische Zuordnung überschreitet 2G".

```
int z[INT_MAX]; // Fehler: Das Array ist zu groß
```

Das nächste Array benötigt mehr als 1 MB und kann global definiert werden. Eine lokale Definition führt zu einem Stack overflow, wenn man die voreingestellte Größe für den Stack nicht erhöht:

```
int z[300000]; // global möglich, aber nicht lokal
```

Die **Elemente** eines Arrays werden mit dem **Indexoperator** [] über ihren **Index** angesprochen: Der Index wird in eckigen Klammern nach dem Namen des Arrays angegeben und muss ein ganzzahliger Ausdruck sein. Jedes Element eines Arrays ist ein Ausdruck des Datentyps, der bei der Definition des Arrays angegeben wurde.

Beispiele: Nach den Definitionen von oben ist

a[9]	ein Ausdruck des Datentyps *int*,
d[0]	ein Ausdruck des Datentyps *double*,
Primzahlen[1]	ein Ausdruck des Datentyps *bool*,
e[2]	ein Ausdruck des Datentyps *long double*,

Um alle n Elemente eines Arrays anzusprechen, verwendet man meist eine *for*-**Schleife**, die von 0 bis n−1 läuft:

```
for (int i = 0; i<n; i++) a[i] = i;
```

Im C++-Standard ist ausdrücklich festgelegt, dass der Compiler für die Elemente eines Arrays einen **zusammenhängenden Bereich** im Hauptspeicher reserviert, in dem die Elemente **unmittelbar nebeneinander** (ohne Lücken) liegen. Beim Zugriff auf ein Arrayelement wird seine **Speicheradresse** über die Anfangsadresse des Arrays, den Index und die Größe der Elemente nach der folgenden Formel **berechnet**:

```
&a[i] = &a[0] + i * sizeof(T) // T ist der Datentyp der Arrayelemente
```

Da der Index ein beliebiger ganzzahliger Ausdruck sein kann, akzeptiert der Compiler mit einer *int* Variablen i die folgenden Ausdrücke als Indizes:

4.2 Eindimensionale Arrays

```
a[i], a[i*i + 19], d[(a[i] + a[j]) / 2]
```

Wenn für ein mit n Elementen definiertes Array ein Index angegeben wird, der nicht im Bereich der Grenzen 0..n–1 liegt, werden Speicherbereiche angesprochen, die nicht für das Array reserviert sind. Man muss deshalb **immer darauf achten, dass der Index im Bereich der Grenzen liegt**, die bei der Definition des Arrays angegeben wurde.

Beispiel: In Visual C++ werden die Adressen der Variablen manchmal so vergeben, dass a[-1] dieselbe Adresse hat wie *sum*:

```
int OutOfBounds()
{
  int sum = 0;
  int a[3];
  for (int i = -1; i<3; i++) a[i] = i; //Fehler für i=-1
  return sum;
}
```

Dann erhält *sum* hier den Wert -1, obwohl dieser Variablen nie ein anderer Wert als Null zugewiesen wird. Allerdings trat dieser Effekt bei mir nur sporadisch auf und war nicht jederzeit reproduzierbar. Randbemerkung: Den Index, unter dem man die Variable *sum* ansprechen kann, erhält man mit Zeigerarithmetik:

```
int x = &sum - &a[0];
```

Ein solcher Fehler kann leicht entstehen, wenn man die Arraygrenze verkleinert und vergisst, die Obergrenze in der *for*-Schleife anzupassen. Er ist aber meist nicht leicht zu finden, da das Ergebnis einer solchen Anweisung nicht unmittelbar aus dem Programmtext hervorgeht. Mit etwas Glück wird man durch einen Programmabsturz („Zugriffsverletzung") darauf hingewiesen. Ohne einen solchen Absturz grübelt man eventuell lange, wieso der Wert von *sum* nicht 0 ist.

Die Werte eines Array kann man im **Debugger** anzeigen, wenn man mit der Maus über den Namen des Arrays fährt oder das Array in eines der Auto, Lokal- oder Überwachen-Fenster übernimmt:

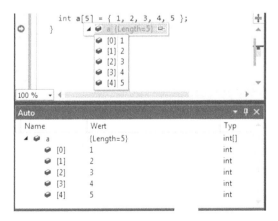

Die Arbeit mit Arrays soll am Beispiel eines einfachen **Sortierverfahrens** illustriert werden. Um die ersten n Elemente eines Arrays a (z.B. des Datentyps *int*) aufsteigend zu sortieren, kann man folgendermaßen vorgehen:

- Zuerst sucht man im Indexbereich 0..n–1 nach dem Index des kleinsten Elements:

    ```
    min = 0;
    for (int j = 1; j <= n-1; j++)
      if (a[j]<a[min]) min = j;
    ```

    Danach vertauscht man a[0] mit a[min], so dass das kleinste Element in Position 0 steht.

- Diese Vorgehensweise wiederholt man für die Indexbereiche 1 .. n–1, 2 .. n–1 bis schließlich n–2 .. n–1. Dadurch wird sukzessive das zweitkleinste Element an die Position 1, das drittkleinste an die Position 2 übertragen usw.

Dieses Sortierverfahren wird als **Sortieren durch Auswahl** bezeichnet und für die ersten n Elemente eines Arrays a durch diese Anweisungen beschrieben:

```
const int max_a = 10;
int a[max_a],
  n = 7; // Anzahl der zu sortierenden Elemente

for (int i = 0; i<n-1; i++)
{
  int x, min = i;
  for (int j = i + 1; j<n; j++)
    if (a[j]<a[min]) min = j;
  x = a[i];
  a[i] = a[min];
  a[min] = x;
}
```

Offensichtlich ergibt sich die Anzahl der Vergleiche „a[j]<a[min]" durch

$$(n-1) + (n-2) + \ldots + 3 + 2 + 1 = (n-1)*n/2 = n^2/2 - n/2$$

Die Anzahl der Zuweisungen „min=j" ist im Durchschnitt etwa halb so groß wie die Anzahl der Vergleiche. Deswegen ist der Zeitaufwand für das Sortieren eines Arrays eine quadratische Funktion der Elementanzahl: Eine Verdoppelung der Elementanzahl wird zu einem vierfachen Zeitaufwand für das Sortieren führen. Später werden noch andere Sortierverfahren vorgestellt (z.B. der *sort*-Algorithmus der Standardbibliothek, siehe Abschnitt 15.13.2), die ein wesentlich besseres **Zeitverhalten** haben als dieser Auswahlsort.

Ein **Array** kann nicht auf der linken Seite einer Zuweisung stehen. Deshalb kann ein Array a einem anderen Array b nicht mit dem **Zuweisungsoperator** zugewiesen werden, auch wenn beide denselben Datentyp haben.

Beispiel: Nach der Definition

4.2 Eindimensionale Arrays

```
int a[10], b[10];
```

wird die nächste Zuweisung vom Compiler abgelehnt:

```
a = b; // Fehler: Die linke Seite muss ein L-Wert sein
```

Um sämtliche Elemente von b nach a zu übertragen, kann man z.B. alle einzeln kopieren:

```
for (int i = 0; i<10; i++) a[i] = b[i];
```

Mit dem Operator *sizeof* erhält man die Anzahl der von einem Array belegten Bytes:

sizeof(a)

Es ist in der Regel immer empfehlenswert, die **Anzahl der Arrayelemente** bei der Definition eines gewöhnlichen Arrays über eine **symbolische Konstante** anzugeben, und diese immer dann zu verwenden, wenn man das letzte Element anspricht. Falls es dann einmal notwendig sein sollte, die Größe des Arrays zu ändern, muss nur diese Konstante geändert werden.

Beispiel: Obwohl das Programmfragment

```
int a[10], sum = 0;
...
for (int i = 0; i <= 9; i++) sum = sum + a[i];
```

seinen Zweck durchaus korrekt erfüllen kann, ist die folgende Variante meist vorteilhafter:

```
const int max = 10;
int a[max], sum = 0;
...
for (int i = 0; i<max; i++) sum = sum + a[i];
```

Bei der ersten Variante muss das gesamte Programm nach allen Stellen durchsucht werden, an denen die Elementanzahl verwendet wird. Das kann bei einem größeren Programm recht mühsam werden, insbesondere wenn die Konstante nicht explizit verwendet wird, sondern nur ein abgeleiteter Wert (9 statt 10 in der *for*-Schleife).

Aufgaben 4.2

Schreiben Sie die Lösungsfunktionen in eine wie in Abschnitt 1.2.5 beschriebene Header-Datei (z.B. mit dem Namen „Loesungen-Kap-4.h") und rufen Sie diese auf.

1. Geben Sie an, welche der mit a) bis d) bezeichneten Anweisungen syntaktisch korrekt sind. Falls ja, beschreiben Sie das Ergebnis dieser Anweisungen.

```
int a[10];
for (int i = 1; i <= 10; i++) a[i] = 0; // a)
int b[2], c[2];
b[0] = 0; b[1] = 1;
```

```
c = b;                        // b)
int x = b[b[b[0]]];           // c)
c[0] = 0; c[1] = 1;
if (b == c) x++;              // d)
```

2. Wenn man die Primzahlen unter den ersten 100 Zahlen bestimmen will, kann man ein Verfahren verwenden, das nach dem griechischen Mathematiker Eratosthenes als **Sieb des Eratosthenes** benannt ist: In einer Liste der Zahlen 1 bis 100 streicht man nacheinander zuerst alle Vielfachen von 2 ab 2, dann alle Vielfachen von 3 ab 3, 5 usw. Die Zahlen, die dabei übrig bleiben, sind dann die Primzahlen.

   Realisieren Sie dieses Verfahren mit einem booleschen Array, dessen Werte zunächst alle auf *true* gesetzt werden sollen. Die Anzahl der Arrayelemente soll mit möglichst geringem Aufwand auf einen anderen Wert als 100 gesetzt werden können.

3. Bei manchen Problemen findet man eine explizite Lösung nur schwierig oder überhaupt nicht. Dann können Simulationen hilfreich sein. Sind diese mit Zufallszahlen verbunden, bezeichnet man sie auch als **Monte-Carlo-Simulationen** (nach dem Spielerparadies).

   Schreiben Sie ein Programm zur Simulation des **Geburtstagsproblems von Mises** (siehe Aufgabe 2.5.6). Sie können dazu folgendermaßen vorgehen:

   Ein Array mit 365 Elementen soll die Tage eines Jahres darstellen. Mit einem Zufallszahlengenerator (z.B. *rand()*) wird dann für jede der n Personen ein Geburtstagsdatum ermittelt und im Array für die Tage ein Zähler hochgesetzt. Falls nach n Wiederholungen mindestens ein Zähler den Wert 2 oder mehr hat, entspricht das zwei oder mehr Personen, die an einem Tag Geburtstag haben. Diese Vorgehensweise wiederholt man dann mehrfach (z.B. 1000-mal).

4. a) Geben Sie für die Funktion

    ```
    double Horner(double x)
    { // p: Array mit den Koeffizienten des Polynoms
      const int n = 2; // Der Grad des Polynoms
      double p[n + 1] = { 17,0,3 }; // Koeffizienten von 17+3*x^2
      double s = 0;
      for (int i = 0; i < n + 1; i++)
        s = s*x + p[n - i];
      return s;
    }
    ```

    mit einem symbolischen Ablaufprotokoll die Werte

    Horner(x) mit n=0
    Horner(x) mit n=1
    Horner(x) mit n=2

   b) Mit vollständiger Induktion kann man beweisen, dass die Funktion *Horner* für ein Array mit den Elementen p[n], p[n–1], ..., p[0] den Wert des Polynoms

    $$s = p[n]*x^n + p[n-1]*x^{n-1} + \ldots + p[1]*x + p[0]$$

berechnet. Falls Ihnen das nicht gelingt, machen Sie mit c) weiter

c) Da die Sinus-Funktion durch die Taylor-Reihenentwicklung

$$\sin(x) = x/1 - x^3/3*2*1 + x^5/5*4*3*2*1 - x^7/7*6*5*4*3*2*1 \ldots$$

angenähert wird, kann man mit der Funktion *Horner* einen Näherungswert für die Sinus-Funktion berechnen.

Ersetzen Sie in einer Kopie (z.B. mit dem Namen *Sinus*) von *Horner* die Arrayelemente von p durch Werte, so dass *Sinus(x)* den Wert dieses Polynoms zurückgibt. Vergleichen Sie die Ergebnisse für 0.1, 0.2 usw. bis 3.1 mit der Funktion *sin* aus <cmath>.

4.3 Die Initialisierung von Arrays bei ihrer Definition

Ein Array kann bei seiner Definition mit Werten in geschweiften Klammern **initialisiert** werden. Mehrere Werte in einer solchen Liste werden durch Kommas getrennt. Ihre Zuordnung erfolgt dabei von links nach rechts an das erste, zweite usw. Arrayelement. Falls die Liste weniger Ausdrücke enthält als das Array Elemente hat, werden die übrigen Arrayelemente mit dem Wert 0 initialisiert, wenn sie einen fundamentalen Datentyp haben. Falls ihr Datentyp eine Klasse ist, wird ihr sogenannter Standardkonstruktor aufgerufen.

Bei einem Array eines vordefinierten Elementtyps (z.B. *int*) werden ohne eine solche Liste die Elemente eines globalen Arrays mit 0 initialisiert, und die eines lokalen Arrays sind unbestimmt. Bei einem Array mit Elementen eines Klassentyps werden ohne eine solche Liste die Elemente immer mit ihrem Standardkonstruktor initialisiert, unabhängig davon, ob das Array global oder lokal definiert wird.

Beispiel: Nach den Definitionen

```
int a1[3] = { 1,2 }; // a1[0]==1, a1[1]==2, a1[2]==0
int a2[2] = { 0 };   // a2[0]==a2[1]==0
```

haben die Elemente der Arrays die als Kommentar angegebenen Werte. Ohne die Initialisierungsliste wären die Werte bei einem lokalen Array unbestimmt.

Ein **Array** mit Elementen des Datentyps *char* kann sowohl mit einzelnen Zeichen als auch mit einem Stringliteral (siehe Abschnitt 6.10) initialisiert werden:

```
char Ziffern1[5] = { '0','1','2','3','4' };
char Ziffern2[6] = "01234";
```

Allerdings sind diese beiden Initialisierungen nicht gleichwertig: Der Compiler fügt bei einem Stringliteral immer automatisch ein '\0' an, um das Ende des Strings zu kennzeichnen. Deshalb reichen 5 Zeichen bei *Ziffern2* nicht aus. Bei der Initialisierung mit einer Folge von Zeichen wird dagegen der '\0'-Terminator nicht angefügt. Gibt man den String *Ziffern1* aus, werden alle Zeichen bis zum nächsten '\0' (irgendwo im Hauptspeicher) ausgegeben. Durch die folgende Initialisierung erhält a dieselben Elemente wie *Ziffern2*:

```
char a[6] = { '0','1','2','3','4','\0' };
```

Ein initialisiertes Array kann auch **ohne eine Elementanzahl** definiert werden. Es enthält dann so viele Elemente, wie Ausdrücke in der Initialisierungsliste angegeben werden:

```
char a1[] = { '0','1','2' };   // sizeof(a1)==3
char s1[] = "012";             // sizeof(s1)==4
```

Damit besteht *a1* aus 3 und *s1* aus 4 Zeichen (einschließlich '\0'). Ein ohne eine Elementanzahl definiertes Array muss initialisiert werden. Die folgende Definition wird vom Compiler zurückgewiesen:

```
int a[]; // error: Unbekannte Größe
```

Aufgaben 4.3

1. Welche Werte haben die Elemente dieser Arrays nach ihrer Definition?

    ```
    int ai0[3]; // global

    void InitArrays()
    {
      int ai1[3];   // lokal
      int ai2[3] = { 1, 2, 3 };
      int ai3[3] = { 1, 2 };
      int ai4[3] = {};
    }
    ```

2. Für Funktionen, die nur mit relativ wenigen *int*-Argumenten aufgerufen werden, kann man die Funktionswerte auch im Quelltext in ein Array schreiben und dann beim Aufruf der Funktion den Wert aus dem Array zurückgeben. Diese Technik gehört (neben *constexpr*-Funktionen oder rekursiven Funktions-Templates) zu den schnellsten Möglichkeiten, einen Funktionswert zu bestimmen.

    Schreiben Sie eine Funktion *Fibonacci1*, die für Argumente i im Bereich 0..9 die i-te Fibonacci-Zahl (0,1,1,2,3,5,8,13,21,34) aus einem Array zurückgibt.

4.4 Arrays als Container

Datenstrukturen, mit denen man andere Daten speichern kann, werden auch als **Container** bezeichnet. Im Folgenden werden einige einfache Operationen vorgestellt, mit denen ein Array a zur Speicherung von Daten verwendet werden kann.

4.4 Arrays als Container

Falls die Daten erst während der Laufzeit des Programms anfallen, muss die Anzahl der Arrayelemente, die im Folgenden als *maxElements* bezeichnet wird, so groß gewählt werden, dass sie möglichst ausreicht. Das kann mit einer Verschwendung von Speicherplatz verbunden sein, wenn die anfallenden Datenmengen starken Schwankungen unterworfen sind. Bei einem gewöhnlichen Array muss *maxElements* eine Konstante sein. Bei einem dynamisch erzeugten Array (siehe Abschnitt 6.5) kann *maxElements* auch eine Variable sein.

Damit man weiß, wie viel Elemente das Array enthält, definiert man eine Variable, die immer diese Anzahl enthält. Im Folgenden wird sie als *nElements* bezeichnet. Diese Variable wird beim Programmstart auf 0 gesetzt, bei jedem Hinzufügen eines Elements um 1 erhöht und bei jedem Entfernen eines Elements um 1 reduziert. Bei jedem Zugriff auf ein Arrayelement a[i] muss man dann darauf achten, dass i im Bereich der zulässigen Indizes liegt. Der Container enthält dann die folgenden Elemente:

a[0], a[1], ..., a[nElements–1]

Im Folgenden werden drei verschiedene Container auf der Basis von Arrays vorgestellt.

1. Ein nicht sortiertes Array

Bei einem solchen Container kann man die elementaren Operationen Einfügen, Löschen und Suchen folgendermaßen realisieren:

– Neue Daten kann man dem Array a dadurch **hinzufügen**, dass man die neuen Daten *a[nElements]* zuweist und *nElements* um 1 erhöht. Dabei muss man darauf achten, dass *nElements* nicht größer wird als *maxElements*-1.
– Das Element an der Position i kann man dadurch **löschen**, indem man a[i] durch *a[nElements–1]* überschreibt und *nElements* um 1 reduziert. Hier muss man darauf achten, dass *nElements* nicht kleiner wird als 0.
– Wenn man in einem solchen Array nach einem Element mit einem bestimmten Merkmal sucht, muss man alle Elemente des Arrays auf dieses Merkmal prüfen. Diese Vorgehensweise wird auch als **lineares Suchen** bezeichnet, weil alle Arrayelemente der Reihe nach durchsucht werden.

2. Ein sortiertes Array

Bei einem großen Array kann das lineare Suchen relativ zeitaufwendig sein. Diesen Zeitaufwand kann man verringern, wenn man das **Array sortiert** (z.B. mit dem Auswahlsort, siehe Abschnitt 4.2). In einem sortierten Array kann man dann mit der Technik des **binären Suchens** nach einem Element suchen.

Dabei kann man folgendermaßen vorgehen: Der Bereich, in dem sich das gesuchte Arrayelement befinden muss, falls es vorhanden ist, wird durch die Werte von zwei *int*-Variablen L und R beschrieben, die seine linke und rechte Grenze bezeichnen.

1. Am Anfang erhält L den Wert 0 und R den Wert *nElements–1*.

2. Eine weitere *int*-Variable M erhält als Wert den Index des mittleren Arrayelements.

$M = (L + R)/2;$

Dann wird überprüft, ob das M-te Arrayelement kleiner als der gesuchte ist.

- Trifft dies zu, wird die weitere Suche auf den Bereich beschränkt, der links durch M+1 begrenzt wird.
- Trifft dies dagegen nicht zu, wird geprüft ob das M-te Arrayelement größer als der gesuchte Wert ist. In diesem Fall wird die weitere Suche auf den Bereich beschränkt, der rechts durch M−1 begrenzt ist.
- Trifft auch diese Bedingung nicht zu, ist das gesuchte Element gefunden.

Die Schritte unter 2. werden wiederholt, bis das gesuchte Element gefunden ist oder sich herausstellt, dass kein Element mit dem gesuchten Wert existiert. Dieser Fall ist dann eingetreten, wenn der Suchbereich leer ist, d.h. L>R gilt.

Da der Suchbereich bei diesem Verfahren schrittweise halbiert wird, bezeichnet man es auch als binäres Suchen. In einem Array mit n Elementen besteht der Suchbereich nach

- einem Schritt aus weniger als n/2 Elementen, nach
- zwei Schritten aus weniger als $(n/2)/2 = n/2^2$ Elementen, und nach
- s Schritten aus weniger als $n/2^s$ Elementen.

Falls man das gesuchte Element nicht schon vorher findet, kann man die Suche spätestens dann abbrechen, wenn der Suchbereich leer ist, d.h. weniger als ein Element enthält. Diese Bedingung tritt spätestens nach

$n/2^s < 1$ oder $2^s > n$

Schritten ein. Da $2^{10} = 1024$ und $2^{20} > 1\,000\,000$ ist, werden Arrays mit 1000 bzw. 1 000 000 Elementen in höchstens 10 bzw. 20 Schritten durchsucht.

Damit haben wir bisher schon drei Algorithmen kennen gelernt, deren Zeitverhalten sich grundlegend unterscheidet:

- Beim binären Suchen ist der Aufwand proportional zum Logarithmus der Elementanzahl.
- Beim linearen Suchen ist der Aufwand proportional zur Anzahl der Elemente.
- Beim Auswahlsort ist der Aufwand proportional zum Quadrat dieser Anzahl.

Wenn man einem sortierten Array neue Elemente **hinzufügen** will, kann man das neue Element nicht einfach am Ende anfügen, da sonst die Sortierfolge anschließend meist nicht mehr erhalten wäre. Damit sie erhalten bleibt, kann man folgendermaßen vorgehen:

1. Zunächst bestimmt man die Position für das neue Element.
2. Dann verschiebt man alle Elemente ab dieser Position um eine Position nach hinten.
3. Dann schreibt man das Element an die frei gewordene Position.

Um ein Element an einer bestimmten Position zu **löschen**, kann man alle Elemente ab dieser Position um eine Position nach vorne verschieben.

Dieser Vergleich zeigt, dass ein sortiertes Array dann effizient ist, wenn oft in ihm gesucht wird, aber nur relativ wenige Elemente eingefügt oder gelöscht werden. Wenn dagegen

4.4 Arrays als Container

relativ wenige Suchoperationen stattfinden, aber relativ oft Elemente eingefügt oder gelöscht werden, kann es günstiger sein, mit einem unsortierten Array zu arbeiten.

Aufgaben 4.4

1. Bei dieser Aufgabe geht es vor allem darum, eine unbestimmte Anzahl von Daten zu bearbeiten, die während der Laufzeit des Programms anfallen.

    Da es etwas aufwendig ist, die Daten während der Laufzeit vom Benutzer einzulesen (Sie müssten für jede Funktion eine Menüoption anbieten und dann die Werte einlesen), können Sie diese Funktionen etwas einfacher testen, indem Sie sie hartkodiert aufrufen. Dann müssen z.B. nach den drei Aufrufen *pushBack(1)*, *pushBack(2)* und *pushBack(3)* von *showArray* die Werte 1, 2, 3 angezeigt werden.

    Falls diese Aufgaben im Rahmen einer Gruppe (z.B. in einer Vorlesung) bearbeitet werden, können einzelne Teilaufgaben auch auf verschiedene Teilnehmer verteilt werden. Die Lösungen der einzelnen Teilaufgaben sollen dann in einem gemeinsamen Projekt zusammen funktionieren.

    Die Teilaufgaben a) bis f) betreffen unsortierte Arrays:

    a) Eine Funktion ***pushBack*** soll die als Parameter übergebenen Daten an die nächste freie Position des Arrays schreiben. Diese Funktion soll von einer Funktion mit dem Namen *Einfügen* aufgerufen werden.
    b) Eine Funktion ***showArray*** soll die Daten des Arrays ausgeben.
    c) Erstellen Sie für ein Array mit 3 Elementen ein **Ablaufprotokoll** für 4 Aufrufe der Funktion *pushBack* mit den Argumenten „10", „11", „12" und „13". Formulieren Sie eine **Bedingung**, die nach jedem Aufruf dieser Funktion gilt
    d) Eine Funktion ***findLinear*** soll ab einer als Parameter übergebenen Position nach einem ebenfalls als Parameter übergebenen Wert im Array suchen. Falls ein Arrayelement mit diesem Wert gefunden wird, soll dessen Position zurückgegeben werden, und andernfalls der Wert *nElements*. Diese Funktion soll in einer Funktion mit dem Namen *Linear_suchen* aufgerufen werden und alle Werte des Arrays ausgegeben, die gleich dem Argument von *Linear_suchen* sind.
    e) Eine Funktion ***eraseElement*** soll das Arrayelement an der als Parameter übergebenen Position löschen. Diese Funktion soll beim Anklicken von einer Funktion mit dem Namen *Löschen* aufgerufen werden und das erste Element im Array löschen, dessen Wert das Argument ist.
    f) Eine Funktion ***Auswahlsort*** soll das Array mit dem Auswahlsort sortieren.

    Die Aufgaben g) bis i) betreffen sortierte Arrays. Falls das Array vor der Ausführung einer dieser Operationen sortiert war, soll es auch nachher noch sortiert sein.

    g) Eine Funktion ***findBinary*** soll den als Parameter übergebenen Wert binär im Array suchen. Falls er gefunden wird, soll seine Position zurückgegeben werden, und andernfalls der Wert *nElements*. Rufen Sie diese Funktion in einer Funktion *Binär_suchen* auf und zeigen Sie die Position des als Argument übergebenen Wertes im Array an, falls er vorhanden ist.

h) Eine Funktion *insertSorted* soll einen als Parameter übergebenen Wert einfügen. Diese Funktion soll von einer Funktion mit dem Namen *Sortiert_Einfügen* aufgerufen werden. Die Argumente für *insertSorted* können hartkodiert angegeben werden.
i) Kann die Einfügeposition in h) mit *findBinary* gesucht werden?
j) Eine Funktion *eraseSorted* soll das Arrayelement an der als Parameter übergebenen Position löschen. Beim Aufruf in einer Funktion *Sortiert_Löschen* soll das erste Element im Array gelöscht werden, das als Argument übergeben wurde.
k) Schreiben Sie für die Funktionen aus a) bis j) Testfunktionen wie in Abschnitt 2.6.3.

4.5 Mehrdimensionale Arrays Θ

Für einen Datentyp T wird ein mehrdimensionales Array D nach dem Schema

```
T D [constant-expression opt ] ... [constant-expression opt ]
```

definiert, wobei mehrere Paare von eckigen Klammern mit Konstanten aufgeführt werden. Die Anzahl dieser Paare ist dabei im Prinzip unbegrenzt und wird auch als **Dimension** bezeichnet. So wird mit den Konstanten

```
const int m=2, n=3, p=4;
```

durch

```
int a[m][n];
double d[m][n][p];
```

ein zweidimensionales Array a mit m*n Elementen und ein dreidimensionales Array d mit m*n*p Elementen definiert. Ein n-dimensionales Array ist ein eindimensionales Array, dessen Elemente (n–1)-dimensionale Arrays sind. Nach den letzten Definition ist

a ein Array mit m Elementen, die selbst Arrays mit n Elementen sind, und
d ein Array mit m Elementen, die selbst Arrays mit n*p Elementen sind.

Zweidimensionale Arrays werden auch als Tabellen oder Matrizen bezeichnet. Die Anzahl der Elemente in der ersten Dimension sind dann die Zeilen und die der zweiten die Spalten.

Da der Indexoperator [] linksassoziativ ist

a[i][j]=(a[i])[j]

können die Elemente dieser Arrays dann z.B. so angesprochen werden:

```
a[1][2]      // eine Variable des Datentyps int
d[1][2][3]   // eine Variable des Datentyps double
```

Da die Elemente eines eindimensionalen Arrays an unmittelbar **aufeinander folgenden Adressen** im Hauptspeicher abgelegt werden, belegen Arrayelemente, bei denen sich der

4.6 Dynamische Programmierung Θ   221

letzte Index um 1 unterscheidet, benachbarte Speicherplätze. Die Elemente von a liegen deshalb in der Reihenfolge

```
a[0][0]  a[0][1]  a[0][2]  a[1][0]  a[1][1]  a[1][2]
```

nacheinander im Hauptspeicher. Damit ergeben sich nach den Definitionen

```
T a[m][n];
T d[m][n][p];
```

die **Adressen der** einzelnen **Arrayelemente** nach den folgenden Formeln:

```
a[i][j]:       &a+(i*n+j)*sizeof(T)         // ***
d[i][j][k]:    &d+((i*n+j)*p+k)*sizeof(T)   // ***
```

Aufgaben 4.5

1. Geben Sie Anweisungsfolgen an, mit denen man in einem Array die Position der folgenden Elemente findet. Falls es mehrere solche Elemente gibt, soll die Position des zuerst gefundenen bestimmt werden:

   a) in einem zweidimensionalen Array „int a[m][n]" das kleinste Element,
   b) in einem dreidimensionalen Array „int a[m][n][p]" das kleinste Element.

   Testen Sie diese Anweisungsfolgen mit verschiedenen Arrays, die bei ihrer Definition initialisiert werden.

4.6 Dynamische Programmierung Θ

Wenn man Arrays zur Speicherung von Teilergebnissen verwendet, spricht man gelegentlich auch von **dynamischer Programmierung** (obwohl dieser Begriff auch noch andere Bedeutungen hat). Diese Technik kann eine effiziente Alternative zu rekursiven Funktionen (siehe Abschnitt 2.4.10) sein.

Beispiel: Die iterative Lösung zur Berechnung der **Fibonacci-Zahlen** 0, 1, 1, 2, 3, 5, 8 usw. (siehe Aufgabe 2.4.4, 3.)

$$f_0 = 0,\ f_1 = 1,\ f_i = f_{i-1} + f_{i-2}\ \text{für } i = 2, 3, 4, \ldots$$

ist relativ schnell, wird aber oft als etwas schwierig empfunden. Die rekursive Lösung (siehe Aufgabe 2.4.10, 1.b) ist dagegen einfacher, aber auch sehr ineffizient. Speichert man die zuvor berechneten Werte in einem Array, erhält man eine Lösung, die so einfach ist wie rekursive und fast so schnell wie die iterative:

```
int Fibonacci(int n)
{
  const int max = 50;
  int f[max] = { 0,1 };
```

```
      for (int i = 2; i<max; i++)
        f[i] = f[i - 1] + f[i - 2];
      if (0 <= n && n<max)
        return f[n];
      else return -1;
    }
```

Aufgabe 4.6

Das sogenannte **Pascal-Dreieck** (nach dem Mathematiker Blaise Pascal) entsteht dadurch, dass man zunächst die Zahl 1 in eine Zeile schreibt. Die nächste Zeile entsteht dann aus der vorhergehenden, indem man die Summe der darüber stehenden bildet, wobei man sich links von der ersten und rechts von der letzten eine Null denkt.

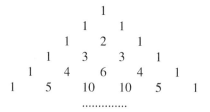

Die Zahlen des Pascal-Dreicks sind die Binomialkoeffizienten. Schreiben Sie eine Funktion *binom*, die für die Argumente n und k den k-ten Wert aus der n-ten Zeile des Pascal-Dreiecks zurückgibt. Dabei werden n und k jeweils ab 0 gezählt, d.h. binom(3,1)=3.

5 Einfache selbstdefinierte Datentypen

Selbstdefinierte Datentypen werden normalerweise mit Klassen definiert. Das ist allerdings ein umfangreiches Thema (siehe Kapitel 8). Damit auch schon vor Kapitel 8 einfache selbstdefinierte Datentypen verwendet werden können, werden hier einige einfache Grundbegriffe im Zusammenhang mit sogenannten **Strukturen** und Aufzählungstypen betrachtet.

5.1 Mit *struct* definierte Klassen

Oft ist es sinnvoll, zusammengehörige Daten in einem eigenen Datentyp zusammenzufassen. Das ist mit Klassen möglich, die in Kapitel 8 zusammen mit der objektorientierten Programmierung noch ausführlich behandelt werden.

Eine Klasse ist ein Datentyp, der Elemente enthalten kann. Diese werden in der Syntaxregel als *member-specification* angegeben:

class-specifier:
    class-head { *member-specification* opt }

class-head:
    class-key identifier opt *base-clause* opt
    class-key nested-name-specifier identifier base-clause opt

class-key:
```
class
struct
union
```

Als Elemente werden vorläufig nur Elemente verwendet, die wie Variablen definiert werden. Solche Elemente werden auch als **Datenelemente** bezeichnet. Außerdem werden hier zunächst nur Klassen verwendet, die mit *struct* definiert werden. Solche Klassen werden auch als **Struktur** bezeichnet.

Beispiel: Der umgangssprachliche Begriff „Kalenderdatum" steht für drei Werte, die einen Tag, einen Monat und ein Jahr bezeichnen. Ein solches Datum kann durch die Klasse *CDatum* mit den Datenelementen *Tag*, *Monat* und *Jahr* dargestellt werden:

```
struct Datum {
```

```
    int Tag;
    int Monat;
    int Jahr;
}; // Das Semikolon ist hier notwendig.
```

Eine Struktur kann man wie einen vordefinierten Datentyp zur Definition von Variablen, Parametern, Rückgabetypen von Funktionen, Arrays usw. verwenden.

Eine Variable, deren Datentyp eine Klasse ist, enthält alle Elemente, die bei der Definition der Klasse angegeben wurden. Diese Elemente werden durch den Namen der Variablen angesprochen, auf den ein Punkt und der Name des Elements folgt. Jeder so gebildete Ausdruck ist ein Ausdruck des Datentyps, der bei der Definition des Elements angegeben wurde.

Beispiel: Mit diesem Datentyp kann man wie mit einem der vordefinierten Datentypen *int* usw. eine Variable des Datentyps *Datum* definieren:

```
Datum d;
```

Die Elemente der Variablen d kann man folgendermaßen ansprechen:

```
d.Tag = 17;
d.Monat = 3;
d.Jahr = 2017;
```

Jedes Element ist eine Variable des Datentyps *int* und kann wie eine *int*-Variable i verwendet werden:

Die Zusammenfassung von Daten zu einer Struktur lässt sich mit der Zusammenfassung von Anweisungen zu Funktionen vergleichen: In beiden Fällen werden inhaltlich zusammengehörende Elemente unter einem eigenen Namen zusammengefasst.

Eine Zusammenfassung inhaltlich zusammengehöriger Daten zu einer Klasse kann zur **Übersichtlichkeit** eines Programms beitragen und ist generell empfehlenswert. Der etwas höhere Schreibaufwand für Strukturen wird durch die Ersparnis an Kommentaren und die leichtere Verständlichkeit meist kompensiert.

Beispiel: Die **Zusammengehörigkeit** und Bedeutung der Daten kommt in

```
Datum d1, d2;
```

unmittelbar zum Ausdruck. Eine Alternative ohne Klassen wäre

```
int t1, t2, m1, m2, j1, j2;
```

Hier ist ohne zusätzliche Kommentare kaum ersichtlich, dass {t1, m1, j1} und {t2, m2, j2} jeweils ein Kalenderdatum darstellen sollen.

Ein **Array** mit Elementen des Typs *Datum*

```
Datum d[100];
```

5.1 Mit struct definierte Klassen

ist übersichtlicher als drei Arrays für die Tage, Monate und die Jahre:

```
int Tage[100], Monate[100], Jahre[100];
```

Der Aufruf einer **Funktion** mit einem Parameter eines Klassentyps ist nur mit einem Argument desselben Datentyps möglich.

```
bool gueltigesDatum_1(Datum d)
{
  int MaxTag = 31;
  if ((d.Monat == 4) || (d.Monat == 6) || (d.Monat == 9) ||
                                          (d.Monat == 11))
    MaxTag = 30;
  else if (d.Monat == 2)
  {
    bool Schaltjahr = ((d.Jahr % 4 == 0) && d.Jahr % 100 =
                                 0)) || (d.Jahr % 400 == 0);
    if (Schaltjahr) MaxTag = 29;
    else MaxTag = 28;
  }
  return ((1 <= d.Monat) && (d.Monat <= 12) && (1 <= d.Tag)
                                      && (d.Tag <= MaxTag));
}
```

Der Aufruf einer Funktion mit drei *int*-Parametern

```
bool gueltigesDatum_2(int Tag, int Monat, int Jahr)
{
// analog zu gueltigesDatum_1
}
```

ist dagegen mit drei beliebigen int-Werten möglich, auch wenn diese zusammen kein Datum darstellen:

```
if (gueltigesDatum_2(t1,m2,j1))
```

Mit einer Struktur als Rückgabetyp einer Funktion kann man mehrere Werte aus einer Funktion zurückgeben.

Beispiel: Ohne Klassen kann man nicht mehr als einen Wert aus einer Funktion zurückgeben.

```
Datum Weihnachten(int Jahr)
{
  Datum d;
  d.Tag = 25; d.Monat = 12; d.Jahr = Jahr;
  return d;
}
```

Typische Anwendungen von Strukturen findet man auch in der betriebswirtschaftlichen Datenverarbeitung. Dabei werden oft die einzelnen Zeilen einer Tabelle durch eine Struktur dargestellt, die auch als Datensatz bezeichnet wird. Aus solchen Strukturen werden dann Arrays oder Dateien aufgebaut. Datenbanken sind im Wesentlichen eine mehr oder weniger große Anzahl von Dateien, die alle aus solchen Datensätzen bestehen.

Beispiel: Eine Zeile der Tabelle

Konto- nummer	Konto- inhaber	Buchungsdatum TT.MM.JJJJ			Bew.- art	Betrag
1019	Q. König	13	12	2017	-	1234.56
		13	12	2017	-	789.01
		14	12	2017	+	23.45

kann für eine **Kontobewegung** stehen und durch die folgende Struktur dargestellt werden:

```
struct Kontobewegung {
   int KontoNr;
   string NameInhaber;
   // ...
   double Betrag;
};
```

Dieser Datensatz enthält mit dem Datum einen weiteren Datensatz. Will man dieses Datum unter einem eigenständigen Begriff ansprechen, kann man es innerhalb der Struktur ebenfalls als Struktur definieren:

```
struct Kontobewegung {
   int KontoNr;
   string NameInhaber;
   struct {
      int Tag;
      int Monat;
      int Jahr;
   } Buchungsdatum;
   char BewArt;
   double Betrag;
};
```

Die Verschachtelung von Strukturen kann im Prinzip unbegrenzt fortgesetzt werden. Wenn zuvor wie auf Seite 223 ein Name für die Struktur vereinbart wurde, kann dieser verwendet werden:

```
struct Kontobewegung {
   int KontoNr;
   string NameInhaber;
   Datum Buchungsdatum;
   char BewArt;
   double Betrag;
};
```

5.1 Mit struct definierte Klassen

Elemente einer verschachtelten Struktur werden durch eine verschachtelte Punktnotation angesprochen.

Beispiel: Nach der Definition

```
Kontobewegung k;
```

ist

```
k.Buchungsdatum
```

eine Variable des Typs *Datum*. Die drei Elemente von *k.Datum* lassen sich einzeln ansprechen durch

```
k.Buchungsdatum.Tag = 8;
k.Buchungsdatum.Monat = 9;
k.Buchungsdatum.Jahr = 2017;
```

Obwohl man Variablen desselben Klassentyps einander wie in

```
k1 = k2;
```

zuweisen kann, ist ein **Vergleich von zwei solchen Variablen** mit einem der Operatoren <, <=, == usw. **nicht möglich**. Der Compiler weigert sich, den booleschen Ausdruck in

```
if (k1 == k2) // error: Operator '==' nicht definiert
```

zu übersetzen, wenn für den Datentyp von k1 und k2 der Operator „==" nicht definiert ist. Für Operatoren wie < oder <= ist das unmittelbar einsichtig: Ein byteweiser Vergleich der Operanden würde nur in den wenigsten Fällen das gewünschte Ergebnis erzielen, insbesondere wenn Strings enthalten sind. Aber auch eine Prüfung auf Gleichheit oder Ungleichheit ist nicht möglich, da diese Operatoren nur für Operanden vordefiniert sind, deren Datentyp ein arithmetischer Datentyp, ein Aufzählungstyp oder ein Zeigertyp ist.

Eine Variable eines Klassentyps, der wie die bisherigen Strukturen nur Datenelemente enthält, kann bei ihrer Definition **initialisiert** werden. Dabei werden die Werte der Elemente wie bei der Initialisierung eines Arrays zwischen geschweiften Klammern aufgelistet. Falls diese Liste weniger Ausdrücke enthält als die Struktur Elemente, werden die übrigen Elemente mit 0 (Null) initialisiert. Ohne eine solche Liste werden die Elemente globaler Variablen mit 0 initialisiert, während die Elemente lokaler Variablen undefiniert bleiben.

Beispiel:
```
Datum d1={25,12,2017 };// d1.Tag=25, d1.Monat=12, d1.Jahr=2017
Datum d2 = {};   // d1.Tag=0, d1.Monat=0, d1.Jahr=0
Datum d3;        // lokal undefiniert, global wie k2
```

Wenn eine Struktur verschachtelte Strukturen enthält, kann für jede Struktur eine eigene durch geschweifte Klammern begrenzte Liste angegeben werden. Falls eine dieser Listen weniger Werte hat als die jeweilige Struktur Elemente, erfolgt die Zuordnung im Rahmen der Unterstruktur. Eine verschachtelte Struktur kann aber auch mit einer nicht verschachtelten Liste von Ausdrücken initialisiert werden.

Beispiel:
```
struct T {
    Datum d; // wie oben
    int x, y, r;
};

T a = { { 1, 2 }, 3 };// a.d.Tag=1, a.d.Monat=2, a.x=3
T b = { 1, 2, 3 };   // b.d.Tag=1, b.d.Monat=2, b.d.Jahr=3
```

Im **Debugger** werden die Elemente einer Variablen eines Klassentyps unter *Debuggen\Fenster* in den Fenstern *Überwachen*, *Auto* und *Lokal* wie bei einem Initialisierungsausdruck mit geschweiften Klammern zusammengefasst:

Name	Wert	Typ
▲ k	{ KontoNr=1017 NameInhaber={...} Buchungsdatum={...} ...}	Kontobewegung
• Betrag	123.00000000000000	double
• BewArt	43 '+'	char
▲ Buchungsdatu	{ Tag=12 Monat=3 Jahr=2015 }	Datum
• Jahr	2015	int
• Monat	3	int
• Tag	12	int
• KontoNr	1017	int
▷ NameInhaber	{...}	std::basic_string<char,std

Aufgabe 5.1

Ein Datensatz zur Darstellung eines Girokontos soll die Elemente

Adresse, Kontonummer, Kontostand und Kreditlimit

enthalten. Die Adresse soll aus den Elementen

Anrede, Vorname, Nachname, Postleitzahl, Ort, Straße, Hausnummer, Ausland, Vorwahl und Telefonnummer

bestehen. Innerhalb der Adresse sollen zusammengefasst werden:

Vor- und Nachname zu Name,
PLZ bis Hausnummer zu Anschrift und
Vorwahl und Telefonnummer zu Telefon.

Entwerfen Sie ein *struct*, das einen solchen Datensatz darstellt. Geben Sie an, wie die Elemente *Kontonummer*, *Vorname* und *Vorwahl* einer Variablen *g* dieses Datentyps angesprochen werden können.

5.2 Aufzählungstypen

Ein Aufzählungstyp (engl. „enumeration type") ist ein selbst definierter Datentyp, der Werte darstellen kann, die bei seiner Definition als Liste von Bezeichnern angegeben werden. Ein Aufzählungstyp ist meist dann sinnvoll, wenn für eine Variable nur eine relativ geringe Anzahl verschiedener Werte möglich ist und die Namen dieser Werte ihre Bedeutung darstellen sollen.

Jeder Aufzählungstyp ist ein eigener Datentyp, der von allen anderen Datentypen verschieden ist. Aufzählungstypen werden zusammen mit den arithmetischen Datentypen und den Zeigertypen als **skalare Datentypen** bezeichnet.

5.2.1 Schwach typisierte Aufzählungstypen (C/C++03)

Die schon in C und C++03 verfügbaren Aufzählungstypen werden auch als schwach typisierte Aufzählungstypen bezeichnet.

Die Definition eines Aufzählungstyps beginnt mit dem Schlüsselwort *enum*. Gibt man nach *enum* einen Bezeichner an, ist er der **Name des Aufzählungstyps**. Darauf folgen zwischen geschweiften Klammern Bezeichner, die dann die zulässigen Werte dieses Typs sind. Ein Wert aus einer solchen Liste wird auch als **Enumerator** bezeichnet. Der Datentyp eines Enumerators ist der Aufzählungstyp, zu dessen Definition er gehört.

Beispiel: Nach der Definition

```
enum Wochentag { Montag, Dienstag, Mittwoch,
    Donnerstag, Freitag, Samstag, Sonntag};
```

ist *Wochentag* ein Datentyp, der in

```
Wochentag Tag;
```

als Datentyp der Variablen *Tag* verwendet wird. Diese Variablen können dann die Werte annehmen, die in der Definition des Aufzählungstyps aufgelistet wurden:

```
Tag = Sonntag;
```

Die Enumeratoren *Montag* usw. haben den Datentyp *Wochentag*.

Ohne die Angabe eines Bezeichners nach *enum* erhält man einen **anonymen Aufzählungstyp**.

Beispiel: Bei einem anonymen Datentyp gibt man die Variablen direkt nach der Definition an:

```
enum {Montag, Dienstag, Mittwoch,
    Donnerstag, Freitag, Samstag, Sonntag} Tag;
```

Der Variablen *Tag* kann dann ein Wert des Aufzählungstyps zugewiesen werden:

```
Tag = Sonntag;
```

Der Name eines Enumerators kann in einem Block (siehe Abschnitt 2.4.1) nur einmal vergeben werden.

Beispiel: Nach der Definition des Datentyps *Wochentag* im letzten Beispiel wird die nächste vom Compiler zurückgewiesen, da die Bezeichner *Samstag* und *Sonntag* bereits vergeben sind:

```
enum Wochenende { Samstag, Sonntag }; // error: 'Samstag'
                                        erneute Definition
```

Damit alle Enumeratoren eindeutig sind, wählt man für sie meist Namen, die den Aufzählungstyp enthalten (oft abgekürzt, z.B. als Präfix).

Beispiel: Mit diesen Präfixen sind die Enumeratoren eindeutig:

```
enum Wochentag { wtMontag, wtDienstag, wtSonntag };
enum Wochenende { weSamstag, weSonntag };
```

Für Aufzählungstypen gibt es keine vordefinierten Funktionen, mit denen sie in einen String konvertiert werden können (oder umgekehrt).

Beispiel: Eine Zuweisung der Art

```
Tag = "Sonntag";//error: Konvertierung nicht möglich
```

ist nicht möglich. Will man Werte eines Aufzählungstyps aufgrund von Benutzereingaben setzen, müssen sie explizit umgesetzt werden wie in

```
if (Text == "Sonntag") Tag = Sonntag;
```

Die verschiedenen Werte eines Aufzählungstyps werden oft in einer *switch*-Anweisung (siehe Abschnitt 2.4.11) bearbeitet. **Intellisense** unterstützt das durch einen Code-Ausschnitt, der für alle Werte eines Aufzählungstyps eine *case*-Marke erzeugt. Tippt man dann die ersten Buchstaben von „switch" ein und wählt den Code-Ausschnitt aus (mit der Tab-Taste)

erhält man

5.2 Aufzählungstypen

```
Wochentag Tag;
switch (switch_on)
{
default:
  break;
}
```

Tippt man dann für „switch on" den Namen einer Variablen eines Aufzählungstyps ein und drückt dann die Return-Taste, erzeugt Intellisense für jeden Wert des Aufzählungstyps eine *case*-Marke.

```
switch (Tag)
{
case Wochentag::Sonntag:
  break;
case Wochentag::Montag:
  break;
case Wochentag::Dienstag:
  break;
default:
  break;
}
```

5.2.2 *enum* Konstanten und Konversionen ⊖

Obwohl der Datentyp eines Enumerators der zugehörige Aufzählungstyp ist, kann er wie eine Ganzzahlkonstante verwendet werden. Ohne eine explizite Initialisierung hat der erste Enumerator in der Liste den Wert 0, und jeder weitere einen um 1 höheren Wert als der Vorgänger.

Beispiel: Die Werte der Enumeratoren von

```
enum Wochentag { Montag, Dienstag, Mittwoch,
      Donnerstag, Freitag, Samstag, Sonntag};
```

entsprechen den Werten der folgenden Konstanten:

```
const int Montag = 0;
const int Dienstag = 1; // usw.
```

Diese Werte werden auch von Intellisense angezeigt, wenn man mit dem Mauszeiger über einen Wert fährt:

```
enum Wochentag {
  Montag, Dienstag, Mittwoch,
  Donnerstag, Freitag, Samstag, Sonntag
};
           enum Wochentag::Freitag = 4
```

Ein Enumerator kann bei seiner Definition mit einem ganzzahligen Wert initialisiert werden. So erhalten die Enumeratoren *Montag*, *Dienstag* usw. durch

```
enum WT { Montag, Dienstag = 17, Mittwoch = 17, Donnerstag,
   Freitag = -2, Samstag, Sonntag = (Dienstag-7)*Mittwoch};
```

die Werte 0 (Montag), 17 (Dienstag), 17, 18, -2, -1 und 170. Diese Werte zeigen, dass gleiche und negative Werte möglich sind.

Beispiel: In C werden solche Enumeratoren oft für Arraygrenzen verwendet. In C++ besteht dafür aber keine Notwendigkeit:

```
enum { Max = 100 };  // besser: "const int Max=100"
int a[Max];
```

Aufzählungstypen sind nicht typsicher: Ein Wert eines Aufzählungstyps wird durch eine ganzzahlige Typangleichung (siehe Abschnitt 2.3.3) in den Datentyp *int* konvertiert. Das ermöglicht Fehler, die der Compiler bei einem selbstdefinierten Datentyp eigentlich erkennen sollte.

Beispiel: Mit den Aufzählungstypen von oben sind diese Ausdrücke zulässig:

```
enum Biersorte { Pils, Export, Kölsch };
int i = Montag;    // i=0
if (Tag > 0) ...   // Vergleich von enum mit int
if (Tag > Pils)..  // Vergleich von verschiedenen
                   // Aufzählungstypen
```

Eine Konversion in der umgekehrten Richtung ist nicht möglich. Einer Variablen eines Aufzählungstyps können nur Werte desselben Aufzählungstyps zugewiesen werden. Insbesondere können keine Ganzzahlwerte zugewiesen werden, obwohl ein Enumerator damit initialisiert werden kann.

Beispiel: Nach den Definitionen von oben werden die folgenden Zuweisungen nicht kompiliert:

```
Tag = 1;    // error: Konvertierung nicht möglich
Tag = Pils; // error: Konvertierung nicht möglich
```

5.2.3 Stark typisierte Aufzählungstypen (C++11)

C++11 wurde um Aufzählungstypen erweitert, die nicht mehr implizit in einen Ganzzahldatentyp konvertiert werden. Diese typsicheren Aufzählungstypen sind in Visual C++ seit Visual Studio 2012 verfügbar.

Die Definition eines solchen Aufzählungstyps unterscheidet sich nur durch das Wort *class* noch *enum*:

Beispiel: Durch die Angabe von *class* nach *enum* erhält man einen stark typisierten Aufzählungstyp:

```
enum class Wochentag { Sonntag, Montag, Dienstag };
enum class Wochenende { Samstag, Sonntag };
```

5.2 Aufzählungstypen

Die wichtigsten Unterschiede zu schwach typisierten Aufzählungstypen:

- Für stark typisierte Aufzählungstypen ist **keine implizite Konversion** in einen ganzzahligen Datentyp definiert. Deswegen wird der folgende Vergleich vom Compiler nicht akzeptiert:

  ```
  Wochentag t = Wochentag::Sonntag;
  if (t > 0) // error: operator '>': Alle Operanden müssen
             //        den gleichen Enumerationstyp aufweisen
  ```

- Der **Gültigkeitsbereich** von solchen Enumeratoren ist auf ihren Aufzählungstyp beschränkt. Die Enumeratoren werden dann mit dem Namen des Aufzählungstyps und dem Bereichsoperator :: angesprochen: So können verschiedene Aufzählungstypen dieselben Enumeratoren verwenden:

  ```
  Wochentag  t = Wochentag::Sonntag;
  Wochenende w = Wochenende::Sonntag;
  ```

- Stark typisierte Aufzählungstypen können nur global definiert werden. Lokale Definitionen in einer Funktion sind nicht möglich.

- Der Datentyp der Enumeratoren kann nach einem Doppelpunkt angegeben werden. Nach

  ```
  enum class Wochentag :char { Sonntag, Montag, Dienstag };
  ```

  haben die Enumeratoren den Datentyp *char*. Ohne die Angabe eines solchen Datentyps haben die Enumeratoren den Datentyp *int*. Für die Angabe eines solchen Datentyps besteht aber nur selten eine Notwendigkeit.

Mit dem Code-Ausschnitt für die *switch*-Anweisung (siehe Abschnitt 5.2.1) kann man auch für einen stark typisierten Aufzählungstyp eine *switch*-Anweisung erzeugen lassen.

6 Zeiger, Strings und dynamisch erzeugte Variablen

In den bisherigen Ausführungen wurden Speicherbereiche im Hauptspeicher immer über Variablen und ihre Namen angesprochen.

Beispiel: Durch eine Definition wie

```
int x;
```

ordnet der Compiler der Variablen x einen Speicherbereich zu (4 Bytes bei 32-bit *int*-Werten). Dieser Speicherbereich wird unter dem Namen x als *int*-Wert angesprochen.

Es ist aber auch möglich, Speicherbereiche über ihre **Adresse** im Hauptspeicher anzusprechen. Dann bezeichnet man diese Adresse auch als **Zeiger** und sagt, dass der Zeiger auf den Speicherbereich bzw. die Variable zeigt. Ein Zeiger ist also eine Zahl, die eine Adresse im Hauptspeicher bezeichnet. Im Unterschied zu älteren Versionen von C ist ein Zeiger in C++ aber nicht nur eine Zahl, sondern hat auch einen Datentyp. Über diesen Datentyp ergibt sich dann, wie viele Bytes ab der Adresse angesprochen werden, und wie dieser Speicherbereich interpretiert wird.

Da in C++ ein Speicherbereich nur angesprochen werden kann, wenn er einen Datentyp hat (sonst könnte man dem Speicherbereich keine Bedeutung zumessen), muss auch der Speicherbereich, der über einen Zeiger angesprochen wird, einen Datentyp haben. Dieser Typ wird bei der Definition des Zeigers festgelegt. Anstelle des Begriffs „Zeiger" wird auch oft der Begriff **Pointer** verwendet.

Beispiel: Im Hauptspeicher sollen die folgenden Werte stehen:

Adresse	Wert
...	
1007	0000 0011
1006	0000 0101
1005	0000 0001
1004	0100 0001
...	
3	1100 1101
2	0100 1101
1	0101 1101
0	0111 1001

Wenn ein Zeiger mit dem Wert 1004 (der Adresse) auf einen *int*-Wert zeigt, dann zeigt dieser Zeiger auf den Speicherbereich an den Adressen 1004 bis 1007 mit dem Wert $3*256^3+5*256^2+1*256^1+65*256^0 = 50659649$. Zeigt die Adresse 1004 dagegen auf einen *char*-Wert, zeigt sie auf den Wert 'A', da die Zahl 65 im ASCII-Zeichensatz das Zeichen 'A' darstellt.

Viele Programmierer (nicht nur Anfänger) finden den Umgang mit Zeigern schwierig. Falls Ihnen beim ersten Durchlesen nicht alle Zusammenhänge klar werden, lassen Sie sich nicht entmutigen. Lesen Sie einfach erst einmal einige Seiten weiter und versuchen Sie, einige Aufgaben zu lösen. Wiederholen Sie dann die noch unklaren Teile.

Die Arbeit mit Zeigern ist generell fehleranfällig und sollte vermieden werden, wo immer das möglich ist. Deswegen hat C++ zahlreiche Sprachelemente, die in älteren Programmiersprachen wie C auf Zeigern beruhen, durch neue Konzepte ohne Zeiger ergänzt. Einige Beispiele:

- Stringklassen anstelle von nullterminierten String
- Referenzparameter anstelle von Zeiger-Parametern
- Containerklassen anstelle von verketteten Listen, dynamischen Arrays usw.

Deshalb werden Zeiger in C++ viel seltener benötigt als in C und können in vielen Programmen sogar ganz vermieden werden. Falls man aber Bibliotheken benötigt, die Zeiger verwenden, kommt man doch nicht ohne sie aus. Außerdem sind viele Sprachkonzepte intern mit Zeigern implementiert und können nur vor diesem Hintergrund richtig verstanden werden.

6.1 Die Definition von Zeigervariablen

Eine **Zeigervariable** ist eine Variable, die einen Zeiger darstellt. Anstelle dieses Begriffs sind auch die Begriffe „Zeiger", „Pointer" oder „Pointer-Variable" verbreitet. Eine Zeigervariable wird dadurch definiert, dass man nach dem Datentyp T einen * angibt:

```
T* p
```

Der **Datentyp** von p ist dann „Zeiger auf T" und wird auch mit „T*" abgekürzt.

Beispiel: Durch

```
int * pi;
double* pd;
char* pc;
```

werden die Zeigervariablen *pi*, *pd* und *pc* definiert. Sie haben die Datentypen „Zeiger auf *int*", „Zeiger auf *double*" und „Zeiger auf *char*" bzw. kürzer *int**, *double** und *char**.

Ein Zeiger stellt eine **Hauptspeicheradresse** dar. Wenn der Zeiger p den Datentyp „Zeiger auf T" hat, spricht man mit *p die *sizeof(T)* Bytes ab der Adresse in p als Ausdruck des Datentyps T an. Der Operator * wird auch als **Dereferenzierungsoperator** bezeichnet.

Beispiel: Nach den Definitionen aus dem letzten Beispiel werden die 4 (=*sizeof(int)*) Bytes ab der Adresse in *pi* mit **pi* als Variable des Datentyps *int* angesprochen. Durch

```
*pi = 17;
```

werden diese 4 Bytes mit dem Wert 17 überschrieben.

Falls der Datentyp T eine Klasse (siehe Kapitel 5 und 8) ist,

```
Datum* pd = new Datum;
```

kann man ein Element der Klasse sowohl über den dereferenzierten Zeiger

```
(*pd).Tag = 17;
```

als auch über den Pfeiloperator ->

```
pd->Tag = 17;
```

ansprechen. Der Ausdruck e1->e2 wird vom Compiler in (*(e1)).e2 umgewandelt.

Ein Zeiger auf die dereferenzierte Variable wird oft durch einen Pfeil dargestellt:

```
p ⟶ *p
```

Mit der Definition einer Zeigervariablen p wird nur der Speicher für die Zeigervariable selbst reserviert, nicht jedoch der für die Variable *p, auf die er zeigt. Eine Zeigervariable belegt bei einem 32-bit-Betriebssystem immer 4 Bytes.

Eine global definierte Zeigervariable p wird wie jede andere globale Variable mit 0 initialisiert, und eine lokal definierte Zeigervariable hat wie jede andere lokale Variable einen unbestimmten Wert. Deshalb stellt *p den Speicherbereich an der Adresse 0 bzw. an einer undefinierten Adresse dar, wenn p keine Adresse zugewiesen wird.

Beispiel: Vergisst man nach der Definition einer Zeigervariablen p, dieser die Adresse eines reservierten Speicherbereichs zuzuweisen, wird durch *p meist ein nicht reservierter Speicherbereich angesprochen:

```
int* pi;
*pi = 17;
```

Mit etwas Glück führt die Zuweisung dann zu einer Zugriffsverletzung, die vom Betriebssystem erkannt wird und zu einem Programmabsturz führt. Mit etwas weniger Glück erhält man keine Fehlermeldung und überschreibt Daten, was in ganz anderen Teilen des Programms unerwartete Folgen haben kann. Die Ursache für solche Fehler ist oft nur schwer zu finden.

Damit unterscheidet sich eine Variable, die über einen Zeiger angesprochen wird, folgendermaßen von einer „gewöhnlichen" Variablen, die durch eine Definition erzeugt wurde:

1. Der Compiler reserviert den Speicher für eine „gewöhnliche" Variable wie

    ```
    int i;
    ```

    automatisch mit ihrer Definition. Dieser Speicherbereich wird automatisch durch den Namen der Variablen angesprochen und ist untrennbar mit diesem Namen verbunden. Es ist nicht möglich, bei der Verwendung solcher Variablen eine Zugriffsverletzung zu bekommen, da sie nie Speicherbereiche ansprechen, die nicht reserviert sind.

2. Mit der Definition eines Zeigers p reserviert der Compiler keinen Speicherbereich für die Variable *p. Ein solcher Speicherbereich muss explizit zugewiesen werden (siehe Abschnitte 6.2 und 6.4). Da die Definition einer Zeigervariablen unabhängig von einer solche Zuordnung ist, kann man mit *p nicht reservierte Speicherbereiche ansprechen, was einen Programmabbruch zur Folge haben kann.
   Die Adresse dieses Speicherbereichs ist nicht wie unter 1. fest mit dem Namen der Variablen verbunden, sondern der Wert der Variablen p. Nach einer Änderung dieser Adresse stellt *p einen anderen Speicherbereich als vorher dar.

Im Umgang mit Zeigern ist deshalb mehr Vorsicht geboten als mit „gewöhnlichen" Variablen.

Bei der Definition einer Zeigervariablen muss das Zeichen * nicht unmittelbar auf den Datentyp folgen. Die folgenden vier Definitionen sind gleichwertig:

6.2 Der Adressoperator, Zuweisungen und generische Zeiger

```
int* i;  // Whitespace (z.B. ein Leerzeichen) nach *
int *i;  // Whitespace vor *
int * i; // Whitespace vor * und nach *
int*i;   // Kein whitespace vor * und nach *
```

Versuchen wir nun, diese vier Definitionen nach demselben Schema wie eine Definition von „gewöhnlichen" Variablen zu interpretieren. Bei einer solchen Definition bedeutet

```
T v;
```

dass eine Variable v definiert wird, die den Datentyp T hat. Für die vier gleichwertigen Definitionen ergeben sich verschiedene Interpretationen, die als Kommentar angegeben sind:

```
int* i; // Definition der Variablen i des Datentyps int*
int *i; // Irreführend: Es wird kein "*i" definiert,
        // obwohl die dereferenzierte Variable *i heißt.
int * i;// Datentyp int oder int* oder was?
int*i;  // Datentyp int oder int* oder was?
```

Offensichtlich passen nur die ersten beiden in dieses Schema. Die erste führt dabei zu einer richtigen und die zweite zu einer falschen Interpretation.

Allerdings passt die erste Schreibweise nur bei der Definitionen einer einzelnen Zeigervariablen in dieses Schema, da sich der * bei einer Definition nur auf die Variable unmittelbar rechts vom * bezieht:

```
int* i, j, k; // definiert int* i, int j, int k
              // und nicht: int* j, int* k
```

Zur Vermeidung solcher Missverständnisse sind zwei Schreibweisen verbreitet:

- C-Programmierer verwenden oft die zweite Schreibweise von oben, obwohl sie nicht in das Schema der Definition von „gewöhnlichen" Variablen passt.

    ```
    int *i, *j, *k; // definiert int* i, int* j, int* k
    ```

- Stroustrup (1997, Abschnitt 4.9.2) empfiehlt, auf Mehrfachdefinitionen zu verzichten. Er schreibt den * wie in „*int** pi;" immer unmittelbar nach dem Datentyp. Diese Schreibweise wird auch im Folgenden verwendet.

6.2 Der Adressoperator, Zuweisungen und generische Zeiger

Bei allen bisherigen Beispielen wurde einer Zeigervariablen p nie die Adresse einer Variablen zugewiesen. Das ist aber notwendig, wenn man mit der Variablen *p arbeiten will. Variablen können folgendermaßen erzeugt werden:

1. Durch eine Variablendefinition erzeugt der **Compiler** eine Variable.
2. Durch den Aufruf von Funktionen wie *new* können Variable **während der Laufzeit** eines Programms erzeugt werden.

In diesem Abschnitt wird die erste dieser beiden Möglichkeiten betrachtet. Die zweite folgt dann in Abschnitt 6.4.

Mit dem Referenzierungs- oder **Adressoperator &** vor dem Namen einer Variablen erhält man ihre Adresse. Wenn die Variable v den Datentyp T hat, hat &v den Datentyp „Zeiger auf T".

Beispiel: Durch die Definitionen

```
int i = 17; double d = 18; char c = 'A';
```

wird Speicherplatz für die Variablen i, d und c reserviert. Die Adressen dieser Variablen haben den als Kommentar angegebenen Datentyp:

```
&i // Zeiger auf int
&d // Zeiger auf double
&c // Zeiger auf char
```

Einer Zeigervariablen kann durch eine **Zuweisung** oder **Initialisierung** ein Zeiger desselben Datentyps zugewiesen werden. Dabei wird die Adresse übertragen. Auf die zugehörige dereferenzierte Variable wirkt sich eine Zuweisung der Zeiger nicht aus.

Beispiel: Die Adressen der Variablen

```
int i = 17; double d = 18; char c = 'A';
```

werden den Zeigern *pi, pd* und *pc* zugewiesen:

```
int* pi; double* pd;
pi = &i; // pi wird die Adresse von i zugewiesen
pd = &d; // pd wird die Adresse von d zugewiesen
char* pc = &c;// initialisiere pc mit &c
```

Weist man einer Zeigervariablen *p* wie in diesem Beispiel die Adresse einer Variablen v zu, kann der Speicherbereich von v sowohl unter dem Namen v als auch unter dem Namen *p angesprochen werden. Ändert man den Wert einer der beiden Variablen, wird damit automatisch auch der Wert der anderen Variablen verändert, ohne dass das durch eine explizite Anweisung aus dem Quelltext hervorgeht. Dieser Effekt wird als **Aliasing** bezeichnet.

Beispiel: Nach den Zuweisungen des letzten Beispiels stellen *pi und i denselben Speicherbereich mit dem Wert 17 dar. Durch die nächsten Zuweisungen wird sowohl der Wert von *pi* als auch der von i verändert, obwohl keine explizite Zuweisung an i stattfindet.

```
*pi = 18;    // i = 18;
*pi = (*pi) + 1; // i = 19;
```

6.2 Der Adressoperator, Zuweisungen und generische Zeiger

Es ist nur selten sinnvoll, denselben Speicherbereich unter zwei verschiedenen Namen anzusprechen: Meist ist es recht verwirrend, wenn sich der Wert einer Variablen verändert, ohne dass ihr explizit ein neuer Wert zugewiesen wurde. Wenn das in diesem Abschnitt trotzdem gemacht wird, dann nur um zu zeigen, dass Zuweisungen, die ja für „gewöhnliche" Variable in gewisser Weise die **einfachsten Anweisungen** sind, bei Zeigern nicht ganz so einfach sein müssen.

Das soll aber nicht heißen, dass Aliasing immer schlecht ist. Wenn eine Funktion einen Parameter eines Zeigertyps hat, kann man über diesen Zeiger die Speicherbereiche ansprechen, deren Adresse als Argument übergeben wird. Ein solches Aliasing ist normalerweise nicht verwirrend. In C, wo es keine Referenzparameter gibt, werden solche Parameter oft verwendet.

Beispiel: Wenn die Funktion

```
void f(int* p) { *p = 17; }
```

wie in den nächsten Anweisungen aufgerufen wird, erhält i den Wert 17:

```
int i = 18;
f(&i);
```

In C++ kann einer Zeigervariablen nur ein Zeiger desselben Datentyps zugewiesen werden, falls man nicht eine der unten beschriebenen Zeigerkonversionen verwendet.

Beispiel: Nach den Definitionen der letzten Beispiele verweigert der Compiler die Zuweisung

```
pd = pi; // error: 'int *' kann nicht in 'double *'
         //        konvertiert werden
```

Wäre diese Zuweisung möglich, wäre *pd die 8 Bytes breite *double*-Variable ab der Adresse in *pi*. Falls *pi* auf eine *int*-Variable i zeigt, würde das Bitmuster von i (Binärdarstellung) als das einer Gleitkommazahl (Mantisse usw.) interpretiert und würde einen sinnlosen Wert darstellen.

Falls ab der Adresse in *pi* nur 4 Bytes für eine *int*-Variable reserviert sind, kann der Zugriff auf *pd zu einer Zugriffsverletzung und zu einem Programmabsturz führen.

Da alle Zeiger eine Hauptspeicheradresse enthalten und deshalb gleich viele Bytes belegen, wäre es rein technisch kein Problem, einer Zeigervariablen *pd* des Datentyps *double** einen Zeiger *pi* des Datentyps *int** zuzuweisen. In C ist das auch möglich. Wie das letzte Beispiel aber zeigt, ist eine solche Zuweisung meist sinnlos. Deshalb werden **Zuweisungen an Zeigervariable** vom Compiler normalerweise als Fehler betrachtet, wenn der zugewiesene Ausdruck nicht denselben Zeigertyp hat. Die einzigen **Ausnahmen** sind unter 1. bis 4. aufgeführt:

1. Einer Zeigervariablen kann unabhängig vom Datentyp das Literal 0 (Null) zugewiesen werden.

```
int* pi = 0;
```

Da keine Variable die Adresse 0 haben kann, bringt man mit diesem Wert meist zum Ausdruck, dass eine Zeigervariable nicht auf einen reservierten Speicherbereich zeigt. Das Ganzzahlliteral 0 ist der einzige Ganzzahlwert, den man einem Zeiger ohne eine explizite Typkonversion zuweisen kann. Ein solcher Zeiger wird auch als **Nullzeiger** bezeichnet.

In C wird anstelle des Literals 0 meist das Makro NULL verwendet. Dafür besteht in C++ keine Notwendigkeit. In C++11 kann anstelle von 0 auch das Literal ***nullptr*** (ein Schlüsselwort) verwendet werden:

```
int* pi = nullptr;
```

nullptr kann implizit nur in einen Zeiger, aber in keinen anderen Typ (auch nicht in *int*) konvertiert werden. Wenn man eine Zeigervariable bei ihrer Definition nicht mit der Adresse eines reservierten Speicherbereichs initialisieren kann, empfiehlt es sich immer, sie mit dem Wert 0, oder noch besser, mit *nullptr* zu initialisieren:

Hält man diese Konvention konsequent ein, kann man durch eine Abfrage auf den Wert *nullptr* bzw. 0 immer feststellen, ob der Zeiger auf einen reservierten Speicherbereich zeigt oder nicht:

```
if (pi != nullptr) // bzw. if (pi != 0)
  s = s + *pi;
else ; // *pi nicht definiert!
```

Diese Konvention erweist sich selbst dann als vorteilhaft, man eine solche Prüfung vergisst, da eine Dereferenzierung des Nullzeigers immer zu einer Zugriffsverletzung führt. Bei der Dereferenzierung eines Zeigers mit einem unbestimmten Wert ist dagegen eine Zugriffsverletzung keineswegs sicher, da der Zeiger zufällig auch auf reservierten Speicher zeigen kann.

Das Literal *nullptr* ermöglicht bei überladenen Funktionen wie

```
void f(int n) {}
void f(void* p) {}
```

auch den Aufruf der zweiten Funktion mit einem Literal. Da der Datentyp von 0 *int* ist, führt der Aufruf f(0) immer zum Aufruf von *f(int)*. Mit f(nullptr) wird dagegen f(void*) aufgerufen.

Generell ist es empfehlenswert, *nullptr* anstelle von 0 zu verwenden.

2. Mit einer **expliziten Typkonversion** kann man einer Zeigervariablen einen Zeiger auf einen anderen Datentyp zuweisen. Dabei gibt man den Zieldatentyp in Klammern vor dem zu konvertierenden Ausdruck an. Solche Typkonversionen sind in C++ aber meist weder notwendig noch sinnvoll.

Beispiel: Durch diese Zuweisung erhält *pd* die Adresse in *pi*:

```
pd = (double*)pi; // konvertiert pi in double*
```

Wie oben schon erläutert, stellt dann *pd* den Speicherbereich ab der Adresse in i als bedeutungslosen *double*-Wert dar. Der Zugriff auf *pd* kann zu einer Zugriffsverletzung führen.

3. Der Datentyp *void** wird als **generischer Zeigertyp** bezeichnet. Einem generischen Zeiger kann ein Zeiger auf einen beliebigen Zeigertyp zugewiesen werden. Ein generischer Zeiger zeigt aber auf keinen bestimmten Datentyp. Deshalb ist es nicht möglich, einen generischen Zeiger ohne explizite Typkonversion zu dereferenzieren. Mit einer expliziten Typkonversion kann er aber in einen beliebigen Zeigertyp konvertiert werden.

Beispiel: Nach den Definitionen

```
int*  pi;
void* pv;
```

ist die erste und die dritte der folgenden Zuweisungen möglich:

```
pv = pi;
pi = pv; // error: 'void*' nicht in 'int*' konvertierbar
pi = (int*)pv; // explizite Typkonversion
```

Die Dereferenzierung eines generischen Zeigers ist ohne explizite Typkonversion nicht möglich:

```
*pi = *pv; // error: Ungültige Dereferenzierung
int i = *((int*)pv); // das geht
```

Generische Zeiger werden vor allem in C für Funktionen und Datenstrukturen verwendet, die mit Zeigern auf beliebige Datentypen arbeiten können. In C++ sind sie aber meist weder notwendig noch sinnvoll.

4. Einem Zeiger auf ein Objekt einer Basisklasse kann auch ein Zeiger auf ein Objekt einer abgeleiteten Klasse zugewiesen werden (siehe Abschnitt 8.3.7).

Zeiger desselben Datentyps können mit ==, !=, <, <=, > oder >= verglichen werden. Das Ergebnis ergibt sich aus dem **Vergleich der Adressen**. Unabhängig vom Datentyp ist ein Vergleich mit dem Wert 0 (Null) möglich.

6.3 Ablaufprotokolle für Zeigervariable

Man kann auch das Ergebnis von **Anweisungen mit Zeigervariablen** durch **Ablaufprotokolle** darstellen. Da zu einer Zeigervariablen p auch eine dereferenzierte Variable *p gehört, muss man in ein solches Ablaufprotokoll für jeden Zeiger eine zusätzliche Spalte für die dereferenzierten Werte aufnehmen. Da *p der Wert an der Adresse in p ist, kann sich

- mit einer Änderung von p auch *p ändern, und
- mit einer Änderung von *p auch der Wert aller der Variablen v ändern, die denselben Speicherbereich wie *p belegen.

Deshalb muss man in einem Ablaufprotokoll für Anweisungen mit Zeigern

- bei jeder Änderung eines Zeigers auch den dereferenzierten Wert ändern, und
- bei jeder Änderung eines dereferenzierten Wertes *p auch die Werte aller der Variablen v ändern, für die p==&v gilt.

Da ein Zeiger p eine Hauptspeicheradresse darstellt, die bei der Erstellung eines Ablaufprotokolls nicht bekannt ist (da sie vom Compiler oder zur Laufzeit bestimmt wird), und der Wert dieser Variablen auch meist irrelevant ist, kann man für den Wert einer Zeigervariablen p das Symbol p_0 bzw. p0 verwenden.

Beispiel: Die Anweisungen

```
int a = 17, b = 18;
int* px = &a;
int* py = &b;
px = py;
*py = 19;
a = 20;
px = &a;
py = px;
```

kann man in dem Ablaufprotokoll darstellen:

	a	b	px	*px	py	*py
			px0		py0	
int a=17,b=18;	17	18				
int* px=&a;			&a	17		
int* py=&b;					&b	18
px=py			&b	18		
*py=19		19		19		19
a=20;	20					
px=&a;			&a	20		
py=px					&a	20

Diese Beispiele zeigen insbesondere, dass eine Zuweisung an eine Zeigervariable zur Folge hat, dass sich eine Änderung der einen dereferenzierten Variablen auch auf die andere dereferenzierte Variable auswirkt.

6.4 Dynamisch erzeugte Variablen

Eine Variable, deren Speicherplatz während der Laufzeit des Programms reserviert wird, bezeichnet man als dynamische bzw. dynamisch erzeugte Variable.

6.4 Dynamisch erzeugte Variablen

6.4.1 *new* und *delete*

Mit dem Operator ***new*** kann man Variablen während der Laufzeit des Programms erzeugen. Dieser Operator versucht, in einem eigens dafür vorgesehenen Speicherbereich (der oft auch als **Heap**, **dynamischer Speicher** oder **freier Speicher** bezeichnet wird) so viele Bytes zu reservieren, wie eine Variable des angegebenen Datentyps benötigt.

Die wichtigsten syntaktischen Varianten ergeben sich aus diesen vereinfachten Syntaxregeln. Dabei steht new-type-id im einfachsten Fall für einen Datentyp, auf den eckige Klammern folgen können, zwischen denen ein ganzzahliger Wert steht:

new-expression:
  ::$_{opt}$ new new-type-id new-initializer$_{opt}$
  ::$_{opt}$ new (type-id) new-initializer$_{opt}$

new-initializer:
  (expression-list$_{opt}$)
  braced-init-list

Falls der angeforderte Speicher zur Verfügung gestellt werden konnte, liefert *new* seine Adresse zurück. Andernfalls wird eine **Exception** des Typs *std::bad_alloc* ausgelöst, die einen Programmabbruch zur Folge hat, wenn sie nicht mit einer *try*-Anweisung abgefangen wird (siehe Abschnitt 2.9). Da unter 32-bit-Systemen wie Windows meist 2 GB oder mehr Speicher zur Verfügung stehen, wird in den folgenden Beispielen davon ausgegangen, dass der angeforderte Speicher verfügbar ist.

Variablen, die zur Laufzeit erzeugt werden, bezeichnet man auch als **dynamisch erzeugte Variablen**. Wenn der Unterschied zu vom Compiler erzeugten Variablen (wie „int i;") betont werden soll, werden diese als „gewöhnliche" Variablen bezeichnet. Die folgenden Beispiele zeigen, wie man *new* verwenden kann:

1. Für einen Datentyp T reserviert „new T" so viele Bytes auf dem Heap, wie für eine Variable des Datentyps T notwendig sind. Der Ausdruck „new T" hat den Datentyp „Zeiger auf T". Sein Wert ist die Adresse des reservierten Speicherbereichs und kann einer Variablen des Typs „Zeiger auf T" zugewiesen werden:

   ```
   int* pi;
   pi = new int; //reserviert sizeof(int) Bytes und weist pi
                 //die Adresse dieses Speicherbereichs zu
   *pi = 17;// initialisiert den reservierten Speicherbereich
   ```

   Am besten initialisiert man eine Zeigervariable immer gleich bei ihrer Definition:

   ```
   int* pi = new int; // initialisiert pi mit der Adresse
   *pi = 17;
   ```

   Die explizit geklammerte Version von *new* kann zur Vermeidung von Mehrdeutigkeiten verwendet werden. Für einfache Datentypen sind beide Versionen gleichwertig:

   ```
   pi = new(int); // gleichwertig zu pi=new int;
   ```

2. In einem *new-expression* kann man nach dem Datentyp einen *new-initializer* wie

   (*expression-list*$_{opt}$)

   angeben. Er bewirkt die Initialisierung der mit *new* erzeugten Variablen. Für einen fundamentalen Datentyp (wie *int*, *double* usw.) gibt es drei Formen:

   a) Der in Klammern angegebene Wert wird zur Initialisierung verwendet:

   ```
   double* pd = new double(1.5); //Initialisierung *pd=1.5
   ```

   b) Gibt man keinen Wert zwischen den Klammen an, wird die Variable mit 0 (Null) initialisiert:

   ```
   double* pd = new double(); //Initialisierung *pd=0
   ```

   c) Ohne einen Initialisierer ist ihr Wert unbestimmt:

   ```
   double* pd = new double;// *pd wird nicht initialisiert
   ```

   Für einen Klassentyp müssen die Ausdrücke Argumente für einen Konstruktor sein (siehe Abschnitt 8.1.5).

3. Gibt man nach einem Datentyp T in eckigen Klammern einen ganzzahligen Ausdruck >= 0 an, wird ein **Array** (siehe Abschnitt 2.8) **dynamisch erzeugt**.

   direct-new-declarator:
      [*expression*]
      direct-new-declarator [*constant-expression*]

   Die Anzahl der Arrayelemente ist durch den ganzzahligen Ausdruck gegeben. Im Unterschied zu einem gewöhnlichen Array (siehe Abschnitt 4.2) muss diese Zahl keine Konstante sein:

   ```
   typedef double T; // T irgendein Datentyp, hier double
   int n = 100;      // nicht notwendig eine Konstante
   T* p = new T[n];  // reserviert n*sizeof(T) Bytes
   ```

   Die einzelnen Elemente des Arrays können wie bei einem gewöhnlichen Array angesprochen werden:

   ```
   p[0], ..., p[n-1] // n Elemente des Datentyps T
   ```

   Die Elemente eines dynamisch erzeugten Arrays können mit Werten in geschweiften Klammern initialisiert werden:

   ```
   T* p = new T[n]{ 2,3,5 };
   ```

Eine gewöhnliche Variable existiert von ihrer Definition bis zum Ende des Bereichs (bei einer lokalen Variablen ist das der Block), in dem sie definiert wurde. Im Unterschied dazu existiert eine dynamisch erzeugte Variable bis der für sie reservierte Speicher mit dem

6.4 Dynamisch erzeugte Variablen

Operator *delete* wieder freigegeben oder das Programm beendet wird. Man sagt auch, dass eine dynamisch erzeugte Variable durch den Aufruf von *delete* **zerstört** wird.

delete-expression:
    ::*opt* delete *cast-expression*
    ::*opt* delete [ ] *cast-expression*

Die erste dieser beiden Alternativen ist für Variable, die keine Arrays sind, und die zweite für Arrays. Dabei muss *cast-expression* ein Zeiger sein, dessen Wert das Ergebnis eines *new*-Ausdrucks ist. Nach *delete p* ist der Wert von p unbestimmt und der Zugriff auf *p unzulässig. Falls p den Wert 0 hat, ist *delete p* wirkungslos.

Damit man mit dem verfügbaren Speicher sparsam umgeht, sollte man den Operator *delete* immer dann aufrufen, wenn eine mit *new* erzeugte Variable nicht mehr benötigt wird. Unnötig reservierter Speicher wird auch als **Speicherleck** (**memory leak,** siehe Abschnitt 6.4.3) bezeichnet. Ganz generell sollte man diese **Regel** beachten: Jede mit *new* erzeugte Variable sollte mit *delete* auch wieder freigegeben werden.

Die folgenden Beispiele zeigen, wie die in den letzten Beispielen reservierten Speicherbereiche wieder freigegeben werden.

1. Der Speicher für die unter 1. und 2. erzeugten Variablen wird folgendermaßen wieder freigegeben:

   ```
   delete pi;
   delete pd;
   ```

2. Der Speicher für das unter 3. erzeugte Array wird freigegeben durch

   ```
   delete[] p;
   ```

3. Es ist möglich, die falsche Form von *delete* zu verwenden, ohne dass der Compiler eine Warnung oder Fehlermeldung ausgibt:

   ```
   delete[] pi; // Arrayform für Nicht-Array
   delete p;    // Nicht-Arrayform für Array
   ```

   Im C++-Standard ist explizit festgelegt, dass das Verhalten nach einem solchen falschen Aufruf undefiniert ist.

In Abschnitt 6.2 wurde empfohlen, einen Zeiger, der nicht auf reservierten Speicher zeigt, immer auf 0 (Null) zu setzen. Deshalb sollte man einen Zeiger nach *delete* immer auf 0 setzen, z.B. nach Beispiel 1:

```
pi = 0;
pd = 0;
```

6.4.2 Der Unterschied zu „gewöhnlichen" Variablen

Die wichtigsten Unterschiede zwischen dynamisch erzeugten und „gewöhnlichen" (vom Compiler erzeugten) Variablen sind:

1. Eine dynamisch erzeugte Variable hat im Unterschied zu einer gewöhnlichen Variablen **keinen Namen** und kann **nur indirekt** über einen Zeiger angesprochen werden.

   Nach einem erfolgreichen Aufruf von *p=new type* enthält der Zeiger p die Adresse der Variablen. Falls p überschrieben und nicht anderweitig gespeichert wird, gibt es keine Möglichkeit mehr, sie anzusprechen, obwohl sie weiterhin existiert und Speicher belegt. Der für sie reservierte Speicher wird erst beim Ende des Programms wieder freigegeben.

   Da zum Begriff "Variable" nach den Ausführungen von Abschnitt 2.2 auch ihr Name gehört, ist eine "namenlose Variable" eigentlich widersprüchlich. Im C++-Standard wird „object" als Oberbegriff für namenlose und benannte Variablen verwendet. Ein **Objekt** in diesem Sinn hat wie eine Variable einen Wert, eine Adresse und einen Datentyp, aber keinen Namen. Da der Begriff „Objekt" aber auch oft für Variable eines Klassentyps verwendet wird, wird zur Vermeidung von Verwechslungen auch der Begriff „namenlose Variable" verwendet.

2. Der Name einer gewöhnlichen Variablen ist untrennbar mit reserviertem Speicher verbunden. Es ist nicht möglich, über einen solchen Namen nicht reservierten Speicher anzusprechen. Im Unterschied dazu existiert ein Zeiger p, über den eine dynamisch erzeugte Variable angesprochen wird, unabhängig von dieser Variablen. Ein Zugriff auf *p ist nur nach *new* und vor *delete* zulässig. Vor *new p* oder nach *delete p* ist der Wert von p unbestimmt und der Zugriff auf *p ein **Fehler**, der einen Programmabbruch zur Folge haben kann:

   ```
   int* pi = new int(17);
   delete pi;
   ...
   *pi = 18; // Jetzt knallts - oder vielleicht auch nicht?
   ```

3. Der Speicher für eine gewöhnliche Variable wird **automatisch** freigegeben, wenn der Gültigkeitsbereich der Variablen verlassen wird. Der Speicher für eine dynamisch erzeugte Variable **muss** dagegen mit genau einem Aufruf von *delete* wieder freigegeben werden.

   – Falls *delete* überhaupt nicht aufgerufen wird, kann das eine Verschwendung von Speicher (Speicherleck, memory leak, siehe Abschnitt 6.4.3) sein. Falls in einer Schleife immer wieder Speicher reserviert und nicht mehr freigegeben wird, können die swap files immer größer werden und die Leistungsfähigkeit des Systems nachlassen.
   – Ein zweifacher Aufruf von *delete* mit demselben, von Null verschiedenen Zeiger, ist ein Fehler, der einen Programmabsturz zur Folge haben kann.

   Beispiel: Anweisungen wie

6.4 Dynamisch erzeugte Variablen

```
int* pi = new int(1);
int* pj = new int(2);
```

zur Reservierung und

```
delete pi;
delete pj;
```

zur Freigabe von Speicher sehen harmlos aus. Wenn dazwischen aber eine ebenso harmlos aussehende Zuweisung stattfindet,

```
pi = pj;
```

haben die beiden *delete* Anweisungen den Wert von *pj* als Operanden. Die Anweisung „delete pj" kann dann zu einem Programmabsturz führen. Der durch „new int(1)" reservierte Speicher wird überhaupt nicht freigegeben.

4. Der Operand von *delete* muss einen Wert haben, der das Ergebnis eines *new*-Ausdrucks ist. Wendet man *delete* auf einen anderen Ausdruck an, ist das außer bei einem Nullzeiger ein Fehler, der einen Programmabbruch zur Folge haben kann. Insbesondere ist es ein **Fehler**, *delete* auf einen Zeiger anzuwenden,

   a) dem nie ein *new*-Ausdruck zugewiesen wurde.
   b) der nach *new* verändert wurde.
   c) auf den bereits *delete* angewendet wurde (siehe 3.)
   d) der auf eine gewöhnliche Variable zeigt.

   Beispiele: Der Aufruf von *delete* mit *p1*, *p2* und *p3* ist ein Fehler:

   ```
   int* p1;                // a)
   int* p2 = new int(1);
   p2++;                   // b)
   int i = 17;
   int* p3 = &i;           // d)
   ```

5. In Abschnitt 6.2 haben wir gesehen, dass eine **Zuweisung** von Zeigern zu Aliasing führen kann. Bei einer Zuweisung an einen Zeiger auf eine dynamisch erzeugte Variable besteht außerdem die Gefahr von **Speicherlecks**. Diese können folgendermaßen vermieden werden:

   – Man vermeidet solche Zuweisungen. Diese Strategie wird von der smart pointer Klasse *unique_ptr* verfolgt (siehe Abschnitt 18.2).

   – Der Speicher für diese Variable wird vorher freigegeben.

   ```
   int* pi = new int(17);
   int* pj = new int(18);
   delete pi; // um ein Speicherleck zu vermeiden
   pi = pj;
   ```

Da anschließend zwei Zeiger *pi* und *pj* auf die mit *new(18)* erzeugte Variable **pj* zeigen, muss darauf geachtet werden, dass der Speicher für diese Variable nicht freigegeben wird, solange über einen anderen Zeiger noch darauf zugegriffen werden kann.

- Der Speicher für eine dynamisch erzeugte Variable wird automatisch wieder freigegeben, wenn es keine Referenz mehr auf diese Variable gibt. Diese Strategie wird von der smart pointer Klasse *shared_ptr* verfolgt (siehe Abschnitt 18.3).

6. Bei gewöhnlichen Variablen prüft der Compiler bei den meisten Operationen anhand des Datentyps, ob sie zulässig sind oder nicht. Ob für einen Zeiger *delete* aufgerufen werden muss oder nicht aufgerufen werden darf, ergibt sich dagegen nur aus dem bisherigen Ablauf des Programms.

Beispiel: Nach Anweisungen wie den folgenden ist es unmöglich, zu entscheiden, ob *delete p* aufgerufen werden muss oder nicht:

```
int i, x;
int* p;
if (x>0) p = &i;
else p = new int;
```

Diese Beispiele zeigen, dass mit dynamisch erzeugten Variablen **Fehler** möglich sind, die mit „gewöhnlichen" Variablen nicht vorkommen können. Zwar sehen die Anforderungen bei den einfachen Beispielen hier gar nicht so schwierig aus. Falls aber *new* und *delete* in verschiedenen Teilen des Quelltextes stehen und man nicht genau weiß, welche Anweisungen dazwischen ausgeführt werden, können sich leicht Fehler einschleichen, die nicht leicht zu finden sind.

- Deshalb sollte man **„gewöhnliche" Variablen** möglichst immer **vorziehen**.
- Falls sich Zeiger nicht vermeiden lassen, sollte man das Programm immer so **einfach** gestalten, dass möglichst keine Unklarheiten aufkommen können.
- **Smart pointer** (die hier aber nicht behandelt werden) sind oft eine Alternative, die viele Probleme vermeidet.

Dynamisch erzeugte Variable bieten in der bisher verwendeten Form keine Vorteile gegenüber „gewöhnlichen" Variablen. Trotzdem gibt es Situationen, in denen sie notwendig sind:

- Falls gewisse Informationen erst zur Laufzeit und nicht schon bei der Kompilation verfügbar sind. So muss zum Beispiel
  - bei dynamisch erzeugten Arrays die Größe,
  - bei verketteten Datenstrukturen (wie Listen und Bäume, siehe Abschnitte 6.11 und 6.12) die Verkettung, und
  - bei einem Zeiger auf ein Objekt einer Basisklasse (siehe Abschnitt 8.4.2) der Datentyp des Objekts, auf den er zeigt,

  erst während der Laufzeit festgelegt werden. Aus diesem Grund werden die Elemente von objektorientierten Klassenhierarchien oft dynamisch erzeugt.

6.4 Dynamisch erzeugte Variablen

- Es gibt Betriebssysteme und Compiler, bei denen der für globale und lokale Variablen verfügbare Speicher begrenzt ist (z.B. auf 64 KB bei 16-bit-Systemen wie Windows 3.x oder MS-DOS). Für den Heap steht dagegen mehr Speicher zur Verfügung.
  Unter 32-bit-Betriebssystemen stehen für globale und lokale Variablen unabhängig vom physikalisch verfügbaren Hauptspeicher meist 4 GB oder mehr zur Verfügung. Deshalb besteht heutzutage meist keine Veranlassung, Variablen aus Platzgründen im Heap anzulegen. Allerdings findet man noch Relikte aus alten Zeiten, in denen Variablen nur aus diesem Grund im Heap angelegt werden.
- Sie können zur Reduzierung von Abhängigkeiten bei der Kompilation beitragen (Sutter 2000, Items 26-30).

In der Programmiersprache C gibt es anstelle der Operatoren *new* und *delete* die Funktionen *malloc* bzw. *free*. Sie funktionieren im Prinzip genauso wie *new* und *delete* und können auch in C++ verwendet werden. Da sie aber mit *void**-Zeigern arbeiten, sind sie fehleranfälliger. Deshalb sollte man immer *new* und *delete* gegenüber *malloc* bzw. *free* bevorzugen. Man kann in einem Programm sowohl *malloc*, *new*, *free* und *delete* verwenden. Speicher, der mit *new* reserviert wurde, sollte aber nie mit *free* freigeben werden. Dasselbe gilt auch für *malloc* und *delete*.

6.4.3 Memory Leaks in Visual C++ finden ☉

Memory Leaks sind oft schwer zu finden. Wenn in einem umfangreichen Programm zu einem *new* das *delete* fehlt, findet man dieses *new* bei einer Lektüre des Quelltextes oft nur sehr mühsam.

Memory Leaks kann man oft mit Smart Pointern vermeiden (siehe Kapitel 18). Falls Smart Pointer nicht passend sind, können Produkte wie Boundschecker, Visual Leaks Detector usw. oder die in Visual Studio verfügbaren Techniken helfen. In Visual C++ kann man im Debug-Modus mit

    int **_CrtSetDbgFlag**(int newFlag); // nach <crtdbg.h>

und geeigneten Argumenten erreichen, dass bei einem Memory Leak nach dem Ende des Programms ein Dump mit Informationen über die Ursache des Memory Leaks erzeugt wird. Fügt man einen Aufruf dieser Funktion am Anfang der *main*-Funktion ein,

```
int main()
{
    _CrtSetDbgFlag(_CRTDBG_ALLOC_MEM_DF | _CRTDBG_LEAK_CHECK_DF);
```

erhält man nach dem Ende des Programms bei einem Memory Leak im Ausgabefenster (*Ansicht\Ausgabe*) Meldungen wie

```
Detected memory leaks!
Dumping objects ->
{155} normal block at 0x00402830, 4 bytes long.
 Data: <    > CD CD CD CD
{152} normal block at 0x004027F0, 16 bytes long.
 Data: <    > CD CD CD CD CD CD CD CD CD CD CD CD CD CD CD CD
```

```
{147} normal block at 0x00402350, 20 bytes long.
 Data: <    > 02 00 00 00 03 00 00 00 00 00 00 00 00 00 00 00
Object dump complete.
```

Fügt man dann nach *CrtSetDbgFlag* noch Anweisungen wie die folgenden ein (dabei ist die Zahl die erste Zahl in geschweiften Klammern aus dem object dump)

```
_crtBreakAlloc = 155;
```

wird bei der entsprechenden Stelle im Programm ein Haltepunkt eingefügt. Das Programm wird dann an der entsprechenden Stelle angehalten:

Es gibt einige kommerzielle Produkte, um Memory Leaks zu finden. Der Virtual Leak Detector (http://vld.codeplex.com/) ist ein freies Hilfsmittel zur Entdeckung von Memory Leaks.

Aufgaben 6.4

Schreiben Sie die Lösungsfunktionen in eine wie in Abschnitt 1.2.5 beschriebene Header-Datei (z.B. mit dem Namen „Loesungen-Kap-6.h") und rufen Sie diese auf.

1. Nach den Definitionen

    ```
    int i = 5;
    int *pi, pj;
    char *pc, pd;
    ```

    sollen die folgenden Zuweisungen in einem Programm stehen:

    a) pi = i;   b) pi = &i;
    c) *pi = i;   d) *pi = &i;
    e) pi = pj;   f) pc = &pd;
    g) pi = pc;   h) pd = *pi;
    i) *pi = i**pc;   j) pi = 0;

6.5 Dynamische erzeugte eindimensionale Arrays

Geben Sie an, welche dieser Zuweisungen syntaktisch korrekt sind. Geben Sie außerdem für jeden syntaktisch korrekten Ausdruck den Wert der linken Seite an, wobei die Ergebnisse der zuvor ausgeführten Anweisungen vorausgesetzt werden sollen. Falls die linke Seite ein Zeiger ist, geben Sie den Wert der dereferenzierten Variablen an.

2. Beschreiben Sie das Ergebnis der folgenden Anweisungen:

   a) ```
      int j = 10;
      int* p = &j;
      *p = 17;
      cout << j << endl;
      cout << p << endl;
      ```

   b) ```
      *(new int) = 17;
      ```

   c) ```
      int* f_retp()
      {
         int x = 1;
         return &x;
      }

      cout << *f_retp() << endl;
      ```

3. In der Programmiersprache C gibt es keine Referenzparameter. Wenn man in C in einer Funktion ein Argument verändern will, übergibt man seine Adresse und verändert die dereferenzierte Variable, wie z.B. in der Funktion

   ```
   void ptr_swap(int* x, int* y)
   {
      int h = *x;
      *x = *y;
      *y = h;
   }
   ```

   Erstellen Sie ein Ablaufprotokoll für diese Funktion und geben Sie ihre Nachbedingung an.

6.5 Dynamische erzeugte eindimensionale Arrays

Ein dynamisch erzeugtes Array a mit n Elementen des Datentyps T wird durch

```
int n = 10; // n muss keine Konstante sein
T* a = new T[n]; //
```

angelegt. Dabei wird der Speicherplatz für die Arrayelemente während der Laufzeit des Programms durch vordefinierte Funktionen zur Speicherverwaltung reserviert. Im Unterschied zu einem gewöhnlichen Array b muss die Anzahl der Elemente keine Konstante sein:
```

```
const int m = 10; // m muss eine Konstante sein
T b[m];
```

Ein dynamisch erzeugtes Array mit n Elementen hat wie ein gewöhnliches Array die Elemente

a[0], a[1], ..., a[n-1]

Beim Zugriff auf die Arrayelemente besteht also kein Unterschied zwischen einem gewöhnlichen und einem dynamisch erzeugten Array. Insbesondere muss man immer darauf achten, dass man als Index in a[i] einen zulässigen Wert zwischen $0 \leq i < n$ verwendet. Dem Vorteil, dass man die Größe nicht schon bei der Kompilation angeben muss, stehen aber auch die Nachteile gegenüber, die schon in Abschnitt 6.4 für alle mit *new* erzeugten Variablen beschrieben wurden. Um nur die wichtigsten zu nennen:

– Der mit *new* reservierte Speicherbereich für das Array a muss mit **delete[]** a wieder freigegeben werden.
– Bei einer Zuweisung an einen Zeiger muss man darauf achten, dass der Speicherbereich auf den die linke Seite zeigt, auch wieder freigegeben werden kann.

Ab Visual Studio 2013 kann man ein dynamisch erzeugtes Array auch bei seiner Definition initialisieren:

```
int* da = new int[5]{2, 3};
```

Die Größe eines dynamisch erzeugten Arrays kann nicht direkt geändert werden. Man kann allerdings ein neues dynamisches Array anlegen, in dieses die Elemente des alten Arrays kopieren (maximal so viele, wie das neue Array Elemente hat), und dann den Zeiger auf das neue Array dem des alten Arrays zuweisen.

```
void ReAllocate(T*& a, int n_copy, int n_new)
{
  T* pnew = new T[n_new]; // erzeuge das neue Array
  if (n_copy > n_new) n_copy = n_new;
  for (int i = 0; i < n_copy; i++)
    pnew[i] = a[i]; // kopiere das alte Array in das neue
  delete[] a;  // Speicher des alten Arrays freigeben
               // Wegen dieser Form von delete darf ReAllocate nur
               // mit einem Argument aufgerufen werden, das auf ein
               // dynamisch erzeugtes Array zeigt.
  a = pnew;    // Zeiger auf das neue Arrray zurückgeben.
}
```

Funktionen zur Verwaltung dynamischer Arrays stehen auch in der C-Standardbibliothek zur Verfügung. Die Funktion *realloc* verwendet als Parameter generische Zeiger, was zur Folge hat, dass der Compiler keine Typen prüfen kann.

void *realloc(void *block, size_t size);

Normalerweise brauchen und sollen Sie (außer in den folgenden Übungsaufgaben) keine eigenen dynamischen Arrays schreiben. Die **C++-Standardbibliothek** enthält zahlreiche

6.6 Arrays, Zeiger und Zeigerarithmetik

Containerklassen (z.B. *vector* und *deque*, siehe Abschnitt 11.1). Diese sind für die allermeisten Anwendungen besser geeignet sind als selbstgestrickte dynamische Arrays. Da sich einige grundlegende Eigenschaften dieser Klassen direkt aus den zugrundeliegenden Datenstrukturen ergeben, ist ein Grundverständnis von dynamischen Arrays wichtig, auch wenn sie nicht selbst programmiert werden sollen.

Aufgaben 6.5

1. Überarbeiten Sie eine Kopie Ihrer Lösung von Aufgabe 4.2, 2. (Sieb des Eratosthenes) so, dass die Anzahl der Arrayelemente als Parameter übergeben wird und das Array dynamisch angelegt wird. Der Aufwand für die Änderung soll möglichst gering sein.

2. Implementieren Sie die Funktion *ReAllocate* und testen Sie diese mit einem dynamisch erzeugten Array mit zunächst 2 Elementen, dessen Größe immer wieder verdoppelt wird. Der Test soll einfach nur darin bestehen, dass nach jeder Verdoppelung immer alle Elemente angesprochen werden.

   Beschreiben Sie das Ergebnis der folgenden Anweisungen:

   ```
   a) int* p1;              ReAllocate(p1, 0, 100);
   b) int* p2 = new int;    ReAllocate(p2, 0, 100);
   c) int x; int* p3 = &x;  ReAllocate(p3, 0, 100);
   d) int* p4 = new int[1]; ReAllocate(p4, 0, 100);
   ```

6.6 Arrays, Zeiger und Zeigerarithmetik

Zu einem Zeiger p kann ein ganzzahliger Wert n addiert werden:

```
T* p; // T ein beliebiger Datentyp
p + n   // n ganzzahlig
```

Das Ergebnis ist ein Zeiger desselben Datentyps. Der Wert von p+n ist aber nicht die um n erhöhte Adresse p, sondern die Adresse

p+n*sizeof(T)

Beispiel: Angenommen, der Zeiger p erhält durch die Definition

```
int* p = new int[10]; // sizeof(int)==4
```

die Adresse 1000. Dann ist p+1 nicht die Adresse 1001, sondern 1004.

Durch p+1 erhält man also nicht die Adresse des nächsten Bytes, sondern die Adresse des nächsten *int*-Wertes, wenn p den Datentyp „Zeiger auf *int*" hat.

Entsprechend kann man von einem Zeiger p auch einen ganzzahligen Wert n oder einen Zeiger q subtrahieren:

– Der Zeiger p–n stellt die Adresse p–n*sizeof(T) dar.
– Bei der **Subtraktion von zwei Zeigern** p und q müssen diese auf Elemente desselben Arrays zeigen. Wenn p auf das i-te und q auf das j-te Element zeigen(p=a+i und q=a+j), ist die Differenz p–q als i–j definiert. Falls sie nicht auf Elemente desselben Arrays zeigen, ist das Ergebnis nicht definiert.
– Die **Addition** von Zeigern ist nicht definiert.

Eine solche **Addition** von **Zeigern** und **ganzzahligen Werten** bzw. **Subtraktion** von Zeigern bezeichnet man als **Zeigerarithmetik**.

Zeigerarithmetik wird vor allem mit Zeigern auf ein Array verwendet und beruht darauf, dass der Compiler den Namen eines Arrays als einen **Zeiger auf das erste Arrayelement** behandelt, wenn der Name des **Arrays** ohne den Indexoperator [] verwendet wird (Ausnahme: Als Argument von *sizeof*). Bisher wurde der Name eines Arrays fast immer nur zusammen mit dem Indexoperator in einem Ausdruck verwendet (z.B. a[i]).

Deshalb ist nach den Definitionen

```
T* p;    // T irgendein Datentyp
T a[10];
```

die folgende Zuweisung möglich:

```
p = a;
```

Dabei erhält p denselben Wert wie durch

```
p = &a[0];
```

Entsprechend erhalten i und j durch die folgenden Anweisungen denselben Wert:

```
T i = a[0];
T j = *a;
```

Damit sind die folgenden Ausdrücke gleichwertig:

```
*(a+1)    und    a[1]
*(a+2)    und    a[2]
*(a+i)    und    a[i]
```

Tatsächlich ist a[i] nicht nur gleichwertig mit *(a + i), sondern sogar durch diesen zweiten Ausdruck definiert. Aus dieser Definition ergibt sich die, zumindest auf den ersten Blick, überraschende **Kommutativität der Indizierung**:

```
a[i] == i[a]
```

Aus dieser Definition folgt außerdem, dass auch **für** einen **Zeiger indizierte Ausdrücke** gebildet werden können. Deshalb ist nach der Definition

```
T* p;
```

6.6 Arrays, Zeiger und Zeigerarithmetik

auch dieser Ausdruck definiert:

```
p[i]  // i ein ganzzahliger Ausdruck
```

Bei der Dereferenzierung eines Zeigerarithmetik-Ausdrucks dürfen die Klammern nicht vergessen werden. Da der Operator * stärker bindet als der Operator +, wird der Ausdruck

```
*p+i
```

als (*p)+i ausgewertet und nicht etwa als *(p+i). Falls p auf einen arithmetischen Datentyp zeigt, sind beide Ausdrücke zulässig, so dass der Compiler dann nicht vor einer versehentlich falschen oder vergessenen Klammerung warnen kann.

Deshalb kann man die Elemente eines Arrays sowohl mit Zeigerarithmetik als auch mit dem Indexoperator ansprechen, und es stellt sich die Frage, welche dieser beiden Möglichkeiten vorzuziehen ist. Einige Argumente:

- Der Zugriff auf Arrayelemente mit dem Indexoperator wird meist als einfacher angesehen. Zeigerarithmetik wird dagegen oft als trickreich, undurchsichtig und fehleranfällig beurteilt.
- In vielen (vor allem älteren) Büchern (z.B. Kernighan/Ritchie 1988, Abschnitt 5.3) findet man den Hinweis, dass Zeigerarithmetik oft schneller ist.

Der vom Visual C++ Compiler erzeugte Assembler-Code zeigt aber, dass das Geschwindigkeitsargument nicht zutrifft. Der Assembler-Code wird

- bei der Ausführung des Programms im Debugger unter *Debuggen|Fenster| Disassembly* angezeigt, oder mit
- nach *Projekt|Eigenschaften|Konfigurationseigenschaften|C/C++|Ausgabedateien|-Assemblyausgabe* erzeugt.

Die nächste Abbildung zeigt, dass für a[i] und *(a+i) derselbe Assemblercode erzeugt wird:

Deswegen gibt es meist keinen Grund, Arrayelemente mit Zeigerarithmetik anzusprechen. Aus den folgenden Gründen sollte man Zeigerarithmetik aber doch kennen:

- Man findet sie in vielen Büchern und real existierenden Programmen.
- Mehrdimensionale Arrays müssen manchmal über Zeiger als Parameter an Funktionen übergeben werden.
- Die Standardbibliothek verwendet für ihre Iteratoren ein ähnliches Konzept.

Aufgabe 6.6

1. Beschreiben Sie nach den Definitionen

    ```
    int a[10] = { 1,3,5,7 }, *p = a;
    ```

    den Wert der folgenden Ausdrücke durch indizierte Ausdrücke des Arrays a:

    ```
    *p              *p + 1
    (*p) + 1        *(p + 1)
    *(p + 3**p)     *p**p
    ```

2. Überarbeiten Sie die Funktion *Auswahlsort* von Aufgabe 4.4 zu einer Funktion *AuswSortPtr*, bei der die Arrayelemente mit Zeigerarithmetik angesprochen werden.

6.7 Arrays als Funktionsparameter Θ

Die in diesem Abschnitt vorgestellte Übergabe von Arrays als Parametern steht schon in C zur Verfügung und ist deshalb recht verbreitet. Mit den Containerklassen *std::vector* (siehe Abschnitt 11.1.1) oder *std::array* (siehe Abschnitt 11.1.12) anstelle von Arrays ist die Parameterübergabe aber einfacher und weniger fehleranfällig, da die Anzahl der Arrayelemente nicht extra übergeben werden muss.

Schon in Abschnitt 6.6 wurde darauf hingewiesen, dass der Compiler den Namen eines Arrays als Zeiger auf das erste Element behandelt. Das gilt auch bei der Übergabe eines Arrays als Parameter. Dabei macht es keinen Unterschied, welche der folgenden Schreibweisen man dabei verwendet:

```
int sum1(int a[10])
{
  int s = 0;
  for (int i = 0; i<10; i++) s = s + a[i];
  return s;
}

int sum2(int a[])
{ // Genau dieselben Anweisungen wie bei sum1
  int s = 0;
  for (int i = 0; i<10; i++) s = s + a[i];
  return s;
}
```

Da ein Arrayparameter in einen Zeiger auf das erste Element des Arrays konvertiert wird, sind diese beiden Definition gleichwertig mit der von *sum3*:

6.7 Arrays als Funktionsparameter Θ

```
int sum3(int* a)
{ // Genau dieselben Anweisungen wie bei sum1
  int s = 0;
  for (int i = 0; i < 10; i++) s = s + a[i];
  return s;
}
```

Hier werden die Arrayelemente a[i] über den Zeiger a mit dem Indexoperator angesprochen. Wie im letzten Abschnitt dargestellt wurde, sind die Ausdrücke „a[i]" und „*(a+i*sizeof(T))" gleichwertig.

Die Funktionen *sum1*, *sum2* und *sum3* können mit einem *int*-Array einer beliebigen Elementanzahl aufgerufen werden:

```
int a1[5] = { 1,2,3,4,5 };
int s1 = sum1(a1);
int s2 = sum2(a1);
int s3 = sum3(a1);
```

Da bei der Konvertierung die Anzahl der Arrayelemente nicht eingeht, ist die Konstante „10" in der Parameterliste von *sum1* ohne jede Bedeutung. Deswegen werden bei jedem dieser Aufrufe nicht reservierte Speicherbereiche angesprochen.

Wenn man eine Funktion mit verschieden großen Arrays aufrufen will, muss man die Anzahl der Arrayelemente ebenfalls als Parameter übergeben:

```
int sum(int* a, int n)   // n: Anzahl der Arrayelemente
{
  int s = 0;
  for (int i = 0; i<n; i++) s = s + a[i];
  return s;
}
```

Diese Funktion kann dann folgendermaßen aufgerufen werden:

```
int a[10] = { 1,2,3,4,5,6,7,8,9,10 };
int s = sum(a, 10);
```

Aufgaben 6.7

1. a) Überarbeiten Sie die Funktion *Auswahlsort* von Aufgabe 4.4, so dass ein Array von *int*-Werten mit einer beliebigen Anzahl von Argumenten als Parameter übergeben werden kann.
   b) Schreiben Sie eine Funktion *isSorted* die prüft, ob die Elemente eines als Parameter übergebenen Arrays in einer sortierten Reihenfolge sind.
   c) Testen Sie die Funktionen aus a) und b) an einigen Arrays
      – mit einem Arrayelement
      – mit zwei Arrayelementen in einer richtigen Anordnung
      – mit zwei Arrayelementen in einer falschen Anordnung
      – mit drei Arrayelementen in allen dabei möglichen Anordnungen.

2. Überarbeiten Sie die Funktion *Horner* von Aufgabe 4.2, 4. so, dass ihr das Array mit den Koeffizienten des Polynoms als Parameter übergeben wird.

6.8 Funktionszeiger und Datentypen für Funktionen Θ

In der Programmiersprache C sind Funktionszeiger die einzige Möglichkeit, Variablen zu definieren, denen man eine Funktion zuweisen kann. Solche Funktionszeiger muss man in C dann immer verwenden, wenn man eine Funktion als Parameter übergeben wollte. Da man Funktionszeiger auch gelegentlich in C++-Programmen findet, soll die Schreibweise kurz an Beispielen vorgestellt werden. In C++ steht allerdings mit *std::function* (siehe Abschnitt 8.2.13) eine intuitivere Schreibweise zur Verfügung.

Beispiel: Mit

```
typedef string(*F)(int);
```

ist F ein Datentyp. Einer Variablen des Typs F kann man eine Funktion wie

```
std::string f(int i)
{
   return "nur ein Beispiel";
}
```

kann:

```
F x = f;
std::string s = x(17);
```

Eine Variable des Datentyps von F erhält man auch mit der Definition

```
string(*y)(int) = f;
std::string t = y(17);
```

Mit *using* (seit C++11) sind Synonyme für Datentypen von Funktionen etwas intuitiver. Mit *std::function* (siehe Abschnitt 8.2.13) geht es aber noch einfacher.

Beispiel: Der Typ-Alias

```
using Funktion = string(*) (int, int);
```

ist gleichwertig zu der *typedef*-Deklaration für einen Funktionstyp

```
typedef string (*Funktion)(int, int);
```

Nach beiden Deklarationen kann man die Funktion

```
string MeineFunktion(int, int) { return ""; }
```

einer Variablen des Typs *Funktion* zuweisen

```
Funktion f = MeineFunktion;
```

und über diese Variable dann die Funktion *MeineFunktion* aufrufen:

```
string s = f(1, 2);
```

Mit dem nach

```
#include <functional>
```

verfügbaren *std::function* ist das aber noch einfacher:

```
std::function<string(int,int)> fun = MeineFunktion;
```

6.9 Konstante Zeiger

Bei der Definition einer Zeigervariablen kann man durch eine **const** Angabe erreichen, dass sie (die **Zeigervariable**) oder die **dereferenzierte Variable** nicht veränderbar ist. Welche der beiden konstant ist, ergibt sich aus der Reihenfolge von *const* und *. Die folgenden Beispiele verwenden den Datentyp *int*, gelten aber genauso für andere Datentypen:

– Nach „*int* const p;*" ist p ein konstanter **Zeiger**. Dann kann der Wert von p nicht verändert werden.
– Nach den beiden gleichwertigen Schreibweisen „*const int* p;*" und „*int const * p;*" ist p ein Zeiger auf „*const int*". Dann kann die **dereferenzierte** *int* **Variable** *p nicht verändert werden.

Da diese drei Schreibweisen sehr ähnlich aussehen, können sie leicht verwechselt werden. Wenn man *const* nach dem Datentyp schreibt, kann man die Bedeutung einer solchen Definition immer nach dem Schema „lese von rechts nach links" ableiten.

Für einige der folgenden Beispiele wird eine *int*-Variable i vorausgesetzt:

```
int i;
```

1. Nach den beiden gleichwertigen Definitionen

```
const int* p1; // a)
int const* p1; // b)
```

ist *p1* ein Zeiger auf ein *const int*. Da in b) *const* auf den Datentyp folgt, ergibt sich diese Bedeutung nach dem Schema „lese von rechts nach links". In der weiter verbreiteten Schreibweise a) kann man dieses Schema nicht anwenden. Von den nächsten beiden Zuweisungen ist nur die erste zulässig:

```
p1 = &i;
*p1 = 7;//error: Zuweisung an const Variable nicht möglich
```

2. Nach

   ```
   int* const p2 = &i;
   ```

   ist p2 ein *const* Zeiger auf *int*. Deshalb ist von den nächsten beiden Zuweisungen nur die zweite zulässig:

   ```
   p2 = &i;//error: Zuweisung an const Variable nicht möglich
   *p2 = 17;
   ```

3. Sollen sowohl p als auch *p konstant sein, muss man *const* zweimal angeben (vor und nach dem Stern). Die nächsten beiden Definitionen sind gleichwertig:

   ```
   const int * const p3 = &i;
   int const * const p3 = &i;
   ```

   Dann ist keine der nächsten beiden Zuweisungen zulässig:

   ```
   p3 = &i;//error: Zuweisung an const Variable nicht möglich
   *p3 = 7;//error: Zuweisung an const Variable nicht möglich
   ```

4. Falls mehr als eine Zeigervariable in einer einzigen Deklaration definiert wird, ist eventuell nicht unmittelbar klar, was konstant ist und was nicht:

   ```
   int const * const p4 = &i, *p5;
   *p5 = 7;//error: Zuweisung an const Variable nicht möglich
   p5 = &i;// das geht
   ```

Der Compiler unterbindet eine Zuweisung eines konstanten Zeigers pc an einen nicht konstanten Zeiger p, da sonst über *p auch *pc verändert werden könnte:

```
void f(int* p, const int* pc)
{
  p = pc;  // error: Konvertierung 'const int *' nach 'int *'
  *p = 17; // Würde *p und den Alias *pc ändern
}
```

Aus diesem Grund ist auch der Aufruf von g in h nicht zulässig:

```
int g(int* p) { }

void h(const int* p)
{
  g(p);// error: Konvertierung 'const int *' nach 'int *'
}
```

Konstante Zeiger werden vor allem für Funktionsparameter verwendet, wenn der dereferenzierte Wert in der Funktion nicht verändert wird. Dann dokumentiert bereits die Funktionsdeklaration, dass die Variable, auf die das Argument zeigt, beim Aufruf nicht verändert wird. Es ist generell empfehlenswert, alle Parameter eines Zeigertyps, die nicht verändert werden, als *const* zu definieren (**const-Korrektheit**, siehe auch Abschnitt 2.7.1).

6.10 Stringliterale, nullterminierte Strings und char*-Zeiger

Beispiel: Wenn der Parameter für die Quelle *src* in

> *char *__strcpy__(char *dest, const char *src);*

nicht konstant wäre, könnte der Compiler nicht entdecken, wenn die Quelle und das Ziel verwechselt werden:

```
char a[100];
const char* msg = "Keine Auszahlung mehr möglich";
strcpy(msg, a); // error:Konvertierung nicht möglich
```

Bei Funktionen, die Zeiger zurückgeben, kann man durch einen *const* Rückgabetyp erreichen, dass der dereferenzierte Funktionswert nicht verändert werden kann. Ein solcher Funktionswert kann nur einem konstanten Zeiger zugewiesen werden. Bei Funktion, die keine Zeiger oder Referenzen zurückgeben, ist ein konstanter Rückgabetyp meist nicht sinnvoll.

6.10 Stringliterale, nullterminierte Strings und *char**-Zeiger

In der Programmiersprache C haben Zeiger eine wesentlich größere Bedeutung als in vielen anderen Sprachen, da in C einige Sprachkonzepte Zeiger verwenden, die in anderen Sprachen ohne Zeiger auskommen. Dazu gehören z.B. Zeichenketten (Strings), die durch Zeiger auf nullterminierte Strings dargestellt werden.

Ein **Stringliteral** ist eine durch Anführungszeichen begrenzte Zeichenfolge wie

```
"Hallo"
```

Ein Stringliteral hat in Standard-C++ den **Datentyp** *const char[n+1]* (siehe Abschnitt 4.2), wobei n die Länge des Strings ist. Der Compiler reserviert für die Zeichen des Stringliterals einen Speicherbereich, in dem er die Zeichen des Literals ablegt. Nach dem letzten Zeichen fügt er ein **Nullzeichen** '\0' („**Nullterminator**", alle Bits Nullen) an, um das Ende des Strings zu kennzeichnen. Deshalb belegt "Hallo" 6 Bytes und nicht nur 5. Aus dieser Art der Kennzeichnung ergibt sich auch der Name **nullterminierter String**.

Der Compiler konvertiert ein Stringliteral in die Adresse seines ersten Zeichens. Deshalb ist die nächste Zuweisung zulässig:

```
const char* s = "Hallo";
```

Dabei erhält die Zeigervariable s die Adresse des ersten Zeichens 'H' des Literals. Eine solche Zuweisung kopiert also nicht alle Zeichen des Strings, obwohl das auf den ersten Blick so aussieht. Ebenso wenig werden durch

```
const char* t = s;
```

die Zeichen des **Strings** t nach s **kopiert**. Vielmehr wird durch eine solche Zuweisung die Adresse in s nach t kopiert.

Im Unterschied zu jedem anderen Zeigertyp akzeptieren C++ Compiler aus historischen Gründen auch Zuweisungen und Initialisierungen von nicht konstanten *char** Zeigervariablen mit Stringliteralen:

```
char* t = ".."; // deprecated, const char* t=".." wäre ok
```

Solche Zuweisungen sind in C verbreitet. Im C++-Standard sind sie dagegen als „deprecated" klassifiziert, was bedeutet, dass man sie vermeiden soll. Sie ermöglichen die Veränderung des konstanten Stringliterals, was zu undefiniertem Verhalten führen kann:

```
t[1] = 'x'; // Programmabsturz möglich (undefined behavior)
```

Dass für Stringliterale Variable des Typs *const char ** verlangt werden ist keine ernsthafte Einschränkung, da sie meist nur als Namen für das Stringliteral verwendet werden. Es besteht fast nie ein Anlass, eine solche Variable zu verändern.

Der Speicher für ein Stringliteral wird immer statisch (wie eine globale Variable) angelegt. Deshalb ist die Adresse eines lokalen Stringliterals auch außerhalb einer Funktion gültig, im Unterschied zu einer lokalen Variablen eines anderen Datentyps:

```
const char* Message()          const int* DontDoDat()
{                              {
    return "Hello";                int i;
}                                  return &i;
                               }
```

Der Datentyp **char*** wird oft als Zeiger auf das erste Zeichen eines nullterminierten Strings interpretiert, obwohl ein solcher Zeiger auch auf ein einzelnes Zeichen zeigen kann, auf das kein Nullterminator folgt. Zur Bearbeitung eines solchen Strings werden dann alle Zeichen ab dieser Adresse bis zum nächsten Nullterminator bearbeitet.

Das soll am Beispiel einer Funktion *my_strcpy* illustriert werden. Sie kopiert alle Zeichen ab der Adresse in t bis zum nächsten Nullterminator einzeln in das *char* Array ab s. Als kleine Anwendung der **Zeigerarithmetik** werden die Zeiger mit +1 um 1 (*sizeof(char)*) erhöht:

```
void my_strcpy(char* s, const char* t) // wie strcpy
{ // kopiert den nullterminierten String t nach s
  while ((*t) != '\0') // kürzer: while (*t)
  {
    *s = *t;
    s = s + 1;          // Zeigerarithmetik
    t = t + 1;          // s++ bzw. t++ geht auch
  }
}
```

Nur als Randbemerkung: Kernighan und Ritchie (1988, Abschnitt 5.5) schreiben diese Funktion etwas kürzer. Bei ihnen besteht der gesamte Anweisungsteil aus einer leeren Anweisung „;":

```
while (*s++ = *t++); // das müssen Sie nicht verstehen
```

6.10 Stringliterale, nullterminierte Strings und char*-Zeiger

Die Verwendung solcher Funktionen ist **nicht ohne Risiko**: Falls ab der Zieladresse weniger Speicher reserviert ist als die Quelle benötigt, wird nicht reservierter Speicher gnadenlos überschrieben, und das Programm kann abstürzen. Der Grund dafür ist einfach, dass nur Zeiger übergeben werden. Und an einem Zeiger kann man nicht erkennen, wie viel Speicher ab der Adresse reserviert ist.

Auch im Debugger wird ein *char** Ausdruck als ein Zeiger auf das erste Zeichen eines nullterminierten Strings interpretiert.

Beispiel: Zeigt man einen Ausdruck s des Datentyps *char** im Debugger an, werden sowohl seine Adresse als auch die Zeichen von *s bis zum nächsten Nullterminator dargestellt. Im Unterschied dazu wird für andere Zeigertypen nur die Adresse dargestellt. Die Variablen

```
const char* s = "123 456";
int* pi = new int(17);
```

werden im Debugger folgendermaßen dargestellt:

Der von einem nullterminierten String belegte Speicher kann im Debugger mit *Debuggen|Fenster|Arbeitsspeicher* angezeigt werden. Hier sieht man auch das Nullzeichen '\0' (hex 00) am Ende des Strings:

```
Arbeitsspeicher 1                              ▼ ◻ ×
Adresse: s                                     ▼ C
0x00D56190  31 32 33 20 34 35 36 00 49 00 54   123 456.I.T
0x00D5619B  00 45 00 52 00 41 00 54 00 4f 00   .E.R.A.T.O.
0x00D561A6  52 00 20 00 4c 00 49 00 53 00 54   R. .L.I.S.T
0x00D561B1  00 20 00 43 00 4f 00 52 00 52 00   . .C.O.R.R.
```

Da der Compiler den Namen eines Arrays als Zeiger auf sein erstes Element interpretiert, kann ein mit einem Stringliteral initialisiertes Array

```
char s[] = "Da Bruno si mangia bene";
```

wie ein Zeiger auf das erste Zeichen eines nullterminierten Strings verwendet werden. Deswegen können mit einem solchen Array auch alle Funktionen für nullterminierte Strings aufgerufen werden, wie z.B.

```
int n = strlen(s);
```

Einem *string* kann man einen Zeiger auf einen nullterminierten String zuweisen:

```
const char* p = "abc";
string s = p; // s = "abc";
s = p;        // s = "abc";
```

Der *string* besteht dann aus allen Zeichen ab der Adresse p bis zum nächsten Nullterminator.

Aufgaben 6.10

Schreiben Sie die Lösungsfunktionen in eine wie in Abschnitt 1.2.5 beschriebene Header-Datei (z.B. in die schon für Aufgabe 6.4 angelegte Header-Datei) und rufen Sie diese auf.

1. a) Schreiben Sie eine Funktion, die die Anzahl der Leerzeichen ' ' in einem als Parameter übergebenen nullterminierten String (*char**) zurückgibt.
   b) Entwerfen Sie systematische Tests für diese Funktion (siehe Abschnitt 2.6.3).
   c) Schreiben Sie eine Testfunktion (am einfachsten mit hart kodierten Strings) für diese Tests.

2. Auch auf einfache Fragen gibt es oft vielfältig widersprüchliche Antworten. So hat vor einiger Zeit jemand in einer Diskussionsgruppe im Internet gefragt, ob die folgenden Anweisungen

   ```
   char *x;
   x = "hello";
   ```

   von erfahrenen Programmierern als korrekt angesehen würden. Er erhielt darauf über 100 Antworten, aus denen die folgenden vier ausgewählt wurden. Diese geben insbesondere auch einen Hinweis auf die Qualität mancher Beiträge in solchen Diskussionsgruppen. Begründen Sie für jede Antwort, ob sie korrekt ist oder nicht.

   a) Nein. Da durch diese Anweisungen kein Speicher reserviert wird, überschreibt die Zuweisung einen anderen Speicherbereich.

   b) Diese Anweisungen haben eine Zugriffsverletzung zur Folge. Die folgende Anweisung ist viel besser:

      ```
      char* x = "hello";
      ```

   c) Antwort auf b):

      Welcher Compiler produziert hier eine Zugriffsverletzung? Die beiden Anweisungen sind völlig gleichwertig.

   d) Ich würde die Anweisung

      ```
      char x[] = "hello";
      ```

      vorziehen, da diese *sizeof(char*)* Bytes Speicherplatz reserviert.

3. Welche der folgenden Bedingungen sind nach der Definition

6.10 Stringliterale, nullterminierte Strings und char*-Zeiger   267

```
const char* s = "blablabla";
```

in den *if*-Anweisungen zulässig, und welchen Wert haben sie?

a) `if (s == " ")...`
b) `if (*s == " ")...`
c) `if (*s == 'a' + 1) ...`
d) `if (s == ' ')...`

e) Welche Strings stellen s1, s2 und s3 nach den Anweisungen

```
string s1 = s;
string s2 = s+1;
string s3 = s+20;
```

dar?

4. Die Funktion *Checksum* soll eine einfache Prüfsumme für Namen mit weniger als 10 Zeichen berechnen:

```
int Checksum(const char* name)
{
  char a[10]; // 10 is enough
  strcpy(a, name);
  int s = 0;
  for (int i = 0; a[i] != 0; i++) s = s + a[i];
  return s;
}
```

Beschreiben Sie das Ergebnis dieses Aufrufs:

```
int c = Checksum("Check me, baby");
```

5. Welche der Zuweisungen in a) bis j) sind nach diesen Definitionen zulässig:

```
const int i = 17;
int* p1;              char* q1;
const int* p2;        const char* q2;
int const* p3;        char const* q3;
int* const p4 = p1;   char* const q4 = q1;
```

a) `p1 = p2;`   f) `q1 = q2;`
b) `p1 = &i;`   g) `q1 = "abc";`
c) `p2 = p1;`   h) `q2 = q1;`
d) `*p3 = i;`   i) `*q3 = 'x';`
e) `*p4 = 18;`   j) `*q4 = 'y';`

6.11 Verkettete Listen

Wenn man einen Container als sortiertes Array implementiert, muss man nach dem Einfügen oder Löschen von Elementen alle auf das eingefügte bzw. gelöschte Element folgenden Elemente nach hinten oder vorne verschieben, damit die Sortierung erhalten bleibt. Das ist aber bei manchen Anwendungen zu zeitaufwendig.

Diesen Zeitaufwand kann man mit **verketteten Listen** reduzieren. Eine solche Liste besteht aus sogenannten **Knoten**, die Daten und einen Zeiger auf den nächsten Knoten enthalten. Die folgenden Ausführungen sollen nur einfache grundlegende Konzepte zeigen. Für praktische Anwendungen verwenden Sie besser die Klasse list (siehe Abschnitt 11.1.8) anstelle der Funktionen von hier.

Im Folgenden wird der Name T für den Datentyp der Nutzdaten gewählt, damit man sieht, dass dieser beliebig sein kann. Die Knoten einer verketteten Liste werden meist durch einen Datentyp wie *Listnode* dargestellt:

```
typedef int T;// Datentyp der Nutzdaten

struct Listnode {
  T data;             // die Nutzdaten
  Listnode* next;     // Zeiger auf den nächsten Knoten
};
```

Die Verwendung eines Datentyps in seiner Definition ist nur mit Zeigern oder Referenzen möglich. Ein solcher Datentyp wird auch als rekursiver Datentyp bezeichnet.

Beispiel: Verwendet man einen Datentyp ohne * oder & in seiner Definition, wird das vom Compiler als Fehler betrachtet:

```
struct Listnode {
  T data;
  Listnode next; // error: verwendet gerade
};             //        definiertes Listnode
```

Mit einem Datentyp wie *Listnode* erhält man eine verkettete Liste, indem man mit *new* Variablen dieses Typs erzeugt und in jedem Knoten dem Zeiger *next* die Adresse des nächsten Knotens zuweist:

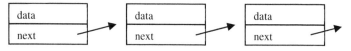

Ein Zeiger wie *first* zeigt auf den **ersten Knoten** der Liste:

```
Listnode* first; // Zeiger auf den ersten Knoten
```

Den **letzten Knoten der Liste** kennzeichnet man durch einen Zeiger *next* mit dem Wert 0. Grafisch wird dieser Wert oft durch einen schwarzen Punkt dargestellt:

●

6.11 Verkettete Listen

Dann hat die **verkettete Liste** einen eindeutigen Anfang und ein eindeutiges Ende:

Als nächstes sollen Anweisungen gesucht werden, mit denen man vor einem Knoten, auf den ein Zeiger n0 zeigt,

einen neuen Knoten einfügen kann, auf den n0 dann zeigt:

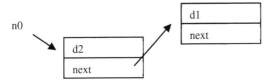

Das ist mit den Anweisungen unter 1. und 2. möglich:

1. Ein Zeiger *tmp* soll auf einen neuen Knoten zeigen, der mit *new* erzeugt wird

    ```
    Listnode* tmp = new Listnode;    // 1.1
    ```

    und dem die Daten durch eine Anweisung wie

    ```
    tmp->data = d2;                  // 1.2
    ```

    zugewiesen werden. Dadurch ergibt sich:

    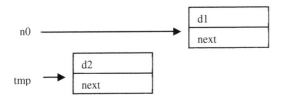

2. Der neue Knoten **tmp* wird dann mit den beiden Anweisungen

    ```
    tmp->next = n0;        // 2.1
    n0 = tmp;              // 2.2
    ```

    in die Liste eingehängt:

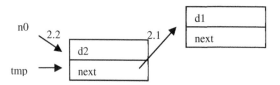

Diese Anweisungen werden mit der Funktion

```
Listnode* newListnode(const T& data, Listnode* next)
{// gibt einen Zeiger auf einen neuen Listenknoten
 // {d₀,nx₀} zurück, wobei d₀ und nx₀ die Argumente für
 // data und next sind.
  Listnode* tmp = new Listnode;  // 1.1
  tmp->data = data;              // 1.2
  tmp->next = next;              // 2.2
  return tmp; // Nachbedingung: Der Rückgabewert zeigt auf
}            //                 einen neuen Knoten {d₀,nx₀}
```

durch den Aufruf

```
n0 = newListnode(d2, n0);  // 2.1
```

ausgeführt. n0 zeigt danach auf einen neu erzeugten Knoten, dessen Element *next* auf den Knoten zeigt, auf den das Argument für *next* zeigt. Falls das Argument für *next* den Wert 0 hat, zeigt der Funktionswert auf einen Knoten mit *next==0*.

Das Ergebnis der ersten drei Ausführungen der Anweisung

```
first = newListnode(di, first);
```

mit den Daten d_1, d_2 usw., wobei der Wert von *first* zuerst 0 sein soll, ist in dem folgenden Ablaufprotokoll dargestellt. Dabei sind die Zeiger auf die von *newListnode* erzeugten Knoten mit n_1, n_2 usw. bezeichnet, und ein Knoten, auf den ein solcher Zeiger zeigt, mit ->{d_i,n_j}. Der Ausdruck ->{d_2,n_1} in der Spalte n_2 ist also nichts anderes als eine Kurzschreibweise für

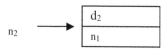

Die Werte in den Spalten n_1, n_2 usw. erhält man einfach durch Einsetzen der Argumente in die Nachbedingung von *newListnode*:

```
                               // first   n₁         n₂            n₃
  first = nullptr;             // 0
  first = newListnode(d1, first);// n₁    ->{d₁, 0}
  first = newListnode(d2, first);// n₂               ->{d₂, n₁}
  first = newListnode(d3, first);// n₃                             ->{d₃, n₂}
```

6.11 Verkettete Listen

Dieses Ablaufprotokoll illustriert, wie der erste dieser Aufrufe einen ersten Knoten mit *next==0* erzeugt, auf den *first* dann zeigt, und wie jeder weitere Aufruf einen neuen Knoten am Anfang in die verkettete Liste einhängt, auf die *first* zeigt. Mit vollständiger Induktion kann man zeigen, dass das allgemein gilt.

Die Funktionsweise von *newListnode* beruht insbesondere darauf, dass eine mit *new* erzeugte Variable bis zum Aufruf von *delete* existiert. Im Unterschied zu einer gewöhnlichen Variablen wird ihr Speicherplatz nicht mit dem Verlassen des Blocks wieder freigegeben, in dem sie erzeugt wurde.

- Deshalb existiert die Variable **tmp*, die mit

  ```
  Listnode* tmp = new Listnode;
  ```

  erzeugt wurde, auch noch nach dem Verlassen der Funktion *newListnode*.
- Der Zeiger *tmp* ist dagegen eine „gewöhnliche" lokale Variable, deren Speicherplatz mit dem Verlassen des Blocks wieder freigegeben wird. Da der Wert von *tmp* dem Element *next* des Funktionswerts zugewiesen wird, kann man die lokal erzeugte Variable **tmp* über den Funktionswert auch außerhalb der Funktion verwenden, in der sie erzeugt wurde.

Listen, bei denen neue Elemente am Anfang eingehängt werden, bezeichnet man auch als „**Last-in-first-out**"-Listen (**LIFO**), da das zuletzt eingefügte Element am Anfang steht. Eine LIFO-Liste erhält man mit einem Zeiger *first*, der am Anfang den Wert 0 hat, und wiederholte Aufrufe der Funktion *newListnode*:

```
Listnode* first = nullptr;

void LIFOInsert(const T& data)
{
  first = newListnode(data, first);
}
```

Um alle Elemente einer **Liste** zu **durchlaufen**, kann man sich mit einer Hilfsvariablen *tmp* vom Anfang bis zum Ende durchhangeln:

```
void showList(Listnode* start)
{ // Gibt alle Daten der Liste ab der Position start aus
  Listnode* tmp = start;
  while (tmp != nullptr)
  {
    cout << tmp->data << endl;
    tmp = tmp->next;
  }
}
```

Da *start* als Werteparameter übergeben wird, kann man auch *start* als Laufvariable verwenden. Wäre *start* ein Referenzparameter, würde das Argument verändert:

```
while (start != nullptr)
{
  cout << start->data << " ";
  start = start->next;
}
```

Anstelle einer *while*-Schleife kann man auch eine *for*-Schleife verwenden:

```
for (Listnode* tmp = start; tmp != nullptr; tmp = tmp->next)
  cout << tmp->data << " ";
```

Durch diese Schleifen werden die Listenelemente in der Reihenfolge ausgegeben, in der sie sich in der Liste befinden. Falls sie durch eine Funktion wie *LIFOInsert* immer am Anfang eingehängt werden, werden sie in der umgekehrten Reihenfolge ausgegeben, in der sie eingehängt wurden.

Einen Zeiger auf den ersten Knoten mit den Daten x erhält man mit der Funktion *findLinear*. Falls kein solcher Knoten gefunden wird, ist der Funktionswert *nullptr*:

```
Listnode* findLinear(Listnode* start, const T& x)
{
  Listnode* found = nullptr;
  Listnode* tmp = start;
  while (tmp != nullptr && found == nullptr)
  {
    if (tmp->data == x) found = tmp;
    tmp = tmp->next;
  }
  return found;
}
```

Oft will man die Knoten einer Liste nicht in der umgekehrten Reihenfolge durchlaufen, in der sie eingefügt wurden, sondern in derselben. Das kann man dadurch erreichen, dass man einen neuen Knoten immer **am Ende** der Liste **einhängt**. Damit man sich dann aber nicht bei jedem Einfügen zeitaufwendig bis zum Ende der Liste durchhangeln muss, kann man einen **Zeiger** *last* einführen, der immer **auf das letzte Element** der Liste zeigt:

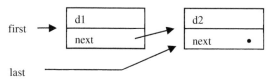

Ein neuer Knoten *tmp* soll dann der letzte Knoten in der Liste sein:

6.11 Verkettete Listen

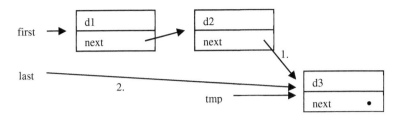

Das wird dadurch erreicht, dass man sein Element *next* auf 0 setzt:

```
Listnode* tmp = newListnode(data, nullptr);
```

In eine nichtleere Liste (*last!=0*) wird der neue Knoten dann durch

```
last->next = tmp;      // 1.
```

nach dem bisherigen letzten Element eingehängt. Falls die Liste dagegen leer ist (*last==0*), ist der neue Knoten der erste in der Liste:

```
first = tmp;
```

Mit

```
last = tmp;            // 2.
```

zeigt *last* dann auf den neuen letzten Knoten. Diese Anweisungen werden durch die folgende Funktion zusammengefasst:

```
Listnode* first = nullptr;
Listnode* last = nullptr;

void insertLastListnode(const T& data)
{ // Erzeugt einen neuen Listen-Knoten und fügt diesen
  // nach last ein. last zeigt anschließend auf den
  // letzten und first auf den ersten Knoten der Liste.
  Listnode* tmp = newListnode(data, nullptr); // tmp->{d_0,0}
  if (last == nullptr) first = tmp;
  else last->next = tmp;      // 1.
  last = tmp;                 // 2.
  // Nachbedingung: Bezeichnet man den Wert von last vor
  //    dem Aufruf dieser Funktion mit l_0, gilt
  //    Fall I,  l_0==0: first==tmp && last==tmp
  //    Fall II, l_0!=0: l_0->next==tmp && last==tmp
}
```

Beim ersten Aufruf dieser Funktion gilt *last==0*, was zur Ausführung des *then*-Zweigs der *if*-Anweisung und zu der als Fall I bezeichneten Nachbedingung führt. Bei jedem weiteren Aufruf gilt *last!=0*: Dann wird der *else*-Zweig ausgeführt, und es gilt die als Fall II bezeichnete Nachbedingung.

Das Ergebnis der ersten drei Ausführungen der Anweisung

```
insertLastListnode(d_i);
```

mit den Daten d_1, d_2 usw. ist in dem folgenden Ablaufprotokoll dargestellt. Dabei sind die Zeiger auf die in *insertLastListnode* erzeugten Knoten wieder wie im letzten Ablaufprotokoll mit n_1, n_2 usw. bezeichnet, und ein Knoten, auf den ein solcher Zeiger zeigt, mit ->{d_i,n_j}. Die Werte in den Spalten n_1, n_2 usw. erhält man durch Einsetzen der Argumente in die Nachbedingung von *insertLastListnode*:

```
                      // first last n₁          n₂          n₃
first = nullptr;      //   0
last = nullptr;       //         0
insertLastLn(d₁);     //   n₁    n₁  ->{d₁, 0}
insertLastLn(d₂);     //         n₂  ->{d₁, n₂} ->{d₂, 0}
insertLastLn(d₃);     //         n₃              ->{d₂, n₃} ->{d₃, 0}
```

Das entspricht nach dem ersten Aufruf der Konstellation

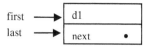

und nach dem zweiten und dritten Aufruf den oben dargestellten Konstellationen. Offensichtlich hängt ein Aufruf von *insertLastListnode* einen neuen Knoten auch in eine Liste mit n Elementen am Ende ein.

Eine Liste, bei der Knoten am Ende eingehängt und am Anfang entnommen werden, bezeichnet man auch als „**First-in-first-out**"-Liste (**FIFO**) oder als **Queue**. FIFO-Listen werden oft zur Simulation von Warteschlangen verwendet. Solche Warteschlangen können sich bilden, wenn Ereignisse in der Reihenfolge ihres Eintreffens bearbeitet werden (Fahrkartenausgabe, Bankschalter, Kasse in einem Supermarkt usw.).

Um den Knoten, auf den ein Zeiger *pn* zeigt, aus einer Liste zu entfernen

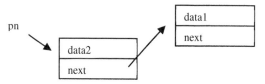

hängt man diesen Knoten einfach mit einer Anweisung wie

```
pn = pn->next;
```

aus der Liste aus:

6.11 Verkettete Listen

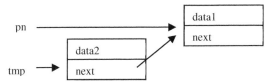

Den vom ausgehängten Knoten belegten Speicher gibt man wie in *eraseListnode* mit *delete* wieder frei. Dazu muss man den Zeiger auf den Knoten vor dem Aushängen speichern:

```
void eraseListnode(Listnode*& pn)
{ // entfernt *p aus der Liste
  if (pn != 0)//falls pn==0, nichts machen oder Fehlermeldung
  {
    Listnode* tmp = pn;
    pn = pn->next;
    delete tmp;
  }
}
```

Beim Aufruf von *eraseListnode* muss das Argument der Zeiger im Listenknoten davor sein, damit dieser Zeiger anschließend auf das neue nächste Element zeigt. Diesen Zeiger kann man in einer einfach verketteten Liste nur durch eine Suche vom Anfang aus bestimmen, was relativ aufwendig ist. Deswegen verwendet man *eraseListnode* am besten nur in einer doppelt verketteten Liste, in der jeder Knoten auch einen Zeiger auf das vorherige Element enthält (siehe Aufgabe 2 h).

Alle Knoten einer verketteten Liste können durch eine Funktion wie *clearList* ausgehängt und gelöscht werden. Falls ein Zeiger *last* auf das letzte Element zeigen soll, muss *last* auf 0 gesetzt werden.

```
void clearList()
{ // löscht alle Knoten der Liste
  while (first != 0) eraseListnode(first);
  last = 0;
}
```

Dieser Abschnitt sollte nur einen ersten Einblick in den Aufbau und die Arbeit mit verketteten Listen geben. Dabei hat sich insbesondere gezeigt, dass **verkettete Listen** eine Alternative zu **Arrays** sein können, wenn ein Container zur Speicherung von Daten benötigt wird. **Vergleichen** wir zum Schluss die wichtigsten Vor- und Nachteile dieser beiden Alternativen. Diese Vor- und Nachteile gelten dann auch für die in Abschnitt 11.1 vorgestellten Container *vector* und *list* der C++-Standardbibliothek, die mit dynamisch erzeugten Arrays und doppelt verketteten Listen implementiert sind:

- Die Größe eines **gewöhnlichen Arrays** muss zum Zeitpunkt der Kompilation festgelegt werden. Wenn man zu diesem Zeitpunkt aber noch nicht weiß, wie viele Daten zur Laufzeit anfallen, reserviert man eventuell zu viel oder zu wenig.
- Bei einem **dynamisch erzeugten Array** kann man mit Funktionen wie *ReAllocate* (siehe Abschnitt 6.5) bei Bedarf auch noch weiteren Speicher reservieren.

Wenn man einen **Zeiger** p auf eine Position in einem dynamischen Array hat und die Speicherbereiche mit einer Funktion wie *ReAllocate* verschoben werden, ist p anschließend **ungültig**. Bei einer verketteten Liste werden die Elemente dagegen nie verschoben. Ein Zeiger auf einen Listenknoten wird nur ungültig, wenn der Knoten gelöscht wird.

- Für eine mit *new* erzeugte Variable (wie z.B. ein Knoten einer Liste) ist neben dem Speicherplatz für die eigentlichen „Nutzdaten" noch **Speicherplatz für die Adresse** (im Zeiger) notwendig. Speichert man eine Folge von kleinen Datensätzen (z.B. einzelne Zeichen) in einer verketteten Liste, kann das mit einem beträchtlichen Overhead verbunden sein. Die Adresse eines Arrayelements wird dagegen über den Index berechnet und belegt keinen Speicherplatz.
- Der **Zugriff auf das n-te Element** eines Arrays ist einfach über den Index möglich. Da man auf das n-te Element einer verketteten Liste in der Regel keinen direkten Zugriff hat, muss man sich zu diesem meist relativ zeitaufwendig durchhangeln.
- Will man in eine **sortierte Folge von Daten** neue Elemente einfügen bzw. entfernen, ohne die Sortierfolge zu zerstören, muss man in einer verketteten Liste nur die entsprechenden Zeiger umhängen. In einem Array müssen dagegen alle folgenden Elemente verschoben werden.

Offensichtlich kann man nicht generell sagen, dass einer dieser Container besser ist als der andere. Vielmehr muss man die Vor- und Nachteile in jedem Einzelfall abwägen.

Normalerweise brauchen und sollen Sie (außer in den folgenden Übungsaufgaben) keine eigenen verketteten Listen und dynamischen Arrays schreiben. Die Containerklassen *list* und *vector* der **C++-Standardbibliothek** sind für die allermeisten Anwendungen besser geeignet als selbstgestrickte Listen und Arrays. Da sich die wesentlichen Unterschiede zwischen diesen Containerklassen aus den zugrundeliegenden Datenstrukturen ergeben, ist ein Grundverständnis dieser Datenstrukturen wichtig, auch wenn sie nicht selbst geschrieben werden sollen.

Aufgabe 6.11

Falls diese Aufgaben im Rahmen einer Gruppe (z.B. in einer Vorlesung) bearbeitet werden, können einzelne Teilaufgaben auch auf verschiedene Teilnehmer verteilt werden. Die Lösungen der einzelnen Teilaufgaben sollen dann in einem gemeinsamen Projekt zusammen funktionieren.

Der Aufwand, diese Funktionen mit Werten zu testen, die von einem Benutzer über die Konsole eingegeben werden, ist relativ groß. Deshalb reicht es aus, diese Funktionen mit hartkodierten Werten aufzurufen. Nach einem Aufruf von *pushFront(1)*, *pushFront(2)* und *pushFront(3)* müssen dann mit *showList* die Werte 1, 2 und 3 angezeigt werden.

1. Ein Programm soll *int*-Werte in eine verkettete Liste einhängen. Die beiden Zeiger *first* und *last* sollen bei einer leeren Liste den Wert *nullptr* haben und bei einer nicht leeren Liste immer auf den ersten und letzten Knoten der Liste zeigen. Schreiben Sie die folgenden Funktionen und rufen Sie diese auf. Sie können sich dazu an den Beispielen im Text orientieren.

6.11 Verkettete Listen

a) ***pushFront*** soll einen neuen Knoten mit den als Parameter übergebenen Daten am Anfang in die Liste einhängen. Diese Funktion soll von einer Funktion mit dem Namen *Am_Anfang_in_Liste_einfügen* aufgerufen werden. Die Argumente für *pushFront* können hartkodiert angegeben werden.

b) ***showList*** soll die Daten der Liste ausgeben.

c) Schreiben Sie ein Ablaufprotokoll für 4 Aufrufe der Funktion ***pushFront*** (z.B. mit den Argumenten"10", "11", "12" und "13"). Geben Sie eine Beziehung an, die nach jedem Aufruf dieser Funktion gilt.

d) ***findLinear*** soll ab einer Startposition (ein als Parameter übergebener Zeiger auf einen Knoten) nach dem ersten Knoten der Liste mit den als Parameter übergebenen Daten suchen. Falls ein solcher Knoten existiert, soll ein Zeiger auf ihn zurückgegeben werden und andernfalls der Wert 0. Diese Funktion soll in einer Funktion mit dem Namen ***Linear_suchen*** aufgerufen werden und alle *int*-Werte der Liste ausgegeben, die gleich dem Argument *Linear_suchen* sind.

e) ***pushBack*** soll einen neuen Knoten mit den als Parameter übergebenen Daten am Ende der Liste einhängen. Diese Funktion soll von einer Funktion mit dem Namen *Am_Ende_einfügen* aufgerufen werden. Die Argumente für *pushBack* können hartkodiert eingegeben werden. Diese Funktion soll auch dann funktionieren, wenn *pushBack* und *pushFront* in einer beliebigen Reihenfolge aufgerufen werden.

f) ***insertSorted*** soll einen neuen Knoten mit den als Parameter übergebenen Daten so in eine sortierte verkette Liste einhängen, dass die Liste anschließend auch noch sortiert ist. Diese Funktion soll von einer Funktion mit dem Namen *Sortiert_einfügen* aufgerufen werden. Die Argumente für *insertSorted* können hartkodiert eingegeben werden. Schreiben Sie dazu eine Funktion *findBefore*, die die Position des Knotens zurückgibt, an der der neue Knoten eingefügt werden soll.

g) ***clearList*** soll den gesamten von der verketteten Liste belegten Speicherplatz wieder freigeben.

h) Bei welcher dieser Funktionen zeigen *first* und *last* auch nach dem Aufruf auf den ersten und letzten Knoten der Liste, wenn sie vor dem Aufruf auf diese Knoten gezeigt haben?

2. Eine **doppelt verkettete Liste** besteht aus Knoten, die nicht nur einen Zeiger *next* auf den nächsten Knoten enthalten, sondern außerdem auch noch einen Zeiger *prev* auf den Knoten davor. Eine solche Liste kann man sowohl vorwärts als auch rückwärts durchlaufen. Die doppelt verkettete Liste in dieser Aufgabe soll durch die beiden Zeiger *firstDll* und *lastDll* dargestellt werden, die immer auf den ersten bzw. letzten Knoten zeigen.

Schreiben Sie die folgenden Funktionen und rufen Sie diese auf. Sie können sich dazu an der letzten Aufgabe orientieren.

a) Entwerfen Sie eine Datenstruktur ***DllListnode***, die einen Knoten einer doppelt verketteten Liste darstellt. Eine Funktion *newDllListnode* soll einen solchen Knoten mit den als Argument übergebenen Zeigern auf die Knoten *next* und *prev* sowie den Daten erzeugen und einen Zeiger auf diesen Knoten zurückgeben.

b) Schreiben Sie eine Funktion ***pushFrontDll***, die einen Knoten mit den als Argument übergebenen Daten in eine doppelt verkettete Liste am Anfang einhängt.

c) ***showDllForw*** soll die Daten der doppelt verketteten Liste anzeigen und dabei mit *firstDll* beginnen.

d) **showDllRev** soll die Daten der doppelt verketteten Liste anzeigen und dabei mit *lastDll* beginnen.
e) Stellen Sie das Ergebnis der ersten drei Aufrufe von **pushFrontDll** in einem Ablaufprotokoll dar.
f) **pushBackDll** soll einen Knoten mit den als Argument übergebenen Daten am Ende in die verkette Liste einhängen.
g) Stellen Sie das Ergebnis der ersten drei Aufrufe von **pushBackDll** in einem Ablaufprotokoll dar
h) **eraseDllListnode** soll den ersten Knoten mit den als Parameter übergebenen Daten löschen, falls ein solcher Knoten existiert.
i) **clearList** soll den gesamten von der verketteten Liste belegten Speicherplatz wieder freigeben. *firstDll* und *lastDll* sollen danach eine leere Liste darstellen.

6.12 Binärbäume Θ

Auch diese Ausführungen über Binärbäume sollen nur einfache grundlegende Konzepte zeigen. Für praktische Anwendungen verwenden Sie besser assoziative Container (siehe Abschnitt 11.2) anstelle der Funktionen von hier.

Baumstrukturen werden aus Knoten aufgebaut, die einen Zeiger auf einen linken und rechten Teilbaum enthalten:

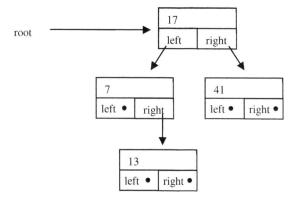

Ein Baumknoten kann durch einen Datentyp wie *Treenode* dargestellt werden:

```
typedef int T; // Datentyp der Nutzdaten

struct Treenode {
  T data;           // die Nutzdaten
  Treenode* left;
  Treenode* right;
};
```

Der Zeiger auf den obersten Knoten des Baums wird oft als *root* bezeichnet:

6.12 Binärbäume Θ

```
Treenode* root = nullptr;
```

Die Funktion *newTreenode* erzeugt einen Baumknoten mit den als Argument übergebenen Daten und Zeigern:

```
Treenode* newTreenode(const T& data,
  Treenode* left, Treenode* right)
{ // gibt einen Zeiger auf einen neuen Knoten zurück
  Treenode* tmp = new Treenode;
  tmp->data = data;
  tmp->left = left;
  tmp->right = right;
  return tmp;
}
```

Baumstrukturen sollen im Folgenden am Beispiel von **binären Suchbäumen** illustriert werden. Ein **binärer Suchbaum** ist eine Baumstruktur, in der

- ein Knoten einen Schlüsselwert hat, nach dem die Knoten im Baum angeordnet werden, sowie eventuell weitere Daten,
- jeder linke Teilbaum eines Knotens nur Schlüsselwerte enthält, die kleiner sind als der Schlüsselwert im Knoten, und
- jeder rechte Teilbaum nur Schlüsselwerte, die größer oder gleich dem Schlüsselwert im Knoten sind.

Beispiel: Der Baum von oben ist ein binärer Suchbaum, bei dem *data* als Schlüsselwert verwendet wird. Hängt man Knoten mit den folgenden Werten an den jeweils angegebenen Positionen ein, ist der Baum auch anschließend noch ein binärer Suchbaum:

 5: an der Position *left* beim Knoten mit dem Wert 7
 10: an der Position *left* beim Knoten mit dem Wert 13
 15: an der Position *right* beim Knoten mit dem Wert 13

In einen binären Suchbaum mit der Wurzel *root* können Knoten mit der folgenden Funktion eingehängt werden:

```
void insertBinTreenode(const T& x)
{
  if (root == nullptr)
    root = newTreenode(x, nullptr, nullptr);
  else
  {
    Treenode* i = root;
    Treenode* p;
    while (i != nullptr)
    {
      p = i;
      if (x<i->data) i = i->left;
      else i = i->right;
    }
```

```
      if (x<p->data)
         p->left = newTreenode(x, nullptr, nullptr);
      else p->right = newTreenode(x, nullptr, nullptr);
   }
}
```

Mit einer Funktion wie *searchBinTree* kann man einen Knoten mit den als Argument übergebenen Daten finden:

```
Treenode* searchBinTree(const T& x)
{
   Treenode* result = nullptr;
   if (root != nullptr)
   {
      Treenode* i = root;
      while (i != nullptr && i->data != x)
      {
         if (x<i->data) i = i->left;
         else i = i->right;
      }
      if (i != nullptr && i->data == x)
         result = i;
   }
   return result;
}
```

Falls in einem Baum der linke und rechte Teilbaum eines Knotens jeweils etwa gleich tief ist, reduziert sich der Suchbereich mit jedem Schritt etwa um die Hälfte, so dass man wie beim binären Suchen logarithmische Suchzeiten erhält. Ein solcher Baum wird auch als **balancierter Baum** bezeichnet. Verbreitete balancierte Bäume sind die sogenannten Rot-Schwarz-Bäume, die oft in der C++-Standardbibliothek verwendet werden, und AVL-Bäume. Bei ihnen werden Knoten immer so eingefügt oder gelöscht, dass der Baum anschließend ausgeglichen ist.

Balancierte Binärbäume werden oft mit **rekursiven Funktionen** bearbeitet, da ihre Rekursionstiefe nicht sehr groß wird. Im Folgenden werden rekursive Varianten von einigen der iterativen Funktionen von oben vorgestellt. Alle diese Funktionen arbeiten nach dem gleichen Schema:

– wenn das Argument 0 ist, wird die Rekursion beendet und eine entsprechende Aktion ausgeführt (z.B. ein neuer Knoten eingefügt oder ein Wert zurückgegeben).
– bei einem von 0 verschiedenen Argument wird im linken oder rechten Teilbaum weitergesucht.

Die Funktion *insertBinTreenode_rec* fügt wie die Funktion *insertBinTreenode* einen neuen Knoten in den Binärbaum ein, dessen Wurzel als Argument übergeben wird:

6.12 Binärbäume Θ

```
void insertBinTreenode_rec(Treenode*& b, const T& x)
{
  if (b == nullptr) b = newTreenode(x, nullptr, nullptr);
  else if (x<b->data) insertBinTreenode_rec(b->left, x);
  else insertBinTreenode_rec(b->right, x);
}
```

traverseTree **durchläuft alle Knoten** von links nach rechts (in sortierter Reihenfolge) und führt mit jedem Knoten die Anweisungen von *processTreenode* aus:

```
void processTreenode(Treenode* n)
{
  cout << n->data << endl;
}

void traverseTree_rec(Treenode* n)
{
  if (n != nullptr)
  {
    traverseTree_rec(n->left);
    processTreenode(n);
    traverseTree_rec(n->right);
  }
}
```

Die Funktion *searchBinTree_rec* sucht wie die Funktion *searchBinTree* einen Knoten mit den als Argument übergebenen Daten. Der Rückgabewert ist ein Zeiger auf diesen Knoten, wenn er gefunden wird, und andernfalls der Wert 0. Da der Binärbaum so aufgebaut ist, dass alle kleineren Schlüsselwerte links und alle größeren rechts vom aktuellen Knoten eingehängt sind, braucht man nach einem kleineren Schlüssel nur links und nach einem größeren nur rechts weitersuchen:

```
Treenode* searchBinTree_rec(Treenode* n, const T& x)
{
  if (n == nullptr) return nullptr;
  else if (x == n->data) return n;
  else if (x<n->data) return searchBinTree_rec(n->left, x);
  else return searchBinTree_rec(n->right, x);
}
```

Falls der Baum ausgeglichen ist, halbiert sich der verbleibende Suchbereich mit jedem Rekursionsschritt. Der Knoten mit dem gesuchten Schlüsselwert wird in einem Baum mit n Knoten dann in etwa $\log_2(n)$ Rekursionsschritten gefunden. Damit ist die Suche in einem binären Suchbaum ähnlich schnell wie die binäre Suche in einem sortierten Array.

Normalerweise brauchen und sollen Sie (außer in den folgenden Übungsaufgaben) keine eigenen Binärbäume schreiben. Die **C++-Standardbibliothek** enthält die Containerklassen *set*, *map*, *unordered_map* usw. (siehe Abschnitt 11.1.12), die intern mit balancierten Binärbäumen (meist Rot-Schwarz-Bäume) implementiert sind und die für die allermeisten Anwendungen besser geeignet sind als selbstgestrickte Bäume. Da sich die wesentlichen

Eigenschaften dieser Containerklassen aus den zugrundeliegenden Datenstrukturen ergeben, ist ein Grundverständnis dieser Datenstrukturen wichtig, auch wenn sie nicht selbst programmiert werden sollen. Für weitere Informationen zu Baumstrukturen wird auf die umfangreiche Literatur verwiesen (z.B. Cormen, 2001).

Aufgabe 6.12

Bei den folgenden Aufgaben geht es nur um einige elementare Operationen und nicht um Performance. Deshalb muss der Baum nicht balanciert sein. Die assoziativen Container der Standardbibliothek in Abschnitt 11.1.12 ermöglichen einfachere und bessere Lösungen dieser Aufgaben.

Der Aufwand, diese Funktionen mit Werten zu testen, die von einem Benutzer über die Konsole eingegeben werden, ist relativ groß. Deshalb reicht es aus, diese Funktionen mit hartkodierten Werten aufzurufen.

1. Eine typische Anwendung von balancierten Binärbäumen ist ein **Informationssystem**, das zu einem eindeutigen Schlüsselbegriff eine zugehörige Information findet, z.B. den Preis zu einer Artikelnummer.

   a) Entwerfen Sie eine Datenstruktur *Treenode*, die einen Knoten eines Baums mit einem Schlüssel *key* und zugehörigen Daten *data* (Datentyp z.B. *int* für beide) darstellt. Eine Funktion *newTreenode* soll einen solchen Knoten mit den als Argument übergebenen Zeigern auf die Unterbäume *left* und *right* sowie den Daten *key* und *data* erzeugen.

   b) Schreiben Sie eine Funktion *insertBinTreenode*, die einen Knoten mit den als Argument übergebenen Daten in einen Binärbaum einhängt. Rufen Sie diese Funktion mit hartkodierten Argumenten für *key* und *data* auf. Die Knoten sollen im Baum entsprechend dem Schlüsselbegriff angeordnet werden.

   c) Schreiben Sie eine Funktion *searchBinTree*, die einen Zeiger auf einen Knoten mit dem als Argument übergebenen Schlüsselbegriff zurückgibt, wenn ein solcher Knoten gefunden wird, und andernfalls den Wert 0. Schreiben Sie unter Verwendung der Funktion *seachBinTree* eine Funktion

   ```
   bool ValueToKey(const keyType& Key, dataType& Value)
   ```

   Ihr Funktionswert soll *true* sein, wenn zum Argument für *Key* ein Knoten mit diesem Schlüsselwert gefunden wurde. Die zugehörigen Daten sollen dann als Argument für *Value* zurückgegeben werden. Falls kein passender Wert gefunden wird, soll der Funktionswert *false* sein.

   Ergänzen Sie Ihre Lösung der Aufgaben b) und c) mit rekursiven Funktionen:

   d) Die Funktion *insertBinTreenode_rec* soll wie *insertBinTreenode* einen Knoten mit den als Argument übergebenen Werten für *key* und *data* in einen Binärbaum einhängen.

   e) Die Funktion *traverseTree_rec* soll für alle Knoten im Baum die Werte für *key* und *data* ausgeben.

f) Die Funktion *searchBinTree_rec* soll wie *searchBinTree* einen Zeiger auf einen Knoten mit dem als Argument übergebenen Schlüsselbegriff zurückgeben, wenn ein solcher Knoten gefunden wird, und andernfalls den Wert 0.

6.13 Zeiger als Parameter Θ

In der Programmiersprache C gibt es keine Referenzparameter (siehe Abschnitt 2.4.5 und 7.4.3) und auch kein anderes Sprachelement, mit dem man den Wert eines **Arguments** durch eine Funktion **verändern** kann. Um in C mit einer Funktion eine als Argument übergebene Variable zu verändern, übergibt man deshalb als Parameter einen Zeiger auf die Variable. Die Variable wird dann in der Funktion durch eine Dereferenzierung des Zeigers verändert.

Funktionen mit Zeiger-Parametern schreiben bei ihrem Aufruf meist Werte an die **als Argument** übergebene Adresse. Deshalb muss diese Adresse auf einen reservierten Speicherbereich zeigen.

Beispiel: Mit der Funktion *vertausche* können die Werte von zwei Variablen des Datentyps *int* vertauscht werden:

```
void vertausche(int* x, int* y) // im C-Stil
{
  int h = *x;
  *x = *y;
  *y = h;
}
```

Beim Aufruf der Funktion übergibt man dann die Adresse der zu vertauschenden Variablen als Argument:

```
int x = 0, y = 1;
vertausche(&x, &y);
```

Da viele C++-Programmierer früher in C programmiert haben und C++-Programme oft C-Bibliotheken verwenden, findet man diese Technik auch heute noch in C++-Programmen. Sie bietet dieselben Möglichkeiten wie Referenzparameter. Allerdings sind Referenzparameter aus den folgenden Gründen einfacher:

- Die Parameter müssen in der Funktion nicht dereferenziert werden.
- Beim Aufruf der Funktion muss der Adressoperator & nicht angegeben werden.

Normalerweise besteht in einem C++-Programm keine Notwendigkeit, Parameter eines Zeigertyps zu verwenden. Zu den Ausnahmen gehören Funktionen aus C Bibliotheken, die Parameter eines Zeigertyps haben. Solche Funktionen sind aber in C++ normalerweise nicht notwendig.

6.14 C-Bibliotheksfunktionen in string.h für nullterminierte Strings ⊖

Da in C nur nullterminierte Strings zur Bearbeitung von Zeichenfolgen zur Verfügung stehen, gibt es zahlreiche Bibliotheksfunktionen für nullterminierte Strings, die noch aus den Urzeiten von C stammen. Da sie recht bekannt sind, werden sie auch heute noch oft in C++-Programmen verwendet. Das ist allerdings ein Anachronismus, der vermieden werden sollte: C++ enthält **Stringklassen**, die wesentlich einfacher und sicherer benutzt werden können (siehe Kapitel 3), und die bevorzugt werden sollten. Microsoft Visual C++ hat diese Funktionen seit Visual Studio 2005 als „deprecated" gebannt. Bei jeder Verwendung einer solchen Funktion gibt der Compiler eine Warnung oder Fehlermeldung der Art

warning C4996: 'sprintf' was declared deprecated

aus (siehe Abschnitt 2.11.4). Falls Sie also nie mit C-Programmen zu tun haben werden, lassen Sie dieses Kapitel am besten aus und verwenden die hier vorgestellten Funktionen und Bibliotheken nie. Falls Sie jedoch mit älteren Programmen arbeiten müssen, die diese Konzepte verwenden bleibt Ihnen dieses Kapitel nicht erspart.

Nach *#include* *<string.h>* sind unter anderem die folgenden Funktionen der C Standardbibliothek für nullterminierte Strings verfügbar. Sie hangeln sich alle wie im Beispiel *my_strcpy* (siehe Abschnitt 6.10) von einem als Argument übergebenen Zeiger bis zum nächsten Nullterminator durch. Deshalb dürfen sie nur mit Argumenten aufgerufen werden, bei denen

- die Zeiger für eine Quelle auf einen nullterminierten String zeigen, und
- die Zeiger für einen Zielbereich auf genügend reservierten Speicher zeigen.

Da die Überprüfung dieser Voraussetzungen oft nicht einfach ist oder vergessen werden kann, ist ihre Verwendung nicht ungefährlich.

size_t **strlen***(const char *s);*

> Der Rückgabewert ist die Länge des nullterminierten Strings, auf den s zeigt (ohne den Nullterminator '\0'). Dabei werden ab *s die Zeichen bis zum nächsten Nullterminator gezählt.

*char ****strcpy***(char *dest, const char *src);*

> Kopiert alle Zeichen ab der Adresse in *src* bis zum nächsten Nullterminator in die Adressen ab *dest* (wie *my_strcpy*).

*char ****strcat***(char *dest, const char *src);*

> strcat hängt eine Kopie von *src* an das Ende von *dest* an. Das Ergebnis hat die Länge *strlen(dest) + strlen(src)*. Der Rückgabewert ist *dest*.

int **strcmp***(const char *s1, const char *s2);*

6.14 C-Bibliotheksfunktionen in string.h für nullterminierte Strings ⊖

Vergleicht die nullterminierten Strings, auf die s1 und s2 zeigen, zeichenweise als *unsigned char*. Der Vergleich beginnt mit dem ersten Zeichen und wird so lange fortgesetzt, bis sich die beiden Zeichen unterscheiden oder bis das Ende eines der Strings erreicht ist. Falls s1==s2, ist der Rückgabewert 0. Ist s1 < s2, ist der Rückgabewert < 0 und andernfalls > 0.

char *__strstr__(char *s1, const char *s2);

Diese Funktion durchsucht s1 nach dem ersten Auftreten des Teilstrings s2. Falls s2 in s1 vorkommt, ist der Rückgabewert ein Zeiger auf das erste Auftreten von s2 in s1. Andernfalls wird 0 (Null) zurückgegeben.

Zur **Umwandlung von Strings**, die ein Dezimalliteral des entsprechenden Datentyps darstellen, stehen nach *#include <stdlib.h>* diese Funktionen zur Verfügung:

int __atoi__(const char *s);   // „ascii to int"
long __atol__(const char *s);// „ascii to long"
double __atof__(const char *s); // „ascii to float", aber Ergebnis *double*

Sie geben den Wert des umgewandelten Arguments zurück, falls es konvertiert werden kann:

```
int i = atoi("123");       // i=123
double d = atof("45.67"); // d=45.67
```

Diese Funktionen brechen die Umwandlung beim ersten Zeichen ab, das nicht zu einem Literal des jeweiligen Datentyps passt:

```
double d = atof("45,67"); // d=45: Komma statt Punkt
```

Dabei kann man nicht feststellen, ob alle Zeichen des Strings umgewandelt wurden oder nicht. Deshalb sollte man diese Funktionen nicht zur Umwandlung von Benutzereingaben verwenden, da solche Strings nicht immer dem erwarteten Schema entsprechen.

Die vielseitigste Funktion zur **Umwandlung** von Ausdrücken verschiedener Datentypen **in einen nullterminierten String** ist (nach *#include <stdio.h>*)

int __sprintf__(char *buffer, const char *format[, argument, ...]);

Sie schreibt einen nullterminierten String in das *char* Array, dessen Adresse für *buffer* übergeben wird. Der String ergibt sich aus dem **Formatstring** (dem Argument für *format*) und den weiteren Argumenten. Der Formatstring enthält sowohl Zeichen, die unverändert ausgegeben werden, als auch **Formatangaben**, die festlegen, wie die weiteren Argumente dargestellt werden. Die erste Formatangabe legt das Format für das erste Argument fest, usw. Weitere Funktionen sind ähnlich aufgebaut und schreiben Text in eine Datei (*fprintf*) oder auf die Konsole (*printf*).

Eine **Formatangabe** beginnt immer mit dem Zeichen % und ist nach folgendem Schema aufgebaut:

% [flags] [width] [.prec] [F|N|h|l|L] type_char

Das %-Zeichen wird (immer in dieser Reihenfolge) gefolgt von:

optionalen *flags* (z.B. „–" für eine linksbündige Formatierung)
der optionalen Angabe für die minimale Breite *[width]*
der optionalen Präzisionsangabe *[.prec]*
der optionalen Größenangabe *[F|N|h|l|L]*
dem obligatorischen Typkennzeichen *type_char*, das festlegt, wie das zugehörige Argument interpretiert wird. Es kann unter anderem einer dieser Werte sein:

    d   konvertiert einen Ganzzahlwert in das Dezimalformat
    x   konvertiert einen Ganzzahlwert in seine Hexadezimaldarstellung
    e   stellt einen *double*-Wert in einem Exponentialformat „ddd...e+dd" dar
    f   stellt einen *double*-Wert in einem Festkommaformat „-ddd.ddd..." dar
    p   stellt einen Zeiger hexadezimal dar
    c   zur Darstellung von Zeichen (Datentyp *char*)
    s   zur Darstellung nullterminierter Strings (Datentyp *char**)

Diese Liste ist nicht vollständig. Für weitere Details wird auf die Online-Hilfe verwiesen. Einige Beispiele für die fast unüberschaubare Zahl von Kombinationen:

```
char s[100];
sprintf(s, "%d + %x = %g", 17, 17, 17 + 17.0);
// s="17 + 11 = 34"
char const* t = "Hallo";
sprintf(s, "%s ihr da dr%cußen: ", t, 'a');
// s="Hallo ihr da draußen: "
double d = 1e5;
sprintf(s, "Bitte überweisen Sie %g Euro auf mein Konto", d);
// s="Bitte überweisen Sie 100000 Euro auf mein Konto"
char const* u = "linksbündig";
sprintf(s, "%-20s:", u);
// s="linksbündig         : "
```

Die *printf* Funktionen interpretieren den Speicherbereich an der Adresse eines auszugebenden Arguments nach den zugehörigen Angaben im Formatstring, und zwar unabhängig davon, ob sie zusammenpassen oder nicht. Falls sie nicht zusammenpassen, wird das bei der Kompilation nicht entdeckt und hat falsche Ergebnisse zur Folge. Deshalb ist bei der Verwendung von *sprintf* Vorsicht geboten.

Beispiel: Wenn man *sprintf* ein *int*-Argument mit einer *double*-Formatangabe übergibt, wird das *int*-Bitmuster als Gleitkommawert interpretiert. Falls das Ergebnis nicht allzu unplausibel aussieht, wird dieser Fehler vom Anwender eventuell nicht einmal bemerkt:

```
int i = 17;
sprintf(s, "i=%f", i); // s=="i=0.000000"
```

6.14 C-Bibliotheksfunktionen in string.h für nullterminierte Strings ⊖

Falls *sprintf* 8 Bytes (*sizeof(double)*) anspricht, obwohl nur 4 Bytes für i reserviert sind, kann das Programm abstürzen.

Während der Kompilation erfolgt kein Hinweis auf ein eventuelles Problem. Im Unterschied dazu ist die Verwendung der Stringklassen ohne jedes Risiko.

Nullterminierte Strings aus „**wide char**"-Zeichen werden als Zeiger auf *wchar_t* definiert. Literale beginnen mit einem „L" und können Unicode-Texte darstellen:

```
wchar_t* w = L"بب ث ش گ"; // arabische Zeichen
```

Für solche Strings gibt es im Wesentlichen dieselben Funktionen wie für *char**. Ihre Namen beginnen mit „wcs" (für „wide character string") anstelle von „str":

*size_t **wcslen**(const wchar_t *s); //* wie *strlen*
*wchar_t ****wcscpy**(wchar_t *dest, const wchar_t *src); //* wie *strcpy*
*wchar_t ****wcscat**(wchar_t *dest, const wchar_t *src); //* wie *strcat*
*int **wcscmp**(const wchar_t *s1, const wchar_t *s2);*
...

7 Überladene Funktionen und Operatoren

Mit Funktionen können Anweisungen unter einem eigenen Namen zusammengefasst und unter diesem Namen wieder aufgerufen werden. Dieses einfache Konzept hat viele Vorteile:

- **Mehrfach auszuführende Anweisungsfolgen** können über einen Namen aufgerufen werden. Da man sie nicht jedes Mal ins Programm schreiben muss, spart das Schreibarbeit und man erhält kürzere, übersichtlichere Programme.
- Wenn **Änderungen** einer solchen mehrfach auszuführenden Anweisungsfolge notwendig werden, muss man sie nur einmal durchführen.
- Eine Programmiersprache kann um selbst definierte, **problemangemessene Sprachelemente** erweitert werden.
- Bei der Suche nach der Lösung eines komplexeren Problems kann man systematisch die Strategie der **schrittweisen Verfeinerung** anwenden. Dabei versucht man die Lösung eines Gesamtproblems dadurch zu finden, dass man es in einfachere Teilprobleme zerlegt, die dann isoliert gelöst werden. Diese Vorgehensweise ist die wohl wichtigste allgemeine Lösungsstrategie.
- Wenn man die Lösung jedes Teilproblems in einer Funktion zusammenfasst, wird die **Struktur der Lösung explizit** im Programm dokumentiert.

Funktionen bieten aber mehr als nur die Zusammenfassungen von Anweisungen:

- Mit **Parametern** können die Anweisungen einer Funktion mit verschiedenen Werten bzw. Variablen durchgeführt werden.
- **Lokale Deklarationen** von Variablen usw. in einer Funktion sind von den Deklarationen in anderen Funktionen getrennt und damit auf die Lösung eines einzigen Teilproblems beschränkt.
- Default-Argumente können die Angabe von Argumenten ersparen.
- Verschiedene Funktionen mit hinreichend unterschiedlichen Parametern können denselben Namen haben (**überladene Funktionen**).
- Mit **Operatorfunktionen** können Operatoren für Operanden eines selbst definierten Datentyps definiert werden.

7.1 Inline-Funktionen Θ

Die Angabe *inline* bei Funktionen war früher ein wichtiges Mittel zur Programmoptimierung. Heute wird von den meisten Compilern selbständig entschieden (d.h. unabhängig von der

Angabe *inline*), ob diese Optimierung durchgeführt wird oder nicht. Da dieser Begriff aber auch heute noch gelegentlich auftritt und auch noch andere Auswirkungen haben kann, wird er hier kurz erklärt. Es gibt aber heute nur noch selten einen Grund, bei einer Funktionsdefinition *inline* anzugeben.

Gibt man bei einer Funktionsdeklaration vor dem Namen der Funktion das Schlüsselwort ***inline*** an, bezeichnet man diese Funktion als *inline*-Funktion.

Beispiel:
```
inline bool less(Kontobewegung x, Kontobewegung y)
    { // mit struct Kontobewegung { int KontoNr; // ...
      return (x.KontoNr < y.KontoNr);
    }
```

Eine solche Angabe ist eine Aufforderung an den Compiler, einen Aufruf der Funktion durch ihre Anweisungen zu ersetzen. Das wird auch als **inline Expansion** bezeichnet. Er soll die Funktion also nicht nur ein einziges Mal übersetzen und dann immer wieder aufrufen, sondern den Aufruf jedes Mal ersetzen. Das hat die folgenden Auswirkungen:

– Durch eine Expansion wird der Aufwand für den Funktionsaufruf und die Übergabe der Parameter auf dem Stack gespart. Dadurch werden die Funktionsaufrufe etwas schneller. Der Geschwindigkeitsvorteil ist aber nur bei kleinen Funktionen spürbar, die häufig aufgerufen werden. Bei Funktionen mit einem großen Anweisungsteil wirkt er sich kaum aus.
– Falls die Expansion zu mehr Code führt als ein Aufruf, wird die Exe-Datei größer. Bei einer kleinen Funktion kann der Code für die Anweisungen der Funktion aber auch kleiner sein als der für die Übergabe der Parameter auf dem Stack.

Eine *inline*-Angabe muss keine **Auswirkungen** haben:

– Da es Funktionen gibt, die nicht inline expandiert werden können, lässt der C++-Standard ausdrücklich zu, dass der Compiler den Aufruf einer *inline*-Funktion nicht expandiert. Ein gewöhnlicher Aufruf ist ebenfalls konform zum Standard.
– In Visual Studio kann man die Expansion von *inline*-Funktionen über *Projekt|Eigenschaften|Konfigurationseigenschaften|C/C++|Optimierung|Inlinefunktionserweiterung* steuern.
  Mit den Optimierungseinstellungen /O1, /O2 oder /Ox expandiert Visual C++ auch Funktionen, die nicht mit *inline* gekennzeichnet sind. Das Ergebnis eines Funktionsaufrufs ist aber immer unabhängig davon, ob es sich um eine *inline*-Funktion handelt oder nicht.
– Bei einer Debug-Konfiguration werden *inline*-Funktionen nicht expandiert, sondern immer wie gewöhnliche Funktionsaufrufe übersetzt.

Die meisten Compiler expandieren nur „einfache" Funktionen. Deshalb kann man nur bei **kleinen** und **einfachen Funktionen Vorteile** durch *inline* erwarten.

Beispiel: Die meisten Compiler sollten die Funktion *less* vom Beispiel oben expandieren können. Dann wird der Aufruf mit zwei Kontobewegungen k1 und k2

```
if (less(k1, k2)) ...
```

7.2 Überladene Funktionen

ersetzt durch

```
if (k1.KontoNr < k2.KontoNr)...
```

Der Compiler verwendet eine *inline*-Funktion nur bei ihrem Aufruf. Er erzeugt aus einer solchen Funktion insbesondere keinen Code, der in die Object-Datei aufgenommen wird. Deswegen reichen ein Prototyp und eine Object-Datei, die zum Programm gelinkt wird, nicht aus. Falls man eine *inline*-Funktion in eine getrennte Datei auslagern will, muss man sie in eine Header-Datei aufnehmen, die mit einer *#include*-Anweisung in den Quelltext eingebunden wird.

Beispiel: Die linke und die rechte Spalte zeigen die Unterschiede bei der Definition von *inline*-Funktionen und gewöhnlichen Funktionen in der Header-Datei (z.B. utils.h) und der Implementationsdatei (z.B. utils.cpp):

```
utils.h                        utils.h
   inline int f(int x)           int f(int x);
   {                             // nur der Prototyp
     return x++;
   }

utils.cpp                      utils.cpp
   #include "utils.h"            #include "utils.h"
   // f kommt nicht vor          int f(int x)
                                 {
                                   return x++;
                                 }
```

7.2 Überladene Funktionen

Der Name einer Funktion sollte immer so gewählt werden, dass er ihre Aufgabe klar zum Ausdruck bringt. Mit der Möglichkeit, verschiedenen Funktionen denselben Namen zu geben (**überladene Funktionen**), ist das auch dann möglich, wenn verschiedene Funktionen dieselbe Aufgabe haben. Die verschiedenen überladenen Funktionen werden dann durch ihre Parameterlisten unterschieden, die hinreichend unterschiedlich sein müssen.

Beispiel: In der Programmiersprache C steht zur Bestimmung des Absolutbetrags (–x für x<0, sonst x) einer *int*-Zahl die Funktion

*int **abs**(int x);* // in der Datei „include\stdlib.h"

zur Verfügung. In der Umgangssprache (zumindest der mathematischen) wird der Name *abs* aber nicht nur für den Absolutbetrag von *int*-Werten verwendet, sondern unabhängig vom Datentyp auch für den von Gleitkommawerten, komplexen Zahlen usw. Da in C alle Funktionen verschiedene Namen haben müssen und der Name *abs* bereits vergeben war, mussten für die anderen Varianten dieser Funktion andere Namen gewählt werden. Für die *double*-Variante wurde der Name *fabs* gewählt, der die Aufgabe dieser Funktion kaum noch erkennen lässt:

*double **fabs**(double x);*   // in der Datei „include\math.h"

Hier kommt der Anfangsbuchstabe f noch aus der Zeit, als der Standard-Gleitkommadatentyp *float* war. Falls man diese Funktion nicht kennt, kann es sehr mühsam sein, sie zu finden, insbesondere wenn man die *double* Version unter dem Namen *dabs* sucht.

Die *abs*-Funktionen sind nicht das einzige Beispiel. Die C-Funktionen aus string.h (z.B. *strcpy*) wurden irgendwann einmal um die wide-char-Funktionen ergänzt, die mit w beginnen (z.B. *wcscpy*), beide um die Versionen mit maximal n Zeichen (z.B. *strncpy* und *wcsncpy*), und alle diese die secure-Versionen (z.B. *strcpy_s*, *wcscpy_s*, *strncpy_s* und *wcsncpy_s*). Alle diese Funktionen machen im Wesentlichen dasselbe, nur immer ein wenig anders.

In C++ kann derselbe Name für verschiedene Funktionen mit verschiedenen Parameterlisten verwendet werden. Der Compiler entscheidet dann beim Aufruf einer solchen Funktion anhand des Datentyps der Argumente, welche Funktion aufgerufen wird. Eine solche mehrfache Verwendung desselben Namens für verschiedene Funktionen bezeichnet man als **Überladen von Funktionsnamen**.

Überladene Funktionen sind **sinnvoll** und angemessen, wenn für verschiedene Funktionen derselbe Name zutreffend ist, und diese Funktionen unterschiedliche Parametertypen haben. In Programmiersprachen, die keine überladenen Funktionen kennen, muss man solche Namen durch zusätzliche Angaben „künstlich" unterscheiden. Diese Namen beschreiben dann die Funktion oft nicht mehr treffend.

In C++ werden überladene Funktionen oft verwendet:

- Die meisten mathematischen Funktionen sind für die Datentypen *float*, *double* und *long double* überladen. Dazu muss man diese über *cmath* und nicht über *math.h* einbinden:

  ```
  #include <cmath> // nicht: #include <math.h>
  using namespace std;
  ```

- Da die Konstruktoren einer Klasse (siehe Abschnitt 8.1.5) dadurch charakterisiert sind, dass sie alle denselben Namen wie die Klasse haben, ermöglichen überladene Funktionen verschiedene Konstruktoren.
- Alle Operatorfunktionen (siehe Abschnitt 7.3) für einen Operator haben denselben Namen.

Durch die folgenden beiden Definitionen werden zwei verschiedene Funktionen definiert, die beide den Namen f haben:

```
int f(int x) { return x*x; }
double f(double x) { return x + 1; }
```

Die nächsten beiden Funktionsaufrufe führen dann zum Aufruf der im Kommentar angegebenen Funktion, da es zu jedem Argumenttyp eine Funktion mit diesem Parametertyp gibt:

7.2 Überladene Funktionen

```
s = f(1);    // Aufruf von f(int)
s = f(1.0);  // Aufruf von f(double)
```

Falls eine überladene Funktion aber mit einem Argument eines anderen Datentyps aufgerufen wird, stellt sich die Frage, ob überhaupt eine dieser Funktionen aufgerufen wird, und wenn ja, welche:

```
s = f(1.0f); // Wird float in double oder int konvertiert?
```

Die Regeln, nach denen eine überladene Funktion ausgewählt wird, folgen in Abschnitt 7.2.2.

Eine Funktion mit Default-Argumenten ist oft eine Alternative zu überladene Funktionen (z.B. wenn eine überladene Variante nur einen zusätzlichen Parameter hat). Falls diese Alternative besteht, sind Funktionen mit Default-Argumenten oft die bessere Wahl.

7.2.1 Funktionen, die nicht überladen werden können

Damit der Compiler verschiedene überladene Funktionen unterscheiden kann, müssen sie verschiedene Parameterlisten haben. In den folgenden Fällen können Funktionen nicht überladen werden, und der Compiler erzeugt eine Fehlermeldung:

1. Falls die Parameter nur unterschiedlich aussehen, aber vom Compiler in denselben Typ konvertiert werden. Einige Beispiele:

– Da ein Name für ein Array in einen Zeiger auf das erste Element konvertiert wird, hat für den Compiler ein eindimensionaler Arrayparameter denselben Datentyp wie ein Zeiger des Elementtyps. Deshalb führt die zweite Definition zu einer Fehlermeldung des Compilers

```
int f(int x[]) { return x[0]; }
int f(int* x) { return x[3]; } // Fehler: Für die Funktion
//                                existiert bereits ein Funktionsrumpf
```

– Wenn sich die Parameter nur durch *const* oder *volatile* auf der „äußersten Ebene des Datentyps" unterscheiden, sind sie für den Compiler gleich. Deshalb haben die folgenden Funktionen denselben Datentyp:

```
int f(int x) { return x*x; }
int f(const int x) { return x + 1; } //Fehler: Für die ...
```

Wenn solche Angaben dagegen wie in „Zeiger auf const T" im Inneren der verbalen Beschreibung des Datentyps des Parameters „enthalten" sind, werden die Datentypen dagegen unterschieden. Deswegen sind die folgenden Funktionen verschieden und damit zulässig:

```
void f(int& i) {}
void f(const int& i) {}
void g(int* i) {}
void g(const int* i) {}
```

2. Falls sich nur der Rückgabetyp unterscheidet. Der Compiler kann nach den beiden Definitionen

```
int f(int x) { return x*x; }
double f(int x) { return x + 1; } // Fehler: Redeklaration
                                  // von 'f(int)' mit anderem Typ
```

nicht entscheiden, welche dieser Funktionen er hier aufrufen soll:

```
double x = f(3);
```

3. Zwei Parameterlisten, die sich nur in ihren Default-Argumenten unterscheiden, sind gleichwertig. Nach den beiden Definitionen

```
int f() { return 1; }
int f(int x = 1) { return x*x; }
```

kann der Compiler nicht entscheiden, welche Funktion er hier aufrufen soll:

```
f(); // Fehler:Mehrdeutigkeit zwischen 'f()' und 'f(int)'
```

7.2.2 Regeln für die Auswahl einer passenden Funktion

Beim Aufruf einer überladenen Funktion sucht der Compiler nach einer **am besten passenden Funktion**. Als Ergebnis dieser Suche gibt es drei Möglichkeiten:

– Es wird keine solche Funktion gefunden, und der Compiler erzeugt eine Fehlermeldung.
– Es wird genau eine solche Funktion gefunden, die dann aufgerufen wird.
– Es wird mehr als eine solche Funktion gefunden. Dann ist der Funktionsaufruf mehrdeutig und der Compiler erzeugt eine Fehlermeldung.

Die Entscheidung, welche Funktion am besten zu einem Funktionsaufruf passt, erfolgt nach einem umfangreichen Regelwerk des C++-Standards. Die wichtigsten dieser **Regeln für Funktionen** mit **einem einzigen Parameter** sind unter den Punkten 1 - 5 zusammengefasst. Da von diesen Regeln in den meisten Anwendungen nur die ersten drei von Bedeutung sind, und die ersten beiden einfach sind, ist dieses Regelwerk doch recht überschaubar.

Die Nummerierung dieser Regeln definiert ihre **Rangfolge**. Die erste Regel, nach der ein Funktionsaufruf zu einer Funktionsdefinition passt, legt fest, welche Funktion aufgerufen wird. Falls nach dieser ersten Regel mehrere Funktionen passen, kann der Aufruf mehrdeutig sein (Compilerfehler). Weitere Regeln, die hier nicht aufgeführt sind, können aber auch eine eindeutige Auflösung ermöglichen.

1. **Exakt passende Funktion:** Das Argument hat denselben Datentyp wie der Parameter. Dabei werden auch Array- und Zeigertypen sowie Funktionen und Funktionszeiger als gleich betrachtet.

   Beispiel: Nach den Funktionsdefinitionen

7.2 Überladene Funktionen

```
void f(char* s) { };
void f(const char* s) { };
void f(double g(double)) { }
```

führen die folgenden Aufrufe zum Aufruf der jeweils im Kommentar angegebenen Funktion:

```
const char s[20] = "123";
f(s);       // Aufruf von f(const char*)
f("Hallo"); // Aufruf von f(const char*)
f(sin);     // Aufruf von f(double f(double))
```

Eine Variable passt zu einem konstanten oder nichtkonstanten Referenzparameter (siehe Abschnitt 7.4.3) und einem Werteparameter desselben Typs. Sie passt besser zu einem Referenz- oder Werteparameter als zu einem konstanten Referenzparameter. Eine Konstante (dazu gehört auch ein Literal), passt zu einem konstanten Referenzparameter und einem Werteparameter desselben Typs.

Beispiel: Falls nur eine dieser drei Funktionen

```
void f(int& s) { };
void f(const int& s) { };
void f(int s) { }
```

definiert ist, führt der Aufruf

```
int i;
f(i);
```

zum Aufruf dieser Funktion. Falls alle drei definiert sind, ist dieser Aufruf mehrdeutig, da diese beiden Funktionen

```
void f(int& s) { };
void f(int s) { };
```

passen. Zu einer Konstanten passen nur Werte- und konstante Referenzparameter. Falls die zweite und dritte Variante von f definiert sind, ist der nächste Aufruf mehrdeutig:

```
f(17);
```

Damit für einen Ausdruck x des Datentyps T ein Aufruf

```
f(x);
```

sowohl mit einer Konstanten als auch mit einer Variablen möglich ist, definiert man entweder eine Funktion f mit einem Werteparameter

```
void f(T p) { }
```

oder aber zwei überladene Funktionen mit einem konstanten und einem nicht konstanten Referenzparameter:

```
void f(const T& p) { };
void f(T& p) { };
```

Für selbstdefinierte Datentypen (wie z.B. Klassen) ohne benutzerdefinierte Konversionen ist das bereits die einzige Regel. Falls Ihre überladenen Funktionen nur selbstdefinierte Datentypen als Parameter verwenden, ist die Gefahr von Verwechslungen gering.

2. **Typangleichungen** für Werteparameter oder konstante Referenzparameter: Falls unter den überladenen Funktionen keine exakt passende, aber eine mit einem *int*-Parameter ist, und das Argument beim Aufruf einen der Datentypen *bool*, *char*, *signed char*, *unsigned char*, *short int* oder *unsigned short int* hat oder ein Aufzählungstyp ist, wird die Funktion mit dem *int*-Parameter aufgerufen. Das Argument wird dann durch eine ganzzahlige Typangleichung („integral promotion") in *int* konvertiert. Entsprechend wird auch bei einer Funktion mit einem *double*-Parameter und einem *float*-Argument die *double*-Funktion aufgerufen.

   Beispiel: Nach den Definitionen

   ```
   void f(int x) { }
   void f(unsigned char x) { }
   void f(double x) { }
   ```

   werden die folgenden Aufrufe wie angegeben aufgelöst:

   ```
   short int si;
   f(si);    // Aufruf von f(int)
   f('c');   // Aufruf von f(int) - nicht f(unsigned char)
   enum E { e1, e2 } e;
   f(e);     // Aufruf von f(int)
   f(3.14f); // Aufruf von f(double)
   ```

3. **Standardkonversion** für Werteparameter oder konstante Referenzparameter: Der Datentyp des Arguments kann durch eine der folgenden Konversionen in den Datentyp des Parameters konvertiert werden:

   - ein beliebiger arithmetischer Datentyp in einen beliebigen anderen arithmetischen Datentyp,
   - der Wert 0 sowohl in einen Zeigertyp als auch in einen arithmetischen Datentyp,
   - ein schwach typisierter Aufzählungstyp in einen beliebigen numerischen Datentyp,
   - ein Zeiger auf eine abgeleitete Klasse in einen Zeiger auf eine Basisklasse (siehe Abschnitt 8.3.7),
   - ein beliebiger Zeigertyp in den Datentyp *void**.

   Beispiel: Nach den Definitionen

   ```
   void f(char* x) { }
   void f(double x) { }
   ```

7.2 Überladene Funktionen

führen die folgenden Aufrufe alle zum Aufruf von *f(double)*:

```
f(true);
f('c');
f(1);
```

Da das Argument 0 sowohl zu einem Zeiger als auch zu einem arithmetischen Datentyp passt, ist der folgende Aufruf zweideutig:

```
f(0); // Fehler: Mehrdeutigkeit zwischen 'f(char*)' und 'f(double)'
```

Dagegen führt der folgende Aufruf zum Aufruf von *f(char*)*:

```
char* p = 0;
f(p);
```

Obwohl die Datentypen *long* und *int* in 32-bit Visual C++ denselben Wertebereich haben, sind sie verschiedene Datentypen. Bei einem *int*-Parameter wird das Argument durch eine Typangleichung konvertiert, während bei einem *long*-Parameter eine Standardkonversion stattfindet. Deshalb ist mit den Definitionen der linken Spalte

```
void f(double x) { };        void f(double x) {};
void f(int x) {};            void f(long x) {};
```

der Aufruf

```
f(1);
```

eindeutig. Mit den Definitionen der rechten Spalte ist er dagegen mehrdeutig, weil der Wert 1 durch eine Standardkonversion sowohl in *double* als auch *long* konvertiert werden kann.

Das nächste Beispiel zeigt die Auflösung bei Funktionen mit Referenz- und Werteparametern desselben Typs und Argumenten eines konvertierbaren Typs:

Beispiel: Von den drei Funktionen

```
void f(int& s) { };
void f(const int& s) { };
void f(int s) { };
```

passen nur die letzten beiden zu einem Argument, das in den Parameter konvertiert werden kann. Da beide gleich gut zu einem konstanten Argument eines solchen Typs passen, ist der nächste Aufruf mehrdeutig:

```
const char c = 'x';
f(c);
```

4. **Benutzerdefinierte Konversion:** Das Argument kann durch eine benutzerdefinierte Konversion in den Parameter konvertiert werden. Solche Konversionen werden mit

einem Konstruktor oder mit einem Konvertierungsoperator definiert (siehe die Abschnitte 8.2.9 und 8.2.10).

5. Das Argument passt zu einer Funktion mit einer unspezifizierten Anzahl von Argumenten. Solche Funktionen sollten aber vermieden werden.

Beispiel: Nach den Definitionen

```
void f(double x) { }
void f(...) { }
```

führt der folgende Ausdruck zum Aufruf von f(...):

```
f("");
```

Bei **Funktionen mit mehreren Parametern** werden diese Regeln auf jeden Parameter angewandt. Wenn für einen Funktionsaufruf mehrere Funktionen in Frage kommen, wird diejenige aufgerufen, bei der

– jedes Argument genauso gut oder besser passt als bei allen anderen, und
– mindestens ein Argument besser passt als bei allen anderen.

Falls es keine passende Funktion oder mehrere solcher Funktionen gibt, erzeugt der Compiler eine Fehlermeldung.

Beispiel: Nach den beiden Definitionen

```
int f(int i, int j) { return i; }        // f1
int f(double c, double i) { return i; } // f2
```

gibt es beim Aufruf

```
f('a', 1.1); // Fehler: Mehrdeutigkeit ..
```

keine am besten passende Funktion: 'a' passt besser zu *f1* und 1.1 passt besser zu *f2*. Dagegen gibt es bei dem Aufruf

```
f(1L, 1L); // Fehler: Mehrdeutigkeit ..
```

zwei am besten passende Funktionen: 1L passt sowohl zu *f1* als auch zu *f2*.

Angesichts der vielfältigen Kombinationsmöglichkeiten von Argumenten und Parametern ist ein umfangreiches Regelwerk notwendig, damit sich verschiedene Compiler einheitlich verhalten. Das bedeutet aber nicht, dass man alle **diffizilen Feinheiten** dieser Regeln ausnutzen sollte. Vielmehr sollte man beim Entwurf der Parameterlisten immer darauf achten, die Gefahr von **Missverständnissen** zu minimieren.

7.2 Überladene Funktionen

Aufgaben 7.2

1. a) Eine erste Version eines Programms soll zunächst die Funktion

   ```
   int fkt(double d) { return 0; };
   ```

   enthalten, die dann weiter hinten im Programm so aufgerufen wird:

   ```
   int x = fkt(42);
   ```

   Später wird das Programm dann unmittelbar nach der Definition der ersten Funktion durch

   ```
   int fkt(int i) { return 1; };
   ```

   ergänzt. Wie wirkt sich diese Änderung aus?

   b) Geben Sie eine Kategorie von Datentypen an, für die der Effekt von Aufgabe a) nicht auftreten kann.

2. Können die Funktionen unter a) bzw. b) durch eine Funktion mit Default-Argumenten ersetzt werden?

   a) ```
      void f(string s, string format) {};
      void f(string s) {};
      void f() {};
      ```

   b) ```
      void g(int n) {};
      void g(double d) {};
      void g(double d, string s) {};
      ```

   c) Eine Variable des Typs

   ```
   struct Bruch {
     int z, n; // z: Zähler, n: Nenner
   };
   ```

   soll durch den Aufruf einer Funktion *initBruch* initialisiert werden. Beim Aufruf mit zwei Argumenten soll der Zähler den Wert des ersten Arguments erhalten und der Nenner den Wert des zweiten. Beim Aufruf mit einem Argument soll der Zähler diesen Wert erhalten und der Nenner den Wert 1.

   Schreiben Sie *initBruch* einmal mit Default-Argumenten und einmal mit überladenen Funktionen.

   d) Falls die Alternative besteht: Sind Default-Argumente oder überladene Funktionen die bessere Wahl?

3. Eine Bibliothek soll für eine Funktion wie *sqrt* drei überladene Varianten mit *float*, *double* und *long double* Argumenten und Rückgabewerten wie

```
float sqrt(float x) {};
double sqrt(double x) {};
long double sqrt(long double x) {};
```

zur Verfügung. Welche der folgenden Aufrufe werden kompiliert?

```
double x1 = sqrt(1);
double x2 = sqrt(1.0);
double x3 = sqrt(1.0l); // ein long double Argument
```

7.3 Überladene Operatoren mit globalen Operatorfunktionen

Die meisten Operatoren können durch eine sogenannte **Operatorfunktion** überladen werden. Durch eine Operatorfunktion wird dann der Operator für einen oder zwei Operanden eines selbst definierten Datentyps definiert. Der Name einer solchen Funktion setzt sich dabei aus dem Schlüsselwort *operator* und einem der folgenden Operatoren zusammen:

operator-function-id:
```
    operator operator
```

operator: one of
```
    new delete new[] delete[] + - * / % ^ & | ~ ! = < > +=
    -= *= /= %= ^= &= |= << >> >>= <<= == != <= >= && ||
    ++ -- , ->* -> () []
```

Beispiel: Schon in Zusammenhang mit den Containerklassen der Standardbibliothek wurde erwähnt, dass die Funktion *sort* zum Sortieren den Operator „<" verwendet. Sobald dieser Operator für einen Datentyp definiert ist, kann ein Container oder ein Array mit Elementen dieses Datentyps mit dieser Funktion sortiert werden.

```
#include <algorithm>
Kontobewegung a[10];
std::sort(a, a + 10);
```

Für zwei Operanden des Datentyps

```
struct Kontobewegung { int KontoNr; /* usw. */ };
```

kann man den Operator „<" durch diese Operatorfunktion definieren:

```
bool operator<(const Kontobewegung& x, const Kontobewegung& y)
{
  return (x.KontoNr < y.KontoNr);
}
```

Nach dieser Definition kann man den Operator „<" auf zwei Operanden des Datentyps *Kontobewegung* anwenden:

7.3 Überladene Operatoren mit globalen Operatorfunktionen

```
Kontobewegung k1, k2;
if (k1 < k2) // Aufruf von operator<(k1,k2)
```

Ein solcher Ausdruck wird dann als Aufruf der Funktion mit dem Namen „operator<" ausgewertet, der der linke Operand als erstes und der rechte Operand als zweites Argument übergeben wird. Diese Funktion kann sogar unter diesem Namen aufgerufen werden. Allerdings ist diese umständliche Schreibweise nicht üblich:

```
if (operator<(k1, k2)) // umständlich
```

Ein durch eine Operatorfunktion definierter Operator hat **dieselbe Priorität, Assoziativität** und Anzahl von Operanden wie dieser Operator für einen vordefinierten Datentyp. Es ist nicht möglich, diese Eigenschaften zu verändern. Es ist auch nicht möglich, **andere Operatoren** als die hier aufgeführten zu definieren. Deshalb kann weder ein neuer Operator ** für die Potenzierung noch ein unärer Operator „./" definiert werden. Da in dieser Liste die Operatoren

.   .*   ::   ?:

nicht enthalten sind, können diese nicht überladen werden. Bei den ersten drei Operatoren liegt das darin begründet, dass sie als Operanden einen Namen und nicht einen Ausdruck haben.

Es ist außerdem nicht möglich, die Bedeutung der Operatoren für die vordefinierten Datentypen zu verändern. Mindestens einer der Parameter einer Operatorfunktion muss einen selbst definierten Datentyp haben.

Eine Operatorfunktion kann sowohl als **globale Funktion** als auch als **Elementfunktion einer Klasse** definiert werden. Da Elementfunktionen erst in Abschnitt 8.1.1 vorgestellt werden, wird in diesem Abschnitt nur gezeigt, wie man globale Operatorfunktionen definiert. Allerdings können die Operatoren „=" (Zuweisung), „()" (Funktionsaufruf), „[]" (Indexoperator) und „->" (Zugriff auf ein Klassenelement) nicht mit globalen Funktionen überladen werden, sondern nur mit Elementfunktionen (siehe Abschnitt 8.2.5).

Überladene Operatoren sind **nicht nur für mathematische Operationen** geeignet. Ihre eingängigen Symbole ermöglichen oft auch für andere Operationen kurze und prägnante Ausdrücke. So verwenden die **Iteratoren** der Containerklassen aus der Standardbibliothek unter anderem die folgenden Operatoren:

– Der Operator ++ rückt den Iterator auf das nächste Element im Container vor.
– Der Operator – – setzt den Iterator auf die vorangehende Position.
– Der Operator * liefert das Element im Container, auf das der Iterator zeigt.

Diese Operatoren stehen bei den verschiedenen Containerklassen für völlig verschiedene Anweisungen. Da sie aber in allen Containern dieselbe Bedeutung haben, kann man sie in allen Containern mit derselben Syntax verwenden, ohne dass man sich um die Details der Implementierung kümmern muss. Diese einheitliche Schnittstelle der Iteratoren ist die

Grundlage der Algorithmen der Standardbibliothek. Alle Algorithmen sind ausschließlich mit Hilfe von Iteratoren definiert.

Da die Operatoren der Iteratoren außerdem dieselben sind wie bei Zeigern und diese auch dort dieselbe Bedeutung haben, funktionieren alle Algorithmen der Standardbibliothek auch mit Datenstrukturen, die über Zeiger angesprochen werden. Da dazu auch Arrays gehören, funktionieren alle solchen Algorithmen auch mit Arrays.

7.3.1 Globale Operatorfunktionen

Das letzte Beispiel zeigt bereits das Schema, nach dem eine globale Operatorfunktion für einen **binären Operator** @ definiert wird. Hier wird das Zeichen @ als Symbol für einen der Operatoren von oben verwendet. Nach der Definition

```
T operator@(T1 p1, T2 p2) // @ steht für einen Operator
{ // T, T1 und T2 stehen für Datentypen
return ...
}
```

kann der Operator @ mit einem ersten Operanden des Typs T1 und einem zweiten Operanden des Typs T2 verwendet werden. Der Ausdruck

```
x @ y  // Datentyp von x bzw. y: T1 bzw. T2
```

wird dann vom Compiler in einen Aufruf der Funktion

```
operator@(x, y)
```

übersetzt. Dabei wird der linke Operand als erstes und der rechte Operand als zweites Argument übergeben. Der Wert des Ausdrucks ist der Rückgabewert und hat den Datentyp T.

Entsprechend wird ein **unärer Operator** durch eine globale Funktion mit einem Parameter überladen. Für einen Operanden x ist der Wert des Ausdrucks

```
@x
```

der Rückgabewert

```
operator@(p1)
```

Die Operatoren

```
+ - * &
```

können sowohl als unäre als auch als binäre Operatoren überladen werden. Die Anzahl der Operanden entscheidet dann wie bei einer überladenen Funktion darüber, welche Funktion aufgerufen wird.

7.3 Überladene Operatoren mit globalen Operatorfunktionen

Bei überladenen Operatoren gelten die **Identitäten** der Operatoren für die vordefinierten Datentypen **nicht automatisch**. Wenn für überladene Operatoren und beliebige Operanden x, y immer

x +=y und x=x+y bzw.
++x und x+1

gleich sein soll, muss dies durch entsprechende Definitionen sichergestellt werden. Bei manchen Operatoren kann man diese Identitäten dadurch herstellen, dass man sie auf andere Operatoren zurückführt.

Wenn z.B. der Operator „==" definiert ist, kann man den Operator „!=" folgendermaßen durch diesen Operator definieren:

```
bool operator!=(const T& x, const T& y)
{
  return !(x == y);
}
```

Entsprechend lassen sich die Operatoren „>", „>=" und „<="auf den Operator „<" zurückführen:

```
bool operator>(const T& x, const T& y)
{
  return y < x;
}

bool operator<=(const T& x, const T& y)
{
  return !(y < x);
}

bool operator>=(const T& x, const T& y)
{
  return !(x < y);
}
```

Diese Beispiele wurden mit leichten Änderungen aus der Datei der C++-Standardbibliothek übernommen, die man mit „#include <utility>" erhält.

Aufgaben 7.3.1

1. Auf den ersten Blick erscheint es vielleicht als naheliegend, mit dem Operator ^ Potenzen zu realisieren, so dass x^n für x^n steht. Welcher Wert würde sich dabei für den folgenden Ausdruck ergeben?

    x^n – 1

2. Eine rationale Zahl (ein Bruch im Sinne der Bruchrechnung) besteht aus einem ganzzahligen Zähler und einem Nenner und kann deshalb durch die folgende Klasse dargestellt werden:

```
struct Bruch {
  int z, n; // z: Zähler, n: Nenner
};
```

Die Bruchrechnung ist auf Rechnern nicht sehr verbreitet, da die Rechnungen leicht zu einem Überlauf führen. Sie ist aber ein einfaches Beispiel dafür, wie man überladene Operatoren definieren kann.

Zur Vereinfachung werden Brüche im Folgenden durch Wertepaare wie (1,2) dargestellt und nicht mit einem Bruchstrich wie in ½.

a) Zwei Brüche (pz,pn) und (qz,qn) sind gleich, wenn pz*qn==pn*qz gilt. Definieren Sie die Operatoren „==" und „!=" für Operanden des Datentyps *Bruch*. Stellen Sie sicher, dass zwischen diesen Operatoren die üblichen Beziehungen gelten.

b) Der Bruch (pz,pn) ist kleiner als (qz,qn), wenn pz*qn<pn*qz gilt. Definieren Sie die Operatoren „<", „>=", „<=" und „>" für Operanden des Datentyps *Bruch*. Stellen Sie sicher, dass zwischen diesen Operatoren die üblichen Beziehungen gelten.

c) Definieren Sie Operatorfunktionen für die folgenden Operationen.

$$(pz,pn) + (qz,qn) = (pz*qn + pn*qz, pn*qn)$$
$$(pz,pn) - (qz,qn) = (pz*qn - pn*qz, pn*qn)$$
$$(pz,pn) * (qz,qn) = (pz*qz, pn*qn)$$
$$(pz,pn) / (qz,qn) = (pz*qn, pn*qz)$$

Bei diesen Operationen sollen der Zähler und Nenner gekürzt werden, indem man beide durch den größten gemeinsamen Teiler dividiert. Dazu kann die Funktion *ggT* (siehe auch Aufgabe 2.4.10, 1. c) verwendet werden:

```
int ggT(int a, int b)
{
  int x = a, y = b;
  while (y != 0)
  {
    int r = x%y;
    x = y;
    y = r;
  }
  return x; // ggT(a,b)==x;
}
```

d) Sie können diese Operatoren testen, indem Sie die Werte vergleichen, die sich bei der geometrischen Reihe

$$1 + p + p^2 + ... p^N = (p^{N+1} - 1)/(p-1) \quad // \; p=z/n$$

durch Aufsummieren (linke Seite) und mit der Summenformel (rechte Seite) ergeben. Sie können diese Werte außerdem mit dem Bruch vergleichen, den man beim Einsetzen von z/n für p in die Summenformel erhält.

7.3.2 Die Ein- und Ausgabe von selbst definierten Datentypen

Die Ein- und Ausgabeoperatoren „>>" und „<<" können auch für selbst definierte Datentypen definiert werden. Dazu schreibt man Operatorfunktionen für diese Operatoren nach dem folgenden Schema:

```
std::ostream& operator<<(std::ostream& f, const T& k)
{          // T ist ein selbst definierter Datentyp
  return f << // Ausgabe der Elemente von k
}

std::istream& operator >> (std::istream& f, T& k)
{    // T ist ein selbst definierter Datentyp
   f >>  // Einlesen der Elemente von T
        // zum selbst definierten Datentyp zusammensetzen
   return f;
}
```

Da sich alle selbst definierten Datentypen letztendlich aus vordefinierten Datentypen zusammensetzen, für die die Operatoren „<<" und „>>" vordefiniert sind, kann man diese Elemente nach den Ausdrücken „f<<" bzw. „f>>" angeben.

Bei diesen Operatorfunktionen haben der Funktionswert und der erste Parameter denselben Datentyp (zum Thema Referenzen als Rückgabetyp siehe Abschnitt 7.4.4). Deshalb kann man den Funktionswert einer solchen Funktion wieder als erstes Argument in diese Funktion einsetzen:

```
operator<<(operator<<(operator<<(f, x), y), z);
```

Dieser verschachtelte Funktionsaufruf ist aber nur eine andere Schreibweise für den Ausdruck

```
(((f << x) << y) << z)
```

und dieser Ausdruck ist gleichwertig zu

```
f << x << y << z
```

da die Shift-Operatoren << und >> linksassoziativ sind. Deswegen kann man diese Operatoren wie bei den vordefinierten Datentypen verketten, wenn man sie nach dem Schema von oben definiert.

Ähnlich wie im Beispiel in Abschnitt 4.3.4 kann man z.B. die Operatorfunktion für die Ausgabe von Variablen des Datentyps *Kontobewegung* definieren:

```cpp
std::ostream& operator<<(std::ostream& f, const Kontobewegung& k)
{ // #include <iomanip>, #include <fstream>
  using namespace std;
  return f << setw(4) << k.KontoNr << " " << left << setw(20)
    << k.NameInhaber << right << setw(2) << k.Datum.Tag << "."
    << setw(2) << k.Datum.Monat << "." << setw(2)
    << k.Datum.Jahr << " " << k.BewArt << setprecision(8)
    << double(k.Betrag) << endl;
}
```

Mit dieser Funktion kann man eine Variable dieses Datentyps folgendermaßen in einen *ostream* (z.B. einen *ofstream* oder einen *ostringstream*) schreiben:

```cpp
std::ofstream f("c:\\test\\kb.dat");
f << k; // k eine Variable des Datentyps Kontobewegung
```

Den Eingabeoperator für eine *Kontobewegung* kann man so z.B. definieren:

```cpp
std::istream& operator >> (std::istream& f, Kontobewegung& k)
{
  char Punkt1, Punkt2;
  std::string Vorname, Nachname;
  f >> k.KontoNr >> Nachname >> Vorname >> k.Datum.Tag >> Punkt1
    >> k.Datum.Monat >> Punkt2 >> k.Datum.Jahr >> k.BewArt
    >> k.Betrag;
  k.NameInhaber = Vorname + Nachname;
  return f;
}
```

Aufgaben 7.3.2

1. Definieren Sie für die Klasse *Bruch* aus Aufgabe 7.3.1 überladene Operatoren << und >>, so dass ein Bruch sowohl aus einem *istream* eingelesen als auch über einen *ostream* (z.B. *cin* oder *cout*) ausgegeben werden kann.

a) Verwenden Sie diese Operatoren, um Brüche in eine Datei zu schreiben bzw. aus einer Datei zu lesen (siehe Abschnitt 12.4). Eine Datei kann zum Schreiben über eine Variable der Klasse *ofstream* und zum Lesen über eine Variable der Klasse *ifstream* angesprochen werden. Diese Klassen stehen im Namensbereich *std* zur Verfügung nach

    ```cpp
    #include <fstream>
    ```

b) Verwenden Sie diese Operatoren in zwei Funktionen *BruchToStr* und *StrToBruch*, die einen *Bruch* über einen *ostringstream* (siehe Abschnitt 3.5) in einen *string* der Standardbibliothek von C++ umwandeln bzw. über einen *istringstream* einen Bruch aus einem *string* einlesen.

7.4 Referenztypen, Werte- und Referenzparameter

Im Folgenden werden die wichtigsten Sachverhalte über Parameter, Referenztypen und Rückgabetypen zusammenfasst.

7.4.1 Werteparameter

Ein Parameter, dessen Datentyp kein Referenztyp ist, wird auch als **Werteparameter** bezeichnet. Ein Werteparameter ist in der Funktion eine lokale Variable, die auf dem **Stack** angelegt und beim Aufruf der Funktion mit dem Wert (daher der Name) des entsprechenden Arguments initialisiert wird. Da die lokale Variable einen anderen Speicherbereich als das Argument belegt, wird das Argument bei einem Aufruf der Funktion nicht verändert.

Beispiel: Nach dem Aufruf der Funktion

```
void f(int x) // x ist ein Werteparameter
{
  x = 2;
}
```

in

```
int y = 3;
f(y);
```

hat die Variable y (wie schon vor dem Aufruf von f) unverändert den Wert 3, da nur der in f lokalen Variablen x der Wert 2 zugewiesen wird, nicht jedoch der globalen Variablen y.

Als **Argument** kann für einen Werteparameter ein beliebiger Ausdruck (eine Konstante, Variable usw.) eingesetzt werden, für den eine **Konversion** in den Datentyp des Parameters definiert ist. Die Funktion f aus dem letzten Beispiel kann deswegen auch mit einem konstanten Gleitkommawert aufgerufen werden.

Da Werteparameter auf dem Stack angelegt werden, müssen die Argumente auf den Stack kopiert werden. Da dieses Kopieren bei großen Parametern mit einem gewissen Zeitaufwand verbunden sein kann, sollte man große Werteparameter nur mit Bedacht verwenden.

Konstante Werteparameter sind nur selten sinnvoll. Da sich die Veränderung eines Werteparameters in einer Funktion nur auf die lokale Kopie der Daten auswirkt, hat das Argument nach dem Aufruf der Funktion denselben Wert wie vorher, und zwar unabhängig davon, ob der Parameter mit *const* deklariert wurde oder nicht. Einer der wenigen Vorteile von konstanten Werteparametern ist, dass eine Verwechslung von „=" und „=="wie in „ if (x=17)" durch den Compiler entdeckt wird.

7.4.2 Referenztypen

Eine **Referenz** ist ein anderer Name für eine Variable oder Konstante.

Man erhält eine Referenz durch eine Definition nach dem Schema

```
T& r
```

Dabei ist T ein Datentyp, der kein Referenztyp sein darf, und r ein Bezeichner. Der Datentyp der **Referenz** r ist dann ein **Referenztyp**, der auch als „Referenz auf T" oder als „T&" bezeichnet wird. Wenn das Zeichen & wie hier nach einem Datentyp steht, ist es nicht wie vor einer Variablen der Adressoperator.

Um sicherzustellen, dass eine Referenz ein anderer Name für eine Variable oder Konstante ist, muss sie bei ihrer Definition mit der anderen Variablen initialisiert werden.

```
T& r = v; // die Referenz r wird mit der Variablen oder Konstanten v
initialisiert
```

Die Referenz r ist dann ein anderer Name für die Variable oder Konstante v. Für eine Referenz des Typs T& muss v den Datentyp T oder T& oder den einer von T abgeleiteten Klasse haben. Die Regeln für konstante Referenzen (siehe Abschnitt 7.4.5) sind nicht ganz so streng.

Beispiel: Durch die zweite Zeile wird r ein anderer Name für die Variable i:

```
        int i = 0;
        int& r = i; // r ist eine Referenz auf i. Der
                    // Datentyp von r ist "Referenz auf int"
```

Falls eine Referenz nicht initialisiert wird, ist das ein Fehler:

```
        int& r1; // error: Verweise müssen initialisiert
                 // werden
```

Auch nicht passende Datentypen werden vom Compiler bemängelt:

```
        double& d = i; // error: 'int' kann nicht in
                       // 'double&' konvertiert werden
```

Eine konstante Referenz kann dagegen auch mit einem anderen Datentyp initialisiert werden. Eine implizite Konversion reicht aus:

```
        const double& d = i; // Mit konstanten Referenzen geht das
```

Referenzen auf Referenzen gibt es nicht. Eine Referenz kann aber mit einer Referenz initialisiert werden:

```
        int&& rr1 = r; // error
        int& rr = r; // rr ist eine weitere Referenz auf i
```

Alle Operationen mit einer Referenz werden mit der Variablen ausgeführt, mit der sie initialisiert wurde.

7.4 Referenztypen, Werte- und Referenzparameter

Beispiel: Mit den Definitionen des letzten Beispiels erhält i in der nächsten Zeile den Wert 17, obwohl das aus dem Text nicht unmittelbar hervorgeht:

```
r = 17;    // weist i den Wert 17 zu!
```

Offensichtlich kann die Verwendung von zwei verschiedenen Namen für eine Variable (Aliasing, siehe Abschnitt 6.2) zu unübersichtlichen Programmen führen. Da es nur selten einen Grund dafür gibt, sollte man auf **eine solche Anwendung** von Referenzvariablen **verzichten**.

Referenztypen sind aber **für Funktionsparameter sinnvoll** (siehe Abschnitt 2.4.5 und 7.4.3).

7.4.3 Referenzparameter

Wenn der Datentyp eines Parameters ein Referenztyp ist, wird der Parameter auch als **Referenzparameter** bezeichnet.

Bei einem Referenzparameter bedeutet die **Initialisierung** des Parameters mit einem Argument beim Aufruf der Funktion, dass der Parameter ein anderer Name für das Argument ist. Mit diesem Argument werden dann beim Aufruf der Funktion alle Anweisungen ausgeführt, die in der Funktionsdefinition mit dem Parameter ausgeführt werden. Diese Form der Initialisierung wird vom Compiler dadurch realisiert, dass die Adresse des Arguments auf dem Stack übergeben wird. Über diese Adresse wird dann das Argument angesprochen. Daraus ergeben sich die folgenden Unterschiede zu Werteparametern:

- Das **Argument** für einen **Referenzparameter** kann im Unterschied zu einem Werteparameter in der Funktion **verändert** werden. Ein Referenzparameter wird beim Aufruf der Funktion mit dem entsprechenden Argument initialisiert und ist dann in der Funktion ein anderer Name für das Argument. Alle Anweisungen mit dem Parameter erfolgen dann beim Aufruf mit dem Argument.
- Bei einem nicht konstanten Referenzparameter muss das Argument **denselben Datentyp** wie der Parameter haben und eine **Variable** sein. Bei Klassen kann der Datentyp des Arguments auch eine vom Datentyp des Parameters abgeleitete Klasse sein. Mit anderen Argumenten kann ein Referenzparameter nur initialisiert werden, wenn er konstant ist.
- Funktionsaufrufe mit Referenzparametern sind meist **schneller** als mit Werteparametern, da nur die Adresse des Arguments auf den Stack kopiert wird. Bei einem Werteparameter wird dagegen das ganze Argument kopiert.

Beispiel: Mit der Funktion

```
void f(int& x) // x ist ein Referenzparameter
{
  x = 2;
}
```

hat y nach der Ausführung von

```
int y = 3;
f(y);
```

den Wert 2, da die Anweisung x=2 direkt mit der globalen Variablen y und nicht mit einer in f lokalen Variablen x ausgeführt wird. Deswegen werden beim Aufruf der folgenden Funktion *vertausche* auch die Werte der beiden als Argument übergebenen Variablen vertauscht:

```
void vertausche(int& x, int& y)
{
  int h = x;
  x = y;
  y = h;
}
```

Der Compiler übergibt für einen Referenzparameter immer die Adresse des Arguments und dereferenziert diese in der Funktion automatisch. Insofern besteht kein Unterschied zu einem Parameter eines Zeigertyps (siehe Abschnitt 6.13). Da das Argument für einen Referenzparameter normalerweise eine gewöhnliche Variable ist, besteht keine Gefahr, dass diese auf nicht reservierten Speicher zeigt. Diese Gefahr ist bei Argumenten eines Zeigertyps wesentlich größer.

Für **verschiedene nicht konstante Referenzparameter** sollte man **nie dieselbe Variable** als **Argument** einsetzen, da diese sonst in der Funktion unter verschiedenen Namen angesprochen wird (Aliasing). Das kann zu unerwarteten Ergebnissen führen.

Beispiel: Auf den ersten Blick wird man nach einem Aufruf der Funktion

```
void g(int& a, int& b, int& c)
{
  c = a + b;
  c = c + a;
}
```

erwarten, dass das Argument für c den Wert a+b+a hat. Das trifft auch zu, wenn man sie mit verschiedenen Argumenten aufruft:

```
int x = 1, y = 2, z = 3;
g(x, y, z); // z = 4
```

Es gilt aber nicht, wenn man für verschiedene Parameter dasselbe Argument einsetzt:

```
int x = 1, y = 2, z = 3;
g(z, x, z); // z = 8 !!!
```

Mit konstanten Referenzparametern können solche Effekte nicht auftreten. Bei nicht konstanten Referenzparametern kann man sie vermeiden, indem man in der Funktion prüft, ob die Argumente verschiedene Variable sind. Das kann man feststellen, indem man die Adressen der Argumente vergleicht.

Beispiel: In der Funktion f werden die Fälle mit verschiedenen und gleichen Variablen als Argumente in verschiedenen Zweigen behandelt:

7.4 Referenztypen, Werte- und Referenzparameter

```
void f(T& x, T&y)
{
  if (&x != &y)
  {
    // Die Argumente für x und y sind verschieden,
  } // "normaler" Code
  else
  {
    // Die Argumente für x und  y sind gleich,
  } // Code für aliasing
}
```

Den Aufruf einer Funktion mit **Referenzparametern** kann man in einem **Ablaufprotokoll** dadurch darstellen, dass man den Namen des Parameters durch den seines Arguments ersetzt.

Beispiel: Für die Anweisungen aus dem letzten Beispiel erhält man so das folgende Ablaufprotokoll. Die jeweiligen Argumente sind als Kommentar angegeben.

	x	y	z
x = 1; y = 2; z = 3 ;	1	2	3
g(x,y,z) // a=x, b=y, c=z			
c = a+b;// z=x+y			1+2
c = c+a; //z=z+x			1+2+1
x = 1; y = 2; z = 3	1	2	3
g(z,x,z) // a=z, b=x, c=z			
c = a+b // z = z+x			3+1
c = c+a; // z = z+z			4+4

7.4.4 Referenzen als Rückgabetypen

Der **Rückgabetyp** einer Funktion kann nicht nur ein Wertetyp, sondern auch ein **Referenztyp** sein. Dann ist der Funktionswert ein anderer Name für den Ausdruck nach *return*:

```
int& f(int& i)
{
  i = i + 10;
  return i;
}
```

Der Aufruf einer solchen Funktion kann auf der linken Seite einer Zuweisung stehen.

```
int x = 0;
f(x) = 1; // x=1 und nicht etwa 10 oder 11
```

Offensichtlich hat eine Zuweisung an einen Funktionsaufruf nicht viel mit der üblichen Verwendung von Funktionen gemein und wird meist als verwirrend angesehen. Diese

Zuweisung ist nur wegen dem Referenzzeichen & beim Rückgabetyp möglich. Entfernt man es wieder, ist sie nicht möglich.

Funktionswerte auf der linken Seite von Zuweisungen sind im Wesentlichen nur mit den Operatoren „*" (Dereferenzierung), „=" (Zuweisung), „[]" (Indexoperator), den Ein- und Ausgabeoperatoren << bzw. >>, den kombinierten Zuweisungsoperatoren („+=", „*=", „&=" usw.) und den Präfixoperatoren ++ und -- üblich. Für andere Operatoren oder gewöhnliche Funktionen werden sie dagegen nur selten eingesetzt.

Beispiel: Normalerweise sollte man die Operatorfunktionen für selbstdefinierte Datentypen so definieren, dass sie wie die vordefinierten Datentypen verwendet werden können. Da der Präfixoperator „++" mit einer Variablen eines vordefinierten Datentyps auf der linken Seite einer Zuweisung stehen kann

```
int x;
++x = 17; // operator++(x)=17, Ergebnis x=17
```

sollte das auch mit einem selbstdefinierten Datentyp möglich sein, wenn der diesen Operator benötigt. Das ist möglich, wenn der **Rückgabetyp** ein **Referenztyp** ist:

```
struct C {
  int x;
};

C& operator++(C& c) // Präfix
{
  c.x++;
  return c;
}
```

Operatorfunktionen, die auf der linken Seite einer Zuweisung stehen können, sind nicht die einzige Anwendung von Referenzrückgabetypen. Weitere Anwendungen ergeben sich daraus, dass bei der Rückgabe eines Funktionswertes durch eine *return*-Anweisung die folgende **Analogie zur Parameterübergabe** bei einem Funktionsaufruf besteht:

– Falls der **Rückgabetyp keine Referenz** ist, wird der Ausdruck nach *return* in den Speicherbereich des Funktionswerts kopiert, ähnlich wie das Argument für einen Werteparameter bei einem Funktionsaufruf in die entsprechende lokale Variable kopiert wird.
– Wenn der **Rückgabetyp** dagegen **ein Referenztyp** ist, wird nur die Referenz (also die Adresse) zurückgegeben, ähnlich wie beim Aufruf einer Funktion mit einem Referenzparameter.

Referenzen für Rückgabetypen sind außerdem bei Funktionen notwendig, die einen Referenzparameter haben, für den wieder diese Funktion als Argument eingesetzt werden soll. Damit das Argument denselben Datentyp wie der Parameter hat, muss der Rückgabetyp ein Referenztyp sein. Mit einer Funktion wie g

7.4 Referenztypen, Werte- und Referenzparameter

```
T& g(T& x, int y) // T irgendein Datentyp
{
  ...
    return x;
}
```

erreicht man dann, dass bei dem **verschachtelten Aufruf**

```
g(g(g(f, x), y), z)
```

g jedes Mal dieselbe Variable f verwendet. Ohne Referenztypen würde bei jedem Aufruf von g eine Kopie des Ausdrucks nach *return* zurückgegeben. Beispiele für solche Funktionen sind z.B. die Ein- und Ausgabeoperatoren (siehe Abschnitt 7.3.2):

```
operator<<(operator<<(operator<<(f, x), y), z);
```

Hier wird die Funktion operator<< wie die Funktion g verwendet.

Elementfunktionen von Klassen mit Referenzen-Rückgabetypen können verschachtelt aufgerufen werden. So haben z.B. viele Elementfunktionen der Klassen aus der Standardbibliothek einen solchen Rückgabetyp, wie z.B. die Funktion

string& **insert***(size_type pos, const string& str);*

der Klasse *string*. Im Beispiel von Abschnitt 3.2 wird gezeigt, dass insert auch so verwendet werden kann:

```
s3.insert(1, "1").insert(3, "2");
```

7.4.5 Konstante Referenzparameter

Konstante Referenzparameter können in der Funktion nicht verändert werden. Deshalb ist mit einem solchen Parameter wie mit einem Werteparameter sichergestellt und explizit dokumentiert, dass das Argument beim Aufruf der Funktion nicht verändert wird. Da nur die Adresse des Arguments auf den Stack kopiert wird, sind bei großen Parametern **Funktionsaufrufe mit Referenzparametern** deutlich **schneller** als solche mit Werteparametern. Konstante Referenzparameter verbinden also diesen Vorteil von Werteparametern mit der höheren Geschwindigkeit von Referenzparametern.

So wurden z.B. für 5 000 000 Aufrufe der Funktionen

```
const int Size = 10000; // 1, 100
struct TBig {           // sizeof(TBig)=10000
  char s[Size];
};

int Wertepar(TBig b)
{
  return b.s[0];
}
```

```
int ConstWertepar(const TBig b)
// dieselben Anweisungen wie WertePar

int Ref(TBig& b) // dieselben Anweisungen wie WertePar

int ConstRef(const TBig& b)
// dieselben Anweisungen wie WertePar

int Ptr(TBig* b)
{
   return b->s[0];
}
```

die folgenden Ausführungszeiten gemessen:

Visual C++ 2017, Release 10 000 000 Aufrufe	Size=1	Size=100	Size =10 000
Wertepar, ConstWertepar	0,084 Sek.	0,33 Sek.	38 Sek.
ConstRef, Ref, Ptr	0,022 Sek.	0,022 Sek.	0,022 Sek.

Es empfiehlt sich deshalb, größere Parameter **immer** als **Referenzparameter** und nicht als Werteparameter zu übergeben, wenn das möglich ist. Aus diesem Grund werden die meisten größeren Parameter bei Bibliotheksfunktionen als Referenzparameter übergeben. Bei kleineren Parametern (bis zu *sizeof(int)*) ist der Vorteil aber meist gering.

Im Unterschied zu einem Argument für einen nicht konstanten Referenzparameter muss ein **Argument** für einen **konstanten Referenzparameter** nicht denselben Datentyp wie der Parameter haben und auch keine Variable sein. Der Compiler erzeugt dann aus dem Argument eine temporäre Variable vom Datentyp des Parameters und übergibt ihre Adresse an die Funktion. Falls man eine Funktion mit einem Referenzparameter sowohl mit Argumenten aufrufen will, die eine Variable oder eine Konstante sind, muss der Parameter ein konstanter Referenzparameter sein.

Aufgaben 7.4

1. a) Wie das als Kommentar angegebene Ablaufprotokoll zeigt, vertauscht die Funktion

```
       void vertausche1(int& x, int& y)  // Thanks to Alex
       {             //  x                y
                     //  x0               y0
         x = x + y;  //  x0+y0
         y = x - y;  //                   (x0+y0)-y0=x0
         x = x - y;  //  (x0+y0)-x0=y0
       } //   x==y0 && y==x0
```

die Werte der Argumente, wenn sie mit verschiedenen Argumenten aufgerufen wird. Welches Ergebnis hat der Aufruf

7.4 Referenztypen, Werte- und Referenzparameter

```
int x = 17;
vertausche1(x, x);
```

Verwenden Sie dazu ein Ablaufprotokoll, falls Sie das Ergebnis nicht gleich sehen.

b) Ändern Sie diese Funktion so ab, dass sie auch bei einem Aufruf mit zwei gleichen Argumenten das richtige Ergebnis liefert.

c) Prüfen Sie, ob die Funktion

```
void vertausche(int& a, int& b)
{
  int h = a;
  a = b;
  b = h;
}
```

auch beim Aufruf mit zwei gleichen Variablen ein korrektes Ergebnis hat.

8 Objektorientierte Programmierung

Bisher haben wir vor allem mit elementaren Datentypen wie *int*, *double* usw. gearbeitet. In den letzten 30 Jahren hat sich aber gezeigt, dass es bei komplexeren Aufgaben sehr hilfreich sein kann, problemangemessene Datentypen zu haben. Da der Datentyp festlegt, welche Operationen mit einer Variablen des Datentyps möglich sind, bietet ein problemangemessener Datentyp im Idealfall genau die Operationen, die für die Lösung des anstehenden Problems hilfreich sind.

Objektorientierte Programmierung ist vor allem dadurch gekennzeichnet, dass man neue Datentypen definieren kann, die Daten und Funktionen zusammenfassen. Diese Funktionen sind dann die einzigen Operationen, die mit den Daten einer Variablen des Datentyps möglich sind. Dadurch können unzulässige Operationen mit den Daten unterbunden werden.

Die objektorientierte Programmierung beruht vor allem auf Konzepten wie **Klasse**, **Objekt**, **Vererbung** und **Polymorphie**. Diese relativ abstrakten Konzepte finden sich in ähnlicher Form in vielen modernen Programmiersprachen.

- Eine **Klasse** definiert einen Datentyp. Meist fasst eine Klasse Daten und Funktionen zusammen. Damit kann man explizit zum Ausdruck bringen, dass bestimmte Daten und Funktionen zusammengehören. Eine solche Zusammenfassung ist in nicht objektorientierten Programmiersprachen in der Regel nicht möglich.
- **Vererbung** ermöglicht die Konstruktion neuer Klassen aus vorhandenen. Die neuen Klassen übernehmen die Elemente der Basisklassen und können zusätzliche Elemente haben. Sie unterscheiden sich in den zusätzlichen Elementen von den Basisklassen und sind in den geerbten mit ihnen identisch. Auf diese Weise kann man eine Basisklasse als Baustein wiederverwenden und die abgeleitete Klasse als Erweiterung der Basisklasse betrachten.
- Vererbung ist außerdem die Grundlage für **Polymorphie**. Dabei wird beim Aufruf einer Funktion aus einer Klassenhierarchie erst zur Laufzeit (und nicht schon bei der Kompilation) entschieden, welche Funktion aufgerufen wird.

Nahezu alle anspruchsvollen und komplexen Programme (wie mit grafischen Benutzeroberflächen), Apps usw., die in den letzten Jahren entwickelt wurden, verwenden die objektorientierte Programmierung. Ohne diese Konzepte wäre ihre Entwicklung zu aufwendig fehleranfällig.

Damit Klassen hilfreich sind, müssen sie allerdings richtig entworfen sein. Es ist meist einfach, irgendwelche Klassen zu schreiben, die der Compiler übersetzen kann. Schwieriger ist es dagegen, sie so zu gestalten, dass sie sich auch in späteren Phasen eines Projekts bewähren. Deshalb werden auch die Grundbegriffe der objektorientierten **Analyse** und des objektorientierten **Designs** behandelt. Dabei zeigt sich, dass man oft nur mit den erst in Abschnitt 8.4.9 behandelten abstrakten Basisklassen ein tragfähiges Konzept erhält. Die Dramaturgie vieler Beispiele und Aufgaben soll verschiedene Design-Alternativen und die Schwierigkeiten bei der Auswahl der richtigen zeigen. In Abschnitt 8.4.9 zeigt sich dann, dass alles doch nicht so schwierig ist, wie es zunächst gelegentlich ausgesehen haben mag.

8.1 Klassen

In der objektorientierten Programmierung ist ein **Objekt** eine Zusammenfassung von Daten und Funktionen. Dieser Begriff hat der objektorientierten Programmierung den Namen gegeben.

In C++ ist ein Objekt eine Variable, deren Datentyp eine Klasse ist. Anstelle von Objekt sind auch die Bezeichnungen **Klassenobjekt**, **Klasseninstanz** oder **Instanz** verbreitet, die aber im Folgenden nicht verwendet werden. Zur Vermeidung von umständlichen Formulierungen werden Objekte auch als Variablen bezeichnet und umgekehrt, falls es nicht darauf ankommt, ob ein Datentyp eine Klasse ist.

Die Syntax einer Klassendefinition ergibt sich aus den folgenden Regeln. Diese sind gegenüber dem C++-Standard stark vereinfacht, decken aber praktisch alle im Folgenden behandelten Fälle ab:

class-specifier:
    class-head { member-specification$_{opt}$ }

class-head:
    class-key class-name class-virt-specifier$_{opt}$ base-clause$_{opt}$

class-virt-specifier:
```
final
```

class-key:
```
class
struct
union
```

Klassen werden meist mit dem Schlüsselwort *class* oder *struct* definiert. Anstelle von *class* oder *struct* kann man auch *union* verwenden. Bei mit *union* definierten Klassen sind allerdings zahlreiche Einschränkungen zu beachten. Deshalb werden solche Klassen im Rahmen der objektorientierten Programmierung nur selten verwendet und im Folgenden auch nicht weiter berücksichtigt.

Auf *class* oder *struct* folgt dann der Name der Klasse (ein Bezeichner), eventuell *final* und eine Basisklasse. Danach werden in geschweiften Klammern die Elemente der Klasse angegeben.

8.1.1 Datenelemente und Elementfunktionen

Die Elemente einer Klasse werden durch geschweifte Klammern zusammengefasst.

class-specifier:
  class-head { member-specification$_{opt}$ }

Zwischen den geschweiften Klammern können Elementdeklarationen und Zugriffsrechte (access-specifier) stehen:

member-specification:
  member-declaration member-specification$_{opt}$
  access-specifier : member-specification$_{opt}$

Elemente können Funktionen, Datenelemente sowie weitere Deklarationen angegeben werden.

member-declaration:
  decl-specifier-seq$_{opt}$ member-declarator-list$_{opt}$;
  function-definition

In der Programmiersprache C können mit *struct* (siehe Abschnitt 5.1) nur Datenelemente zusammengefasst werden. In diesem Kapitel werden vor allem Klassen definiert, die auch Funktionen enthalten. Eine Funktion, die zu einer Klasse gehört, wird als **Elementfunktion** (member function) bezeichnet.

Beispiel: Die Klasse *C2DPunkt* soll einen zweidimensionalen Punkt darstellen. Sie fasst dessen Koordinaten x und y (Datenelemente) sowie die Funktionen *Init*, *toStr* und *anzeigen* zusammen.

```
class C2DPunkt{
  double x,y;
  void Init(double x_, double y_);
  string toStr();
  void anzeigen();
}; // Semikolon am Ende einer Klasse notwendig
```

Anstelle von *class* kann bei einer Klassendefinition auch *struct* verwendet werden:

```
struct C2DPunkt{
  double x,y;
  void Init(double x_, double y_);
  string toStr();
  void anzeigen();
}; // Semikolon am Ende einer Klasse notwendig
```

Die Unterschiede zwischen einer Klassendefinition mit *struct* und *class* werden in Abschnitt 8.1.3 beschrieben.

Eine Klasse muss durch eine **Semikolon** abgeschlossen. Wie bei einer gewöhnlichen Funktion ist ein solches Semikolon am Ende einer Elementfunktion zulässig, aber nicht notwendig.

Eine Elementfunktion kann innerhalb oder außerhalb der Klasse definiert werden. Wenn sie **außerhalb der Klasse definiert** wird, muss sie zuvor in der Klasse durch die Angabe ihres Prototyps deklariert werden. Bei der Definition gibt man vor ihrem Namen den Namen der Klasse und den Bereichsoperator „::" an.

Beispiele: Nach den Deklarationen des letzten Beispiels können die Funktionen für die Klasse *C2DPunkt* folgendermaßen definiert werden:

```
void C2DPunkt::Init(double x_, double y_)
{
  x = x_;
  y = y_;
}; // Semikolon zulässig, aber nicht notwendig

string C2DPunkt::toStr()
{
  return "(" + std::to_string(x) + "|" + std::to_string(y) + ")";
} // z.B. (2,345|3,45678)

void C2DPunkt::anzeigen()
{
  cout << toStr() << endl;
}
```

Wenn eine **Elementfunktion** nicht außerhalb, sondern **innerhalb der Klasse definiert** (und nicht nur deklariert) wird, ist sie automatisch eine *inline*-**Funktion**. Deshalb kann eine Klasse mit solchen Funktionsdefinitionen in einer Header-Datei enthalten sein.

Beispiel: Die folgende Klassendefinition unterscheidet sich von der aus dem letzten Beispiel nur dadurch, dass die Funktionen hier *inline*-Funktionen sind. Dabei ist es unerheblich, ob die Klasse mit *class* oder *struct* definiert wird.

```
class C2DPunkt{
  double x,y;

  void Init(double x_, double y_)
  {
    x = x_;
    y = y_;
  };

  string toStr()
  {
    return "(" + std::to_string(x) + "|" +
                 std::to_string(y) + ")";
  } // z.B. (2,345|3,45678)
```

8.1 Klassen

```
      void anzeigen()
      {
        cout << toStr() << endl;
      }
   };
```

Default-Argumente kann man sowohl bei der Deklaration in der Klasse als auch bei der Definition außerhalb angeben, wenn die Klassen nicht auf eine Header-Datei und in eine Implementationsdatei verteilt wird (siehe Abschnitt 8.2.13).

Für den Compiler wird durch **jede Definition einer Klasse** ein **neuer Datentyp** erzeugt. Deshalb werden durch die beiden Klassendefinitionen in

```
struct { int i; } s1;
struct { int i; } s2;
```

zwei verschiedene Datentypen erzeugt, obwohl man auch erwarten könnte, dass die Datentypen von *s1* und *s2* gleich sind. Da die Datentypen von *s1* und *s2* verschieden sind, verweigert der Compiler die Übersetzung der Zuweisung

```
s1 = s2; // Kein "="-Operator stimmt mit diesen Operanden überein.
```

Verwendet man dagegen denselben Klassennamen bei der Definition von Variablen, haben sie denselben Datentyp und können einander zugewiesen werden. Nach der Definition

```
C2DPunkt p1;
C2DPunkt p2;
```

wird die folgende Zuweisung vom Compiler akzeptiert:

```
p1 = p2;
```

Seit Visual Studio 2013 kann ein Datenelement auch bei seiner Definition initialisiert werden. Die Klasse C zeigt die wichtigsten Möglichkeiten:

```
struct C {
  int i = 17;
  int j = { 2 }; // Initialisiererlisten gehen auch
  int k = i;     // nicht konstante Initialisierer gehen auch
  const int Max = i; // keine Compilezeitkonstante
  // constexpr int M = 10; // Fehler: constexpr geht hier nicht
  // auto a=17; // Fehler: auto geht hier nicht
     string s = ""; // Element eines Klassentyps
  // string t("123"); // das geht nicht
  const string cs = "konstant";
};
```

In den folgenden Beispielen und Aufgaben sollen die Klassen immer in einer eigenen Header-Datei definiert werden, die dem Projekt entweder mit

Projekt|Neues Element hinzufügen|Visual C++|Code|Headerdatei (.h)

oder mit *Projekt|Klasse hinzufügen* (hier muss *Inline* markiert sein und *Verwaltet* nicht)

hinzugefügt wurde. Diese Vorgehensweise, alle Klassen in der Header-Datei zu definieren, ist sehr einfach und für größere Projekte oft nicht angemessen. Sie umschifft aber einige Fehlermöglichkeiten, über die Anfänger oft stolpern, wenn sie die Klassendefinition auf eine Header- und Cpp-Datei aufteilen. In Abschnitt 8.2.13 wird gezeigt, wie man die Definitionen aus einer Header-Datei von Visual Studio in eine Cpp-Datei verschieben lassen kann.

Diese Klasse kann man dann nach einer *#include*-Anweisung wie

```
#include "MeineKlasse.h"
```

verwenden.

Klassen kann man auch mit einem Code-Ausschnitt erzeugen lassen. Wählt man nach dem Eintippen von „class"

mit der Tab-Taste den Code-Ausschnitt „class" aus, fügt Visual Studio eine Klasse ein, deren Elementfunktionen außerhalb der Klasse definiert sind. Mit dem Code-Ausschnitt „classi" erhält man eine Klasse mit Elementfunktionen innerhalb der Klasse:

```
class MyClass
{
public:
  MyClass()
  {
  }
```

8.1 Klassen

```
  ~MyClass()
  {
  }

private:
};
```

Da man die hier erzeugten Klassen aber nicht in jeder Klasse benötigt, ist der praktische Nutzen dieser Code-Ausschnitte gering.

8.1.2 Der Gültigkeitsbereich von Klassenelementen

Die Zusammengehörigkeit der Elemente einer Klasse kommt insbesondere dadurch zum Ausdruck, dass man in einer Elementfunktion die Elemente der Klasse allein über ihren Namen ansprechen kann. Es ist dabei nicht notwendig, die Klasse in irgendeiner Form anzugeben.

Beispiel: In der Funktion *Init* sind x und y die Datenelemente der Klasse *C2DPunkt*. In der Funktion *anzeigen* wird die Elementfunktion *toStr* aufgerufen:

```
class C2DPunkt {
  double x, y;
  void Init(double x_, double y_);
  string toStr();
  void anzeigen();
}; // Semikolon am Ende einer Klasse notwendig

void C2DPunkt::Init(double x_, double y_)
{
  x = x_; // x und y sind die Datenelemente aus der
  y = y_; // Klasse C2DPunkt
};

string C2DPunkt::toStr()
{
  return "(" + std::to_string(x) + "|" + std::to_string(y)
         + ")";
} // z.B. (2,345|3,45678)

void C2DPunkt::anzeigen()
{
  cout << toStr() << endl;
}
```

Der Bereich im Quelltext, in dem der Name eines Klassenelements dieses Element bezeichnet, wird als **Klassengültigkeitsbereich** (*class scope*) bezeichnet. Er erstreckt sich:

- nicht nur von der Deklaration des Namens bis zum Ende der Klasse, sondern auch
- **auf alle Elementfunktionen** der Klasse, in denen der Name nicht durch eine lokale Deklaration desselben Namens verdeckt wird. Dabei ist es unerheblich, ob die

Funktionsdefinition vor oder nach der Deklaration des Namens steht und ob die Funktion innerhalb oder außerhalb der Klasse definiert wird.
- Falls in einer Elementfunktion derselbe Name wie in der Klasse deklariert wird, **verdeckt** die lokale Deklaration in der Funktion die der Klasse.

Ein in einer Elementfunktion verdecktes Klassenelement kann man mit dem Bereichsoperator ansprechen. Dazu gibt man vor seinem Namen den Namen der Klasse und den Bereichsoperator „::" an. Deshalb stehen alle Klassenelemente in allen Elementfunktionen zur Verfügung.

Beispiele:

1. Der Klassengültigkeitsbereich ermöglicht es, **Variablen**, Klassen, typedefs usw. zu definieren, die nur in **ganz bestimmten Funktionen** einer Übersetzungseinheit zur Verfügung stehen, aber in anderen Funktionen nicht. Dazu muss man nur diese Variablen usw. in einer Klasse zusammenfassen.

   In nicht objektorientierten Sprachen wie C besteht diese Möglichkeit nicht. Wenn man da Variable, Klassen usw. definieren will, die in mehr als einer Funktion verfügbar ist, muss man sie global definieren. Dann sind sie aber auch in allen anschließend definierten Funktionen verfügbar. Es ist nicht möglich, eine Variable x zu definieren, die nur in zwei Funktionen f1 und f2 verfügbar ist, aber nicht in einer anschließend definierten Funktion f3:

   ```
   int x;                          class C {
                                     int x;
   void f1()
   { x = 17; }                       void f1()
                                     { x = 17; }
   void f2()
   { x = 18; }                       void f2()
                                     { x = 18; }
                                   };
   void f3()
   { x = 19; } // ok                void f3()
                                    { x = 19; } // Fehler
   ```

   Die Zugriffsrechte auf die Elemente eines Objekts einer Klasse werden in Abschnitt 8.1.3 beschrieben.

2. Ein Klassenelement kann auch vor seiner Definition in der Klasse verwendet werden:

   ```
   int x, y;

   class C2DPunkt{

     void Init(double x_, double y_)
     {
       x = x_;
       y = y_;
     }
   ```

```
    double x, y;
};
```

Hier werden in der Elementfunktion *Init* die Klassenelemente x und y und nicht etwa die globalen Variablen x und y angesprochen.

3. Wenn man in einer Elementfunktion denselben Namen wie in der Klasse lokal deklariert, verdeckt die lokale Deklaration die der Klasse:

   ```
   void C2DPunkt::Init(double x_, double y_)
   {
     double x; // hier ist x die lokale Variable
     x = x_;
     y = y_;
   }
   ```

   Das gilt insbesondere auch für die Parameter einer Elementfunktion:

   ```
   void C2DPunkt::Init(double x, double y)
   {
     x = x; // hier sind x und y die Parameter aus der
     y = y; // Parameterliste
   }
   ```

   Deshalb wählt man für die Parameter einer Elementfunktion meist andere Namen als für die Datenelemente.

4. Die durch eine lokale Deklaration verdeckten Namen der Klassenelemente kann man mit dem Namen der Klasse und dem Bereichsoperator oder mit *this->* (siehe Abschnitt 8.1.4) ansprechen. Deswegen muss man für die Parameter einer Elementfunktion nicht zwingend andere Namen wie für die Elemente wählen:

   ```
   void C2DPunkt::Init(double x, double y)
   {
     C2DPunkt::x = x;
     C2DPunkt::y = y;
   }
   ```

   oder

   ```
   void C2DPunkt::Init(double x, double y)
   { // this wird in Abschnitt 8.1.4 beschrieben
     this->x = x;
     this->y = y;
   }
   ```

   Allerdings ist die erste dieser beiden Varianten nicht sehr verbreitet. Insbesondere muss man so bei einer Änderung des Namens der Klasse diesen auch beim Zugriff auf die Elemente ändern.

Der **Klassengültigkeitsbereich** ist neben dem **blockbezogenen** (lokalen) **Gültigkeitsbereich** (der durch eine Verbundanweisung { ... } begrenzt ist, siehe Abschnitt 2.4.1) und dem Gültigkeitsbereich in einem **Namensbereich** (siehe Kapitel 9) ein weiterer Gültigkeitsbereich. Ein Gültigkeitsbereich

- definiert einen Bereich im Quelltext, in dem eine deklarierte Einheit (z.B. eine Variable) allein mit ihrem Namen angesprochen werden kann.
- kann eine weitere Deklaration desselben Namens enthalten. In diesem verschachtelten Gültigkeitsbereich wird die Deklaration aus dem umgebenden Gültigkeitsbereich verdeckt.

Eine Klasse kann außer Datenelementen und Elementfunktionen auch verschachtelte Klassen, Aufzählungstypen und *typedef*-Deklarationen enthalten. Diese können dann in allen Elementfunktionen verwendet werden. Außerhalb einer Elementfunktion kann man sie mit dem Namen der Klasse und dem Bereichsoperator verwenden, wenn ein Zugriffsrecht (siehe Abschnitt 8.1.3) besteht.

Beispiel: Die Klasse C enthält die verschachtelte Klasse D, den Aufzählungstyp E und die *typedef*-Deklaration F, die in der Elementfunktion f verwendet werden:

```
class C {
  class D { }; // eine verschachtelte Klasse
  enum E { e1, e2 };
  typedef int F;
  void f()
  {
    D d;
    E e;
    F f;
  }
};
```

In einer globalen Funktion kann man sie nur verwenden, wenn sie in C *public* sind:

```
void g()
{
  C::D d;
  C::E e;
  C::F i = C::e1;
}
```

8.1.3 Datenkapselung: Die Zugriffsrechte *private* und *public*

Eine Klasse ist ein Datentyp und ein Objekt eine Variable, deren Datentyp eine Klasse ist. Deshalb kann man ein Objekt wie eine Variable eines einfachen Datentyps definieren. Es enthält dann alle Elemente der Klasse. Diese kann man unter dem Namen des Objekts ansprechen, auf den ein Punktoperator „." und der Name des Elements folgt. Mit einem Zeiger auf ein Objekt kann man auch den Pfeiloperator „->" verwenden.

8.1 Klassen

Beispiel: Mit der Klasse *C2DPunkt* erhält man durch die folgenden Definitionen zwei Objekte p bzw. *pc dieser Klasse:

```
C2DPunkt p;
C2DPunkt* pc = new C2DPunkt;
```

Diese Objekte enthalten dann die Datenelemente

p.x und *p.y*

bzw.

pc->x und *pc->y*

Solange eine Klasse keine virtuellen Elementfunktionen oder statischen Elemente (mehr darüber später) enthält, ergibt sich der **Speicherplatzbedarf** für ein Objekt nur aus dem für seine Datenelemente. Die Elementfunktionen tragen nicht dazu bei. Falls der Compiler für die Elemente eines Objekts nicht mehr Platz als notwendig reserviert, belegt ein Objekt genauso viel Speicherplatz wie alle Datenelemente seiner Klasse zusammen:

sizeof(C2DPunkt) = sizeof(double) + sizeof(double) = *16*

Mit den **Zugriffsrechten** *private*, *protected* und *public* kann man für jedes Klassenelement explizit festlegen, ob man von außerhalb einer Elementfunktion (d.h. über ein Objekt oder aus einer abgeleiteten Klasse) darauf zugreifen kann. Auf den Zugriff aus einer Elementfunktion hat ein solches Zugriffsrecht keinen Einfluss: Wie schon im letzten Abschnitt gesagt wurde, kann man in einer Elementfunktion auf jedes Klassenelement zugreifen.

access-specifier:
```
    private
    protected
    public
```

Diese Spezifizierer definieren ab ihrer Angabe einen Abschnitt mit Zugriffsrechten, die für alle folgenden Elemente bis zum nächsten solchen Spezifizierer oder bis zum Ende der Klasse gelten. Ohne die Angabe eines Zugriffsrechts ist das Zugriffsrecht *private*. Ein Element aus einem *private*, *protected* oder *public* Abschnitt heißt auch *private*, *protected* oder *public* Element.

- Ein **public** Element kann über ein Objekt angesprochen werden.
- Ein **private** oder **protected** Element kann nicht über ein Objekt angesprochen werden. Eine Ausnahme sind *friend*-Funktionen (siehe Abschnitt 8.2.3) der Klasse.
- Der Unterschied zwischen *private* und *protected* wirkt sich nur in abgeleiteten Klassen aus: Ein **protected** Element kann in einer abgeleiteten Klasse (siehe Abschnitt 8.3.2) angesprochen werden.

	Zugriff über ein Objekt
public	ja
private	nein
protected	nein

Ohne die Angabe eines Zugriffsrechts sind alle Elemente einer mit *class* definierten Klasse *private*, während alle Elemente einer mit *struct* definierten Klasse *public* sind. Dieses voreingestellte Zugriffsrecht ist der **einzige Unterschied** zwischen einer mit *class* und einer mit *struct* definierten Klasse.

Beispiel: Alle Elemente der Klassen C0 und C1 haben das Zugriffsrecht *private*:

```
class C0 {
  int x;
  int f() { return x; }
};

struct C1 {
 private:
  int x;
  int f() { return x; }
};
```

Jeder Zugriff auf diese Elemente über ein Objekt führt zu einer Fehlermeldung:

```
void test(C0 a, C1 b)
{
  a.x = 1; //Fehler: Kein Zugriff auf private Member
  a.f();   //Fehler: Kein Zugriff auf private Member
  b.x = 1; //Fehler: Kein Zugriff auf private Member
  b.f();   //Fehler: Kein Zugriff auf private Member
}
```

Mit dem Zugriffsrecht *public* sind alle diese Zugriffe zulässig:

```
class C0 {
public:
  int x;
  int f() { return x; }
};

struct C1 {
  int x;
  int f() { return x; }
};
```

Eine Klasse kann eine **beliebige Anzahl von Abschnitten** mit verschiedenen Zugriffsrechten in einer beliebigen **Reihenfolge** enthalten. Die Reihenfolge der Abschnitte ist dabei ohne Bedeutung. Es wird aber gelegentlich empfohlen, sie in der Reihenfolge *public*, *protected* und *private* aufzuführen. Dann kommen die Elemente zuerst, die für einen Anwender der

8.1 Klassen

Klasse von Bedeutung sind, und dieser muss dann den Rest der Klasse überhaupt nicht mehr anschauen, der nur für einen Entwickler von abgeleiteten Klassen (*protected* Elemente) oder dieser Klasse (*private* Elemente) von Bedeutung ist.

Beispiel: Die beiden Klassen *C1* und *C2* sind gleichwertig. Oft werden die verschiedenen Abschnitte wie bei *C1* in der Reihenfolge *private*, *protected* und *public* aufgeführt. Wenn man sie aber wie bei *C2* in der umgekehrten Reihenfolge anordnet, kommen die Elemente, die für das breiteste Publikum interessant sind, am Anfang:

```
class C1 {                class C2 {
  int x;                  public:
  public:                   int f(C p);
    int f(C p);           private:
};                          int x;
                          };
```

Ein **Benutzer** einer Klasse ist dadurch charakterisiert, dass er eine Variable des Klassentyps definiert (ein Objekt) und dann auf ihre Elemente zugreift (z.B. Elementfunktionen aufruft). Da man über ein Objekt nur auf die *public* Elemente zugreifen kann, werden diese auch als **Schnittstelle** der Klasse bezeichnet.

Beispiel: Die Schnittstelle der Klasse *Datum_1* besteht aus den Datenelementen *Tag*, *Monat* und *Jahr*, und die der Klasse *Datum_2* aus den Funktionen *setze*, *Tag*, *Monat* und *Jahr*. Über ein Objekt der Klasse *Datum_2* ist kein Zugriff auf die Elemente *Tag_*, *Monat_* und *Jahr_* möglich.

```
class Datum_1 {
public:
  int Tag, Monat, Jahr;
};

class Datum_2 {
public:
  bool gueltigesDatum(int Tag, int Monat, int Jahr)
  {
    int MaxTag = 31;
    if ((Monat == 4) || (Monat == 6) ||
        (Monat == 9) || (Monat == 11)) MaxTag = 30;
    else if (Monat == 2)
    {
      bool Schaltjahr = ((Jahr % 4 == 0) && (Jahr % 100 != 0)) ||
                        (Jahr % 400 == 0);
      if (Schaltjahr) MaxTag = 29;
      else MaxTag = 28;
    }
    return ((1 <= Monat) && (Monat <= 12) &&
            (1 <= Tag) && (Tag <= MaxTag));
  }
```

```cpp
    void setze(int Tag, int Monat, int Jahr)
    {
      if (gueltigesDatum(Tag, Monat, Jahr))
      {
        Tag_ = Tag;
        Monat_ = Monat;
        Jahr_ = Jahr;
      }
      else Fehlermeldung("Ungültiges Datum");
    }

    int Tag() { return Tag_; }
    int Monat() { return Monat_; }
    int Jahr() { return Jahr_; }
  private:
    int Tag_, Monat_, Jahr_;
};
```

Auf den ersten Blick mag es unsinnig erscheinen, den Zugriff auf Elemente zu sperren (**Datenkapselung, information hiding**). Wozu hat man sie dann überhaupt definiert? Die folgenden Punkte zeigen, dass *private* Datenelemente gravierende **Vorteile** haben können:

– Das Zugriffsrecht *private* ermöglicht die **Trennung** der **Implementation** einer Klasse von ihrer **Schnittstelle**. Dann kann ein Benutzer die Klasse auch nach einer Änderung ihrer Implementation wie bisher verwenden, ohne seine Aufrufe zu ändern.

  Beispiel: Um mit Kalenderdaten rechnen zu können, stellt man ein Datum oft durch die Anzahl der Tage seit einem bestimmten Stichtag dar. Bei einer Klasse wie *Datum_2* kann man die interne Darstellung und die Implementation der Funktionen ändern, so dass ein Anwender den bisher geschriebenen Code weiterverwenden kann. Bei einer Klasse wie *Datum_1* ist das dagegen nicht möglich.

  Obwohl solche Änderungen nach einer vollständigen Problemanalyse eigentlich nicht vorkommen dürften, sind sie in Praxis nicht selten: Oft erkennt man erst während der Entwicklung eines Systems alle Anforderungen, bzw. nach der Fertigstellung, dass Algorithmen zu langsam sind und optimiert werden müssen. Bei großen Projekten ändern sich die Anforderungen oft während ihrer Realisierung (z.B. durch neue Gesetze).

– Bei *private* Datenelementen ist der **Bereich** im Quelltext eines Programms, in dem sie verändert werden können, **kleiner** als bei *public* Elementen. Je kleiner dieser Bereich ist, desto kleiner ist der Bereich, in dem sie einen Fehler verursachen können und in dem man nach seiner Ursache suchen muss.

  Beispiel: In der Klasse *Datum_2* können die Datenelemente nur in der Funktion *setze* verändert werden. Falls ein Objekt dieser Klasse ein ungültiges Datum darstellt, muss die Ursache dieses Fehlers in der Funktion *setze* sein. Mit der Klasse *Datum_1* kann ein ungültiges Datum dagegen durch jedes Objekt dieser Klasse verursacht werden.

8.1 Klassen

– Bei einem *private* Datenelement kann man gezielt festlegen, ob es nur gelesen oder auch geändert werden kann, indem man entsprechende Elementfunktionen zur Verfügung stellt.

Beispiel: In der Klasse *Datum_2* können die einzelnen Datenelemente nur gelesen, aber nicht geändert werden.

Deshalb wird oft empfohlen, **alle Datenelemente** einer Klasse *private* zu deklarieren, und den Zugriff auf die *private* Elemente nur über **public Elementfunktion** zu ermöglichen. Falls durch den Zugriff auf Datenelemente eine Konsistenzbedingung verletzt werden kann, ist das aber nicht nur eine gut gemeinte Empfehlung, sondern ein Muss.

Oft sind auch *private* **Elementfunktionen** sinnvoll. Das sind meist Hilfsfunktionen, die nur in den Elementfunktionen aufgerufen werden, aber einem Benutzer der Klasse ausdrücklich nicht zur Verfügung stehen sollen.

Im Laufe dieses Kapitels wird als Beispiel immer wieder eine Stringklasse **MeinString** verwendet, die ähnlich wie die Stringklasse *string* der Standardbibliothek verwendbar sein soll. Diese Klasse soll einen String intern als Zeiger s auf einen nullterminierten String und ein Längenfeld darstellen.

Beispiel: Wenn die Länge wie hier ein *public* Datenelement ist,

```
class MeinString {
  char* s; // Zeiger auf nullterminierten String
public:
  int Laenge;   // Länge des Strings
};
```

kann sie über jedes Objekt verändert werden, ohne dass dieser Wert der Länge entsprechen muss, auf die der Zeiger s zeigt. Um solche Inkonsistenzen zu vermeiden, muss jeder Anwender der Klasse (das sind bei den Strings der Standardbibliothek recht viele) in jeder Programmzeile, in der er auf einen String zugreifen kann, auf Inkonsistenzen achten.

Stellt man die Länge dagegen durch ein *private* Datenelement n dar und gibt diesen Wert durch eine Funktion zurück, kann der Anwender der Klasse die Länge nur lesen, aber nicht verändern. Dann hat er auch keine Möglichkeit, n und s in einen inkonsistenten Zustand zu bringen:

```
class MeinString {
  char* s; // Zeiger auf nullterminierten String
  int n;   // Länge des Strings
public:
  int Laenge() { return n; } // Länge des Strings
};
```

Wenn der Entwickler dann in allen *public* Elementfunktionen der Klasse darauf achtet, dass s und n nie inkonsistent werden, kann der Anwender sicher sein, dass n und s nie inkonsistent sind. Der Aufwand für einen solchen Nachweis durch den Entwickler ist viel geringer als der für alle Anwender.

8.1.4 Der Aufruf von Elementfunktionen und der *this*-Zeiger

Da zu einer Klasse Datenelemente gehören können, auf die man in einer Elementfunktion zugreifen kann, kann eine nicht statische Elementfunktion außerhalb einer Klasse nur nach der Definition eines Objekts aufgerufen werden. Es ist nicht möglich, eine Elementfunktion wie eine globale Funktion allein über den Namen aufzurufen, mit dem sie definiert wurde:

Beispiel: Der Aufruf einer nicht statischen Elementfunktion allein über ihren Namen führt zu einer Fehlermeldung des Compilers:

```
C2DPunkt::Init(0, 0); // error: Die erneute Dekla-
            // ration der Memberfunktion ist unzulässig
```

Mit dem Objekt p bzw. einem Zeiger q auf ein Objekt

```
C2DPunkt p;
C2DPunkt* q = new C2DPunkt;
```

kann eine Elementfunktion mit dem Punkt- oder Pfeiloperator nach dem Namen des Objekts aufgerufen werden:

```
p.Init(0, 0);
q->Init(0, 0);
```

Beim **Aufruf einer** nicht virtuellen **Elementfunktion** bestimmt der Compiler die aufzurufende Funktion über den Datentyp, der bei der Definition des Objekts angegeben wurde. Wie bei einer gewöhnlichen Funktion steht so bereits zum Zeitpunkt der Kompilation fest, welche Funktion aufgerufen wird. Deshalb bezeichnet man diese Art der Auflösung von Funktionsaufrufen auch als **frühe Bindung**. Im Unterschied dazu spricht man bei den später vorgestellten virtuellen Funktionen von **später Bindung**, da sich hier erst während der Laufzeit des Programms ergibt, welche Funktion aufgerufen wird.

Beispiel: Nach der Definition der Objekte

```
C2DPunkt p1, p2;
```

wird jeder der beiden Aufrufe

```
p1.Init(0, 0);
p2.Init(1, 1);
```

in einen Aufruf von *C2DPunkt::Init* übersetzt, da *p1* und *p2* beide den Datentyp *C2DPunkt* haben.

In diesem Zusammenhang stellt sich die Frage, woher die Elementfunktion *C2DPunkt::Init* weiß, dass sie beim ersten Aufruf die Datenelemente von *p1* und beim zweiten die von *p2* verwenden soll. Die Antwort ergibt sich daraus, dass der Compiler jeder nicht statischen

8.1 Klassen

Elementfunktion automatisch die Adresse des aktuellen Objekts als zusätzlichen Parameter *this* übergibt. Über diesen Zeiger werden dann alle Klassenelemente adressiert.

Beispiel: Der Compiler übersetzt die Elementfunktion

```
void C2DPunkt::Init(double x_, double y_)
{
  x = x_;
  y = y_;
}
```

so, als ob sie mit einem zusätzlichen Parameter *this* vereinbart wäre, dessen Datentyp ein Zeiger auf ihre Klasse ist. Alle Klassenelemente werden über diesen Parameter *this* adressiert:

```
void C2DPunkt::Init(C2DPunkt* this, double x_, double y_)
{
  this->x = x_;
  this->y = y_;
}
```

Beim Aufruf einer Elementfunktion wird dann automatisch ein Zeiger auf das aktuelle Objekt für den Parameter *this* übergeben. Der Aufruf

```
p1.Init(0, 0);
```

wird übersetzt als

```
C2DPunkt::Init(&p1, 0, 0);
```

Der Parameter *this* kann in einer nicht statischen Elementfunktion verwendet werden. Das wird oft gemacht, wenn man in einer Elementfunktion für einen Parameter denselben Namen wie für ein Element verwenden will:

Beispiel: Die Parameter von *Init* haben dieselben Namen wie die Klassenelemente:

```
void C2DPunkt::Init(double x, double y)
{
  this->x = x;
  this->y = y;
};
```

8.1.5 Konstruktoren und Destruktoren

In den bisherigen Beispielen wurde die Elementfunktion *Init* dazu verwendet, die Datenelemente eines Objekts zu initialisieren. Damit man den Aufruf einer solchen Initialisierungsfunktion nicht versehentlich vergisst, kann man in C++ sogenannte Konstruktoren definieren. Der Compiler akzeptiert dann die Definition eines Objekts nur, wenn dabei ein Konstruktor aufgerufen wird.

Ein **Konstruktor** ist eine Elementfunktion der Klasse, die dadurch charakterisiert ist, dass sie denselben Namen wie die Klasse hat. Er darf keinen Rückgabetyp haben (auch nicht *void*) und nicht *virtual* oder *static* sein (siehe Abschnitt 8.4.2 und 8.2.11). Eine Klasse kann mehrere Konstruktoren haben. Diese müssen sich dann wie alle anderen überladenen Funktionen durch hinreichend verschiedene Parameter unterscheiden. Die Parameter können auch Default-Argumente haben.

Ein Konstruktor wird in den folgenden Situationen automatisch aufgerufen:

1. Wenn man **ein Objekt durch eine Definition erzeugt**. Dabei muss nach dem Namen des Objekts eine Liste von Argumenten angeben werden, die zur Parameterliste des Konstruktors passt. Bei der Definition des Objekts wird dann der Konstruktor mit diesen Argumenten aufgerufen.

   Beispiel: Mit der Klassendefinition

   ```
   class C2DPunkt {
     double x, y;
   public:
     C2DPunkt(double x_)
     { // ein Parameter: x-Wert
       x = x_;
       y = 0;
     }

     C2DPunkt(double x_, double y_)
     {
       x = x_;
       y = y_;
     }
   };
   ```

   können folgendermaßen Objekte dieser Klasse definiert werden:

   ```
   C2DPunkt p(3);    // p=(3,0)
   C2DPunkt q(5, 6); // q=(5,6)
   ```

   Dagegen wird diese Definition vom Compiler nicht akzeptiert:

   ```
   C2DPunkt p; // error: Kein Standardkonstruktor verfügbar
   ```

   Die beiden Konstruktoren von *C2DPunkt* können auch durch einen einzigen mit einem Default-Argument ersetzt werden:

   ```
   class C2DPunkt {
     double x, y;
   public:
   ```

8.1 Klassen

```
        C2DPunkt(double x_, double y_ = 0)
        {
          x = x_;
          y = y_;
        }
};
```

Die Argumente für einen Konstruktor kann man auch in einem Initialisierungsausdruck übergeben:

```
C2DPunkt p{ 3 };     // p=(3,0)
C2DPunkt q{ 5, 6 };  // q=(5,6)
```

Der Zeitpunkt des Konstruktoraufrufs hängt von der Art der Definition ab:

- Bei einer globalen Definition wird der Konstruktor ein einziges Mal beim Start des Programms aufgerufen.
- Bei einer lokalen nicht statischen Definition wird er bei jeder Ausführung der Deklarationsanweisung aufgerufen.
- Bei einer lokalen statischen Definition wird er bei der ersten Ausführung der Definition aufgerufen.

2. Wenn ein **Objekt mit *new* erzeugt** wird. Dabei muss man nach *new* den Namen der Klasse und anschließend eine Liste von Argumenten für einen Konstruktor angeben. Bei der Ausführung der *new*-Anweisung wird dann der Konstruktor aufgerufen, der zu den Argumenten passt.

   Beispiel: Mit der Klasse *C2DPunkt* aus dem letzten Beispiel sind die ersten beiden Definitionen möglich. Die dritte wird dagegen vom Compiler abgelehnt:

   ```
   C2DPunkt* pp = new C2DPunkt(3);    // *pp=(3,0)
   C2DPunkt* pq = new C2DPunkt(5, 6); // *pq=(5,6)
   C2DPunkt* p  = new C2DPunkt;       // Fehler
   ```

3. Ein **Konstruktor** kann **explizit** mit seinem Namen (also dem Namen der Klasse) **aufgerufen** werden. Dabei wird ein **temporäres Objekt** erzeugt, das keinen Namen hat. Solche Ausdrücke werden oft in einer Zuweisung, bei einer *return*-Anweisung, als Argument oder als Default-Argument verwendet.

   Beispiel: In den mit 1, 2, 3 und 4 gekennzeichneten Anweisungen werden temporäre Objekte erzeugt:

   ```
   C2DPunkt Nullpunkt()
   {
      return C2DPunkt(0, 0);  // 1
   }
   void f(const C2DPunkt& r = C2DPunkt(0, 0)) {}
   ```

```
C2DPunkt p(1, 2);
p = C2DPunkt(3, 4);   // 2
f(C2DPunkt(5, 6));    // 3
f();                  // 4
```

Die temporären Objekte in diesem Beispiel existieren nur während der Ausführung des Ausdrucks, in dem sie erzeugt werden. Ein temporäres Objekt, das eine Referenz initialisiert, existiert während der gesamten Lebensdauer des initialisierten Objekts. Deshalb existiert das beim Aufruf f() erzeugte temporäre Objekt bis zum Ende des Blocks der Funktion f.

Ein Konstruktor, der mit einem einzigen Argument aufgerufen werden kann, heißt **konvertierender Konstruktor** (siehe auch Abschnitt 8.2.9), da sein Aufruf wie eine Typkonversion aussieht. Dabei wird ein temporäres Objekt erzeugt. Solche Konstruktoren gehören zu den **benutzerdefinierten Konversionen** und werden oft dazu verwendet, einem Ausdruck einen bestimmten Datentyp zu geben:

```
const char* s = "12";
const char* t = "abc";
string u = s + t;//error: Zeiger können nicht addiert werden
string u = string(s) + t; // das geht - konvertierender Konstruktor
```

Ein temporäres Objekt wird außerdem durch einen *throw*-Ausdruck erzeugt.

4. Wenn eine Funktion einen Parameter hat, dessen Datentyp eine Klasse mit einem konvertierenden Konstruktor ist, dann kann die Funktion auch mit einem Argument für diesen Konstruktor aufgerufen werden. Der Compiler erzeugt dabei aus dem Argument mit dem konvertierenden Konstruktor ein temporäres Objekt, das der Funktion als Argument übergeben wird.

   Beispiel: Die Klasse *C2DPunkt* von oben hat einen konvertierenden Konstruktor, der mit einem Ganzzahlargument aufgerufen werden kann. Deshalb kann man die Funktion

   ```
   void f(C2DPunkt x) {}
   ```

   auch mit einem Ganzzahlargument aufrufen. Dieser Aufruf führt dann zum Aufruf des Konstruktors, der aus dem Argument y ein temporäres Objekt *C2DPunkt(y)* erzeugt:

   ```
   f(1); // f(C2DPunkt(1));
   ```

   Solche Konversionen kann man mit *explicit* (siehe Abschnitt 8.2.9) unterbinden.

5. Bei der Definition eines **Arrays von Objekten** wird **für jedes Arrayelement** in der Reihenfolge der Indizes ein Konstruktor aufgerufen. Die Konstruktoren kann man in einer Initialisiererliste angeben. Für Konstruktoren mit einem Parameter genügt ein Argument für den Konstruktor.

   Beispiel: Mit der Klasse *C2DPunkt* erzeugt die folgende Definition die als Kommentar angegebenen Arrayelemente:

8.1 Klassen

```
C2DPunkt a[2] = { C2DPunkt(1,2),3 };
// a[0]=(1,2), a[1]=(3,0)
```

Enthält diese Liste weniger Elemente als das Array, werden die restlichen Elemente durch den sogenannten Standardkonstruktor initialisiert. Das ist ein Konstruktor, der ohne Argumente aufgerufen werden kann (siehe Abschnitt 8.1.6). Bei einem Array ohne eine solche Liste und einem mit *new* angelegten Array, bei dem man keine Initialisiererliste angeben kann, werden alle Elemente mit dem Standardkonstruktor initialisiert. Falls die Klasse keinen Standardkonstruktor hat, bringt der Compiler eine Fehlermeldung.

Beispiel: Die folgende Definition führt zum zweifachen Aufruf des Standardkonstruktors der Klasse *C2DPunkt*, falls dieser definiert ist, bzw. zu einer Fehlermeldung:

```
C2DPunkt* pa = new C2DPunkt[2];
```

6. Wenn eine Klasse Datenelemente eines Klassentyps enthält, wird beim Erzeugen eines Objekts der umgebenden Klasse ein Konstruktor für jedes enthaltene Objekt aufgerufen (siehe Abschnitt 8.2.2).

Normalerweise ist es die **Aufgabe eines Konstruktors**, alle Datenelemente eines Objekts der Klasse so zu initialisieren, dass sie beim Aufruf einer beliebigen Elementfunktion **konsistent** sind. Falls die Klasse keine Konsistenzbedingung hat, sollten sie zumindest in einem definierten Zustand sein. Wenn eine Elementfunktion der Klasse Datenelemente verwendet, die nach dem Aufruf eines Konstruktors nicht initialisiert sind, ist das meist ein **Fehler**.

Beispiel: Nach der Definition

```
class C2DPunkt{
  double x,y;
public:
  C2DPunkt(double x_, double y_=0)
  {
    x=x_; // Initialisierung von y wurde vergessen
  }

  string toStr()
  {
    return "(" + std::to_string(x) + "|" +
        std::to_string(y) + ")";
  } // z.B. (2,345|3,45678)
};
```

wird beim Aufruf von *toStr* ein undefinierter Wert von y verwendet.

Die von einem Objekt reservierten Ressourcen (z.B. Speicher) müssen am Ende seiner Existenz auch wieder freigegeben werden. Damit das nicht versehentlich vergessen wird, kann man diese Freigabe in einem **Destruktor** durchführen.

Ein Destruktor ist dadurch charakterisiert, dass sein Name mit dem Zeichen „~" (Tilde) beginnt, auf das der Name der Klasse folgt. Ein Destruktor muss *public* sein und darf weder eine Parameterliste noch einen Rückgabetyp (auch nicht *void*) haben. Während eine Klasse also mehrere verschiedene Konstruktoren haben kann, kann sie nur einen einzigen Destruktor haben.

Ein Destruktor wird in den folgenden Situationen automatisch aufgerufen:

1. Beim Verlassen des Blocks, in dem ein lokales, nicht statisches Objekt durch eine Definition erzeugt wurde. Das gilt auch, wenn der Block verlassen wird, weil eine Exception ausgelöst wird. Für ein Array von Objekten wird der Destruktor für jedes Element des Arrays aufgerufen.
2. Wird während der Ausführung eines Konstruktors eine Exception ausgelöst, dann wird für alle bisher konstruierten Objekte ihr Destruktor aufgerufen.
3. Am Ende des Programms für ein Objekt, das durch eine globale oder eine lokale statische Definition erzeugt wurde.
4. Wenn für ein mit *new* erzeugtes Objekt *delete* aufgerufen wird.
5. Für ein mit *new[]* erzeugtes Array von Objekten wird durch den Aufruf von *delete[]* der Destruktor für jedes Objekt des Arrays aufgerufen.
6. Wenn ein Objekt Element eines anderen Objekts ist, ruft der Destruktor des umgebenden Objekts die Destruktoren aller Elemente auf.
7. Bei einem temporären Objekt mit dem Ende der Ausdrucksanweisung, in der es erzeugt wurde. Falls das temporäre Objekt eine Referenz initialisiert, wird der Destruktor am Ende der Lebensdauer der Referenz aufgerufen.

Man kann einen Destruktor auch explizit aufrufen. Das ist aber meist nicht notwendig.

Beim Aufruf eines Destruktors werden zuerst die Anweisungen in seinem Anweisungsteil ausgeführt. Danach werden die Destruktoren aller Datenelemente in der umgekehrten Reihenfolge ihrer Definition aufgerufen und danach die Destruktoren aller Basisklassen in der umgekehrten Reihenfolge ihrer Definition.

Beispiel: Beim Aufruf der Funktion *test*

```
class C {
public:
  ~C() // Destruktor
  {
    cout << "Destruktor" << endl;
  }
};

void test()
{
  C* pc = new C;
  delete pc; // 1. Aufruf des Destruktors
  C c;
  cout << "vor dem Blockende" << endl;
} // 2. Aufruf des Destruktors
```

8.1 Klassen

werden die folgenden Meldungen ausgegeben:

```
Destruktor
vor dem Blockende
Destruktor
```

Falls für eine Klasse kein Destruktor definiert wird, erzeugt der Compiler einen als *public inline* Funktion mit einem leeren Anweisungsteil:

C:: ~C() { }

Dieser **automatisch erzeugte Destruktor** ist ausreichend, falls alle von einem Objekt reservierten Ressourcen am Ende seiner Lebenszeit automatisch wieder freigegeben werden. Das gilt insbesondere dann, wenn in den Konstruktoren nur Elemente initialisiert werden. Deshalb muss man nicht für jede Klasse, die einen oder mehrere Konstruktoren hat, auch einen Destruktor definieren. Ein mit *new* reservierter Speicherbereich wird allerdings nicht automatisch wieder freigegeben. Deshalb benötigt jede Klasse einen Destruktor, die in einem Konstruktor oder in einer Elementfunktion mit *new* Speicher reserviert.

Da eine Klasse nur einen einzigen Destruktor hat, muss die Reservierung der Ressourcen in allen Konstruktoren so erfolgen, dass sie im Destruktor wieder freigegeben werden können. Falls z.B. ein Konstruktor eine bestimmte Ressource reserviert, während ein anderer Konstruktor sie nicht reserviert, muss sich im Destruktor feststellen lassen, ob sie freigegeben werden muss. Solche Fallunterscheidungen können vermieden werden, indem die Ressourcen in allen Konstruktoren durch dieselben Anweisungen reserviert werden.

Konstruktoren und Destruktoren unterliegen denselben **Zugriffsrechten** wie alle anderen Klassenelemente: Damit ein Objekt mit einem Konstruktor angelegt werden kann, muss dieser *public* sein.

Betrachten wir als weiteres Beispiel die am Ende von Abschnitt 8.1.3 vorgestellte **einfache Stringklasse** *MeinString*. Diese soll jetzt um einen Konstruktor erweitert werden, mit dem ein *MeinString* wie ein *string* aus einem als Argument übergebenen Zeiger auf einen nullterminierten String erzeugt wird:

```
string s("abc");
```

Der interne Zeiger soll auf eine Kopie des Arguments zeigen, und der dafür notwendige Speicherplatz soll auf dem Heap reserviert werden.

```
class MeinString {
  char* s; // Zeiger auf nullterminierten String
  int n;   // Länge des Strings
public:
```

```
MeinString(const char* p)   // 1
{ // p muss auf einen nullterminierten String zeigen
  n = strlen(p);
  s = new char[n + 1];
  strcpy(s, p);
};
```

Der nächste Konstruktor ermöglicht die Initialisierung eines Strings mit einem einzigen Zeichen des Datentyps *char*:

```
MeinString(char c)
{
  n = 1;
  s = new char[n + 1];
  *s = c;
  *(s + 1) = '\0';
};
```

Dieser Destruktor gibt den von einem String reservierten Speicher wieder frei:

```
~MeinString()
{
  delete[] s;
};
};
```

Aufgaben 8.1.5

1. Beschreiben Sie die Aufgaben eines Konstruktors und Destruktors. Werden diese Aufgaben in der folgenden Klasse erfüllt?

   ```
   class C {
     int n, max;
     int* a;
   public:
     C()
     {
       max = 100;
       a = new int[max];
     }

     C(int i)
     {
       n = 1;
       a = new int[100];
       a[0] = i;
     };
   ```

```
      C(int i, int j)
      {
         n = 2;
         max = 100;
         a = new int[100];
         a[1] = i;
         a[2] = j;
      };

      void add_data(int d)
      {
         if (n<max - 1)
         {
            ++n;
            a[n] = d;
         }
      }

      void show_data()
      {
         for (int i = 0; i<n; ++i)
            cout << a[i] << endl;
      }
   };
```

2. Für welche der folgenden Klassen muss man einen Destruktor definieren?

   a) ```
      class C1 {
         int x, y, z;
      public:
         C1(int x_ = 0, int y_ = 0, int z_ = 0)
         {
            x = x_; y = y_; z = z_;
         }
      };
      ```

   b) ```
      class C2 {
         int* x;
      public:
         C2(int n)
         {
            x = new int[n];
         }
      };
      ```

c)
```
#include <fstream>
using std::ifstream;
class C3 {
  ifstream f; // eine Klasse der C++-Standardbibliothek
public:
  C3(const char* FileName)
  {
    f.open(FileName);
  }
};
```

3. Definieren Sie die folgenden Klassen. Jede soll geeignete Konstruktoren sowie bei Bedarf auch einen Destruktor enthalten. Legen Sie mit jedem Konstruktor der unter a) bis c) definierten Klassen zwei Objekte an. Das erste soll durch eine Definition und das zweite mit *new* angelegt werden. Rufen Sie jede Funktion, die Sie geschrieben haben, für jedes dieser Objekte auf.

   a) Die Klasse *Kreis* soll einen Kreis darstellen und als *private* Datenelement den Radius (Datentyp *double*) enthalten. Ein Konstruktor und die Elementfunktion *setzeRadius* sollen einen Parameter des Datentyps *double* haben, der den Radius setzt. Der Konstruktor soll auch ohne ein Argument aufgerufen werden können und dann den Radius auf 1 setzen. Die Elementfunktion *Radius()* soll den Radius als Funktionswert zurückgeben. Alle Elementfunktionen von *Kreis* sollen innerhalb der Klasse definiert werden.

   b) Die Klasse *Quadrat* soll ein Quadrat darstellen und als *private* Datenelement die Seitenlänge (Datentyp *double*) enthalten. Ein Konstruktor und die Elementfunktion *setzeSeitenlaengen* sollen einen Parameter des Datentyps *double* haben, der die Seitenlänge setzt. Der Konstruktor soll auch ohne ein Argument aufgerufen werden können und dann die Seitenlänge auf 1 setzen. Die Elementfunktion *Seitenlaenge()* soll die Seitenlänge als Funktionswert haben. Alle Elementfunktionen sollen außerhalb der Klasse definiert werden.

   c) Die Klasse *Rechteck* soll ein Rechteck darstellen und als *private* Datenelemente die Seitenlängen a und b (Datentyp *double*) enthalten, die durch einen Konstruktor initialisiert werden. Diese sollen auch mit der Funktion *setzeSeitenlaengen* gesetzt werden können, die zwei Parameter des Datentyps *double* hat. Die jeweiligen Seitenlängen sollen als Funktionswert der Funktionen *Seitenlaenge_a()* und *Seitenlaenge_b()* zurückgegeben werden.

   d) Ergänzen Sie jede der unter a) bis c) definierten Klassen um die Elementfunktionen *Flaeche()*, *Umfang()* und *toStr()*. Die Funktion *toStr()* soll einen *string* der Art „Kreis mit Radius 5" oder „Rechteck mit a=6 und b=7" zurückgeben.

   e) Die Klasse *C2DPunkt* soll wie in den Beispielen einen zweidimensionalen Punkt darstellen. Diese Klasse wird später in zahlreichen Beispielen und Aufgaben zur Darstellung einer Position verwendet. Versuchen Sie, diese Klasse möglichst vollständig zu schreiben, ohne dass diese Anforderungen jetzt schon bekannt sind. Andererseits soll sie auch keine unnötigen Elemente enthalten.

4. a) Welche Ausgabe erzeugt ein Aufruf der Funktion *test1*?

```cpp
void display(string s, int i = -1)
{
  if (i >= 0) s = s + std::to_string(i);
  cout << s << endl;
} // Ohne int-Argument wird nur s ausgegeben

class C {
  int a;
public:
  C(int a_ = 0)
  { // Beim Aufruf ohne Argument ein Standard-
    a = a_;                                  // konstruktor
    display("Konstruktor: ", a);
  }
  ~C()
  {
    display("Destruktor: ", a);
  }
};

void f1(C c)
{
  display("  in f1(): Werteparameter");
};

void f2(const C& c)
{
  display("  in f2(): Referenzparameter");
};

C f3(int i)
{
  display("  in f3(): return-Wert");
  return C(i);
};

void test1()
{
  C x(1);
  C* z = new C(2);
  display("vor x=C(3)");
  x = C(3);
  display("vor f1(4)");
  f1(4);
  display("vor f2(x)");
  f2(x);
  display("vor f3(5)");
  x = f3(5);
  delete z;
```

```
        display("Ende von test()");
    }
```

Vergleichen Sie ihre Vermutungen anschließend mit dem Ergebnis eines Programms, das die Funktion *test1* aufruft.

b) Wenn Speicher mit *new[]* reserviert wird, muss er mit *delete[]* wieder freigegeben werden. Gibt man mit *new* reservierten Speicher mit *delete[]* wieder frei, ist das Ergebnis undefiniert, ebenso, wie wenn man mit *new[]* reservierten Speicher mit *delete* wieder freigibt. Beschreiben Sie zunächst, welche Ausgabe Sie von einem Aufruf der Funktion *test2* erwarten. Vergleichen Sie Ihre Vermutungen dann mit dem Ergebnis eines Programms, das die Funktion *test2* aufruft.

```
    void test2()
    {
      display("vor p1");
      C* p1 = new C[2];
      delete[] p1;

      display("vor p2");
      C* p2 = new C[2];
      delete p2;

      display("vor p3");
      C* p3 = new C;
      delete[] p3;

      display("vor p4");
      C* p4 = new C(4);
      delete[] p4;
    }
```

5. Definieren Sie für die Klasse *MeinString* eine Elementfunktion *c_str*. Sie soll wie bei der Stringklasse *string* den Zeiger auf den internen nullterminierten String zurückgeben und damit auch Argumente des Typs *MeinString* bei den Stringfunktionen wie *strcpy* usw. ermöglichen.

6. In der folgenden Klasse soll T ein großer Datentyp sein, bei dem eine Kopie als Wert (wie in dem Kommentar bei *data*) zu lange dauert. Um den Zeitaufwand für die Kopie zu reduzieren, gibt diese als Funktionswert eine Referenz und keine Kopie des Elements x zurück. Beurteilen Sie diesen Ansatz.

```
    class C {
      T x;
    public:
      C(T x_) { x = x_; }
```

```
    T& data() // T data() wäre zu langsam
    {
      return x;
    }
};
```

7. Was halten Sie von dem folgenden Trick, den ich im Internet gefunden habe (http://home.att.net/~robertdunn/CodeSamples/CheapTricks.html): „Borland, for some unfathomable reason, decided to make member data private in many classes. Here is a rather clever way to get around it:"

```
#define private public
#define protected public
#include <theworld.h>
#undef private
#undef public
```

8.1.6 OO Analyse und Design: Der Entwurf von Klassen

Eine Klasse ist eine Zusammenfassung von Daten und Funktionen. Deshalb liegt es nahe, in einer Klasse solche Variablen und Funktionen zusammenzufassen, die inhaltlich zusammengehören. Das bedeutet aber nicht, dass jede solche Zusammenfassung auch eine „gute" Klasse ist, die zur Lösung des Problems beiträgt. Deshalb stellt sich die Frage, wie man zu einer gegebenen Problemstellung solche Klassen findet.

Diese Fragen sind Gegenstand der objektorientierten Analyse und des objektorientierten Designs (OOAD). Die folgenden Ausführungen sollen nur einen kleinen Einblick in dieses Thema geben. Für eine ausführlichere Darstellung wird auf Booch (1994), Meyer (1997) und Stroustrup (1997, Kap. 23 und 24) verwiesen.

Die Suche nach den Klassen, die für die Lösung eines Problems angemessen sind, ist meist ein **iterativer Prozess**: In einem ersten Schritt entwickelt man Klassen und Objekte, die eine erste Näherung der Lösung darstellen. Diese wird dann immer weiterentwickelt, bis die Aufgabe gelöst ist. **Booch** (1994, S. 136) gesteht freimütig ein, dass er es **außer in trivialen Fällen nie geschafft** hat, **eine Klasse auf Anhieb richtig zu entwerfen**.

„Gute" Klassen sind oft dadurch charakterisiert, dass sie vom Anwender leicht verstanden und vom Entwickler leicht an neue Anforderungen angepasst werden können. Die folgenden Regeln tragen oft dazu bei, „gute" Klassen zu finden (Booch 1994, Abschnitt 3.6; Meyer 1997, S. 730; Stroustrup 1997, Abschnitt 23.4.2):

1. Eine Klasse soll ein **einziges, klar umrissenes, einfaches Konzept** darstellen

   Falls eine Klasse verschiedene Konzepte darstellt, ist beim Aufruf einer Elementfunktion eventuell nicht klar, auf welches der Konzepte sich diese Funktion bezieht. Das führt leicht zu unübersichtlichen Programmen.

2. Die **Schnittstelle** einer Klasse soll **vollständig und minimal** sein.

Sie soll für alle Operationen Elementfunktionen enthalten, die ein Anwender für die Lösung des Problems benötigt. Sie soll aber auch keine unnötigen Funktionen haben. Dazu gehören oft Funktionen, die einfache Anweisungen zusammenfassen, die man genauso gut und ohne jeden Verlust an Einfachheit anstelle des Funktionsaufrufs verwenden könnte.

Das verlangt vom Designer bzw. Entwickler Weitsicht und ein Problemverständnis aus der Sicht des Benutzers.

3. Jedes Objekt (d.h. jede Variable des Klassentyps) soll ein Objekt der Realität darstellen. Dazu müssen die Datenelemente oft in einer bestimmten Beziehung zu einander stehen. Eine solche Bedingung wird auch als **Konsistenzbedingung** oder als **Klasseninvariante** bezeichnet.

Beispiele:

1. Bei einer Klasse, die ein Kalenderdatum durch drei *int*-Werte für den Tag, den Monat und das Jahr darstellt, ist die Konsistenzbedingung 1≤Monat≤12 und 1≤Tag≤MaxTag (siehe Abschnitt 8.1.3).

2. Da ein Punkt der Ebene beliebige Koordinaten aus dem Wertebereich von *double* haben kann, stellt jede Kombination von Koordinaten x und y eines Objekts der Klasse *C2DPunkt* einen Punkt dar. Man sagt dann auch, dass die Konsistenzbedingung immer erfüllt, d.h. *true* ist.

3. Ein Objekt der Klasse

    ```
    class MeinString {
      char* s; // Zeiger auf nullterminierten String
      int n;   // Länge des Strings
    public:
      // ...
    };
    ```

    ist in einem inkonsistenten Zustand, wenn s nicht auf einen reservierten Speicherbereich mit n+1 Zeichen (n ≥ 0) zeigt, bei dem das letzte Zeichen der Nullterminator '\0' ist. Die auf Seite 339 vorgestellten Konstruktoren der Klasse *MeinString* sind so implementiert, dass man unmittelbar sieht, dass sie die Klasseninvariante herstellen:

    ```
    class MeinString {
      // Klasseninvariante I: s zeigt auf einen reservier-
      //   ten Speicherbereich mit n+1 Zeichen, wobei das
      //   letzte Zeichen der Nullterminator ist.
      char* s;
      int n;
    public:
    ```

8.1 Klassen

```
    MeinString(const char* p)
    {// Vorbedingung: p zeigt auf einen nullterminierten
      n = strlen(p);                           // String
      s = new char[n + 1];
      strcpy(s, p);
    }; // I

    MeinString(char c)
    { // keine besondere Vorbedingung notwendig
      n = 1;
      s = new char[n + 1];
      *s = c;
      *(s + 1) = '\0';
    }; // I
 };
```

Solche Konstruktoren findet man für viele Klassen. Wenn man die Klasseninvariante formuliert hat, ist es oft leicht, die Konstruktoren so zu schreiben, dass sie hergestellt wird.

4. Damit die Klasse *Kreis* einen Kreis darstellt, liegt die Bedingung Radius r ≥ 0 nahe. Falls ein solcher Kreis in einem Grafikprogramm verwendet wird, bei dem man den Radius durch Ziehen am Rand über den Mittelpunkt hinaus verändern kann, ist eventuell auch ein negativer Radius sinnvoll.

5. Während der Ausführung einer *public* Elementfunktion, nach einer *private* oder *protected* Elementfunktion und nach der Ausführung des Destruktors muss die Konsistenzbedingung nicht gelten.

   Wenn z.B. die Datenelemente *Tag_* und *Monat_* bei der Klasse *Datum_2* (siehe Abschnitt 8.1.3) die konsistenten Werte 1 und 2 haben, und die Funktion *setze* mit den konsistenten Argumenten 31 und 1 für *Tag* und *Monat* aufgerufen wird, ist die Konsistenzbedingung nach der Ausführung der ersten Anweisung verletzt:

```
    // Tag_==1, Monat_==2, Tag==31, Monat=1
    Tag_ = Tag;
    // Tag_==31, Monat_==2, Tag==31, Monat=1
    Monat_ = Monat;
```

   Deshalb kann man beim Aufruf einer Elementfunktion in einer Elementfunktion die Konsistenzbedingung nicht immer voraussetzen.

Dass ein Objekt keine **Konsistenzbedingungen** verletzt, erreicht man mit

– Konstruktoren, die die Konsistenzbedingung herstellen oder eine Exception auslösen, falls die Argumente kein konsistentes Objekt konstruieren
– *private* Datenelementen, auf die nur mit *public* Elementfunktionen zugegriffen wird, die diese Bedingungen herstellen (**Datenkapselung,** siehe Abschnitt 8.1.3)
– Elementfunktionen, die die Datenelemente nie in einen inkonsistenten Zustand bringen

Die **Namen** der Klassen und ihrer Elemente sollten immer so gewählt werden, dass sie ihre Bedeutung beschreiben (z.B. *x* für die x-Koordinate). Diese Empfehlung ist aber sehr allgemein und lässt sich in vielen Varianten umsetzen, die meist noch weitere Ziele verfolgen, wie z.B. Namenskonflikte von Datenelementen und Elementfunktionen zu vermeiden:

– Früher wurde oft empfohlen, alle Namen von Datenelementen mit „m" oder „m_" zu beginnen (also *mx* oder *m_x* für die x-Koordinate). Da solche Namen aber oft die Lesbarkeit mindern, wird in neueren Richtlinien meist von solchen Namen abgeraten. Solche Namen werden im Folgenden nicht verwendet.
– Oft werden für Datenelemente Namen empfohlen, die mit „_" enden, wie z.B. *x_*.
– In UML (UML 2005) beginnen die Namen von Datenelementen und Elementfunktionen mit einem Kleinbuchstaben.
– Microsoft verwendet in seiner .NET Bibliothek für die Datenelemente Namen, die mit einem Kleinbuchstaben beginnen (z.B. *textBox1*). Die Namen von Elementfunktionen beginnen dagegen immer mit einem Großbuchstaben (z.B. *AppendText*).
– Die strikte Umsetzung von englischen Namensrichtlinien führt wegen der unterschiedliche Groß- und Kleinschreibung in der deutschen Sprache oft zu sperrigen Begriffen. Deswegen wird auch empfohlen, für alle Klassen und Klassenelemente englische Namen zu wählen.

Für welche Varianten Sie sich entscheiden ist nicht so wichtig. Das oberste Ziel sollte aber auf jeden Fall die **Verständlichkeit** des Programms und eine einheitliche Namensgebung sein.

Da Klassen und Objekte in einem Programm meist Konzepte und Objekte der Realität darstellen, die in der Umgangssprache mit Substantiven bezeichnet werden, wird oft empfohlen (z.B. Meyer 1997, S. 727 und S. 881; Booch, 1994, S. 164),

– für die Namen von Klassen und Objekten Substantive zu verwenden.

Die Empfehlungen für die grammatikalische Kategorie von Namen für Elementfunktionen ergeben sich meist aus dem Rückgabetyp:

– Verben für die Namen von Funktionen, die für eine Aktion stehen (Rückgabetyp *void*).
– Adjektive für Namen von Funktionen mit einem booleschen Rückgabewert.
– Substantive für die Namen von Funktionen, die einen Wert zurückgeben.

Allerdings werden diese Empfehlungen nicht überall befolgt: In der UML wird der erste Buchstabe eines Klassennamens groß und der von Attributen und Elementfunktionen klein geschrieben.

Beispiel: Alle in den bisherigen Beispielen und Aufgaben mit aussagekräftigen Namen bezeichneten Klassen stellen ein Konzept der Realität dar:

C2DPunkt, Kreis, Rechteck, MeinString usw.

Dagegen sollen die mit Namen wie C, D usw. bezeichneten Klassen lediglich Sprachelemente von C++ illustrieren.

8.1.7 Klassendiagramme

In Visual Studio kann man Klassen durch **Klassendiagramme** darstellen. Das sind im Wesentlichen UML-Diagramme. Diese Diagramme sind oft übersichtlicher als der Quelltext, insbesondere wenn es um die Beziehungen zwischen den Klassen in einer Klassenhierarchie geht.

Solche Diagramme für alle Klassen einer Datei erhält man im Kontextmenü der Datei im Projektmappen-Explorer mit *Klassendiagramm anzeigen*. Diagramme für einzelne Klassen erhält man über das Kontextmenü der Klassenansicht (*Ansicht|Klassenansicht*).

So erhält man zum Beispiel für die Klasse

```cpp
class C2DPunkt {
  double x, y;
public:
  C2DPunkt(double x_, double y_)
  {
    x = x_;
    y = y_;
  };

  string toStr()
  {
    return "(" + std::to_string(x) + "|" + std::to_string(y) + ")";
  } // z.B. (2,345|3,45678)

  void anzeigen()
  {
    cout << toStr() << endl;
  }
};
```

dieses Diagramm:

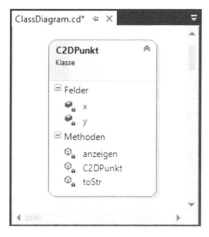

Unterhalb des Klassendiagramms (bzw. über das Kontextmenü oder über *Ansicht|Weitere Fenster|Klassendetails*) werden die Klassendetails angezeigt:

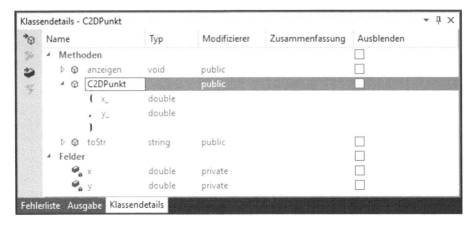

In Visual Studio 2017 ist es im Unterschied zu typischen UML-Tools nicht möglich (auch nicht in der Enterprise Version), Klassen grafisch entwerfen und daraus C++-Quellcode erzeugen.

Aufgabe 8.1.7

Erzeugen Sie von Ihren Lösungen der Aufgaben 8.1.5 Klassendiagramme.

8.2 Klassen als Datentypen

Beim Entwurf von C++ wurde nicht nur das Ziel verfolgt, mit Klassen und den Konzepten der objektorientierten Programmierung neue Datentypen definieren zu können. Vielmehr

8.2 Klassen als Datentypen

sollen Klassen einem Programmierer auch „die Möglichkeit geben, neue Datentypen zu schaffen, die genauso wie die eingebauten Datentypen verwendet werden können" (Stroustrup, 1997, Abschnitte 10.1 und 10.3).

Selbstverständlich ist es schwierig, eine klare Grenze zwischen diesen beiden Zielen zu ziehen, da sie eng miteinander verwoben sind. Verzichtet man aber auf eine solche Differenzierung, entsteht bei einigen Sprachelementen der Eindruck, als ob sie etwas mit objektorientierter Programmierung zu tun hätten, obwohl das nicht zutrifft.

Deshalb wurde das Thema „Klassen" in diesen und den letzten Abschnitt unterteilt. Ein Vergleich mit anderen objektorientierten Sprachen zeigt, dass man die Konzepte des letzten Abschnitts in allen diesen Sprachen findet. Für die Konzepte aus diesem Abschnitt findet man aber oft keine Entsprechungen.

8.2.1 Der Standardkonstruktor

Ein Konstruktor, der ohne Argumente aufgerufen werden kann, wird als **Standardkonstruktor** oder auch als **Default-Konstruktor** bezeichnet. Der Standardkonstruktor einer Klasse C wird dann bei der Definition eines Objekts aufgerufen, wenn dem Objekt wie in

```
C c; // initialisiert c mit dem Standardkonstruktor
```

keine Argumente übergeben werden. Diese Schreibweise entspricht allerdings nicht dem üblichen Schema, nach dem eine Funktion ohne Parameter mit einem leeren Paar runder Klammern aufgerufen wird:

```
C c(); // Funktionsdeklaration, keine Definition eines
       // Objekts
```

Im C++-Standard ist ausdrücklich festgelegt, dass diese Schreibweise als Funktionsdeklaration und nicht als Definition eines Objekts (einer Variablen) interpretiert wird. Wenn ein Objekt dagegen mit *new* erzeugt wird, ist es ohne Bedeutung, ob die Klammern angegeben oder weggelassen werden:

```
C* p = new C;    // Diese beiden Definitionen
C * q = new C (); // sind gleichwertig
```

Ein Standardkonstruktor kann ein Konstruktor **ohne Parameter** oder einer **mit Default-Argumenten** sein:

```
struct C {
  C() { } // Standardkonstruktor
};

struct C1 {
  C1(int i = 0, int j = 0) { } // Standardkonstruktor
};
```

Bei der schon früher betrachteten Stringklasse *MeinString* wird man normalerweise erwarten, dass der String s nach der Definition

```
MeinString s;
```

ein leerer String ist. Das erreicht man durch den einen Standardkonstruktor, der Platz für ein einziges Zeichen reserviert, das dann den Nullterminator '\0' erhält:

```
class MeinString {
  char* s;
  int n; // Länge des Strings
public:
  MeinString()
  {
    n = 0;
    s = new char[n + 1];
    *s = '\0';
  } // Stellt die Klasseninvariante her (siehe Seite 8.1.6)
};
```

Definiert man für eine Klasse keinen Konstruktor, **erzeugt** der **Compiler** einen **Standardkonstruktor**, wenn dieser benötigt wird. Er ist eine *public inline* Funktion mit einem leeren Anweisungsteil. Für eine Klasse C ohne einen Konstruktor erzeugt der Compiler also den Standardkonstruktor

```
C::C() { };
```

Deshalb kann man ein Objekt der Klasse C folgendermaßen definieren:

```
C c;
```

Falls eine Klasse jedoch einen oder mehrere Konstruktoren enthält, erzeugt der Compiler keinen Standardkonstruktor. Deshalb wird für die Klasse

```
struct C {
  C(int i) { }
};
```

die folgende Definition vom Compiler zurückgewiesen:

```
C c;//error: Kein geeigneter Standardkonstruktor verfügbar
```

In C++11 (ab Visual Studio 2013) wurde die Option aufgenommen, einen **Standardkonstruktor** auch dann vom Compiler erzeugen zu lassen, wenn die Klasse andere Konstruktoren hat. Das wird mit der Angabe „*=default*" erreicht. Außerdem wurde die Option aufgenommen, mit „*=delete*" die Erzeugung des Standardkonstruktors durch den Compiler zu unterbinden. Siehe dazu Abschnitt 8.2.8.

Ein **Standardkonstruktor** wird immer dann aufgerufen, wenn sich aus der Definition eines Objekts nicht ergibt, dass ein anderer Konstruktor aufgerufen werden soll. Dadurch wird gewährleistet, dass jedes Objekt durch einen Konstruktoraufruf initialisiert wird. Das gilt insbesondere auch dann,

8.2 Klassen als Datentypen

– wenn ein Array von Objekten ohne Initialisiererliste definiert wird oder
– wenn ein Objekt in einer Klasse enthalten ist, deren Konstruktor keinen Elementinitialisierer (siehe Abschnitt 8.2.2) für dieses Objekt enthält.

Wir werden später im Zusammenhang mit virtuellen Funktionen sehen, wie wichtig die Initialisierung eines Objekts mit solchen Funktionen durch einen Konstruktor ist.

Der aufgerufene Konstruktor wird anhand der Argumente bestimmt, die bei der Definition des Objekts als Initialisierer angegeben werden. Die Definition eines Objekts ohne solche Argumente führt zum Aufruf des Standardkonstruktors. Deshalb ist ein **Standardkonstruktor immer dann notwendig**, wenn man ein Objekt ohne Argumente für einen Konstruktor definiert.

Beispiel: Da die Klasse C keinen Standardkonstruktor hat,

```
struct C {
  C(int n) {};
};

class D {
  C e;
};
```

sind die folgenden Definitionen nicht zulässig:

```
C a[5]; // error: Kein geeigneter Standard-
        //        konstruktor verfügbar
D d;    // error: Kein geeigneter Standard-
        //        konstruktor verfügbar
```

Erweitert man C um einen Standardkonstruktor, sind sie zulässig.

8.2.2 Objekte als Klassenelemente und Elementinitialisierer

Klassen werden oft als Bausteine für weitere Klassen verwendet, z.B. als Datentyp von Elementen. Im Folgenden wird gezeigt, wie man Datenelemente eines Klassentyps mit ihrem Konstruktor initialisieren kann.

Wenn eine Klasse C wie in

```
class C { // enthält ein Element e eines Klassentyps E
  E e;    // führt zum Aufruf des Standardkonstruktors
public:
  C(int n) { };
};
```

ein **Element** eines Klassentyps enthält, für das nicht festgelegt ist, wie es bei der Definition eines Objekts der Klasse C initialisiert werden soll, wird es automatisch mit dem Standardkonstruktor von E initialisiert. Meist will man das Element e jedoch mit einem anderen Wert als dem initialisieren, der sich mit dem Standardkonstruktor ergibt. Das ist mit dem Aufruf eines entsprechenden Konstruktors von E im Konstruktor von C möglich:

```
class C { // initialisiert e doppelt
  E e;   // führt zum Aufruf des Standardkonstruktors
public:
  C(int n)
  {
    e = E(n); // zweiter Aufruf eines Konstruktors für e
  };
};
```

Allerdings wird dadurch der automatische Aufruf des Standardkonstruktors nicht unterbunden. Deshalb werden so zwei Konstruktoren für e aufgerufen. Dabei ist der erste Aufruf des Standardkonstruktors überflüssig und kostet unnötig Zeit, da der von ihm gesetzte Wert gleich anschließend überschrieben wird.

Den **automatischen Aufruf** des Standardkonstruktors kann man **mit** einem **Konstruktorinitialisierer** *(ctor-initializer)* **verhindern**:

ctor-initializer:
    : *mem-initializer-list*

Einen Konstruktorinitialisierer gibt man nach der Parameterliste eines Konstruktors an. Er beginnt mit einem Doppelpunkt, auf den durch Kommas getrennte **Elementinitialisierer** *(mem-initializer)* für jedes zu initialisierende Element folgen:

mem-initializer-list:

    mem-initializer ...$_{opt}$
    mem-initializer-list , mem-initializer ...$_{opt}$

mem-initializer:

    mem-initializer-id (expression-list$_{opt}$)
    mem-initializer-id braced-init-list

mem-initializer-id:

    class-or-decltype
    identifier

Ein Elementinitialisierer besteht aus dem Namen des zu initialisierenden Elements und einer eventuell leeren Liste von Ausdrücken:

– Wenn der Datentyp des Elements eine Klasse ist, muss diese Liste eine zulässige Liste von Argumenten für einen Konstruktor des Elements sein. Der Elementinitialisierer initialisiert dann das Element mit diesem Konstruktor.
– Ein Element e eines skalaren Datentyps kann mit höchstens einem Argument initialisiert werden. Der Ausdruck e(a) entspricht dabei einer Zuweisung e=a und der Ausdruck e() der Zuweisung e=0.

8.2 Klassen als Datentypen

Ein nicht statisches Datenelement einer Klasse wird also folgendermaßen initialisiert:

– Wenn der Datentyp des Elements eine Klasse ist
  – und ein Elementinitialisierer für das Element angegeben ist, wird der entsprechende Konstruktor aufgerufen und **nicht** sein **Standardkonstruktor**.
  – und kein Elementinitialisierer für das Element angegeben ist, wird **automatisch** sein **Standardkonstruktor aufgerufen**. Da ein Elementinitialisierer mit einer leeren Liste von Ausdrücken zum Aufruf des Standardkonstruktors führt, kann man einen solchen Elementinitialisierer ebenso gut auch auslassen.

Deshalb werden alle Elemente einer Klasse, deren Datentyp eine Klasse ist, entweder durch ihren Standardkonstruktor oder den Konstruktor initialisiert, der durch einen Elementinitialisierer aufgerufen wird.

– Wenn der Datentyp des Elements keine Klasse ist
  – und ein Elementinitialisierer für das Element angegeben ist, wird es mit dem Argument des Elementinitialisierers initialisiert. Diese Initialisierung ist gleichwertig mit der Zuweisung des Arguments im Konstruktor.
  – und kein Elementinitialisierer für das Element angegeben ist, wird es nicht initialisiert.

Beim Aufruf eines Konstruktors für eine Klasse C, die mehrere Elemente eines Klassentyps enthält, werden zuerst die Elemente initialisiert. Die **Reihenfolge** der Initialisierung ergibt sich aus der Reihenfolge, in der sie in der Klasse definiert werden. Die Reihenfolge ihrer Elementinitialisierer hat darauf keinen Einfluss. **Danach** werden die Anweisungen des **Konstruktors** von C ausgeführt. Da die Elemente vor den Anweisungen des Konstruktors initialisiert werden, kann man im Konstruktor von C voraussetzen, dass alle Elemente von C, deren Datentyp eine Klasse ist, durch einen Konstruktor initialisiert sind. Die **Destruktoren** werden immer in der umgekehrten Reihenfolge der Konstruktoren aufgerufen.

Beispiel: Mit den Klassen

```
class E {
public:
  E(int n)
  {
    cout << "Konstruktor E " << endl;
  }
};

class C {
  int i;
  double d;
public:
  C(int n) :e(n), i(3), d()
  { // hier kann vorausgesetzt werden, dass e, i
    // und d initialisiert sind
    cout << "Konstruktor C " << endl;
  };
  E e; // führt nicht zum Aufruf des Standard-
}; // konstruktors von E, da e oben angegeben ist
```

```
C c(5);
```

erhält man die Ausgabe

```
Konstruktor E
Konstruktor C
```

Die Elemente werden in der Reihenfolge ihrer Definition in der Klasse initialisiert (also zuerst i, dann d und dann e) und nicht in der Reihenfolge ihrer Elementinitialisierer (also nicht zuerst e, dann i und dann d). Da e in der Liste der Elementinitialisierer des Konstruktors von C enthalten ist, wird der Standardkonstruktor für e nicht aufgerufen.

Dieses Beispiel zeigt insbesondere auch, wie ein Argument für einen Konstruktor von C an einen Konstruktor eines Elements weitergegeben wird:

```
C(int n) :e(n),...
```

Wenn ein Konstruktorinitialisierer aus mehreren Elementinitialisierern besteht, erweckt das bei einem Leser eventuell den Eindruck, dass die Elemente in der Reihenfolge der Elementinitialisierer initialisiert werden. Um dem vorzubeugen, empfiehlt es sich, die **Elementinitialisierer in derselben Reihenfolge wie die Definition der Elemente** aufzuführen.

Definiert man einen Konstruktor außerhalb der Klasse, gibt man die Elementinitialisierer bei der Definition und nicht bei der Deklaration an:

```
C::C(int n) :i(3), d(), e(n) {} // Reihenfolge der Definition
```

Wenn ein Konstruktor nur Datenelemente initialisiert und dazu Elementinitialisierer verwendet, erhält man einen Konstruktor mit einem **leeren Anweisungsteil**.

Der implizit definierte **Standardkonstruktor** ist eine Funktion mit einem leeren Anweisungsteil, die insbesondere keine Elementinitialisierer enthält. Deshalb werden durch diesen Konstruktor alle Datenelemente einer Klasse, deren Datentyp selbst eine Klasse ist, mit ihrem Standardkonstruktor initialisiert.

Beispiel: Die Klasse C soll zwei nicht statische Datenelemente des Typs C1 und C2 und keinen explizit definierten Standardkonstruktor haben:

```
struct C {
  C1 c1;
  C2 c2;
};
```

Dann hat der vom Compiler implizit erzeugte Standardkonstruktor

```
C::C() { };
```

denselben Effekt wie

```
C::C() : c1(), c2() { }
```

8.2 Klassen als Datentypen

Obwohl der implizit erzeugte Standardkonstruktor so aussieht, als ob er nichts tun würde, können mit seinem Aufruf doch umfangreiche und zeitaufwendige Operationen verbunden sein.

Aufgaben 8.2.2

1. Eine Klasse E soll in einem Standardkonstruktor die Meldung „Standardkonstruktor" und in einem Konstruktor mit einem *int*-Parameter die Meldung „int-Konstruktor" ausgeben. Diese Klasse soll als Datentyp der Elemente in

   ```
   class C {
     E e1, e2;
   public:
     C() { }
     C(int i) :e1(i) { }
     C(int i, int j) :e1(i), e2(j) { }
   };
   ```

   verwendet werden. Welche Meldungen erhält man dann durch die folgenden Definitionen:

   ```
   C c0;
   C c1(1);
   C c2(1, 2);
   ```

   Welchen Wert würden e1 und e2 bei diesen drei Definitionen erhalten, wenn ihr Datentyp keine Klasse, sondern *int* wäre?

2. Überarbeiten Sie die Klassen *Kreis*, *Quadrat*, *Rechteck* und *C2DPunkt* von Aufgabe 8.1.5, 3. so, dass die Konstruktoren alle Elemente mit Elementinitialisierern initialisieren.

3. Überarbeiten Sie eine Kopie der *Kreis* aus Aufgabe 8.1.5, 3. zu einer Klasse *C2DKreis*. Sie soll als zusätzliches Element einen *C2DPunkt* mit der Position des Kreises (dem Mittelpunkt) enthalten. Definieren Sie für diese Klasse Konstruktoren, so dass Objekte wie in

   ```
   C2DKreis k1(1, 2, 3); // r=1, Mittelpunkt=(2,3)
   C2DKreis k2(4); // r=1, Mittelpunkt=(0,0)
   C2DKreis k3; // r=1, Mittelpunkt=(0,0)
   C2DPunkt p(6, 7);
   C2DKreis k4(5, p);  // r=5, Mittelpunkt=(6,7)
   ```

   angelegt werden können. Falls nur ein Argument für den Radius übergeben wird, soll die Position der Nullpunkt sein. Ein Standardkonstruktor soll den Radius 1 setzen. Verwenden Sie für möglichst viele Elemente Elementinitialisierer. Versuchen Sie, die Anzahl der Konstruktoren möglichst gering zu halten.

4. Im Konstruktor der Klasse *Rechteck1* soll der Mittelpunkt des Rechtecks angegeben werden. In der Klasse soll allerdings nicht der Mittelpunkt, sondern der linke obere Eckpunkt gespeichert werden:

```
class Rechteck1 {
  C2DPunkt LinksOben; // Eckpunkt links oben
  double a, b; // Seitenlängen
public:
  Rechteck1(C2DPunkt Mittelpunkt, double a_, double b_) :
    a(a_), b(b_), LinksOben(Mittelpunkt.X() - a / 2,
      Mittelpunkt.Y() - b / 2) { }
  string toStr()
  {
    return "Links oben: " + LinksOben.toStr();
  }
};
```

Mit dieser Definition erhält der Punkt *LinksOben* jedoch nicht den beabsichtigten Wert. Finden Sie die Ursache dieses Fehlers und korrigieren Sie die Definition so, dass ein Objekt dieser Klasse das gewünschte Ergebnis hat.

5. In Abschnitt 8.2.1 wurde als Ergänzung zu den Konstruktoren aus Abschnitt 8.1.5 der folgende Standardkonstruktor für die Klasse *MeinString* definiert:

```
class MeinString {
  char* s;
  int n; // Länge des Strings
public:
  MeinString()
  {
    n = 0;
    s = new char[n + 1];
    *s = '\0';
  };
};
```

Da hier nur Platz für ein einziges Zeichen '\0' reserviert wird, hätte man ebenso gut den folgenden Standardkonstruktor verwenden können:

```
class MeinString {
  // ...
  MeinString() :n(0)
  {
    s = new char('\0');
  };
};
```

Vergleichen Sie diese beiden Konstruktoren. Ist einer besser als der andere?

8.2.3 Initialisiererlisten

Ab Visual Studio 2013 können Variablen und Konstanten mit einer **Initialisiererliste** Werte zugewiesen werden. Eine solche Liste besteht wie die Initialisiererliste eines Arrays aus einer durch Kommas getrennten Folge von Werten zwischen geschweiften Klammern. Sie kann

8.2 Klassen als Datentypen

bei der **Definition** einer Variablen direkt nach ihrem Namen oder nach ihrem Namen und einem Gleichheitszeichen angegeben werden. Die letzte Schreibweise ist auch bei einer **Zuweisung** möglich.

Beispiel: Die Initialisierung von *i1* und *i2* mit einer Initialisiererliste

```
int i{ 17 };     // i=17
int j = { 18 }; // j=18
```

hat denselben Effekt wie eine Initialisierung mit der klassischen Schreibweise

```
int i(17);      // i=17
int j = 18;     // j=18
```

Eine Initialisiererliste kann auch in einer Zuweisung verwendet werden:

```
i = { 19 };     // wie i=19
```

Diese Beispiele sollten nur die Syntax illustrieren. Initialisiererlisten sind aber mehr als nur eine neue Syntax zur Initialisierung.

Bei einer Zuweisung oder Initialisierung mit einer Initialisiererliste werden **nur sichere Konversionen** akzeptiert. Wenn in einer Initialisiererliste Werte angegeben werden, die nicht im Wertebereich der Variablen oder Konstanten liegen, erzeugt der Compiler eine Fehlermeldung.

Beispiel: Mit einem 32-Bit *int*-Datentyp erzeugt die Initialisierung

```
int i = { 100'000'000'000}; //Fehler: erfordert Konvertierung
```

wie auch die Zuweisung

```
i = { 100'000'000'000 }; // Fehler: erfordert Konvertierung
```

eine Fehlermeldung. Das ist ein Vorteil gegenüber der traditionellen Schreibweise wie in

```
i = 100'000'000'000; // i = 1'215'752'192
```

bei der keine Prüfung auf den Wert durchgeführt wird. Auch die Zuweisung eines Gleitkommawertes an eine Ganzzahlvariable wird nicht akzeptiert:

```
int i3{ 3.0 };    // Fehler: erfordert Konvertierung
int i6 = { 6.0 }; // Fehler: erfordert Konvertierung
```

Initialisiererlisten sind nicht nur bei Initialisierungen und Zuweisungen möglich, sondern auch als Argumente bei einem Funktions- oder Konstruktoraufruf, bei einer *return*-Anweisung oder bei einem Elementinitialisierer. Damit können auch in diesen Fällen unsichere Konversionen verhindert werden.

Beispiel: Die folgenden Anweisungen werden alle nicht kompiliert:

```
class C {
  int i;
public:
  C(double x) :i{ x } {}; //Fehler: erfordert Konvertierung
};

int f(int x) { return{ 3.14 }; } // Fehler: erfordert
                                              Konvertierung
int y = f({ 3.15 }); // Fehler: erfordert Konvertierung
```

Deshalb sollte man Initialisiererlisten immer bevorzugen. Das kann insbesondere bei Programmen, die für 32- und 64-Bit Plattformen kompiliert werden, Fehler vermeiden, die leicht übersehen werden.

Wenn der Compiler einen Ausdruck eines Klassentyps C erwartet, kann für den Ausdruck eine Initialisiererliste mit Argumenten für einen Konstruktor angegeben werden. Das ist z.B. bei

– der Übergabe von Argumenten an eine Funktion oder einen Konstruktor
– einer *return*-Anweisung
– einem Elementinitialisierer

möglich. Eine leere Liste führt zum Aufruf des Standardkonstruktors.

Beispiel: Mit der Klasse

```
class C {
public:
  C() {};
  C(int x, int y) {};
};
```

können Objekte so

```
C c1{ 1,2 };     // wie "C c1(1, 2);"
C c2 = { 1,2 }; // wie "C c2 = C(1, 2);"
C c3{};      // Aufruf des Standardkonstruktors
C c4 = {}; // Aufruf des Standardkonstruktors
```

angelegt werden. Die Schreibweise

```
C c3{};     // Aufruf des Standardkonstruktors
```

führt zum Aufruf des Standardkonstruktors, während die entsprechende Schreibweise mit runden Klammern

```
C c3();     // ein Funktionsprototyp
```

kein Objekt erzeugt.

Die Funktion

8.2 Klassen als Datentypen

```
void f1(C c) {}
```

kann so aufgerufen werden:

```
f1({ 1,2 });
```

Auch die Argumente für einen Ausdruck nach *return* können in einer Initialisiererliste angegeben werden:

```
C f2(int x, int y) { return{ x,y }; }
```

Damit kann ein Default-Argument etwas einfacher als mit einem temporären Ausdruck angegeben werden:

```
void f3(C c = { 1,2 }) {}
void f4(C c = C(1,2)) {}
```

Mit Initialisiererlisten können auch **dynamisch erzeugte Arrays** bei ihrer Definition initialisiert werden. Das war vor C++11 nicht möglich. Dazu gibt man die Initialisiererliste nach der Definition des Arrays an. Eine Zuweisung einer Initialisiererliste an ein dynamisches Array ist nicht möglich.

Beispiel: Werte, die nicht in der Initialisiererliste angegeben sind, werden auf 0 gesetzt:

```
int* da = new int[5]{2, 3}; // da[0]=2, da[1]=3, i>=2: da[i]=0
int* db = new int[5]{ }; // Alle Elemente sind 0
```

Für eine solche Initialisierung war früher ein Ausdruck wie memset notwendig:

```
int* dc = new int[5];
memset(dc, 0, 5*sizeof(int));
```

Initialisiererlisten sind mit dem nach

```
#include <initializer_list>
```

verfügbaren Typ *std::initializer_list<T>* implementiert. Für einen Parameter dieses Typs kann als Argument eine Initialisiererliste mit beliebig vielen Werten des Typs T angegeben werden.

Beispiel: Die Funktion

```
int sum(std::initializer_list<int> args)
{
  int sum = 0;
  for (auto& i : args)
  {
    sum += i;
  }
```

```
    return sum;
}
```

kann folgendermaßen aufgerufen:

```
int sum1 = sum({ 1 });         // sum1=1
int sum2 = sum({ 1,2,3 });     // sum2=6
int sum3 = sum({ 1,2,3,4,5 });// sum3=15
```

Die Container der Standardbibliothek haben alle Konstruktoren mit Parametern des Typs *std::initializer_list<T>*. Ein solcher Konstruktor wird auch als **Sequenzkonstruktor** bezeichnet. Ein Sequenzkonstruktor hat eine höhere Priorität als ein klassischer Konstruktor.

Beispiel: Deshalb können diese mit einer beliebigen Anzahl von Argumenten initialisiert werden. Jedes Argument wird dann als Element in den Container eingefügt:

```
vector<int> v3{ 1, 3, 5 };
vector<double> v4 = { 1, 3, 5 };
```

In älteren Versionen von C++ musste jedes Element mit *push_back* eingefügt werden, oder die Elemente aus einem Array übernommen werden.

Falls eine Klasse wie *vector* einen Konstruktor mit zwei *int*-Werten hat, besteht ein Unterschied zwischen einer Initialisierung mit runden und geschweiften Klammern:

```
std::vector<int> vec1(2, 3); //zwei Elemente mit dem Wert 3
std::vector<int> vec2{ 2,3 };// die Elemente 2 und 3
```

Diesen spitzfindigen Unterschied gibt es aber nur bei wenigen Klassen.

Initialisiererlisten können auch verschachtelt werden.

Beispiel: Ein zweidimensionaler Vektor ist ein Vektor, der Vektoren enthält:

```
std::vector<vector<int>> v = { {1,2,3},{1,2} };
```

Die Elemente von

```
std::map<int, vector<std::string>> m = { {1,{"a"}},
                                         { 2,{ "bb", "ccc" } } };
```

sind Wertepaare aus einem *int*- und einem *vector<string>*-Wert.

Wenn man eine **Klasse schreiben** will, von der Objekte mit einer beliebigen Anzahl von Argumenten initialisiert werden können, verwendet man einen Konstruktor mit einem Parameter des Typs *std::initializer_list<T>*.

Beispiel: Objekte der Klasse

8.2 Klassen als Datentypen

```
class MeinVektor2 {
  int* p;
  size_t size;
public:
  MeinVektor2(std::initializer_list<int> seq)   // #include
  {                                              // <initializer_list>
    size = seq.size();
    p = new int[size];
    /* entweder
    for(auto i=seq.begin(); i!=seq.end();i++)
    {
      p[i-seq.begin()] = *i;
    }
    oder */
    std::uninitialized_copy(seq.begin(), seq.end(), p);
  }
};
```

können mit einer beliebigen Anzahl von Elementen initialisiert werden:

```
MeinVektor2 v2a{};
MeinVektor2 v2b{1};
MeinVektor2 v2c{1,2,3};
MeinVektor2 v2d{1,2,3,4,5,6,7};
```

8.2.4 *friend*-Funktionen und –Klassen

In Abschnitt 8.1.3 wurde empfohlen, alle Datenelemente einer Klasse *private* zu deklarieren. Dann kann man diese Elemente mit den bisher vorgestellten Sprachelementen nur in einer Elementfunktion der Klasse ansprechen. Wie das nächste Beispiel zeigt, ist die Zugriffsbeschränkung auf Elementfunktionen aber manchmal zu streng.

Beispiel: Angenommen, die Klasse

```
class C2DPunkt {
  double x, y;
public:
  C2DPunkt(double x_, double y_) : x(x_), y(y_) {};
};
```

hätte keine Funktionen zum Setzen der Koordinaten, und Sie hätten die Aufgabe, für die Klasse

```
class C2DKreis {
  C2DPunkt position; // Position des Kreises
  double r;          // Radius
public:
  C2DKreis(C2DPunkt p, double r_) :position(p), r(r_) {}
};
```

eine globale Funktion zu schreiben, die den Kreis an eine bestimmte Position setzt. Dann ist die naheliegende Lösung

```
void setToPosition(C2DKreis& k, const C2DPunkt& p)
{
  k.position.x = p.x; // Fehler: Zugriff auf
  k.position.y = p.y; //        'C2DKreis::position'
}                     //         nicht möglich
```

nicht möglich, weil auf die *private* Elemente von k und p nicht zugegriffen werden kann. Da hier auf die Elemente von zwei verschiedenen Klassen zugegriffen wird, lässt sich dieses Problem nicht dadurch lösen, dass man diese Funktion als Elementfunktion einer der beiden Klassen definiert. Es erscheint aber auch nicht als angemessen, die Datenelemente nur wegen dieser einen Funktion *public* zu definieren.

Solche Probleme können mit einer **friend-Funktion** gelöst werden. Eine *friend*-Funktion einer Klasse ist eine Funktion, die kein Element der Klasse ist und die trotzdem auf *private* und *protected* Elemente der Klasse zugreifen kann. Sie wird mit dem Schlüsselwort *friend* in der Klasse deklariert, auf deren Elemente sie zugreifen können soll:

```
class C {
  int i;
  friend void f(C& x);
};

void f(C& x) // nicht: void C::f(C& x)
{
  x.i = 0; // bei nicht-friend nicht möglich, da i private
}
```

Dabei spielt es keine Rolle, ob sie in einem *private*, *public* oder *protected* Abschnitt der Klasse aufgeführt wird. Sie hat keinen *this*-Zeiger und wird wie eine gewöhnliche Funktion aufgerufen, d.h. ohne den Punkt- oder Pfeiloperator mit einem Objekt:

```
void call_f()
{
  C c;
  f(c); // nicht: c.f(c)
}
```

Eine Funktion wird dadurch zum *friend* einer Klasse, dass man eine *friend*-Deklaration in die Klasse aufnimmt. Man sagt deshalb auch, dass sich eine Klasse ihre Freunde auswählt, und nicht etwa die Freunde die Klasse wählen. Und das Zugriffsrecht auf *private* Elemente wird auch durch die Formulierung beschrieben, dass Freunde einer Klasse in die Taschen greifen dürfen.

Auch eine Elementfunktion einer Klasse kann ein *friend* einer Klasse sein:

8.2 Klassen als Datentypen

```
class C {
  void g(C& c);
};
class D {
  friend void C::g(C& x);
};
```

Wenn alle Elementfunktionen einer Klasse C *friend* einer Klasse D sein sollen, deklariert man die **Klasse C als *friend*** der Klasse D:

```
class D {
  double d;
  friend C;
};

C::g(C& c)
{
  D x;
  x.d = 1;
}
```

Ein *friend* einer Klasse C ist auch ein *friend* einer verschachtelten Klasse von C.

Damit lässt sich das Problem mit der Funktion *setToPosition* dadurch lösen, dass man sie als *friend* der beiden Klassen *C2DPunkt* und *C2DKreis* deklariert:

```
class C2DPunkt {
  double x, y;
  friend void setToPosition(C2DKreis&k, const C2DPunkt&p);
  // ...
};

class C2DKreis {
  C2DPunkt position; // Position des Kreises
  friend void setToPosition(C2DKreis&k, const C2DPunkt&p);
  // ...
};
```

Hätte man *setToPosition* folgendermaßen realisiert, würde es ausreichen, diese Funktion nur als *friend* der Klasse *C2DKreis* zu definieren:

```
void setToPosition(C2DKreis& k, const C2DPunkt& p)
{
  k.position = p;
}
```

Da hier nur auf ein Element der Klasse *C2DKreis* zugegriffen wird, kann man diese Funktion auch durch eine Elementfunktion dieser Klasse realisieren:

```
class C2DKreis {
  C2DPunkt position;
  double r; // Radius
public:
  void setToPosition(const C2DPunkt& p)
  {
    position = p;
  }
};
```

Wie dieses Beispiel zeigt, kann man eine Aufgabe manchmal sowohl mit einer *friend*-Funktion als auch mit einer Elementfunktion lösen. Da Elementfunktionen aber unter anderem den Vorteil haben,

- dass sie den Gültigkeitsbereich von Klassenelementen nicht auf Funktionen erweitern, die nicht zur Klasse gehören, und
- viel offensichtlicher zur Klasse gehören und deshalb bei einer Änderung der Klasse eventuell ebenfalls geändert werden müssen,

sollte man eine **Elementfunktion bevorzugen**.

Diese Alternative besteht oft auch dann, wenn man zunächst nur eine *friend*-Funktion als Lösung gefunden hat. Dann sollte man immer gezielt nach einer Lösung mit einer Elementfunktion suchen. Eine solche Funktion kann man oft finden.

Beispiel: Eine Funktion wie *setToPosition* gehört für eine Klasse wie *C2DKreis* normalerweise zu einer vollständigen Schnittstelle, und man kann es als Designfehler betrachten, wenn eine solche Funktion vergessen wird.
Viele umfangreiche C++-Bibliotheken (wie z.B. die Standardbibliothek) kommen mit relativ wenigen *friend*-Funktionen aus.

Es gibt allerdings auch Situationen, in denen man eine globale Funktion benötigt, die auf die Elemente einer Klasse zugreifen kann und die deshalb ein *friend* der Klasse sein muss. Beispiele dafür sind einige der im nächsten Abschnitt vorgestellten binären Operatorfunktionen.

8.2.5 Überladene Operatoren mit Elementfunktionen

Nachdem in Abschnitt 7.3 gezeigt wurde, wie man eine **Operatorfunktion** als **globale Funktion** definiert, werden jetzt Operatorfunktionen vorgestellt, die als **Elementfunktion** definiert sind.

Zur Erinnerung: Mit dem Symbol @ für einen binären Operator wird eine **globale Operatorfunktion** folgendermaßen definiert (T, C1 und C2 sind die Datentypen des Funktionswertes und der Operanden):

$$T\ operator@(C1\ p1, C2\ p2)$$

Diese Funktion wird dann durch den Ausdruck

8.2 Klassen als Datentypen

x@y

aufgerufen. Der Compiler übergibt den linken Operanden als erstes und den rechten als zweites Argument:

operator@(x,y)

Der Funktionswert ist der Wert des Ausdrucks. Dabei müssen die Datentypen von x und y nicht identisch mit C1 und C2 sein: Es reicht aus, wenn sie in die Datentypen der Parameter konvertiert werden können und zu einem eindeutigen Funktionsaufruf führen.

Eine globale Operatorfunktion muss meist auf *private* oder *protected* Elemente der Operanden zugreifen. Deswegen müssen globale Operatorfunktionen meist ein *friend* der Klassen C1 und C2 sein.

Für alle überladbaren Operatoren kann die Operatorfunktion auch als **Elementfunktion** definiert werden. Eine Elementfunktion der Klasse C1 für einen **binären Operator** @ hat nur einen Parameter, für den dann beim Aufruf der zweite Operand eingesetzt wird. Für den ersten Operanden wird das aktuelle Objekt eingesetzt. Deswegen wird eine solche Operator-Elementfunktion nur aufgerufen, wenn der Datentyp des linken Operanden die Klasse ist.

Die Operatorfunktion

T C1::operator@(C2 p2)

wird für einen linken Operanden x den Datentyps C1 durch den Ausdruck

x@y

aufgerufen. Der rechte Operand y wird als Argument für p2 übergeben:

x.operator@(y)

Entsprechend wird ein **unärer Operator** @ durch eine Elementfunktion ohne Parameter überladen. Für ein Objekt x einer Klasse C führt dann der Ausdruck

@x

zum Aufruf der Funktion

x.operator@()

Die Präfix- und Postfix-Versionen der Operatoren ++ und – – werden wie bei globalen Funktionen durch einen zusätzlichen *int*-Parameter unterschieden:

```
T& operator++();      // präfix Elementfunktion
T& operator– –();     // präfix Elementfunktion
T operator++(int);    // postfix Elementfunktion
T operator– –(int);   // postfix Elementfunktion
```

Im C++-Standard ist festgelegt, dass die Operatoren = (Zuweisung), () (Funktionsaufruf), [] (Indexoperator) und -> (Zugriff auf ein Klassenelement) nicht mit globalen Funktionen überladen werden können, sondern **nur mit Elementfunktionen**. Alle anderen Operatoren können sowohl mit globalen Funktionen als auch mit Elementfunktionen als auch mit beiden Formen überladen werden.

x@y führt zum Aufruf der Operator-Elementfunktion, wenn der Datentyp des linken Operanden x eine solche Elementfunktion hat. Falls x keine solche Operator-Elementfunktion hat, wird eine globale Operatorfunktion aufgerufen, falls sie existiert. Dann muss der Datentyp von x nicht einmal identisch mit dem Datentyp des ersten Parameters sein: Wie bei jedem anderen Funktionsaufruf reicht es aus, wenn er in den Datentyp des Parameters konvertiert werden kann.

Beispiel: Für die Klasse *MeinString* kann der Operator < durch die globale Funktion

```
bool operator<(const MeinString& s, const MeinString& t)
{// muss friend von MeinString sein
  return (strcmp(s.s, t.s) < 0);
} // sehr einfach: funktioniert nicht mit Umlauten
```

definiert werden. Eine entsprechende Elementfunktion ist:

```
class MeinString {
  char* s;
  int n; // Länge des Strings
public:
  bool operator<(const MeinString& t)
  {
    return (strcmp(s, t.s) < 0);
  }
};
```

Falls beide Funktionen definiert sind, wird nach der Definition

```
MeinString s1, s2;
```

bei den folgenden Ausdrücken die als Kommentar angegebene Funktion aufgerufen:

```
s1 < s2       // s1.operator<(s2)
s1 < "123"    // s1.operator<(MeinString("123"))
"123" < s1    // operator<(MeinString("123"),s1)
```

Zwischen globalen Operatorfunktionen und Elementfunktionen besteht also insbesondere der **Unterschied**, dass die globale Operatorfunktion nicht nur mit einem ersten Operanden eines einzigen Datentyps aufgerufen werden kann.

Beispiel: Für zwei Strings *s1* und *s2* der Klasse *MeinString* sind mit einer Elementfunktion für den Operator + nur die ersten drei der folgenden Operationen möglich.

8.2 Klassen als Datentypen

```
s1 + s2;
s1 + "char*";
s1 + 'c';
"char*" + s2;
'c' + s2;
```

Da bei den letzten beiden der Datentyp des linken Operanden nicht die Stringklasse ist, sind diese nur mit einer globalen Operatorfunktion möglich. Diese Operatorfunktion kann global folgendermaßen implementiert werden:

```cpp
MeinString operator+(const MeinString& s, const MeinString& t)
{ // Muss ein friend von MeinString sein
  MeinString tmp;
  tmp.n = s.Laenge() + t.Laenge();
  tmp.s = new char[tmp.n + 1];
  strcpy(tmp.s, s.s);
  strcat(tmp.s, t.s);
  return tmp; // tmp erfüllt die Klasseninvariante
}            // (siehe Abschnitt 8.1.6)
```

Für die Ausdrücke von oben sind die folgenden Konstruktoren notwendig:

```cpp
class MeinString {
public:
  MeinString(char* p);
  MeinString(char c);
};
```

Als weiteres Beispiel für eine als Elementfunktion definierte Operatorfunktion wird jetzt der **Indexoperator** [] für die Klasse *MeinString* vorgestellt. Dieser Operator ist ein binärer Operator, der nur als nicht statische Elementfunktion einer Klasse und nicht durch eine globale Funktion überladen werden kann:

```cpp
class MeinString {
  char* s;
  int n; // Länge des Strings
public:

  char& operator[](int i)
  { // Vorbedingung: 0<=i<n
    return *(s + i);
  }; // Die Klasseninvariante (siehe Abschnitt 8.1.6)
};   // ist erfüllt.
```

Nach dieser Definition ist der Aufruf der Operatorfunktion

```
s.operator[](i) // z.B. nach MeinString s("123"); int i;
```

gleichwertig mit dem indizierten Ausdruck:

```
s[i]
```

Da der Rückgabetyp der Operatorfunktion ein Referenztyp ist, kann man einen solchen Ausdruck auch auf der linken Seite einer Zuweisung verwenden:

```
s[1] = 'A';
```

Diese Operatorfunktion kann man leicht so erweitern, dass der Zugriff auf einen unzulässigen Index erkannt wird und z.B. eine Exception auslöst:

```
char& operator[](int i)
{
  if (i<0 || i >= n) throw std::out_of_range("String-Index");
  return *(s + i);
};
```

Der Parameter des Indexoperators kann einen **beliebigen Datentyp** haben und muss nicht wie bei einem Array ein Ganzzahldatentyp sein. Auf diese Weise kann man Klassen realisieren, die sich wie assoziative Container verhalten. Der gesuchte Wert wird dabei als Argument übergeben, und der gefundene Wert ist der Funktionswert der Operatorfunktion.

Aufgaben 8.2.5

1. Die Operatorfunktionen für die Ein- und Ausgabeoperatoren << bzw. >> einer selbstdefinierten Klasse C können prinzipiell sowohl als Elementfunktionen der Klasse C als auch als globale Funktionen definiert werden. Vergleichen Sie die beiden Alternativen im Hinblick auf die Syntax beim Aufruf.

2. Überarbeiten Sie eine Kopie der Klasse *Bruch* von Aufgabe 7.3.1, 2. so, dass die Datenelemente *private* sind. Ergänzen Sie diese Klasse um einen geeigneten Konstruktor. Definieren Sie

    a) die Funktion für den Operator – als *friend*-Funktion.
    b) die Operatorfunktion += als Elementfunktion und verwenden Sie diese zur Definition des +-Operators, so dass Sie keine *friend*-Funktion benötigen.

8.2.6 Der Kopierkonstruktor

Ein Objekt kann bei seiner Definition mit einem anderen Objekt derselben oder einer abgeleiteten Klasse (siehe Abschnitt 8.3.4) initialisiert werden:

```
class C { /* ...*/ };
C c;      // definiere c für die nächste Anweisung

C d = c;  // keine Zuweisung: Initialisierung, da Definition
```

Eine solche **Initialisierung** mit dem Zuweisungsoperator führt ebenso wie die in der Funktionsschreibweise

```
C d(c); // gleichwertig mit C d=c;
```

8.2 Klassen als Datentypen

zum Aufruf des sogenannten Kopierkonstruktors. Beide Schreibweisen sind gleichwertig. Obwohl eine Initialisierung syntaktisch und inhaltlich eine gewisse Ähnlichkeit mit einer Zuweisung

```
d = c;
```

hat, ist sie eine andere Operation als eine Zuweisung. Bei einer Zuweisung wird der Zuweisungsoperator (siehe dazu den nächsten Abschnitt) und nicht der Kopierkonstruktor der Klasse aufgerufen.

Da eine solche Initialisierung immer mit einer Definition verbunden ist, müssen die dabei definierten Datenelemente initialisiert werden wie bei jedem anderen Konstruktor auch. Bei einer Zuweisung werden dagegen die bisherigen Werte der linken Seite ungültig. Falls das Objekt auf der linken Seite Zeiger enthält, müssen die Speicherbereiche freigegeben werden, auf die sie zeigen. Diesen unterschiedlichen Anforderungen kann man in einem Zuweisungsoperator und in einem Kopierkonstruktor nachkommen.

Ein **Kopierkonstruktor** einer Klasse C ist dadurch charakterisiert, dass sein erster Parameter den Datentyp *C&*, *const C&*, *volatile C&* oder *const volatile C&* hat. Weitere Parameter können vorhanden sein. Sie müssen aber alle Default-Argumente haben.

Beispiele:

1. Alle Konstruktoren der Klasse C außer dem ersten sind Kopierkonstruktoren:

    ```
    class C {
    public:
      C() { };
      C(C& c) { };
      C(C& c, int i = 0) { };
      C(const C& c) { };
    };
    ```

    Mit

    ```
    const C c;
    ```

    führt dann die Initialisierung

    ```
    C d = c;
    ```

    zum Aufruf des Konstruktors mit dem *const*-Parameter. Dabei wird die rechte Seite als erstes Argument übergeben. Hätte man das Objekt c ohne *const* definiert, könnte der Compiler nicht entscheiden, ob er den zweiten oder den dritten Konstruktor von C aufrufen soll.

2. Der erste Konstruktor von D ist kein Kopierkonstruktor. Der zweite Konstruktor mit dem Werteparameter ist nicht zulässig, da sein Aufruf zu einer endlosen Rekursion führen würde:

```
class D {
public:
  D(D& c, int i);
  D(D c); // error: unzulässiger Kopierkonstruktor:
};       //        erster Parameter darf nicht 'D' sein
```

Bei den meisten Klassen reicht ein einziger Kopierkonstruktor der Form

```
C::C(const C&);
```

aus. Objekte dieser Klassen kann man dann sowohl mit konstanten als auch mit nicht konstanten Ausdrücken initialisieren. Außerdem ist dann sichergestellt, dass der initialisierende Ausdruck nicht verändert wird. Wenn eine Klasse dagegen nur den Konstruktor

```
C::C(C&);
```

besitzt, kann ein Objekt dieser Klasse nicht mit konstanten Ausdrücken initialisiert werden.

Wenn man für eine Klasse **explizit keinen** Kopierkonstruktor definiert, erzeugt der Compiler einen, wenn er benötigt wird. Dieser **implizit** erzeugte Kopierkonstruktor bewirkt, dass bei einer Initialisierung alle nicht statischen Datenelemente mit den entsprechenden Werten der Elemente des initialisierenden Ausdrucks initialisiert werden.

Beispiel: Die Klasse C soll zwei nicht statische Datenelemente des Typs C1 und C2 haben:

```
struct C {
  C1 c1;
  C2 c2;
};
```

Dann erzeugt der Compiler für diese Klasse einen Kopierkonstruktor, der alle Elemente wie in dem folgenden Kopierkonstruktor initialisiert:

```
C(const C& x) : c1(x.c1), c2(x.c2) { }
```

Falls das Element eine Klasse ist, wird zur Initialisierung der Kopierkonstruktor des Elements ausgerufen. Bei einem Array werden alle Elemente einzeln initialisiert. Ein Element eines skalaren Datentyps wird mit dem vordefinierten Zuweisungsoperator initialisiert.

Beispiel: Auch wenn man für die Klasse *C2DPunkt* keinen Kopierkonstruktor definiert, ist nach der Definition

```
C2DPunkt p1(2, 3);
```

die folgende Initialisierung möglich:

```
C2DPunkt p2 = p1;
```

Dabei werden alle Datenelemente von p2 mit den entsprechenden Werten von p1 initialisiert, so dass diese Initialisierung denselben Effekt hat wie

8.2 Klassen als Datentypen

```
p2.x = p1.x;
p2.y = p1.y;
```

In C++11 (ab Visual Studio 2013) kann man wie beim Standardkonstruktor durch die Angaben *=default* erreichen, dass der Compiler einen Kopierkonstruktor erzeugt. Mit *=delete* kann die Erzeugung dieser Funktionen unterbunden werden. Siehe dazu Abschnitt 8.2.8.

Bei einer Klasse, die **keine Zeiger** enthält, ist der vom Compiler **implizit erzeugte Kopierkonstruktor ausreichend**, wenn jedes Element eines Klassentyps durch seinen Kopierkonstruktor richtig initialisiert wird. Wenn eine Klasse jedoch Zeiger enthält, zeigen sie in beiden Objekten auf denselben Speicherbereich.

Beispiel: Falls für die Klasse *MeinString* wie bisher kein Kopierkonstruktor definiert ist, wird bei der Initialisierung von t mit s der implizit definierte Kopierkonstruktor aufgerufen:

```
MeinString s("123");
MeinString t = s;
```

Diese Initialisierung bewirkt, dass die Zeiger t.s und s.s beide auf denselben Speicherbereich zeigen.

Eine solche Kopie wird auch als „**flache Kopie**" bezeichnet. Sie hat die folgenden, meist unerwünschten Konsequenzen:

- Jede Veränderung von s bewirkt auch eine Veränderung von t (und umgekehrt).
- Wenn der Speicherbereich für eines der beiden Objekte freigegeben wird, zeigt das andere auf einen nicht reservierten Speicherbereich.
- Nach dieser Zuweisung besteht keine Möglichkeit mehr, den Speicherbereich freizugeben, auf den t vor der Zuweisung gezeigt hat.

Entsprechende Ergebnisse des vom Compiler erzeugten Kopierkonstruktors erhält man bei allen Klassen, die Zeiger enthalten. Diese lassen sich durch einen explizit definierten Kopierkonstruktor vermeiden. Deshalb wird für eine Klasse meist dann ein **expliziter Kopierkonstruktor benötigt, wenn sie Zeiger enthält**.

Betrachten wir als Beispiel wieder die Klasse *MeinString*. Da der Kopierkonstruktor bei einer Definition (aber nicht bei einer Zuweisung) aufgerufen wird,

```
C x = y; // ruft den Kopierkonstruktor der Klasse C auf
x = y;   // ruft den Zuweisungsoperator auf
```

muss er Speicherplatz für das neue Objekt reservieren und diesen mit den Daten der rechten Seite füllen:

```
class MeinString {
  char* s;
  int n; // Länge des Strings
public:
```

```
    // ...
    MeinString(const MeinString& x)
    {
      n = x.n;             // 1
      s = new char[n + 1]; // 2
      strcpy(s, x.s);      // 3
    }; // dieser Konstruktor stellt die Klasseninvariante
  }; // (siehe Abschnitt 8.1.6) her
```

Auf die Kommentare kommen wir beim überladenen Zuweisungsoperator für diese Klasse zurück.

Da der Compiler nicht darauf hinweist, wenn er einen **Kopierkonstruktor** erzeugt, sollte man **für jede Klasse mit Zeigern** entweder

– einen solchen Konstruktor **definieren**, oder
– durch *=delete* (siehe Abschnitt 8.2.8) unterbinden, dass ein solcher Konstruktor erzeugt wird.

Sonst kann es vorkommen, dass der implizit erzeugte Kopierkonstruktor verwendet wird, ohne dass man es bemerkt, und dessen flache Kopien unerwünschte Folgen haben.

Der Kopierkonstruktor wird nicht nur bei einer Definition mit einer **Initialisierung** wie in

```
    C d = c;
```

aufgerufen. Die folgenden Punkte beschreiben weitere Situationen, die zum **Aufruf** eines **Kopierkonstruktors** führen können. In den Beispielen soll C eine Klasse mit einem *int*-Konstruktor sein:

1. Bei einem Funktionsaufruf mit einem **Werteparameter** wird die lokale Variable durch den Kopierkonstruktor mit dem Argument initialisiert:

    ```
    void f1(C c)
    { // das lokale Objekt c wird beim Aufruf der Funktion
      // f1 mit dem Argument a wie in C c=a initialisiert.
    }

    C c(1); // Aufruf des Konstruktors C::C(int)
    f1(c);  // Führt zum Aufruf des Kopierkonstruktors
    ```

    Falls das Argument für den Werteparameter ein **temporäres Objekt** ist, kann dieses durch die oben beschriebene **Optimierung** direkt in dem Speicherbereich konstruiert werden, der zur lokalen Variablen in der Funktion gehört. Dann unterbleibt der Aufruf des Kopierkonstruktors:

    ```
    f1(C(1)); // Kein Aufruf des Kopierkonstruktors mit dem
              // temporären Objekt C(1)
    ```

8.2 Klassen als Datentypen

Bei einem **Referenzparameter** wird der Kopierkonstruktor nicht aufgerufen. Im Unterschied zu einem Werteparameter wird so der Aufruf des Kopierkonstruktors und des Destruktors gespart. Deswegen sind konstante Referenzparameter meist etwas schneller als Werteparameter.

2. Auch die Rückgabe eines Funktionswerts mit *return* ist eine Initialisierung. Wenn dabei ein **nicht temporäres Objekt** zurückgegeben wird, führt das zum Aufruf des Kopierkonstruktors:

```
C f3()
{
  C c(1);
  return c; // Initialisiert den Funktionswert mit c
};

c(1);
c = f3(); // Aufruf des Kopierkonstruktors bei return
```

8.2.7 Der Zuweisungsoperator = für Klassen

Da Zuweisungen und Initialisierungen ähnlich aussehen,

```
C d = c; // Initialisierung, da Deklaration
d = c;   // Zuweisung, da keine Deklaratio
```

soll unmittelbar im Anschluss an den Kopierkonstruktor gezeigt werden, wie man den Zuweisungsoperator „=" für Klassen definieren kann. Diese Funktion wird bei einer Zuweisung aufgerufen.

Der Zuweisungsoperator für eine Klasse C wird durch eine Elementfunktion

```
C::operator=
```

definiert, die genau einen Parameter des Typs C, C&, *const C&*, *volatile C&* oder *const volatile C&* hat. Eine Klasse kann mehr als einen Zuweisungsoperator haben. Dieser muss eine nicht statische **Elementfunktion** sein. Es ist nicht möglich, ihn als globale Operatorfunktion zu definieren. Deshalb ist der linke Operand dieses Operators immer das Objekt *this*, mit dem der Operator aufgerufen wird.

Wenn man für eine Klasse **explizit keinen** Zuweisungsoperator definiert, erzeugt der Compiler einen, wenn er benötigt wird. Dieser **implizit** erzeugte Zuweisungsoperator hat eine der beiden Formen

```
C& operator=(C& x)
C& operator=(const C& x)
```

und bewirkt, dass allen nicht statischen Datenelementen die Werte der entsprechenden Elemente des Ausdrucks auf der rechten Seite zugewiesen werden. Er gibt über den Rückgabetyp C& das Objekt zurück, an das die Zuweisung erfolgt.

Beispiel: Die Klasse C soll zwei nicht statische Datenelemente des Typs C1 und C2 und keinen Zuweisungsoperator haben:

```
struct C {
  C1 c1;
  C2 c2;
};
```

Dann erzeugt der Compiler für diese Klasse einen Zuweisungsoperator, der alle Elemente wie im folgenden Zuweisungsoperator kopiert:

```
C& operator=(const C& x)
{
  c1 = x.c1;
  c2 = x.c2;
  return *this;
}
```

Falls das Element eine Klasse ist, wird dabei der Zuweisungsoperator des Elements ausgerufen. Bei einem Array werden alle Elemente einzeln zugewiesen. Für ein Element eines skalaren Datentyps wird der vordefinierte Zuweisungsoperator verwendet.

Beispiel: Auch wenn man für die Klasse *C2DPunkt* keinen Zuweisungsoperator definiert, ist nach der Definition

```
C2DPunkt p1, p2;
```

die Zuweisung

```
p1 = p2;
```

möglich. Dabei werden die Werte aller Datenelemente von p2 an p1 zugewiesen, so dass diese Zuweisung denselben Effekt hat wie

```
p1.x = p2.x;
p1.y = p2.y;
```

Bei einer Klasse, die keine Zeiger enthält, ist der implizit erzeugte Zuweisungsoperator ausreichend, wenn jedes Element eines Klassentyps durch seinen Zuweisungsoperator richtig kopiert wird. Wenn eine Klasse jedoch Zeiger enthält, erhält man mit dem vom Compiler erzeugten Operator eine „**flache Kopie**". Die damit verbundenen Probleme wurden schon im letzten Abschnitt beschrieben.

Beispiel: Falls für die Klasse *MeinString* wie bisher kein Zuweisungsoperator definiert ist, wird bei der folgenden Zuweisung der implizit definierte Zuweisungsoperator aufgerufen:

```
t = s; // z.B. nach: MeinString s("123"),t("xyz");
```

8.2 Klassen als Datentypen

> Diese Zuweisung bewirkt, dass die Zeiger t.s und s.s beide auf denselben Speicherbereich zeigen.

Da der Compiler nicht darauf hinweist, wenn er einen **Zuweisungsoperator** erzeugt, sollte man **für jede Klasse mit Zeigern** entweder

- einen solchen Operator **definieren**, oder
- durch =*delete* (siehe Abschnitt 8.2.8) unterbinden, dass er erzeugt wird.

Sonst kann es vorkommen, dass der implizit erzeugte Operator verwendet wird, ohne dass man es bemerkt, und dessen flache Kopien unerwünschte Folgen haben.

Eine Klasse benötigt einen explizit überladenen Zuweisungsoperator meist dann, wenn sie Zeiger enthält. Dieses Kriterium wurde auch schon für den Destruktor und den Kopierkonstruktor angegeben. Generell kann man sagen: **Wenn eine Klasse eine dieser Funktionen benötigt, benötigt sie meist auch die beiden anderen.** Diese Regel wird auch als **Dreierregel** bezeichnet. Bei Klassen, die keine Zeiger enthalten, kann man sich die Definition aller dieser Funktionen meist sparen, da die vom Compiler erzeugten Funktionen reichen.

Flache Kopien können mit einem Zuweisungsoperator vermieden werden. In dieser Operatorfunktion kann dann der zur linken Seite gehörende Speicherbereich freigegeben und durch eine Kopie der rechten Seite ersetzt werden. Diese Operatorfunktion wird für eine Klasse C normalerweise nach folgendem Schema definiert:

```
C& operator=(const C& x)
{
  if (this == &x) return *this;
  // 1. alten Speicherbereich freigeben
  // 2. neuen Speicherbereich reservieren
  // 3. x in das aktuelle Objekt kopieren
  return *this;
};
```

Der Rückgabe von *this* ermöglicht es, einen Zuweisungsausdruck wieder auf der linken Seite einer Zuweisung zu verwenden und so Zuweisungsketten wie bei den eingebauten Datentypen zu bilden:

```
x = y = z   // x=(y=z)
```

Da der Zuweisungsoperator rechtsassoziativ ist, wird dieser Ausdruck vom Compiler wie der verschachtelte Funktionsaufruf

```
x.operator=(y.operator=(z))
```

behandelt. Dieser Ausdruck zeigt, dass der Funktionswert des Ausdrucks (y=z) das Argument für den äußeren Funktionsaufruf ist. Deshalb liegt es nahe, für den Rückgabetyp denselben Datentyp wie für das Argument zu wählen, also den Referenztyp C&.

Allerdings sind solche Zuweisungsketten auch mit dem Rückgabetyp C anstelle von C& möglich. Die Notwendigkeit für den Referenztyp ergibt sich lediglich aus der Klammerregel, nach der durch

```
(x = y) = z;
```

zunächst x den Wert von y erhält, und x anschließend durch den Wert von z überschrieben wird. Dieses Ergebnis erhält man nur mit einem Referenztyp. Mit dem Rückgabetyp C erhält x in dieser Zuweisung nur den Wert von y, aber nicht den von z, da der Funktionswert von (x=y) ein temporäres Objekt ist und diesem z zugewiesen wird.

Da man solche diffizilen Feinheiten leicht übersieht, sollte man den **Zuweisungsoperator immer nach dem Schema von oben definieren**.

Betrachten wir als Beispiel einen Zuweisungsoperator für die Klasse *MeinString*. Dieser kann folgendermaßen definiert werden:

```
class MeinString {
  char* s;
  int n; // Länge des Strings
public:
  // ...
  MeinString& operator=(const MeinString& x)
  {
    if (this != &x)           // a
    {
      delete[] s;             // b
      n = x.n;                // 1
      s = new char[n + 1];    // 2
      strcpy(s, x.s);         // 3
    }
    return *this;             // c
  }; // dieser Operator stellt die Klasseninvariante
}; // (siehe Abschnitt 8.1.6) her
```

In der Zeile b dieser Operatorfunktion wird zunächst der Speicherbereich wieder freigegeben, auf den der Zeiger s bisher gezeigt hat. Die Zeilen 1 bis 3 konstruieren den neuen String aus der rechten Seite der Zuweisung und sind mit den entsprechenden Anweisungen im Kopierkonstruktor identisch. Eine Prüfung wie in Zeile a ist notwendig, damit ein Objekt auch sich selbst zugewiesen werden kann. Ohne eine solche Abfrage würde die Zuweisung

```
s = s;
```

dazu führen, dass der Speicherbereich mit den Zeichen des Strings zuerst (Zeile b) freigegeben und dann in Zeile 3 als Quelle für die Kopie verwendet wird. Das Ergebnis eines Zugriffs auf einen mit *delete* freigegebenen Speicherbereich ist aber undefiniert.

In C++11 (ab Visual Studio 2013) kann man wie beim Standardkonstruktor und Kopierkonstruktor durch die Angabe *=default* erreichen, dass der Compiler den Zuweisungsoperator

8.2 Klassen als Datentypen

erzeugt. Mit *=delete* kann die Erzeugung dieser Funktion unterbunden werden. Siehe dazu Abschnitt 8.2.8.

Abschließend soll nochmals auf den **Unterschied** zwischen dem **Zuweisungsoperator** und dem **Kopierkonstruktor** hingewiesen werden: Der Kopierkonstruktor wird nur bei einer Initialisierung aufgerufen und nicht bei einer Zuweisung. Der Zuweisungsoperator wird dagegen nur bei einer Zuweisung aufgerufen:

```
C x = y; // ruft den Kopierkonstruktor der Klasse C auf
x = y;   // ruft den Zuweisungsoperator auf
```

Die beiden Funktionen der Klasse *MeinString* zeigen die typischen Unterschiede:

– Bei der Initialisierung wird der Speicher für ein Objekt nur reserviert, während bei einer Zuweisung der für den linken Operanden reservierte Speicher auch freigegeben werden muss. Deswegen ist die mit // b gekennzeichnete Anweisung im Kopierkonstruktor nicht notwendig.
– Der Kopierkonstruktor kann wie jeder andere Konstruktor keinen Funktionswert zurückgeben. Deswegen hat er keine Anweisung wie in // c.
– Mit dem Kopierkonstruktor sind keine Zuweisungen wie s=s möglich. Deshalb ist die mit // a gekennzeichnete Anweisung nicht notwendig.

Im Unterschied zu allen anderen Operatorfunktionen wird ein überladener Zuweisungsoperator nicht an eine abgeleitete Klasse vererbt (siehe Abschnitt 8.3.4).

Aufgaben 8.2.7

1. Begründen Sie für jede der folgenden Klassen, ob für sie ein Kopierkonstruktor, ein überladener Zuweisungsoperator oder ein Destruktor explizit definiert werden muss. Falls eine solche Funktion notwendig ist, definieren Sie diese.

    a) Die Klassen *Kreis*, *Quadrat* und *Rechteck* von Aufgabe 8.1.5, 3.
    b) Ein einfaches Programm zur Verwaltung von Immobilien soll eine Klasse *Grundstueck* enthalten, mit der Grundstücke dargestellt werden können. Diese Klasse soll die Datenelemente *Anschrift* des Datentyps *char**, *Kaufpreis* des Datentyps *double* und *Flaeche* enthalten.
    c) Wie wäre ihre Antwort, wenn die Strings in *Grundstueck* von b) nicht mit *char**, sondern mit der Stringklasse *string* definiert wäre.
    d) Kann es mit Nachteilen verbunden sein, diese Funktionen zu definieren, obwohl das nicht notwendig ist, weil sie vom Compiler erzeugt werden?
    e) Oft kann man eine Klasse sowohl mit Zeigern als auch ohne Zeiger definieren, ohne dass eine dieser beiden Varianten Nachteile gegenüber der anderen hat. Vergleichen Sie den Aufwand für die Implementation der beiden Varianten.

2. a) Beschreiben Sie, was beim Aufruf der Funktion *test* passiert:

```
class MeinString {
  char* s; // Zeiger auf nullterminierten String
  int n; // Länge des Strings
```

```cpp
public:
  MeinString(const char* p) // 1
  {
    n = strlen(p);
    s = new char[n + 1];
    strcpy(s, p);
  };
  ~MeinString() { delete[] s; }
};

void test()
{
  MeinString s1("abc"), s2("31234");
  s1 = s2;
}
```

- b) Nehmen Sie die Klasse *MeinString* aus a) in ein Programm auf und führen Sie die Funktion *test* aus.
- c) Falls beim Aufruf von *test* ein Fehler auftritt, beheben Sie diesen.
- d) Falls in c) ein Fehler aufgetreten ist: Gibt es noch eine ähnliche Konstellation, die zu einem Fehler führen kann? Geben Sie Anweisungen an, die zu diesem Fehler führen. Beheben Sie dann die Ursache für diesen Fehler.

3. Im C++-Standard wird verlangt, dass der Zuweisungsoperator eine Elementfunktion der Klasse ist. Angenommen, diese Regel würde nicht gelten. Welche unerwarteten Effekte könnten dann auftreten?

```cpp
class MeineKlasse {
  // Hier soll kein Zuweisungsoperator definiert sein.
  // Deshalb erzeugt ihn der Compiler selbst.
  // ...
};

MeineKlasse a, b;

// Ein selbstdefinierter Zuweisungsoperator:
MeineKlasse& operator=(MeineKlasse& lhs, const MeineKlasse& rhs)
{
  // ...
}
```

8.2.8 Die Angaben =*delete* und =*default*

In C++03 erzeugt der Compiler den Standardkonstruktor, den Kopierkonstruktor, den Zuweisungsoperator und den Destruktor einer Klasse automatisch, wenn diese nicht explizit definiert werden. Der Move-Konstruktor und der Move-Operator werden unter etwas komplizierteren Bedingungen automatisch erzeugt. Diese Funktionen werden zusammenfassend auch als spezielle Elementfunktionen bezeichnet.

8.2 Klassen als Datentypen

Die Bedingungen, unter denen diese speziellen Elementfunktionen automatisch erzeugt werden, sind oft richtig. Aber es gibt auch Situationen, in denen andere Regeln besser wären. Deswegen wurde in C++11 (ab Visual Studio 2013) die Möglichkeit aufgenommen, für jede spezielle Elementfunktion festlegen zu können, ob diese erzeugt wird oder nicht. Gibt man nach dem Prototyp einer speziellen Elementfunktion

=default an, wird diese immer erzeugt
=delete an, wird diese nicht erzeugt

Eine mit *=default* erzeugte spezielle Elementfunktion hat denselben Effekt wie die vom Compiler unter normalen Bedingungen erzeugte Funktion. In älteren Versionen von C++ (vor C++11) hat man den Effekt von *=delete* dadurch erreicht, dass man die entsprechende Funktion in einem *private* oder *protected* Abschnitt definiert hat.

Beispiel: Die Klasse C1 hat einen Standardkonstruktor, obwohl sie auch noch andere Konstruktoren enthält.

```
struct C1 {
  C1(int i) { }
  C1() = default;
};
```

Die Klasse C2 hat keinen Standardkonstruktor, obwohl sie keine Konstruktoren enthält:

```
struct C2 {
  int x;
  C2() = delete;
};
```

Im C++11-Standard wird bei Klassen, bei denen ein Kopierkonstruktor oder Zuweisungsoperator keinen Sinn macht, durch die Angabe *=delete* unterbunden, dass dieser vom Compiler erzeugt wird. Dann kann kein Objekt aus einem anderen erzeugt werden. Da diese Angabe in der Klassendefinition enthalten ist, sieht man dieser unmittelbar an, dass man keine Objekte mit einem Kopierkonstruktor erzeugen kann:

class thread {
  public:
    ...
    thread(const thread&) = delete;
    thread& operator=(const thread&) = delete;
    ...
};

Wenn man spezielle Elementfunktionen mit *=default* erzeugt bzw. mit *=delete* löscht, muss man darauf achten, dass die **Dreierregel** (Kopierkonstruktor, Zuweisungsoperator und Destruktor: entweder alle oder keinen) eingehalten wird.

Die Angabe *=delete* ist **nicht nur bei den speziellen Elementfunktionen** möglich, sondern außerdem auch bei anderen Elementfunktionen oder globalen Funktionen.

Beispiele: Durch einen mit *=delete* gekennzeichneten *operator new* kann man verhindern, dass ein Objekt mit *new* angelegt wird:

```
struct C
{
  void* operator new(std::size_t) = delete;
};

void test()
{
  C* pc = new C(); //Fehler: Zugriff auf gelöschte Funktion
}
```

Durch eine in einer abgeleiteten Klasse mit *=delete* gekennzeichnete Funktion kann man verhindern, dass diese Funktion mit einem Objekt der abgeleiteten Klasse aufgerufen wird:

```
struct C
{
  void f() {};
};

struct D:public C
{
  void f() = delete;
};

void test2()
{
  D d;
  d.f(); // Fehler: Zugriff auf gelöschte Funktion
}
```

Durch eine *=delete* gekennzeichnete überladene Funktion kann verhindern, dass diese mit einem speziellen Argumenttyp aufgerufen wird:

```
void f(double x) {}
void f(float x) = delete;

f(3.14);  // das geht
f(3.14f); // Fehler: Zugriff auf gelöschte Funktion
```

8.2.9 Konvertierende und explizite Konstruktoren ☉

In diesem Abschnitt werden zunächst die konvertierenden und expliziten Konstruktoren von C++03 vorgestellt. Die Erweiterungen für C++11 folgen am Ende.

8.2 Klassen als Datentypen

Wenn eine Klasse C einen Konstruktor hat, der mit genau einem Argument eines Datentyps T aufgerufen werden kann,

```
class C {
public:
  C(T p) {}
};
```

wird dieser bei einer Initialisierung oder Zuweisung mit einem Ausdruck t des Typs T

```
C c = t;
c = t;
```

implizit vom Compiler aufgerufen. Außerdem wird er bei einer **expliziten Konversion** aufgerufen:

```
C c = (C)t;
c = static_cast<C>(t);
```

Da dieser Konstruktor den Ausdruck des Datentyps T in ein Objekt des Datentyps C konvertiert, bezeichnet man einen solchen Konstruktor als **konvertierenden Konstruktor**. Ein konvertierender Konstruktor wird insbesondere auch für ein Argument aufgerufen, wenn eine Funktion mit einem Parameter des Typs C

```
void f(C x) {}
```

mit einem Argument t des Typs T aufgerufen wird:

```
f(t);
```

Dieser Aufruf wird dann zum Aufruf

```
f(C(t));
```

Da man beim Aufruf f(t) leicht übersieht, dass dieser zum Aufruf von f(C(t)) führt, kann ein konvertierender Konstruktor zu Ergebnissen führen, die nicht beabsichtigt sind.

Beispiel: Wenn eine Klasse einen Konstruktor mit einem *int*-Parameter hat,

```
class MeinString {
public:
  MeinString(int n) {/* reserviere n Bytes */ };
};
```

führen die Variablendefinitionen

```
MeinString s1 = 10;
s1 = 10;
MeinString s2 = 'A';
s2 = 'A';
```

zum Aufruf des *int*-Konstruktors, der 10 bzw. 65 (das Zeichen 'A' wird durch eine Standardkonversion in den *int*-Wert 65 konvertiert, da 'A' die Nummer 65 im Ascii-Zeichensatz hat) Zeichen für den String reserviert. Falls mit den Definitionen aber die Strings "10" oder "A" beabsichtigt waren, wird dieser Fehler vom Compiler nicht entdeckt. Gravierender als dieser Fehler dürfte aber ein Aufruf der Funktion

```
void f(MeinString s){}
```

mit einem *int*-Argument sein, der vom Compiler nicht entdeckt wird:

```
f(10); // führt zum Aufruf von f(MeinString(10))
```

Diese implizite Konversion des Arguments in den Datentyp eines Konstruktor-Parameters kann man unterbinden, indem man den Konstruktor mit dem Schlüsselwort *explicit* als **expliziten Konstruktor** definiert:

```
class C {
public:
  explicit C(T p) {}
};
```

Ein expliziter Konstruktor wird bei einer Initialisierung oder Zuweisung

```
C c = t; // Fehler: 'T' kann nicht in 'C' konvertiert werden
c = t;   // Fehler: 'T' kann nicht in 'C' konvertiert werden
```

nicht automatisch aufgerufen, um t in den Datentyp C zu konvertieren. Deswegen ist diese Initialisierung dann nur noch möglich, wenn t den Datentyp C hat bzw. den einer von C abgeleiteten Klasse. Ein expliziter Konstruktor kann nur mit einem Argument des Datentyps T

```
C c(t);
```

oder mit einer expliziten Konversion

```
C c = (C)t;
C d = C(t);
c = static_cast<C>(t);
```

aufgerufen werden.

Beispiel: Deklariert man den Konstruktor von

```
class MeinString {
public:
  explicit MeinString(int n) {/* reserviere n Bytes */ };
};
```

als *explicit*, sind nur noch explizite Konversionen möglich. Die Initialisierungen und Zuweisungen

8.2 Klassen als Datentypen

```
MeinString s1 = 10;// Fehler: kann nicht konvertiert werden
s1 = 10;           // Fehler: kann nicht konvertiert werden
MeinString s2 ='A';// Fehler: kann nicht konvertiert werden
s2 = 'A';          // Fehler: kann nicht konvertiert werden
```

sowie der Aufruf

```
f(10);
```

sind dann nicht mehr möglich.

In C++03 waren nur Konstruktoren, die mit einem **einzigen Argument** aufgerufen werden können, konvertierende Konstruktoren. In C++11 können Konstruktoren auch mit Initialisierungsausdrücken (z.B. {1,2}) aufgerufen werden. Deshalb können in **C++11** auch Konstruktoren als *explicit* gekennzeichnet werden, die **mit mehr als einem Argument** aufgerufen werden können.

Beispiel: Mit der Klasse

```
class C11 {
public:
  C11(int i, double d) {}
};
```

ist der *return*-Ausdruck in

```
C11 f11(C11 p)
{
   return{ 1,3.14 };
}
```

und der Aufruf

```
f11({ 2,1.41 });
```

möglich. Kennzeichnet man den Konstruktor in *C11* mit *explicit*, ist das nicht mehr möglich.

Da implizite Konversionen oft durchgeführt werden, ohne dass man es erwartet, wird oft empfohlen, alle Konstruktoren mit *explicit* zu definieren.

Aufgabe 8.2.9

1. Die Klasse *Kreis* und die Funktion *show* sollen folgendermaßen definiert sein:

```
class Kreis {
  double r;
```

```
public:
  Kreis(double Radius = 1) :r(Radius) {}
};

void show(Kreis k){}

Kreis k;
```

a) Welche der folgenden Aufrufe werden kompiliert

```
show(k);
show(1);
```

b) Die Definitionen von oben sollen ergänzt werden durch

```
class Quadrat {
  double a;
public:
  Quadrat(double Seitenlaenge = 1):a(Seitenlaenge){};
};

void show(Quadrat k) {}
```

Welche der Aufrufe in a) werden jetzt kompiliert?

c) Welche der Aufrufe unter a) werden kompiliert, wenn der Konstruktor von *Kreis* explizit ist?

d) Welche der Aufrufe

```
Quadrat q;

show(k);
show(1);
show(q);
```

werden kompiliert, wenn die beiden Konstruktoren explizit sind?

8.2.10 Konversionsfunktionen mit und ohne *explicit* Θ

Da ein Konstruktor ein Element einer Klasse sein muss, ist mit einem konvertierenden Konstruktor (siehe Abschnitt 8.2.9) nur eine Konversion in einen Klassentyp möglich. Wenn man einen Klassentyp in einen Datentyp konvertieren will, der keine Klasse ist (z.B. *int*), muss man in der Klasse eine **Konversionsfunktion** definieren.

Eine Konversionsfunktion definiert man in der Klasse, die konvertiert werden soll. Sie beginnt mit *operator* oder *explicit operator* und wird von dem Datentyp gefolgt, in den konvertiert werden soll. Der Rückgabetyp dieser Funktion ist immer der angegebene Datentyp. Sie muss eine *return*-Anweisung enthalten, die einen Wert dieses Datentyps zurückgibt. Parameter sind nicht zulässig.

8.2 Klassen als Datentypen

Beispiel: Mit der Konversionsfunktion

```
class Bruch
{
  int z, n; // z: Zähler, n: Nenner
public:
  Bruch(int z_, int n_) :z(z_), n(n_) {}
  operator double()
  {
    return (double)z / n;
  }
};
```

kann eine Variable des Typs *Bruch* in *double* konvertiert werden:

```
Bruch b = { 1,2 };
double d = b;
```

Definiert man die Konversionsfunktion mit *explicit*, bezeichnet man diese als explizit. Dann ist keine implizite Konversion wie im letzten Beispiel möglich, sondern nur noch eine explizite.

Beispiel: Ändert man die Signatur der Konversionsfunktion im letzten Beispiel zu

```
explicit operator double()
```

ist nur noch eine explizite Konversion möglich:

```
double d1 = double(b);
double d2 = (double)b;
double d3 = static_cast<double>(b);
```

Konversionsfunktionen können vererbt werden und auch virtuell sein, aber nicht *static*.

Da implizite Konversionen leicht zu Mehrdeutigkeiten führen können, sollte man explizite Konversionen bevorzugen.

8.2.11 Statische Klassenelemente

Datenelemente und Elementfunktionen einer Klasse können mit dem Schlüsselwort **static** deklariert werden. Sie sind dann **statische Klassenelemente** und unterscheiden sich grundlegend von nicht statischen, da sie wie globale Variablen oder Funktionen unabhängig davon angesprochen werden können, ob ein Objekt der Klasse definiert wurde oder nicht.

Deshalb gelten viele Aussagen über nicht statische Elemente für statische Elemente nicht, weshalb diese bisher auch immer wieder explizit ausgeschlossen wurden. Zu den wenigen Gemeinsamkeiten gehört die Syntax, mit der ein Element über ein Objekt oder in einer Elementfunktion angesprochen wird. Außerdem müssen bei einem Zugriff die üblichen **Zugriffsrechte** gegeben sein.

Für ein **statisches Datenelement** gilt:

- Seine Deklaration in einer Klasse ist **keine Definition**. Deshalb muss man es außerdem noch global (eventuell in einem Namensbereich) definieren. Dazu muss der Name der Klasse und der Bereichsoperator „::" verwendet werden:

    ```
    struct C {
      static int ReferenceCount; // keine Definition
      C()
      {
        ++ReferenceCount;
      };
      ~C()
      {
        --C::ReferenceCount;
      };
    };

    int C::ReferenceCount = 0;   // Definition
    ```

- Es hat eine statische Lebensdauer und existiert wie eine globale oder lokale statische Variable während der gesamten Laufzeit eines Programms. Insbesondere existiert es unabhängig davon, ob ein Objekt der Klasse definiert wurde oder nicht. Deswegen kann man statische Datenelemente auch mit dem Bereichsoperator und dem Namen der Klasse ansprechen:

    ```
    void test()
    {
      int x = C::ReferenceCount;// x = 0
      {
        C c;
        x = c.ReferenceCount; // x = 1
        C d;
        x = d.ReferenceCount; // x = 2
      } // Ruft den Destruktor für c und d auf
      x = C::ReferenceCount;    // x = 0
      C c;
      x = c.ReferenceCount;     // x =1
    }
    ```

    Wenn mehrere Objekte einer Klasse angelegt werden, verwenden alle für ein statisches Datenelement denselben Speicherbereich. Deshalb wird in der Funktion *test* immer dieselbe Variable angesprochen. Aufgrund der Anweisungen im Konstruktor und im Destruktor zeigt diese an, wie viele Objekte einer Klasse angelegt sind.

- Es gehört nicht zu dem Speicherbereich, der für ein Objekt reserviert wird. Der von *sizeof* für eine Klasse zurückgegebene Wert berücksichtigt keine statischen Datenelemente.

- Da ein statisches Element unabhängig davon existiert, ob ein Objekt der Klasse definiert wird oder nicht, kann es auch dann verändert werden, wenn ein konstantes Objekt der

8.2 Klassen als Datentypen

Klasse definiert wird. Die Funktion *test* wird auch kompiliert, wenn man die Definition c der Variablen ändert in

```
const C c;
```

Für eine **statische Elementfunktion** gilt:

- Sie kann unabhängig davon aufgerufen werden, ob ein Objekt angelegt wurde oder nicht. Ihr Aufruf ist sowohl mit dem Namen der Klasse und dem Bereichsoperator „::" als auch über ein Objekt möglich:

```
struct C {
  static void f() {};
};

void test()
{
  C::f();
  C c;
  c.f();
}
```

- Da sie ohne ein Objekt aufgerufen werden kann, wird ihr kein *this*-Zeiger übergeben. Sie kann deshalb auch keine nicht statischen Datenelemente ansprechen oder *virtual* oder *const* sein:

```
struct C {
  int i;
  static void f()
  {
     i = 1; // Fehler: Kein Zugriff auf C::i möglich
  };
};
```

Statische Datenelemente und Elementfunktionen können also im Wesentlichen wie globale Variablen und Funktionen verwendet werden. Sie haben aber gegenüber diesen die **Vorteile**:

- Die Anzahl der globalen Namen wird reduziert und damit auch die Gefahr von Namenskonflikten.
- Man kann explizit zum Ausdruck bringen, zu welcher Klasse ein Element inhaltlich gehört.
- Durch ihre Deklaration in einem *private* oder *protected* Abschnitt kann der Zugriff auf sie begrenzt werden.

Statische Elementfunktionen sind oft angemessen, wenn eine Funktion nur von ihren Argumenten und nicht von weiteren Klassenelementen abhängt.

Beispiel: Solche Funktionen kann man in einer Klasse zusammenfassen, deren Name eine Kategorie zum Ausdruck bringt, zu der Funktionen gehören:

```
class Utils {
public:
  static int Plus1(int x)
  {
    return x + 1;
  }
};
```

Die Funktion *Plus1* kann man dann folgendermaßen aufrufen:

```
int x = Utils::Plus1(1);
```

Statische Datenelemente und Elementfunktionen können wie die Elemente eines Namensbereichs (siehe Kapitel 9) angesprochen werden:

Beispiel: Die Elemente des Namensbereichs N können wie die Elemente der Klasse C angesprochen werden:

```
struct C {                    namespace N {
  static void f() {}            void f() {}
  static int x;                 int x;
};                            }

C::f();                       N::f();
C::x = 17;                    N::x = 17;
```

Allerdings sind diese beiden Konzepte nicht gleichwertig. Die wichtigsten Unterschiede:

– Der Entwickler einer Klasse kann den Zugriff auf statische Klassenelemente mit *private* unterbinden. Das ist mit Namensbereichen nicht möglich.
– Mit einer *using*-Deklaration bzw. einer *using*-Direktive kann ein Element eines Namensbereichs ohne den Namen des Namensbereichs angesprochen werden. Eine solche Reduzierung des Schreibaufwands ist bei Klassen nicht möglich.
– Eine Klasse ist im Gegensatz zu einem Namensbereich ein Datentyp. Deshalb können statische Klassenelemente mit einer Klasse als Parameter übergeben werden. Das ist mit Namensbereichen nicht möglich.
– Klassen mit statischen Klassenelementen können vererbt werden. Auch das ist mit Namensbereichen nicht möglich.
– Namensbereiche können erweitert werden, ohne den Quelltext des Namensbereichs zu verändern. Das ist mit Klassen nicht möglich.

Aufgaben 8.2.11

1. Definieren Sie eine Klasse *Singleton*, von der nur ein einziges Objekt erzeugt werden kann. Dazu soll sie eine Funktion *Instance* haben, die einen Zeiger auf dieses Objekt zurückliefert. Beim ihrem ersten Aufruf soll *Instance* ein neues Objekt erzeugen.

   Die Verwaltung von Daten in einer solchen Klasse kann eine Alternative zu einer globalen Definition der Daten sein. Dadurch kann sichergestellt werden, dass mehrere

8.2 Klassen als Datentypen

(auch lokale) Definitionen (durch einen Aufruf von *Instance*) immer dieselben Daten verwenden. Siehe dazu Gamma (1995, S. 127).

8.2.12 Konstante Objekte und Elementfunktionen

Die Daten eines konstanten Objekts dürfen nicht verändert werden. Diesen kann nur in einem Konstruktor ein Wert zugewiesen werden. Der Aufruf einer Elementfunktion, die einen Wert eines konstanten Objekts verändert, ist nicht möglich.

Beispiel: Die Funktion *setze* kann nicht mit dem konstanten Objekt c aufgerufen werden, da sie nicht konstant ist:

```
class C {
  int x;
public:
  void setze (int v)
  {
    x = v;
  }
};

const C c;
c.setze(1);//error:this-Zeiger kann nicht von 'const C' in
                              'C &' konvertiert werden
```

Das gilt auch für *const* Parameter: Aus Performance-Gründen werden Parameter oft als konstante Referenzen übergeben. Da sie dann in der Funktion konstant sind, dürfen sie nicht verändert werden.

Damit eine Elementfunktion mit einem konstanten Objekt aufgerufen werden kann, muss sie mit dem Schlüsselwort *const* nach der Parameterliste gekennzeichnet werden. Der Compiler übergibt dann den *this*-Zeiger als *const this** an die Funktion. Eine solche Funktion darf keine Datenelemente in der Funktion verändern und wird als **konstante Elementfunktionen** bezeichnet. Deshalb können in einer **konstanten Elementfunktion** keine Datenelemente verändert werden:

Der Compiler prüft bei einer solchen Funktion, ob sie auch wirklich keine Datenelemente verändert.

In einer Funktion mit einem konstanten Referenzparameter können nur konstante Elementfunktionen des Parameters aufgerufen werden.

Beispiel: Ergänzt man die Funktion *setze* aus dem letzten Beispiel um *const*, akzeptiert der Compiler den Aufruf. Er erzeugt aber eine Fehlermeldung, da das Element x verändert wird:

```
void setze (int v) const
{
  x = v;
}
```

Entfernt man die Zuweisung aus *setze*, akzeptiert der Compiler die Funktion. In der Klasse

```
class C2DPunkt {
  double x, y;
public:
  C2DPunkt(double x_ = 0, double y_ = 0) :x(x_), y(y_) {}

  double X() const { return x; }
  double Y() const { return y; }

  string toStr() const
  {
    return "(" + std::to_string(X()) + "|" +
                            std::to_string(Y()) + ")";
  } // z.B. (2,345|3,45678)
};
```

können X, Y und *toStr* mit *const* definiert werden, da sie keine Klassenelemente verändern. Dann können diese Funktionen auch in einer Funktion wie

```
void show2(const C2DPunkt& p)
{
  cout << p.toStr() << endl;
}
```

aufgerufen werden, der ein *C2DPunkt* als konstante Referenz übergeben wird.

Auch eine Operatorfunktion muss konstant sein, damit sie mit einem konstanten Objekt aufgerufen werden kann.

Beispiel: Für die Klasse *MeinString* kann eine konstante Operatorfunktion für den Indexoperator z.B. folgendermaßen aussehen:

```
class MeinString {
  char* s;
public:
  const char operator[](int i) const
  { // analog zu Abschnitt 8.2.5
    return *(s + i);
  };
};
```

Mit diesem Operator ist aber nur die erste der nächsten beiden Zuweisungen möglich:

```
MeinString s;
char c = s[2];
s[2] = 'c';
```

8.2 Klassen als Datentypen

Damit man den Indexoperator mit einem konstanten String lesen und mit einem nichtkonstanten verändern kann, muss man zwei überladene Varianten definieren und auch die nächste in die Klasse aufnehmen:

```
char& operator[](int i)
{ // analog zu Abschnitt 8.2.5
  return *(s + i);
};
```

Aufgaben 8.2.12

1. Überarbeiten Sie Ihre Lösungen der Klasse *Kreis* von Aufgabe 8.1.5, 3. so, dass diese als Werteparameter und als konstanter Referenzparameter an eine Funktion übergeben werden können, die die Funktion *toStr* aufruft:

```
void show1(Kreis k)              void show2(const Kreis& k)
{                                {
  string s = k.toStr();            string s = k.toStr();
}                                }
```

8.2.13 Funktionen als Objekte und Parameter mit *std::function*

Seit Visual Studio 2015 kann der Datentyp einer Funktion mit dem nach

```
#include <functional>
```

im Namensbereich *std* verfügbaren Klassen-Template *function* einfach und intuitiv formuliert werden. Damit können insbesondere auch Variablen oder Parameter, die Funktionen darstellen sollen, einfacher als in früheren C++-Versionen formuliert werden. Gelegentlich wird eine Funktion, die als Argument an eine Funktion übergeben wird, auch als **callback-Funktion** bezeichnet.

Dieses Template gehört zu den C++11-Erweiterungen und wird auch als polymorpher Funktionswrapper bezeichnet. Damit ist gemeint, dass Objekte dieses Datentyps aufrufbare Objekte darstellen können. Hier ist „aufrufbare Objekte" ein Oberbegriff für Funktionen (globale oder Elementfunktionen), Funktionsobjekte, Lambda-Ausdrücke und Funktionszeiger. Das soll im Folgenden am Beispiel von globalen Funktionen und Elementfunktionen illustriert werden.

Einen Datentyp, der eine Funktion darstellen kann, erhält man mit

function<R(T_1, T_2, ..., T_n)>

Hier stehen R für den Rückgabetyp und T_1, T_2 usw. für den Datentyp der Funktionspararameter. Die Argumente für *function* werden also in derselben Reihenfolge angegeben wie bei der Definition einer dazu passenden Funktion:

$R\ f(T_1\ x_1,\ T_2\ x_s,\ ...,\ T_n\ x_n)$

Beispiel: Eine **globale Funktion** mit einem *int*-Parameter und dem Rückgabewert *string* wie

```
string g(int x)
{
  return "globale Funktion g, x="+std::to_string(x);
}
```

kann man einer Variablen des Typs

```
std::function<string(int)>
```

zuweisen. Diese Variable kann man dann wie eine Funktion aufrufen. Ihr Aufruf führt dann zum Aufruf der zugewiesenen Funktion:

```
std::function<string(int)> f = g;
string r1 = f(1); // r1=="globale Funktion g, x=1"
```

Normalerweise bringt es keinen Vorteil, eine Funktion über eine Variable aufzurufen. Man sieht aber an diesem Beispiel, wie man eine Funktion als Parameter an eine Funktion (hier *f1*) übergeben kann. Dazu übergibt man *f1* einen ersten Parameter des Typs *std::function*, bei dem man in spitzen Klammern im Wesentlichen die Signatur der aufzurufenden Funktion angibt. Für jeden weiteren Parameter der Parameter-Funktion gibt man einen Parameter des entsprechenden Typs an:

```
string f1(std::function<string(int)> f, int x)
{ // #include<functional>
  return f(x);
}
```

f1 kann dann folgendermaßen aufgerufen werden:

```
string r1 = f1(g, 17); // r1=="globale Funktion g, x=17"
```

Statische Elementfunktionen von Klassen (siehe Abschnitt 8.2.11) werden im Wesentlichen genauso verwendet. Hier muss man lediglich noch den Namen der Klasse und :: vor dem Namen der Funktion angeben.

Beispiel: Mit der Klasse

```
struct C {
  static string s(int x)
  {
    return "statische Elementfunktion s, x=" +
                                    std::to_string(x);
  }
```

8.2 Klassen als Datentypen

kann die Funktion s einer Variablen zugewiesen und als Parameter übergeben werden:

```
std::function<string(int)> f = C::s;
string r3 = f(3);// r3== "statische Elementfunkion s, x=3"
string r4 = f1(C::s, 5); // r4=="statische Elementfunktion
                                                    s, x=5"
```

Für die nächsten Beispiele wird eine Klasse C mit gewöhnlichen Elementfunktionen verwendet:

```
struct C {
  string m0() { return "m0"; }
  string m1(int x) { return "m1, x=" + std::to_string(x); }

  string m2(int x, string y)
  {
    return "m2, x=" + std::to_string(x) + " y=" + y;
  }
};
```

sowie ein Objekt c dieser Klasse:

```
C c;
```

Der Aufruf einer gewöhnlichen (**nicht statischen**) **Elementfunktion** über ein Objekt *c* ist etwas umständlicher. Die auf den ersten Blick vielleicht naheliegenden Ausdrücke

```
f1(c.m, 19);  // Fehler: Keine Standardsyntax, & verwenden
f1(&c.m, 19); // Fehler: & ungültige Operation auf Ausdruck einer
                                        gebundenen Memberfunktion
```

sind nicht zulässig, da einer Elementfunktion als erster Parameter immer ein Zeiger auf die aktuelle Klasse übergeben wird. Dieses Problem lässt sich mit dem Funktions-Template *bind* lösen, das ebenfalls nach

```
#include <functional>
```

verfügbar ist. *bind* erzeugt ein Funktionsobjekt (mehr dazu siehe Abschnitt 13.3), das die Elementfunktion und einen Zeiger auf das Objekt enthält, und das wie eine Funktion aufgerufen werden kann. Dieser Aufruf führt dann zum Aufruf der Elementfunktion. Eine Elementfunktion m der Klasse C wird dabei mit der Schreibweise *&C::m* angegeben:

```
std::function<string()> f0 = std::bind(&C::m0, &c);
string s0 = f0();             // s0 = "m0"
```

Falls die Elementfunktion Parameter hat, muss man diese mit einem **Platzhalter** (placeholder) an *bind* übergeben. Das sind Datentypen mit den Namen _1, _2, _3 usw. für den ersten, zweiten, dritten usw. Parameter, die man *bind* übergeben kann. Sie stehen nach

```
using namespace std::placeholders;
```

zur Verfügung. Der erste Parameter des *bind*-Funktionsobjekts wird dann an der Position des Platzhalters _1, der zweite an der Position des Platzhalters _2 usw. übergeben.

Beispiel: Die Elementfunktionen der Klasse C von oben können den folgenden *function*-Objekten zugewiesen werden:

```
std::function<string(int)> f1 = std::bind(&C::m1, &c,
                                          std::placeholders::_1);
string s1 = f1(1);       // s1 = "m1, x=1"
using namespace std::placeholders;
std::function<string(int, string)> f2 =
   std::bind(&C::m2, &c, _1, _2); // m2 hat 2 Parameter
string s2 = f2(2, "x");     // s2 = "m2, x=2 y=x"
```

In einer Elementfunktion wird bei der **Übergabe einer Elementfunktion** anstelle des Zeigers auf das Objekt der *this*-Zeiger übergeben.

Beispiel: Die Funktion f1 kann man in einer Elementfunktion von C so aufrufen:

```
string r1 = f1(std::bind(&C::m1, this, _1), 15);
```

Da eine Elementfunktion einer Klasse C in eine Funktion übersetzt wird, die einen ersten Parameter des Datentyps C* hat, kann man eine Elementfunktion einem solchen Funktionstyp zuweisen. Das ist mit **mem_fn** möglich. *mem_fn* wird nur der Name der Elementfunktion übergeben. Der Zeiger auf das Objekt wird beim Aufruf übergeben.

Beispiel: Der *bind*-Ausdruck

```
std::function<string(C*)> f0 = std::bind(&C::m0, &c);
string s0 = f0(&c);         // s0 = "m0"
```

kann mit *mem_fn* etwas vereinfacht werden. Die Elementfunktionen der Klasse C aus dem letzten Beispiel können so zugewiesen und aufgerufen werden:

```
std::function<string(C*)> f0 = std::mem_fn(&C::m0);
string s0 = f0(&c);         // s0 = "m0"
std::function<string(C*, int)> f1 = std::mem_fn(&C::m1);
string s1 = f1(&c, 1);      // s1 = "m1, x=1"
std::function<string(C*, int, string)> f2 =
std::mem_fn(&C::m2);
string s2 = f2(&c, 2, "x"); // s2 = "m2, x=2 y=x"
```

Bei älteren Compilern hat der Aufruf von Funktionen über *std::function*-Objekte oft spürbar länger gedauert als der direkte Aufruf. Bei neueren Compilern fällt der Unterschied kaum noch ins Gewicht.

8.2 Klassen als Datentypen

Zum Schluss soll noch kurz gezeigt werden, wie Elementfunktionen mit der Syntax der „Zeiger auf Elementfunktionen" als Parameter übergeben werden mussten, als es *std::function* noch nicht gab. Das nächste Beispiel soll nur die etwas kontraintuitive Syntax zeigen.

Beispiel: Eine Elementfunktion mit einem *int*-Parameter und einem *string*-Rückgabewert der Klasse C wird mit *string(C::*pmf) (int)* an eine Funktion übergeben:

```
string call_old_style(string(C::*pmf) (int), C obj, int n)
{
   return (obj.*pmf)(n);
}
```

Diese Funktion kann man dann foaÂlgendermaßen aufrufen:

```
C c;
string s=call_old_style(&C::m1, c, 3); // s = "m1, x=3"
```

Aufgabe 8.2.13

1. Weisen Sie Objekten der folgenden *function*-Typen

   ```
   function<void(void)>;
   function<int(int x, string y)>;
   function<string(int x)>;
   ```

   eine passende

   a) globale Funktion zu.
   b) statische Elementfunktion einer Klasse zu
   c) nicht statische Elementfunktion einer Klasse zu
   d) einen passenden Funktionszeiger zu

   und rufen Sie das *function*-Objekt anschließend auf.

8.2.14 Delegierende Konstruktoren ⊖

Verschiedene Konstruktoren mit im Wesentlichen den gleichen Aufgaben, aber unterschiedlichen Parameterlisten, werden in C++03 oft mit Default-Argumenten implementiert. Das geht aber nur, wenn die ersten Parameter gleich sind.

Beispiel: Wenn die Parameter der verschiedenen Konstruktoren nicht in derselben Reihenfolge kommen, ist eine Lösung mit Default-Argumenten nicht möglich. Dann schreibt man meist eine Init-Funktion, die in jedem der verschiedenen Konstruktoren aufgerufen wird. Dieser Aufruf kostet aber ein wenig Zeit, da der Standardkonstruktor trotzdem aufgerufen wird, und außerdem die Init-Funktion aufgerufen wird.

```cpp
class C
{
public:
  C()
  {
    Init(0, "Success");
  }

  C(const string& message)
  {
    Init(-1, message);
  }

  C(int e, const string& message)
  {
    Init(e, message);
  }
private:
  void Init(int e, const string& message)
  {
    //...
  }
};
```

C++11 führt zur Lösung dieses Problems delegierende Konstruktoren ein. Damit kann ein Konstruktoraufruf an einen anderen Konstruktor delegiert werden. Dazu gibt man nach der Parameterliste des Konstruktors einen Doppelpunkt und den Namen des Konstruktors mit der Argumentliste an.

Beispiel: Das letzte Beispiel lässt sich mit delegierenden Konstruktoren folgendermaßen formulieren:

```cpp
class C
{
public:
  C():C(0,"Success"){}

  C(const string& message):C(-1,message){};
  C(int e, const string& message)
  {
    // Anweisungen wie in Init
  }
```

8.2 Klassen als Datentypen

```
      private:
        // void Init(int e, const string& message)
        // nicht mehr notwendig
    };
```

8.2.15 Klassen und Header-Dateien

Wenn man eine Klasse in verschiedenen Quelltextdateien eines Programms bzw. Projekts verwenden will, verteilt man die Klassendefinition und die Definitionen der Elementfunktionen auf zwei verschiedene Dateien.

– Die Klassendefinition (einschließlich der innerhalb der Klasse definierten Funktionen, die *inline*-Funktionen sind) nimmt man in eine sogenannte **Header-Datei** oder **Interface-Datei** auf, die üblicherweise einen Namen hat, der mit „.h" endet.
– Die außerhalb der Klasse definierten Elementfunktionen nimmt man in eine sogenannte **Implementationsdatei** auf. Diese hat üblicherweise denselben Namen wie die Header-Datei, aber eine andere Endung, z.B. „.cpp" anstelle von „.h". Die zugehörige Header-Datei wird vor der ersten Definition mit einer *#include*-Anweisung in die cpp-Datei übernommen.

Oft definiert man jede Klasse in einem eigenen Paar solcher Dateien. Diese Dateien verwendet man dann so:

– Die Header-Datei übernimmt man mit einer *#include*-Anweisung in alle Quelltexte, die diese Klasse benötigen.
– Die cpp-Datei wird kompiliert und die dabei erzeugte Object-Datei zum Projekt gelinkt. Diese Schritte werden in Visual Studio beim Erstellen eines Projekts automatisch durchgeführt, wenn man die cpp-Datei dem Projekt hinzugefügt hat (z.B. mit *Projekt|Neues Element hinzufügen|Visual C++|Code|C++-Datei*).

In Visual Studio kann man ein solches Paar von Dateien einfach mit *Projekt|Klasse hinzufügen|Visual C++|C++|C++-Klasse* erzeugen. Die beiden Dateien werden dann dem Projekt hinzugefügt. Die hier von Visual Studio erzeugten Quelltexte kann man löschen und durch eigene Klassen ersetzen. Zwischen einer Header- und Cpp-Datei kann man im Kontextmenü des Editors mit „Header-/Codedatei umschalten" wechseln.

Für *inline*-Funktionen und Default-Argumente muss man dabei beachten:

– Da der Compiler eine ***inline*-Funktion** nicht in die Object-Datei aufnimmt, muss eine *inline*-Funktion in eine Header-Datei aufgenommen werden. Definiert man eine *inline*-Funktion in einer Implementationsdatei (Endung „cpp"), hat das eine Fehlermeldung des Linkers („unresolved external") zur Folge.
– **Elementinitialisierer** gibt man in der cpp-Datei und nicht in der Header-Datei an.
– **Default-Argumente** (siehe Abschnitt 2.4.8) gibt man in der Header-Datei an und nicht in der Implementationsdatei, da der Compiler die Default-Argumente sehen muss.

In Visual Studio kann man die Definitionen aus einer Header-Datei in eine Cpp-Datei verschieben lassen. Dazu geht man im Editor mit dem Mauszeiger auf die Definition einer Elementfunktion und wählt im Kontextmenü die Option „Schnelle Aktionen":

```
class C2DPunkt {
    double x, y;
public:
    C2DPunkt(double x_, double y_)
    {
        x =    Schnelle Aktionen...
```

Hier wählt man dann die Option „Definitionsspeicherort verschieben":

```
class C2DPunkt {
    double x, y;
public:
    C2DPunkt(double x_, double y_)
```
Deklaration/Definition erstellen
Definitionsspeicherort verschieben

Dann verschiebt Visual Studio die Definition in die Cpp-Datei:

```
C2DPunkt.cpp   C2DPunkt.h*   Form1.h
CppCLR_WinForms_Project1     (Globaler Gültigkeitsbereich)
        #include "C2DPunkt.h"

        inline C2DPunkt::C2DPunkt(double x_, double y_)
        {
            x = x_;
            y = y_;
        }
```

Aufgaben 8.2.15

1. In den bisherigen Aufgaben wurden zur Vereinfachung alle Elemente einer Klasse meist in eine Header-Datei aufgenommen. In dieser Aufgabe sollen die Klassen von Aufgabe 8.1.5, 3. auf Header-Dateien und cpp-Dateien aufgeteilt werden.

    a) Fügen Sie einem Projekt für jede der Klassen *Kreis* und *Quadrat* mit *Projekt|Klasse hinzufügen* eine Header-Datei und eine C++-Datei hinzu, auf die Sie dann die Deklarationen und die Definitionen verteilen. Rufen Sie einige der Elementfunktionen auf.
    Falls sich Visual Studio weigert, diese Klassen anzulegen, weil Sie bereits Klassen mit diesen Namen in Ihrem Projekt haben, wählen Sie andere Namen für die Klassen (z.B. Kreis0 oder Quadrat0)

    b) Legen Sie mit einem Texteditor (z.B. Notepad) außerhalb von Visual Studio zwei Textdateien *Rechteck.cpp* und *Rechteck.h* für die Klasse *Rechteck* an und fügen Sie diese dem Projekt mit *Projekt|Vorhandenes Element hinzufügen* hinzu. Rufen Sie einige der Elementfunktionen auf.

    c) Falls keine Ihrer Funktionen Default-Argumente hat, verwenden Sie bei mindestens einer Funktion Default-Argumente.

    d) Definieren Sie in einer dieser Dateien mindestens eine globale *inline*-Funktion und rufen Sie diese auf.

    e) Kennzeichnen Sie möglichst viele Elementfunktionen der Klassen *Quadrat* und *Kreis* aus Aufgabe 1 als *const*.

8.3 Vererbung und Komposition

Neben der Klassenbildung ist die Vererbung ein weiteres grundlegendes Konzept der objektorientierten Programmierung. Sie ermöglicht es, neue Klassen auf der Basis vorhandener Klassen zu definieren. Die neuen Klassen übernehmen (erben) die Elemente der Basisklassen und können zusätzliche Elemente enthalten. Sie unterscheiden sich durch die zusätzlichen Elemente von den Basisklassen und sind in den übernommenen mit ihnen identisch.

Vererbung ermöglicht die Erweiterung einer Basisklasse. In der abgeleiteten Klasse können die Elemente der Basisklasse wiederverwendet werden:

− Dadurch erspart man sich die Wiederholung von Deklarationen.
− Da die abgeleitete Klasse nur die Erweiterungen enthält, kommen die Unterschiede der beiden Klassen explizit zum Ausdruck.
− Die abgeleitete Klasse unterscheidet sich von der Basisklasse nur in den Elementen, die nicht von ihr übernommen wurden. Auf diese Weise kann man Klassen konstruieren, bei denen bestimmte Elemente definitiv mit denen einer Basisklasse übereinstimmen, während andere Elemente diese erweitern.

Vererbung ist außerdem die Grundlage für virtuelle Funktionen, die dann im nächsten Abschnitt vorgestellt werden.

8.3.1 Die Elemente von abgeleiteten Klassen

Eine Klasse kann von einer oder mehreren Klassen abgeleitet werden. Dazu gibt man bei der Definition der abgeleiteten Klasse nach ihrem Namen einen „:" und für jede Basisklasse einen *base-specifier* an:

base-clause:
   : *base-specifier-list*

Eine *base-specifier-list* besteht aus einer oder mehreren Angaben der Basisklasse (*base-specifier*). Das ist im einfachsten Fall

base-specifier: // stark vereinfachte Syntaxregel
   access-specifier virtual$_{opt}$ *class-name*

access-specifier:
```
private
protected
public
```

Die abgeleitete Klasse enthält dann alle **Elemente** der Basisklassen **außer** den **Konstruktoren** und den Funktionen, die der Compiler automatisch für die Klasse erzeugt. Diese Übergabe von Elementen an abgeleitete Klassen bezeichnet man als **Vererbung**. Da *friend*-Funktionen keine Klassenelemente sind, werden diese auch nicht vererbt.

Beispiel: Die Klasse D wird von der Klasse C abgeleitet:

```
class C { // Basisklasse C
  int a, b, c;
public:
  void f() {};
};

class D : public C { // von C abgeleitete Klasse D
  double d;
};
```

D enthält die Datenelemente a, b, c und d. Die Funktion f kann sowohl über ein Objekt der Klasse C als auch über ein Objekt der Klasse D aufgerufen werden:

```
void test(C x, D y)
{
  x.f();
  y.f();
}
```

Eine abgeleitete Klasse kann wiederum als Basisklasse verwendet werden. So kann man eine im Prinzip unbegrenzte Folge von abgeleiteten Klassen konstruieren, die man auch als **Klassenhierarchie** bezeichnet.

Die bei der Definition einer abgeleiteten Klasse angegebene Basisklasse bezeichnet man auch als **direkte Basisklasse**. Eine Basisklasse, die keine direkte Basisklasse ist, heißt **indirekte Basisklasse**. Mit einer von C abgeleiteten Klasse D und einer von D abgeleitete Klasse E ist dann auch E eine von C abgeleitete Klasse. Die Relation (im mathematischen Sinn) „ist abgeleitet von" ist deshalb eine transitive Relation.

Beispiel: Mit den Klassen C und D aus dem letzten Beispiel ist E eine sowohl von C als auch von D abgeleitete Klasse:

```
class E : public D { // von D abgeleitete Klasse E
  double e;
};
```

E enthält die Datenelemente a, b, c, d und e. C ist eine direkte Basisklasse von D und eine indirekte von E.

Zur grafischen Darstellung der Ableitungen in einer Klassenhierarchie verwenden der C++-Standard und UML Pfeile, die von einer abgeleiteten Klasse zur direkten Basisklasse zeigen. Die Pfeilrichtung bedeutet hier „ist direkt abgeleitet von". Manche Autoren verwenden Pfeile, die gerade in die entgegengesetzte Richtung zeigen. Die Klassenhierarchie aus dem letzten Beispiel würde man dann wie in der Abbildung rechts darstellen:

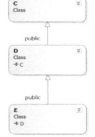

Oft stellt man eine Klassenhierarchie aber auch dadurch dar, dass man abgeleitete Klassen eingerückt unter die Basisklasse schreibt. Die Text-

8.3 Vererbung und Komposition

Darstellung links wird im Folgenden gelegentlich für die Beispiele verwendet. Die Abbildung rechts erhält man in Visual Studio mit *Ansicht|Klassenansicht*:

Ein Objekt einer abgeleiteten Klasse enthält ein Objekt jeder Basisklasse, von der es abgeleitet wird. Dieses besteht aus den Elementen, die von der Basisklasse geerbt werden. Im C++-Standard wird ein solches Objekt einer Basisklasse auch als **Teilobjekt** („sub-object") bezeichnet. Ein solches Teilobjekt hat keinen eigenen Namen, unter dem man es ansprechen kann. Der Compiler verwendet es aber z.B. bei den in Abschnitt 8.3.7 beschriebenen Konversionen. Das folgende Diagramm soll die verschiedenen Teilobjekte für ein Objekt der Klasse E aus den letzten Beispielen veranschaulichen.

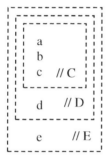

In anderen Programmiersprachen werden anstelle von „Basisklasse" und „abgeleitete Klasse" oft andere Begriffe verwendet: In Eiffel „Vorfahr" (ancestor) und „Nachkomme" (descendant) und in Java „Oberklasse" (super class) und „Unterklasse" (sub class).

Gibt man nach dem Namen einer Klasse ***final*** an, kann von dieser Klasse nicht abgeleitet werden. In Visual Studio ab Version 2010 wird mit dem nicht standardkonformen Schlüsselwort ***sealed*** derselbe Effekt wie mit *final* erreich.

Beispiel: Von der Klasse

```
class C final { };
```

kann nicht abgeleitet werden.

8.3.2 Zugriffsrechte auf die Elemente von Basisklassen

Wie die Syntaxregel für einen *base-specifier* zeigt, kann man vor der Basisklasse eines der **Zugriffsrechte** *public*, *protected* oder *private* angeben.

```
class C {
};

class D : public C { // anstelle von public ist auch
};                   // private oder protected möglich
```

In Abhängigkeit vom hier angegebenen Zugriffsrecht bezeichnet man die Basisklasse auch als **public Basisklasse**, **protected Basisklasse** oder **private Basisklasse**. Die abgeleitete Klasse nennt man dann auch eine *public*, *protected* oder *private* abgeleitete Klasse.

Diese Art der Ableitung wirkt sich unter anderem auf die Zugriffsrechte auf die Elemente der Basisklassen aus. Vorläufig werden allerdings nur *public* abgeleitete Klassen verwendet. Da sie wesentlich beschränkter sind als bei *public* Basisklassen, ist die Angabe *public* bei der Ableitung in den folgenden Beispielen wichtig. Erfahrungsgemäß wird sie von Anfängern leicht vergessen, was dann zu Fehlermeldungen des Compilers führt.

Für eine *public* abgeleitete Klasse haben die Zugriffsrechte *private*, *protected* und *public* die folgende Bedeutung:

- Über ein Objekt einer abgeleiteten Klasse kann man wie über ein Objekt der aktuellen Klasse (siehe Abschnitt 8.1.3) nur auf *public* Elemente der Basisklasse zugreifen, aber nicht auf ihre *private* und *protected* Elemente.
- In einer abgeleiteten Klasse kann man nur auf die *public* und *protected* Elemente der Basisklasse zugreifen, aber nicht auf ihre *private* Elemente.
- Eine *friend*-Funktion kann auch *private* und *protected* Elemente verwenden.

	Zugriff über ein Objekt der abgeleiteten Klasse	Zugriff in einer abgeleiteten Klasse
public	ja	ja
private	nein	nein
protected	nein	ja

Beispiel: In einer Elementfunktion der Klasse *D* kann man nicht auf das *private* Element der Basisklasse C zugreifen:

```
class C {
  int priv; // private, da class
protected:
  int prot;
public:
  int publ;
};

class D : public C {
  int f()
  {
    int i = priv; // Fehler: Zugriff nicht möglich
    int j = prot; // das geht
```

8.3 Vererbung und Komposition

```
      int k = publ; // das geht
    }
};
```

Über ein Objekt der Klasse *D* kann man nur auf das *public* Element von C zugreifen:

```
D d;
d.priv = 1; // Fehler: Zugriff nicht möglich
d.prot = 1; // Fehler: Zugriff nicht möglich
d.publ = 1; // das geht
```

In Abschnitt 8.1.3 wurde empfohlen, Datenelemente *private* und nicht *public* zu deklarieren, um den Bereich möglichst klein zu halten, in dem das Element verändert werden kann. Deshalb sollte man auch **protected Elemente vermeiden**, da sie nicht nur in der eigenen Klasse, sondern auch in einer abgeleiteten Klasse verändert werden können. Eine Klasse, die Datenelemente einer Basisklasse verwendet, stellt kein in sich geschlossenes Konzept dar.

Man bezeichnet die Elemente aus einem *protected* Abschnitt auch als Entwicklerschnittstelle, da sie vor einem Benutzer der Klasse verborgen sind und nur von einem Entwickler in einer abgeleiteten Klasse verwendet werden können.

8.3.3 Verdeckte Elemente

Eine abgeleitete Klasse enthält außer den in ihr definierten Elementen alle Elemente der Basisklassen. Das gilt auch dann, wenn in der abgeleiteten Klasse ein Element mit demselben Namen wie in der Basisklasse definiert wird. Falls ein solches Element keine virtuelle Methode (siehe Abschnitt 8.4) ist, sagt man auch, dass das Element der abgeleiteten Klasse das der Basisklasse **verdeckt**.

Gleichnamige Elemente in einer Klassenhierarchie sind aber außer bei virtuellen Funktionen meist nicht empfehlenswert. In Abschnitt 8.3.7 wird gezeigt, dass man **einer Funktion in einer abgeleiteten Klasse nie denselben Namen wie den in einer Basisklasse geben sollte, außer wenn die Funktion virtuell ist.** Die folgenden Ausführungen sind aber trotzdem wichtig: Sie sind die Grundlage, um später die Besonderheiten von virtuellen Funktionen zu sehen.

Wenn der **Name** eines Klassenelements verwendet wird (z.B. bei einem Funktionsaufruf), berücksichtigt der Compiler alle Deklarationen der Klasse sowie alle nicht verdeckten Namen der Basisklassen. Falls er dabei eine eindeutige Deklaration findet, wird diese verwendet. Falls keine oder mehr als eine gefunden wird, erzeugt er eine Fehlermeldung.

Beispiel: In den Klassen D und E wurden Funktionen mit dem gleichen Namen wie in den Basisklassen definiert:

```
struct C {
  void f1() {};
  void f2() {};
  void f3() {};
};
```

```
struct D : public C {
  void f1() {};
  void f3() {};
};

struct E : public D {
  void f1() {};
};
```

Da Funktionen vererbt werden, enthält die Klasse D zwei verschiedene Funktionen mit dem Namen f1 (C::f1 und D::f1), und E drei (C::f1, D::f1 und E::f1).

Die nächste Tabelle fasst zusammen, wie Aufrufe der Funktionen f1, f2 und f3 für Objekte der Klassen C, D und E übersetzt werden:

	C	D	E
f1	C::f1	D::f1	E::f1
f2	C::f2	C::f2	C::f2
f3	C::f3	D::f3	D::f3

Im Rest dieses Abschnitts geht es darum, wie man verdeckte Elemente ansprechen kann. Da man verdeckte Elemente vermeiden sollte, sind diese Ausführungen nur selten von Bedeutung. Sie können bei einer ersten Lektüre ausgelassen werden.

Falls ein Element einer Basisklasse in einer abgeleiteten Klasse nicht verdeckt wird, kann man es wie ein Element der abgeleiteten Klasse verwenden.

Beispiel: Die Klasse D definiert keine Elemente mit demselben Namen wie in C:

```
struct C { // struct: alles public
  int i;
  void f(string s) { };
  void f(int j) { i = j; }
};

class D : public C {
};
```

Deswegen kann man alle *public* Elemente aus C über ein Objekt der Klasse D ansprechen:

```
void test(D d)
{
  d.f(3);    // Aufruf von C::f(int)
  d.f("");   // Aufruf von C::f(string)
  d.f(2);    // Aufruf von C::f(int)
}
```

Ein verdecktes Element kann mit dem Namen seiner Klasse und dem Bereichsoperator „::" angesprochen werden, wenn ein Zugriffsrecht besteht.

8.3 Vererbung und Komposition

Beispiel: Ergänzt man die Klasse D aus dem letzten Beispiel um Elemente mit demselben Namen wie in der Basisklasse, kann man ein verdecktes Element der Basisklasse wie in D::f angesprochen werden:

```
class D : public C {
  int i;
public:
  void f(int j)
  {
    int di = i;    // i aus D
    int ci = C::i; // i aus C
    C::f(j + 1);   // f(int) aus C
  }
};
```

Eine **verdeckte Funktion** aus einer Basisklasse **wird** außer mit einer *using*-Deklaration (siehe anschließend) bei der Auflösung eines Funktionsaufrufs **nie berücksichtigt**. Das gilt auch dann, wenn die Argumente exakt zu den Parametern der aufgerufenen Funktion in der Basisklasse und überhaupt nicht zu denen in der abgeleiteten Klasse passen.

Beispiel: Mit der Klasse D aus dem letzten Beispiel führt der Aufruf d.f("") zu einer Fehlermeldung des Compilers:

```
void test(D d)
{
  d.f(3);    // Aufruf von D::f(int)
  d.f("");   // Fehler: const char* nicht mit int kompatibel
  d.C::f(2); // Aufruf von C::f(int)
  d.C::f(""); // Aufruf von C::f(string)
}
```

Mit einer *using*-**Deklaration** kann man die Deklaration eines Namens aus einer Basisklasse in eine abgeleitete Klasse übernehmen. Dadurch wird das Element der Basisklasse in der abgeleiteten Klasse so behandelt, wie wenn es in der abgeleiteten Klasse deklariert wäre. Damit kann man erreichen, dass auch eine verdeckte Funktion aus einer Basisklasse bei einem Funktionsaufruf berücksichtigt wird.

Durch eine *using*-Deklaration erhält das Element das **Zugriffsrecht** des Abschnitts, in dem sie sich befindet. Deshalb kann man so das Zugriffsrecht auf ein Element einer Basisklasse in der abgeleiteten Klasse **ändern**. Voraussetzung dafür ist ein Zugriffsrecht auf das Element der Basisklasse.

Beispiel: Nimmt man in die Klasse D aus dem vorletzten Beispiel noch die *using*-Deklaration

```
class D : public C {
public:
  using C::f;
```

auf, ist der nächste Aufruf zulässig:

```
void test(D d)
{
  d.f("");    // jetzt geht das
}
```

Hätte man die *using*-Deklaration nicht in einen *public*-Abschnitt, sondern einen *private*-Abschnitt aufgenommen, wäre f in D *private*.

Seit C++11 kann man bei einer *using*-Deklaration auch den Namen eines Konstruktors einer direkten Basisklasse angeben. Dann kann der Konstruktor der Basisklasse auch zur Definition eines Objekts einer abgeleiteten Klasse verwendet werden (**vererbte Konstruktoren, inheriting constructors**). Da ein Konstruktor einer Basisklasse nicht die zusätzlichen Elemente einer abgeleiteten Klasse initialisieren kann, müssen diese bei ihrer Definition initialisiert werden.

Beispiel: Durch die Angaben *using C::C* und *using D::D* werden die Konstruktoren der Basisklassen geerbt:

```
struct C {
  C(int i) {};
};

struct D : public C {
  using C::C; // die Konstruktoren aus C erben
  D(std::string s):C(1) {};
};

struct E : public D {
  int n = 0; // muss initialisiert werden
  // using C::C; // Fehler: nur Konstruktoren der direkten
                                              Basisklasse
  using D::D; // die Konstruktoren aus D erben
};
```

Deswegen kann ein Objekt der Klasse E mit diesen Konstruktoren initialisiert werden:

```
E e1(""); // ruft D::D(std::string) auf
E e2(17); // ruft C::C(int) auf
```

8.3.4 Konstruktoren, Destruktoren und implizit erzeugte Funktionen

Eine abgeleitete Klasse enthält alle Datenelemente ihrer Basisklassen. In einem Objekt einer abgeleiteten Klasse können diese gemeinsam als ein Objekt der Basisklasse betrachtet werden. Ein solches Objekt einer direkten Basisklasse kann mit einem Elementinitialisierer initialisiert werden, der den Namen der Basisklasse und Argumente für einen Konstruktor der Basisklasse hat.

8.3 Vererbung und Komposition

- Solche Elementinitialisierer für Basisklassen unterscheiden sich von den in Abschnitt 8.2.2 vorgestellten Elementinitialisierern für ein **Datenelement** einer Klasse nur dadurch, dass sie den Namen der Basisklasse und nicht den Namen des Datenelements verwenden.
- Wenn man für eine Basisklasse keinen solchen Elementinitialisierer angibt, wird das Objekt der Basisklasse mit seinem **Standardkonstruktor** initialisiert. Dann muss die Basisklasse einen solchen Konstruktor haben.
- Da man so keine Teilobjekte von indirekten Basisklassen initialisieren kann, muss man in jeder Klasse immer die der direkten Basisklassen initialisieren.

Beispiel: In den Klassen D und E initialisieren die Elementinitialisierer mit dem Namen der Basisklasse die Teilobjekte der jeweiligen Basisklasse:

```cpp
class C {
  int i, j;
public:
  C(int x, int y) :i(x), j(y) { }
};

class D : public C {
  int k, a;
  C c;
public:
  D(int x, int y, int z) :C(x, y), a(1), c(x, y), k(z) {}
}; // C(x,y) initialisiert das Teilobjekt
   // zur Basisklasse C

class E : public D {
  int m;
public:
  E(int x, int y, int z) :D(x, 3, z), m(z) { }
}; // D(x,3,z) initialisiert das Teilobjekt
   // zur Basisklasse D
```

Die **Reihenfolge**, in der die Elementinitialisierer angegeben werden, hat keinen Einfluss auf die Reihenfolge, in der die **Konstruktoren** der Elemente ausgeführt werden. Diese werden bei Klassen ohne Mehrfachvererbung immer in der folgenden Reihenfolge ausgeführt:

1. Die Konstruktoren der Basisklassen in der Reihenfolge, in der die Klassen voneinander abgeleitet sind (im letzten Beispiel also der von C zuerst).
2. Die nicht statischen Datenelemente in der Reihenfolge, in der sie in der Klasse definiert wurden.
3. Als letztes die Verbundanweisung des Konstruktors.

Damit beim Leser eines Programms nicht eventuell der irreführende Eindruck erweckt wird, dass die Elemente in der Reihenfolge der Elementinitialisierer initialisiert werden, wird empfohlen, diese Initialisierer immer in derselben Reihenfolge anzugeben, in der die Elemente in der Klasse definiert werden.

Die **Destruktoren** werden immer in der umgekehrten Reihenfolge ausgeführt, in der die Konstruktoren ausgeführt wurden. Durch diese Reihenfolge wird sichergestellt, dass ein später aufgerufener Destruktor keine Speicherbereiche anspricht, die von einem schon früher aufgerufenen Destruktor freigegeben wurden.

Betrachten wir nun ein etwas praxisnäheres Beispiel. Einen Punkt der Ebene kann man durch zwei Koordinaten x und y beschreiben und einen Punkt im Raum durch drei Koordinaten x, y und z. Die Koordinaten eines *C2DPunkt* kann man in einem *C3DPunkt* wiederverwenden:

```
class C2DPunkt{
   double x,y;
public:
   C2DPunkt(double x_=0, double y_=0):x(x_),y(y_) {}

   void setzeX(double x_) {x=x_;}
   double X() const { return x; }
   void setzeY(double y_) { y=y_; }
   double Y() const { return y; }

   string toStr()const
   {
      return "(" + std::to_string(x) + "|" + std::to_string(y) + ")";
   } // z.B. (2,345|3,45678)

   void anzeigen() const
   {
      cout << toStr() << endl;
   }
};
```

Diese Klasse kann man als Basisklasse für die Klasse *C3DPunkt* verwenden:

```
class C3DPunkt:public C2DPunkt{
   double z;
public:
   C3DPunkt(double x_=0, double y_=0, double z_=0):C2DPunkt(x_,y_),
                                                   z(z_){}

   void setzeZ(double z_) { z=z_; }
   double Z() const { return z; }

   string toStr()const
   {
      return "(" + std::to_string(X()) + "|" + std::to_string(Y())
                                       +"|"+std::to_string(z)+")";
   } // z.B. (2,345|3,45678)

   void anzeigen() const
   {
      cout << toStr() << endl;
   }
};
```

8.3 Vererbung und Komposition

C3DPunkt erbt von der Basisklasse *C2DPunkt* die Datenelemente x und y. Damit ihre Werte auch in einer abgeleiteten Klasse verfügbar sind, wurden die public Elementfunktionen X und Y definiert:

Den Konstruktor der Basisklasse kann man beim Konstruktor der abgeleiteten Klasse als Elementinitialisierer angeben:

```
C3DPunkt(double x_=0, double y_=0, double z_=0): C2DPunkt(x_,y_),
                                                            z(z_){}
```

Die Elementfunktionen *toStr* und *anzeigen* der Basisklasse werden verdeckt.

Mit den Definitionen

```
C2DPunkt p2(1, 2);
C3DPunkt p3(1, 2, 3);
```

und den Anweisungen

```
p2.anzeigen();
p3.anzeigen();
```

erhält man dann die Ausgabe:

```
(1|2)
(1|2|3)
```

Konstruktoren, Destruktoren und die Operatorfunktion für den Zuweisungsoperator werden nicht an eine abgeleitete Klasse vererbt. Da sie nur die Elemente ihrer Klasse kennen, können sie zusätzliche Elemente der abgeleiteten Klasse nicht berücksichtigen und deshalb ihre Aufgaben nicht erfüllen.

Deshalb werden auch bei abgeleiteten Klassen vom Compiler Funktionen für einen Standard- oder Kopierkonstruktor, einen Zuweisungsoperator oder einen Destruktor **implizit erzeugt**, wenn diese nicht explizit definiert werden:

- Der implizit definierte **Standardkonstruktor** ist eine Funktion mit einem leeren Anweisungsteil (siehe Abschnitt 8.2.1). Da er keine Elementinitialisierer enthält, werden alle Teilobjekte der Klasse mit ihrem Standardkonstruktor initialisiert.
- Der implizit definierte **Kopierkonstruktor** kopiert alle Teilobjekte der Klasse. Falls diese Teilobjekte Klassen sind, wird dazu der Kopierkonstruktor für diese Klassen verwendet.
- Der implizit definierte **Zuweisungsoperator** kopiert alle Teilobjekte der Klasse. Falls sie Klassen sind, wird dazu ihr Zuweisungsoperator verwendet.
- Der implizit definierte **Destruktor** ruft die Destruktoren aller Teilobjekte auf.

Falls eine abgeleitete Klasse keine Elemente (z.B. zusätzliche Zeiger) enthält, für die spezielle Operationen notwendig sind, reichen die implizit erzeugten Funktionen aus. Falls sie aber solche Elemente enthält, müssen diese Funktionen explizit definiert oder ihr Aufruf durch eine *private*-Deklaration unterbunden werden. Vergisst man die Definition einer dieser

Funktionen in der abgeleiteten Klasse, wird man vom Compiler allerdings nicht auf diesen Fehler hingewiesen: Er ruft dann einfach die implizit erzeugten Funktionen auf.

Bei der Definition dieser Funktionen müssen alle Elemente der Klasse berücksichtigt werden, also nicht nur die der abgeleiteten Klasse, sondern auch die der Basisklasse. Falls man diese einzeln anspricht, besteht die Gefahr, dass nach einer Erweiterung der Basisklasse vergessen wird, die zusätzlichen Elemente auch in der abgeleiteten Klasse zu berücksichtigen. Diese Gefahr kann man vermeiden, indem man die entsprechende Funktion der Basisklasse aufruft:

- Bei den Konstruktoren ist das mit einem Elementinitialisierer möglich. Das gilt insbesondere auch für den Kopierkonstruktor, der so den Kopierkonstruktor der Basisklasse aufrufen kann:

```
D(const D& d) :C(d) // Aufruf des Kopierkonstruktors für
{                   // das Teilobjekt der Basisklasse C
                    // Konstruiere die zusätzlichen Elemente von D
}
```

- Im Zuweisungsoperator ruft man den Zuweisungsoperator der Basisklasse auf. Dadurch werden die Elemente der Basisklasse zugewiesen:

```
D& operator=(const D& rhs) // Basisklasse C,
{                          // abgeleitete Klasse D
  if (this == &rhs) return *this;
  C::operator=(rhs); // Aufruf von this->C::operator=
                     // . Kopiere die zusätzlichen Elemente von D
  return *this;
};
```

Hier wird der Zuweisungsoperator der Basisklasse über den Namen *operator=* aufgerufen, da man die Basisklasse nicht vor dem Operator angeben kann (*C::=rhs* geht nicht).

Aufgaben 8.3.4

1. Welche Ausgabe erhält man durch einen Aufruf der Funktion *test*?

```
class C {
  int i, j;
public:
  C(int x, int y) : i(x), j(y)
  {
    cout << "Konstr C" << endl;
  }

  C() : i(0), j(0)
  {
    cout << "Std-Konstr C" << endl;
  }
```

8.3 Vererbung und Komposition

```
    ~C()
    {
      cout << "Destruktor C" << endl;
    }
  };
  class D : public C {
    int k, a, b;
    C c;
  public:
    D(int x = 1) :c(x, 1), a(x), b(0), k(19)
    {
      cout << "Konstr-1 D" << endl;
    }

    D(int x, int y, int z) :C(x, y), a(1), b(2), c(x, y), k(z)
    {
      cout << "Konstr-2 D" << endl;
    }

    ~D()
    {
      cout << "Destruktor D" << endl;
    }
  };
  class E : public D {
    int m;
    C c;
    D b;
  public:
    E(int x, int y) :b(y), c(2, 3), m(x + y)
    {
      cout << "Konstr E" << endl;
    }

    ~E()
    {
      cout << "Destruktor E" << endl;
    }
  };
  void test()
  {
    C c(1, 2);
    D d(1, 2, 3);
    E e(1, 2);
  }
```

2. Einen eindimensionalen Punkt kann man sich als Zahl auf einem Zahlenstrahl vorstellen. Definieren Sie analog zu den Beispielen im Text eine Klasse *C1DPunkt*, die eine Zahl

darstellt. Von dieser Klasse soll *C2DPunkt* und von *C2DPunkt* soll *C3DPunkt* abgeleitet werden. Definieren Sie für jede dieser Klassen Konstruktoren, die alle Koordinaten initialisieren, sowie Funktionen *toStr* und *anzeigen* wie im Text. Die weiteren Elementfunktionen von Aufgabe 8.1.6, 3. brauchen hier nicht enthalten sein.

3. Manchmal hat man mehrere Möglichkeiten, Klassen voneinander abzuleiten:

   a) Da ein Quadrat eine und ein Rechteck zwei Seitenlängen hat, kann man eine Klasse für ein Rechteck von einer Klasse für ein Quadrat ableiten und so die Seitenlänge des Quadrats im Rechteck verwenden.
   b) Man kann ein Quadrat aber auch als Rechteck mit zwei gleichen Seiten betrachten. Definieren Sie eine Basisklasse für ein Rechteck und leiten Sie von dieser eine Klasse für ein Quadrat ab, bei der im Konstruktor die beiden Seitenlängen auf denselben Wert gesetzt werden.
   c) Liefert eine in a) und b) definierte Funktion für den Umfang auch in der abgeleiteten Klasse das richtig Ergebnis?
   d) Vergleichen Sie die Vor- und Nachteile der beiden Hierarchien.

4. Die Klassen der C++-Standardbibliothek kann man ebenso wie jede andere Klasse als Basisklasse für eigene abgeleitete Klassen verwenden. Da die Klasse *string* z.B. keinen Konstruktor hat, der ein *int*- oder *double*-Argument in einen String umwandelt, kann man eine abgeleitete Klasse mit einem solchen Konstruktor definieren. Welche Vor- und Nachteile sind mit einer solchen Erweiterung verbunden?

8.3.5 OO Design: *public* Vererbung und „ist ein"-Beziehungen

Vererbung bedeutet, dass eine abgeleitete Klasse alle Elemente der Basisklasse enthält. Sie kann auch mehr Elemente enthalten, aber nie weniger. Daraus ergeben sich die folgenden Beziehungen zwischen einer Basisklasse und einer abgeleiteten Klasse:

1. Da eine abgeleitete Klasse alle Elemente der Basisklasse enthält, kann ein Objekt einer abgeleiteten Klasse wie ein Objekt der Basisklasse verwendet werden, wenn in der abgeleiteten Klasse keine Elemente aus der Schnittstelle der Basisklasse verdeckt werden. Insbesondere können über ein Objekt der abgeleiteten Klasse alle Elementfunktionen aus der Schnittstelle der Basisklasse aufgerufen werden.

   In Abschnitt 8.3.7 wird gezeigt, dass man verdeckte Funktionen vermeiden sollte. Dann ist jedes Objekt einer abgeleiteten Klasse auch ein Objekt der Basisklasse. Man sagt deshalb auch, dass zwischen einer abgeleiteten Klasse und einer Basisklasse eine **„ist ein"-Beziehung** besteht.

2. Da eine abgeleitete Klasse mehr Elemente als die Basisklasse haben kann, ist die abgeleitete Klasse eine speziellere Klasse als die Basisklasse. Die Basisklasse ist dagegen eine allgemeinere Klasse als eine abgeleitete Klasse, da sie alle Gemeinsamkeiten der abgeleiteten Klassen enthält. Deshalb bezeichnet man eine Basisklasse auch als **Verallgemeinerung** oder **Generalisierung** einer abgeleiteten Klasse und eine abgeleitete Klasse als **Spezialisierung** der Basisklasse.

8.3 Vererbung und Komposition

Die **Konsistenzbedingungen** für ein Objekt einer abgeleiteten Klasse bestehen aus denen für ein Objekt der Basisklasse sowie eventuell weiteren Bedingungen für die Datenelemente der abgeleiteten Klasse. Die **Klasseninvariante** einer abgeleiteten Klasse besteht also aus der Klasseninvarianten der Basisklasse, die mit einem logischen *und* mit weiteren Bedingungen verknüpft ist.

Da eine Funktion aus einer Basisklasse auch mit einem Objekt einer abgeleiteten Klasse aufgerufen werden kann, muss der **Aufruf einer Funktion der Basisklasse auch mit jedem Objekt einer abgeleiteten Klasse das richtige Ergebnis** haben. Deshalb muss man bei einer Vererbung immer prüfen, ob jede Funktion aus der Schnittstelle der Basisklasse auch für ein Objekt einer abgeleiteten Klasse sinnvoll ist. Falls das nicht zutrifft, sollte man die Klassen auch nicht voneinander ableiten. Außerdem darf eine Funktion der Basisklasse **nie** die **Klasseninvariante** der abgeleiteten Klasse **zerstören**.

Beispiele: 1. Ein Quadrat kann als Rechteck mit zwei gleichen Seiten dargestellt werden:

```
class Rechteck {
   double a, b;
public:
   Rechteck(double a_, double b_) :a(a_), b(b_) {};
   double Flaeche() { return a*b; };
   double Umfang() { return 2 * (a + b); };
};

class Quadrat :public Rechteck {
public:
   Quadrat(double a_) :Rechteck(a_, a_) {}
};
```

In dieser Hierarchie liefern die Funktionen *Flaeche* und *Umfang* auch für ein Objekt der abgeleiteten Klasse richtige Ergebnisse.

Die Klasseninvariante von *Quadrat* besteht hier aus der Klasseninvarianten *true* für das Rechteck und der zusätzlichen Bedingung a==b.

2. Ergänzt man die Klasse *Rechteck* aus 1. um die Funktion *setzeSeitenlaengen*, dann kann diese Funktion auch über ein *Quadrat* aufgerufen werden. Da ein solcher Aufruf im Quadrat die Gleichheit der beiden Seitenlängen zerstören kann, ist die Ableitung eines Quadrats von einem solchen Rechteck nicht angemessen:

```
class Rechteck{
   double a, b;
public:
   Rechteck(double a_, double b_) :a(a_), b(b_){};
   void setzeSeitenlaengen(double a_, double b_)
   {
      a = a_;
      b = b_;
   }
   double Flaeche() { return a*b; };
```

```
        double Umfang()  { return 2 * (a + b); };
        string toStr()const
        {
          return "Rechteck mit den Seitenlängen " +
              std::to_string(a) + " und " + std::to_string(b);
        }
    };
```

Auch die Funktion *toStr* ist für ein Quadrat nicht unbedingt korrekt. Zwar ist die Meldung „Rechteck mit den Seitenlängen 1 und 1" für ein Quadrat nicht falsch. Aber ein spezieller Text für ein Quadrat wie „Quadrat mit der Seitenlänge 1" wäre besser.

Offensichtlich kann die Funktion *setzeSeitenlaengen* die Klasseninvariante der abgeleiteten Klasse zerstören.

Eine Klasse stellt meist ein Konzept der Realität dar (siehe Abschnitt 8.1.6). In diesem Beispiel werden die Konzepte „Quadrat" und „Rechteck" durch die Klassen *Quadrat* und *Rechteck* dargestellt. Dabei ist im ersten Fall eine Vererbung gerechtfertigt und im zweiten Fall nicht. Deshalb zeigt dieses Beispiel, dass **die Konzepte allein keine Entscheidung darüber ermöglichen**, ob eine Vererbung bei den Klassen sinnvoll ist, die diese Konzepte darstellen.

Bei der Klassenhierarchie des letzten Beispiels kommen zwei renommierte Autoren mit ähnlichen Namen zu völlig unterschiedlichen Ergebnissen und haben trotzdem beide recht:

- Scott Meyers (1998, S. 159) leitet eine Klasse für ein Quadrat von einer Klasse für ein Rechteck ab und definiert für die Basisklasse eine Funktion, die wie die Funktion *setzeSeitenlaengen* die beiden Seitenlängen des Rechtecks setzt. Da ein Aufruf dieser Funktion in einem *Quadrat* die Bedingung zerstört, dass beide Seitenlängen gleich sind, ist nach seiner Meinung die *public* Ableitung eines Quadrats von einem Rechteck völlig falsch.
- Betrand Meyer (1997, S. 826-827) leitet ebenfalls eine Klasse für ein Quadrat von einer Klasse für ein Rechteck ab. Allerdings verlangt er, dass alle Funktionen, die mit einem Quadrat aufgerufen werden können, die Gleichheit der Seitenlängen nicht zerstören. Deshalb ist hier eine *public* Vererbung korrekt. Der Preis für diese Hierarchie ist aber, dass die Klasse *Rechteck* keine Funktion haben darf, die die beiden Seitenlängen auf verschiedene Werte setzt. Bei einem Zeichenprogramm, bei dem die Größe der Figuren verändert werden muss, ist eine solche Einschränkung aber oft nicht akzeptabel.

Stroustrup (1997, Abschnitt 23.4.3.1) vertritt am Beispiel von Kreisen und Ellipsen die Ansicht, dass man meistens weder ein Rechteck von einem Quadrat noch ein Quadrat von einem Rechteck ableiten soll. Wir werden auf dieses Beispiel in Abschnitt 8.4.9 zurückkommen und dann eine Hierarchie finden, die nicht mit diesen Problemen verbunden ist.

Booch (1994, Kapitel 4) und Meyer (1997) beschäftigen sich ausführlich mit der historischen Entwicklung der Klassifikationen in der Biologie, Chemie, Philosophie usw. Diese Entwicklung zeigt, dass verschiedene Sichtweisen und Zielsetzungen zu völlig anderen Hierarchien führen können.

8.3 Vererbung und Komposition

Beispiel: Nach Booch (1994, S. 148) wurden in früheren Klassifikationen der Biologie Tiere nach ihrem Körperbau, inneren Merkmalen und evolutionären Beziehungen klassifiziert. Neuere Klassifikationen beruhen auf Ähnlichkeiten der DNA. Nach den DNA-Klassifikationen haben Lungenfische mehr Gemeinsamkeiten mit Kühen als mit Forellen.

Wenn eine **Klasse** ein Konzept der Realität darstellt, **wird** sie meist **mit** diesem **Konzept identifiziert**. Dann sollte man darauf achten, dass zwischen den Klassen dieselben Beziehungen bestehen wie zwischen den Konzepten, die sie darstellen. Da zwischen einer Basisklasse und einer abgeleiteten Klasse eine „ist ein"-Beziehung besteht, sollte deshalb auch zwischen ihren Konzepten eine „ist ein"-Beziehung bestehen. Deswegen sollte man **nur solche Klassen voneinander ableiten**, bei denen auch **für die Konzepte eine „ist ein"-Beziehung** besteht und die **Verallgemeinerungen bzw. Spezialisierungen** voneinander **sind**. Falls das nicht gilt, führt die Hierarchie leicht zu **Problemen**. Typische Probleme mit einer solchen Hierarchie werden in Abschnitt 8.4.9 gezeigt.

In dieser Abbildung soll der Pfeil eine „ist ein"-Beziehung darstellen. Diese Beziehung soll nicht nur für die Klassen, sondern auch für die Konzepte der Realität gelten.

Wenn eine Klasse von einer Basisklasse abgeleitet wird, damit sie ihre Datenelemente verwenden kann, besteht zwischen den Konzepten, die die Klassen darstellen, oft keine „ist ein"-Beziehung.

Beispiel: In Abschnitt 8.3.4 wurde die Klasse *C3DPunkt* von *C2DPunkt* abgeleitet, damit sie Datenelemente der Basisklasse wiederverwenden kann:

```
class C2DPunkt {
  double x, y;
  // ...
};

class C3DPunkt : public C2DPunkt {
  double z;//C3DPunkt enthält die Elemente x,y,z
           // ...
};
```

Allerdings wird kaum jemand sagen, dass jeder Punkt im Raum auch ein Punkt in der Ebene ist. Ein 3D-Punkt hat 3 Koordinaten, und ein 2D-Punkt 2.

Als **Kriterium für eine „ist ein"-Beziehung** sollten also **nicht nur die Konzepte an sich** oder **die Datenelemente** betrachtet werden, sondern vor allem die **Elementfunktionen der Schnittstelle**. Eine Klasse hat meist nur den Sinn und Zweck, von einem Anwender benutzt zu werden. Dafür stehen ihm die Elemente ihrer Schnittstelle zur Verfügung, und das sind normalerweise Elementfunktionen und keine Datenelemente. Da zu den **Datenelementen** aber oft auch *get-* oder *set-*Funktionen gehören, sind sie über diese Funktionen **doch** wieder **ein Kriterium** für eine „ist ein"-Beziehung.

Booch (1994, S. 59 und S. 112) bezeichnet eine „ist ein"-Beziehung als Lackmus-Test für die Vererbung: Falls für zwei Klassen C und D die Beziehung „D ist ein C" nicht gilt, soll D auch nicht von C abgeleitet werden. Meyer (1997, S. 811) ist nicht ganz so streng und verlangt lediglich, dass sich vernünftige Gründe für eine solche Interpretation finden lassen sollten.

Allerdings muss nicht jede Klassenhierarchie, die keine „ist ein"-Beziehung darstellt, zu Problemen führen. Wir werden die Hierarchie mit dem *C2DPunkt* und dem *C3DPunkt* in Abschnitt 8.4.2 ganz nützlich finden. Probleme mit solchen Hierarchien werden wir in Abschnitt 8.4.9 sehen und sie dann durch eine andere Hierarchie ersetzen.

Die bisherigen Beispiele in diesem Abschnitt waren nicht immer einfach und sollten vor allem zeigen, worauf man beim Entwurf einer Klassenhierarchie achten sollte. Das bedeutet aber nicht, dass der Entwurf einer Klassenhierarchie immer kompliziert ist. Im realen Leben findet man viele Konzepte, die **Verallgemeinerungen bzw. Spezialisierungen** voneinander sind. Solche Konzepte lassen sich **meist ohne Probleme** durch Klassen in einer Hierarchie darstellen.

Beispiele: Jedes Auto ist ein Fahrzeug. Deswegen kann eine Klasse für ein Auto meist von einer Klasse für ein Fahrzeug abgeleitet werden. Da ein Girokonto ein spezielles Konto ist, spricht meist nichts gegen die Ableitung einer Klasse für ein Girokonto von einer Klasse für ein Konto.

Dass zwischen einer abgeleiteten Klasse und einer Basisklasse eine „ist ein"-Beziehung bestehen soll, darf allerdings **nicht** dazu verleiten, **jede umgangssprachliche „ist ein"-Formulierung** durch eine Vererbung darzustellen.

– Eine „ist ein"-Beziehung darf nur als **notwendige Bedingung** verstanden werden: Ist sie für die zugrundeliegenden Konzepte nicht erfüllt, ist das ein Hinweis darauf, dass die Klassenhierarchie zu Problemen führen kann.
– Wenn dagegen eine „ist ein"-Beziehung besteht, muss das noch lange nicht bedeuten, dass eine Vererbung sinnvoll ist.

Beispiele: 1. Die Aussage „Tübingen ist eine Stadt" sollte nicht dazu führen, eine Klasse für die Stadt Tübingen von einer Klasse für eine Stadt abzuleiten. Vererbung ist eine Beziehung zwischen Klassen. Eine spezielle Stadt wird besser durch ein Objekt einer Klasse *Stadt* als durch eine eigene Klasse dargestellt. Dass die Definition einer eigenen Klasse für ein spezielles Objekt wie eine Stadt nicht sinnvoll ist, sieht man außerdem daran, dass es in der Realität keine verschiedenen Objekte einer Klasse wie *Tuebingen* gibt.
2. Die Aussage „Jedes Quadrat ist ein Rechteck" legt diese Klassenhierarchie nahe, für die schon auf Seite 415 gezeigt wurde, dass sie nicht unproblematisch ist:

Diese Beispiele zeigen, dass die unbedachte Übertragung von umgangssprachlichen „ist ein"-Formulierungen leicht zu unpassenden Hierarchien führen kann.

Offensichtlich kann man sich in der Suche nach „der richtigen" Hierarchie grenzenlos verlieren. Deshalb soll dieser Abschnitt mit einem Rat von Meyer (1997, S. 862) abgeschlossen werden: Das **Ziel einer Klassenhierarchie** ist die **Konstruktion von Software** und **nicht Philosophie**. Selten gibt es nur eine einzige Lösung. Und falls es mehrere gibt, ist es oft nicht einfach, die beste zu finden. Das wichtigste Kriterium ist hier, dass die Klassen ihren Zweck für bestimmte Anwendungen gut erfüllen. Und das kann auch mit Klassen möglich sein, die in einem philosophischen Sinn nicht perfekt sind.

8.3.6 OO Design: Komposition und „hat ein"-Beziehungen

Wenn man ein Quadrat zusammen mit einem *C2DPunkt* für seine Position darstellen will, hat man die Wahl zwischen den folgenden beiden Möglichkeiten:

1. Man nimmt in *C2DQuadrat* ein Element des Typs *C2DPunkt* auf (wie in der Klasse *C2DKreis* von Aufgabe 8.2.2):

    ```
    class C2DQuadrat1 {
      C2DPunkt Position;
      double Seitenlaenge;
      // ...
    };
    ```

2. Man leitet die Klasse *C2DQuadrat* von der Klasse *C2DPunkt* ab:

    ```
    class C2DPunkt {
      double x, y;
    public:
      double Abstand() { return sqrt(x*x + y*y); }
      // ...
    };

    class C2DQuadrat2 :public C2DPunkt {
      double Seitenlaenge;
      // ...
    };
    ```

Diese beiden Klassen haben die folgenden Unterschiede und Gemeinsamkeiten:

1. Objekte der beiden Klassen haben **denselben Informationsgehalt**. Die Datenelemente eines Objekts *q1* der Klasse *C2DQuadrat1* unterscheiden sich nur durch ihre Namen von denen eines Objekts *q2* der Klasse *C2DQuadrat2*:

    ```
    q1.Position.x      q2.x
    q1.Position.y      q2.y
    q1.Seitenlaenge    q2.Seitenlaenge
    ```

2. Die beiden Klassen unterscheiden sich durch ihre Schnittstelle, da eine abgeleitete Klasse die Schnittstelle der Basisklasse erbt. Über ein Objekt der Klasse *C2DQuadrat2* kann man auf die Funktion *Abstand* zugreifen:

    ```
    q2.Abstand();
    ```

    Über ein *private* Datenelement wie *Position* hat man dagegen keinen Zugriff auf die Funktion *Abstand*:

    ```
    q1.Position.Abstand(); // Fehler: Kein Zugriff möglich
    ```

Allerdings kann man kaum sagen, dass in der Realität jedes Quadrat ein Punkt ist. Das würde insbesondere bedeuten, dass jede Elementfunktion eines Punktes (z.B. *Abstand*) auch für ein Quadrat sinnvoll ist (siehe Aufgabe 8.3.7, 2.).

Deshalb besteht zwischen den durch diese Klassen dargestellten Konzepten keine „ist ein"-Beziehung. Nach den Ausführungen des letzten Abschnitts ist dann auch keine Ableitung angemessen.

Stattdessen wird man eher sagen, dass ein Quadrat eine Position **hat**.

Falls eine Klasse D ein Datenelement einer Klasse C enthält, bezeichnet man die Beziehung zwischen den beiden Klassen auch als **„hat ein"-Beziehung** oder als **Komposition**. Eine „hat ein"-Beziehung unterscheidet sich von einer „ist ein"-Beziehung zwischen D und C dadurch, dass

1. die Schnittstelle von C über ein Objekt der Klasse D nicht verfügbar ist,
2. die Klassen C und D keine „ist ein"-Beziehung darstellen müssen,
3. die Klasse D mehr als ein Element der Klasse C enthalten kann.

8.3.7 Konversionen zwischen *public* abgeleiteten Klassen

In Abschnitt 8.3.5 wurde gezeigt, dass man ein Objekt einer *public* abgeleiteten Klasse wie ein Objekt einer Basisklasse verwenden kann, wenn in der abgeleiteten Klasse keine Elementfunktion der Basisklasse verdeckt wird. Deshalb sollte man ein Objekt einer *public* abgeleiteten Klasse auch anstelle eines Objekts einer Basisklasse verwenden können. Das ist in C++ tatsächlich möglich:

– Ein **Objekt** einer *public* abgeleiteten Klasse kann man einem Objekt einer Basisklasse zuweisen. Dabei wird das Objekt der abgeleiteten Klasse in das Teilobjekt der Basisklasse konvertiert, das in der abgeleiteten Klasse enthalten ist.

8.3 Vererbung und Komposition

– Einen **Zeiger** auf ein Objekt einer abgeleiteten Klasse kann man einem Zeiger auf ein Objekt einer Basisklasse zuweisen. Der Zeiger auf das Objekt der abgeleiteten Klasse wird dann in einen Zeiger auf das Teilobjekt der Basisklasse konvertiert, das im Objekt der abgeleiteten Klasse enthalten ist.
– Eine **Referenz** auf eine Basisklasse kann mit einem Objekt einer abgeleiteten Klasse initialisiert werden.
– Eine Funktion mit einem **Parameter** eines Basisklassentyps kann mit einem Argument aufgerufen werden, dessen Typ eine abgeleitete Klasse ist. Der Parameter kann dabei ein Werteparameter, ein Zeiger oder eine Referenz sein.

Das sind die einzigen Konversionen, die der Compiler ohne eine benutzerdefinierte zwischen verschiedenen Klassen durchführt. Deshalb werden Klassen in der umgekehrten Reihenfolge (von der Basisklasse zur abgeleiteten Klasse) oder nicht voneinander abgeleitete Klassen nicht ineinander konvertiert.

Beispiele: Hier wird eine *public* von der Klasse *C2DPunkt* abgeleitete Klasse *C3DPunkt* vorausgesetzt. Außerdem sollen diese Variablen definiert sein:

```
C2DPunkt p2(1, 2);
C3DPunkt p3(3, 4, 5);

C2DPunkt* pp2 = new C2DPunkt(1, 2);
C3DPunkt* pp3 = new C3DPunkt(3, 4, 5);
```

1. Dann ist die Zuweisung

    ```
    p2 = p3;
    ```

    möglich. Dabei wird der Wert p3.z ignoriert. Die folgende Zuweisung wird dagegen vom Compiler zurückgewiesen:

    ```
    p3 = p2; // Fehler: Konversion nicht möglich
    ```

2. Auch von den nächsten beiden Zuweisungen ist nur die erste möglich:

    ```
    pp2 = pp3;
    pp3 = pp2; // Fehler: Konversion nicht möglich
    ```

3. Die Funktion *show* kann man nicht nur mit einem Argument des Datentyps *C2DPunkt*, sondern auch mit einem des Typs *C3DPunkt* aufrufen:

    ```
    void show(C2DPunkt p)
    {
      cout << p.toStr() << endl;
    }

    show(p2); // (1,2) mit p2 von oben
    show(p3); // (3,4) mit p3 von oben
    ```

Wie schon in Abschnitt 8.3.3 gezeigt wurde, führt der Aufruf einer nicht virtuellen Elementfunktion immer zum Aufruf der Funktion, die zum Datentyp des Objekts gehört, mit dem sie aufgerufen wird. Deshalb kann man eine nicht virtuelle Funktion aus einer abgeleiteten Klasse nicht über ein Objekt einer Basisklasse aufrufen. Das gilt auch dann, wenn die Funktion aus der Basisklasse in einer abgeleiteten Klasse verdeckt wird und wenn sie über einen Zeiger oder eine Referenz auf ein Objekt der abgeleiteten Klasse aufgerufen wird. In Abschnitt 8.4.2 wird aber gezeigt, wie genau das mit virtuellen Funktionen möglich ist.

Beispiel: Mit den Zeigern *pp2* und *pp3* aus dem letzten Beispiel erhält man mit den folgenden Anweisungen die jeweils als Kommentar aufgeführte Ausgabe für einen *C2DPunkt*:

```
pp2 = &p3;
pp2->toStr(); // (3,4)
```

Obwohl *pp2* wie *pp3* auf einen *C3DPunkt* zeigt, wird beim Aufruf über *pp2* nicht die Funktion *C3DPunkt::toStr* aufgerufen:

```
pp3->toStr(); // (3,4,5)
```

Auch der Aufruf der Funktion *show* führt unabhängig vom Datentyp des Arguments immer zum Aufruf der Funktion *C2DPunkt::toStr*:

```
show(p2); // (1,2)
show(p3); // (3,4)
```

Von einer Funktion, die wie *show* mit Argumenten verschiedener Klassen aufgerufen werden kann, erwartet man aber normalerweise, dass sie für jedes Argument das richtige Ergebnis hat. Das richtige Ergebnis wäre hier die Ausgabe aller Koordinaten des Arguments, und das würde man durch einen Aufruf der Elementfunktion des Arguments erreichen. Ein solches Ergebnis ist deshalb mit nicht virtuellen Funktionen nicht möglich.

Wenn eine Funktion aus einer Basisklasse in einer abgeleiteten Klasse verdeckt wird, entsteht beim Aufruf der Funktion über einen Zeiger oder eine Referenz auf ein Objekt der Basisklasse eventuell der falsche Eindruck, dass die Funktion aus der abgeleiteten Klasse aufgerufen wird, wenn der Zeiger oder die Referenz auf ein Objekt der abgeleiteten Klasse zeigt.

Beispiel: Da die Funktion *toStr* aus *C3DPunkt* die Funktion der Basisklasse verdeckt, erwartet man eventuell bei den beiden Aufrufen

```
pp2 = &p3;
pp2->toStr(); // (1,2)
show(p3); // (3,4)
```

dass die Funktion *toStr* aus der Klasse *C3DPunkt* aufgerufen wird, da *pp2* und das Argument von *show* auf ein Objekt dieser Klasse zeigen.

Um diesen falschen Eindruck zu verhindern, sollte man **verdeckte Funktionen vermeiden**. **Stattdessen** sollte man **virtuelle Funktionen** (siehe Abschnitt 8.4.2) verwenden, wenn man eine Funktion aus einer Basisklasse in einer abgeleiteten Klasse mit demselben Namen, aber mit anderen Anweisungen implementieren will.

8.3 Vererbung und Komposition

Aufgaben 8.3.7

1. Besteht zwischen den Konzepten unter a) bis d) eine „ist ein"- oder eine „hat ein"-Beziehung? Da es oft nicht einfach ist, sich für eine der beiden zu entscheiden, sollen Sie möglichst für beide Sichtweisen Argumente suchen.

   a) Automobil, Motor, Räder
   b) Katze, Hund, Tier
   c) Fahrzeug, Landfahrzeug, Wasserfahrzeug, Automobil, Segelboot
   d) Mitarbeiter, Abteilungsleiter, Sekretärin

2. Wieso gibt es keine implizite Konversion einer Basisklasse in eine abgeleitete Klasse?

8.3.8 Mehrfachvererbung und virtuelle Basisklassen

In allen bisherigen Beispielen hatte eine abgeleitete Klasse nur eine einzige direkte Basisklasse. Diese Art der Vererbung wird auch als **Einfachvererbung** (single inheritance) bezeichnet. In C++ ist es aber auch möglich, eine Klasse nicht nur aus einer Basisklasse abzuleiten, sondern aus mehreren:

```
class C1 {
  int a;
};

class C2 {
  int a;
};

class D : public C1, public C2 {
};
```

Diese Art der Vererbung bezeichnet man als **Mehrfachvererbung** (multiple inheritance). Wie in diesem Beispiel gibt man dabei mehrere Basisklassen einschließlich ihrer Zugriffsrechte nach dem „:" an und trennt sie durch Kommas. In der grafischen Darstellung der Klassenhierarchie zeigen dann zwei oder mehr Pfeile von der abgeleiteten Klasse auf ihre Basisklassen:

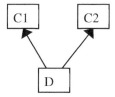

Die abgeleitete Klasse enthält wie bei einer Einfachvererbung alle Elemente der Basisklassen. Falls wie in diesem Beispiel mehrere Basisklassen Elemente desselben Namens enthalten, kann es leicht zu Mehrdeutigkeiten kommen. Spricht man z.B. in einer Elementfunktion von D das Element a an, ist ohne weitere Angaben nicht klar, ob es sich um das Element aus C1 oder das aus C2 handelt:

```
class D : public C1, public C2 {
  void f(int i)    // Dazu muss a in den Basisklassen
  {                // public oder protected sein.
    a = i; // error: mehrdeutiger Zugriff von "a": 'C1::a' und
  }                                             // 'C2::a'
};
```

Solche Mehrdeutigkeiten kann man durch eine Qualifizierung des Elementnamens mit dem Klassennamen auflösen:

```
class D : public C1, public C2 {
  void f(int i)
  {
    C1::a = i;
    C2::a = i + 1;
  }
};
```

Außerhalb einer Elementfunktion kann man die Elemente wie in der Funktion f ansprechen:

```
void f(D d, D* pd)
{
  d.C1::a = 17;
  pd->C1::a = 17;
}
```

Der Compiler prüft die Eindeutigkeit eines Namens vor den Zugriffsrechten auf diesen Namen. Deshalb kann man Mehrdeutigkeiten nicht dadurch verhindern, dass man die Elemente in der einen Basisklasse als *private* deklariert.

Eine Klasse kann keine mehrfache direkte Basisklasse einer abgeleiteten Klasse sein, da man dann die Elemente der Basisklassen nicht unterscheiden kann:

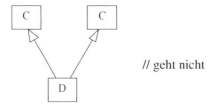
// geht nicht

Als indirekte Basisklasse kann dieselbe Klasse jedoch mehrfach vorkommen:

8.3 Vererbung und Komposition

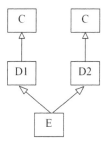

Hier enthält die Klasse E zwei Basisklassen des Typs C und deshalb alle Elemente von C doppelt. Falls C ein Element a enthält, kann man die beiden von C geerbten Elemente über D1 und D2 unterscheiden:

```
void f(E e, E* pe)
{
   e.D1::a = 17;      // nicht e.D1::C::a
   pe->D2::a = 17;    // nicht pe->D2::C::a
}
```

Manchmal möchte man allerdings nicht, dass ein Objekt einer mehrfach verwendeten Basisklasse mehr als einmal in einem Objekt der abgeleiteten Klasse enthalten ist. Damit eine Basisklasse von verschiedenen abgeleiteten Klassen gemeinsam benutzt wird, definiert man sie als **virtuelle Basisklasse**.

Eine mehrfach verwendete Basisklasse C ist eine virtuelle Basisklasse von F, wenn sie in allen Basisklassen von F als virtuell gekennzeichnet ist. Dazu gibt man vor oder nach dem Zugriffsrecht auf die Klasse das Schlüsselwort *virtual* an:

```
class D3 : virtual public C {
};

class D4 : public virtual C { // umgekehrte Reihenfolge
};

class F : public D3, public D4 {
};
```

Diese Klassenhierarchie wird durch das rechts abgebildete Diagramm dargestellt. Da die Klasse C in dieser Klassenhierarchie nur einmal an die Klasse F vererbt wird, ist das Element a in F eindeutig. Es ist nicht wie oben notwendig, beim Zugriff auf dieses Element anzugeben, von welcher Klasse es geerbt wurde:

```
void f(F f, F* pf)
{
   f.a = 17;         // f.D3::a=17 nicht notwendig
   pf->D4::a = 1;    // ebenfalls nicht notwendig, aber möglich
}
```

Ein Objekt einer virtuellen Klasse unterscheidet sich nicht von dem einer nicht virtuellen. Der Unterschied zwischen virtuellen und nicht virtuellen Basisklassen kommt erst dann zum Tragen, wenn eine virtuelle Klasse als Basisklasse einer weiteren Klasse verwendet wird.

Eine Klasse kann eine Basisklasse sowohl als virtuelle als auch als nicht virtuelle Basisklasse enthalten. Definiert man zusätzlich zu den Klassen C, D3, D4 und F noch die Klassen

```
class D5 : public C {
};

class G : public D3, public D4, public D5 {
};
```

erhält man das Hierarchiediagramm

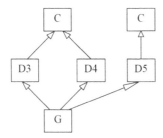

Die **Reihenfolge**, in der die Basisklassen bei der Definition einer Klasse angegeben werden, bestimmt die Reihenfolge, in der die Konstruktoren und Destruktoren aufgerufen werden: Die Konstruktoren werden in derselben und die Destruktoren in der umgekehrten Reihenfolge aufgerufen. Dabei werden die Konstruktoren der virtuellen Basisklassen vor den anderen aufgerufen.

Bei der Definition eines Objekts der Klasse G werden die Konstruktoren in der folgenden Reihenfolge aufgerufen:

```
C     // Konstruktor für die virtuelle Basisklasse C
D3
D4
C  // Konstruktor für die nicht virtuelle Basisklasse C
D5
G
```

Bei der einfachen *public* Vererbung wurde darauf hingewiesen (siehe Abschnitt 8.3.5), dass sie einer „ist ein"-Beziehung entspricht. Nach diesem Schema entspricht die mehrfache Vererbung einer „ist sowohl ein ... als auch ein .."-Beziehung (Booch 1994, S. 124).

8.3 Vererbung und Komposition

Da eine von zwei Klassen C1 und C2 abgeleitete Klasse im Sinne einer „ist ein"-Beziehung sowohl ein C1 als auch ein C2 ist, führt eine Mehrfachvererbung leicht dazu, dass die abgeleitete Klasse kein einziges, in sich geschlossenes Konzept mehr darstellt. Dieses Kriterium war aber in Abschnitt 8.1.6 als eines der wichtigsten dafür genannt worden, dass eine Klasse „gut" und einfach ist. Andererseits zeigt gerade das letzte Beispiel, dass sie doch nützlich sein kann.

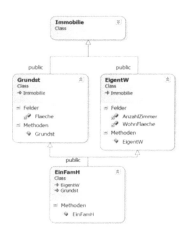

Mehrfache Vererbung war Gegenstand zahlreicher Kontroversen (siehe dazu z.B. Stroustrup, 1994, Abschnitt 12.6). Viele halten sie für zu kompliziert und bezweifeln ihren Nutzen. Stroustrup (1994, Abschnitt 2.1) hält sie für nicht besonders wichtig und insbesondere für wesentlich weniger wichtig als Templates oder das Exception-Handling.

Booch meint (1994, S. 64), dass mehrfache Vererbung oft unnötig verwendet wird. Meyers (1998, Item 43) illustriert das an einem umfangreichen Beispiel, für das zunächst eine Lösung mit einer Mehrfachvererbung naheliegend erscheint. Nach weiteren Überlegungen findet er aber eine wesentlich einfachere Lösung, die nur eine Einfachvererbung verwendet.

In den Programmiersprachen Smalltalk und Object Pascal gibt es keine Mehrfachvererbung. In Java und anderen modernen Programmiersprachen gibt es Mehrfachvererbung nur für sogenannte Interface-Klassen.

Aufgabe 8.3.8

1. Eine Klasse *Kreis* soll die Funktionen *Flaeche*, *Umfang* und *toStr* haben, und ein *C2DPunkt* die Funktionen *Abstand* und *toStr*. Vergleichen Sie die folgenden Design-Alternativen für eine Klasse, die einen Kreis zusammen mit seiner Position darstellt:

   a) Die Klasse *C2DKreis* soll durch Mehrfachvererbung von einem *Kreis* und einem *C2DPunkt* abgeleitet werden.
   b) Die Klasse *C2DKreis* soll einen *Kreis* und einen *C2DPunkt* als Element enthalten.
   c) Die Klasse *C2DKreis* soll von einem *Kreis* abgeleitet werden und einen *C2DPunkt* als Element enthalten.
   d) Die Klasse *C2DKreis* soll wie in Aufgabe 8.2.2, 3. den Radius und die Position des Kreises als Element des Typs *C2DPunkt* enthalten.

   Definieren Sie die Klassen in a) bis d) mit Konstruktoren, die wie in Aufgabe 8.2.2, 3. aufgerufen werden können. Welche dieser Alternativen ist am besten geeignet, einen Kreis mit seiner Position darzustellen?

8.4 Virtuelle Funktionen, späte Bindung und Polymorphie

Ein entscheidender Unterschied zwischen objektorientierten und nicht objektorientierten Sprachen ist die Möglichkeit, Aufrufe von Elementfunktionen nicht schon zum Zeitpunkt der Kompilation aufzulösen, sondern erst während der Laufzeit des Programms. Die dazu verwendete Technik wird als **späte Bindung** bezeichnet. Elementfunktionen, die diese Technik verwenden, heißen in C++ **virtuelle Elementfunktionen**.

8.4.1 Der statische und der dynamische Datentyp

Im Zusammenhang mit virtuellen Funktionen ist immer wieder der Begriff **dynamischer Datentyp** nützlich. Dieser unterscheidet sich nur bei einem Zeiger oder einer Referenz auf ein Objekt vom statischen Datentyp. Der dynamische Datentyp ist bei einem Zeiger der Datentyp des Objekts, auf den der Zeiger zeigt. Bei einer Referenz ist er der Datentyp des Objekts, mit dem die Referenz initialisiert wird. Der dynamische Datentyp kann sich während der Laufzeit eines Programms ändern, da einem Zeiger auf eine Basisklasse auch ein Zeiger auf ein Objekt einer abgeleiteten Klasse zugewiesen werden kann. Eine Referenz kann mit einem Objekt einer abgeleiteten Klasse initialisiert werden.

Wenn man explizit zum Ausdruck bringen will, dass man mit dem Begriff „Datentyp" nicht den dynamischen Datentyp meint, spricht man vom **statischen Datentyp**. Mit dem Begriff „Datentyp" (ohne das Attribut „dynamisch") ist meist der statische Datentyp gemeint. Dieser ergibt sich allein aus einer Deklaration und verändert sich während der Laufzeit eines Programms nicht.

Beispiel: Wenn D eine von C abgeleitete Klasse ist, haben die folgenden Objekte den als Kommentar angegebenen statischen Datentyp:

```
C c;    // C
C* pc;  // Zeiger auf C
D d;    // D
D* pd;  // Zeiger auf D
```

Nach der Zuweisung

```
pc = &d;
```

hat pc den dynamischen Datentyp „Zeiger auf D" und nach

```
pc = &c;
```

„Zeiger auf C". Der statische Datentyp wird durch keine dieser Zuweisungen verändert.

Bei einem Referenzparameter ist der dynamische Datentyp der Datentyp des Arguments, mit dem die Funktion aufgerufen wird. Dieser ergibt sich erst beim Aufruf der Funktion und nicht schon bei ihrer Definition.

8.4 Virtuelle Funktionen, späte Bindung und Polymorphie

Beispiel: Wenn die Funktion f mit einem Argument aufgerufen wird, dessen Datentyp eine von C abgeleitete Klasse ist, ist der dynamische Datentyp von c in f der des Arguments:

```
void f(const C& c)
{
  // der dynamische Datentyp von c ist der Datentyp
  // des Arguments, mit dem f aufgerufen wird.
}
```

8.4.2 Virtuelle Funktionen in C++03

Eine mit dem Schlüsselwort *virtual* gekennzeichnete Elementfunktion wird als **virtuelle Funktion** bezeichnet. Wenn dann in einer abgeleiteten Klasse eine Funktion

- mit demselben Namen,
- derselben Parameterliste und
- im Wesentlichen demselben Datentyp des Funktionswertes

wie eine virtuelle Funktion einer direkten oder indirekten Basisklasse definiert wird, ist diese **ebenfalls virtuell**. Man sagt dann, dass die Funktion in der abgeleiteten Klasse die der Basisklasse **überschreibt**. Falls die Funktion in der abgeleiteten Klasse nur denselben Namen, aber eine andere Parameterliste hat, überschreibt sie die Funktion der Basisklasse dagegen nicht, sondern **verdeckt** sie.

Beispiel: Sowohl C::f als auch E::f sind virtuelle Funktionen, da E::f dieselbe Parameterliste wie C::f hat. Dagegen ist D::f nicht virtuell, da diese Funktion eine andere Parameterliste hat und deshalb C::f verdeckt:

```
struct C {
  virtual void f() {};
};

struct D : public C {
  void f(int i) {};
};

struct E : public D {
  void f() {};
};
```

Dieses Beispiel zeigt insbesondere, dass E::f die Funktion C::f überschreibt, obwohl D eine Funktion mit dem Namen f enthält, die C::f verdeckt.

In einer überschreibenden Funktion ist die Angabe *virtual* zulässig, aber **ohne** jede **Bedeutung**. Deswegen hätte man im letzten Beispiel *virtual* ebenso gut auch bei der Funktion f in der Klasse E angeben können:

```cpp
struct E : public D {
  virtual void f() {};
};
```

8.4.3 Virtuelle Funktionen mit *override* in C++11

In C++03 wird eine virtuelle Funktion durch eine Funktion in einer abgeleiteten Klasse überschrieben, wenn diese denselben Namen, denselben Rückgabetyp und dieselbe Parameterliste hat. Da die überschreibende virtuelle Funktion nicht explizit als virtuell gekennzeichnet sein muss, muss man eventuell in den Basisklassen nachschauen, um herauszufinden, ob sie virtuell ist. Außerdem kann eine Änderung der Parameterliste dazu führen, dass eine Funktion nach der Änderung nicht mehr virtuell ist. Das ist umständlich und kann leicht zu Fehlern führen.

Diese Probleme lassen sich in C++11 mit **override** vermeiden (ab Visual Studio 2012). Dieser Bezeichner wird nach der Parameterliste einer Funktion angegeben und hat denselben Effekt wie *virtual*. Falls diese Funktion aber keine virtuelle Funktion einer Basisklasse überschreibt (z.B. weil es keine virtuelle Funktion mit demselben Namen, demselben Rückgabetyp und derselben Parameterliste gibt), erzeugt der Compiler eine Fehlermeldung.

In einer Funktion mit der Angabe *override* kann auch noch *virtual* angegeben werden. Diese zusätzliche Angabe hat aber keine Auswirkungen.

Beispiel: Die Beispiele aus dem letzten Abschnitt mit *override*:

```cpp
struct C {
  virtual void f() {};
};

struct D : public C {
  void f(int i) {};
};

struct E : public D {
  virtual void f() override  {};
};
```

Hier kann man bei E::f *virtual* auch weglassen.

```cpp
struct E : public D {
  void f() override {};
};
```

Würde man hier D so

```cpp
struct D : public C {
  virtual void f(int i) override {};
  virtual void h() override {}
};
```

8.4 Virtuelle Funktionen, späte Bindung und Polymorphie

definieren, würde der Compiler mit einer Fehlermeldung wie „Eine mit "override" deklarierte Memberfunktion überschreibt keinen Basisklassenmember" darauf hinweisen, dass es keine Basisklasse gibt, von der f und h die Elementfunktionen überschreiben kann. Ohne die Angabe *override* in D würden alle Funktionen akzeptiert.

override ist ein sogenanntes kontextsensitives Schlüsselwort. Diese Kategorie von Schlüsselworten ist neu in C++11. Sie haben ihre Bedeutung nur in einem bestimmten Kontext. So hat *override* die Auswirkung, eine virtuelle Funktion zu überschreiben, nur, wenn es in einem Funktionskopf angegeben wird. In einem anderen Kontext kann es beliebig verwendet werden, z.B. als Name einer Variablen.

Virtuelle Funktionen werden vererbt. Deshalb ist eine virtuelle Funktion aus einer Basisklasse, die in einer abgeleiteten Klasse nicht überschrieben wird, auch eine virtuelle Funktion der abgeleiteten Klasse.

Beispiel: In der Klassenhierarchie im letzten Beispiel ist auch C::f eine virtuelle Funktion von D, da C::f in D nicht überschrieben wird.

Der Aufruf einer **virtuellen Funktion** über einen Zeiger oder eine Referenz führt immer zum Aufruf der Funktion, die zum **dynamischen Datentyp** des Zeigers oder der Referenz gehört. Das ist der wesentliche Unterschied zu einer **nicht virtuellen Funktion**, die immer über den **statischen Datentyp** des verwendeten Objekts aufgerufen wird.

Beispiel: Mit den Klassen aus dem letzten Beispiel werden nach den folgenden Zuweisungen die jeweils als Kommentar angegebenen Funktionen aufgerufen:

```
C* pc = new C; // stat. DT von pc: Zeiger auf C

pc->f();    // C::f
pc = new E; // dyn. Datentyp von pc: Zeiger auf E
pc->f();    // E::f
C c;
pc = &c;    // dyn. Datentyp von pc: Zeiger auf C
pc->f();    // C::f
```

Wäre die Funktion f hier nicht virtuell, würde immer die Funktion *C::f* aufgerufen, da *pc* den statischen Datentyp „Zeiger auf C" hat.

Da die Funktion f in D nicht überschrieben wird, ist die letzte überschreibende Funktion von f in der Klasse D die Funktion *C::f*. Der folgende Aufruf führt deshalb zum Aufruf von *C::f*:

```
D d;
pc = &d;    // dyn. Datentyp von pc: Zeiger auf D
pc->f();    // C::f
```

Die so aufgerufene Funktion wird auch als „**letzte überschreibende Funktion**" bezeichnet:

- Falls die aufgerufene Funktion im dynamischen Datentyp definiert wird, ist diese Funktion die letzte überschreibende Funktion.
- Andernfalls muss die aufgerufene Funktion in einer Basisklasse definiert sein. Dann ist die letzte überschreibende Funktion die erste Funktion, die man ausgehend vom dynamischen Datentyp in der nächsten Basisklasse findet.

Wenn eine virtuelle Funktion nicht über einen Zeiger oder eine Referenz, sondern über ein **„gewöhnliches" Objekt** aufgerufen wird, führt das zum **Aufruf** der Funktion, die zum statischen Datentyp gehört.

Beispiel: Die Objekte c und e sind weder Zeiger noch Referenzen. Deshalb wird immer die Funktion aufgerufen, die zum statischen Typ gehört:

```
E e;
C c = e; // statischer Datentyp von c: C
c.f(); // C::f(&c)
```

Dasselbe Ergebnis würde man auch beim Aufruf über einen Zeiger oder eine Referenz erhalten, wenn f nicht virtuell wäre.

Da die beim Aufruf einer virtuellen Funktion aufgerufene Funktion immer vom aktuellen Objekt abhängt, können nur Funktionen virtuell sein, die in Verbindung mit einem Objekt aufgerufen werden müssen. Das sind gerade die nicht statischen **Elementfunktionen**. Gewöhnliche (globale) Funktionen, statische Elementfunktionen oder *friend*-Funktionen können nicht virtuell sein.

Der Aufruf einer virtuellen Funktion über einen Zeiger oder eine Referenz unterscheidet sich also grundlegend von dem einer nicht virtuellen Funktion:

- Der Aufruf einer nicht virtuellen Funktion wird bereits bei der Kompilation in den Aufruf der Funktion übersetzt, die sich aus dem Datentyp des entsprechenden Objekts ergibt. Da diese Zuordnung bereits bei der Kompilation stattfindet, wird sie auch als **frühe Bindung** bezeichnet.
- Im Unterschied dazu ergibt sich diese Zuordnung beim Aufruf einer virtuellen Funktion nicht schon bei der Kompilation, sondern erst während der Laufzeit. Deshalb bezeichnet man diese Zuordnung auch als **späte Bindung**.

Da sich der dynamische Datentyp eines Objekts während der Laufzeit eines Programms ändern kann, kann derselbe Funktionsaufruf zum Aufruf von verschiedenen Funktionen führen. Dieses Verhalten virtueller Funktionen wird auch als **Polymorphie** („viele Formen") bezeichnet.

Im Unterschied zu nicht virtuellen Funktionen kann man also beim Aufruf einer virtuellen Funktion dem Quelltext nicht entnehmen, welche Funktion tatsächlich aufgerufen wird. Um die damit verbundene Gefahr von Unklarheiten zu vermeiden, muss der Name aller der Funktionen, die eine virtuelle Funktion überschreiben, für alle Funktionen zutreffend sein. Deshalb sollte eine Funktion nur durch solche Funktionen überschrieben werden, die dieselben Aufgaben haben, und für die deshalb auch derselbe Name angemessen ist. Siehe Abschnitt 8.4.7 und 8.4.9.

8.4 Virtuelle Funktionen, späte Bindung und Polymorphie

Der **typische Einsatzbereich** von virtuellen Funktionen ist eine Klassenhierarchie, in der die verschiedenen Klassen Funktionen mit derselben Aufgabe und derselben Schnittstelle haben, wobei die Aufgabe in jeder Klasse durch unterschiedliche Anweisungen gelöst wird. Definiert man dann jede dieser Funktionen mit den für die jeweilige Klasse richtigen Anweisungen virtuell, wird beim Aufruf einer solchen Funktion über einen Zeiger oder eine Referenz automatisch **immer „die richtige" Funktion** aufgerufen.

In der folgenden Klassenhierarchie haben die beiden Klassen *C2DPunkt* und *C3DPunkt* eine solche Funktion *toStr*. Diese hat in beiden Klassen dieselbe Aufgabe, einen Punkt durch einen String darzustellen. Wegen der unterschiedlichen Anzahl von Koordinaten sind dafür aber in den beiden Klassen verschiedene Anweisungen notwendig:

```cpp
class C2DPunkt {
  double x, y;
public:
  C2DPunkt(double x_ = 0, double y_ = 0) :x(x_), y(y_) {}

  double X() const { return x; }
  double Y() const { return y; }

  virtual string toStr() const
  {
    return "(" + std::to_string(x) + "|" + std::to_string(y) + ")";
  } // z.B. (2,345|3,45678)

  void anzeigen() const
  {
    cout << toStr() << endl;
  }

};

class C3DPunkt :public C2DPunkt {
  double z;
public:
  C3DPunkt(double x_ = 0, double y_ = 0, double z_ = 0) :C2DPunkt(x_,
                                                       y_), z(z_) {}

  double Z() const { return z; }

  string toStr() const override
  {
    return "(" + std::to_string(X()) + "|"
              +std::to_string(Y())+"|"+std::to_string(z)+")";
  } // z.B. (2,345|3,45678)

  void anzeigen() const
  {
    cout << toStr() << endl;
  }
};
```

Diese Klassen unterscheiden sich von denen in Abschnitt 8.3.4 nur durch die Worte „virtual" und „override". Diese kleine Änderung hat zur Folge, dass bei den folgenden Beispielen immer automatisch „die richtige" Funktion aufgerufen wird:

1. In einem Container (z.B. einem Array oder einem Vektor) mit Zeigern auf Objekte einer Basisklasse kann man auch **Zeiger auf Objekte** einer abgeleiteten Klasse ablegen:

    ```
    const int n = 2;
    C2DPunkt*a[n] = { new C2DPunkt(1,2),new C3DPunkt(1,2,3) };
    ```

    Obwohl die Elemente des Containers auf Objekte verschiedener Klassen zeigen, kann man alle in einer einzigen Schleife bearbeiten:

    ```
    for (int i = 0; i < n; ++i)
      cout << a[i]->toStr() << endl;
    ```

    Da hier eine virtuelle Funktion aufgerufen wird, erhält man die Ausgabe:

    ```
    (1|2)
    (1|2|3)
    ```

2. In einer Funktion ist der dynamische Datentyp eines **Referenzparameters** der Datentyp des Arguments, mit dem die Funktion aufgerufen wird. Der Aufruf einer virtuellen Funktion des Parameters führt so zum Aufruf der entsprechenden Funktion des Arguments. Deshalb wird beim Aufruf der Funktion

    ```
    void show(const C2DPunkt& p) // Der dynamische
    { // Datentyp von p ist der Datentyp des Arguments.
      cout << p.toStr() << endl;
    }
    ```

    die Elementfunktion *toStr* des Arguments aufgerufen. Mit den folgenden Anweisungen erhält man so dieselbe Ausgabe wie im letzten Beispiel:

    ```
    C2DPunkt p2(1, 2);
    C3DPunkt p3(1, 2, 3);
    show(p2); // ruft C2DPunkt::toStr auf
    show(p3); // ruft C3DPunkt::toStr auf
    ```

    Da der Parameter p in *show* als konstanter Referenzparameter übergeben wird, muss die mit p aufgerufene Funktion *const* sein (siehe Abschnitt 8.2.12).

Wäre die Funktion *toStr* hier nicht virtuell, würde sie auch beim Aufruf mit einem Zeiger auf eine abgeleitete Klasse die Werte zur Basisklasse ausgeben:

```
C2DPunkt* pp2 = new C3DPunkt(1, 2, 3);
pp2->toStr();// nicht virtuell: Aufruf von C2DPunkt::toStr
```

Das war gerade das Beispiel aus Abschnitt 8.3.7. Mit der virtuellen Funktion *toStr* erhält man also die richtigen Werte. Deshalb kann die Hierarchie der Klassen *C2DPunkt* usw. mit der virtuellen Funktion *toStr* sinnvoll sein, obwohl in Abschnitt 8.3.5 festgestellt wurde, dass sie

8.4 Virtuelle Funktionen, späte Bindung und Polymorphie

nicht unbedingt eine „ist ein"-Beziehung darstellt. In Abschnitt 8.4.9 werden wir eine weitere Hierarchie betrachten, bei der dann zwischen den Klassen eine „ist ein"-Beziehung besteht.

Polymorphie ermöglicht also, in einer Klassenhierarchie erst zur Laufzeit zu entscheiden, welche Funktion aufgerufen wird, und schon während der Kompilation.

Offensichtlich ist die Polymorphie von virtuellen Funktionen eine der wichtigsten Eigenschaften objektorientierter Programmiersprachen. Deshalb ist in vielen anderen objektorientierten Sprachen (z.B. Java) späte Bindung die **Voreinstellung** für alle Elementfunktionen. Auch die Unified Modelling Language (UML) geht davon aus, dass alle Funktionen mit derselben Signatur in einer Klassenhierarchie normalerweise polymorph sind. Meyer (1997, S. 513-515) kritisiert heftig, dass in C++ frühe Bindung die Voreinstellung ist und dass man späte Bindung nur mit der zusätzlichen Angabe *virtual* erhält. Da sich ein Programmierer oft darauf verlässt, dass die Voreinstellungen einer Sprache richtig sind, entsteht der Eindruck, dass späte Bindung etwas Spezielles ist. Mit früher Bindung ist aber die Gefahr von Fehlern wie bei der Funktion *toStr* verbunden. Er empfiehlt deshalb, alle Elementfunktionen virtuell zu definieren, falls es nicht einen expliziten Grund gibt, der dagegenspricht.

Für den Einsatz von virtuellen Funktionen müssen die folgenden **Voraussetzungen** erfüllt sein:

1. Die Funktionen müssen **Elementfunktionen einer Klassenhierarchie** sein. Ohne Vererbung ist auch keine Polymorphie möglich. Falls eine virtuelle Funktion in einer abgeleiteten Klasse nicht überschrieben wird, unterscheidet sich ihr Aufruf nicht von dem einer nicht virtuellen Funktion.
2. Die virtuellen Funktionen müssen **dieselbe Schnittstelle** haben.
3. Der Aufruf der virtuellen Funktionen muss **über Zeiger oder Referenzen** erfolgen. Deshalb werden Objekte oft über Zeiger angesprochen, obwohl ansonsten kein Grund dazu besteht.
4. Sowohl die Klassenhierarchie als auch die virtuellen Funktionen müssen gefunden werden. Dafür ist meist ein umfassenderes Verständnis des Problems und eine **gründlichere Problemanalyse** notwendig als für eine Lösung, die diese Techniken nicht verwendet. Eine falsche oder unpassende Hierarchie kann die Lösung eines Problems aber behindern.

Die Ausführungen über objektorientierte Analyse und objektorientiertes Design haben gezeigt, dass weder die Klassen noch ihre Hierarchien vom Himmel fallen. Allerdings wird in den nächsten Abschnitten gezeigt, wie man solche Hierarchien oft systematisch konstruieren kann.

Der direkte Aufruf einer virtuellen Funktion führt nur dann zum Aufruf der letzten überschreibenden Funktion, wenn dieser Aufruf über einen Zeiger oder eine Referenz erfolgt. Beim **Aufruf** einer virtuellen Funktion **in einer Elementfunktion** derselben Klasse wird die zugehörige letzte überschreibende Funktion aber auch dann aufgerufen, wenn die Elementfunktion über ein Objekt aufgerufen wird, das kein Zeiger oder keine Referenz ist. Der Grund dafür ist, dass der Aufruf einer Elementfunktion immer über den *this*-Zeiger erfolgt (siehe Abschnitt 8.1.4), und deshalb jeder Aufruf einer Elementfunktion immer ein Aufruf über einen Zeiger ist.

Beispiel: Die Funktion g der Klasse C

```
struct C {
  void g() { f(); };
  virtual void f() {};
} c;

E e;
```

wird vom Compiler folgendermaßen übersetzt:

```
void g(C* this)
{
  this->f();
};
```

Beim Aufruf einer solchen Funktion wird dann der Zeiger auf das aktuelle Objekt als Argument für den *this*-Parameter übergeben:

```
c.g(); // C::f(&c)
e.g(); // E::f(&e)
```

Obwohl f hier jedes Mal über ein Objekt (und nicht über einen Zeiger oder eine Referenz) aufgerufen wird, ruft diese beim ersten Aufruf eine andere Funktion auf als beim zweiten Aufruf.

Ergänzt man die Klasse *C2DPunkt* um eine nicht virtuelle Funktion *anzeigen*, die die virtuelle Funktion *toStr* der Klassenhierarchie aufruft

```
void C2DPunkt::anzeigen() // nicht virtuell
{
  cout << toStr() << endl;
};
```

führt der Aufruf von *anzeigen* dann zum Aufruf der Funktion *toStr*, die zum dynamischen Datentyp des *this*-Zeigers gehört. Das ist gerade der Datentyp des Objekts, mit dem *anzeigen* aufgerufen wird:

```
C2DPunkt p2(1, 2);
C3DPunkt p3(1, 2, 3);
p2.anzeigen(); // ruft p2->toStr() auf
p3.anzeigen(); // ruft p3->toStr() auf
```

Auf diese Weise kann man virtuelle Funktionen auch über „gewöhnliche" Variablen aufrufen, ohne dass dafür Zeiger oder Referenzen notwendig sind.

Virtuelle Funktionen können auch in *final* Klassen definiert werden, obwohl es dann keine Möglichkeit gibt, sie in einer abgeleiteten Klasse zu überschreiben.

8.4 Virtuelle Funktionen, späte Bindung und Polymorphie

Die Angabe *final* ist nicht nur bei einer Klasse (siehe Abschnitt 8.3.2), sondern auch bei einer virtuellen Funktion möglich. Dann kann diese Funktion in einer abgeleiteten Klasse nicht überschrieben werden.

Beispiel: Die Funktion f kann in einer abgeleiteten Klasse nicht überschrieben werden:

```
class Basisklasse {
public:
  virtual void f() final {};
};
```

Aufgabe 8.4.3

1. Welche Methoden der Klasse D werden kompiliert:

   ```
   class C
   {
     virtual void f0();
     virtual void f1() const;
     virtual void f2(int = 0);
     virtual int f3(int);
     void f4();
     virtual C& f5();
   };

   class D : public C
   {
     void f0() override;
     virtual void f1() override;
     virtual void f2(int) override;
     virtual int f3(int = 0) override;
     void f4() override;
     D& f5() override;
   };
   ```

2. Überarbeiten Sie die Klassen *C1DPunkt*, *C2DPunkt* und *C3DPunkt* der Lösung von Aufgabe 8.3.4, 2. so, dass die in jeder Klasse definierte Funktion *toStr* virtuell ist.

   a) Rufen Sie *toStr* nacheinander über einen einzigen Zeiger auf ein Objekt der Basisklasse auf, der nacheinander auf ein Objekt der Klassen *C1DPunkt*, *C2DPunkt* und *C3DPunkt* zeigt. Verfolgen Sie im Debugger (schrittweise Ausführung mit *F11*), welche der Funktionen *toStr* dabei aufgerufen werden.
   b) Schreiben Sie eine Funktion *show*, die mit Argumenten der Typen *C1DPunkt*, *C2DPunkt* und *C3DPunkt* aufgerufen werden kann und jeweils den Rückgabewert der Elementfunktion *toStr* ausgibt.
   c) Ergänzen Sie die Klasse *C1DPunkt* (aber nicht die Klassen *C2DPunkt* und *C3DPunkt*) um eine nicht virtuelle Elementfunktion *anzeigen*, die *toStr()* ausgibt. Rufen Sie *anzeigen* mit Objekten der Typen *C1DPunkt*, *C2DPunkt* und *C3DPunkt* auf.
   d) Erweitern Sie diese Klassen um Funktionen, die die Länge eines Punktes (d.h. seinen Abstand vom Nullpunkt) zurückgeben:

- bei *C1DPunkt*: Absolutbetrag von x
- bei *C2DPunkt*: sqrt(x*x + y*y);
- bei *C3DPunkt*: sqrt(x*x + y*y + z*z)

3. Ein Programm soll eine Klassenhierarchie wie

```
class C {
public:
  virtual string f(int x)
  {
    return "C::f";
  }
};

class D :public C
{
public:
  virtual string f(int x)
  {
    return "D::f";
  }
};
```

enthalten. Nach einiger Zeit stellt man dann fest, dass man die Parameterübergabe in f optimieren kann, wenn man die Parameterliste von

```
f(int x)
```

zu

```
f(const int& x)
```

ändert. Da die Quelltexte von C und D in verschiedenen Dateien enthalten sind, wird aber vergessen, die Parameterliste von f in D entsprechend abzuändern.

a) Wie wirkt sich diese Änderung auf den Aufruf der Funktion

```
void test()
{
  C* pc = new D();
  cout << pc->f(1) << endl;
}
```

aus?

b) Wie kann man solche unbeabsichtigten Effekte vermeiden?

8.4.4 Die Implementierung von virtuellen Funktionen: *vptr* und *vtbl*

Betrachten wir noch zwei Beispiele zur **letzten überschreibenden Funktion**:

8.4 Virtuelle Funktionen, späte Bindung und Polymorphie

Beispiel: Die Klassen C, D und E unterscheiden sich von denen in dem Beispiel von Abschnitt 8.3.3 nur dadurch, dass alle Funktionen außer C::f3 virtuell sind:

```
struct C {
  virtual void f1() {};
  virtual void f2() {};
  void f3() {}; // nicht virtuell
};

struct D : public C {
  void f1() override {};
  virtual void f3() {};
};

struct E : public D {
  void f1() override {};
};
```

Dann stellen die folgenden Tabellen die über ein Objekt des jeweiligen dynamischen Datentyps aufgerufenen virtuellen Funktionen dar.

a) Nach der nächsten Definition hat *pc* den statischen Datentyp „Zeiger auf C". Der dynamische Datentyp ändert sich mit jeder der folgenden Zuweisungen:

```
C* pc = new C;//dynamischer Datentyp: Zeiger auf C
pc = new D;   //dynamischer Datentyp: Zeiger auf D
pc = new E;   //dynamischer Datentyp: Zeiger auf E
```

Ein Aufruf der virtuellen Funktionen

```
pc->f1();
pc->f2();
```

führt dann in Abhängigkeit vom dynamischen Datentyp von *pc* zum Aufruf der in der Tabelle angegebenen Funktion:

	C
f1	C::f1
f2	C::f2

	D
f1	D::f1
f2	C::f2

	E
f1	E::f1
f2	C::f2

Der Aufruf von f3 führt dagegen immer zum Aufruf von C::f3, da f3 keine virtuelle Funktion ist und der Aufruf solcher Funktionen immer über den statischen Datentyp aufgelöst wird.

b) Nach der nächsten Definition hat *pd* hat den statischen Datentyp „Zeiger auf D" und den jeweils als Kommentar angegebenen dynamischen Datentyp.

```
D* pd = new D;//dynamischer Datentyp: Zeiger auf D
pd = new E;   //dynamischer Datentyp: Zeiger auf E
```

Der Aufruf von

```
pd->f1();
pd->f2();
pd->f3();
```

führt dann zum Aufruf der in der Tabelle angegebenen Funktion:

	D
f1	D::f1
f2	C::f2
f3	D::f3

	E
f1	E::f1
f2	C::f2
f3	D::f3

Im Unterschied zu a) wird hier auch der Aufruf von *f3* über den dynamischen Datentyp aufgelöst, da *f3* in D eine virtuelle Funktion ist.

Diese Tabellen enthalten die letzte überschreibende Funktion zum jeweiligen dynamischen Datentyp. Sie entsprechen im Wesentlichen den Tabellen in Abschnitt 8.3.3, mit denen die Bedeutung eines Namens in einer Klassenhierarchie gezeigt wurde. Diese ergab sich aus dem statischen Datentyp.

Für viele Anwendungen von virtuellen Funktionen sind die Ausführungen im letzten Abschnitt ausreichend. Gelegentlich ist es aber doch hilfreich, wenn man sich vorstellen kann, wie diese intern realisiert werden. Da diese interne Realisierung im C++-Standard nicht festgelegt ist, muss kein Compiler so vorgehen, wie das anschließend beschrieben wird. Allerdings gehen viele, wenn nicht sogar alle Compiler nach diesem Schema vor.

Späte Bindung kann folgendermaßen realisiert werden:

1. Für jede Klasse mit virtuellen Funktionen legt der Compiler eine **Tabelle** mit den Adressen **der virtuellen Funktionen** (die *virtual function table* oder ***vtbl***) an. Diese Tabellen können nach diesem einfachen Schema konstruiert werden:

   - Für eine Basisklasse werden die Adressen der virtuellen Funktionen eingetragen.
   - Für eine abgeleitete Klasse wird zuerst die Tabelle der direkten Basisklasse kopiert. Dann werden die Adressen der entsprechenden virtuellen Funktionen in dieser Tabelle überschrieben. Außerdem wird die Tabelle um die in der abgeleiteten Klasse definierten virtuellen Funktion ergänzt.

Beispiel: Für die Klassen C, D und E aus dem letzten Beispiel

```
struct C {
  virtual void f1() {};
  virtual void f2() {};
  void f3() {}; // nicht virtuell
};

struct D : public C {
  void f1() override {};
  virtual void f3() {};
};
```

8.4 Virtuelle Funktionen, späte Bindung und Polymorphie

```
struct E : public D {
  void f1() override {};
};
```

erhält man so folgenden Tabellen:

	C
f1	C::f1
f2	C::f2

	D
f1	D::f1
f2	C::f2
f3	D::f3

	E
f1	E::f1
f2	C::f2
f3	D::f3

Das sind aber gerade die Tabellen, in den im Beispiel des letzten Abschnitts die aufgerufenen Funktionen dargestellt wurden.

2. In jedem Objekt einer Klasse mit virtuellen Funktionen legt der Compiler einen Zeiger auf die *vtbl* seiner Klasse an. Dieser Zeiger wird auch als **vptr** (*virtual table pointer*) bezeichnet.

   Beispiel: Ein Objekt einer Klasse mit virtuellen Funktionen unterscheidet sich von dem einer Klasse ohne virtuelle Funktionen um die zusätzliche Adresse für den *vptr*. Deshalb ist ein Objekt der Klasse C2 um die für einen Zeiger notwendigen Bytes größer Wert als eines von C1:

   ```
   class C1 { // sizeof(C1)=4 (bei 32-bit Windows)
     void f() {};
     int i;
   };

   class C2 { // sizeof(C2)=8 (bei 32-bit Windows)
     virtual void f() {};
     int i;
   };
   ```

   Da ein Konstruktor die Aufgabe hat, alle Datenelemente eines Objekts zu initialisieren, erzeugt der Compiler für jeden Konstruktor Anweisungen, die den *vptr* mit der Adresse seiner *vtbl* initialisieren. Diese Initialisierung ist einer der wesentlichen Unterschiede zwischen einem Konstruktor und einer Funktion.

3. Wenn der Aufruf einer virtuellen Funktion über einen Zeiger oder eine Referenz erfolgt, wird er in einen Aufruf der entsprechenden Funktion aus der *vtbl* übersetzt, auf die der *vptr* im aktuellen Objekt zeigt.

   Beispiel: Die *vtbl* ist ein Array von Funktionszeigern. Bezeichnet man den *vptr* mit seiner Adresse als *vptr* und den zu einer virtuellen Funktion f gehörenden Index mit i, wird der Aufruf p->f() vom Compiler folgendermaßen behandelt:

   ```
   vptr[i](p); // p ist das Argument für this
   ```

Eine virtuelle Funktion gehört also über den *vptr* zu einem Objekt. Man kann das auch so sehen, dass **ein Objekt seine virtuellen Funktionen „enthält"**.

Der **indirekte Funktionsaufruf** ist der wesentliche Unterschied zwischen dem Aufruf einer virtuellen und dem einer nicht virtuellen Funktion. Über diesen wird die späte Bindung eines Funktionsaufrufs an die aufgerufene Funktion realisiert.

Durch die indirekte Sprungtechnik sind virtuelle Elementfunktionen etwas langsamer als nicht virtuelle. Außerdem werden virtuelle Funktionen **nicht *inline*** expandiert. Der Laufzeitunterschied zwischen einer virtuellen und einer nicht virtuellen Funktion dürfte aber bei den meisten Programmen nicht ins Gewicht fallen. Die folgenden Zeiten wurden mit den Funktionen in der ersten Spalte gemessen. Sie zeigen, dass der zusätzliche Zeitaufwand für den indirekten Aufruf bei virtuellen Funktionen im Nanosekundenbereich liegt und kaum spürbar ist:

Visual C++ 2017, Release Build 10 000 000 Aufrufe	virtuelle Funktion	nicht virtuelle Funktion
int fi(int x) {return x+17;};	0,019 Sek.	0,016 Sek.
double fd(double x) {return x+17;};	0,09 Sek.	0,06 Sek.
double fx(double x) {return sin(x+17);};	0,43 Sek.	0,41 Sek.

Im Zusammenhang mit virtuellen Funktionen zeigt sich insbesondere, wie wichtig es ist, dass jedes Objekt durch den Aufruf eines Konstruktors initialisiert wird. Nur so ist gewährleistet, dass jede virtuelle Funktion über einen initialisierten *vptr* aufgerufen wird. Deshalb wird in C++ auch so genau darauf geachtet, dass **jedes Objekt durch den Aufruf eines Konstruktors initialisiert wird**. Das gilt sowohl für ein eigenständiges Objekt als auch für ein Teilobjekt, das als Datenelement oder als Basisklasse in einem Objekt enthalten ist:

– Mit einem Elementinitialisierer kann ein Teilobjekt mit einem seiner Konstruktoren initialisiert werden.
– Gibt man bei der Definition eines Objekts keine Argumente für einen Konstruktor an, wird es immer mit seinem Standardkonstruktor initialisiert.

Polymorphie ist **nur über Zeiger** möglich. Das ist nicht nur in C++ so. Da ein Objekt d einer abgeleiteten Klasse D mehr Elemente als ein Objekt c einer Basisklasse C haben kann, können bei einer Zuweisung

```
c = d;
```

nicht alle Elemente von d nach c kopiert werden. Wenn der Aufruf einer virtuellen Funktion von C nach einer solchen Zuweisung zum Aufruf einer überschreibenden Funktion aus der abgeleiteten Klasse D führen würde, könnte diese Funktion auf Elemente ihrer Klasse D zugreifen, die es in C überhaupt nicht gibt.

Bei der Zuweisung von Zeigern besteht dieses Problem nicht: Wenn pc und pd Zeiger auf Objekte der Klassen C und D sind, werden bei der Zuweisung

```
pc = pd;
```

nur die Zeiger kopiert. Diese sind aber immer gleich groß (4 Bytes bei einem 32-Bit-System) und können einander deshalb problemlos zugewiesen werden. Beim Aufruf einer Funktion

8.4 Virtuelle Funktionen, späte Bindung und Polymorphie

über die vtbl der Klasse werden dann immer nur Elemente der aktuellen Klasse angesprochen:

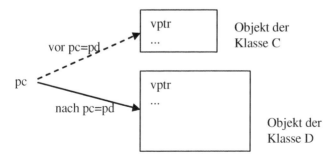

Deswegen übersetzt ein C++-Compiler den Aufruf einer virtuellen Funktionen nur beim Aufruf über einen Zeiger in einen Aufruf der letzten überschreibenden Funktion. Beim Aufruf über ein Objekt ruft er dagegen die Funktion auf, die zum statischen Datentyp des Objekts gehört.

In manchen Programmiersprachen (z.B. in Java, wo man überhaupt keine Zeiger definieren kann) führt der Aufruf einer virtuellen Funktion immer zum Aufruf der Funktion, die zum dynamischen Datentyp gehört. Das wird intern dadurch realisiert, dass alle Objekte Zeiger sind, ohne dass sie explizit als Zeiger definiert werden müssen. Dieser „Trick", der auch als **Referenzsemantik** bezeichnet wird, macht den Umgang mit virtuellen Funktionen einfacher und erspart die Unterscheidung von Funktionsaufrufen über Zeiger und Objekte.

Allerdings hat die Referenzsemantik auch ihren Preis. Wenn alle Objekte Zeiger sind, führt eine Zuweisung von Objekten zu einer Kopie der Zeiger und nicht zu einer Kopie der Objekte.

Beispiel: In einer Programmiersprache mit Referenzsemantik sollen c und d Objekte derselben Klasse sein und ein Datenelement x haben. Dann zeigen c und d nach einer Zuweisung auf dasselbe Objekt, und eine Veränderung eines Elements des einen Objekts führt auch zu einer Veränderung dieses Elements des anderen Objekts:

```
c.x = 0;
c = d; // Zuweisung
d.x = 1;
// c.x=1, obwohl c.x nicht verändert wurde
```

Wenn man in einer solchen Programmiersprache die Objekte und nicht nur die Zeiger kopieren will, muss man dafür Funktionen schreiben, die meist das tun, was in C++ der vom Compiler erzeugte Zuweisungsoperator macht. Diese Funktionen werden in Java oder C# nicht automatisch erzeugt.

Nachdem nun der Begriff „**überschreiben**" vorgestellt wurde und dieser gelegentlich mit den Begriffen „**verdecken**" und „**überladen**" verwechselt wird, sollen die Unterschiede dieser drei Begriffe kurz hervorgehoben werden: Alle drei Begriffe sind durch Funktionen mit einem gemeinsamen Namen gekennzeichnet.

- „**Überschreiben**" wird nur im Zusammenhang mit virtuellen Funktionen in einer Klassenhierarchie verwendet, die dieselbe Parameterliste und im Wesentlichen denselben Rückgabetyp haben. Die aufgerufene Funktion ergibt sich aus dem dynamischen Datentyp eines Zeigers oder einer Referenz.
- „**Verdeckte Funktionen**" sind nicht virtuelle Funktionen in einer Klassenhierarchie und sollten vermieden werden.
- „**Überladene Funktionen**" sind unabhängig von einer Klassenhierarchie und werden über unterschiedliche Parameter unterschieden.

Aufgabe 8.4.4

1. Die Klassen *C1DPunkt* usw. sollen wie in Aufgabe 8.4.2, 1 definiert sein. Sie sollen alle um eine Funktion *setze* erweitert werden, die einen Punkt an die als Argument übergebene Position setzen, wie z.B.:

```
void C1DPunkt::setze(C1DPunkt Ziel);
void C2DPunkt::setze(C2DPunkt Ziel);
```

Kann man diese Funktionen virtuell definieren und so erreichen, dass immer die richtige Funktion zu einem Objekt aufgerufen wird?

8.4.5 Virtuelle Konstruktoren und Destruktoren

Im C++-Standard ist ausdrücklich festgelegt, dass ein **Konstruktor nicht virtuell** sein kann. Das ergibt sich einfach schon daraus, dass ein Konstruktor den exakten Typ des Objekts kennen muss, das er konstruiert (siehe auch Stroustrup,1997, Abschnitt 15.6.2). Da ein Konstruktor außerdem anders als gewöhnliche Funktionen mit der Speicherverwaltung zusammenarbeitet, gibt es auch keine Zeiger auf einen Konstruktor. In manchen anderen Programmiersprachen (z.B. Object Pascal und Smalltalk) gibt es dagegen virtuelle Konstruktoren.

Allerdings kann man in C++ **virtuelle Konstruktoren** leicht **simulieren**. Stroustrup (1997, Abschnitt 15.6.2) verwendet dazu virtuelle Funktionen, die ein Objekt mit einem Konstruktor erzeugen und als Funktionswert zurückgeben:

```
class C {
public:
  C() {}
  C(const C&) {}
  virtual C* make_new() { return new C(); }
  virtual C* clone() { return new C(*this); }
};

class D : public C {
public:
  D() {}
```

8.4 Virtuelle Funktionen, späte Bindung und Polymorphie

```
  D(const D&) {}
  D* make_new() override { return new D(); }
  D* clone() override { return new D(*this); }
};

void f(C* pc)
{
  C* pn = pc->make_new();
  C* c = pc->clone();
}
```

Hier entspricht *make_new* einem virtuellen Standardkonstruktor und *clone* einem virtuellen Kopierkonstruktor. Obwohl die Datentypen der Funktionswerte nicht gleich sind, überschreiben diese Funktionen in der abgeleiteten Klasse die der Basisklasse, da sie kovariant sind. Deshalb entscheidet bei ihrem Aufruf wie in der Funktion f der dynamische Datentyp des Arguments darüber, welchen Datentyp das konstruierte Objekt hat.

Im Unterschied zu einem Konstruktor kann ein **Destruktor virtuell** sein. Da vor seinem Aufruf immer ein Konstruktor aufgerufen wurde, kann ein vollständig initialisiertes Objekt vorausgesetzt werden.

Obwohl ein Destruktor nicht vererbt wird und obwohl er in der abgeleiteten Klasse einen anderen Namen als in der Basisklasse hat, überschreibt ein Destruktor in einer abgeleiteten Klasse den virtuellen Destruktor einer Basisklasse. Ein virtueller Destruktor in der Basisklasse hat zur Folge, dass die Destruktoren in allen abgeleiteten Klassen ebenfalls virtuell sind.

Wie das folgende Beispiel zeigt, sind virtuelle Destruktoren oft notwendig:

```
class C {
  int* pi;
public:
  C() { pi = new(int); }
  ~C() { delete pi; }
};

class D : public C {
  double* pd;
public:
  D() { pd = new(double); }
  ~D() { delete pd; }
};

void test()
{
  C* pc = new D;
  delete pc;
}
```

Da der Destruktor hier eine nicht virtuelle Funktion ist, wird in *test* durch „delete pc" der Destruktor aufgerufen, der sich aus dem statischen Datentyp von pc ergibt, und das ist der Destruktor von C. Deshalb wird der für *pd reservierte Speicherplatz nicht freigegeben, obwohl das durch die Definition des Destruktors von D wohl gerade beabsichtigt war.

Dieses Problem lässt sich mit einem virtuellen Destruktor in der Basisklasse lösen. Wie bei jeder anderen virtuellen Funktion wird dann der zum dynamischen Datentyp gehörende Destruktor aufgerufen. Falls dieser Datentyp eine abgeleitete Klasse ist, werden auch noch die Destruktoren aller Basisklassen aufgerufen:

```
class C {
  int* pi;
public:
  C() { pi = new(int); }
  virtual ~C() { delete pi; }
};
```

Der **Destruktor** einer Klasse sollte **immer dann virtuell** sein, wenn

1. von dieser Klasse weitere Klassen abgeleitet werden, die einen explizit definierten Destruktor benötigen, und
2. für einen Zeiger auf ein Objekt dieser Klasse *delete* aufgerufen wird.

Es gibt aber viele Klassen, für die 1. und 2. nicht zutreffen. Dann sollte man sie als *final* kennzeichnen. Eine *final* Klasse benötigt **keinen virtuellen Destruktor**.

Da man bei einer Klasse, die nicht mit *final* gekennzeichnet ist, nie ausschließen kann, dass sie später wie unter 1. und 2. verwendet wird, sollte man alle Destruktoren von solchen Klassen virtuell definieren. Der Preis für einen unnötig virtuellen Destruktor ist nur der zusätzliche Speicherplatz für den *vptr* und der etwas größere Zeitaufwand für den indirekten Funktionsaufruf.

In diesem Zusammenhang ist es bemerkenswert, dass **alle Containerklassen** der Standardbibliothek (*string*, *vector*, *list*, *map* usw.) **nichtvirtuelle Destruktoren** haben. Deshalb sollte man von diesen Klassen nie Klassen ableiten, die einen Destruktor benötigen.

8.4.6 Virtuelle Funktionen in Konstruktoren und Destruktoren

Bei der Initialisierung eines Objekts einer abgeleiteten Klasse wird nacheinander für jede Basisklasse (in der Reihenfolge der Klassenhierarchie) ein Konstruktor aufgerufen, der das entsprechende Teilobjekt initialisiert. Da jeder Konstruktor zuerst die *vtbl* seiner Klasse in den *vptr* des Objekts einträgt und danach die Anweisungen des Konstruktors ausführt, führt der Aufruf einer virtuellen Funktion in einem Konstruktor zum Aufruf der Funktion aus der zuletzt eingetragenen *vtbl*. Das ist aber gerade die Funktion der aktuellen Klasse, die auch aufgerufen werden würde, wenn die Funktion nicht virtuell wäre. Insbesondere wird nicht die virtuelle Funktion des abgeleiteten Objekts aufgerufen, das letztendlich initialisiert wird.

Kurz: Aufrufe von virtuellen Funktionen in einem Konstruktor werden immer wie Aufrufe von nicht virtuellen Funktionen nach ihrem **statischen Datentyp** aufgelöst.

8.4 Virtuelle Funktionen, späte Bindung und Polymorphie

Beispiel: Der Aufruf von f im Konstruktor von D führt zum Aufruf von C::f:

```
struct C {
  C() { f(); }
  virtual void f()
  {
    cout << "C" << endl;
  }
};

struct D : public C {
  D() :C() { } // Aufruf von C::f und nicht D::f
  void f() override
  {
    cout << "D" << endl;
  }
};

D* pd = new D;
```

Dasselbe gilt auch für den Aufruf einer virtuellen Funktion in einem **Destruktor**. Hier ist der Grund allerdings nicht der, dass der *vptr* noch nicht die Adresse der richtigen *vtbl* enthält. Dieser enthält immer noch die Adresse der richtigen *vtbl*, so dass immer die richtige virtuelle Funktion aufgerufen wird. Da die Destruktoren aber in der umgekehrten Reihenfolge der Konstruktoren aufgerufen werden, verwendet diese Funktion eventuell Speicherbereiche, die durch den Destruktor einer abgeleiteten Klasse bereits wieder freigegeben wurden. Damit ein solcher Zugriff auf nicht reservierte Speicherbereiche nicht stattfinden kann, wird der Aufruf einer virtuellen Funktion in einem Destruktor ebenfalls nach dem statischen Datentyp aufgelöst.

Da sich der Aufruf von virtuellen Funktionen in Konstruktoren und Destruktoren von dem in anderen Funktionen grundlegend unterscheidet, wird oft empfohlen, **solche Aufrufe** zu **vermeiden**.

8.4.7 OO-Design: Einsatzbereich und Test von virtuellen Funktionen

Vergleichen wir nun den **Einsatzbereich** von virtuellen und nicht virtuellen Funktionen.

Eine **virtuelle Funktion** kann in einer abgeleiteten Klasse durch eine Funktion mit demselben Namen und derselben Parameterliste überschrieben werden. Da der Name einer Funktion ihre Aufgabe beschreiben soll, kann man so **dieselbe Aufgabe in verschiedenen Klassen einer Hierarchie mit unterschiedlichen Funktionen** lösen. Beim Aufruf über einen Zeiger oder eine Referenz auf ein Objekt einer Basisklasse wird dann die Funktion aufgerufen, die zum dynamischen Datentyp gehört.

Beispiel: In den beiden Klassen dieser Hierarchie wird die Fläche durch unterschiedliche Anweisungen bestimmt. Diese Aufgabe kann mit virtuellen Funktionen gelöst werden, weil beide dieselbe Parameterliste haben:

```cpp
class Quadrat {
protected:
  double a;
public:
  Quadrat(double a_) :a(a_) {};
  virtual double Flaeche() { return a*a; };
};

class Rechteck :public Quadrat {
  double b;
public:
  Rechteck(double a_, double b_) : Quadrat(a_), b(b_) {}
  double Flaeche() override { return a*b; };
};
```

Obwohl manche Anhänger der reinen objektorientierten Lehre empfehlen, immer nur virtuelle Funktionen zu verwenden, gibt es Fälle, in denen sie **nicht notwendig** sind:

– falls eine Funktion in allen abgeleiteten Klassen das richtige Ergebnis liefert und deswegen in keiner abgeleiteten Klasse überschrieben werden muss.
– falls von einer Klasse nie eine Klasse abgeleitet wird. Solche Klassen gibt es recht oft.

In diesen Fällen kann man zwar genauso gut auch eine virtuelle Funktion verwenden, da der Programmablauf derselbe ist wie bei einer nicht virtuellen Funktion. Eine nicht virtuelle Funktion hat aber den Vorteil, dass ihr Aufruf ein wenig schneller ist und kein Speicherplatz für den *vptr* benötigt wird (obwohl das kaum ins Gewicht fällt).

Beispiele: 1. In dieser Klassenhierarchie liefert die Funktion *Flaeche* auch in der abgeleiteten Klasse richtige Ergebnisse.

```cpp
class Rechteck {
  double a, b;
public:
  Rechteck(double a_, double b_) :a(a_), b(b_) {};
  double Flaeche() { return a*b; };
};

class Quadrat : public Rechteck {
public:
  Quadrat(double a_) :Rechteck(a_, a_) {}
};
```

2. Die Container-Klassen der Standardbibliothek (*string*, *vector*, *list*, *map* usw.) sind nicht dafür konstruiert, als Basisklassen verwendet zu werden (siehe Abschnitt 8.4.5). Deshalb können alle ihre Elementfunktionen auch nicht virtuell sein.

Da der Aufruf einer **virtuellen Funktion** zum Aufruf verschiedener Funktionen führen kann, muss man auch beim **Testen** alle diese Funktionen berücksichtigen. Um eine virtuelle Funktion zu testen, muss man sie mit Objekten aller Klassen aufrufen, in denen sie definiert ist.

8.4 Virtuelle Funktionen, späte Bindung und Polymorphie

Beispiel: Die virtuellen Funktionen f der Klassen C und D sind ganz bestimmt kein gutes Beispiel für virtuelle Funktionen, da sie nicht dieselbe Aufgabe lösen. Sie sollen nur zeigen, wie zwei Tests aussehen können.

```
struct C {
  virtual int f(int x)
  {
    if (x < 0) return -x; else return x;
  }
};

struct D :public C {
  int f(int x) override
  {
    if (x < 17) return x; else return 17;
  }
};
```

Die Testfälle für C::f werden dann über einen dynamischen Typ C aufgerufen und die für D::f über einen dynamischen Typ D.

```
C* p = new C;
// teste p->f mit Argumenten, die zu einer
// Pfadüberdeckung für C::f führen:
p->f(-1);
p->f(0);
p = new D;
// teste p->f mit Argumenten, die zu einer
// Pfadüberdeckung für D::f führen:
p->f(16);
p->f(17);
```

8.4.8 OO-Design und Erweiterbarkeit

Da man mit virtuellen Funktionen dieselbe Aufgabe in verschiedenen Klassen einer Hierarchie mit verschiedenen Funktionen lösen kann, bieten solche Funktionen oft die Möglichkeit, die Funktionalität eines Programms auf einfache Art zu erweitern.

Beispiel: In einem Zeichenprogramm für zwei- und dreidimensionale Punkte sollen die Punkte in einem Container (z.B. ein Array oder ein Vektor) verwaltet und durch eine Funktion wie *zeigePunkte* angezeigt werden.

```
class Zeichnung {
  int n; // Anzahl der Punkte
  C2DPunkt* a[Max];
public:
```

```
      void zeigePunkte()
      {
        for (int i = 0; i<n; ++i)
          cout << a[i].toStr() << endl;
      }
    }
```

Angesichts des enormen Markterfolgs dieses Zeichenprogramms hat die Marketingabteilung beschlossen, dass Sie es auf vierdimensionale Punkte erweitern sollen.

Für eine solche Erweiterung muss nur eine Klasse für die vierdimensionalen Punkte von der Klasse *C3DPunkt* abgeleitet und mit einer virtuellen Funktion *toStr* ausgestattet werden. Dann können in den Container a Objekte dieser Klasse abgelegt und mit der bisherigen Version der Funktion *zeigePunkte* angezeigt werden. Dafür ist keine Änderung dieser Funktion notwendig.

Ohne Vererbung und virtuelle Funktionen wäre der Aufwand für eine solche Erweiterung beträchtlich größer. Betrachten wir dazu als Beispiel eine nicht objektorientierte Variante des Zeichenprogramms.

Beispiel: In der Programmiersprache C würde man die Funktionen z.B. mit einer Struktur mit einem **Typfeld** und einer *union* implementieren. Die *union* enthält dann einen der vorgesehenen Datentypen, und das Typfeld gibt an, welcher Datentyp das ist. In der Ausgabefunktion kann man dann über das Typfeld entscheiden, welcher Fall vorliegt.

```
    struct S2DPunkt {
      double x, y;
    };

    struct S3DPunkt {
      double x, y, z;
    };

    enum TTypfeld { P2D, P3D };
    struct SPunkt {
      TTypfeld Typfeld;
      union {
        S2DPunkt p2;
        S3DPunkt p3;
      };
    };

    string toStr(SPunkt p)
    {
      switch (p.Typfeld) {
      case P2D: return
        "(" + std::to_string(p.p2.x) + "|" +
                      std::to_string(p.p2.y)+")";
        break;
```

8.4 Virtuelle Funktionen, späte Bindung und Polymorphie

```
         case P3D: return
            "(" + std::to_string(p.p3.x) + "|" +
                  std::to_string(p.p3.y) + "|" +
                  std::to_string(p.p3.z)+ ")";
         break;
         default: return "Fehler";
         }
      };
```

Um diese Version der Funktion *toStr* auf vierdimensionale Punkte zu erweitern, ist eine Änderung dieser Funktion notwendig.

In diesem einfachen Beispielprogramm ist eine solche Änderung ziemlich unproblematisch. Im Rahmen eines großen Projekts kann eine solche Erweiterung aber recht aufwendig werden. Außerdem bringt jeder Eingriff in ein Programm immer die Gefahr mit sich, dass Programmteile, die bisher funktioniert haben, anschließend nicht mehr funktionieren. Dazu kann ein recht umfangreicher und kostspieliger Test kommen.

Bei der objektorientierten Version ist dagegen keine Änderung des bisherigen Programms notwendig. Eine solche Erweiterung der Funktionalität eines Programms erreicht man durch dieses Programmdesign:

- Die zusätzliche Funktionalität wird in einer abgeleiteten Klasse mit virtuelle Funktion in implementiert.
- Diese Funktionen werden über einen Zeiger oder eine Referenz auf ein Objekt der Basisklasse aufgerufen. Dann wird beim Aufruf einer virtuellen Funktion immer die Funktion aufgerufen, die zum Objekt gehört.

Dazu muss die abgeleitete Klasse bei der Kompilation der Funktionsaufrufe über die Basisklasse noch nicht einmal bekannt sein. Die Klassendefinitionen in einer Header-Datei und die Object-Datei mit den kompilierten Elementfunktionen reichen dafür aus. Deshalb kann der Entwickler einem Anwender eine Klassenbibliothek in Form einer Object-Datei und der Header zur Verfügung stellen, ohne den Quelltext der Elementfunktionen preisgeben zu müssen.

Offensichtlich ist es ein **großer Vorteil**, wenn man ein Programm **erweitern** kann, **ohne** dass man den **Quelltext ändern** muss. Dadurch ist sichergestellt, dass seine bisherige Funktionalität nicht beeinträchtigt wird. Das systematische Design mit diesem Ziel wird auch als **design for extensibility** bezeichnet und kann ein wichtiger Beitrag zur **Qualitätssicherung** sein. Deshalb entwirft man Klassenhierarchien oft so, dass eine Erweiterung einfach nur dadurch möglich ist, dass man neue Klassen in die Hierarchie einhängt.

Das ist eine neue Sicht beim Design einer **Klassenhierarchie**:

- Bisher waren die Klassen aus der Problemstellung vorgegeben. Die Konstruktion einer Klassenhierarchie bestand vor allem aus der Suche nach einer Anordnung dieser vorgegebenen Klassen in einer Hierarchie.
- Bei der Konstruktion einer Klassenhierarchie mit dem Ziel der Erweiterbarkeit wird sie dagegen systematisch konstruiert: **Jede Funktion, die eventuell später einmal in einer**

spezielleren Klasse dieselbe Aufgabe mit anderen Anweisungen lösen soll, ist ein Kandidat für eine virtuelle Funktion. Alle Klassen, die eine solche Funktion haben, werden dann von einer gemeinsamen Basisklasse abgeleitet.

Dabei müssen die spezielleren Klassen bei der Konstruktion der Hierarchie überhaupt noch nicht bekannt sein. Oft kann man aber vorhersehen, in welcher Richtung spätere Erweiterungen eines Programms möglich sind. Dann sollte man beim Design einer Klassenhierarchie solche potenziellen Erweiterungen berücksichtigen.

Die systematische Konstruktion von Klassen liegt oft auch bei Konzepten nahe, die verschieden sind, aber trotzdem Gemeinsamkeiten haben. Dann fasst man die Gemeinsamkeiten in einer Basisklasse zusammen, die nur den Zweck hat, diese Gemeinsamkeiten zusammenzufassen. Die Klassen, um die es eigentlich geht, sind dann Erweiterungen dieser Klassen. Gleichartige Operationen mit unterschiedlichen Anweisungen werden dann durch virtuelle Funktionen implementiert.

Wiederverwendbarkeit, **Erweiterbarkeit** und **Qualitätssicherung** sind Schlüsselbegriffe für eine erfolgreiche Softwareentwicklung. Diese Ziele werden durch die Techniken der objektorientierten Programmierung unterstützt. Die dafür notwendigen Klassenhierarchien erhält man allerdings nicht mehr allein aus der Analyse der Problemstellung. Vielmehr muss man sie systematisch konstruieren.

Die Abschnitte 8.4.2 und 8.4.4 haben gezeigt, dass es nicht einfach ist, den Begriff „virtual" in einem einzigen Satz zu beschreiben. Bjarne Stroustrup (der Entwickler von C++) hat die Frage, wieso virtuelle Funktionen eigentlich „virtuell" heißen, gelegentlich so beantwortet: „well, **virtual means magic**" („virtuell bedeutet Zauberei", Stroustrup 1994, Abschnitt 12.4.1). Angesichts der Möglichkeit, eine Funktion ohne Änderung ihres Quelltextes zu erweitern, ist dieser Satz nicht einmal so falsch.

8.4.9 Rein virtuelle Funktionen und abstrakte Basisklassen

Eine einheitliche Schnittstelle findet man oft auch bei Klassen, die keine inhaltlichen Gemeinsamkeiten haben und die nicht von einer gemeinsamen Basisklasse abgeleitet sind. Betrachten wir als Beispiel eine Tierhandlung, die Tiere und Autos besitzt und diese in den folgenden Klassen darstellt:

```cpp
class Tier {
  double Lebendgewicht;
  double PreisProKG;
public:
  Tier(double LGewicht_, double PreisProKG_) :
    Lebendgewicht(LGewicht_), PreisProKG(PreisProKG_) {}
  double Wert()    { return Lebendgewicht*PreisProKG; }
  string toStr(){ return "Wert: "+std::to_string(Wert()); }
};

class Auto {
  int Sitzplaetze;
  double Wiederverkaufswert;
```

8.4 Virtuelle Funktionen, späte Bindung und Polymorphie

```
public:
  Auto(int Sitzpl_, double WVK_) : Sitzplaetze(Sitzpl_),
    Wiederverkaufswert(WVK_) {}
  double Wert() { return Wiederverkaufswert; }
  string toStr(){ return "Wert: "+std::to_string(Wert()); }
};
```

Wenn diese beiden Klassen eine gemeinsame Basisklasse hätten, könnte man Funktionen für die Basisklasse definieren und diese Funktionen auch mit den abgeleiteten Klassen aufrufen. In diesen Funktionen könnte man dann die virtuellen Funktionen *toStr* und *Wert* verwenden.

Allerdings ist es auf den ersten Blick nicht unbedingt naheliegend, wie eine solche Basisklasse aussehen soll: Für welche Klasse C kann man schon sagen, dass sowohl ein *Auto* als auch ein *Tier* ein C ist? Außerdem besitzen diese Klassen keine gemeinsamen Datenelemente. Deshalb kann auch die Basisklasse keine Datenelemente enthalten. Und wenn die Basisklasse keine Datenelemente enthält – was sollen dann ihre Elementfunktionen machen?

Die Lösung ist so einfach, dass sie oft gar nicht so leicht gefunden wird: Die Elementfunktionen der Basisklasse sollen am besten nichts machen. Wenn eine Basisklasse nur den Zweck hat, eine gemeinsamen Basisklasse für die abgeleiteten Klassen zu sein, braucht sie auch nichts zu machen: Man wird die Funktion *Wert* auch nie für diese **Basisklasse** aufrufen wollen. Deshalb ist die Klasse

```
class Basisklasse {
public:
  virtual ~Basisklasse() {};
  virtual double Wert() {};
  virtual string toStr() {};
};
```

als gemeinsame Basisklasse völlig ausreichend:

```
class Tier : public Basisklasse {
  // Rest wie oben, aber noch mit override
};

class Auto : public Basisklasse {
  // Rest wie oben, aber noch mit override
};
```

Bemerkenswert an der Elementfunktion der Basisklasse ist ihr leerer Anweisungsteil. In der nicht objektorientierten Programmierung sind solche Funktionen meist völlig sinnlos, da ihr Aufruf nur eine etwas umständliche Art ist, nichts zu machen. In der objektorientierten Programmierung können sie sinnvoll sein: Der Sinn besteht einzig und allein darin, in einer abgeleiteten Klasse überschrieben zu werden.

Von einer solchen Basisklasse wird man nie ein Objekt anlegen. Außerdem ist es immer ein Fehler, eine solche leere Funktion aufzurufen. Wenn das trotzdem geschieht, hat man vergessen, sie in einer abgeleiteten Klasse zu überschreiben. Deshalb wäre es naheliegend, beim Aufruf einer solchen Funktion eine Fehlermeldung ausgeben. Allerdings würde der Fehler dann erst zur Laufzeit entdeckt.

Damit derartige Fehler schon bei der Kompilation erkannt werden können, kann man eine solche Funktion mit dem *pure-specifier „=0"* als **rein virtuelle Funktion** kennzeichnen:

pure-specifier:
    = 0

Für eine rein virtuelle Funktion ist keine Definition notwendig, so dass die „leeren" Funktionsdefinitionen von oben überflüssig sind:

```
class Basisklasse {
public:
  virtual ~Basisklasse() {};
  virtual double Wert() = 0;
  virtual string toStr() = 0;
};
```

Eine Klasse, die mindestens eine rein virtuelle Funktion enthält, wird als **abstrakte Klasse** bezeichnet. Von einer abstrakten Klasse können keine Objekte definiert werden. Auf diese Weise wird durch den Compiler sichergestellt, dass eine rein virtuelle Funktion nicht aufgerufen wird. Es ist aber möglich, einen Zeiger auf eine abstrakte Basisklasse zu definieren.

Beispiel: Mit der Basisklasse von oben ist nur die zweite Definition möglich:

```
Basisklasse x; // error: Instanz von abstrakter
               // Klasse kann nicht erstellt werden
Basisklasse* px; // das geht
```

Eine abstrakte Klasse kann nur als Basisklasse verwendet werden. Wenn in einer Klasse, die von einer abstrakten Klasse abgeleitet wird, nicht alle rein virtuellen Funktionen überschrieben werden, ist die abgeleitete Klasse ebenfalls abstrakt.

Abstrakte Klassen stellen **Abstraktionen** dar, bei denen ein Oberbegriff nur eingeführt wird, um Gemeinsamkeiten der abgeleiteten Klassen hervorzuheben. Solche Abstraktionen findet man auch in umgangssprachlichen Begriffen wie „Wirbeltier" oder „Säugetier". Auch von diesen gibt es keine Objekte, die nicht zu einer abgeleiteten Klasse gehören.

Die Funktion *Wert* wurde in den beiden Klassen von oben durch jeweils unterschiedliche Anweisungen realisiert. Deshalb kann sie in der Basisklasse nur als rein virtuelle Funktion definiert werden. Bei der Funktion *toStr* ist das anders: Sie besteht in beiden Klassen aus denselben Anweisungen und kann deshalb auch schon in der Basisklasse definiert werden:

```
class Basisklasse {
public:
  virtual ~Basisklasse() {};
  virtual double Wert() = 0;
```

8.4 Virtuelle Funktionen, späte Bindung und Polymorphie

```
    string toStr() { return "Wert: " + std::to_string(Wert()); }
};
```

Dieses Beispiel zeigt, dass eine rein virtuelle Funktion auch schon in einer Basisklasse aufgerufen werden kann. Der Aufruf der Funktion *toStr* führt dann zum Aufruf der Funktion *Wert*, die zu dem Objekt gehört, mit dem *toStr* aufgerufen wird.

Damit kann eine Funktion in einer Basisklasse ein einheitliches Verhalten in verschiedenen abgeleiteten Klassen definieren, wobei erst in den abgeleiteten Klassen festgelegt wird, was die aufgerufenen Funktionen im Einzelnen machen.

Meyer (1997, S. 504) bezeichnet eine abstrakte Basisklasse, in der rein virtuelle Funktionen aufgerufen werden, auch als **Verhaltensklasse** („behavior class"), da sie das Verhalten von abgeleiteten Klassen beschreibt. Andere Autoren (z.B. Meyers, S. 150) sprechen von **Protokollklassen**. Solche Klassen haben oft keine Konstruktoren, keine Datenelemente und nur rein virtuelle Funktionen sowie einen virtuellen Destruktor.

Falls eine größere Anzahl von Klassen nach diesem Schema aufgebaut ist, um gemeinsam die Architektur einer Anwendung oder eines Programmbausteins zu definieren, spricht man auch von einem **Programmgerüst**. Solche Programmgerüste realisieren oft komplette Anwendungen, deren Verhalten der Anwender im Einzelnen dadurch anpassen kann, dass er die richtige Funktion überschreibt. Das ist meist wesentlich einfacher als die komplette Anwendung zu schreiben.

Selbstverständlich ist der Name *Basisklasse* für eine solche Basisklasse normalerweise nicht angemessen. Der Name einer Klasse sollte immer die realen Konzepte beschreiben, die die Klasse darstellt. Da eine Basisklasse eine Verallgemeinerung der abgeleiteten Klassen sein soll, sollte dieser Name so allgemein sein, dass für jede abgeleitete Klasse eine „ist-ein"-Beziehung besteht. Denkbar wären hier Namen wie *Buchung* oder *Wirtschaftsgut*.

Fährt man mit dem Mauszeiger bei einer Klassendefinition über den Namen der Klasse oder Basisklasse, bietet Visual Studio als „Schnelle Aktion" die Möglichkeit an, alle rein virtuellen Funktionen für eine Klasse zu implementieren:

```
class Basisklasse {
public:
  virtual ~Basisklasse() {};
  virtual double Wert() = 0;
  virtual string toStr() = 0;
};

class Tier : public Basisklasse
```

Deklaration/Definition erstellen
Alle rein virtuellen Aufrufe für Klasse 'Tier' implementieren
Definitionsspeicherort verschieben

Visual Studio erzeugt dann diese Funktionen:

```
class Tier : public Basisklasse
{
```

```
  // Geerbt über Basisklasse
  virtual double Wert() override;
  virtual string toStr() override;
};
```

Wenn für den **Destruktor** einer Basisklasse keinerlei Anweisungen sinnvoll sind, aber aus den in Abschnitt 8.4.5 aufgeführten Gründen ein virtueller Destruktor notwendig ist, liegt es nahe, diesen als **rein virtuell** zu definieren. Dadurch erhält man allerdings beim Linken die Fehlermeldung, dass der Destruktor nicht definiert wurde („Unresolved external ..."), da der Destruktor einer Basisklasse immer automatisch vom Destruktor einer abgeleiteten Klasse aufgerufen wird. Diese Fehlermeldung muss man mit einem Anweisungsteil unterbinden, der auch leer sein kann:

```
class C {
public:
  virtual ~C() {};
};
```

8.4.10 OO-Design: Virtuelle Funktionen und abstrakte Basisklassen

Oft benötigt man in verschiedenen Klassen einer Hierarchie verschiedene Funktionen, die alle dieselbe Aufgaben, aber verschiedene Parameterlisten haben. Das ist dann mit den folgenden Problemen verbunden:

– Wegen der verschiedenen Parameterlisten können diese Funktionen nicht eine virtuelle Funktion der Basisklasse überschreiben.
– Würde man sie nicht virtuell definieren, würden sie sich gegenseitig verdecken, was auch nicht wünschenswert ist (siehe Abschnitt 8.3.7).
– Wenn man allen diesen Funktionen verschiedene Namen gibt, würde das Prinzip verletzt, dass der Name ihre Bedeutung beschreibt. Außerdem könnte eine Funktion der Basisklasse über ein Objekt einer abgeleiteten Klasse aufgerufen werden.

Beispiel: Für die praktische Arbeit mit den Klassen der rechts abgebildeten Hierarchie ist meist eine Funktion notwendig, die einen Punkt dieser Klassen an eine bestimmte Position setzt. Da diese Funktion (z.B. mit dem Namen *setze*) in allen diesen Klassen einen anderen Parametertyp hat (einen *C1DPunkt* in der Klasse *C1DPunkt*, einen *C2DPunkt* in *C2DPunkt* usw.), sind mit ihr die oben dargestellten Probleme verbunden (siehe auch Aufgabe 8.4.4). Unterschiedliche Namen (wie z.B. *setze1*, *setze2* usw.) wären auch keine Lösung, da der Aufruf von *setze1* auch über einen *C3DPunkt* möglich ist.

Solche Probleme treten oft bei Hierarchien auf, die keine „ist ein"-Beziehungen darstellen, aber leicht damit verwechselt werden. Coplien (1992, S. 227) bezeichnet solche Beziehungen als **„ist ähnlich wie ein"-Beziehungen** (is-like-a relationship). Man erkennt sie oft an Elementfunktionen, die in allen Klassen der Hierarchie dieselbe Aufgabe haben, aber in jeder Klasse eine andere Parameterliste. Er empfiehlt, die Hierarchie durch eine andere zu ersetzen, bei der eine „ist ein"-Beziehung besteht.

8.4 Virtuelle Funktionen, späte Bindung und Polymorphie

Dass diese Hierarchie keine „ist ein"-Beziehung darstellt, haben wir schon in Abschnitt 8.3.5 festgestellt, da sich ein dreidimensionaler Punkt kaum als zweidimensionaler Punkt interpretieren lässt. Trotzdem konnten wir von dieser Hierarchie in Abschnitt 8.4.2 profitieren, da sie die Möglichkeit bietet, einen Punkt einer abgeleiteten Klasse anstelle eines Punkts der Basisklasse zu verwenden und die **virtuelle Funktion** *toStr* über ein Objekt der Basisklasse aufzurufen.

Das ist **typisch**: Die Konsequenzen der falschen Hierarchie zeigen sich oft erst recht **spät**, wenn ein Projekt schon weit fortgeschritten ist. Dann kann der **Aufwand für eine Korrektur** recht **hoch** sein. Deswegen sollte man beim Entwurf einer Klassenhierarchie **immer** darauf achten, dass sie eine **„ist ein"-Beziehung** darstellt.

Mit einer abstrakten Basisklasse *Punkt* bietet sich die folgende Alternative an:

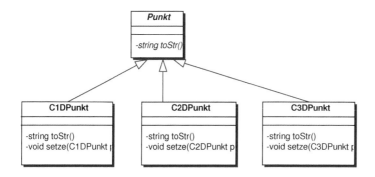

In der Basisklasse *Punkt* definiert man dann alle diejenigen Funktionen als rein virtuell, die man in allen abgeleiteten Klassen der Hierarchie benötigt und überschreibt. Dann kann man diese Funktionen auch über einen Zeiger oder eine Referenz auf ein Objekt der Basisklasse für Objekte abgeleiteter Klassen aufrufen.

Diese Hierarchie hat gegenüber der von oben einige Vorteile:

- Man kann sie problemlos im Sinn einer „ist ein"-Beziehung interpretieren: Sowohl ein *C1DPunkt* als auch ein *C2DPunkt* oder ein *C3DPunkt* stellt einen Punkt dar. Die Gesamtheit aller Punkte umfasst sowohl die ein- als auch die zwei- und dreidimensionalen Punkte. Der Begriff „Punkt" ist eine Verallgemeinerung der ein-, zwei- oder dreidimensionalen Punkte.
- Wenn die verschiedenen Klassen gleichnamige Funktionen mit unterschiedlichen Parametern haben (wie z.B. eine Funktion *setze*, die einen Punkt an eine Position setzt), können diese Funktionen in den abgeleiteten Klassen definiert werden, ohne dass sie sich gegenseitig verdecken.

Eine **gemeinsame Basisklasse** mit rein virtuellen Funktionen ist oft **die Lösung der mit „ist ähnlich wie ein"-Beziehungen verbundenen Probleme**. Die Basisklasse stellt dann einen **Oberbegriff** mit den Gemeinsamkeiten der Klassen dar, die im Programm benötigt werden. Da die Basisklasse nie als Datentyp von Objekten benötigt wird, sondern nur als Basisklasse bei einer Vererbung, kann sie auch **rein virtuell** sein. Sie entspricht einem Oberbegriff, von dem es keine realen Objekte gibt, die nicht zu einer spezielleren Kategorie gehören, und der nur dazu dient, Gemeinsamkeiten auszudrücken.

Beispiel: In der Umgangssprache findet man viele solche Oberbegriffe: „Wirbeltier", „Lebewesen", „Punkt", „Fahrzeug" usw. bezeichnen Oberbegriffe, von denen es keine Objekte gibt, die nicht zu einer konkreteren (abgeleiteten) Klasse gehören.

Die **Suche** nach den zur Lösung eines Problems hilfreichen **Abstraktionen** und Oberbegriffen ist der **Schlüssel** der objektorientierten Analyse und des objektorientierten Designs. Abstrakte Basisklassen und rein virtuelle Funktionen sind das Sprachelement, diese Abstraktionen und Gemeinsamkeiten auszudrücken.

Das gilt auch beim Design einer Klassenhierarchie mit dem Ziel, ihre Funktionen später einmal ohne Änderung des Quelltextes erweitern zu können (siehe Abschnitt 8.4.8). Auch eine solche Funktion sollte immer eine rein virtuelle Funktion in der Basisklasse sein.

Stroustrup (1997, Abschnitt 12.5) bezeichnet abstrakte Basisklassen „as a clean and powerful way of expressing concepts". Meyers (1996, Item 33) und Riel (1996, Heuristic 5.7) empfehlen sogar, **alle Basisklassen abstrakt** zu definieren („All base classes should be abstract classes", „make non-leaf classes abstract"), da solche Klassen leicht erweitert werden können.

Viele Klassenbibliotheken verwenden eine gemeinsame Basisklasse, von der dann alle Klassen abgeleitet werden. In den Microsoft Foundation Classes (MFC) heißt diese Klasse *CObject*, in der Visual Component Library (VCL) des Embarcadero C++Builders *TObject* und in der .NET Klassenbibliothek *Object*. Diese Basisklasse ist zwar nicht immer abstrakt. Innerhalb einer solchen Hierarchie gibt es aber oft zahlreiche abstrakte Klassen, die das Verhalten abgeleiteter Klassen definieren.

8.4.11 Objektorientierte Programmierung: Zusammenfassung

Mit den bisherigen Ausführungen dieses Kapitels sind alle Konzepte der objektorientierten Programmierung vorgestellt. Das soll der Anlass für einen kurzen Rückblick sein, der die Verwendung dieser Konzepte in die beiden Gruppen der konkreten und abstrakten Datentypen zusammenfasst.

– Die letzten Abschnitte haben gezeigt, dass Vererbung und Polymorphie außerordentlich hilfreich sein können. Das heißt aber nicht, dass alle Klassen diese Konzepte verwenden müssen.

  Es gibt viele nützliche Klassen, die nicht in einer Hierarchie enthalten sind und die unabhängig von anderen Klassen existieren. Solche Klassen stellen meist ein relativ einfaches, in sich geschlossenes Konzept der Realität mit allen dafür notwendigen Funktionen dar. Sie werden auch als **konkrete Typen** bezeichnet und haben oft Ähnlichkeiten mit den fundamentalen Datentypen. Dazu gehören z.B. Stringklassen, Containerklassen usw. Auch Klassen wie *C1DPunkt*, *C2DPunkt*, *Kreis*, *Quadrat* usw. sind konkrete Typen, wenn sie nicht in einer Klassenhierarchie enthalten sind.

8.4 Virtuelle Funktionen, späte Bindung und Polymorphie

Konkrete Typen benutzen Klassen, um Daten und Funktionen zusammenzufassen. Da sie normalerweise nicht als Basisklassen dienen, können ihre Funktionen ebenso gut virtuell wie auch nicht virtuell sein. Deshalb sind sie meist nicht virtuell und damit etwas schneller. Wenn konkrete Typen von anderen Klassen verwendet werden, dann meist als Datentypen von Elementen und nicht als Basisklassen. Manche Autoren sprechen von **objektbasierter Programmierung**, wenn nur das Klassenkonzept ohne Vererbung verwendet wird.

– Wenn mehrere Klassen eine gemeinsame Schnittstelle haben, kann man diese in einer Basisklasse zusammenfassen. Die Funktionen der Schnittstelle der Basisklasse sind oft rein virtuell. Dann wird die Basisklasse auch als **abstrakter Typ** bezeichnet. Abstrakte Typen haben oft **keine Konstruktoren**, **keine Datenelemente** und **nur rein virtuelle Funktionen** sowie **einen virtuellen Destruktor**.

Die Basisklasse stellt dann einen Oberbegriff (eine Abstraktion) dar, und die abgeleiteten Klassen implementieren dann spezifische Varianten der Schnittstelle. Diese Funktionen sind über die Technik der späten Bindung an ihre Klassen gebunden und verhalten sich dadurch so, als ob sie in der Klasse enthalten wären.

Die spezifischen Varianten können auch noch später geschrieben werden. Wenn die Möglichkeit besteht, dass eine Funktion später einmal erweitert werden muss, sollte man sie als virtuelle Funktion schreiben, da man die Erweiterung dann ohne Änderung des Quelltextes der Basisklasse implementieren kann.

Vererbung ohne virtuelle Funktionen ist nur selten sinnvoll. Wenn Klassen voneinander abgeleitet werden, dann haben sie meist auch virtuelle Funktionen. In einer Basisklasse sind die virtuellen Funktionen oft rein virtuell. Deswegen ergänzen sich **Vererbung**, **virtuelle Funktionen** und **rein virtuelle Funktionen** und **treten oft gemeinsam auf**.

Es ist sicher nicht leicht, beim Entwurf eines Buchhaltungsprogramms für eine Tierhandlung vorauszuahnen, dass sie später auch einmal mit Autos handeln wird. Wenn man aber die Abstraktion findet, dass die Objekte eines Buchhaltungsprogramms Buchungen sind, kann man vermutlich einen großen Teil des Programms auf eine entsprechende Basisklasse aufbauen. Und von dieser kann man dann leicht auch Klassen für Immobilien und Grundstücke ableiten, wenn der geschäftstüchtige Händler in diese Bereiche expandiert.

Deshalb fallen viele Klassen (aber nicht alle) in eine dieser beiden Kategorien (siehe auch Sutter 2005, Item 32): **Entweder** soll eine Klasse nicht als **Basisklasse** verwendet werden. Dann

– stellt sie ein Konzept der Realität vollständig (und minimal) dar.
– hat sie keine virtuellen Funktionen und auch keinen virtuellen Destruktor.
– wird sie vor allem wie ein fundamentaler Datentyp als Wertetyp verwendet (z.B. als Datentyp einer Variablen oder eines Klassenelements).
– hat sie einen *public* Destruktor, Kopierkonstruktor und Zuweisungsoperator mit Werte-Semantik.

Oder sie wird als **Basisklasse** verwendet. Dann

- stellt sie einen Oberbegriff für ein Konzept der Realität (eine Abstraktion, die Gemeinsamkeiten) dar, das in abgeleiteten Klassen konkretisiert oder später erweitert wird.
- hat sie virtuelle und meist auch rein virtuelle Funktionen
- hat sie einen virtuellen Destruktor
- wird sie vor allem für dynamisch erzeugte Variablen verwendet und über Zeiger (am besten smart pointer) angesprochen.

Programmierer, die die Konzepte Vererbung und Polymorphie neu kennengelernt haben, neigen oft dazu, sie bei jeder nur denkbaren Gelegenheit einzusetzen. Das führt dann oft zu völlig unangemessenen Klassenhierarchien, bei denen oft keine „ist-ein"-Beziehung besteht.

- In vielen praktischen Projekten sind **konkrete Klassen**, die dann als Datentypen von Datenelementen (**Komposition**) oder Variablen verwendet werden, viel häufiger die richtige Wahl als **Basisklassen**, die zusammen mit **Vererbung** eingesetzt werden.
- Objektorientierte Programmierung ist nicht nur Vererbung und Polymorphie. Oft sind die mit der Zusammenfassung von Daten und Funktionen zu **Klassen** und die mit einer **Datenkapselung** verbundenen Vorteile völlig ausreichend.

Die C++-Standardbibliothek beruht maßgeblich auf Templates und verwendet Vererbung und Polymorphie nur selten.

8.5 R-Wert Referenzen und Move-Semantik

Im Zusammenhang mit dem Kopierkonstruktor und dem Zuweisungsoperator wurde gezeigt (siehe Abschnitt 8.2.6 und 8.2.7), dass flache Kopien ziemlichen Ärger verursachen können: Wenn eine Klasse Verweise auf Ressourcen (z.B. Zeiger auf Speicherbereiche) enthält und bei der Kopie einer Variablen dieses Datentyps nur die Verweise, aber nicht die Ressourcen kopiert werden, kann die Ressource nach der Kopie über zwei verschiedene Variablen angesprochen werden.

Diese negativen Folgen treten aber nur dann ein, wenn die Quelle der Kopie auch nach der Kopie noch existiert. Existiert sie nach der Kopie nicht mehr, muss eine flache Kopie nicht mit negativen Konsequenzen verbunden sein. Dann können flache Kopien auch sinnvoll sein, insbesondere da sie schneller sind, da die Ressource nicht kopiert werden muss.

Zu den größeren konzeptionellen Erweiterungen von C++11 gehört, dass der Compiler um die Möglichkeit erweitert wurde, solche Situationen zu erkennen. Dafür wurde der Begriff **R-Wert** geprägt: Ein R-Wert ist ein Ausdruck auf der rechten Seite einer Zuweisung, der nach der Ausführung der Zuweisung nicht mehr existiert. Dann kann der Compiler anstelle einer tiefen Kopie eine meist etwas schnellere **Move-Operation** (im Wesentlichen eine flache Kopie) durchführen.

Dieses Kapitel stellt diese Konzepte etwas genauer vor. Da keines dieser Konzepte für ein Grundverständnis von C++ wichtig ist, sondern „nur" Feinheiten und Optimierungsmöglichkeiten bietet, kann der Leser dieses Kapitel auch übergehen. Diese Techniken wurden in die Standardbibliothek übernommen, so dass Sie diese nutzen können, auch ohne dass Sie sich darum kümmern müssen.

8.5.1 R-Werte und R-Wert Referenzen

Vor C++11 gibt es keine Möglichkeit, R-Werte (dazu gehören alle Ausdrücke, auf die man den Adressoperator nicht anwenden kann, wie z.B. temporäre Objekte, Literale, Funktionsaufrufe mit Werte-Rückgabetypen usw.) von konstanten Referenzen als Typ zu unterscheiden.

Beispiel: Mit

```
class C {
public:
  C(int x) {}
};

int f(int i, int j)
{
  return i + j;
}
```

sind in

```
int a = 17;
int b = 18;
b = a*b;
C c(19);
c = C(20);
int d = f(21, 22);
```

a, b, c und d L-Werte. Die Literale 17, 18, das temporäre Objekt C(20) und der Funktionsaufruf f(21,22) sind dagegen R-Werte. Diese können nicht auf der linken Seite einer Zuweisung stehen.

Die Begriffe „L-Wert" und „R-Wert" kommen ursprünglich aus C: In C war ein L-Wert ein Wert, der auf der linken Seite einer Zuweisung stehen kann (z.B. eine Variable). Ein R-Wert war ein Wert, der nur auf der rechten Seite einer Zuweisung stehen kann (z.B. ein Literal). Mit den zahlreichen Spracherweiterungen von C++ ist diese Definition aber nicht mehr immer zutreffend (z.B. mit Referenz-Rückgabetypen, „konstanten Variablen" usw.). Obwohl temporäre Objekte (R-Werte) und konstante Referenzen viele Ähnlichkeiten haben, unterscheiden sie sich in einem wichtigen Punkt:

– Ein **temporäres Objekt** existiert nach seiner Auswertung nicht mehr. Deswegen kann es danach verändert oder zerstört werden, ohne dass das Auswirkungen auf andere Programmteile hat.
– Ein Objekt, das über eine **konstante Referenz** angesprochen wird, existiert auch noch nach der aktuellen Ausdrucksanweisung. Da andere Anweisungen auf dieses Objekt zugreifen können, darf es nach seiner Auswertung nicht verändert werden.

Seit C++11 werden L-Werte meist dadurch charakterisiert, dass sie auch noch nach einer Anweisung angesprochen werden können, bzw. dass sie eine Adresse haben, über die sie angesprochen werden können.

In C++11 können L-Werte und R-Werte mit **R-Wert Referenzen** unterschieden werden. Dieser Typ wird mit zwei Referenzeichen && gekennzeichnet. Damit können Funktionen geschrieben werden, die diese beiden Fälle unterschiedlich behandeln. Die schon früher in C++ vorhandenen Referenzen (mit nur einem &-Zeichen) werden als **L-Wert Referenzen** bezeichnet, wenn es auf den Unterschied zwischen diesen beiden Begriffen ankommt.

Beispiel: Mit den beiden überladenen Funktionen

```
int f(const int&)
{
  cout << "int&" << endl; return 0;
}

int f(int&&)
{
  cout << "int&&" << endl; return 0;
}
```

führen die Aufrufe

```
int i = 17;
f(i);      // f(const int&)
const int ci = 17;
f(ci);     // f(const int&)
f(5);      // f(int&&)
f(int(5)); // f(int&&) - Konstruktor-Syntax
int j = 18;
f(i + j);  // f(int&&)
f(f(i + j) + f(i + 1)); // f(int&&), f(int&&), f(int&&)
```

zum Aufruf der als Kommentar angegebenen Funktionen.

Die Fähigkeit, R-Wert Referenzen zu erkennen, ermöglicht für Argumente dieser Kategorie flache Kopien. Da eine R-Wert Referenz keine Adresse hat, kann sie nach der Kopie nicht mehr angesprochen werden. Damit können die sonst mit flachen Kopien verbundenen Nachteile auch nicht auftreten. Da flache Kopien schneller sind, reduziert das die Laufzeit.

Beispiel: Wenn die Funktion *int f(int&&)* schneller ist als *int f(const int&)*, kommt dieser Vorteil bei Ausdrücken wie

```
int x = f(f(i + j) + f(i + 1));
```

mehrfach zum Tragen. Solche Ausdrücke kommen oft bei Operationen mit Operatoren vor, wie z.B. *string operator+(string, string)* und Anweisungen wie

```
string s = s1 + s2 + s3 + s4;//string s1, s2, s3, s4
```

8.5 R-Wert Referenzen und Move-Semantik

Dieser Aufruf wird etwa folgendermaßen aufgelöst:

```
s = op + (s1, op + (s2, op + (s3, s4)));
```

R-Wert Referenzen wurden so in C++ integriert, dass der Ablauf von Programmen, die mit einem C++03-Compiler übersetzt werden, unverändert bleibt.

– Falls eine Funktion nur für L-Wert Referenzen

```
void f(int& x) {}
```

implementiert ist, aber nicht für R-Wert Referenzen, kann diese nur mit L-Werten (aber nicht mit R-Werten) aufgerufen werden:

```
int i;
f(i); // das geht
f(1); // Aufruf mit R-Wert ist ein Fehler
```

– Falls eine Funktion nur für konstante L-Wert Referenzen

```
void f(const int& x) {}
```

implementiert ist, aber nicht für R-Wert Referenzen, kann diese sowohl mit L-Werten als auch mit R-Werten aufgerufen werden:

```
int i;
f(i); // das geht
f(1); // das geht
```

– Falls eine Funktion nur für R-Wert Referenzen implementiert ist

```
void f(const int&& x) {}
```

kann diese nur mit R-Werten aufgerufen werden, aber nicht mit L-Werten.

```
int i;
f(i); // das geht nicht
f(1); // das geht
```

8.5.2 move-Semantik und *std::move*

R-Wert Referenzen wurden vor allem deswegen eingeführt, um die **move-Semantik** zu ermöglichen. Dabei werden oft flache Kopien erzeugt.

Dieses Konzept soll zunächst an einem Beispiel illustriert werden.

Beispiel: Hier soll C eine Klasse sein, die einen Zeiger *pData* auf eine „größere Ressource" **pData* enthält. Mit „größere Ressource" ist gemeint, dass Konstruktion, Kopie oder Destruktion eines Objekts der Klasse C mit einem gewissen Zeitaufwand verbunden ist, wie z.B. bei einem Container der Standardbibliothek mit vielen Elementen. Der Kopierkonstruktor (und analog der Zuweisungsoperator) sieht dann etwa so aus:

```
C& C::operator=(const C& rhs)
{
  // Die Ressource, auf die pData zeigt, freigeben.
  // Eine Kopie von *rhs.pData erstellen und
  // pData die Adresse der Kopie zuweisen.
  // [...]
}
```

Wenn diese Klasse mit einer Funktion, die ein Objekt des Typs C zurückgibt

```
C f();
```

in

```
C c;
c = f(); // f() ist ein R-Wert
```

verwendet wird, bewirkt diese Zuweisung, dass

die Resssource *(c.pData) freigegeben wird,
eine Kopie von *(f().pData) erstellt wird, und
c.pData diese Adresse dieser Kopie zugewiesen wird.

Da die rechte Seite f() in der Zuweisung

```
c = f();
```

ein R-Wert ist und anschließend nicht mehr verwendet werden kann (er hat ja keine Adresse), kann man die relativ aufwendige Kopie des Speicherbereichs *(f().pData) sparen und stattdessen nur die Adresse zuweisen. Das ist eine flache Kopie. Da die rechte Seite keine Adresse hat, können die mit L-Werten verbundenen Fehler von flachen Kopien nicht eintreten. Diese Vorgehensweise wird als **move-Semantik** bezeichnet. Sie ist mit einem Kopierkonstruktor (bzw. Zuweisungsoperator) sinnvoll, dessen Parameter eine R-Wert Referenz ist.

Beispiel: Ergänzt man die Klasse aus dem letzten Beispiel um einen überladenen Zuweisungsoperator

```
C& C::operator=(C&& rhs)
{
  // [...]
  // vertausche this->pData und rhs.pData
  // [...]
}
```

und einen Konstruktor mit einem R-Wert Referenzparameter

8.5 R-Wert Referenzen und Move-Semantik

```
C(C&& rhs)
{
  // [...]
  // vertausche this->pData und rhs.pData
  // [...]
}
```

werden diese mit Argumenten aufgerufen, die R-Werte sind. Das sind aber gerade die Argumente, bei denen es ausreicht, die Zeiger zu vertauschen.

Eine Zuweisung (anstelle dem Vertauschen)

```
this->pData = rhs.pData
```

wäre übrigens nicht ausreichend, damit später noch der Destruktor aufgerufen kann, um die Daten zu *rhs* wieder freizugeben.

Die Elemente aus dem letzten Beispiel werden als **Move-Konstruktor** (Verschiebekonstruktor) und als **Move-Zuweisungsoperator** (Verschiebezuweisungsoperator) bezeichnet.

Zum Vertauschen im Move-Konstruktor und im Move-Zuweisungsoperator liegt es nahe, die *swap*-Funktion der Standardbibliothek zu verwenden. Diese war vor C++11 so

```
template<class T>
void swap(T& a, T& b)
{
  T tmp(a);
  a = b;
  b = tmp;
}
```

definiert. Da sie aber nicht für R-Werte definiert ist, kann sie auch keine R-Werte berücksichtigen. Deswegen wurde sie in C++11 durch

```
void swap(T& a, T& b)
{
  T tmp(std::move(a));
  a = std::move(b);
  b = std::move(tmp);
}
```

ersetzt. Hier bewirkt *std::move*

template< class T >
typename std::remove_reference<T>::type&& ***move****(T&& t)*

lediglich, dass das Argument für *move* vom Compiler als R-Wert betrachtet wird. Der Effekt ist im Wesentlichen derselbe wie die Konvertierung

```
X&& std::move(X& a) noexcept // noexcept: Siehe Abschnitt 10.7
{
  return static_cast<X&&>(a);
}
```

Der Effekt von

```
a = std::move(b);
```

hängt vor allem vom Datentyp ab.

1. Für Objekte eines Klassentyps C, der einen Move-Zuweisungsoperator hat, bewirkt die Zuweisung

   ```
   a = std::move(b); // C.operator=(C&&), a.operator=(std::move(b)));
   ```

   dass der Move-Zuweisungsoperator aufgerufen wird. Falls dabei b

   - ein **R-Wert** ist, erhält a den Wert von b. Da ein R-Wert b anschließend nicht mehr angesprochen werden kann, ist der anschließende Wert von b undefiniert. Falls dagegen
   - b ein **L-Wert** ist, erhält a den Wert von b. Das Argument für *move* ist anschließend in einem gültigen Zustand, d.h. es kann verwendet werden, ohne dass das eine Exception zur Folge hat. Sein Wert hängt vom Datentyp ab und ist anschließend für viele Datentypen unbestimmt. Da sich der Wert von b durch

     ```
     a = std::move(b);
     ```

     verändern kann, spricht man auch von einem **destruktiven Read**. Dass sich das Argument der rechten Seite bei einem Funktionsaufruf ändert, wirkt manchmal etwas überraschend.

2. Für Objekte eines Datentyps, der keinen Move-Zuweisungsoperator hat, bewirkt

   ```
   a = std::move(b);
   ```

   nichts anderes als die Zuweisung a=b;

Beispiel: Der Effekt von *move* für einige Datentypen:

   a) Der Datentyp *int* hat keinen Move-Zuweisungsoperator:

   ```
   int i = 17, j = 18;
   j = std::move(i);
   cout<<"int i=17, j=18; j= move(i); j=" << j << " i=" << i ;
   // int i=17, j=18; j=move(i); j=17 i=17
   ```

   b) Zeiger haben ebenfalls keinen Move-Zuweisungsoperator

8.5 R-Wert Referenzen und Move-Semantik

```
        int* pi = new int(17);
        int* pj = new int(18);
        pj = std::move(pi);
        cout << "int* pi=17, *pj=18; pj=move(pi); pi=" << pi <<
            " pj=" << pj << endl;
        // int* pi=17, *pj=18; pj=move(pi); pi=00FD5DB0 pj=00FD5DB0
```

c) Die Klasse *string* hat seit C++11 einen move-Zuweisungsoperator.

*basic_string& **operator**=(basic_string&& _Right)*

Mit

```
        string s = "s", t = "t";
        s = std::move(t);
        cout << "string s='s',t='t'; s= move(t); s=" << s << " t="
            << t << endl;
```

erhält man z.B. in Visual Studio 2017 die Ausgabe

```
        // string s='s',t='t'; s= move(t); s=t t=
```

In gcc 5.1 erhält man dagegen

```
        // move string s='s',t='t'; s= move(t); s=t t=s
```

Beide Ergebnisse sind standardkonform, da der Wert des Arguments von *move* anschließend unbestimmt ist.

d) Bei einem *unique_ptr* (siehe Abschnitt 18.2) wird die rechte Seite auf 0 gesetzt.

```
        unique_ptr<int> p1(new int(7));
        unique_ptr<int> p2(new int(8));
        p2 = std::move(p1); // p1==0
```

In einer Funktion mit einem Parameter des Typs T&&

```
    void fc(T&& s)
    {
      T t = s; // ruft den Kopierkonstruktor auf, obwohl s mit dem
                                Datentyp T&& definiert ist
    }
```

könnte man meinen, dass der Datentyp von s aufgrund der Parameterliste eine R-Wert Referenz ist. **Dieser Eindruck trügt aber**: Das entscheidende Kriterium ist, ob der Ausdruck einen Namen hat, und da der Parameter hier einen Namen hat, unter dem er auch noch nach der Anweisung angesprochen werden kann, ist s kein R-Wert. Deshalb wird hier auch nicht der Move-Konstruktor aufgerufen, sondern der Kopierkonstruktor.

Will man erreichen, dass mit einem solchen Parameter der Move-Konstruktor aufgerufen wird, kann man ihn mit *std::move* in einen R-Wert konvertieren:

```
void fm(T&& s)
{
  T t = std::move(s); // ruft den Move-Konstruktor auf
}
```

Klassen, die **nur** einen **Move-Konstruktor** und einen **Move-Zuweisungsoperator** haben, aber **keinen Kopierkonstruktor** und auch **keinen Kopier-Zuweisungsoperator**, sind **verschiebbar, aber nicht kopierbar**. Dazu gehören z.B. die Streamklassen. Funktionen, die Streams als Wert zurückgeben, waren früher nicht möglich.

Beispiel: Da die Klasse *ifstream* einen Move-Zuweisungsoperator hat,

```
std::ifstream get_f(string path)
{
  std::ifstream f(path);
  return f;
}
```

wird dieser bei

```
std::ifstream inf = get_f("");
```

aufgerufen.

Auch die Klasse *unique_ptr* ist nicht kopierbar, sondern nur verschiebbar.

```
unique_ptr<int> p1(new int(7));
unique_ptr<int> p2(new int(8));
p2 = p1; // das geht nicht
```

Der Aufruf eines Konstruktors mit einem R-Wert muss nicht zum Aufruf des entsprechenden Move-Konstruktors führen. Der C++-Standard erlaubt ausdrücklich, dass ein Argument direkt in lokale Variable konstruiert werden kann. Dann wird der Move-Konstruktor nicht aufgerufen. Entsprechendes gilt für *return*-Rückgabewerte.

Beispiel: Der Aufruf von

```
void fs(MeinString s) { }
```

in

```
fs(MeinString("789"));
```

führt nicht zum Aufruf des Move-Konstruktors, ebenso wenig wie der von

```
MeinString fret()
{
  return MeinString("ret");
}
```

8.5 R-Wert Referenzen und Move-Semantik

in

```
MeinString s = fret();
```

In diesen beiden Beispielen kann man zwar mit *std::move* erzwingen, dass der Move-Konstruktor aufgerufen wird. Das bringt aber keinen Vorteil, da die Returnwert-Optimierung meist effizienter ist als der Move-Konstruktor.

8.5.3 Move-Semantik in der C++11 Standardbibliothek

Mit der Einführung der move-Semantik wurden alle Klassen der Standardbibliothek umfassend um move-Semantik und um überladene Funktionen erweitert, die move-Semantik nutzen (seit Visual Studio 2010). Da der Compiler sie automatisch verwendet, stehen die damit verbundenen Laufzeitverbesserungen automatisch für alle Klassen zur Verfügung, die move-Semantik besitzen. Man muss nicht einmal wissen, dass es diese Konzepte gibt.

Die Klasse *string* enthält u.a. die folgenden Funktionen mit R-Value Referenzparametern:

```cpp
inline string operator+(const string& _Left, string&& _Right)
{ // return string + string
  return (std::move(_Right.insert(0, _Left)));
}

inline string operator+(string&& _Left, string& _Right)
{ // return string + string
  return (std::move(_Left.append(_Right)));
}

inline string operator+(string&& _Left, string&& _Right)
{ // return string + string
  if (_Right.size() <= _Left.capacity() - _Left.size()
    || _Right.capacity() - _Right.size() < _Left.size())
      return (std::move(_Left.append(_Right)));
  else
      return (std::move(_Right.insert(0, _Left)));
}

inline string operator+(const char*_Left, string&& _Right)
{ // return NTCS + string
  return (std::move(_Right.insert(0, _Left)));
}
```

Ähnliche Funktionen findet man auch in den anderen Containerklassen.

Implementiert man move-Semantik in eigenen Klassen, wird diese in der Standardbibliothek auch genutzt. So führt z.B.

```cpp
std::vector<MeinString> v;
v.push_back(MeinString("1"));//Aufruf von void push_back(_Ty&& _Val)
```

eine Move-Operation aus, wenn die Klasse *MeinString* move-Semantik besitzt. Ohne move-Semantik werden die Kopier-Semantik Operationen verwendet.

8.5.4 Move-Semantik für eigene Klassen

Falls eine Klasse **keinen Move-Zuweisungsoperator oder –Konstruktor** hat, wird der Kopier-Zuweisungsoperator oder –Konstruktor aufgerufen. Deshalb ist es **kein Fehler**, wenn diese Move-Funktionen für eine Klasse nicht definiert werden. Der einzige Nachteil ist dann nur, dass ein Optimierungspotential nicht genutzt wird und die entsprechenden Operationen etwas länger dauern können. Dieser Nachteil ist aber nur spürbar, wenn große Datenmengen kopiert werden müssen. Dass die fehlenden Move-Funktionen kein Fehler sind, unterscheidet sie von den Kopierfunktionen: Ein vergessener Kopierkonstruktor oder Kopier-Zuweisungsoperator kann ein gravierender Fehler sein.

Betrachten wir nun als Nächstes, wie man eine eigene Klasse um move-Semantik erweitern kann. Der Ausgangspunkt soll eine rudimentäre String-Klasse aus C++03 (ohne R-Wert Referenzen) sein:

```
class MeinString {
  char* s;
  int length;
public:
  // weitere Konstruktoren usw. werden hier ausgelassen

  MeinString(const MeinString& r )
  { // Kopier-Konstruktor
    length = r.length;
    s = new char[length];
    strcpy(s, r.s);
  }

  MeinString& operator=(const MeinString& x)
  { // Kopier-Zuweisungsoperator
    if (this != &x)
    {
      delete[] s;
      length = x.length;
      s = new char[length + 1];
      strcpy(s, x.s);
    }
    return *this;
  };

  // Move-Konstruktor und Move-Zuweisungsoperator hier einfügen
};
```

Um diese Klasse um move-Semantik zu erweitern, muss sie um einen **move-Konstruktor** und einen **move-Zuweisungsoperator** ergänzt werden.

8.5 R-Wert Referenzen und Move-Semantik

Im **Move-Konstruktor** weist man alle Datenelemente der Quelle den entsprechenden Datenelementen des Ziels zu und setzt dann die Datenelemente der Quelle auf Standardwerte. Falls das Datenelement ein Zeiger ist, setzt man diesen auf *nullptr* (gleichwertig: auf 0), damit der Destruktor den Speicherbereich für den Zeiger nicht zweimal freigibt (einmal für die lokale Variable zum Argument und einmal für das Argument).

```
MeinString(MeinString&& r)
{ // Move-Konstruktor
  // Datenelemente zuweisen:
  s = r.s;         // Nur die Zeiger zuweisen
  length = r.length;
  // Datenelemente des Arguments auf Standardwerte setzen
  r.s = nullptr; // delete[] r.s; wäre hier ein Fehler
  r.length = 0;
}
```

Im **Move-Zuweisungsoperator** prüft man, ob das Objekt nicht sich selbst zugewiesen wird. Falls das nicht zutrifft, gibt man den Speicherbereich für die linke Seite frei. Dann führt man dieselben Anweisungen wie im Move-Konstruktor aus, und gibt anschließend **this* zurück:

```
MeinString& operator=(MeinString&& r)
{ // Move-Zuweisungsoperator
  if (this != &r)
  {
    delete[] s;
    // Datenelemente zuweisen:
    s = r.s;         // Nur die Zeiger zuweisen
    length = r.length;
    // Datenelemente des Arguments auf Standardwerte setzen
    r.s = nullptr;
    r.length = 0;
  }
  return *this;
}
```

Im Move-Konstruktor und –Zuweisungsoperator sollte **nie eine Exception** ausgelöst werden. Das ist meist auch möglich, da nur Zeiger kopiert werden. Dann kennzeichnet man die Funktion mit *noexcept* (siehe Abschnitt 10.7).

Ein **Move-Konstruktor** bzw. ein **Move-Zuweisungsoperator** werden implizit **vom Compiler erzeugt**, wenn die

– die Klasse keinen benutzerdefinierten Move-Konstruktor bzw. Move-Zuweisungsoperator hat

und die folgenden Voraussetzungen alle erfüllt sind:

– die Klasse hat keinen benutzerdefinierten Kopierkonstruktor
– die Klasse hat keinen benutzerdefinierten Zuweisungsoperator
– die Klasse hat keinen benutzerdefinierten Destruktor

- (bis C++14) der implizit erzeugte Move-Konstruktor wird nicht als *deleted* gekennzeichnet

Der implizit erzeugte Move-Konstruktor bzw. Move-Zuweisungsoperator einer Klasse C haben die Signatur

C::C(C&&)
C& C::operator=(C&&).

Wenn man für eine Klasse move-Semantik implementieren will,

- muss man immer beide Funktionen implementieren: Den Move-Konstruktor und den Move-Zuweisungsoperator.
- wird die Dreierregel (siehe Abschnitt 8.2.7) zur **Fünferregel**: Da der Compiler den Move-Zuweisungsoperator und –konstruktor nur dann erzeugt, wenn man keinen Kopierkonstruktor und Zuweisungsoperator implementiert, muss man alle 5 Funktionen definieren (Kopierkonstruktor, Zuweisungsoperator, Destruktor, Verschiebekonstruktor und Verschiebeoperator).

Für **abgeleitete Klassen** implementiert man move-Semantik am einfachsten **auf der Basis der Elemente** und verwendet dazu *std::move*. Das nächste Beispiel ist ein allgemeingültiges Rezept nach „A Brief Introduction to Rvalue References" (von Stroustrup, Hinnant und Kozicki, http://www.open-std.org/jtc1/sc22/wg21/docs/papers/2006/n2027.html)

```cpp
class Derived : public Base
{
  std::vector<int> vec;
  std::string name;
  // ...
public:
  // ...

  Derived(Derived&& x)
    : Base(std::move(x)),
    vec(std::move(x.vec)),
    name(std::move(x.name)) { }

  Derived& operator=(Derived&& x)
  {
    Base::operator=(std::move(x));
    vec = std::move(x.vec);
    name = std::move(x.name);
    return *this;
  }
};
```

Auch hier wird der Aufruf des Move-Konstruktors und –Zuweisungsoperators durch das Argument *std::move(x)* erreicht. Würde man statt dieses Arguments nur x verwenden, würden der Kopierkonstruktor und der Kopier-Zuweisungsoperator verwendet.

9 Namensbereiche

Große Programme oder Bibliotheken können viele Namen enthalten. Dann kann es leicht vorkommen, dass derselbe Name für verschiedene globale Bezeichner (z.B. Namen für Datentypen, Klassen, Funktionen usw.) benötigt wird.

In solchen Situationen können Namensbereiche Abhilfe schaffen. Mit einem **Namensbereich** kann man die **inhaltliche Zusammengehörigkeit** von globalen Deklarationen (Variablen, Funktionen, Datentypen usw.) explizit zum Ausdruck bringen und außerdem **Namenskonflikte vermeiden**.

Beispiel: In einem Teil eines Programms, das Mitarbeiter verwaltet, kann der Name *Adresse* genauso angemessen sein wie in einem anderen Teil des Programms, das Kunden verwaltet. In einer Programmiersprache wie C müsste man dann die Namen künstlich unterscheiden, z.B. *MitarbeiterAdressen* und *KundenAdressen*.

In C++ kann man die zusammengehörigen Deklarationen dagegen jeweils in einen eigenen Namensbereich aufnehmen und die Elemente dann innerhalb des Namensbereichs unter ihrem angemessenen Namen ansprechen:

```cpp
namespace Kunden { // Ein sehr einfaches Beispiel
  class Adresse {
  public:
    Adresse(std::string Name = "", std::string id = "") {}
  };

  void zeige(Adresse a)
  { // ...
  }
} // end of namespace Kunden

namespace Mitarbeiter {
  class Adresse {
    // andere Elemente wie bei Kunden
  };

  void zeige(Adresse a)
  {
  }
} // end of namespace Mitarbeiter
```

Außerhalb eines Namensbereichs kann man seine Elemente mit den Namen des Namensbereichs, dem Bereichsoperator und den Namen des Elements ansprechen:

```
void MachWas()
{
  Kunden::Adresse k;
  Kunden::zeige(k);
  Mitarbeiter::Adresse m;
  Mitarbeiter::zeige(m);
}
```

Auf diese Weise lassen sich auch Namenskonflikte zwischen verschiedenen Bibliotheken (z.B. von verschiedenen Herstellern) vermeiden: Falls sie ihre Deklarationen in verschiedene Namensbereiche verpacken, kann man gleichnamige Elemente im Namensbereich über den Namen des Namensbereichs unterscheiden.

Beispiel: Die C++-Standardbibliothek hat alle ihre Elemente in den Namensbereich *std* aufgenommen. Wenn man diesen Namen nicht für einen eigenen Namensbereich verwendet (was man nicht tun sollte), bekommt man mit den Namen der Standardbibliothek nie Namenskonflikte.

9.1 Die Definition von Namensbereichen

Ein Namensbereich wird gemäß der Syntaxregel

    `inline`$_{opt}$ `namespace` *identifier* { *namespace-body* }

global oder in einem anderen Namensbereich deklariert. Ein *namespace-body* ist dabei eine beliebige Folge von Deklarationen (also z.B. Variablen, Funktionen, Klassen):

  namespace-body:
    declaration-seq$_{opt}$

Der Compiler gibt einem Element (z.B. f) aus einem Namensbereich (z.B. N) den Namen N::f. Im Namensbereich kann das Element aber nicht nur unter dem Namen N::f, sondern auch einfach unter dem Namen f angesprochen werden.

Beispiel: Die Namen *Adresse* und *zeige* gehören zum Namensbereich *Kunden*. Die Elemente können außerhalb des Namensbereichs unter dem Namen *Kunden::Adresse* und *Kunden::zeige* angesprochen werden:

```
Kunden::Adresse k;
Kunden::zeige(k);
```

Innerhalb des Namensbereichs N können sie allein unter ihrem Namen angesprochen werden:

```
void zeige(Adresse a)
```

9.1 Die Definition von Namensbereichen

Ein Namensbereich muss nicht mit einer einzigen *namespace*-Deklaration definiert werden, sondern kann sich aus mehreren solchen Deklarationen zusammensetzen, die auch in verschiedenen Dateien enthalten sein können. Alle Namensbereiche mit demselben Namen bilden dann einen einzigen Namensbereich.

Beispiel: Verteilt man die Deklarationen und die Definitionen auf eine Header-Datei und eine cpp-Datei, kann ein Namensbereich aus verschiedenen *namespace*-Definitionen in den beiden Dateien bestehen.

```
// In Kunden.h nur Deklarationen
#pragma once
namespace Kunden { // Ein sehr einfaches Beispiel
  class Adresse {
  public:
    Adresse(std::string Name = "", std::string id = "");
  };

  void zeige(Adresse a);
} // end of namespace Kunden

// In Kunden.cpp die Definitionen
#include "Kunden.h"
namespace Kunden { // Ein sehr einfaches Beispiel
  Adresse::Adresse(std::string Name, std::string id) {}
  void zeige(Adresse a)
  { // ...
  }
} // end of namespace Kunden
```

Ein Namensbereich kann auch innerhalb einer Datei aus mehreren *namespace*-Definitionen zusammengesetzt werden. Falls die Funktion *Kunden::zeige* eine globale Funktion f benötigt, ist das folgendermaßen möglich:

```
namespace Kunden {
  class Adresse { // wie oben
  };
} // end of namespace Kunden

int f(int n) { return n + 1; } // außerhalb des Namensbereichs

namespace Kunden { // Ein sehr einfaches Beispiel
  void zeige(Adresse a) {
    f(1);
  };
} // end of namespace Kunden
```

Die zu einer Deklaration aus einem Namensbereich gehörende Definition kann auch außerhalb des Namensbereichs stehen. Sie wird dann mit dem Namensbereich und dem Operator „::" vor dem Namen gekennzeichnet. In einer solchen Definition können die Elemente des Namensbereichs ohne explizite Qualifizierung angesprochen werden.

Beispiel: In der Datei Kunden.cpp können die Elemente auch so definiert werden:

```
Kunden::Adresse::Adresse(std::string Name, std::string id)
                                                        {}

void Kunden::zeige(Adresse a) // Keine explizite
{                             // Qualifizierung Kunden::Adresse notwendig
}
```

Da die Deklaration eines Namensbereichs ebenfalls eine Deklaration ist, können Namensbereiche **verschachtelt** werden. Auf die Elemente kann man dann mit einer verschachtelten Qualifizierung zugreifen.

Beispiel: Die Namensbereiche A und B sind im Namensbereich N enthalten:

```
namespace N {
  int i;         // 1.
  namespace A {
    int i;       // 2.
  }
  namespace B {
    int i;       // 3.
  }
} // end of namespace N
```

Ihre Elemente kann man ansprechen wie in

```
N::i = 17;     // 1.
N::A::i = 18;  // 2.
N::B::i = 19;  // 3.
```

Ab C++17 kann man verschachtelte Namensbereiche auch so definieren:

```
namespace N::A {
  int i;       // 2.
}

namespace N::B {
  int i;       // 3.
}
```

Diese Definition ist gleichwertig zu den Definitionen von A und B oben. Die Elemente kann man dann wie oben unter 2. und 3. ansprechen.

Verschachtelte Namensbereiche werden oft auch für vorläufige Versionen von Spracherweiterungen verwendet. In Visual Studio stehen nach *#include*-Anweisungen wie

```
#include <experimental\filesystem>
```

im Namensbereich

```
std::experimental::filesystem
```

9.2 Die Verwendung von Namen aus Namensbereichen

die Filesystem-Erweiterungen zur Verfügung.

Alle globalen Deklarationen, die nicht in einem mit *namespace* definierten Namensbereich enthalten sind, gehören zum sogenannten **globalen Namensbereich**. Namen aus diesem Namensbereich kann man mit dem Operator „::" ansprechen, auch wenn die globale Deklaration durch eine lokale verdeckt wird.

```
Beispiel: int i;  // global
          int f(int i)
          {
            ::i = 17;   // das globale i
            return ++i; // das lokale i
          }
```

Auf diese Weise lassen sich in einem Namensbereich auch globale Funktionen verwenden, die gleich heißen wie Elemente eines Namensbereichs. Die Definition eines Namensbereichs hat große syntaktische Ähnlichkeiten mit einer Klassendefinition. Oft kann man „namespace" durch „struct" oder „class" ersetzen, und erhält dann eine Klassendefinition. Die statischen Elemente der Klasse kann man dann wie die Elemente eines Namensbereichs ansprechen (siehe Abschnitt 8.2.11). Im Unterschied zu einer Klasse ist ein Namensbereich aber kein Datentyp. Deshalb kann man mit einer Klasse Variablen (Objekte) definieren, aber nicht mit einem Namensbereich.

9.2 Die Verwendung von Namen aus Namensbereichen

Die Verwendung eines Namens aus einem Namensbereich ist etwas unbequem, wenn man immer zusätzlich noch den Namen des Namensbereichs und :: angeben muss. Oft benötigt man in einer Funktion oder in einem Namensbereich nur Elemente aus ganz bestimmten Namensbereichen. Dann kann man diese mit einer *using*-Deklaration oder einer *using*-Direktive angeben. Falls es dann keine Namenskonflikte gibt, kann man die Elemente anschließend allein über ihren Namen ansprechen.

Eine ***using*-Deklaration** kann in einem Namensbereich oder Block angegeben werden. Sie besteht aus dem Schlüsselwort *using* und einem Namen aus einem Namensbereich:

using-declaration:
    using *nested-name-specifier unqualified-id* ;

Dieser Name kann dann in dem Namensbereich oder Block, der die *using*-Deklaration enthält, ohne weitere Qualifizierung mit dem Namensbereich und dem Bereichsoperator :: verwendet werden. Wenn das der Name einer Funktion mit überladenen Varianten ist, stehen nach der *using*-Deklaration alle überladenen Varianten zur Verfügung.

Beispiel: Mit dem Namensbereich

```
namespace N {
  int f(int x) { return x + 1; }
  int f(int x, int y) { return x + y; }
}
```

können die Funktionen f folgendermaßen aufgerufen werden:

```
void h()
{
  using N::f;
  int x = f(1);
  int y = f(1, 2);
}
```

Die mit einer *using*-Deklaration in einen Bereich eingeführten Namen dürfen nicht mit anderen Deklarationen kollidieren.

Beispiel: Mit dem Namensbereich N aus dem letzten Beispiel erhält man eine Fehlermeldung:

```
void h()
{
  int f;
  using N::f; // Fehler: mehrfache Deklaration von "N::f"
}
```

Wird ein Name aus einem Namensbereich nach einer *using*-Deklaration verwendet, werden nur die Elemente des Namensbereichs berücksichtigt, die zum Zeitpunkt der *using*-Deklaration im Namensbereich enthalten sind.

Beispiel: Nach

```
namespace N {
  void f(int) {};
}

using N::f;

namespace N {
  void f(std::string s) {};
}
```

ist mit dem Namen f kein Aufruf der Funktion mit dem *string*-Parameter möglich:

```
void h()
{
  f("");  // Fehler: Konvertierung von Argument in "int"
                                        nicht möglich
}
```

9.2 Die Verwendung von Namen aus Namensbereichen

Gibt man aber *using N::f* nach der Definition von f*(string s)* an, kann diese Funktion aufgerufen werden:

```
void g()
{
  using N::f;
  f("");  // Aufruf von f(string)
}
```

Mit einer *using*-Direktive

using-directive:
    using namespace *nested-name-specifier*$_{opt}$ *namespace-name* ;

kann man alle Namen aus einem Namensbereich so verwenden, als ob sie im nächsten umgebenden Namensbereich enthalten wären, der sowohl die *using*-Direktive als auch den *namespace-name* enthält. Dieser nächste umgebende Namensbereich ist oft der globale Namensbereich.

Beispiel: Der nächste umgebende Namensbereich, der sowohl den global definierten Namensbereich N

```
namespace N {
  int i;
}
```

als auch die *using*-Direktive der globalen Funktion h enthält, ist der globale Namensbereich. Deshalb steht die Variable *N::i* in h wie eine globale Variable unter dem Namen i zur Verfügung:

```
void h()
{
  using namespace N;
  i = 17;
}
```

Eine gleichnamige lokale Variable kann man bis zur *using*-Direktive unter ihrem Namen verwenden:

```
void h()
{
  string i;
  i = "ein string";
  using namespace N;
  i = 17;
}
```

using-Direktiven und *using*-Deklarationen können in einem Namensbereich oder in einer Funktion, aber nicht in einer Klasse, angegeben werden.

Beispiel: Der Name *vector* und die Namen aus *N* können im ganzen Namensbereich *M*

```
namespace M {
  using namespace N;
  using std::vector;
```

bzw. in der Funktion f verwendet werden:

```
void f()
{
  using namespace N;
  using std::vector;
```

In einer Klasse führen diese Anweisungen zu einer Fehlermeldung des Compilers:

```
class C
{
  using namespace N; // Fehler
  using std::vector; // Fehler
```

Wenn man an mehreren Stellen immer wieder dieselbe Gruppe von Deklarationen aus einem Namensbereich braucht, kann man diese in einem eigenen Namensbereich zusammenfassen und dann diesen mit einer *using*-Direktive verwenden:

```
namespace M1 {
  using N::f;
  using N::g;
}
void h()
{
  using namespace M1;
  f(1); // N::f(1)
  g(2); // N::g(1)
}
```

9.3 Header-Dateien und Namensbereiche

Bei der Kombination von Header-Dateien und Namensbereichen sollten die folgenden Punkte beachtet werden.

1. **Ein Namensbereich sollte keine *#include*-Anweisungen enthalten**.

    Nimmt man eine Header-Datei ohne Include-Guards (siehe Abschnitt 2.11.3) wie

    ```
    Header_ohne_Include_Guard.h
    ```

    ```
    int i = 0;
    ```

9.3 Header-Dateien und Namensbereiche

versehentlich einmal außerhalb und einmal innerhalb eines Namensbereichs mit einer *#include*-Anweisung auf,

```
#include "Header_ohne_Include_Guard.h"
namespace N
{
#include "Header_ohne_Include_Guard.h"
}
```

werden zwei verschiedene Variablen i und N::i definiert. Das ist meist nicht beabsichtigt und kann zu Fehlern führen.

Wenn die Header-Datei dagegen Include-Guards hat,

Header_mit_Include_Guard.h

```
#ifndef HEADER_MIT_INCLUDE_GUARD_H
#define HEADER_MIT_INCLUDE_GUARD_H
int i = 0;
#endif
```

wird durch das doppelte *#include* nur eine Variable definiert (die aus der ersten *#include*-Anweisung).

Unabhängig davon, ob eine Header-Datei Include-Guards hat oder nicht: Eine Header-Datei enthält meist Deklarationen wie

```
int plus1(int n);
```

und eine cpp-Datei die zugehörigen Definitionen

```
int plus1(int n) { return n + 1; }
```

Nimmt man dann die Header-Datei in einen Namensbereich N auf, findet der Linker zur Deklaration *N::plus1* keine Definition und erzeugt eine Fehlermeldung.

Deshalb sollte ein Namensbereich keine *#include*-Anweisungen enthalten. Das erreicht man oft einfach durch die Regel, alle *#include*-Anweisungen vor allen anderen Anweisungen aufzunehmen.

2. In Header-Dateien sollte man **keine *using*-Direktiven und *using*-Deklarationen** aufnehmen.

Header-Dateien enthalten normalerweise nur Deklarationen und werden oft mit #include in andere Header- und cpp-Dateien aufgenommen. Wenn eine Header-Datei dann eine *using*-Direktive oder -Deklaration enthält, ist diese auch in jeder Datei enthalten, die eine *#include*-Anweisung dieser Header-Datei enthält.

Auf den ersten Blick ist es eine Vereinfachung, in

Mylib.h

```
#include <vector>
using namespace std; // nicht empfehlenswert
void showData(vector<int> v);
```

ein

```
using namespace std; // oder using std::vector
```

aufzunehmen, damit man in der Parameterliste von *showData* nicht *std::vector* schreiben muss. Damit sind dann aber mit

YourLib.h

```
#include "Mylib.h"
```

auch in YourLib.h alle Namen aus *std* verfügbar, ohne dass das in YourLib.h explizit erkennbar wird. Falls man in einer Header-Datei einen Namen aus einem Namensbereich benötigt, sollte man ihn mit dem Namensbereich qualifizieren:

Mylib.h

```
#include <vector>
void showData(std::vector<int> v); // ok
```

Die Verwendung von *using*-Direktiven oder -Deklarationen in einem eigenen Namensbereich ist oft unproblematisch, insbesondere wenn die Namensbereiche in den mit *#include* eingebundenen Header-Dateien nicht erweitert werden.

Mylib.h

```
namespace N {
  using namespace std; // oder using std::vector
  void showData(vector<int> v);
}
```

Sutter zeigt aber an einem relativ komplexen Beispiel (http://www.gotw.ca/publications/migrating_to_namespaces.htm), dass solche Erweiterungen zu Mehrdeutigkeiten führen können.

3. Wegen 2. sollte man *using*-Direktiven und *using*-Deklarationen nur in cpp-Dateien (mit den Definitionen) verwenden. Dabei sollte man sie aber nach den *#include*-Anweisungen angeben, damit sie nicht eventuell die Bedeutung von Deklarationen aus den eingebundenen Dateien beeinflussen können.

MyProg.cpp

```
#include "MyLib1.h"
using namespace N_MyLib1; // nicht empfehlenswert
#include "MyLib2.h"
using namespace N_MyLib2;
```

```
MyProg.cpp

    #include "Mylib1.h"
    #include "Mylib2.h"
    using namespace N_MyLib1; // ok
    using namespace N_MyLib2;
```

In den Lösungen zu den Übungsaufgaben aus diesem Buch werden diese Regeln oft nicht beachtet: Damit die Lösungen der Übungsaufgaben nicht zu kompliziert werden, werden auch Definitionen (von Funktionen, Klassen usw.) oft in Header-Dateien geschrieben, obwohl eine Header-Datei eigentlich nur Deklarationen enthalten sollte und die Definitionen in cpp-Dateien enthalten sein sollten (siehe Abschnitt 8.2.14). Bei einem einfachen Projekt wie den Lösungen führt das auch nicht zu Problemen. Bei großen Projekten sollte man diese Regeln aber beachten.

9.4 Aliasnamen für Namensbereiche Θ

Je kürzer die Namen von Namensbereichen sind, desto größer ist die Wahrscheinlichkeit, dass ein anderer Namensbereich denselben Namen hat. Das kann Namenskonflikte zur Folge haben. Deshalb empfiehlt es sich, für Namensbereiche möglichst lange und aussagekräftige Namen zu wählen. Allerdings ist die Verwendung von langen Namen recht umständlich.

Einen Ausweg aus diesem Dilemma bieten **Aliasnamen** für einen Namensbereich. Ein solcher Aliasname deklariert ein Synonym für einen Namensbereich. Unter dem Aliasnamen kann man dann die Elemente des Namensbereichs wie unter dem eigentlichen Namen ansprechen.

   namespace *identifier* = *qualified-namespace-specifier* ;

Beispiel: Die Elemente von

```
namespace Meine_Superbibliothek
{
  void f(int i) { /* ... */ }
  namespace Datenbankfunktionen
  {
    void g(int i) { /* ... */ }
  }
}
```

kann man nach

```
namespace S = Meine_Superbibliothek;
namespace DB = Meine_Superbibliothek::Datenbankfunktionen;
```

mit den kurzen Namen ansprechen:

```
    S::f(17);
    DB::g(17);
```

Mit Aliasnamen kann man auch leicht eine Version einer Bibliothek durch eine andere ersetzen:

```
namespace S = Meine_Superbibliothek_Version_2;
```

Aliasnamen können auch in einer Klasse definiert werden:

```
class C {
  using vs=std::vector<int>;
  void show(vs v) {};
};
```

Aufgaben 9.4

1. Definieren Sie eine Funktion f in einem Namensbereich N und rufen Sie diese

   a) mit dem Namen des Namensbereichs, dem Bereichsoperator und ihrem Namen auf.
   b) nach einer *using*-Direktive auf.
   c) nach einer *using*-Deklaration auf

   d) Definieren Sie im Namensbereich N einen verschachtelten Namensbereich N1. N1 soll eine Klasse C mit den Deklarationen (Prototypen) von drei Funktion g, h und i enthalten.
   e) Definieren Sie die Funktion g aus C in einem getrennten Namensbereich.
   f) Definieren Sie die Funktion i aus C außerhalb eines Namensbereichs mit einem namespace-Alias.

2. Ein Kollege berichtet von Fehlern beim Kompilieren: Wenn er die beiden *#include*-Anweisungen in dieser Reihenfolge angibt,

   ```
   #include "include-2.h" // beide global, nicht in einem
   #include "include-1.h" //                     Namensbereich
   ```

   erhält er eine Fülle von undurchsichtigen Fehlermeldungen. Gibt er sie dagegen in der umgekehrten Reihenfolge an, wird das Programm ohne Fehler kompiliert:

   ```
   #include "include-1.h"
   #include "include-2.h"
   ```

   Was kann die Ursache sein?

10 Exception-Handling

Die üblichen Kontrollstrukturen (*if*, *while* usw.) sind für die Steuerung eines normalen Programmablaufs angemessen und ausreichend. Sie führen allerdings schnell zu unübersichtlichen Programmstrukturen, wenn man damit Fehler abfangen will.

Fehler sind in diesem Zusammenhang oft Funktionsaufrufe mit unzulässigen Argumenten, so dass die Funktion ihre **Aufgabe** (Spezifikation) **nicht erfüllen** kann. Solche Fehler lassen sich zwar durch eine Prüfung der Argumente vor dem Aufruf vermeiden. In der Praxis ist das aber nicht immer einfach.

Beispiel: Der Aufruf einer Quadratwurzel-Funktion führt mit Argumenten >=0 nicht zu einem Fehler. Diese Bedingung kann man vor dem Aufruf einfach prüfen. Bei einer Funktion, die einen String in eine Zahl umwandeln soll, muss das Argument eine Zahl darstellen. Eine solche Prüfung ist fast genau so aufwendig wie die Konvertierung.

Falls eine Funktion ihre Aufgabe nicht erfüllen kann, informiert sie den Aufrufer darüber traditionellerweise (z.B. in C) durch einen speziellen Rückgabewert oder indem sie eine Statusvariable (error flag) setzt. Diese Techniken haben aber Schwächen:

– Niemand kann den Aufrufer zwingen, den Rückgabewert oder die Fehler-flags zu prüfen. Deshalb können Fehler übersehen werden.

   Beispiel: Nur wenige Programmierer prüfen den Wert von *errno* nach dem Aufruf einer Funktion aus math.h (wie z.B. *sqrt*).

– In komplizierten Programmen, in denen viele Fehler vorkommen können, kann die Prüfung aller möglichen Fehler sehr aufwendig werden und zu tief verschachtelten *if*-Anweisungen führen.

   Beispiel: Viele Funktionen aus den C-Bibliotheken setzen eine globale Variable *errno* auf einen von Null verschiedenen Wert, um anzuzeigen, dass ein Fehler aufgetreten ist. Oft will man mehrere solche Funktionen f1, f2 usw. nacheinander aufrufen, aber nur dann, wenn beim Aufruf zuvor kein Fehler aufgetreten ist. Das führt dann zu einer Programmstruktur wie

   ```
   errno = 0;
   f1(); // setzt bei einem Fehler errno auf != 0
   if (errno != 0) cout << "Fehler in f1" << endl;
   ```

```
      else
      {
        f2(); // setzt bei einem Fehler errno auf != 0
        if (errno != 0) cout << "Fehler in f2" << endl;
        else
        {
          f3();// setzt bei einem Fehler errno auf != 0
          if (errno != 0) cout << "Fehler in f3" << endl;
        }
      }
    }
```

Dadurch wird das Programm, in dem eigentlich nur drei Anweisungen ausgeführt werden sollen, beträchtlich **aufgeblasen** (auf 13 Zeilen). In der Praxis entstehen oft noch wesentlich tiefer verschachtelte Strukturen, bei denen man dann vor lauter Sicherungsmechanismen kaum noch sieht, was eigentlich gemacht wird. Dabei besteht die Gefahr, dass sich **neue Fehler** in das Programm **einschleichen**.

Kurzum: **Es ist gar nicht so einfach, fehlerfreie Programme zu schreiben.**

Wenn man Fehler aber schon nicht mit 100%iger Sicherheit vermeiden kann, sollte man wenigstens versuchen, dass der Umgang mit ihnen nicht zu unübersichtlichen Programmen führt. Das ist mit **Exceptions** möglich, die oft eine Alternative zu error-flags und speziellen Rückgabewerten sind, ohne deren Schwächen zu haben:

- Mit Exceptions kann man die Anweisungen zur Reaktion auf einen Fehler zusammenfassen und von den eigentlich auszuführenden Anweisungen trennen. Dadurch lassen sich so unübersichtliche Programmstrukturen wie im Beispiel oben vermeiden.
- Exceptions können mehr Informationen weitergeben als *return*-Werte.
- Exceptions können nicht übersehen werden. Wenn man auf eine Exception nicht reagiert, ist ein Programmabbruch die Folge.

Das Wort „Exception" kann man mit „Ausnahme" übersetzen. Es steht für Ereignisse, die normalerweise nicht vorkommen und die deshalb Ausnahmen vom Regelfall sind. Häufig sind das Laufzeitfehler wie eine Division durch Null, eine Bereichsüberschreitung, eine allgemeine Schutzverletzung usw.

10.1 Die *try*-Anweisung

Eine **try-Anweisung** (*try*-Block) besteht aus dem Schlüsselwort *try* und einer Verbundanweisung, auf die ein oder mehrere Exception-Handler (*handler*) folgen:

try-block:
    `try` *compound-statement handler-seq*

handler-seq:
    handler handler-seq$_{opt}$

10.1 Die try-Anweisung

handler:
    `catch` (*exception-declaration*) *compound-statement*

exception-declaration:
    type-specifier-seq declarator
    type-specifier-seq abstract-declarator$_{opt}$
    ...

Bei der Ausführung der *try*-Anweisung werden die Anweisungen aus der Verbundanweisung nach *try* der Reihe nach abgearbeitet. Falls dabei keine Exception ausgelöst wird, werden die Exception-Handler übergangen. Der Programmablauf ist dann derselbe, wie wenn die Anweisungen nicht in einem *try*-Block enthalten sind.

Löst jedoch eine dieser Anweisungen eine Exception aus, werden unmittelbar nach der Exception die Exception-Handler der Reihe nach daraufhin geprüft, ob die Exception zu ihnen passt. Beim ersten passenden Handler wird dann die Verbundanweisung nach *catch* ausgeführt. Damit ist die Ausführung der gesamten *try*-Anweisung beendet. Sowohl die Anweisungen, die in der *try*-Anweisung auf die Exception folgen, werden übergangen, als auch alle weiteren Handler.

Die allgemeinste (aber auch undifferenzierteste) Form einer Exception-Deklaration ist „...". Gibt man diese nach *catch* an, passt der Handler zu jeder Exception.

Die meisten Funktionen der Standardbibliothek von C++ (aber nicht die der Standardbibliothek von C, also z.B. die aus <math.h> oder <cmath> bei **Laufzeitfehlern eine Exception** aus. Wenn man solche Anweisungen in einem *try*-Block ausführt, kann man in einem Exception-Handler darauf reagieren. Ohne Exception-Handling führen solche Laufzeitfehler in Standard-C++ zu einem Programmabbruch.

Es gibt aber auch Ausnahmen:

- Da die Programmiersprache C keine Exceptions kennt, lösen die Funktionen aus den **C-Bibliotheken** keine Exceptions aus. Zum Beispiel löst *sqrt* (aus *<math.h>* bzw. *<cmath>*) mit einem negativen Argument keine Exception aus.
- Fehler bei **Gleitkommaoperationen** führen nicht zu Exceptions, sondern zu Ergebnissen, die NAN-Werte darstellen.

Beispiel: Die *insert*-Funktion der *string*-Klasse der C++-Standardbibliothek löst eine Exception aus, wenn man an einer nicht vorhandenen Position (z.B. der Position 1 in einem leeren String), Zeichen einfügen möchte:

```
string s;
try { s.insert(1, "abc"); } // füge "abc" an Pos. 1
catch (...)                 //                    ein
{
  cout << "da ging was schief" << endl;
}
```

Führt man diese Anweisung

```
s.insert(1, "abc");
```

nicht in einem *try*-Block aus, hat das einen Programmabbruch zur Folge:

Mit Exception-Handling lässt sich das Problem, ein Programm bei einem Fehler abzubrechen und nur dann weiterzumachen, wenn vorher alles gut ging, einfacher als mit speziellen Rückgabewerten (siehe Seite 485) lösen.

Beispiel: Wenn die Funktionen f1, f2 und f3 bei jedem Fehler eine Exception auslösen (siehe Abschnitt 10.3), erhält man durch

```
try {
  f1();
  f2();
  f3();
}
catch (...) // passt zu jeder Exception
{
  cout << "Fehler ..." << endl;
}
```

ein übersichtlicheres Programm wie auf Seite 485, mit im Wesentlichen (bis auf die unterschiedlichen Meldungen) demselben Programmablauf.

Falls die Anweisung, die eine Exception auslöst, nicht unmittelbar in einem *try*-Block enthalten ist oder der *try*-Block **keinen passenden Exception-Handler** hat, werden die Exception-Handler einer **umgebenden *try*-Anweisung** geprüft. Das können *try*-Anweisungen in einem umgebenden Block sein oder in einer Funktion, die die auslösende Anweisung aufgerufen hat. Diese Suche wird so lange fortgesetzt, bis ein passender Exception-Handler gefunden wird oder bis der Aufruf-Stack komplett durchsucht ist. Im letzten Fall wird die vordefinierte Funktion *terminate* aufgerufen, die das Programm abbricht. Diese Suche nach einem Exception-Handler in einer aufrufenden Funktion wird auch als „stack unwinding" bezeichnet.

Beispiel: Beim Aufruf der Funktion f(0) wird eine Exception ausgelöst:

```
string f()
{
  string s;
  return s.insert(1, "abc");
};
```

Diese wird in der nächsten *try*-Anweisung der Aufrufhierarchie abgefangen:

10.1 Die try-Anweisung

```
string t()
{
  string s;
  try { s = f(); }
  catch (...) { cout << "da ging was schief" << endl; }
  return s;
};
```

Da eine Exception in dem Handler gelöscht wird, in dem sie abgefangen wird, ist sie in höheren Stufen der Aufrufhierarchie nicht mehr vorhanden. Deshalb führt ein Aufruf der Funktion u zur Meldung „da ging was schief" und nicht zu der „uhuhuhu":

```
string u()
{
  try { return t(); }
  catch (...) { cout << "uhuhuhu" << endl; }
}
```

Ein **Exception-Handler** behandelt nur die Exceptions, die zu ihm passen. Ob eine Exception zu einem Exception-Handler **passt**, ergibt sich dabei aus dem **Datentyp**, den jede Exception hat. Wenn dieser Datentyp mit dem Datentyp in der *exception-declaration* übereinstimmt oder eine davon abgeleitete Klasse ist, passt die Exception zum Exception-Handler.

Nachdem ein **passender Exception-Handler** gefunden wurde, werden seine Anweisungen ausgeführt. Anschließend wird die Exception gelöscht.

Da eine *try*-Anweisung **mehrere Exception-Handler** haben kann, kann man auf Exceptions, die einen unterschiedlichen Datentyp haben, differenziert reagieren. Üblicherweise verwendet man als Datentyp für Exceptions Klassen, die man im Exception-Handler als Referenztyp angibt (siehe Seite 497).

Beispiel: Wenn die Funktionen f1, f2 usw. Exceptions der Typen *exception1*, *exception2* usw. auslösen, erreicht man mit der folgenden Programmstruktur denselben Effekt wie im Beispiel auf Seite 485. Diese ist offensichtlich einfacher und übersichtlicher:

```
try {
  f1();
  f2();
  f3();
}
catch (exception1&) { cout << "Fehler in f1" << endl; }
catch (exception2&) { cout << "Fehler in f2" << endl; }
catch (exception3&) { cout << "Fehler in f3" << endl; }
```

Der Programmablauf nach einer Exception unterscheidet sich grundlegend von dem bei den üblichen Kontrollstrukturen: Wenn eine Exception auftritt, springt das Programm sowohl über Blockgrenzen als auch über Funktionsaufrufe hinweg in den Exception-Handler der nächsten umgebenden *try*-Anweisung. Auf diese Weise kann man Fehler, die an verschiedenen Stellen in einem Programm auftreten, an einer zentralen Stelle behandeln.

In einem Exception-Handler kann man nach dem Datentyp einen Bezeichner angeben. Dieser ist dann eine **Variable** des Exception-Typs, die üblicherweise Informationen über die Ursache der Exception enthält. In der nach

```
#include <exception>
```

verfügbaren Klasse *exception* der Standardbibliothek stehen solche Informationen über eine Funktion

virtual const char **what**() const noexcept;*

als Text zur Verfügung.

Beispiel: Bei Exceptions der Standardbibliothek kann man die Meldung von *what* folgendermaßen anzeigen:

```
string s;
try { s.insert(1, "xyz"); }
catch (std::exception& e)
{
   cout << e.what() << endl;
}
```

Hier wird die Meldung „invalid string position" ausgegeben.

In älteren C++-Compilern war Exception-Handling mit längeren Laufzeiten verbunden. Diese Nachteile konnten aber in den letzten Jahren weitgehend eliminiert werden. Die nächste Tabelle enthält die Ausführungszeiten für die Anweisungen unter 1., 2. und 3.

```
1. for (int i = 0; i < n; i++)
      sum = sum + i;

2. try {
      for (int i = 0; i < n; i++)
         sum = sum + i;
   }
   catch (...) {}

3. for (int i = 0; i < n; i++)
   {
      try {
         sum = sum + i;
      }
      catch (...) {}
   }
```

n=100 000 000	1.	2.	3.
Visual C++ 2005, Release Build	0,074 Sek.	0,074 Sek.	0,11 Sek.
Visual C++ 2017, Release Build	0,15 Sek.	0,15 Sek.	0,15 Sek.

Neben der *try*-Anweisung von Standard-C++ steht in Visual C++ auch noch das sogenannte strukturierte Exception-Handling mit __try-__except und __finally zur Verfügung. Dabei handelt es sich um eine Microsoft-Erweiterung der Programmiersprache C, die in C eine ähnliche Fehlerbehandlung wie in C++ ermöglichen soll. Da es in C keine Klassen gibt, unterscheidet sich dieses Exception-Handling stark von dem mit *try*, *throw* und *catch*. Microsoft rät von der Verwendung von __try usw. in einem C++-Programm ab und empfiehlt, das Exception-Handling mit *try-catch* zu bevorzugen.

10.2 Exception-Handler und Exceptions der Standardbibliothek

Die folgenden Beispiele zeigen den Datentyp einiger Exceptions der Standardbibliothek sowie passende Exception-Handler. Alle diese Exceptions sind nach

```
#include <stdexcept>
```

im Namensbereich *std* verfügbar und von der Klasse ***exception*** der Standardbibliothek abgeleitet.

1. Wenn man in einen Container der Standardbibliothek (dazu gehören in diesem Zusammenhang auch Strings) an einer nicht vorhandenen Position einen String einfügt oder löscht, wird die Exception ***std::out_of_range*** ausgelöst

   ```
   string s; // s ist ein leerer String
   try { s.insert(1, "abc"); }//Exception: std::out_of_range
   catch (std::out_of_range& e)
   {
     cout << e.what() << endl;
   }
   ```

   und die Meldung „invalid string position" angezeigt.

2. Wenn man bei einem Container mit der Funktion *at* eine nicht vorhandene Position anspricht, wird ebenfalls die Exception ***std::out_of_range*** ausgelöst:

   ```
   vector<double> v;   // v ist ein leerer Vektor
   try { v.at(1) = 17; } // Exception: std::out_of_range
   catch (std::out_of_range& e)
   {
     cout << e.what() << endl;
   }
   ```

   Verwendet man dagegen den Indexoperator, wird von der Standardbibliothek keine Exception ausgelöst.

```
v[1] = 17;       // Zugriffsverletzung
```

Das hat eine Zugriffsverletzung zur Folge, falls dabei nicht reservierte Speicherbereiche angesprochen werden.

3. Falls der mit *new* angeforderte Speicherplatz nicht zur Verfügung gestellt werden kann, erhält man eine Exception der Klasse ***std::bad_alloc***:

```
struct T2GB { int b[1024 * 1024 * 511]; }; // ca. 2 GB
try { T2GB* p = new T2GB; } // Exception: std::bad_alloc
catch (std::bad_alloc& e)
{
  cout << e.what() << endl;
}
```

Hier wird die Meldung „bad allocation" ausgegeben.

4. Die **Stream-Klassen** der Standardbibliothek (dazu gehören auch die Stringstream-Klassen, siehe Abschnitt 3.5) lösen bei einem Fehler (siehe Abschnitt 12.2) eine Exception aus, wenn zuvor durch einen Aufruf der Elementfunktion

   *void **exceptions**(iostate except);*

   die Fehlerkategorie festgelegt wurde, bei der eine Exception ausgelöst werden soll.

Da eine Exception auch zu einem Datentyp passt, der eine Basisklasse der Exception ist, kann man in einem einzigen Exception-Handler auf alle von der Basisklasse abgeleiteten Klassen und damit **auf verschiedene Exceptions einheitlich reagieren**. Da der Datentyp einer Basisklasse und der einer abgeleiteten Klasse verschieden sind, ist aber auch eine unterschiedliche Reaktion möglich.

Die Exception-Klassen der Standardbibliothek sind alle von der Klasse *exception* aus *<exception>* abgeleitet. Einige dieser Fehler sind in Gruppen zusammengefasst: Logikfehler gehen auf Fehler in der internen Logik eines Programms zurück und sind Programmierfehler, die im Prinzip vermeidbar sind. Laufzeitfehler können dagegen erst während der Laufzeit eines Programms entdeckt und nur schwer vermieden werden. Die folgende Hierarchie enthält die Beschreibung der Exception-Klassen aus dem C++-Standard. Falls Ihnen diese Beschreibungen etwas knapp vorkommen: Im Standard steht auch nicht mehr.

exception // Abgeleitete Klassen sind eingerückt dargestellt
⊢ *logic_error* // nicht eingehaltene Vorbedingungen und Klasseninvarianten
  ⊢ *domain_error* // Bereichsfehler
  ⊢ *invalid_argument* // unzulässige Argumente
  ⊢ *length_error* // ein Objekt soll erzeugt werden, dessen Länge die maximal zulässige überschreitet
  ⊢ *out_of_range* // ein Argument ist nicht im erwarteten Bereich
⊢ *runtime_error* // Laufzeitfehler
  ⊢ *range_error* // Bereichsfehler bei internen Berechnungen
  ⊢ *overflow_error* // Überlauf bei arithmetischen Berechnungen
  ⊢ *underflow_error* // Unterlauf bei arithmetischen Berechnungen

10.2 Exception-Handler und Exceptions der Standardbibliothek

⊢ *bad_alloc* // wenn der mit *new* angeforderte Speicher nicht verfügbar ist
⊢ *bad_cast* // bei einem *dynamic_cast* mit einem unzulässigen Referenztyp
⊢ *bad_typeid* // bei der Ausführung von *type_id* mit einem Nullzeiger
⊢ *bad_exception* // wird von der Funktion *unexpected* ausgelöst
⊢ *ios_base::failure* // kann von den *iostream*-Klassen ausgelöst werden

Beispiel: In der folgenden *try*-Anweisung wird die Exception *out_of_range* ausgelöst. Diese passt nicht zum ersten Exception-Handler mit dem Datentyp *range_error*. Da *exception* eine Basisklasse von *out_of_range* ist, passt sie aber zum Handler mit dem Datentyp *exception*:

```
string s; // s ist ein leerer String
try { s.insert(1, "abc"); }//Exception: out_of_range
catch (range_error&)
{
  cout << "range error" << endl;
}
catch (exception&)
{
  cout << "exception" << endl;
}
catch (...)
{
  cout << "Was war das?" << endl;
}
```

Da die Exception-Handler in der aufgeführten **Reihenfolge** geprüft werden, sollten die spezielleren vor den allgemeineren Handlern stehen. Wird diese Reihenfolge nicht eingehalten, wird die Exception durch den Handler für die allgemeinere Exception behandelt und gelöscht, ohne dass der Handler für die speziellere Exception jemals erreicht werden kann. Ein Handler mit der Exception-Deklaration „..." muss deshalb immer der letzte sein, da er alle Exceptions behandelt.

Beispiel: In der ersten *try*-Anweisung wird die Anweisung nach *length_error* nie erreicht, da eine Exception schon durch den übergeordneten Handler mit dem Datentyp *logic_error* abgefangen wird:

```
try { ... } // falsch
catch (logic_error&) // fängt auch length_error
{
  cout << "logisch" << endl;
}
catch (length_error&) // wird nie erreicht
{
  cout << "Mich kriegt keiner" << endl;
}
```

In der nächsten *try*-Anweisung wird ein *length_error* vom ersten Handler abgefangen. Ein *logic_error*, der kein *length_error* ist, wird vom zweiten, und alle anderen werden vom letzten abgefangen.

```
      try { ... } // richtig
      catch (length_error&)
      {
        cout << "Längenfehler" << endl;
      }
      catch (logic_error&)
      {
        cout << "logic, aber nicht length" << endl;
      }
      catch (...)
      {
        cout << "alles andere" << endl;
      }
```

Alle Exception-Klassen der Standardbibliothek haben wie

```
class logic_error : public exception {
public:
  explicit logic_error(const string& what_arg);
  explicit logic_error(const char* what_arg);
};
```

zwei Konstruktoren und keine weiteren Elemente. Sie erben alle von der Basisklasse *exception* die Elementfunktion *what*, die in Abschnitt 10.3 beschrieben wird. Deswegen kann ein Programm nur diese Funktion verwenden, wenn es portabel sein soll.

10.3 *throw*-Ausdrücke und selbst definierte Exceptions

Eine Exception wird immer durch einen ***throw*-Ausdruck** ausgelöst. Es gibt keine andere Möglichkeit, eine Exception auszulösen. Da die Anweisungen in einem Exception-Handler nur ausgeführt werden, nachdem eine dazu passende Exception ausgelöst wurde, kann man diese nur über einen *throw*-Ausdruck erreichen.

throw-expression:
    `throw` *assignment-expression* opt

Da C++ hier das Schlüsselwort „throw" verwendet, sagt man anstatt „eine Exception auslösen" oft auch „eine Exception werfen".

Bei der Ausführung des *throw*-Ausdrucks mit einem Zuweisungsausdruck wird eine temporäre Variable erzeugt und mit dem Wert des Zuweisungsausdrucks initialisiert. Sie existiert bis zur Abarbeitung eines passenden Exception-Handlers, falls sie nicht mit „throw;" weitergegeben wird und in diesem Fall weiterhin existiert. Ihr **Datentyp** ergibt sich aus dem des Zuweisungsausdrucks.

Durch das Auslösen einer Exception wird der aktuelle Block verlassen. Dabei wird der Speicherplatz aller in diesem Block definierten nicht statischen Variablen wieder freigegeben. Für Variable, deren Datentyp eine Klasse ist, wird ihr **Destruktor** aufgerufen

10.3 throw-Ausdrücke und selbst definierte Exceptions

(siehe Abschnitt 8.1.5). Als **nächste Anweisung** wird dann der erste passende Exception-Handler der *try*-Anweisung ausgeführt, die in der Aufrufhierarchie als letzte begonnen und noch nicht beendet wurde.

Beispiel: Der *throw*-Ausdruck in der Funktion f löst eine Exception des Datentyps *int* aus. Die dabei erzeugte Variable hat den Wert 1 und existiert auch noch nach dem Verlassen des Blocks, der zur Funktion f gehört. Der Speicherplatz für die lokale Variable x wird mit dem Verlassen des Blocks wieder freigegeben:

```
void f()
{
  int x = 1;
  throw x;
}
```

Die in einem *throw*-Ausdruck erzeugte temporäre Variable kann man in einem Exception-Handler verwenden, wenn man in der Exception-Deklaration nach dem Datentyp einen Bezeichner angibt. Dieser ist dann der Name einer **Variablen dieses Datentyps**, die mit dem Wert der temporären Variablen initialisiert wird. Diese Initialisierung ist deshalb möglich, weil ein Exception-Handler nur dann zu einer Exception passt, wenn er denselben Datentyp hat oder eine Basisklasse davon ist. Die Variable erhält so den Wert des bei *throw* angegebenen Ausdrucks.

Auf diese Weise können **Informationen** von der Stelle, an der die Exception ausgelöst wird, an den Exception-Handler **übergeben** werden. Das sind oft Informationen über die Ursache der Exception.

Beispiele:

1. Die Ausdrücke nach *throw* in der Funktion f passen in der aufgeführten Reihenfolge zu den Exception-Handlern in g und initialisieren dort die jeweiligen Variablen:

```
void f(int i)
{
  if (i == 1) throw string("Hallo");//Datentyp string
  if (i == 2) throw 1.7;     // Datentyp double
  if (i == 3) throw 17;      // Datentyp int
  if (i == 4) throw "char*"; // Datentyp char*
}

void g(int i)
{
  try { f(i); }
  catch (string s) { cout << s << endl; } // s="Hallo"
  catch (double d) { cout << d << endl; } //1.7
  catch (int i)    { cout << i << endl; } //17
  catch (char* s)  { cout << s << endl; }
}
```

Dieses Beispiel soll lediglich zeigen, wie Daten vom *throw*-Ausdruck an den Exception-Handler übergeben werden können. Diese Übergabe von Daten aus einer Funktion unterscheidet sich grundlegend von den üblichen Techniken, bei denen Daten aus einer Funktion über Parameter oder globale Variablen weitergegeben werden.

2. Die von der Klasse *exception* der Standardbibliothek abgeleiteten Klassen haben Konstruktoren, denen man einen *string* übergeben kann. Dieser String wird dann von der Elementfunktion *what* der Klasse *exception* zurückgegeben:

    ```
    try { throw logic_error("mein Fehler"); }
    catch (exception& e)
    {
      cout << e.what() << endl;
    }
    ```

3. Da eine Funktion mit der Ausführung von *throw* verlassen wird, muss in einem Zweig, der mit *throw* verlassen wird, kein Wert zurückgegeben werden.

4. Gelegentlich findet man Konstruktionen, bei denen eine Exception in einem *try*-Block ausgelöst und im direkt zugehörigen Exception-Handler abgefangen wird wie in

    ```
    try { if (Fehler) throw logic_error("mein Fehler"); }
    catch (exception& e)
    {
      cout << e.what() << endl;
    }
    ```

    Solche Konstruktionen sind unnötig umständlich: Mit einer einfachen *if*-Anweisung erhält man denselben Effekt:

    ```
    if (Fehler)
      cout << "mein Fehler" << endl;
    ```

    Normalerweise enthält die Anweisung nach *try* Funktionsaufrufe, die Exceptions auslösen können. Wenn in den folgenden Beispielen trotzdem solche Konstruktionen verwendet werden, dann nur, um zu zeigen, wie eine Exception zu einem Exception-Handler passt.

Für den Ausdruck nach *throw* sollte man immer einen **Ausdruck** wählen, dessen Datentyp eine **Klasse** ist und der durch den Aufruf eines Konstruktors erzeugt wird. Dabei werden oft Klassen verwendet, die nur den Zweck haben, als Exceptions verwendet zu werden. Bei einer bestimmten Fehlerkategorie wird dann eine bestimmte Exception ausgelöst, so dass die Fehlerkategorie über die Exception identifiziert werden kann. In der Standardbibliothek von C++ ist in der Header-Datei <exception> die Klasse *exception* definiert:

```
class exception {
  public:
    exception() noexcept;
    exception(const exception&) noexcept;
    exception& operator=(const exception&) noexcept;
    virtual ~exception();
    virtual const char* what() const noexcept;
};
```

10.3 throw-Ausdrücke und selbst definierte Exceptions

Diese Klasse ist die **Basisklasse** der schon in Abschnitt 10.2 vorgestellten Exception-Klassen der Standardbibliothek aus der Header-Datei *<stdexcept>*. Alle diese Klassen besitzen wie die Klasse *logic_error* Konstruktoren, denen man den von der Elementfunktion *what* zurückgegebenen String übergeben kann:

```
class logic_error : public exception {
public:
    explicit logic_error(const string& what_arg);
    explicit logic_error(const char* what_arg);
};
```

Von der Klasse *exception* kann man auch eigene Klassen ableiten. In der Klasse *my_exception* wird die virtuelle Funktion *what* der Basisklasse überschrieben:

```
class my_exception :public std::exception
{ // #include <exception>
  string str;
public:
  my_exception(const string& msg) :str(msg) { };
  const char* what() const noexcept override { return str.c_str();
}
};
```

Da ein Exception-Handler mit einer Basisklasse auch zu einer Exception einer abgeleiteten Klasse passt, kann man alle Exceptions eines abgeleiteten Typs auch über einen Exception-Handler mit einer Basisklasse abfangen und so auf alle Exceptions dieser Hierarchie in einem einzigen Handler reagieren. Wenn man dabei die Variable im Exception-Handler als **Referenz** oder als Zeiger deklariert und eine **virtuelle Funktion** dieser Variablen aufruft, führt das zum Aufruf der Funktion, die zum **dynamischer Datentyp** (siehe Abschnitt 8.4.1) der Variablen gehört. Das ist der **Datentyp**, der **im *throw*-Ausdruck** angegeben wurde.

Beispiel: Mit der Funktion

```
void f()
{
  throw my_exception("ich bin's");
}
```

wird durch

```
try { f(); }           // (1)
catch (exception& e) // Referenz Basisklasse
{
  cout << e.what() << endl;
}// Aufruf my_exception::what
```

die Meldung „ich bin's" ausgegeben. Es ist nicht notwendig, für jede Exception einer Hierarchie einen eigenen Handler anzugeben:

```
try { f(); }
catch (my_exception& e) // unnötig umständlich
{
  cout << e.what() << endl;
}
catch (exception& e)
{
  cout << e.what() << endl;
}
```

Wenn man die Variable im Exception-Handler dagegen nicht als **Referenz** oder Zeiger deklariert, führt der Aufruf einer **Funktion** dieser Variablen zum Aufruf der Funktion, die zum **statischen Datentyp** (siehe Abschnitt 8.4.1) der Variablen gehört. Das ist der **Datentyp**, der **im Exception-Handler** angegeben wurde.

Beispiel: Mit der Funktion f aus dem letzten Beispiel erhält man mit

```
try { f(); } // (2)
catch (my_exception e) // kein Referenztyp
{
  cout << e.what() << endl;
}
catch (exception e)
{
  cout << e.what() << endl;
}
```

dasselbe Ergebnis wie im letzten Beispiel.

Die mit (2) gekennzeichnete Variante hat gegenüber der mit (1) gekennzeichneten die folgenden Nachteile:

− einen größeren Schreibaufwand, der bei einer größeren Zahl von Exceptions beträchtlich sein kann.
− einen größeren Änderungsaufwand: Falls die Funktion f geändert werden muss und dann eine weitere Exception auslöst, muss bei jedem Aufruf von f ein neuer Handler für die neue Exception aufgenommen werden. Vergisst man das, werden nur die Funktionen des Exception-Handlers der Basisklasse ausgeführt. Diese können aber nicht darüber informieren, dass eine abgeleitete Exception ausgelöst wurde.

Deshalb sollte man als **Datentyp** für die in einem Exception-Handler definierte Variable **immer einen Referenztyp** wählen.

Falls beim Aufruf einer Funktion Exceptions aus **verschiedenen Hierarchien** auftreten können, fängt man diese jeweils in einem eigenen Exception-Handler über die Basisklasse der Hierarchie ab. Falls abgeleitete Klassen in einer solchen Hierarchie weitere Informationen zur Verfügung stellen, fügt man vor jedem Handler der Basisklasse einen weiteren ein, der Exceptions der abgeleiteten Klasse behandelt. Ein letzter ...-Exception-Handler ist vor allem eine Vorsichtsmaßnahme, falls auch noch eine andere Exception auftritt.

10.3 throw-Ausdrücke und selbst definierte Exceptions

Beispiel: Falls beim Aufruf einer Funktion f Exceptions der Standardbibliothek und aus einer anderen Klassenhierarchie (hier mit der Basisklasse *exception_F*) auftreten können, kann man Exception-Handler wie die folgenden verwenden:

```
try {
  f(); // ...
}
catch (exception& e) // C++ Standardbibliothek
{
  cout << e.what() << endl;
}
catch (exception_F& e) // Basisklasse
{        // der Exceptions meiner Firma
  cout << e.Message << endl;
}
catch (...)          // alle weiteren Exceptions
{
  cout << "Was war das?" << endl;
}
```

Auch **in einem Exception-Handler** kann man wieder eine **Exception auslösen**. Gibt man dabei nach *throw* keinen Ausdruck an, wird die aktuelle Exception an den nächsten umgebenden Exception-Handler weitergegeben. Wird dagegen ein Ausdruck angegeben, wird die aktuelle Exception gelöscht und eine neue Exception mit dem angegebenen Ausdruck ausgelöst.

Beispiele: Eine von einem *logic_error* abgeleitete Exception wird weitergegeben:

```
try { /*...*/ }
catch (logic_error&)
{
  cout << "logisch" << endl;
  throw; // gibt die Exception weiter
}
```

Eine von einem *logic_error* abgeleitete Exception wird hier als *runtime_error* weitergegeben:

```
try { /*...*/ }
catch (logic_error&)
{
  throw runtime_error("Ausgetrickst!");
} // gibt runtime_error weiter
```

Der Programmablauf bei einer Exception ist allerdings **weniger strukturiert** als bei den üblichen Kontrollstrukturen und deshalb schwerer aus dem Programmtext abzuleiten. Während mit *if*, *while* usw. immer ein ganzer Block kontrolliert wird, kann man mit *throw* in den Exception-Handler einer aufrufenden Funktion springen. Deshalb sollten **Exceptions nur dann** verwendet werden, wenn mit den üblichen Kontrollstrukturen keine zufriedenstellende

Lösung möglich ist. Insbesondere sollte man *throw*-Ausdrücke nicht für trickreiche Programmabläufe wie ein *goto* in eine aufrufende Funktion verwenden.

Beispiel: Wenn beim Lesen nach dem Ende einer Datei eine Exception ausgelöst wird, kann man alle Daten einer Datei auch in einer Endlosschleife lesen und die Schleife mit einer Exception verlassen:

```
try {
  ifstream f("c:\\test\\test.dat");
  f.exceptions(ios::eofbit | ios::failbit);
  char c;
  while (true)
    f >> c;
}
catch (ios_base::failure& e)
{
  // ...
};
```

Die Schleifenbedingung *f* ist allerdings meist leichter verständlich, da sie direkt zum Ausdruck bringt, dass eine Datei ganz gelesen wird.

10.4 Fehler und Exceptions

Bisher wurde immer nur relativ undifferenziert davon gesprochen, dass eine Exception bei einem „Fehler" ausgelöst wird. Nachdem wir nun gesehen haben, wie man an einer beliebigen Stelle eine Exception auslösen kann, stellt sich die Frage, wann das sinnvoll und was in diesem Zusammenhang überhaupt ein „Fehler" ist.

Der Ausgangspunkt für die folgenden Ausführungen ist, dass jede Anweisung und jede Funktion **eine bestimmte Aufgabe** (ihre Spezifikation) hat. Wenn sie keine solche Aufgabe hätte, wäre sie auch nicht geschrieben worden. Ein **Fehler** ist dann dadurch charakterisiert, dass eine Funktion ihre Aufgabe nicht erfüllen kann.

Beispiel: Alle bisher betrachteten Exceptions von C++ und der Standardbibliothek werden nach einem solchen Fehler ausgelöst:

  – Wenn der mit *new* angeforderte Speicher nicht zur Verfügung gestellt werden kann, hat die Anweisung mit *new* ihre Aufgabe nicht erfüllt.
  – Wenn der Zugriff auf ein Container-Element nicht zulässig ist.
  – Wenn ein String nicht in ein bestimmtes Format (wie *int* oder ein Kalenderdatum) umgewandelt werden kann.

Nach einem solchen Fehler gibt es zwei Möglichkeiten:

1. Es ist sinnlos, weitere Anweisungen auszuführen, da diese vom Ergebnis des Aufrufs abhängen und nur Folgefehler nach sich ziehen.

10.4 Fehler und Exceptions

2. Die folgenden Anweisungen hängen nicht vom Ergebnis dieses Aufrufs ab und können problemlos ausgeführt werden.

Wenn man **Funktionen so konstruiert**, dass sie **genau dann eine Exception** auslösen, wenn sie **ihre Aufgabe nicht erfüllen**, kann man diese beiden Fälle folgendermaßen umsetzen:

1. Anweisungen, die von einander abhängig sind und bei denen ein Fehler Folgefehler nach sich zieht, fasst man in einem Block nach *try* zusammen.
2. Anweisungen, die von einander unabhängig sind, können in getrennten *try*-Blöcken enthalten sein: Wenn ein Fehler in einem ersten Teil eines Programms keine Auswirkungen auf einen anderen Teil hat, braucht der andere Teil nach einem Fehler im ersten Teil auch nicht abgebrochen werden.

Beispiel: Wenn die Funktion f2 nur dann ausgeführt werden soll, wenn der Aufruf von f1 nicht zu einem Fehler geführt hat, aber f3 unabhängig davon, kann man eine Programmstruktur wie die folgende verwenden:

```
try {
  f1();
  f2();
}
catch (exception1&) { cout << "Fehler in f1" << endl; }
catch (exception2&) { cout << "Fehler in f2" << endl; }
f3();
```

Weitere typische Anwendungen sind Programme, die verschiedene Optionen in einem Menü anbieten. Wenn eine Option zu einem Fehler führt, kann man nach einem Hinweis auf diesen Fehler oft die weiteren Optionen ausführen.

Das gilt auch für die Konstruktoren einer Klasse: Falls ein **Konstruktor** aus den Argumenten kein Objekt erzeugen kann, das die Klasseninvariante erfüllt (d.h. ein Objekt der Realität, siehe Abschnitt 8.1.6), löst man eine Exception aus und verwendet solche Objekte in einem *try*-Block.

In **Programmiersprachen ohne Exception-Handling** wird meist folgendermaßen auf Fehler reagiert:

- Nach einem schweren Fehler (z.B. einer Division durch Null) wird das Programm meist abgebrochen. Dadurch wird aber auch die Ausführung von Anweisungen unterbunden, die von diesem Fehler überhaupt nicht betroffen sind.
- Bei weniger schweren Fehlern wird eine Statusvariable (wie *errno* in C) gesetzt oder ein spezieller Funktionswert zurückgegeben.

Exception-Handling ermöglicht gegenüber diesen konventionellen Techniken eine **differenziertere** Reaktion und übersichtlichere Programme (siehe Abschnitt 10.1).

Wenn man **alle Funktionen** in einem Programm **so konstruiert**, dass sie **genau dann eine Exception** auslösen, wenn sie **ihre Aufgabe nicht erfüllen**, und alle solchen Funktionen in einer *try*-Anweisung aufruft, tritt immer genau dann eine Exception auf, wenn eine Funktion ihre Aufgabe nicht erfüllen kann. Wenn keine Exception auftritt, kann man sicher sein, dass alle Funktionen ihre Aufgabe erfüllt haben.

Beispiel: Wenn die Funktionen f1, f2 und f3 bei jedem Fehler eine Exception auslösen, und bei

```
try {
  f1();
  f2();
  f3();
}
catch (...) // passt zu jeder Exception
{
  cout << "da ging was schief" << endl;
}
```

keine Fehlermeldung angezeigt wird, kann man sicher sein, dass kein Fehler aufgetreten ist.

Oft kann man für eine Funktion nachweisen, dass sie ihre Aufgabe erfüllt, wenn ihre Argumente bestimmte Bedingungen (die Vorbedingungen) erfüllen. Dann kann man diese prüfen und eine Exception auslösen, wenn sie nicht erfüllt sind.

Beispiel: Damit man auch von den Funktionen aus <math.h> bei einem Fehler eine Exception erhält, ist es oft am einfachsten, sie durch eigene Funktionen zu ersetzen, die bei einem Fehler eine Exception auslösen:

```
double Sqrt(double d) // Ersatz für sqrt
{
  if (d<0)
    throw logic_error "negatives Argument bei Sqrt";
  return sqrt(d);
}
```

Hier ist die Vorbedingung (d<0), und wenn diese nicht erfüllt ist, wird eine Exception ausgelöst. Man könnte auch die globale Variable *errno* verwenden und eine Exception auslösen, wenn diese auf einen von Null verschiedenen Wert gesetzt wird.

Die Standardbibliothek stellt für verletzte Vorbedingungen, die man vor dem Aufruf einer Funktion entdecken kann, die Klasse ***logic_error*** (siehe Seite 492) zur Verfügung. Die Klasse ***runtime_error*** ist dagegen für Fehler gedacht, die man nur schwer vor dem Aufruf einer Funktion entdecken kann und die erst während ihrer Laufzeit festgestellt werden können. Dazu gehört z.B. der Aufruf einer Funktion wie *exp*, bei der es recht aufwendig ist, vor dem Aufruf zu prüfen, ob die Argumente zu einem Überlauf führen.

Meyer (1997, Kap. 11) betrachtet die Beziehungen zwischen einer Funktion und ihrem Aufrufer unter dem Stichwort „**design by contract**" als formalen Vertrag, bei dem jeder Beteiligte Rechte und Pflichten hat. Eine Funktion hat die Pflicht, ihre Spezifikation zu erfüllen, wenn der Aufrufer ihre Vorbedingungen einhält. Und der Aufrufer hat die Pflicht,

10.5 Die Freigabe von Ressourcen bei Exceptions: RAII

beim Aufruf einer Funktion ihre Vorbedingungen einzuhalten. Wenn einer der Beteiligten seine Pflicht nicht erfüllt, ist der Vertrag zwischen den beiden gebrochen („**When the contract is broken**", Kap. 12). Er empfiehlt, genau bei einer solchen Vertragsverletzung eine Exception auszulösen.

In der Programmiersprache C werden Vor- und Nachbedingungen oft mit dem Makro *assert* überprüft. Falls dabei eine Bedingung nicht erfüllt ist, wird das Programm abgebrochen. Diese Reaktion ist aber oft zu drakonisch. Gegenüber **assert** kann man Exceptions als **Verfeinerung** betrachten. In C++ hat *assert* eigentlich nur noch bei solchen Fehlern eine Berechtigung, für die keine Fehlerbehandlung vorgesehen ist und die nicht abgefangen werden dürfen.

10.5 Die Freigabe von Ressourcen bei Exceptions: RAII

Wenn ein Programm Ressourcen (Hauptspeicher, Dateien usw.) reserviert, sollten diese nach Gebrauch wieder freigegeben werden, damit sie für andere Anwendungen zur Verfügung stehen. Eine solche Freigabe sollte auch nach einer Exception erfolgen.

In der folgenden Funktion wird zunächst Speicher reserviert. Wenn diese dann in einem *try*-Block aufgerufen wird und beim Aufruf der Funktion f eine Exception auftritt, wird *delete* nicht erreicht und der Speicher nicht mehr freigegeben.

```
void MemoryLeak()
{
  int* p = new int[1024]; // 4 KB bei einem 32-Bit System
  f(); // löst eventuell eine Exception aus
  delete[] p;
}
```

Eine unnötige Reservierung von 4 KB Hauptspeicher hat meist keine gravierenden Auswirkungen und wird oft nicht einmal bemerkt. Falls das aber oft geschieht, kann die Auslagerungsdatei groß und das Programm langsamer werden. Wenn eine Datei reserviert und nicht mehr freigegeben wird, können andere Anwender eventuell nicht mehr auf sie zugreifen, bis man das Programm beendet und neu startet.

Dass in einer Funktion wie *MemoryLeak* Ressourcen nicht mehr freigegeben werden, ergibt sich aus den Sprachelementen des Exception-Handling. In einer Programmiersprache ohne Exception-Handling gibt es beim Aufruf einer solchen Funktion nur die beiden Möglichkeiten:
- Der Aufruf von f führt nicht zu einem Programmabbruch. Dann wird auch *delete* erreicht und die Ressource wieder freigegeben.
- Wenn der Aufruf von f zu einem Programmabbruch führt, wird der Speicher vom Betriebssystem freigegeben.

Auf den ersten Blick mag der folgende Ansatz zur Lösung dieses Problems naheliegend erscheinen:

```
int* p = new int[1024];    // reserviere die Ressource
try {
  // verwende die Ressource
}
catch (...)
{
  delete[] p; // bei einer Exception freigeben
  throw; // damit das zweite delete übersprungen wird
}
delete[] p;// p freigeben, falls keine Exception auftritt
```

Hier wird die Ressource vor der *try*-Anweisung reserviert und ausschließlich im Block nach *try* verwendet. Falls dabei eine Exception auftritt, wird sie im Block nach *catch* wieder freigegeben. Falls dagegen keine Exception auftritt, wird dieser Block nie ausgeführt und die Ressource nach der *try*-Anweisung freigegeben. Durch „throw;" wird sichergestellt, dass sie nicht zweimal freigegeben wird und dass die Exception in einem umgebenden *try*-Block behandelt werden kann.

Dieser Ansatz ist allerdings recht aufwendig. Eine einfachere Alternative erhält man, indem die Ressource

- in einer Klasse definiert und
- im Destruktor der Klasse wieder freigegeben wird.

Da für eine in einem Block definierte nicht statische Variable eines Klassentyps beim Verlassen des Blocks (auch aufgrund einer Exception) immer ihr Destruktor (siehe Abschnitt 8.1.5) aufgerufen wird, wird die Ressource beim Verlassen des Blocks immer freigegeben. Stroustrup (1997, Abschnitt 14.4.1) bezeichnet diese Technik als „resource acquisition is initialization (RAII)" („**Ressourcenbelegung ist Initialisierung**").

Beispiel: Der für ein Objekt der Klasse

```
class myVerySimpleSmartPointer {
  int* v;
public:
  myVerySimpleSmartPointer() { v = new int; };
  virtual ~myVerySimpleSmartPointer() { delete v; };
};
```

reservierte Speicher wird beim Verlassen des Blocks wieder freigegeben, in dem eine Variable dieser Klasse definiert wird, und zwar auch dann, wenn beim Aufruf von f eine Exception auftritt:

```
void g()
{
  myVerySimpleSmartPointer a;
  f(); // löst eventuell eine Exception aus
}
```

10.6 Exceptions in Konstruktoren und Destruktoren

Viele **Klassen der Standardbibliothek** sind nach diesem Schema konstruiert und geben die von ihnen reservierten Ressourcen im Destruktor wieder frei. Dadurch ist automatisch sichergestellt, dass jede lokale, nicht statische Variable einer solchen Klasse ihre Ressourcen auch bei einer Exception wieder freigibt.

- Alle **Stream-Klassen** der Standardbibliothek heben die Reservierung einer Datei im Destruktor wieder auf. Im Unterschied zu den C-Funktionen zur Dateibearbeitung besteht mit diesen Klassen also keine Gefahr, dass eine Datei nach einer Exception unnötig reserviert bleibt.
- Die Destruktoren der **Container-Klassen** aus der Standardbibliothek geben den gesamten Speicherbereich wieder frei, den ein Container belegt. Dabei wird der Destruktor für jedes Element des Containers aufgerufen.
- Die Smart Pointer Klasse *shared_ptr* (siehe Kapitel 18) verwendet RAII und Referenzzähler, um Speicherlecks zu vermeiden. Ihr Kopierkonstruktor zählt bei jeder Kopie einen Referenzzähler hoch. Im Destruktor wird dieser Zähler um 1 reduziert. Wenn er bei 0 angekommen ist, wird die Ressource freigegeben.

Die Freigabe von Ressourcen im Destruktor findet automatisch in der **richtigen Reihenfolge** statt. Werden mehrere Ressourcen reserviert, kann eine später reservierte eine früher reservierte verwenden. Deshalb muss die später reservierte Ressource vor der früher reservierten freigegeben werden. Diese Anforderung wird erfüllt, da die Destruktoren immer in der umgekehrten Reihenfolge ihrer Konstruktoren ausgeführt werden (siehe Abschnitt 8.2.2).

10.6 Exceptions in Konstruktoren und Destruktoren

Wenn **im Konstruktor** einer Klasse eine **Exception** auftritt, wird für alle Elemente der Klasse, deren Konstruktor zuvor vollständig ausgeführt wurde, ihr Destruktor aufgerufen. Da für alle Elemente eines Klassentyps ihr Konstruktor immer vor der Ausführung der Anweisungen im Konstruktor aufgerufen wird (siehe Abschnitt 8.2.2), sind alle solchen Elemente vor der Ausführung der Anweisungen im Konstruktor vollständig konstruiert. Deshalb werden die von Elementen eines Klassentyps reservierten Ressourcen bei einer Exception im Konstruktor wieder freigegeben. Exceptions während der Ausführung von Elementinitialisierern können mit einem *function-try*-Block abgefangen werden.

Beispiel: Wenn die Funktion *init* im Konstruktor von C1 eine Exception auslöst, wird der zuvor mit *new* reservierte Speicher nicht wieder freigegeben:

```
class C1 {
  int* p;
public:
  C1()
  {
    p = new int[100];
    init(); // löst eventuell eine Exception aus
  }
}
```

Da vor dem Aufruf der Anweisungen im Konstruktor von C2 der Standardkonstruktor für den *vector* v aufgerufen wird, ist das Element v beim Aufruf von *init* vollständig konstruiert. Wenn dann der Aufruf von *init* eine Exception auslöst, wird der von v belegte Speicher wieder vollständig freigegeben:

```
class C2 {
  vector<int> v;
public:
  C2() {// Konstruktor von C2
    v.push_back(17);
    init(); // löst eventuell eine Exception aus
  }
}
```

Initialisiert man ein Element e einer Klasse C mit einem **Elementinitialisierer**, wird der Konstruktor für e vor den Anweisungen im Konstruktor von C ausgeführt. Deshalb kann man eine Exception im Konstruktor von e nicht in einer *try*-Anweisung im Konstruktor von C abfangen. Dafür steht das Sprachkonstrukt

function-try-block:
    try *ctor-initializer* opt *function-body handler-seq*

zur Verfügung. Ein *function-try-block* kann nur in einem Konstruktor verwendet werden.

Definiert man einen Konstruktor mit einem *function-try-block*, führen nicht nur die in einem Elementinitialisierer ausgelösten Exceptions, sondern auch die im Konstruktor ausgelösten Exceptions zur Ausführung des zugehörigen Handlers.

Beispiel: Wenn ein Objekt der Klasse C mit dem Argument 0 für i_ erzeugt wird, führt das beim Aufruf der Funktion f zu einer Division durch 0:

```
int f(int i)
{
  return 1 / i;
}

class C {
  int i;
  double d;
public:
  C(int, double);
};
```

10.6 Exceptions in Konstruktoren und Destruktoren

```
C::C(int i_, double d_)
  try
  : i(f(i_)), d(d_)
{
  // ... Anweisungen des Konstruktors von C
}
catch (...) // Dieser Handler behandelt alle
{// Exceptions, die im Konstruktor oder in einem
 // seiner Elementinitialisierer auftreten
 // ...
}
```

Ein **Destruktor** sollte normalerweise **keine Exceptions** auslösen oder weitergeben. Der Grund dafür ist, dass ein Destruktor auch als Folge einer Exception aufgerufen wird, wenn ein Block verlassen wird, und dann zwei oder mehr Exceptions bearbeitet werden müssen. Beim nächsten Exception-Handler stellt sich dann die Frage, welche dieser Exceptions abgefangen werden soll. Da diese Entscheidung nicht generell gelöst werden kann, führt das zum Aufruf der Funktion *terminate*, die einen Programmabbruch zur Folge hat.

Beispiel: Es spricht aber nichts gegen Exceptions in einem Destruktor, wenn sie im Destruktor abgefangen werden:

```
~C()
{
  try { f(); } // f soll eine Exception auslösen
  catch (...)
  { /* reagiere auf die Exception */
  }
}
```

Aufgaben 10

1. Geben Sie an, welche Anweisungen beim Aufruf der Funktion f

```
void f()
{
  try {
    try {
      f1();
      f2();
    }
    catch (...)
    {
      f3();
    }
    f4();
  }
```

```
      catch (...)
      {
        f5();
      }
    }
```

ausgeführt werden, wenn

    a) in keiner der Funktionen f1, f2 usw. eine Exception ausgelöst wird
    b) in f1 eine Exception ausgelöst wird
    c) in f2 eine Exception ausgelöst wird
    d) in f1 und f3 eine Exception ausgelöst wird
    e) in f1 und f4 eine Exception ausgelöst wird.

2. Jede der Funktionen f1, f2, f3 und f4 soll eine Exception auslösen können. Fassen Sie Aufrufe f1(); f2(); f3(); f4() so in *try*-Anweisungen zusammen, dass

    a) nach einer Exception die nächste Funktion nicht mehr aufgerufen wird.
    b) nach einer Exception in f1 die Funktion f2 nicht mehr aufgerufen wird und das Programm mit f3 weitermacht. Wenn bei f3 eine Exception auftritt, soll f4 nicht mehr aufgerufen wird.
    c) immer alle vier Funktionen aufgerufen werden.

3. Definieren Sie eine Funktion mit einem *int*-Parameter, die in Abhängigkeit vom Wert des Arguments eine Exception des Datentyps

    a) *int*   c) *exception*
    b) *double*   d) *logic_error*

auslöst und zeigen sie den jeweils übergebenen Wert bzw. den der Funktion *what* in einem Exception-Handler an.

4. Die Funktion f soll in Abhängigkeit vom Wert des Arguments eine Exception der Datentypen *exception, logic_error, range_error* oder *out_of_range* auslösen. Welche Ausgabe erzeugt ein Aufruf der Funktion in a)?

```
a) void g1(int i)
   {
     try { f(i); }
     catch (logic_error& e)
     {
       cout << "logisch" << endl;
     }
     catch (out_of_range& e)
     {
       cout << "range " << endl;
     }
```

10.6 Exceptions in Konstruktoren und Destruktoren

```
      catch (exception& e)
      {
        cout << "exception " << endl;
      }
   };
```

Von welcher Klasse wird die Funktion *what* in b) bis d) aufgerufen?

b)
```
   void g2(int i)
   {
     try { f(i); }
     catch (logic_error& e)
     {
       cout << e.what() << endl;
     }
     catch (out_of_range& e)
     {
       cout << e.what() << endl;
     }
     catch (exception& e)
     {
       cout << e.what() << endl;
     }
   };
```

c)
```
   void g3(int i)
   {
     try { f(i); }
     catch (exception e)
     {
       cout << e.what() << endl;
     }
   };
```

d)
```
   void g4(int i)
   {
     try { f(i); }
     catch (exception& e)
     {
       cout << e.what() << endl;
     }
     catch (...)
     {
       cout << "irgendeine Exception" << endl;
     }
   };
```

5. In einer Funktion sollen sowohl Exceptions der C++ Standardbibliothek vorkommen können, die wie *std::exception* nur die Information der Funktion *what* haben, als auch eigene Exceptions mit zusätzlichen Informationen.

a) Definieren Sie eine geeignete Exception-Klasse.
b) Schreiben Sie einen Exception-Handler, der auf alle diese und auch noch weitere Exceptions differenziert reagieren kann.

6. Beurteilen Sie die Funktion *Sqrt*:

```cpp
class ENegative {};

double Sqrt(double d)
{
  try {
    if (d<0) throw ENegative();
    return sqrt(d);
  }
  catch (...)
  {
    cout << "negativ" << endl;
    return 0;
  }
}
```

7. Bei einem Aufruf der Funktion f soll eine Exception ausgelöst werden können. Stellen Sie sicher, dass der mit *new* reservierte Speicher auch wieder freigegeben wird.

```cpp
void h()
{
std::vector<int*> v = { new int(17) };
f();
for (auto i = v.begin(); i != v.end(); i++)
  delete *i;
}
```

8. a) Beurteilen Sie die Klasse C für den Fall, dass bei der Ausführung von *init* eine Exception ausgelöst wird:

```cpp
class C {
  int* a;
  int* b;
  void init()
  {
    // ...
  }

public:
  C() : a(nullptr), b(nullptr)
  {
    a = new int();
    b = new int();
    init();
  }
```

```
    ~C()
    {
      delete a;
      delete b;
    }
};
```

b) Überarbeiten Sie die Klasse C so, dass auch dann, wenn *init* eine Exception auslöst, kein Speicherleck auftritt.

10.7 *noexcept*

Durch eine ***noexept*-Spezifikation** bei einer Funktion (oder einem Funktions-Template, Lambda-Ausdruck usw.) kann man den Compiler darüber informieren, dass die Funktion keine Exception auslöst. Diese Spezifikation ist in den beiden Formen

noexcept
noexcept(true)

möglich, die beide gleichbedeutend sind. Will man den Compiler informieren, dass eine Funktion eine Exception auslösen kann, gibt man

noexcept(false)

oder keine *noexcept*-Spezifikation an. Die letzten beiden Varianten sind gleichwertig, außer bei Destruktoren, bei denen ein kleiner Unterschied besteht. Eine solche Spezifikation soll dem Compiler Möglichkeiten zur Optimierung geben. Allerdings ist der Effekt meist gering.

Im C++-Standard wird *noexcept* oft verwendet, um auszudrücken, dass eine Funktion keine Exception auslöst. Ein vom Compiler automatisch erzeugter Standardkonstruktor, Kopierkonstruktor, Zuweisungsoperator, Move-Konstruktor und Move-Zuweisungsoperator hat eine *noexcept*-Spezifikation.

Wenn eine Funktion mit einer *noexcept*-Spezifikation doch eine Exception auslöst, ist ein Programmabbruch die Folge.

Beispiele: Eine *noexcept*-Spezifikation wird nach der Parameterliste der Funktion angegeben:

```
void fn() noexcept {};
auto fl = []()noexcept {}; // Lambda-Ausdruck

void fd(int n) noexcept
{
  if (n < 0)
    throw std::exception("Aber doch nicht hier");
}
```

Ruft man fd mit einem negativen Argument auf, bricht das Programm ab.

```
void call_fn()
{
  try
  {
      fd(-1);
  }
  catch (const std::exception&)
  {

  }
}
```

Mit dem **Operator** *noexcept* kann man prüfen, ob eine Funktion eine *noexcept*-Spezifikation hat. Dieser Operator wird zur Compilezeit ausgewertet und gibt einen booleschen Wert zurück.

Beispiel: Gibt man in der *noexcept*-Spezifikation einer Funktion die *noexcept*-Operatoren aller aufgerufenen Funktionen an wie in

```
void fc() noexcept(noexcept(fn) && noexcept(fd))
{
  fn();
  fd(1);
}
```

entspricht das *noexcept(true)*, wenn alle aufgerufenen Funktionen die Spezifikation *noexcept(true)* haben. Allerdings werden solche Ausdrücke bei vielen aufgerufenen Funktionen unhandlich.

10.8 Die Exception-Klasse *system_error* ϴ

Nach

```
#include <system_error>
```

ist die Klasse *system_error* verfügbar, mit der man eine Fehlernummer des Betriebssystems durch eine Exception darstellen kann. Die Elementfunktion **code()** gibt diese Nummer zurück, und **what()** eine Meldung.

Beispiel: Mit

```
void convert_system_error_to_exception(int error)
{
```

10.8 Die Exception-Klasse system_error ⊖

```
   try
   {
      throw std::system_error(error, std::system_category());
   }
   catch (std::system_error& error)
   {
      std::cout << "Error: " << error.code() << " - " <<
                                  error.what() << '\n';
   }
}
```

erhält man beim Aufruf mit Konstanten aus

```
#include <errno.h>

convert_system_error_to_exception(EPERM);  // #define EPERM  1
convert_system_error_to_exception(ENOENT);//#define ENOENT 2
convert_system_error_to_exception(ESRCH);  // #define ESRCH  3
```

Meldungen wie

Error: system:1 - Unzulässige Funktion.
Error: system:2 - Das System kann die angegebene Datei nicht finden.
Error: system:3 - Das System kann den angegebenen Pfad nicht finden.

11 Containerklassen der C++-Standardbibliothek

Zum C++-Standard gehört eine umfangreiche Standardbibliothek. Fast 1000 der 1400 Seiten dieses Standards befassen sich allein mit dieser Bibliothek. Derjenige Teil der Standardbibliothek, der Container und Algorithmen umfasst, wird auch als **Standard Template Library (STL)** bezeichnet.

Die Standardbibliothek enthält Klassen und Algorithmen, die bei vielen alltäglichen Programmieraufgaben (z.B. für Strings oder bei der Verwaltung von Daten in Containern und Dateien) einfache und effiziente Lösungen ermöglichen. Ihre Verwendung reduziert den Entwicklungsaufwand und führt zu übersichtlichen Programmen, die meist schneller sind und weniger Ressourcen benötigen als selbstgestrickte Lösungen. Die Architektur dieser Bibliothek (auf der Basis von Templates) ermöglicht eine einfache und flexible Verwendung. Damit besteht keine Notwendigkeit mehr, dynamische Arrays, verkettete Listen, Binärbäume, Hash-Container und zugehörige Algorithmen selbst zu schreiben.

In diesem Kapitel werden zunächst die wichtigsten Container vorgestellt. Weitere Konzepte und Algorithmen folgen in Kapitel 15 nach der Vorstellung von Templates und Lambda-Ausdrücken, die für eine einfache und flexible Nutzung der Standardbibliothek sehr nützlich sind.

11.1 Sequenzielle Container der Standardbibliothek

Die STL besteht vor allem aus Klassen- und Funktions-Templates (siehe Kapitel 14). „Template" kann man mit „Schablone" oder „Vorlage" übersetzen. Eine solche Schablone definiert das „Layout" für eine Klasse bzw. Funktion und hat einen Datentyp als Parameter. Bei der Definition einer Variablen einer solchen Klasse übergibt man dann einen Datentyp als Argument. Daraus erzeugt der Compiler dann eine Klasse und eine Variable mit dem angegebenen Datentyp. Beim Aufruf eines Funktions-Templates erzeugt er eine Funktion und ruft diese auf.

11.1.1 Die Container-Klasse *vector*

Die aus dem Klassen-Template *vector* erzeugten Klassen gehören zu den sogenannten **Container-Klassen**, da man in Variablen dieser Klassen Daten speichern kann. Weitere

Container-Klassen sind *list*, *stack*, *queue* usw. Sie unterscheiden sich von einem *vector* durch ihre interne Organisation und die verfügbaren Elementfunktionen.

Ein *vector* kann wie ein Array verwendet werden. Er unterscheidet sich von einem Array aber dadurch, dass er den Speicherplatz für die Elemente automatisch verwaltet: Falls ein neues Element im *vector* abgelegt wird und der bisher reservierte Speicherplatz nicht ausreicht, wird automatisch neuer Speicherplatz reserviert. Dazu wird intern ein dynamisches Array verwendet. Außerdem enthält ein *vector* im Unterschied zu einem Array zahlreiche Elementfunktionen.

Das Klassen-Template *vector* steht nach

```
#include <vector>
using std::vector; // oder: using namespace std;
```

zur Verfügung. Mit einem Klassen-Template definiert man eine Klasse, indem man nach dem Namen des Templates in spitzen Klammern einen Datentyp angibt. Diese Klasse kann man dann wie einen vordefinierten Datentyp zur Definition von Variablen verwenden:

```
vector<int> v1;      // vector<int> ist ein Datentyp
vector<double> v2;
```

Nach diesen beiden Definitionen sind *v1* und *v2* leere Vektoren, die Elemente des Datentyps *int* bzw. *double* aufnehmen können.

Ab Visual Studio 2013 kann man einen Container bei seiner Definition mit einer **Initialisiererliste** initialisieren. Eine solche Liste besteht aus einer durch Kommas getrennten Folge von Werten zwischen geschweiften Klammern. Sie kann bei der Definition einer Variablen direkt nach ihrem Namen oder ihrem Namen und einem Gleichheitszeichen angegeben werden:

```
vector<int> v3{ 1, 3, 5 };
vector<string> v = { "Rennfahrer","Jonathan","rast","so","schnell",
                     "wie","er","kann"};
```

Mit der Elementfunktion

*void **push_back**(const T& x);* // T ist der Elementtyp des Vektors

kann man einem Vektor Elemente am Ende hinzufügen. Dabei wird der Speicherplatz für das Element automatisch reserviert:

```
for (int i = 0; i < 100; i++) // fügt v1 100 Elemente hinzu
  v1.push_back(rand()); //für rand: #include <stdlib.h>
```

Die Anzahl der Elemente eines Vektors erhält man mit der Elementfunktion

*size_type **size**() const;* // *size_type*: ein Ganzzahldatentyp ohne Vorzeichen

Auf die einzelnen Elemente eines Vektors kann man mit dem **Indexoperator []**

11.1 Sequenzielle Container der Standardbibliothek

```
for (int i = 0; i < v1.size(); i++)//oder size_t statt int
  cout << v1[i] << endl;
```

oder mit der Funktion *at* zugreifen:

```
for (int i = 0; i < v1.size(); i++)//oder size_t statt int
  cout << v1.at(i) << endl;
```

Diese beiden Zugriffsmöglichkeiten unterscheiden sich vor allem beim Zugriff auf Indizes außerhalb des zulässigen Bereichs 0.. *size()–1*.

– Falls man mit [] einen unzulässigen Index verwendet, werden wie bei Arrays Speicherbereiche adressiert, die nicht für den Vektor reserviert sind. Das kann eine Zugriffsverletzung und einen Programmabsturz zur Folge haben, muss es aber nicht.
– Falls man *at* mit einem unzulässigen Index verwendet, wird eine **out_of_range Exception** ausgelöst. Deshalb sollte man *at* nur in einer *try-catch*-Anweisung wie

```
try{
  int x = v2.at(10);
}
catch (std::exception& e)
{
  string msg = e.what(); // "invalid vector<T> subscript
}
```

verwenden. Wie die nächste Tabelle zeigt, sind Zugriffe mit *at* jedoch langsamer als solche mit dem Indexoperator.

Der C++-Standard definiert den Datentyp *size_type* als Ganzzahldatentyp ohne Vorzeichen. Deshalb hat auch ein Ausdruck wie

```
v1.size() - 1
```

diesen vorzeichenlosen Datentyp. Falls *v1.size()* den Wert 0 hat, ist *v1.size()–1* dann nicht etwa –1, sondern der größte vorzeichenlose Ganzzahlwert. Die folgende Schleife ist deshalb mit *v1.size()=0* eine Endlosschleife:

```
for (int i = 0; i <= v1.size() - 1; i++) // falsch
  cout << v1[i] << endl;
```

Mit einem Wert von *v1.size()* größer als Null werden die Elemente jedoch wie erwartet durchlaufen. Falls diese Schleife nur mit Vektoren getestet wird, die mindestens ein Element enthalten, bleibt der Fehler eventuell unentdeckt. Der Compiler weist zwar durch die Warnung „signed/unsigned mismatch" auf dieses Problem hin. Da Warnungen aber oft übersehen werden, sollte man solche Schleifen **immer** mit der Bedingung <*v1.size()* formulieren.

Die Werte eines Vektors kann man im **Debugger** anzeigen, wenn man mit der Maus über den Namen des Vektors fährt oder diesen in eines der Auto, Lokal- oder Überwachen-Fenster übernimmt:

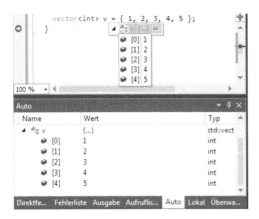

Vektoren haben nicht nur einen **Standardkonstruktor**, der wie bei der Definition von v1 bzw. v2 ohne Argumente aufgerufen werden kann und einen leeren Vektor erzeugt. Mit einem ganzzahligen Argument n≥0 wird ein Vektor mit n Elementen angelegt. Diese Elemente haben für einen vordefinierten Datentyp T den Wert 0, und für einen Klassentyp den von ihrem Standardkonstruktor erzeugten Wert. Mit einem zweiten Argument x, das in den Datentyp der Elemente des Vektors konvertierbar ist, erhalten die Elemente den Wert x.

```
int max = 1000;         // muss keine Konstante sein
vector<int> v3(max);    // v3.size()==max
vector<double> v4(max, 17);// jedes Element hat den Wert 17
```

Im Unterschied zu gewöhnlichen Arrays muss die Anzahl der Elemente hier keine Konstante sein.

Da für einen Vektor alle Operationen eines Arrays (insbesondere der Indexoperator) zur Verfügung stehen, können alle Anweisungen für ein Array auch mit einem Vektor übersetzt werden.

Beispiel: Bei den folgenden Anweisungen (der Auswahlsort von Abschnitt 4.2) wurde lediglich das Array a durch einen Vektor a mit *Max* Elementen ersetzt:

```
// int a[Max];
vector<int> a(Max);
for (int i = 0; i <= Max-2; i++)
{
  int x, Min = i;
  for (int j = i + 1; j <= Max-1; j++)
    if (a[j]<a[Min]) Min = j;
  x = a[i]; a[i] = a[Min]; a[Min] = x;
}
```

Die nächste Tabelle enthält die Laufzeiten für diese Anweisungen mit einem Array und einem Vektor. In der Spalte mit „vector at" wurde auf die Elemente des Vektors mit *at* zugegriffen. Überraschenderweise gibt es bei den verschiedenen Versionen von Visual Studio ziemliche Unterschiede:

11.1 Sequenzielle Container der Standardbibliothek

Auswahlsort n=100000	Array	vector []	vector at
Visual C++ 2012, Release	3,1 Sek.	3,1 Sek.	14 Sek.
Visual C++ 2013, Release	11 Sek.	3,7 Sek.	8,6 Sek.
Visual C++ 2015, Release	3,1 Sek.	3,1 Sek.	14 Sek.
Visual C++ 2017, Release	17 Sek.	17 Sek.	10 Sek.

Es ist allerdings nicht notwendig, für Arrays oder Vektoren eigene Sortierfunktionen zu schreiben. Die Standardbibliothek enthält den vordefinierten Algorithmus *sort*, den man nach *#include <algorithm>* sowohl mit Vektoren und anderen Container-Klassen der STL als auch mit gewöhnlichen Arrays aufrufen kann. Dieser Algorithmus sortiert die Elemente mit dem Operator <. Für einen selbstdefinierten Datentyp muss dieser Operator mit einer Operatorfunktion definiert sein (siehe Abschnitt 7.3)

Offensichtlich ist diese Sortierfunktion deutlich schneller als der Auswahlsort:

Visual C++ 2015, Release	vector<int>	vector<double>	int a[n]
sort (n=100000)	0,007 Sek.	0,007 Sek.	0,007 Sek.

Diese Laufzeiten ergaben sich bei den folgenden *sort*-Anweisungen:

1. Spalten *vector<int>* und *vector<double>*

   ```
   #include <algorithm> // notwendig für sort
   using namespace std;
   vector<T> v(Max);//T ist der Datentyp der Elemente von v
   srand(0);// damit immer dieselben Werte sortiert werden
   for (int i = 0; i<Max; i++) v[i] = rand();
   sort(v.begin(), v.end()); // sortiert alle Elemente
   ```

2. Beim Aufruf von *sort* für Arrays werden die Grenzen des zu sortierenden Bereichs als Zeiger auf diese Arrayelemente übergeben (Zeigerarithmetik). Diese Syntax erscheint zunächst vielleicht etwas ungewöhnlich:

   ```
   #include <algorithm> // notwendig für sort
   T a[Max]; //T ist der Datentyp der Elemente von a
   srand(0);// damit immer dieselben Werte sortiert werden
   for (int i = 0; i<Max; i++) a[i] = rand();
   sort(a, a + Max); // sortiert von Index 0 bis Max-1
   ```

Offensichtlich bieten Arrays und Vektoren (und andere Container der Standardbibliothek) im Wesentlichen dieselben Möglichkeiten zur Verwaltung von Daten. Vergleichen wir die wichtigsten Vor- und Nachteile:

Vorteile der Containerklassen gegenüber Arrays:
- Durch die automatische Speicherverwaltung und die zahlreichen Elementfunktionen ist die Verwaltung von Daten meist wesentlich einfacher und weniger fehleranfällig.
- Die Möglichkeit, Container einander zuzuweisen und als Parameter an Funktionen zu übergeben.
- Bei einem Vektor die Möglichkeit, mit *at* Indizes zu überprüfen.

- Die Elementfunktionen sind meist effizient sind (z.B. *push_back* mit konstanter Komplexität). Da ein Array überhaupt keine Elementfunktionen anbietet, muss man bei jeder Funktion selbst darauf achten, ob sie effizient ist.

Nachteile von Containerklassen gegenüber Arrays:
- Gelegentlich haarsträubende Fehlermeldungen des Compilers. Mit ein wenig Routine kommt man aber damit zurecht.
- Bei manchen Operationen können Iteratoren ungültig werden.

Da diese Nachteile kaum ins Gewicht fallen, sollte man immer Container-Klassen verwenden.

11.1.2 Iteratoren

Im ersten der letzten beiden Beispiele ist der Rückgabewert von *v.begin()* und *v.end()* ein sogenannter **Iterator**. Ein Iterator zeigt auf ein Element eines Containers und hat Ähnlichkeiten mit einem Zeiger auf ein Element eines Arrays. Insbesondere kann man mit dem Operator * das entsprechende Element des Containers ansprechen. Ein Iterator wird definiert wie in

```
vector<T>::iterator i; // ein Iterator i für einen Vektor
```

Für einen Iterator ist der Operator ++ definiert. Er bewirkt, dass der Iterator anschließend auf das nächste Element zeigt. Deshalb kann man alle Elemente eines Vektors folgendermaßen mit einem Iterator i durchlaufen:

```
for (vector<double>::iterator i = v.begin(); i != v.end(); i++)
    cout << *i << endl;
```

Da man auf die Elemente eines Vektors auch mit dem Indexoperator zugreifen kann, haben die nächsten Anweisungen denselben Effekt:

```
for (int i = 0; i<v.size(); i++)//oder size_t anstatt int
    cout << v1[i] << endl;
```

Wir werden allerdings im nächsten Abschnitt andere Container kennen lernen, die keinen Indexoperator haben. Die Elemente eines solchen Containers muss man dann mit einem Iterator ansprechen.

Die Schreibarbeit für den Datentyp des Iterators kann man etwas reduzieren, indem man diesen mit *auto* (siehe Abschnitt 2.3.3 und 14.4.1) vom Compiler bestimmen lässt:

```
for (auto i = v.begin(); i != v.end(); i++)
    cout << *i << endl;
```

Der Rückgabewert von *v.begin()* zeigt immer auf das erste Element des Containers v, während *v.end()* auf die erste Position nach dem letzten Element zeigt. Deshalb wird als Abbruchbedingung beim Durchlaufen aller Elemente eines Bereichs immer wie oben die Bedingung

```
i != v.end()
```

11.1 Sequenzielle Container der Standardbibliothek

verwendet. Auch die folgenden Elementfunktionen zum Einfügen und Löschen von Elementen verwenden Iteratoren:

*iterator **insert**(iterator position, const T& x = T());// fügt x vor position ein*
*iterator **erase**(iterator position);// löscht das Element an der Position position*
*iterator **erase**(iterator first, iterator last); // löscht alle Elemente im Bereich*

Der **Rückgabewert** von *insert* ist ein Iterator, der auf das eingefügte Element im Container zeigt. Der von *erase* zeigt auf das Element, das auf das gelöschte folgt. Falls kein solches Element existiert, ist der Funktionswert *end()*.

Mit dem oben definierten Vektor v werden durch die folgenden Anweisungen jeweils ein Element am Anfang und am Ende eingefügt:

```
v.insert(v.begin(), 1);
v.insert(v.end(), 2);
```

Die nächsten beiden Anweisungen löschen das erste bzw. alle Elemente von v:

```
v.erase(v.begin());
v.erase(v.begin(), v.end());
```

Die Beschreibung von Elementbereichen wie in diesem letzten Beispiel ist charakteristisch für alle Container und Algorithmen der STL: Ein Paar von Iteratoren [*first, last*) beschreibt einen **Bereich** von **aufeinander folgenden Elementen eines Containers**, der mit *first* beginnt und alle Elemente bis ausschließlich *last* enthält, die man ausgehend von *first* mit dem Operator ++ erhält. Der zweite Wert *last* des Paares gehört also nicht mehr zum Bereich. Ein solches Wertepaar entspricht einem **halb offenen Intervall** [n,m) aus der Mathematik, das aus allen Werten x besteht, für die n ≤ x < m gilt.

Die folgenden Beispiele gelten für beliebige Container und nicht nur für einen Vektor v:

1. Da *v.end()* immer auf die Position unmittelbar nach dem letzten Element des Containers v zeigt, stellt der Bereich *v.begin()*, *v.end()* immer **alle Elemente** des Containers v dar.

2. In einem leeren Container gilt *v.begin()==v.end()*. In einem nicht leeren Container hat **das letzte Element** die Position *v.end()–1*.

3. Wenn eine Funktion eine Parameterliste wie

    *void **sort**(RandomAccessIterator _First, RandomAccessIterator _Last);*

    hat, dann stehen die Iteratoren *_First* und *_Last* meist für einen solchen Bereich. Der Name *RandomAccessIterator* sagt etwas über die Anforderungen aus, die für den Iterator gelten müssen, damit *sort* aufgerufen werden kann. Diese sind bei einem *vector* und einem Array erfüllt, aber nicht beim Container *list*.

4. Alle Algorithmen der STL haben die Vorbedingung, dass die Argumente für einen Bereich [*first,last*) einen **zulässigen Bereich** darstellen. Ein solcher Bereich ist dadurch charakterisiert, dass man ausgehend von *first* mit ++ *last* erreicht. Paare wie

v.end(), v.begin()
v1.begin(), v2.end() // zwei verschiedene Container v1 und v2

sind kein zulässiger Bereich. Für solche Bereiche sind die Algorithmen der STL nicht definiert.

Zu einem Iterator i eines *vector* kann man einen Ganzzahlwert n addieren. Das Ergebnis i+n ist dann analog zur **Zeigerarithmetik** ein Iterator, der auf das Element zeigt, das sich n Positionen weiter befindet als das Element, auf das i zeigt.

1. Der Bereich

    v.begin(), v.begin()+3

    enthält die Positionen der ersten 3 Elemente

    *(v.begin()), *(v.begin()+1), *(v.begin()+2),

    aber nicht mehr die Position *v.begin()+3* des vierten Elements.

2. Mit einem Zeiger bzw. einem Array a stellen die beiden Iteratoren

    a, a+n

    den Bereich der n Elemente *a, *(a+1), ..., *(a+(n-1)) (Zeigerarithmetik) bzw. a[0], a[1], ..., a[n-1] dar. Die Analogie von Iteratoren und Zeigern sieht man auch an einem Beispiel wie

    ```
    const char* p = "123";
    const char* e = p + 3; //Zeiger auf das Element nach dem letzten
    for (const char* i = p; i != e; i++)
      cout << *i << endl;
    ```

    Hier ist e die Position nach dem letzten Element des Strings "123". Die Schleife entspricht weitgehend der schon oben vorgestellten Schleife, mit der alle Elemente des Containers v durchlaufen wurden:

    ```
    for (auto i = v.begin(); i != v.end(); i++)
      cout << *i << endl;
    ```

3. Für Iteratoren ist ihre **Subtraktion** definiert. Sie ist wie in der Zeigerarithmetik der Ganzzahlwert mit der Differenz ihrer Positionen. So erhält man die Anzahl der Elemente eines Containers als die Differenz der Iteratoren *begin()* und *end()*:

    v.size() = v.end()–v.begin() // Anzahl der Elemente

Alle Containerklassen haben Konstruktoren, bei denen man über Iteratoren einen Bereich angeben kann, dessen Elemente bei der Konstruktion des Containers in den Container kopiert werden.

11.1 Sequenzielle Container der Standardbibliothek

Beispiel:
```
int a[5] = { 1,5,2,4,3 };
vector<int> v(a, a + 5); // einfacher als 5 push_back
```

Durch das Einfügen oder Löschen von Elementen können **Iteratoren** eines Containers **ungültig** werden. Das bedeutet aber nicht nur, dass der Iterator *pos* nach

```
auto pos = v.end()-1; // letztes Element
v.erase(pos);         // löscht das letzte Element
```

nicht mehr auf das letzte Element zeigt. Vielmehr hat ein ungültiger Iterator einen **unbestimmten** Wert. Deswegen erreicht man auch z.B. durch

```
pos--;
```

nicht, dass er anschließend wieder auf das letzte Element zeigt. Ein Iterator muss deshalb nach jeder solchen Operation wieder auf einen definierten Wert gesetzt werden. Oft sind dafür die Funktionswerte von *erase* oder *insert* geeignet, die auf das eingefügte Element zeigen bzw. auf das nächste nach dem gelöschten:

```
pos = v.insert(pos, x);
pos = v.erase(pos);
```

Beispiel: Um alle Elemente mit einem bestimmten Wert zu löschen, liegt auf den ersten Blick eine Schleife wie diese nahe:

```
vector<int> v;
// ...
for (auto i = v.begin(); i != v.end(); i++)
  if (*i == 17) v.erase(i);
```

Da hier aber der Iterator i nach dem Aufruf von *erase* ungültig werden kann, kann die Operation i++ zu einer Zugriffsverletzung führen. Deshalb muss i nach dem Löschen auf einen definierten Wert gesetzt werden. Dafür bietet sich der Funktionswert von *erase* an, der auf das nächste Element nach dem gelöschten zeigt:

```
auto i = v.begin();
while (i != v.end())
  if (*i == 17) i = v.erase(i);
  else i++;
```

In Abschnitt 15.11 wird gezeigt, wie Elemente, die eine Bedingung erfüllen, mit den Algorithmen *remove* und *remove_if* schneller gelöscht werden können, ohne dass das Problem mit den ungültigen Iteratoren auftritt.

11.1.3 Geprüfte Iteratoren (Checked Iterators)

Die mit Visual C++ ausgelieferte Version der Standardbibliothek enthält einige Erweiterungen gegenüber dem C++-Standard. Von diesen Erweiterungen werden jetzt die „Checked Iterators" (geprüfte Iteratoren) vorgestellt.

Ab Visual Studio 2012 sind als Voreinstellung in einer Debug-Konfiguration „Checked Iterators" (geprüfte Iteratoren) durch das Makro

```
#define _SECURE_SCL 1
```

aktiviert. Das bewirkt, dass fehlerhafte Operationen mit Iteratoren zum Teil bereits bei der Kompilation erkannt werden. Zur Laufzeit führt ein solcher Fehler zu einer Execption, falls das Makro

```
#define _SECURE_SCL_THROWS 1
```

wie in der Voreinstellung aktiviert ist. Mit

```
#define _SECURE_SCL_THROWS 0
```

führen solche Fehler dagegen zu einem Programmabbruch. Diese Prüfungen sind relativ zeitaufwendig. In einer Release-Konfiguration sind geprüfte Iteratoren nicht aktiviert. Die Voreinstellungen können geändert werden, indem diese Makros vor dem ersten *#include* einer Standardbibliothek bzw. unter *Projekt|Eigenschaften|Konfigurationseigenschaften|-C/C++|Präprozessor|Präprozessordefinitionen* gesetzt werden.

Die folgenden Beispiele verwenden diese Vektoren:

```
typedef vector<int> Container;
Container c_empty, c1(10), c2(10);
```

Die folgenden Operationen führen dann bei einer Debug-Konfiguration zu der angegebenen Fehlermeldung:

1. Die Dereferenzierung eines ungültigen Iterators führt zu der Fehlermeldung „vector iterator not dereferencable":

   ```
   Container::iterator i;
   int x = *i;
   ```

2. Einen ungültigen Iterator erhält man auch durch das Einfügen oder Löschen von Elementen. Mit den folgenden Anweisungen erhält man dieselbe Fehlermeldung wie im ersten Beispiel:

   ```
   Container::iterator i = c2.begin();
   c2.insert(c2.begin(), '!');
   // i wurde durch insert ungültig
   int x = *i;
   ```

11.1 Sequenzielle Container der Standardbibliothek

3. Übergibt man einem Algorithmus einen ungültigen Iteratorbereich, führt das zu der Fehlermeldung „invalid iterator range":

```
copy(c1.begin() + 10, c1.begin(), c2.begin());
```

4. Ein ungültiger Iteratorbereich mit Iteratoren aus verschiedenen Containern führt zu der Fehlermeldung „vector iterators incompatible":

```
copy(c1.begin(), c2.end(), c2.begin());
```

11.1.4 Die bereichsbasierte *for*-Schleife

Seit Visual Studio 2012 kann man mit der sogenannten bereichsbasierten *for*-Schleife („range-based for statement") alle Elemente eines Arrays oder Containers etwas einfacher als mit Iteratoren durchlaufen. In der bereichsbasierten *for*-Schleife gibt man in der Klammer vor dem Doppelpunkt den Namen der Laufvariablen an, und nach dem Doppelpunkt den Container:

for (for-range-declaration : expression) statement

Die Laufvariable nimmt dann ausgehend vom ersten bis zum letzten Element des Containers der Reihe nach alle Werte aus dem Container an. Gegenüber einer gewöhnlichen *for*-Schleife hat sie den Vorteil, dass man die Obergrenze nicht versehentlich falsch angeben kann.

Eine bereichsbasierte *for*-Schleife kann man mit einem Code-Ausschnitt erzeugen lassen. Nach dem Eintippen von „rf" wird dieser angeboten

und nach dem Drücken der Tab-Taste in den Quelltext eingefügt:

```
for (auto& i : v)
{

}
```

Die bereichsbasierte *for*-Schleife funktioniert mit jedem Container der Standardbibliothek.

Beispiel: Mit

```
vector<int> c = { 1, 3, 7 };
int sum = 0;

for (auto i : c)
    sum = sum + i; // sum==11
```

werden die Werte aus c aufsummiert.

Wenn man die Werte im Container verändern will, muss der Datentyp der Laufvariablen eine Referenz sein.

Beispiel: Die Werte im Array c werden verdoppelt:

```
for (auto& i : c)
  i *= 2;
```

Die bereichsbasierte *for*-Schleife funktioniert auch mit gewöhnlichen Arrays. Dazu leitet der Compiler die Anzahl der Elemente aus der Definition des Arrays ab. Mit dynamischen Arrays funktioniert sie aber nicht, da der Compiler die Größe des Arrays nicht bestimmen kann.

Beispiel: Mit einem gewöhnlichen Array geht die bereichsbasierte *for*-Schleife:

```
int a[7] = { 1,2,3 };
for (auto i : a)
  sum = sum + i;
```

Mit einem dynamischen Array erhält man eine Fehlermeldung des Compilers:

```
int* d = new int[7];
for (auto i : d) // Fehler: keine begin-Funktion gefunden
  sum = sum + i;
```

Anstelle eines Containers kann man auch einen Initialisierungsausdruck angeben. Dann wird die Anweisung mit allen Werten aus der Initialisierer-Liste ausgeführt.

Beispiel: Wenn man eine Anweisung für eine bestimme Anzahl von Werten ausführen will, musste man die Anweisung früher für jeden Wert ins Programm schreiben:

```
f(3);
f(5);
f(13);
f(21);
```

Mit einem gewöhnlichen Array geht die bereichsbasierte *for*-Schleife:

```
for (const auto i : { 3, 5, 13, 21})
  f(i);
```

Für einen Ausdruck v, dessen Datentyp eine Klasse ist (also z.B. ein Container), wird die bereichsbasierte *for*-Schleife

```
for (auto elem : v)
```

vom Compiler im Wesentlichen wie die folgenden Anweisungen behandelt

11.1 Sequenzielle Container der Standardbibliothek

```
auto _end = v.end();
for (auto _begin = v.begin(); _begin != _end; ++_begin)
  {
    elem = *_begin;
    statement
  }
```

Da hier *end()* nur einmal ausgewertet wird, ist diese Schleife schneller als

```
for (auto _begin = v.begin(); _begin != v.end(); ++_begin)
```

Falls v keine Elementfunktionen mit dem Namen *begin* und *end* enthält, sucht der Compiler nach globalen Funktionen mit diesem Namen, denen man den Container übergeben kann. Die ersten beiden Zeilen werden dann zu

```
auto _end = end(v);
for (auto _begin = begin(v); _begin != _end; ++_begin)
```

Falls v ein Array mit *Max* Elementen ist, werden die ersten beiden Zeilen zu

```
for (auto _begin = v; _begin != v + Max; ++_begin) // Max:
```

Deshalb steht die bereichsbasierte *for*-Schleife für jede Klasse zur Verfügung, die Elementfunktionen *begin()* und *end()* enthält, für deren Rückgabetyp der Operator ++ definiert ist. Das kann auch eine selbstdefinierte Klasse sein. Eine eigene Klasse C kann man einfach dadurch für die bereichsbasierte *for*-Schleife befähigen, indem man in C Elementfunktionen

begin()
end()

oder globale Funktionen (das sind dann meist *friend*-Funktionen der Klasse)

begin(C&)
end(C&)

definiert.

Beispiel: Die Klasse

```
class MeinContainer
{ // sehr einfach, nur zur Illustration
  vector<int> data;
public:
  vector<int>::iterator begin()
  {
    return data.begin();
  }
```

```
    vector<int>::iterator end()
    {
      return data.end();
    }
};
```

kann man in einer bereichsbasierten *for*-Schleife verwenden:

```
MeinContainer c;
int sum;
for (auto i : c)
  sum = sum + i;
```

11.1.5 Iteratoren und die Algorithmen der Standardbibliothek

Zur Standardbibliothek gehören zahlreiche **Algorithmen** für Container. Sie stehen nach

```
#include <algorithm>
```

im Namensbereich *std* zur Verfügung. Diese Algorithmen sind so entworfen, dass sie sowohl mit den Containerklassen der STL als auch mit gewöhnlichen Arrays aufgerufen werden können. Deshalb sind diese Algorithmen auch keine Elementfunktionen der Container-Klassen, sondern Funktions-Templates siehe Abschnitt 14.1, die wie gewöhnliche globale Funktionen aufgerufen werden können.

Im Folgenden werden zunächst einige Algorithmen vorgestellt, die nur Iteratoren als Parameter haben. Vielen weiteren Algorithmen kann man auch Funktionen übergeben. Da diese oft am besten in Form von Lambda-Ausdrücken übergeben werden, folgen diese Algorithmen dann in Kapitel 14.5 nach der Vorstellung von Lambda-Ausdrücken.

Die folgenden Beispiele verwenden die Container a (ein Array) und v (einen *vector*):

```
typedef int T; // Diese Beispiele sind nicht auf int beschränkt
const int Max = 10;
vector<T> v(Max); // reserviere Platz für max Elemente
T a[Max];         // T ist der Datentyp der Elemente
```

Mit *equal* kann man prüfen, ob zwei Bereiche dieselben Elemente enthalten:

    bool **equal**(InputIterator1 first1, InputIterator1 last1, InputIterator2 first2);

equal vergleicht *first1* mit *first2*, *first1*+1 mit *first2*+1 usw. Deshalb müssen auf das Argument für *first2* mindestens *last1*–*first1* Elemente folgen.

```
if (std::equal(a, a + Max, v.begin())) ...
```

Die Algorithmen *copy* und *equal* haben für Arrays die Funktionalität eines Zuweisungsoperators bzw. einer Prüfung auf Gleichheit.

11.1 Sequenzielle Container der Standardbibliothek

Mit *find* kann man nach einem Wert in einem Container suchen:

> *InputIterator **find**(InputIterator first, InputIterator last, const T& value);*

Dieser Algorithmus ist als lineare Suche implementiert. Der Rückgabewert ist dann die Position des ersten Elements mit dem Wert *value* im Bereich *[first, last)*. Falls das gesuchte Element nicht gefunden wurde, ist der Funktionswert das Argument für den zweiten Parameter *last*:

```
vector<T>::iterator p1 = std::find(v.begin(), v.end(), 7);  // oder
                                                            mit auto
if (p1 != v.end()) cout << *p1 << endl;
else cout << "nicht gefunden" << endl;

T* p2 = std::find(a, a + Max, 7);
if (p2 != a + Max) cout << *p2 << endl;
else cout << "nicht gefunden" << endl;
```

Die Bedeutung vieler (aber nicht aller) STL-Algorithmen hat seit der Einführung der bereichsbasierten *for*-Schleife nachgelassen. Mit dieser Schleife kann man Algorithmen wie *find* oder *equal* einfach selbst formulieren:

```
bool gefunden = false; // im Wesentlichen wie find
T result = 0;
for (auto i : v)
{
  if (i == 7)
  {
    gefunden = true;
    result == i;
  }
}
```

Trotzdem können die Algorithmen der STL vorteilhaft sein: Sie sind oft kürzer, und ihr Name bringt oft expliziter als eine selbstgeschriebene Schleife zum Ausdruck, um was es gerade geht.

Der *sort*-Algorithmus

> *template<class RandomAccessIterator>*
> *void **sort**(RandomAccessIterator first, RandomAccessIterator last);*

sortiert die Elemente im Bereich *[first,last)* mit einer Variante des Quicksort: Dabei werden zwei Elemente mit dem Operator < verglichen. Damit diese Variante von *sort* verwendet werden kann, muss dieser Operator für den Datentyp der Elemente definiert sein. Weiteren Varianten von *sort* (siehe Abschnitt 15.13.2) ermöglichen verschiedene Sortierfolgen, da ihnen die Vergleichsfunktion übergeben werden kann.

Beispiel:
```
vector<int> v = { 1,5,2,3,4,6,7 };
std::sort(v.begin(), v.end()); // v={1,2,3,4,5,6,7}
```

Der Algorithmus

*OutputIterator **copy**(InputIterator first,InputIterator last,OutputIterator result)*

kopiert die Elemente aus dem Bereich [*first, last*) in den Bereich der *last–first* Elemente ab *result*. Sein Ergebnis entspricht dem der Anweisungen:

```
while (first != last) *result++ = *first++;
```

Da *copy* keine Elemente in den Zielbereich einfügt, müssen die Elemente in diesem Bereich vor dem Aufruf von *copy* existieren. Da die Anforderungen für einen *InputIterator* für die Elemente des Vektors v und für einen Zeiger auf die Elemente des Arrays a erfüllt sind, können nicht nur Vektoren, sondern auch Arrays und nullterminierte Strings mit *copy* kopiert werden:

```
std::copy(v.begin(), v.end(), a); // kopiert v nach a
```

Aufgaben 11.1.5

1. Überarbeiten Sie eine Kopie Ihrer Lösung der Aufgabe 4.2, 1. (Sieb des Eratosthenes) so, dass anstelle eines Arrays ein *vector* verwendet wird. In drei verschiedenen Varianten der Lösung soll auf die Elemente folgendermaßen zugegriffen werden:

    a) mit dem Indexoperator,
    b) mit *at*
    c) mit Iteratoren.

2. Verwenden Sie für die Aufgaben in a) bis c) geeignete Algorithmen der STL. Um den Aufwand für die Ein- und Ausgabe der Werte bei dieser Aufgabe klein zu halten, können sie hart kodierte Arrays verwenden und die Ergebnisse im Debugger anschauen.

    a) Sortieren Sie ein Array mit 10 Werten des Datentyps *int*. Geben Sie alle Werte des Arrays nach dem Sortieren aus.
    b) Kopieren Sie alle Elemente eines Arrays in ein anderes, das genügend groß ist.
    c) Prüfen Sie, ob zwei Arrays dieselben Elemente haben.

3. Überarbeiten Sie die Funktion *tokenize_0* von Aufgabe 3.2, 3. so, dass sie die gefundenen Teilstrings in einem *vector* zurückgibt.

4. Schreiben Sie eine Funktion mit den folgenden Fehlern

    – Dereferenzierung eines ungültigen Iterators, der
        a) nie initialisiert wurde
        b) Zugriff auf das erste Element eines leeren Vektors
        c) der ungültig wurde (z.B. nach *insert*)
        d) Zugriff auf ein Element, das auf das letzte folgt

    – Aufruf eines STL-Algorithmus (z.B. *copy*) mit Iterator-Argumenten *first* und *last*, die kein zulässiger Bereich sind, z.B.
        e) mit Iteratoren desselben Typs aus verschiedenen Containern

11.1 Sequenzielle Container der Standardbibliothek

f) mit Iteratoren, bei denen *last* nicht mit einer Folge von ++-Operationen ausgehend von *first* erreicht werden kann

und beobachten Sie, welche Fehler angezeigt werden.

1) bei einer Debug-Konfiguration
2) bei einer Release-Konfiguration

11.1.6 Die Speicherverwaltung bei Vektoren Θ

Ein *vector* reserviert den für neue Elemente notwendigen Speicher automatisch immer dann, wenn der bisher reservierte Speicher nicht mehr ausreicht. Damit der Zeitaufwand für die Reservierung von Speicherplatz nicht mit jedem neuen Element anfällt, wird meist mehr Speicher reserviert als nur der für das nächste Element. Die Elementfunktion **capacity** gibt die Anzahl der Elemente zurück, die der Container aufnehmen kann, ohne dass neuer Speicher reserviert werden muss:

*size_type **capacity**() const*

Mit *max_size* erhält man die maximale Anzahl von Elementen, die der Container überhaupt aufnehmen kann:

*size_type **max_size**() const;*

Wenn man im Voraus weiß, wie viele Elemente im Lauf der Zeit anfallen, kann man den für diese Elemente notwendigen Speicherplatz mit **reserve** reservieren und so den Zeitaufwand für die wiederholte Anforderung von Speicherplatz reduzieren:

*void **reserve**(size_type n);*

Die Funktion *reserve* darf nicht mit dem Konstruktor mit einem Ganzzahlargument verwechselt werden, der die angegebene Anzahl von Elementen im *vector* ablegt: Durch *reserve* werden keine Elemente im *vector* abgelegt.

Beispiel:
```
int Max = 1000;
vector<T> v2, v1(Max); // T: ein Datentyp
// v1.size()==1000, v1.capacity>=1000
v2.reserve(Max);
// v2.size() == 0, v2.capacity>=1000
```

Ein Vektor gibt den für seine Elemente reservierten Speicherplatz grundsätzlich nicht mehr frei. Das gilt insbesondere auch für den Aufruf von *reserve* mit einem kleineren Argument als *capacity()*. Auch durch *erase* wird der Speicherplatz für die gelöschten Elemente nicht freigegeben.

Beispiel: Mit den Vektoren des letzten Beispiels gelten nach den folgenden Anweisungen die danach als Kommentar angegebenen Bedingungen:

```
            v1.reserve(0);
            // v1.size() ==1000, v1.capacity>=1000
            v1.clear(); // wie v1.erase(v1.begin(),v1.end());
                       // v1.size()==0, v1.capacity>=1000
```

Um den nicht benötigten Speicherplatz eines Vektors wieder freizugeben, musste man sich vor C++11 mit dem „Trick" behelfen, dass man den Vektor in einen anderen, leeren Vektor kopiert. Dabei wird im anderen Vektor nur der Speicherplatz für die benötigten Elemente reserviert. Vertauscht man dann die beiden Vektoren, übernimmt der ursprüngliche Vektor die Kapazität für die tatsächlich enthaltenen Elemente.

Beispiel: Nach dem Aufruf der Funktion

```
            void ShrinkToFit(vector<int>& v)
            {
              vector<int> tmp(v); // tmp ist eine Kopie von v
              v.swap(tmp);        // vertausche v und tmp
            }
```

mit dem Argument v1 aus dem letzten Beispiel hat v1 die *capacity* 0:

```
            ShrinkToFit(v1);
            // v1.size()==0, v1.capacity>=0
```

In C++11 steht für *vector*, *deque* und *string* die Elementfunktion

  *void **shrink_to_fit**();*

zur Verfügung, die den Speicherbedarf auf die tatsächliche Anzahl der Elemente reduziert. Dabei werden alle Zeiger und Iteratoren ungültig.

Das Ergebnis der Elementfunktion

  *void **resize**(size_type sz, T c = T());*

ist im C++-Standard folgendermaßen beschrieben:

```
    if (sz > size())       insert(end(), sz - size(), c);
    else if (sz < size()) erase(begin() + sz, end());
    else;                  //do nothing
```

Deshalb wird auch durch diese Funktion kein Speicherplatz freigegeben, obwohl man das aufgrund ihres Namens eventuell erwarten könnte.

Der Speicherbereich für die Elemente eines Vektors ist wie der für die Elemente eines Arrays zusammenhängend. Deshalb gilt für alle $0 \leq n < v.size()$

  &v[n] == &v[0] + n

Dieser Ausdruck darf aber nicht mit &v + n verwechselt werden: Das erste Element eines Vektors kann eine andere Adresse haben als der Vektor.

Ein Vektor *vector<bool>* (mit Elementen des Datentyps *bool*) unterscheidet sich von Vektoren mit Elementen anderer Datentypen dadurch, dass möglichst viele (also 8) Werte in ein Byte gepackt werden. Deswegen gilt die Identität für &v[n] für solche Vektoren nicht. Außerdem gelten einige weitere Einschränkungen.

11.1.7 Mehrdimensionale Vektoren Θ

Vektoren, deren Elemente wieder Vektoren sind, werden als mehrdimensionale Vektoren oder Matrizen bezeichnet. Zwei- und dreidimensionale Vektoren mit Elementen des Datentyps T erhält man mit Definitionen wie

```
vector<vector<T>> m2; // zweidimensionaler Vektor
vector<vector<vector<T>>> m3; // dreidimensionaler Vektor
```

Die Elemente eines mehrdimensionalen Vektors m kann man mit einem mehrfachen Indexoperator oder der Elementfunktion *at* ansprechen:

```
m2[i][j]; // wie bei einem mehrdimensionalen Array
m2.at(i).at(j)
```

Durch die Definition

```
vector<vector<T>> m2;
```

erhält man einen zweidimensionalen Vektor m2, der allerdings noch keine Elemente enthält. Analog zu den Definitionen von v3 und v4 aus Abschnitt 11.1.1 erhält man mit

```
int n = 10, m = 20;
vector<vector<T>> m2a(n);
```

einen Vektor m2a mit n Elementen, die alle leere Vektoren sind. Analog zu v4 erhält man mit

```
vector<vector<T>> m2b(n, vector<T>(m));
```

einen zweidimensionalen Vektor m2b mit n Elementen, die jeweils Vektoren mit m Elementen sind. Der erste Index entspricht dann n und der zweite m:

```
for (int i = 0; i<n; i++)
  for (int j = 0; j<m; j++)
    m2b[i][j] = 0;
```

Aufgabe 11.1.7

1. Schreiben Sie eine Funktion, die in einer Schleife nacheinander Elemente in einen Vektor ablegt und bei jeder Änderung der *capacity* die Anzahl der Elemente und die *capacity* ausgibt.

2. Definieren Sie eine Dreiecksmatrix mit n Zeilen, deren i-te Zeile i Spalten hat (i=1 ... n). Setzen Sie die Elemente am Rand dieser Matrix auf den Wert 1. Jedes Element im

Inneren der Dreiecksmatrix soll die Summe der beiden Elemente aus der Zeile darüber sein, die links und über diesem Element stehen (Pascal Dreieck):

```
1
1 1
1 2 1
1 3 3 1
usw.
```

11.1.8 Die Container-Klassen *list* und *deque*

Wie schon in Abschnitt 4.4 gezeigt wurde, hängt der durchschnittliche Zeitaufwand für bestimmte Operationen bei einem Container von seiner internen Organisation ab. So ist z.B. in einem nicht sortierten Array der Aufwand für das Suchen nach einem Element relativ groß, während der Aufwand für das Einfügen und Löschen relativ gering war. Dagegen ist in einem sortierten Array der Aufwand für die Suche relativ gering und der für das Einfügen und Löschen höher.

Der C++-Standard verlangt für viele Operationen nicht nur ein bestimmtes Ergebnis, sondern im Unterschied zu vielen anderen Bibliotheken auch Obergrenzen für ihre durchschnittliche Ausführungszeit. Die Anforderungen an den maximalen Zeitaufwand für eine Operation werden dabei immer auf die Anzahl der Elemente im Container bezogen und als **Komplexität** bezeichnet. Wenn der Zeitaufwand für eine Operation proportional zur Anzahl der Elemente im Container ist, bezeichnet man die Komplexität der Operation als linear. Wenn er dagegen von der Anzahl der Elemente des Containers unabhängig ist, bezeichnet man sie als konstant. Beim Auswahlsort haben wir gesehen, dass seine Komplexität quadratisch ist. Die Komplexität des binären Suchens ist dagegen logarithmisch.

Die Komplexität der meisten Algorithmen fällt in eine der folgenden Kategorien:

Komplexität	n=1	n=10	n=100	n=1000
konstant	1	1	1	1
logarithmisch	1	4	7	10
linear	1	10	100	1000
n*log(n)	1	40	700	10000
quadratisch	1	100	10000	1000000

Diese Tabelle enthält ab der zweiten Spalte den Faktor, um den sich der Zeitaufwand gegenüber einem Container mit einem Element vervielfacht. Daraus kann man natürlich keine Aussagen über den absoluten Zeitaufwand ableiten. Im Einzelfall kann ein Algorithmus mit quadratischer Komplexität schneller sein als einer mit linearer Komplexität. Bei großen Werten von n ist die Komplexität aber der entscheidende Faktor für den Zeitaufwand einer Operation.

Die Standardbibliothek enthält neben *vector* weitere Container-Klassen, die sich unter anderem auch durch die Komplexität ihrer Operationen unterscheiden. Für die meisten Funktionen eines Containers enthält der C++-Standard Anforderungen an ihr Zeitverhalten:

11.1 Sequenzielle Container der Standardbibliothek

- Der Container *list* wird intern durch eine doppelt verkettete Liste implementiert (siehe Abschnitt 6.11). Deshalb hat das Einfügen und Löschen an beliebigen Positionen eine konstante Komplexität. Allerdings besitzt dieser Container keinen Indexoperator, mit dem man ein Element über seine Position im Container adressieren kann.
- Der Container *deque* („double ended queue") wird intern meist durch zwei oder mehr dynamisch erzeugte Arrays implementiert. Deshalb hat das Einfügen und Löschen von Elementen am Anfang und am Ende eine konstante Komplexität. An anderen Positionen ist die Komplexität dieser Operationen dagegen linear. Außerdem ist der Indexoperator definiert.
- Ein *vector* wird intern durch ein dynamisch erzeugtes Array implementiert. Deshalb ist die Komplexität von Einfüge- und Löschoperationen am Ende konstant und in den anderen Positionen linear. Auch hier ist der Indexoperator definiert.

Die Container *list* und *deque* stehen nach diesen *#include*-Anweisungen

```
#include <list>
#include <deque>
```

im Namensbereich *std* zur Verfügung. Iteratoren eines *list*-Container werden beim Einfügen nie ungültig (siehe Seite 523). Beim Löschen wird nur ein Iterator auf das gelöschte Element ungültig. Das ergibt sich daraus, dass bei diesen Operationen die Position der anderen Elemente des Containers nicht verändert wird. Da *list* durch eine verkettete Liste implementiert ist, werden die eingefügten Elemente in die Liste eingehängt und die gelöschten aus ihr ausgehängt (siehe Abschnitt 6.11).

11.1.9 Gemeinsamkeiten und Unterschiede der sequenziellen Container

Diese Container-Klassen werden zusammenfassend auch als **sequenzielle Container** bezeichnet, da sie ihre Daten in einer linearen Anordnung verwalten. Für alle diese Container sind unter anderem die folgenden Operationen definiert. Dabei stehen a und b für Variablen, deren Datentyp eine Container-Klasse ist, p und q für Iteratoren und t für ein Element eines Containers:

Ausdruck	Datentyp	Bedeutung	Komplexität
a.begin()	Iterator	Zeiger auf erstes Element	konstant
a.end()	Iterator	Zeiger auf das Element nach dem letzten	konstant
a.size()	size_type	Anzahl der Elemente	konstant
a.empty()	bool	a.size()==0	konstant
a.insert(p,t)	Iterator	fügt eine Kopie von t vor p ein	verschieden
a.erase(p)	Iterator	löscht das Element an Position p	verschieden
a.erase(p,q)	Iterator	löscht Elemente im Bereich p, q	verschieden
a.clear()	void	a.erase(begin(),end())	verschieden
a==b	bool	a und b haben gleich viel Elemente, die alle gleich sind	linear
a!=b	bool	!(a==b)	linear
a<b	bool	a lexikografisch vor b	linear

Nach dem C++-Standard sind die folgenden Operationen nur für solche Container definiert, für die ihre **Ausführungszeit konstant** ist. Diese Container sind in der letzten Spalte aufgeführt:

Ausdruck	Datentyp	Bedeutung	Container
a.front()	T&	*a.begin()	vector, list, deque
a.back()	T&	*--a.end()	vector, list, deque
a.push_front(x)	void	a.insert(a.begin(),x)	list, deque
a.push_back(x)	void	a.insert(a.end(),x)	vector, list, deque
a.pop_front()	void	a.erase(a.begin())	list, deque
a.pop_back()	void	a.erase(--a.end())	vector, list, deque
a[n]	T&	*(a.begin()+n)	vector, deque
a.at(n)	T&	*(a.begin()+n)	vector, deque

Viele Aufgabenstellungen lassen sich mit verschiedenen Containern lösen. Im C++-Standard wird ein *vector* für den Normalfall empfohlen.

Die Container *list* und *deque* besitzen die meisten Funktionen, die oben für einen Vektor vorgestellt wurden. Ersetzt man in den Beispielen des letzten Abschnitts die Definition

```
vector<T> v; // T ein Datentyp
```

durch eine der folgenden beiden,

```
list<T>  v;
deque<T> v;
```

werden die meisten dieser Beispiele ebenso übersetzt. Lediglich die Operationen, die den Indexoperator verwenden, werden für *list* nicht übersetzt. Außerdem steht der globale Algorithmus *sort* für *list* nicht zur Verfügung. An seiner Stelle muss die **Elementfunktion** *sort* verwendet werden:

```
v.sort(); // sortiert die Liste v
```

Die nächste Tabelle enthält die Ausführungszeiten für das Einfügen von verschieden großen Elementen am Anfang und am Ende verschiedener Container.

Visual Studio 2017, Release 100000 Operationen:	*vector*	*deque*	*list*
1. push_back int	0,0010 Sek.	0,0013 Sek.	0,0049 Sek.
2. push_back 100 Bytes	0,015 Sek.	0,010 Sek.	0,009 Sek
3. push_back 1000 Bytes	0,14 Sek.	0,036 Sek.	0,034 Sek.
4. wie 3., mit *reserve*	0,032 Sek.	–	–
5. push_front int	0,57 Sek.	0,0015 Sek.	0,0046 Sek.
6. push_front 100 Bytes	29 Sek.	0,0087 Sek.	0,0098 Sek.

- Die Zeilen 1.-3. enthalten die Zeiten für das Einfügen von Elementen des Datentyps *int* sowie von 100 und 1000 Bytes großen Strukturen. Wie man sieht, ist das Einfügen von

11.1 Sequenzielle Container der Standardbibliothek

kleinen Elementen mit *push_back* in einen *vector* schneller als in eine Liste, während bei größeren Elementen eine Liste schneller sein kann.
- Die Zeile 4 zeigt, dass ein *vector* die meiste Zeit für die Reservierung von Speicher benötigt. Wenn dieser im Voraus mit der Elementfunktion *reserve* reserviert wird, ist ein *vector* schneller als die anderen Container.
- Die Zeilen 5 und 6 zeigen, dass ein *vector* nicht verwendet werden sollte, um Elemente an anderen Positionen als am Ende einzufügen. Da ein *vector* kein *push_front* hat, wurde *v.insert(v.begin(), x)* verwendet.

Bei komplexen Aufgaben ist es oft nicht einfach, im Voraus zu entscheiden, welcher Container schnell genug ist. Wenn man nur Operationen verwendet, die in allen Containern verfügbar sind, kann der Zeitaufwand bei verschiedenen Containern verglichen werden, indem man einfach nur den Datentyp ändert.

11.1.10 Die Container-Adapter *stack*, *queue* und *priority_queue* Θ

Die sogenannten **Container-Adapter** sind Container, die andere Container zur Speicherung ihrer Elemente verwenden. Nach dem C++-Standard stehen die Adapter **stack, queue** und ***priority_queue*** im Namensbereich *std* zur Verfügung. Variablen dieser Container können nach

```
#include <stack>
#include <queue>
```

folgendermaßen definiert werden:

```
stack<T> s; // T ein Datentyp
queue<T> q;
priority_queue<T> pq;
```

Mit diesen Definitionen verwenden *stack* und *queue* einen *deque* zur Speicherung und *priority_queue* einen *vector*.

Ein **Stack** hat die folgenden Elementfunktionen:

```
bool empty()         // true, falls der Stack leer ist, andernfalls false
size_type size()     // Anzahl der Elemente im Stack
value_type& top()    // das oberste Element
void push(const value_type& x) // legt das Argument auf den Stack
void pop()           // entfernt das oberste Element
```

Hier ist zu beachten, dass *pop* (im Unterschied zu vielen anderen Implementationen von Stacks) den Wert des obersten Elements nicht zurückliefert.

Alle Container-Adapter haben keine Iteratoren. Ein Zugriff auf die Elemente ist nur über die Funktion *top* möglich.

Legt man die Elemente e_1, e_2, ..., e_n der Reihe nach mit *push* auf einen Stack, erhält man diese durch n *top*- und *pop*-Operationen in der umgekehrten Reihenfolge zurück, in der man sie auf den Stack gelegt hat. Deswegen bezeichnet man einen Stack auch als *last-in-first-out-*Struktur (LIFO).

Eine **Queue** hat bis auf *top* dieselben Funktionen wie ein Stack. Der Zugriff auf das erste bzw. letzte Element ist mit den folgenden Funktionen möglich:

*value_type& **front**()*
*value_type& **back**()*

Da man hier die Elemente mit *front* wieder in derselben Reihenfolge aus dem Container entfernen kann, in der man sie eingefügt hat, kann man mit einer *queue* eine *first-in-first-out-*Struktur (FIFO) realisieren.

Eine **Priority_Queue** ordnet ihre Elemente in einer Reihenfolge an. Mit *top* wird dann immer das oberste Element in dieser Anordnung entnommen. Die Reihenfolge ergibt sich in

```
priority_queue<T> p; // T ist der Datentyp der Elemente
```

aus dem Vergleich der Elemente mit dem Operator „<". Dieser Operator kann aber in der Definition durch einen anderen ersetzt werden:

```
priority_queue<T, vector<T>, greater<T>> p;
```

Die Laufzeit von *top* hat eine konstante Komplexität. Dafür dauert Einfügen und Löschen etwas länger (logarithmische Komplexität).

Beispiel: Die folgenden Anweisungen werden für die Container *stack* und *priority_queue* übersetzt:

```
stack<string> p; // priority_queue<string> p; geht auch
p.push("Daniel");
p.push("Alex");
p.push("Kathy");
while (!p.empty())
{
  cout << p.top() << endl;
  p.pop();
}
```

Ersetzt man *p.top* durch *p.front*, kann man auch eine *queue* verwenden. Für die einzelnen Container werden die Werte dann in der folgenden Reihenfolge ausgegeben:

stack: „Kathy", „Alex", „Daniel" (LIFO)
priority_queue: „Kathy", „Daniel", „Alex" (alphabetisch geordnet)
queue: „Daniel", „Alex", „Kathy" (FIFO)

11.1 Sequenzielle Container der Standardbibliothek

11.1.11 Container mit Zeigern

Wenn ein Container Zeiger enthält, wird beim Löschen von Container-Elementen (z.B. mit *erase*) nur der Speicherbereich für die Zeiger freigegeben. Der Speicherbereich, auf den die Zeiger zeigen, wird dadurch nicht berührt und bleibt weiterhin reserviert. Wenn die Zeiger auf dynamisch erzeugte Variablen zeigen, ist ein Speicherleck die Folge:

```
vector<int*> v;
v.push_back(new int(17));
v.erase(v.begin()); // Speicherleck
```

Die zu einem Zeiger gehörenden Speicherbereiche müssen deshalb explizit wieder freigegeben werden:

```
for (auto; i != v.end(); i++)
    delete *i;
```

Da beim Löschen eines *shared_ptr* oder *unique_ptr* (siehe Abschnitt 18) auch der Speicherbereich gelöscht wird, auf den er zeigt, muss man bei einem Container mit *shared_ptr* Elementen den zugehörigen Speicherbereich nicht explizit freigeben. Deswegen sollte man nur smart pointer, aber keine gewöhnlichen Pointer auf einen dynamisch erzeugten Speicherbereich in einem Container ablegen.

11.1.12 *std::array* - Array Container fester GrößeΘ

Ein Arraycontainer fester Größe („fixed size array container") ist ein Klassen-Template für Arrays, das intern auf gewöhnlichen Arrays wie "int a[100]" beruht und wie ein gewöhnliches Array eine konstante Anzahl von Elementen hat.

Arraycontainer fester Größe sind nach

```
#include <array>
```

im Namensbereich *std* verfügbar.

Da ein *std::array* große Ähnlichkeiten mit einem gewöhnlichen Array und einem *vector* hat, sollen hier nur die wichtigsten Unterschiede zu diesen Containern vorgestellt werden.

– Ein *std::array* mit n Elementen des Datentyps T erhält man mit dem Datentyp

```
array<T, n> // Hier muss n eine Konstante sein
```

Ein Array dieses Typs entspricht einem gewöhnlichen Array bzw. *vector* des Typs

```
T[n] bzw. vector<T>
```

– Ein *std::array* kann wie ein gewöhnliches Arrays initialisiert werden:

```
array<double, 5> a = { 1,2,3,4,5 };
array<double, 5> b;// Undefinierte Werte der Elemente
```

- Der Speicher für ein *std::array* wird vom Compiler reserviert, und nicht dynamisch mit Funktionen wie *push_back*.

- Die Elemente können wie bei einem *vector* oder einem gewöhnlichen Array mit dem Index-Operator angesprochen werden:

  ```
  for (unsigned int i = 0; i<a.size(); ++i)
    a[i] = i;
  ```

  Beim Zugriff mit *at* auf nicht vorhandene Indizes wird eine Exception ausgelöst.

- Ein *std::array* hat im Wesentlichen dieselben Elementfunktionen wie ein *vector*. So gibt z.B. *size* die Anzahl der Elemente zurück (die Konstante, die bei der Definition angegeben wurde).

- Im Unterschied zu gewöhnlichen Arrays können *std::array* desselben Typs mit dem Zuweisungsoperator kopiert und mit == auf Gleichheit geprüft werden.

  ```
  array<double, 5> c(a);  // Initialisierung
  array<double, 5> d = a;
  c = d;                  // Zuweisung
  if (c == d) ...         // Abfrage auf Gleichheit
  ```

  Ein *std::array* kann so einfach wie ein *vector* als Parameter an eine Funktion übergeben werden.

- Da diese Klasse im Wesentlichen ein reversibler Container ist, gibt es STL-Algorithmen, die mit solchen Arrays aufgerufen werden können, aber nicht mit gewöhnlichen Arrays.

Die Laufzeit mit einem *std::array* ist normalerweise nicht schlechter als die mit einem gewöhnlichen Array.

Ein mehrdimensionales *std::array* kann mit verschachtelten *std::array*'s definiert werden:

```
array< array<int, Max>, Max> m;
m[1][2] = 17;
```

11.2 Assoziative Container

Die Standardbibliothek enthält die **assoziativen Container** *set*, *multiset*, *map* und *multimap*. Sie verwalten ihre Elemente sortiert nach einem Schlüsselwert in einem balancierten Binärbaum und ermöglichen so einen schnellen Zugriff (meist mit logarithmischer Komplexität) auf diese. Die *unordered*-Varianten (siehe Abschnitt 11.2.4) berechnen die Position der Daten zu einem Schlüsselwert (meist mit konstanter Komplexität).

In Abschnitt 6.12 wurde gezeigt, wie man solche Binärbäume konstruieren kann. Allerdings sind die assoziativen Container aufgrund ihrer ausgefeilten internen Struktur meist effizienter und einfacher zu verwenden als selbstgestrickte Binärbäume. Deshalb besteht normalerweise keine Notwendigkeit, selbst Binärbäume zu schreiben.

11.2.1 Die Container *set* und *multiset*

Die Containerklassen *set* und *multiset* stehen nach

```
#include <set>
```

im Namensbereich *std* zur Verfügung. Container dieser Datentypen können wie in

```
set<T> s;       // T: Der Datentyp der Elemente
multiset<T> ms;
```

definiert werden und stellen Mengen im Sinn der Mathematik dar. Container der Typen *set* und *multiset* unterscheiden sich im Wesentlichen nur dadurch, dass ein Schlüsselwert in einem *set* nur einmal enthalten sein kann, während ein *multiset* mehrere Elemente mit demselben Schlüsselwert enthalten kann.

Zum Einfügen und Löschen von Elementen stehen die Elementfunktionen

pair<iterator,bool> **insert**(const value_type& x);
size_type **erase**(const key_type& x);

zur Verfügung. Mit der in allen assoziativen Containern definierten Elementfunktion

iterator **find**(const key_type& x) const;

kann man feststellen, ob ein Element mit dem als Argument übergebenen Schlüsselwert in der Menge enthalten ist oder nicht. Falls ein solches Element in der Menge enthalten ist, gibt *find* die Position dieses Elements zurück und andernfalls den Iterator *end()*. Da ein assoziativer Container seine Daten sortiert nach den Schlüsselwerten verwaltet, verwendet die *find* die Technik des binären Suchens und hat eine logarithmische Komplexität. Sie ist deshalb deutlich schneller als die globale Funktion *find*, die linear nach einem Element sucht.

Beispiel: Mit Mengen, die Strings enthalten, sind diese Operationen möglich:

```
std::set<std::string> s = { "Daniel", "Alex", "Kathy" };
if (s.find("Alex") != s.end())
  cout << "gefunden" << endl;
else cout << "nicht gefunden" << endl;
```

Bei einem *set* oder *multiset* kann man im Wesentlichen nur feststellen, ob ein Element enthalten ist oder nicht. Da diese Prüfung mit *find* relativ schnell ist, bieten sich diese Container an, wenn es lediglich um solche Prüfungen geht. Einige Beispiele für die Anwendung dieser Container:

– Eine Rechtschreibprüfung, bei der die Wörter aus einem Wörterbuch in einem *set* abgelegt werden. Bei dem zu überprüfenden Text wird dann für jedes Wort geprüft, ob es im Wörterbuch enthalten ist.

– Da ein *set* einen bestimmten Wert höchstens einmal aufnimmt, kann man mit einem *set* leicht einen Container mit eindeutigen Elementen erzeugen.

Da die binäre Suche nur wenige ($\log_2(n)$) Schritte benötigt, kann man mit einem sortierten *vector* und mit *binary_search* ein gesuchtes Element ähnlich schnell wie in einem *set* oder *multiset* finden.

11.2.2 Die Container *map* und *multimap*

Die assoziativen Containerklassen **map** und **multimap** stehen nach

```
#include <map>
```

im Namensbereich *std* zur Verfügung. Container dieser Klassen verwalten Wertepaare, die aus einem Schlüsselbegriff und zugeordneten Daten bestehen. Aufgrund ihrer internen Organisation ermöglichen *map* und *multimap* einen schnellen Zugriff auf die Daten, die zu einem Schlüsselbegriff gehören. Mit Schlüsselwerten des Datentyps T1 und zugehörigen Daten des Datentyps T2 werden solche Container folgendermaßen definiert:

```
std::map<T1, T2> m; // Hier sind T1 und T2 beliebige Datentypen
std::multimap<T1, T2> mm;
```

Wie ein *set* kann ein *map* nur ein einziges Paar mit einem bestimmten Schlüsselwert enthalten. Ein *multimap* kann dagegen mehrere Paare mit demselben Schlüsselwert enthalten. Die folgenden Beispiele verwenden sowohl für T1 als auch für T2 den Datentyp *string*. Die Wertepaare sind dann etwa folgendermaßen definiert:

```
struct pair { //T1 und T2: aus map<T1,T2> bzw. multimap
  T1 first;     // Schlüsselbegriff
  T2 second;    // zugehörige Daten
};
```

Wie bei allen anderen Containern kann man auch einem *map* oder *multimap* mit *insert* Elemente hinzufügen. Da die Elemente hier Wertepaare sind, müssen Wertepaare eingefügt werden. Diese können durch den etwas umständlichen Aufruf eines Konstruktors des nach

```
#include <utility>
```

verfügbaren Klassen-Templates *pair*

```
m.insert(std::pair<string, string>("Daniel", "13.11.79"));
```

oder durch den etwas einfacheren Aufruf des Funktions-Templates *make_pair* erzeugt werden:

```
m.insert(make_pair("Daniel", "13.11.79"));
```

Bei einem *map* (aber nicht bei einem *multimap*) ist das mit dem Indexoperator

reference operator[](const key_type& x);

11.2 Assoziative Container

einfacher. Die Zuweisungen

```
m["Daniel"] = "13.11.79";
m["Alex"] = "17.10.81";
```

legen die Paare ("Daniel","13.11.79") und ("Alex","17.10.81") in m ab. Der Operator [] liefert als Funktionswert die Daten zum Schlüsselwert zurück. Deswegen erhält man bei einem *map* mit

```
string result = "Daniel: " + m["Daniel"];
```

den String "Daniel: 13.11.79". Damit kann man ein *map* wie ein Array ansprechen, ohne dass die Indexwerte wie bei einem Array ganzzahlig sein müssen. Bei einem *multimap* ist der Indexoperator nicht definiert.

Allerdings unterscheidet sich der Indexoperator bei einem *map* folgendermaßen von diesem Operator für ein Array: Falls zu dem als Index verwendeten Wert kein Element im Container enthalten ist, wird ein Standardwert eingefügt. Nach der Abfrage

```
string result = "Alex: " + m["Alexx"]; // Schreibfehler
```

hat m drei Elemente und nicht wie vor dieser Abfrage zwei. Deswegen sucht man Elemente meist besser mit *find*:

*iterator **find**(const key_type& x);*

Diese Funktion liefert einen Iterator auf ein Wertepaar mit dem gesuchten Schlüsselwert zurück, wenn es gefunden wurde, und andernfalls den Iterator *end*. Die Daten zum Schlüsselwert sind dabei das Element *second* des Wertepaares:

```
map<T1, T2>::iterator pos = m.find("Daniel");
if (pos != m.end())
  result = "Daniel: " + pos->second;
else result = "Daniel: nicht gefunden";
```

Hier kann die erste Zeile auch verkürzt werden durch

```
auto pos = m.find("Daniel");
```

Der Funktionswert der in allen assoziativen Containern verfügbaren Elementfunktionen

*iterator **lower_bound**(const key_type& x);*
*iterator **upper_bound**(const key_type& x);*

ist ein Iterator, der auf das erste Element zeigt, dessen Schlüsselwert nicht kleiner (bei *lower_bound*) bzw. größer (bei *upper_bound*) ist als das Argument. Bei einem *multimap*, in dem ein oder mehrere Paare mit dem Schlüsselwert x enthalten sind, besteht der Bereich (*lower_bound(x), upper_bound(x)*) aus allen Elementen mit dem Schlüsselwert x. Die Komplexität dieser Funktionen ist wie die von *find* logarithmisch.

11.2.3 Iteratoren der assoziativen Container

Auch für die assoziativen Container erhält man mit *begin()* die Position des ersten Elements und mit *end()* die auf das letzte Element folgende. Für einen Iterator i erhält man mit i++ die Position des nächsten Elements und mit *i seinen Wert. Da die Elemente eines assoziativen Containers Paare (siehe Seite 542) sind, erhält man den Schlüsselwert zu einem Iterator i mit *i->first* und den zugehörigen Datenwert mit *i->second*.

Da die Elemente nach den Schlüsselwerten sortiert verwaltet werden, ist das nächste Element immer das mit dem nächsten Schlüsselwert. Deshalb erhält man mit der folgenden *for*-Schleife immer eine nach dem Schlüsselbegriff sortierte Ausgabe der Elemente des Containers:

```
map<string, int> m;
for (auto i = m.begin(); i != m.end(); i++)
   cout << i->first << endl;
```

Ein *multimap* kann mehrere Paare mit demselben Schlüsselwert enthalten. Mit den Elementfunktionen *lower_bound* und *upper_bound* erhält man Iteratoren, die den Bereich von Paaren im *multimap* darstellen, die alle als Schlüsselwert den als Argument übergebenen Wert haben. Wenn man zu allen verschiedenen Schlüsselwerten in einem *multimap* die jeweiligen Daten ausgeben will, erreicht man dann wie in dieser Schleife:

```
multimap<string, int> mm;
for (auto i = mm.begin(); i != mm.end(); )
{ // i->first ist der Schlüsselwert
   auto first = mm.lower_bound(i->first);
   auto j, last = mm.upper_bound(i->first);
   for (j = first; j != last; j++)
   { //j->second ist ein Datenwert zum Schlüsselwert
      i++; // Mit jedem gefundenen Wert hochzählen
   };
}
```

Hier muss man insbesondere beachten, dass man den Iterator für die äußere Schleife nicht in der äußeren Schleife weiterzählt, sondern mit jedem gefundenen Datenwert. Da man mit i++ immer die Position des nächsten Elements erhält, wird sonst die innere Schleife so oft wiederholt, wie Daten zum jeweiligen Schlüsselwert vorhanden sind.

Iteratoren eines assoziativen Containers werden beim Einfügen nie ungültig (siehe Seite 523). Beim Löschen wird nur ein Iterator auf das gelöschte Element ungültig. Das ergibt sich daraus, dass diese Container intern mit Binärbäumen implementiert sind, in die neue Knoten eingehängt und gelöschte ausgehängt (siehe Abschnitt 6.12) werden. Die Position anderer Elemente des Containers wird dadurch nicht verändert.

Aufgaben 11.2.3

1. Ein **Informationssystem** soll zu einem eindeutigen Schlüsselbegriff eine zugehörige Information finden, z.B. zu einer Artikelnummer den zugehörigen Preis.

   Schreiben Sie als **einfachen Prototyp** für ein solches System eine Funktion

   ```
   bool ValueToKey(KeyType key, ValueType& value)
   ```

   deren Rückgabewert *true* ist, wenn zum Argument für *key* ein passender Wert gefunden wurde. Der gefundene Wert soll dann als Argument für *value* zurückgegeben werden. Falls kein passender Wert gefunden wird, soll der Rückgabewert *false* sein. Verwenden Sie dazu einen geeigneten Container.

   Testen Sie diese Funktion. Damit man leicht sieht, ob der gesuchte Begriff auch tatsächlich gefunden wurde, sollen der Schlüsselbegriff und die Daten identisch sein. Am einfachsten wählt man 1000 bzw. 100 000 **aufeinander folgende** Werte des Datentyps *int*. Um welchen Faktor dauert die Suche in einem Container mit 1000 000 Elementen etwa länger als die in einem Container mit 1000 Elementen?

2. Beim wiederholten Aufruf eines Zufallszahlengenerators wie *rand* oder *random* kann es vorkommen, dass sich die erzeugten Zufallszahlen wiederholen. Für manche Anwendungen braucht man allerdings **Zufallszahlen, die sich nicht wiederholen**.

   Schreiben Sie eine Funktion *NewRand*, die bei jedem Aufruf eine neue Zufallszahl liefert. Die bisher erzeugten Zufallszahlen sollen in einem geeigneten Container abgelegt werden.

3. Schreiben Sie eine **Rechtschreibprüfung**. Dabei soll zuerst ein Wörterbuch aus einer Textdatei erstellt werden, indem diese Datei zeilenweise eingelesen und alle Wörter daraus mit einer Funktion wie *tokenize* (siehe Aufgabe 11.1.5, 3.) bestimmt werden. Diese Wörter sollen dann in einem geeigneten Container abgelegt werden.

   Anschließend soll die zu prüfende Datei als Textdatei zeilenweise eingelesen werden. Auch hier sollen die einzelnen Wörter mit einer Funktion wie *tokenize* bestimmt werden. Für jedes Wort soll dann geprüft werden, ob es in dem Container mit den Wörtern aus dem Wörterbuch enthalten ist.

   Testen Sie diese Funktion und insbesondere auch ihr Zeitverhalten, indem Sie aus einer relativ großen Textdatei eine Kopie erstellen und in dieser Datei dann einzelne Wörter verändern. Verwenden Sie die ursprüngliche Datei als Wörterbuch.

4. Mit dem assoziativen Container *multimap* kann man leicht eine **Konkordanzliste** aus einem Text erstellen. Eine solche Liste ist ein alphabetisch geordnetes Verzeichnis aller Wörter aus einem Text, die zu jedem Wort die Nummer einer jeden Seite bzw. Zeile enthält, in der es vorkommt. Wenn man z.B. jedes Wort aus dem folgenden Text zusammen mit seiner Zeilennummer als Paar in einen solchen Container einträgt

```
"Alle meine Entchen"
"schwimmen auf dem See,"
"schwimmen auf dem See,"
```

und dann alle diese Worte zusammen mit den zugehörigen Nummern ausgibt, erhält man diese Konkordanzliste:

```
Alle     1
Entchen  1
See      2  3
auf      2  3
dem      2  3
meine    1
schwimmen 2  3
```

Eine Konkordanzliste aus dem Quelltext eines Programms bezeichnet man auch als **Cross-Reference-Liste**. Mit einer solchen Liste kann man feststellen, in welchen Zeilen eines Programms welche Namen (Variablen usw.) verwendet werden.

Schreiben Sie eine Funktion *MakeXRef*, die jeden String aus einem *vector* mit Strings mit der Funktion *tokenize* (siehe Aufgabe 11.1.5, 3.) in Worte zerlegt und jedes solche Wort zusammen mit seiner Zeilennummer in eine geeignete Variable des Typs *multimap* ablegt. Eine Funktion *PrintXRef* soll jedes Wort aus dem mit *MakeXRef* angelegten *multimap* ausgeben sowie zu jedem solchen Wort die zugehörigen Zeilennummern.

Testen Sie diese Funktionen mit den Strings von oben. Eine zweite Variante der Funktion *MakeXRef* soll alle Zeilen einer Textdatei einlesen und zerlegen.

11.2.4 Ungeordnete Assoziative Container (Hash-Container)

Hash-Container sind assoziative Container, bei denen die Position der Daten zu einem Schlüsselwert aus dem Schlüsselwert berechnet wird. Diese Form der Speicherung wird auch als **gestreute Speicherung** bezeichnet.

Beispiel: Das Prinzip der gestreuten Speicherung soll am Beispiel von Strings als Schlüsselwerten und zugehörigen Daten des Typs *int* illustriert werden. Die Daten kann man dann in einem Array mit *int*-Elementen speichern.

```
const int MaxN = 100;
int HashTable[MaxN];
```

Eine Hash-Funktion berechnet dann zu einem Schlüsselwert die Position im Array:

```
int HashFunction(string s)
{ // eine sehr einfache Hash-Funktion
  int sum = 0;
  for (int i = 0; i < s.length(); ++i) sum += s[i];
  return sum % MaxN;
}
```

11.2 Assoziative Container

Ein Name wird dann an der Position im Array eingetragen, die sich aus dem Wert der Hash-Funktion ergibt:

```
void Insert(string key, int data)
{
  int pos = HashFunction(key);
  HashTable[pos] = data;
}
```

Die Daten zu einem Schlüsselwert findet man dann an der Position, die mit der Hash-Funktion berechnet wird:

```
int GetData(string key)
{
  int pos = HashFunction(key);
  return HashTable[pos];
}
```

Falls die Hash-Funktion für verschiedene Schlüsselwerte denselben Wert hat, spricht man von einer Kollision. Solche Fälle müssen gesondert behandelt werden, z.B. in extra Listen.

Obwohl dieses Beispiel eine starke Vereinfachung ist, zeigt es bereits die wesentlichen Charakteristika der Hash-Container:

– Falls nicht viele Schlüsselwerte dieselbe Position haben, ist der Zeitaufwand für die Suche nach einem Element unabhängig von der Anzahl der Elemente im Container (konstante Komplexität). Das ist oft schneller als die logarithmische Komplexität bei der Suche in Bäumen.
– Es wird eine Funktion benötigt, die zu einem Schlüsselwert einen *int*-Wert berechnet.
– Damit Kollisionen nicht häufig auftreten, muss normalerweise wesentlich mehr Platz reserviert werden als benötigt wird (Geschwindigkeit wird mit Speicherplatz erkauft).

Bei einem *unordered_map* kann man wie bei einem *map* mit dem Index-Operator auf die Daten zu einem Schlüsselwert zugreifen.

Beispiel: Mit einem *map* m mit Schlüsselwerten des Typs *string*

```
unordered_map<string, int> AssMapCont;
```

sind z.B. die folgenden Operationen möglich:

```
m["vier"]=4;
int Jahr = m["Daniel"];
```

Hash-Container stehen nach

```
#include <unordered_map>
#include <unordered_set>
using namespace std;
```

unter den Namen

unordered_set, unordered_map, unordered_multiset, unordered_multimap

zur Verfügung. In älteren Bibliotheken sind sie auch unter den Namen *hash_set*, *hash_multiset*, *hash_map* und *hash_multimap* verfügbar. Diese Container haben viele Gemeinsamkeiten mit den sortierten Containern *set*, *map*, *multiset* und *multimap*:

- *set* und *unordered_set* speichern eindeutige Schlüsselwerte
  multi_set und *unordered_multi_set* speichern Schlüsselwerte, die mehrfach vorkommen können.
  map und *unordered_map* speichern Wertepaare mit eindeutigen Schlüsselwerten.
  multi_map und *unordered_multimap* speichern Wertepaare, bei denen die Schlüsselwerte mehrfach vorkommen können.

Der wesentliche **Unterschied** zwischen den beiden Container-Kategorien besteht darin, dass *set*, *map*, *multiset* und *multimap* intern in einem geordneten Binärbaum gespeichert sind, während die interne Position eines Elements in einem der Hash-Container durch eine Hash-Funktion berechnet wird. Deshalb ist die **Komplexität** für die Suche nach einem Element in der ersten Gruppe **logarithmisch** und in der zweiten Gruppe **konstant**, wenn keine Kollisionen auftreten. Außerdem ist für die Elemente der Hash-Container kein <-Operator notwendig.

Viele Operationen (z.B. *insert*, *find*), Iteratoren und Konstruktoren sind in beiden Container-Kategorien verfügbar und haben auch dieselbe Bedeutung.

Beispiel: Die Anweisungen der Funktion *AssozContainer* können sowohl mit Hash-Containern (*USE_HASHCONTAINER=1*) als auch mit den assoziativen Containern auf der Basis von Binärbäumen ausgeführt werden (*USE_HASHCONTAINER=0*) und haben auch jeweils dasselbe Ergebnis:

```
#define USE_HASHCONTAINER 1
#if USE_HASHCONTAINER==1
  #include <unordered_map>
  #include <unordered_set>
  typedef std::unordered_set<int> AssSetCont;
  typedef std::unordered_multiset<double> AssMSetCont;
  typedef std::unordered_map<string, int> AssMapCont;
  typedef std::unordered_multimap<int,string>AssMMapCont;
#else
  #include <map>
  #include <set>
  typedef std::set<int> AssSetCont;
  typedef std::multiset<double> AssMSetCont;
  typedef std::map<string, int> AssMapCont;
  typedef std::multimap<int,string> AssMMapCont;
#endif
```

11.2 Assoziative Container

```
void AssozContainer()
{
  AssSetCont s;
  s.insert(17);
  for (auto i=s.begin(); i!=s.end(); ++i)
    cout<<*i<<endl;

  AssMSetCont ms;
  ms.insert(3.14);
  for (auto i=ms.begin(); i!=ms.end(); ++i)
    cout<<*i<<endl;

  AssMapCont m;
  m.insert(std::make_pair("drei", 3));
  m["vier"]=4;
  for (auto i=m.begin(); i!=m.end(); ++i)
    cout<<i->first<<": "<<i->second<<endl;

  AssMMapCont mm;
  mm.insert(make_pair(3,string("drei")));
  for (auto i=mm.begin(); i!=mm.end(); ++i)
    cout<<i->first<<": "<<i->second<<endl;
}
```

Eine Hash-Funktion ist eine Funktion mit einem Parameter des Datentyps der Schlüsselwerte, die einen Wert des Typs *std::size_t* (*unsigned int*) zurückgibt. Nur Hash-Container mit Schlüsselwerten der folgenden Datentypen haben **vordefinierte Hash-Funktionen**: Ganzzahl- oder Gleitkomma-Datentyps, beliebige Zeiger und *string*.

Beispiel: Da für selbstdefinierte Datentypen keine Hash-Funktionen vordefiniert sind, wird das Beispiel mit C nicht übersetzt:

```
unordered_set<int> u1;     // das geht
unordered_set<double> u2;  // das geht
unordered_set<string> u3;  // das geht

class C { };
unordered_set<C> us; // das geht nicht
```

Im Prinzip kann man zwar auch für selbstdefinierte Datentypen Hash-Funktionen schreiben und dann die Hash-Container verwenden. Aber die Wahl einer guten Hash-Funktion ist oft nicht einfach, und eine schlechte Hash-Funktion hat eine schlechtere Performance als ein geordneter assoziativer Container. Deshalb werden Hash-Container meist nur mit den Datentypen verwendet, für die eine Hash-Funktion vordefiniert ist.

Die nächste Tabelle enthält die Laufzeiten für dieselben Operationen mit einem *set* und einem *unordered_set*. Offensichtlich geht das Einfügen bei einem *set* etwas schneller, und das Suchen in einem *unordered_set*. Bei größeren Datentypen können die Unterschiede stärker sein.

Visual C++ 2017, Release Build	set *insert*	unordered_set *insert*	set *find*	unordered_set *find*
n=1.000.000 int	0,17 Sek.	0,25 Sek.	0,17 Sek.	0,15 Sek.
n=2.000.000 int	0,38 Sek	0,58 Sek.	0,34 Sek.	0,24 Sek.
n=3.000.000 int	0,55	0,95 Sek.	0,53 Sek.	0,30 Sek.
n=4.000.000 int	0,75 Sek.	1,2 Sek.	0,65 Sek.	0,51 Sek.

12 Dateibearbeitung mit den Stream-Klassen

Daten in einem Programm wurden bisher vor allem in Variablen dargestellt. Diese Variablen stellen Speicherbereiche im Hauptspeicher des Rechners dar, deren Reservierung am Ende des Programms wieder aufgehoben wird. Deshalb kann man danach nicht mehr auf die Daten zugreifen. Will man Daten über die Laufzeit eines Programms hinaus erhalten, müssen sie auf sogenannten **externen Datenträgern** gespeichert werden. Das sind meist Magnetplatten (Festplatten), Magnetbänder, Speicherchips, optische Speichermedien (CD-ROMs, DVDs usw.) oder einfach Papier, auf dem Daten ausgedruckt werden.

Neben der dauerhaften Speicherung von Daten unterscheiden sich externe Datenträger meist auch durch ihre größere Speicherkapazität vom Hauptspeicher. Allerdings ist der Zugriff auf extern gespeicherte Daten oft langsamer als der auf Daten im Hauptspeicher. So muss bei einer Festplatte der Schreib-/Lesekopf mechanisch positioniert werden.

Das Speichermedium bestimmt auch die Zugriffsmöglichkeiten auf die Daten:

- Über einen Drucker können Daten nur ausgegeben werden.
- Bei Magnetbändern kann man meist nur einen Datensatz nach dem anderen schreiben bzw. in der gespeicherten Reihenfolge lesen. Diese Art der Bearbeitung wird als **sequenziell** bezeichnet und steht für alle Speichermedien zur Verfügung.
- Auf Festplatten kann man auf Daten an einer bestimmten Position direkt zugreifen, ohne dass man alle Daten davor lesen muss. Diese Zugriffsmethode wird als **Direktzugriff** oder **wahlfreier Zugriff** bezeichnet. Sie wird oft verwendet, wenn alle Datensätze dieselbe Länge haben und deshalb die Adresse der Daten auf dem Datenträger berechnet werden kann.

In diesem Abschnitt werden zunächst die Klassen des C++-Standards zur Dateibearbeitung vorgestellt. Abschließend werden dann auch noch kurz die entsprechenden Funktionen der Programmiersprache C gezeigt, da sie auch oft in C++-Programmen verwendet werden.

12.1 Stream-Variablen, ihre Verbindung mit Dateien und ihr Zustand

Eine Gesamtheit von Daten, die auf einem externen Datenträger unter einem Namen gespeichert ist, wird als Datei oder File bezeichnet. In einem C++-Programm kann man eine Datei mit einer Variablen der Klassen *fstream*, *ifstream* oder *ofstream* ansprechen. Diese Klassen stehen nach

```
#include <fstream>
```

im Namensbereich *std* zur Verfügung und haben die folgenden Konstruktoren:

fstream();
fstream(const string& s,ios_base::openmode mode=ios_base::in|ios_base::out);
ifstream();
ifstream(const string& s, openmode mode = in);
ofstream();
ofstream(const string& s, openmode mode = out);

Weiteren Konstruktoren haben anstelle eines *string* den Datentyp *const char**. Das Argument für den Parameter s muss ein zulässiger Dateiname sein, der z.B. nach diesem Schema aufgebaut ist:

Drive:\DirName\...\DirName\FileName

Hier kann man die Angaben für das Laufwerk und den Pfad bei Dateien im aktuellen Verzeichnis auch weglassen. Da das Zeichen „\" in einem String eine Escape-Sequenz einleitet, muss es doppelt angegeben werden:

```
ofstream f("c:\\test\\test1.dat");
```

Mit einem Raw-String-Literal (siehe Abschnitt 3.3) reicht ein „\":

```
ofstream f(R"(c:\test\test1.dat)");
```

Durch die Definition einer Stream-Variablen mit einem solchen Konstruktor wird die **Datei** mit dem für den String s übergebenen **Dateinamen** geöffnet. Das bedeutet, dass die Stream-Variable anschließend diese Datei darstellt, und dass die Datei mit den Funktionen für die Stream-Klasse bearbeitet werden kann. Eine geöffnete Datei wird beim Betriebssystem registriert, damit verhindert werden kann, dass sie gleichzeitig von einem anderen Programm geöffnet wird.

Die Konstruktoren ohne Parameter definieren eine Stream-Variable, ohne dass eine Datei geöffnet wird. Diese Stream-Variable kann man dann anschließend durch einen Aufruf der Elementfunktion *open* mit einer Datei verbinden. Der Parameter s von *open* entspricht dem der Konstruktoren:

```
void open(const char*s, ios_base::openmode mode = ios_base::in |
                                                   ios_base::out);
```

Auch bei *open* kann man einen *string* oder ein Raw-String-Literal übergeben.

Hier und bei den entsprechenden Konstruktoren hat der Parameter *mode* ein sogenanntes **Default-Argument**: Setzt man beim Aufruf der Funktion für diesen Parameter kein Argument ein, wird das Default-Argument verwendet. Setzt man aber Werte ein, werden diese anstelle der Default-Werte verwendet. Ein *ifstream* verwendet als Default-Argument im Konstruktor und in der Funktion *open* für *mode* den Wert *ios::in* und ein *ofstream* den Wert *ios::out*.

12.1 Stream-Variablen, ihre Verbindung mit Dateien und ihr Zustand

Das Argument für *mode* legt fest, welche Operationen mit der Datei möglich sind. Zulässig sind die folgenden Werte sowie eine Kombination davon:

in öffnet eine Datei zum Lesen. Falls die Datei beim Öffnen nicht existiert oder z.B. kein Zugriffsrecht besteht, hat das einen Fehler zur Folge.

out erzeugt eine Datei zum Schreiben. Falls eine Datei mit diesem Namen bereits existiert, wird sie überschrieben.

app öffnet eine Datei zum Schreiben. Falls die Datei bereits existiert, wird sie geöffnet, ansonsten wird sie erzeugt. Neue Daten werden immer am Ende der Datei geschrieben.

trunc löscht die Daten einer bereits bestehenden Datei beim Öffnen.

ate öffnet eine Datei und setzt den Positionszeiger an das Ende der Datei.

binary Mit diesem Wert wird die Datei im **Binärmodus** (siehe Abschnitt 12.3) geöffnet, und ohne ihn im **Textmodus** (siehe Abschnitt 12.4).

Diese Werte sind Ganzzahlkonstanten, bei denen immer genau ein Bit gesetzt ist. Mit dem Operator „|" können verschiedene Modi kombiniert werden.

Beispiel: Mit *ios::out* wird immer eine neue Datei mit dem angegebenen Namen angelegt, unabhängig davon, ob *ios::out* mit *ios::binary* kombiniert wird oder nicht:

```
fstream f1(fn, ios::binary | ios::out);//string fn: Dateiname
```

Kombiniert man bei einem *fstream ios::out* mit *ios::in*, wird eine neue Datei mit dem angegebenen Namen erzeugt, falls noch keine Datei mit diesem Namen existiert. Falls eine solche Datei aber bereits existiert, wird sie geöffnet. Eine Kombination mit *ios::binary* hat darauf keinen Einfluss:

```
fstream f2(fn, ios::binary | ios::out | ios::in);
```

Die folgende Tabelle enthält die zulässigen Kombinationen. Jede dieser Kombinationen kann außerdem mit *binary* und *ate* kombiniert werden. Andere Kombinationen führen zu einem Fehler beim Öffnen der Datei. Alle diese Werte müssen nach „ios::" angegeben werden.

in	out	trunc	app	C
	+			"w"
	+		+	"a"
	+	+		"w"
+				"r"
+	+			"r+"
+	+	+		"w+"

Die letzte Spalte enthält die entsprechenden Modi der Programmiersprache C.

Zwischen den Stream-Klassen bestehen im Wesentlichen die folgenden Unterschiede:

- Die Klasse *ifstream* hat keine Elementfunktionen zum Schreiben und kombiniert das Argument für *mode* immer mit *ios::in*. Deshalb kann man einen *ifstream* verwenden, wenn man eine Datei nur lesen will.

- Entsprechend hat die Klasse *ofstream* keine Funktionen zum Lesen und kombiniert das Argument für *mode* immer mit *ios::out*.
- Ein *fstream* hat dagegen sowohl die Funktionen eines *ifstream* zum Lesen als auch die eines *ofstream* zum Schreiben. Allerdings verwendet ein *fstream* nur das Argument für *mode* und kombiniert es nicht mit den Voreinstellungen. Obwohl ein *fstream* immer die Funktionen zum Lesen bzw. Schreiben enthält, ist ihr Aufruf ein Fehler, wenn beim Öffnen nicht der entsprechende Modus gesetzt wurde.

Diese unterschiedlichen Kombinationen des Arguments für *mode* mit den Voreinstellungen haben die folgenden Konsequenzen:

- Bei einem *fstream* muss man immer alle Modi angeben, wenn man nicht die Voreinstellungen verwenden will. So muss man *ios::out* angeben, wenn man eine Binärdatei zum Schreiben öffnen will:

    ```
    fstream f("c:\\test1.dat", ios::binary | ios::out);
    ```

    Wenn man einen *fstream* nur mit *ios::binary* öffnet, führt das Schreiben in die Datei zu einem Fehler.

- Da bei einem *ifstream* oder einem *ofstream* dagegen der angegebene Modus mit den Voreinstellungen kombiniert wird, kann man nach

    ```
    ofstream f("c:\\test1.dat", ios::binary);
    ```

    in eine Datei schreiben, ohne dass das zu einem Fehler führt.

Die Verbindung zwischen einer Datei und einer Stream-Variablen kann man mit der Elementfunktion

> *void **close**(); //* schließt die Datei

wieder trennen. Sie schreibt eventuell noch nicht gespeicherte Daten aus Zwischenpuffern in die Datei und hebt die Reservierung der Datei beim Betriebssystem auf. Deshalb ruft man diese Funktion meist auf, wenn man alle Operationen mit einer Datei beendet hat. Da *close* aber auch immer automatisch beim Verlassen der Verbundanweisung aufgerufen wird, in der die Stream-Variable definiert wurde, muss nicht auf jedes *open* ein *close* folgen. Allerdings ist ein überflüssiger Aufruf von *close* auch kein Fehler.

```
void BearbeiteDatei(string fn)
{
  ifstream f(fn);
  // bearbeite die Datei
  f.close(); // überflüssig, aber nicht falsch
}
```

Die Stream-Klassen stellen die Daten einer Datei als einen **Stream** (Datenstrom) von Zeichen (Bytes) dar. Für die Arbeit mit Dateien ist es oft hilfreich, sich diese Daten als eine Folge von

Datensätzen auf einem **Magnetband** vorzustellen. Im einfachsten Fall ist ein solcher Datensatz ein einzelnes Zeichen:

```
|Datensatz|Datensatz|Datensatz|..{
 ^
```

Dieses Modell liegt (vor allem aus historischen Gründen) vielen Operationen mit Dateien zugrunde und gilt auch für Dateien auf Festplatten.

Zu einem Stream gehört insbesondere ein **Positionszeiger**, der immer auf eine bestimmte Position der Datei zeigt. Man kann sich diesen Positionszeiger als einen Schreib-/Lesekopf vorstellen, der immer an einer bestimmen Position über dem Magnetband steht. Wenn ein Datensatz in die Datei geschrieben wird, wird dieser ab der momentanen Position des Schreib-/Lesekopfs auf das Magnetband geschrieben. Der Schreib-/Lesekopf steht anschließend am Anfang des nächsten Datensatzes.

Nach dem Öffnen einer Datei steht der Positionszeiger am Anfang der Datei. Im Modell mit dem Magnetband kann man sich das so vorstellen, dass der zur Datei gehörende Schreib-/Lesekopf am Anfang des Magnetbands steht:

| (Magnetband)
^   (Schreib-/Lesekopf)

Das Modell mit dem Magnetband zeigt einige wichtige Unterschiede zwischen Arrays und Files:

– In einem **Array** kann man ein bestimmtes Element direkt über seinen Index ansprechen (z.B. a[i]).
– In einem **Stream** kann man ein bestimmtes Element nie direkt ansprechen. Stattdessen muss der Positionszeiger („Schreib-/Lesekopf") an den Anfang des entsprechenden Elements positioniert werden. Anschließend kann das Element gelesen bzw. an dieser Stelle geschrieben werden.
– Im Unterschied zu einem Array muss die Anzahl der Elemente eines Files nicht im Voraus angegeben werden.

12.2 Fehler und der Zustand von Stream-Variablen

Eine Stream-Variable enthält zahlreiche Daten. Dazu gehören z.B. ein Puffer für die Daten aus der Datei und der Positionszeiger. Eine Variable für den „**Zustand**" enthält Informationen darüber, ob die bisherigen Operationen erfolgreich waren. Wenn bei einer Operation mit einer Stream-Variablen ein **Fehler** auftritt, wird in diesem Feld ein Bit für die Kategorie des Fehlers gesetzt.

Diesen Zustand kann man mit der booleschen Elementfunktion *good* abfragen. Ihr Wert ist *true*, falls bisher kein Fehler aufgetreten ist, und sonst *false*.

```
fstream f("c:\\\\test1.dat");
if (!f.good())
  cout << "Fehler beim Öffnen" << endl;
```

Hier wird nach dem Öffnen einer Datei geprüft, ob das möglich war. Da das Argument kein zulässiger Dateiname ist, erhält man eine Fehlermeldung.

Den Funktionswert von *good* kann man auch über den Namen der Stream-Variablen abfragen. Dieser Wert ist ungleich Null (*true*), wenn bisher kein Fehler aufgetreten ist, bzw. Null (*false*), falls ein Fehler aufgetreten ist:

```
fstream f("c:\\\\test1.dat");
if (f) // kein Fehler
{
  // arbeite mit f
}
else cout << "Fehler beim Öffnen" << endl;
```

Nach dem C++-Standard werden im Feld für den Zustand die folgenden Bits bei den jeweils angegebenen Fehlerkategorien gesetzt:

– *eofbit*: Wenn über das Ende einer Datei hinaus gelesen wurde.
– *failbit*: Wenn eine Lese- oder Schreiboperation nicht die gewünschte Anzahl von Zeichen lesen oder schreiben konnte.
– *badbit*: Bei einem schwerwiegenden Fehler, bei dem jede weitere Operation mit der Stream-Variablen keine Aussicht auf Erfolg hat.

Bei den ersten beiden Kategorien kann z.B. eine weitere Leseoperation sinnvoll sein, wenn man die Fehlerbits mit der Elementfunktion

*void **clear**();*

zurücksetzt und den Positionszeiger auf den Anfang der Datei setzt.

Den Zustand der Bits erhält man auch als Funktionswert der Elementfunktionen:

*bool **eof**()*   // *true*, falls *eofbit* gesetzt ist
*bool **fail**()*   // *true*, falls *failbit* oder *badbit* gesetzt ist
*bool **bad**()*   // *true*, falls *badbit* gesetzt ist

Wenn in einer Stream-Variablen der Fehlerzustand gesetzt ist, sind **alle weiteren Operationen** mit der Datei **wirkungslos**. Deshalb sollte man vor jeder Operation mit einer Stream-Variablen prüfen, ob die bisherigen Operationen erfolgreich waren.

Mit der Elementfunktion

*void **exceptions**(iostate except);*

kann man erreichen, dass eine Exception ausgelöst wird, wenn bei einer Operation mit einer Stream-Variablen ein Fehler auftritt. Ihr übergibt man als Argument das Bitmuster für die Fehlerkategorien, bei denen eine Exception ausgelöst werden soll:

```
f.exceptions(ios::failbit | ios::badbit | ios::eofbit);
```

12.3 Lesen und Schreiben von Binärdaten mit *read* und *write*

Mit dem Parameter *mode* kann man beim Öffnen einer Datei (siehe Seite 553) festlegen, ob sie im Textmodus (indem man *ios::binary* nicht setzt) oder im Binärmodus (indem man *ios::binary* setzt) geöffnet wird.

- Bei einer im **Textmodus** geöffneten Datei werden beim Lesen und Schreiben bestimmte Zeichen in Abhängigkeit vom Betriebssystem, von Landeseinstellungen usw. in andere Zeichen konvertiert. So wird z.B. das Zeichen für einen Zeilenumbruch '\n' unter Windows durch zwei Zeichen '\r'\n' dargestellt, während es unter UNIX nicht konvertiert wird. Beim Lesen einer Textdatei wird ein EOF-Zeichen (ctrl-Z, Ascii Nr. 26) als Dateiende interpretiert, auch wenn anschließend noch weitere Zeichen folgen.
- Bei einer im **Binärmodus** geöffneten Datei werden keine solchen Konversionen durchgeführt.

Das ist bereits der einzige Unterschied zwischen dem Text- und Binärmodus. Man kann sowohl Klartext als auch Binärdaten in eine Datei schreiben, unabhängig davon, in welchem Modus sie geöffnet wurde. Wenn man allerdings Binärdaten in eine Datei schreibt, die im voreingestellten **Textmodus** geöffnet wurde, können bestimmte Zeichen konvertiert werden. Wenn man diese Datei später wieder liest, erhält man andere Werte als die geschriebenen. Deswegen werden **Binärdateien** meist im Binärmodus und **Textdateien** im Textmodus geöffnet.

Als Nächstes werden einige Anweisungen vorgestellt, mit denen man Binärdaten in eine Datei schreiben und aus einer Datei lesen kann. Im nächsten Abschnitt werden dann Textdaten betrachtet.

Die Elementfunktion der Stream-Klassen *fstream* und *ofstream*

*ostream& **write**(const char* s, streamsize n);*

schreibt n Zeichen des Datentyps *char* ab der Adresse in s in die zum Stream gehörende Datei. Diese Funktion ist aber nicht auf Daten des Datentyps *char* beschränkt. Man kann auch Daten eines anderen Datentyps schreiben, wenn man sie mit der **Typkonversion** *(char*)* als Daten des Typs *char* interpretiert.

Der Rückgabewert dieser Funktion ist die aktuelle Stream-Variable. Da eine Stream-Variable den Wert ihrer Elementfunktion *good* darstellt, kann man den Funktionswert zur Prüfung verwenden, ob *write* erfolgreich ausgeführt wurde.

Beispiele:

1. Durch die folgenden Anweisungen wird eine Datei mit dem Namen „20ints.dat" im Verzeichnis c:\test angelegt. In sie werden 20 Mal *sizeof(int)* Bytes mit der Binärdarstellung der Variablen i geschrieben.

```
fstream f("c:\\test\\20ints.dat", ios::binary | ios::out);
if (!f) cout<<"Fehler bei open"<<endl;
for (int i = 0; i<20; i++)
{
  f.write((char*)&i, sizeof(int));
  if (!f) cout<<"Fehler bei write"<<endl;
}
f.close();
```

Hier wird nach jeder Dateioperation abgefragt, ob sie erfolgreich war. Alternativ kann man auch Exceptions aktivieren und diese Anweisungen im Rahmen einer *try*-Anweisung aufrufen, die diese Exceptions abfängt.

Da in diesem Beispiel nur in die Datei geschrieben wird, kann man anstelle von *fstream* auch die Klasse *ofstream* verwenden. Man spart so die Angabe *ios::out* bei der Definition der Stream-Variablen:

```
ofstream f("c:\\test\\20ints.dat", ios::binary);
```

2. Da der Rückgabewert von *write* die aktuelle Stream-Variable ist und eine Stream-Variable zur Abfrage ihres Zustand (wie *f.good()*) verwendet werden kann, sind die beiden Anweisungen der *for*-Schleife des letzten Beispiels gleichwertig mit dieser einen *if*-Anweisung:

```
for (int i = 0; i<20; i++)
  if (f.write((char*)&i, sizeof(int)));
  else cout << "Fehler bei write" << endl;
```

3. Wenn man nach diesem Schema in eine Binärdatei Werte eines Klassentyps schreibt, der Zeiger enthält, werden nur die Zeiger in die Datei geschrieben, aber nicht die Daten, auf die sie zeigen. Diese sind nach dem Ende des Programms verloren.

```
string s = "das wird nicht in die Datei geschrieben";
ofstream f("c:\\test\\string.dat", ios::binary);
if (f.write((char*)&s, sizeof(string)));
```

Natürlich kann man auch einen String in eine Datei schreiben, z.B. mit

```
f.write((char*)s.c_str(), s.length()); // (char*) hier nicht
                                                notwendig
```

Aber eine solche spezielle Behandlung darf nicht vergessen werden und muss auch beim Lesen der Datei berücksichtigt werden. Bei komplexeren Klassen kann das sehr aufwendig werden.

4. Wenn man Daten aus einem Array in eine Datei schreibt, ist der Adressoperator in *write* nicht notwendig. Durch die folgenden Anweisungen wird eine Datei mit den ersten 5 Elementen des Arrays a angelegt:

12.3 Lesen und Schreiben von Binärdaten mit read und write

```
int a[10] = { 0,1,2,3,4,5,6,7,8,9 };
ofstream f("c:\\test\\arr.dat", ios::binary);
f.write((char*)a, 5 * sizeof(int));
```

Nach jedem Aufruf von *write* steht der Positionszeiger am Anfang des nächsten Datensatzes. Falls der Positionszeiger vor dem Schreiben am Ende der Datei steht, wird die Datei erweitert.

Durch *write* wird ein Datensatz allerdings nur „logisch" und nicht unbedingt physikalisch in die externe Datei geschrieben: Genau genommen wird der Datensatz nur dem Betriebssystem übergeben und in einen Zwischenpuffer abgelegt. Das Betriebssystem schreibt die Daten erst dann in die externe Datei, wenn der Zwischenpuffer voll ist. Auf die Programmlogik hat diese Zwischenspeicherung keine Auswirkungen. Falls aber ein Programm abstürzt, bevor der Zwischenpuffer in die Datei geschrieben wurde, kann es vorkommen, dass Daten nach dem Aufruf von *write* trotzdem nicht in der externen Datei gespeichert wurden.

Die Elementfunktion *flush* schreibt den gesamten Inhalt des Zwischenpuffers in die Datei:

*ostream& **flush**();*

Ruft man diese Funktion nach jedem *write* auf, ist die Gefahr wesentlich geringer, dass bei einem Programmabsturz Daten verloren gehen. Dadurch wird das Programm allerdings auch etwas langsamer. Falls das akzeptabel ist, wird der Aufruf von *flush* **immer empfohlen**.

Nachdem wir jetzt gesehen haben, wie man Daten in eine Datei schreibt, soll als Nächstes gezeigt werden, wie man eine **Datei lesen** kann. Dazu muss sie zum Lesen geöffnet sein. Wenn der Positionszeiger nicht explizit auf eine andere Position gesetzt wurde, steht er danach am Anfang der Datei:

| Datensatz | Datensatz | Datensatz | ... |

Mit der Elementfunktion der Stream-Klassen *fstream* und *ifstream*

*istream& **read**(char* s, streamsize n);*

kann man n Zeichen des Datentyps *char* ab der aktuellen Position des Positionszeigers in den Speicherbereich ab der Adresse in s einlesen. Auch diese Funktion ist wie *write* nicht auf Daten des Datentyps *char* beschränkt. Wenn man Daten eines anderen Datentyps lesen will, interpretiert man sie mit der **Typkonversion *(char*)*** als Daten des Typs *char*.

| Datensatz | Datensatz | Datensatz | ... |

Falls *read* so viele Zeichen lesen konnte, wie im Argument für n angegeben wurden, ist beim Aufruf dieser Funktion kein Fehler aufgetreten. Den Erfolg von *read* kann man mit der Funktion *good* prüfen. Da der Funktionswert von *read* wie der von *write* die aktuelle Stream-

Variable ist und eine Stream-Variable den Wert von *good* darstellt, kann man auch den Funktionswert von *read* für eine solche Prüfung verwenden.

Da man bei einer Datei zunächst meist nicht weiß, wie viele Datensätze sie enthält, liest man meist so lange Daten aus einer Datei, bis der Zustand der Stream-Variablen einen Fehler anzeigt. Diese Ursache des Fehlers ist dann entweder das Dateiende oder ein anderer Fehler. Mit der Funktion

> bool **eof**();

kann man abfragen, ob der Positionszeiger hinter dem letzten Zeichen der Datei steht. Ihr Funktionswert ist genau dann *true*, wenn über das Ende der Datei hinaus gelesen wurde. Im Unterschied zu manchen anderen Programmiersprachen wird das Ende der Datei noch nicht angezeigt, nachdem der letzte Datensatz gelesen wurde.

Die folgenden Beispiele zeigen, wie die in den Beispielen zu *write* angelegten Dateien gelesen werden können:

1. Mit den folgenden Anweisungen kann man eine Datei lesen, bei der immer *sizeof(int)* Bytes als Werte des Datentyps *int* interpretiert werden:

```
int i;
fstream f("c:\\test\\20ints.dat", ios::binary | ios::in);
if (!f) cout << "Fehler bei open" << endl;
f.read((char*)&i, sizeof(int));
while (f)
{
  cout << i << " " << endl;
  f.read((char*)&i, sizeof(int));
}
if (!f.eof())cout << "Fehler bei read" << endl;
else; // f.eof(): kein Fehler
f.close();
```

Anstelle von *fstream* kann man auch *ifstream* verwenden, da die Datei nur gelesen wird. Dann ist das *mode*-Argument *ios::in* überflüssig:

```
ifstream f("c:\\test\\20ints.dat", ios::binary);
```

Hier sieht man ein typisches **Schema für das Lesen von Dateien**, das man oft anwenden kann:

– Vor der Schleife wird ein erster Datensatz gelesen.
– In der Schleife wird zunächst der zuletzt gelesene Datensatz bearbeitet.
– Am Ende der Schleife wird der nächste Datensatz gelesen.

Das Ende einer Datei kann man nur erkennen, indem man über ihr letztes Zeichen hinaus liest. Danach hat die Funktion *good* den Wert *false*, obwohl inhaltlich kein Fehler aufgetreten ist. Wenn man nur auf „echte" Fehler reagieren will, ist dazu eine Prüfung wie nach der Schleife notwendig.

12.3 Lesen und Schreiben von Binärdaten mit read und write 561

Nach einem Fehler beim Öffnen einer Datei wird das *failbit* und nicht das *eofbit* gesetzt. Würde man eine Schleife wie oben mit der Bedingung *f.eof()* kontrollieren, hätte das nach einem Fehler beim Öffnen der Datei eine Endlosschleife zur Folge, da *read* nach einem Fehler wirkungslos ist.

```
int i;
ifstream f("c:\\test\\20ints.dat", ios::binary );
if (!f) cout<<"Fehler bei open"<<endl;
f.read((char*)&i, sizeof(int));
while (!f.eof())//Endlosschleife bei Fehler nach open
{
  cout << i << endl;
  f.read((char*)&i, sizeof(int));
}
```

2. Denselben Programmablauf wie im letzten Beispiel erhält man auch, wenn man den Rückgabewert von *read* als Bedingung dafür verwendet, ob *read* erfolgreich ausgeführt werden konnte.

```
int i;
ifstream f("c:\\test\\20ints.dat", ios::binary);
if (!f) cout << "Fehler bei open" << endl;
while (f.read((char*)&i, sizeof(int)))
   cout<<i<<endl;
if (!f.eof())cout<<"Fehler bei read"<<endl;
f.close();
```

3. Eine oben unter 3. mit

```
f.write((char*)s.c_str(), s.length()); // (char*) hier nicht
                                                  notwendig
```

angelegte Datei mit Strings kann man nicht lesen, da nicht klar ist, wo ein String aufhört und wo der nächste anfängt. Ein Ausweg wäre, das Ende eines Strings mit dem Nullterminator zu kennzeichnen

```
f.write((char*)s.c_str(), s.length()+1); // (char*) hier nicht
                                                    notwendig
```

und dann bis zum nächsten Nullterminator zu lesen. Aber das wird recht aufwendig.

4. Die folgenden Aufrufe von *read* lesen jeweils fünf *int*-Werte in ein Array ein. Diese Vorgehensweise ist aber nur sinnvoll, wenn man weiß, dass die Datei auch fünf solche Werte enthält, bzw. ein Vielfaches davon.

```
int a[10];
ifstream f("c:\\test\\arr.dat", ios::binary);
if (!f) cout<<"Fehler bei open"<<endl;
```

```
while (f.read((char*)a, 5 * sizeof(int)))
  for (int i = 0; i<5; i++)
    cout << a[i] << endl;
if (!f.eof()) cout<<"Fehler bei read"<<endl;
f.close();
```

Aufgaben 12.3

Für diese Aufgaben werden die folgenden Vorbereitungen empfohlen:

- Damit nicht versehentlich Dateien gelöscht werden, soll zunächst ein Testverzeichnis (z.B. „c:\test") angelegt werden. Alle Dateioperationen sollen nur mit Dateien in diesem Verzeichnis durchgeführt werden.
- Kopieren Sie einige Text- und Binärdateien (z.B. Header- und exe-Dateien eines Projekts) in das Testverzeichnis und testen Sie damit die folgenden Funktionen.
- Damit Dateinamen im Windows-Explorer vollständig angezeigt werden, sollte im Windows-Explorer unter *Ansicht|Optionen|Ornder- und Suchoptionen|Optionen* die Check-Box *Dateinamenserweiterungen* markiert werden.

1. Rufen Sie die folgenden Funktionen mit Dateien aus dem Testverzeichnis auf. Am einfachsten geben Sie die Dateinamen hart kodiert an.

   Überprüfen Sie bei jeder Aufgabe nach jeder Dateioperation, ob sie erfolgreich war. Wenn nicht, soll eine Fehlermeldung ausgegeben werden.

   a) Eine Funktion *countBytes* soll die Größe einer Datei (die Anzahl der Bytes) als Funktionswert zurückgeben, deren Name als Parameter übergeben wird. Dazu soll die Datei im Binärmodus geöffnet werden und ein Zeichen nach dem anderen gelesen werden. Eine weitere Funktion *countBytesTxt* soll sich von *countBytes* nur dadurch unterscheiden, dass die Datei im Textmodus geöffnet wird.
   Vergleichen Sie die Ergebnisse dieser Funktionen jeweils für Textdateien (z.B. „c:\test\MeinHeader.h") und Binärdateien (z.B. „c:\test\Project1.exe") mit der Anzeige im Windows-Explorer.
   Bei einer weiteren Variante der Funktion *countBytes* soll ein *bool*-Parameter übergeben werden, mit dem gesteuert wird, ob die Datei im Text- oder Binärmodus geöffnet wird.
   b) Eine Funktion *copyFile* soll eine Datei zeichenweise in eine andere kopieren. Die Namen der Dateien sollen als Parameter übergeben werden.
   c) Eine Funktion *compareFiles* soll für zwei als Parameter übergebene Dateien prüfen, ob sie identisch sind.

12.4 Lesen und Schreiben mit den Operatoren << und >>

Nachdem wir im letzten Abschnitt gesehen haben, wie man Dateien mit Binärdaten anlegt und liest, werden in diesem Abschnitt Dateien behandelt, die Daten im Klartext enthalten. Solche Dateien kann man mit einem beliebigen Texteditor bearbeiten und nicht nur mit einem speziellen Programm, das den Datentyp der Daten-sätze kennt.

12.4 Lesen und Schreiben mit den Operatoren << und >>

In einen *ofstream* oder *fstream* kann man mit dem **Ausgabeoperator** << Daten der vordefinierten Datentypen als Texte ausgeben. So wird durch die Anweisungen

```
ofstream fs("c:\\test\\20tints.dat", ios::binary);
for (int i = 0; i<20; i++)
   fs << i;
fs.close();
```

eine Datei mit den folgenden 30 Ziffern im Klartext angelegt:

```
012345678910111213141516171819
```

Dabei ist es unerheblich, ob die Datei wie oben im Binärmodus oder im Textmodus geöffnet wurde:

```
ofstream fs("c:\\int-t.dat");//ohne ios::binary Textdatei
```

In beiden Fällen erhält man exakt dieselbe Datei.

Da die Zahlen in dieser Datei ohne Trennzeichen aufeinander folgen, kann man allerdings beim Lesen der Datei nicht mehr feststellen, welche Zahlen in die Datei geschrieben wurden. Bei den im letzten Abschnitt behandelten Binärdateien bestand dieses Problem nicht, da dort alle Datensätze gleich lang sind. Bei solchen Dateien kann man die Daten, die gemeinsam einen Datensatz bilden, leicht als Blöcke derselben Länge identifizieren.

Mit dem Ausgabeoperator << können mehrere Ausdrücke in einer einzigen Anweisung zusammengefasst werden. So wird durch

```
ofstream f("c:\\test\\test2.txt");
f << "int:" << 5 << " float: " << 3.14f << " double: " << 3.14 << endl;
f << "long double: " << 5.1L << " char: " << 'c' << '\n';
f << "string: \n neue Zeile" << endl;
f.close();
```

eine Textdatei mit den folgenden Zeilen angelegt:

```
int:5 float: 3.14 double: 3.14
long double: 5.1 char: c
string:
 neue Zeile
```

Hier ist *endl* ein sogenannter **Manipulator**, der die Escape-Sequenz '\n' in die Datei einfügt. Weitere Manipulatoren und Funktionen zur Formatierung von Text werden in Abschnitt 12.6 vorgestellt.

Ein Ausdruck mit dem Ausgabeoperator stellt wie die Funktion *write* die Stream-Variable dar und kann deshalb zur Prüfung verwendet werden, ob die Operation erfolgreich war:

```
if (f << 1 << "xyz" << endl);
else cout << "Fehler" << endl;
```

Die nächste Anweisung schreibt eine Variable des Typs *Kontobewegung* (siehe Abschnitt 5.1) in eine Textdatei. Dabei wird der Name des Inhabers linksbündig (wegen *left* und *setw(20)*) in einem 20 Zeichen breiten Feld ausgegeben. Alle anderen Werte werden rechtsbündig in Felder der jeweils mit *setw* gesetzten Breite geschrieben. Da eine gesetzte Ausrichtung erhalten bleibt, bis sie neu gesetzt wird, reichen dafür zwei Aufrufe. Die mit *setw* gesetzte Feldbreite gilt dagegen nur für die jeweils nächste Ausgabe und muss deswegen jedes Mal gesetzt werden:

```
Kontobewegung k;
f << setw(4) << k.KontoNr << " " << left << setw(20)
  << k.NameInhaber << right << setw(2) << k.Datum.Tag << "."
  << setw(2) << k.Datum.Monat << "." << setw(2)
  << k.Datum.Jahr << " " << k.BewArt << setprecision(8)
  << k.Betrag << endl;
```

Die Manipulatoren *setw* und *setprecision* setzen

```
#include <iomanip>
```

voraus. Offensichtlich sind diese Funktionen mit relativ viel Schreibaufwand verbunden. Deswegen werden zur Formatierung von Strings oft andere Funktionen verwendet wie z.B. die Funktion *sprintf* aus der Programmiersprache C. Die so erzeugten Strings werden dann als Ganzes in die Textdatei geschrieben:

```
char s[100];
sprintf(s, "%4d %-20s  %2d.%2d.%2d  %c %8.2f\n",
   k.KontoNr, k.NameInhaber, k.Datum.Tag,
   k.Datum.Monat, k.Datum.Jahr, k.BewArt, k.Betrag);
```

Auch wenn die formatierte Ausgabe mit dem **Operator <<** etwas umständlich aussieht, hat sie doch gegenüber den *printf*-Funktionen den **Vorteil**, dass sie **typsicher** ist: Wenn man z.B. am Anfang eines größeren Programms eine Variablendeklaration hat und weiter hinten den Wert dieser Variablen mit *sprintf* formatiert, übersieht man bei einer eventuell notwendigen Änderung des Datentyps dieser Variablen leicht, dass man auch die Formatangabe ändern muss. Da der Compiler bei einem solchen Fehler keine Fehlermeldung ausgibt, muss man das gesamte Programm mühsam nach allen Stellen durchsuchen, an denen diese Variable verwendet wird. Bei einer Ausgabe mit << wird das Ausgabeformat dagegen automatisch an den neuen Datentyp angepasst.

Der Operator << funktioniert auch für Dateien, die im Binärmodus geöffnet wurden. Ersetzt man im ersten Beispiel die Zeile zum Öffnen durch

```
fstream f("c:\\test\\t2.txt", ios::out | ios::binary);
```

unterscheidet sich die erzeugte Datei nur durch die Zeichen, die für die Escape-Sequenz '\n' erzeugt werden:

'\n' bei einer Textdatei: Carriage Return + Linefeed (CR/LF)
'\n' bei einer Binärdatei: Linefeed (LF)

12.4 Lesen und Schreiben mit den Operatoren << und >>

Liest man eine so erzeugte Datei in einen Editor ein, wird man oft keinen Unterschied zwischen einer Textdatei und einer Binärdatei feststellen: Viele Editoren interpretieren sowohl die Zeichenfolge CR/LF als auch ein einfaches LF als Zeilenende. Bei der Ausgabe einer Datei auf einem Drucker ist das aber oft anders: Die meisten Drucker können so eingestellt werden, dass sie entweder nur ein LF oder die Zeichen CR/LF als Zeilenende interpretieren. Wenn der Drucker dann die Zeichen CR/LF als Zeilenende erwartet, aber nur LF findet, erfolgt nur ein Zeilenvorschub, ohne dass die nächste Zeile am linken Rand der Seite beginnt.

In Abschnitt 7.3.2 wird gezeigt, wie man den Ausgabeoperator für selbstdefinierte Datentypen so überladen kann, dass sie wie die vordefinierten Datentypen mit diesem Operator ausgegeben werden können.

Aus einem zum Lesen geöffneten Stream kann man mit dem **Eingabeoperator >>** Daten der elementaren Datentypen lesen. Diese Daten müssen im Wesentlichen das Format von Literalen des entsprechenden Datentyps haben. Mit einem überladenen Operator für selbstdefinierte Datentypen kann man auch solche Daten mit diesem Operator einlesen.

Durch die folgenden Anweisungen werden Ganzzahlliterale aus einer Datei gelesen. Diese Werte werden dann der Variablen i zugewiesen. Da der Operator >> führende Whitespace-Zeichen überliest, können so Zahlen gelesen werden, die durch Leerzeichen, Tabulatoren usw. getrennt sind:

```
int i;
ifstream f("c:\\test\\test1-int.txt");
f >> i;
while (f)
{
  cout << i << " " << endl;
  f >> i;
}
if (!f.eof()) cout << "Fehler bei read" << endl;
f.close();
```

Da der Rückgabewert des Eingabeoperators die Stream-Variable ist und diese als Bedingung dafür verwendet werden kann, ob erfolgreich gelesen werden konnte, ist folgende Variante gleichwertig:

```
int i;
ifstream f("c:\\test\\test1-int.txt");
while (f >> i)
   cout << i << " " << endl;
if (!f.eof()) cout << "Fehler bei read" << endl;
f.close();
```

Eine solche Datei kann z.B. mit

```
ofstream f("c:\\test\\test1-int.txt");
for (int i = 0; i<100; i++)
  f << i << " ";
f.close();
```

angelegt werden. Dabei wird nach jeder Zahl ein Leerzeichen als Trennzeichen geschrieben.

Liest man mit dem Eingabeoperator >> ein Zeichen in eine Variable des **Datentyps** *char* ein, werden zunächst sämtliche **Whitespace-Zeichen** überlesen. Das nächste Zeichen wird dann der Variablen zugewiesen. So wird aus der mit

```
ofstream f("c:\\test\\str.txt");
f << "  Ist das nicht schön?" << endl;
```

angelegten Datei durch

```
ifstream f("c:\\test\\str.txt");
char s;
f >> s;   // Ergebnis: s='I' und nicht das Leerzeichen!
f.close();
```

der Variablen s das Zeichen 'I' und nicht etwa ein Leerzeichen ' ' zugewiesen. Entsprechend werden auch bei einem String (z.B. in eine Variable des Datentyps *char**) führende Whitespace-Zeichen überlesen. Außerdem wird das Einlesen eines Strings immer durch das nächste Whitespace-Zeichen beendet. So wird aus der oben angelegten Datei durch

```
ifstream f("c:\\test\\str.txt");
char s[20];
f >> s;   // Ergebnis: s="Ist" (ohne führende Leerzeichen!)
f.close();
```

nur der String bis zum ersten Leerzeichen in die Variable s eingelesen.

Die nächste Anweisung liest einen Datensatz des Typs *Kontobewegung* aus einer Textdatei, die wie in den Beispielen oben angelegt wurde:

```
char Punkt1, Punkt2;
std::string Vorname, Nachname;
f >> k.KontoNr >> Nachname >> Vorname >> k.Datum.Tag >> Punkt1
  >> k.Datum.Monat >> Punkt2 >> k.Datum.Jahr >> k.BewArt
  >> k.Betrag;
k.NameInhaber = Vorname + Nachname;
```

Hier wurden die Hilfsvariablen *Punkt1*, *Punkt2*, *Vorname* und *Nachname* verwendet, da der Nachname und der Vorname des Kontoinhabers durch ein Leerzeichen getrennt sind und dieses Leerzeichen das Einlesen eines Strings abschließt. Die als Trennzeichen nach Tag und Monat eingefügten Dezimalpunkte werden in *Punkt1* und *Punkt2* eingelesen und anschließend nicht weiterverwendet. Offensichtlich funktioniert diese Anweisung aber nicht mehr, wenn der Name des Kontoinhabers mehr als ein Leerzeichen enthält. Deshalb sollte man eine Datei nur dann mit dem Operator >> lesen, wenn man ihr Format genau kennt.

12.4 Lesen und Schreiben mit den Operatoren << und >>

Mit den **globalen *getline*-Funktionen** kann man Zeichen aus einer Textdatei in einen *string* der Standardbibliothek einlesen. Diese Funktionen lesen so lange, bis das Ende der Datei erreicht wurde oder das nächste Zeichen den Wert *delim* hat. Mit *delim='\n'* bzw. der zweiten Version erhält man die einzelnen Zeilen einer Textdatei.

*istream& **getline**(istream& is, string & str, charT delim);* // #include <string>
*istream& **getline**(istream& is, string& str)*
{ return getline(is, str, is.widen('\n')); }

Die Stream-Klassen haben auch **Elementfunktionen** mit dem Namen *getline*:

*istream& **getline**(char_type* s, streamsize n, char_type delim);*
*istream& **getline**(char_type *s, streamsize n)*

Diese unterscheiden sich von den globalen Funktionen dadurch, dass sie ihre Daten nicht in einen String der Standardbibliothek schreiben, sondern in den Speicherbereich ab der Adresse in s. Dieser Speicherbereich muss zuvor reserviert worden sein. Da man aber oft nicht weiß, wie lang eine Zeile werden kann, ist die Arbeit mit den globalen Funktionen meist einfacher.

Beispiel: Die Funktion *CopyText* liest die als *ifn* übergebene Datei zeilenweise ein und schreibt die Zeilen in die Datei mit dem Namen *ofn*:

```
void CopyText(string ifn, string ofn)
{
  ifstream fin(ifn);
  if (fin)
  {
    ofstream fout(ofn);
    string z;
    while (getline(fin, z))
      fout << z << endl;
    if (!fin.eof())
      cout << "read-Fehler" << endl;
    fout.close(); // überflüssig
  }
  fin.close();// überflüssig
}
```

Wie die bisherigen Ausführungen gezeigt haben, kann man Daten sowohl im **Klartext** als auch in **Binärformat** speichern. Welche der beiden Formen man vorzieht, hängt von den Anforderungen im Einzelnen ab:

– Die Speicherung im Klartext hat den **Vorteil**, dass die Daten auch ohne ein spezielles Programm mit einem einfachen Editor gelesen und gegebenenfalls sogar bearbeitet werden können. Da dieses Datenformat auf allen Rechnerplattformen gleich ist, kann man solche Daten auch leicht zwischen verschiedenen Plattformen austauschen (z.B. UNIX, Windows oder zwischen Programmen, die auf demselben Betriebssystem laufen, aber mit verschiedenen Compilern geschrieben wurden).

Allerdings ist es manchmal etwas mühsam, die einzelnen Datenfelder wieder auseinanderzudröseln (z.B. bei Strings).

— Das Lesen von Daten im Binärformat lässt sich dagegen bei den üblicherweise verwendeten festen Blocklängen meist einfacher programmieren. Wenn man die Daten nie zwischen verschiedenen Plattformen austauschen will, kann es vorteilhafter sein, dieses Format zu verwenden. Außerdem werden die Dateien meist kleiner, und oft ist es auch besser, wenn ein Anwender keine einfache Möglichkeit hat, die Daten zu manipulieren. Allerdings kann man mit *read* und *write* meist keine Klassen mit Zeigern in eine Datei schreiben. Das trifft nicht nur für Datenelemente des Typs char* zu, sondern auch für String- und Containerklassen, da diese intern Zeiger auf ihre Daten enthalten.

Aufgabe 12.4

1. Schreiben Sie eine Funktion

   *void **CsvTabelleAnlegen**(string path);*

   die eine Textdatei im csv-Format anlegt. Hier steht „csv" für „comma separated values". Das ist ein einfaches, aber trotzdem recht verbreitetes Textformat für Tabellen, bei dem die Zeilen der Tabelle Textzeilen sind (oft im ASCII-Format), und die Spaltenwerte in einer Zeile durch ein spezielles Zeichen (ein Komma oder oft auch ein Semikolon) getrennt sind. Die Spalten der ersten Zeile der Datei werden als Spaltenüberschriften interpretiert.

   Die erste Zeile der Datei soll "n;n*n;n*n*n" sein (die Spaltenüberschriften). 5 weitere Zeilen mit 3 Spalten sollen für die Zahlen 5 bis 10 die Zahl, ihr Quadrat und die dritte Potenz anzeigen. Wenn man diese Tabelle in Excel einliest, soll das dann etwa so aussehen:

	A	B	C	D
1	n	n*n	n*n*n	
2	5	25	125	
3	6	36	216	
4	7	49	343	
5	8	64	512	
6	9	81	729	
7	10	100	1000	
8				

2. Das HTML-Format ist ein Textformat, das unter anderem für Internetseiten verwendet wird. Damit es auf möglichst vielen verschiedenen Rechner- und Betriebssystemen eingesetzt werden kann, verwendet es nur Zeichen des ASCII-Zeichensatzes. Formatangaben werden auch als Markierungen bezeichnet und bestehen aus einem Paar von spitzen Klammern <>, zwischen denen Schlüsselworte und eventuell noch Parameter stehen.

   Ein HTML-Dokument beginnt mit der Markierung <HTML> und endet mit </HTML>. Wie bei diesem Paar von Markierungen werden Bereiche oft durch Markierungen begrenzt, bei denen die Markierung für das Ende des Bereichs mit dem Zeichen „/" beginnt, und bei der das Schlüsselwort in der Ende-Markierung gleich oder ähnlich ist wie in der Anfangsmarkierung.

12.4 Lesen und Schreiben mit den Operatoren << und >>

Bereiche können verschachtelt werden. So kann ein HTML-Dokument einen durch <HEAD> und </HEAD> begrenzten Bereich mit Angaben enthalten, die das gesamte Dokument betreffen. In einem solchen Bereich kann z.B. zwischen <TITLE> und </TITLE> der Text stehen, der in der Titelzeile des Browsers angezeigt wird.

Der im Hauptfenster des Browsers angezeigte Text ist in einem durch <BODY> und </BODY> begrenzten Bereich des HTML-Dokuments enthalten.

So wird zum Beispiel das HTML-Dokument

```
<HTML>
  <HEAD>
    <TITLE>
     Mein HTML Dokument
    </TITLE>
  </HEAD>
  <BODY>
    Text in meinem
    HTML-Dokument
    <BR>Neue Zeile
  </BODY>
</HTML>
```

in einem HTML-Browser folgendermaßen dargestellt:

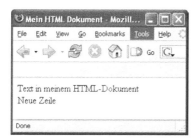

Die Einrückungen im HTML-Dokument wirken sich nicht auf die Formatierung aus und wurden hier nur zur besseren Übersichtlichkeit aufgenommen. Zeilenvorschübe im Text werden ebenfalls ignoriert und nur durch die Markierung <BR> erzeugt.

Da die Umlaute nicht zum ASCII-Zeichensatz gehören, werden sie durch spezielle Zeichenkombinationen dargestellt:

ä: ä   ö: ö   ü: ü   ß: ß
Ä: Ä   Ö: Ö   Ü: Ü

Beispiel: „In München steht ein Hofbräuhaus."

a) Schreiben Sie eine Funktion *TextToHtml*, die aus einer Textdatei ein HTML-Dokument erzeugt. Dazu sollen die notwendigen Markierungen erzeugt und der gesamte Text der Textdatei in einen durch <BODY> und </BODY> begrenzten Bereich kopiert werden. Die Titelzeile des Browsers soll den Dateinamen anzeigen. Die einzelnen Zeilen der

Textdatei sollen im Browser ebenfalls als einzelne Zeilen dargestellt werden. Die Umlaute sollen durch die entsprechenden Zeichenkombinationen ersetzt werden.

b) Durch die Markierungen <TABLE BORDER> und </TABLE> werden Tabellen in einem HTML-Dokument begrenzt. In einem solchen Bereich wird

- eine Spaltenüberschrift durch <TH> eingeleitet
- eine neue Tabellenzeile durch <TR> eingeleitet
- in einer Tabellenzeile ein neues Datenelement durch <TD> eingeleitet.

Alle diese Markierungen brauchen keine Ende-Markierung, da sie durch die nächste Markierung dieser Art begrenzt werden.

Alle diese Markierungen brauchen keine Ende-Markierung, da sie durch die nächste Markierung dieser Art begrenzt werden. Schreiben Sie eine Funktion

*void **HtmlTabelleAnlegen**(string path);*

die eine Tabelle mit den Werten wie in Aufgabe 1 (*CsvTabelleAnlegen*) als HTML-Datei erzeugt. Die so erzeugte Datei wird dann in einem Browser etwa folgendermaßen angezeigt:

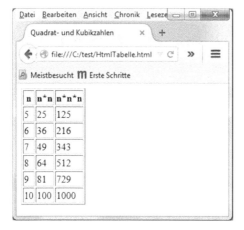

12.5 Dateibearbeitung im Direktzugriff Θ

Wenn man die Daten aus einer Datei mit Funktionen wie *read* oder dem Eingabeoperator liest bzw. mit *write* oder dem Ausgabeoperator schreibt, wird der Positionszeiger mit jeder solchen Operation nach vorne bewegt. Deshalb kann man mit diesen Funktionen die Daten aus einer Datei nur in ihrer Reihenfolge in der Datei bearbeiten. Man spricht dann auch von sequenzieller Dateibearbeitung.

Bei Dateien auf Magnetplatten ist im Unterschied zu Dateien auf Magnetbändern auch ein **Direktzugriff** an einer beliebigen Position in einer Datei möglich. Damit kann der Schreib-

12.5 Dateibearbeitung im Direktzugriff Θ

/Lesekopf an den Anfang eines bestimmten Datensatzes gesetzt werden, ohne dass sämtliche Elemente davor sequenziell gelesen werden müssen. Diese Zugriffsmöglichkeit wird auch als **wahlfreier Zugriff** (**random access**) bezeichnet. Voraussetzung dafür ist allerdings, dass man die Positionen der Datensätze kennt. Bei Binärdateien, bei denen alle Datensätze der Datei gleich groß sind, lässt sich diese Position leicht berechnen. Bei Textdateien mit unterschiedlich langen Datensätzen ist eine solche Berechnung meist nicht möglich.

Der Direktzugriff auf Daten an einer bestimmten Position ist bei einem *fstream* und *ifstream* mit den Funktionen

>   *istream& **seekg**(pos_type offs);* // „g" für get
>   *istream& **seekg**(off_type offs, ios_base::seekdir mode);*

und bei einem *ofstream* und *fstream* mit den Funktionen

>   *ostream& **seekp**(pos_type offs);*// „p" für put
>   *ostream& **seekp**(off_type offs, ios_base::seekdir mode);*

möglich. Diese Funktionen setzen den zum Stream gehörenden Positionszeiger auf die Position, die *offset* Bytes von der durch *mode* angegebenen Position entfernt ist. Für *mode* sind die folgenden drei Konstanten definiert:

C++	C	Dateiposition
ios::beg	SEEK_SET	relativ zum Dateianfang
ios::cur	SEEK_CUR	relativ zur aktuellen Position
ios::end	SEEK_END	relativ zum Dateiende

Nach der Ausführung von *seekg* steht der Positionszeiger an der angegebenen Position, und eine darauf folgende *read*-Anweisung liest dann ab dieser Position. Entsprechend überschreibt eine auf *seekp* folgende *write*-Anweisung die Datei ab der Position, die mit *seekp* gesetzt wurde.

Beispiel: Durch die folgenden Anweisungen wird eine Binärdatei mit 10 *int*-Werten angelegt:

```
ofstream f("c:\\test\\direkt.dat", ios::binary);
for (int i = 0; i<10; i++)
  f.write((char*)&i, sizeof(int));
f.close();
```

In dieser Datei wird dann durch die folgenden Anweisungen die vierte Zahl durch den Wert 100 überschrieben:

```
ofstream f("c:\\test\\direkt.dat", ios::binary);
int i = 100;
f.seekp(3 * sizeof(int));
f.write((char*)&i, sizeof(int));
f.close();
```

Hier muss man insbesondere darauf achten, dass das n-te Element einer Datei an der Position n–1 beginnt.

Beim Direktzugriff zeigt sich der Unterschied zwischen den beiden Modi *app* und *ate*, die man beim Öffnen einer Datei angeben kann. Bei einer mit *app* geöffneten Datei finden alle Schreiboperationen immer am Ende der Datei statt, unabhängig davon, ob der Positionszeiger mit *seekp* positioniert wurde. Bei einer mit *ate* geöffneten Datei wird der Positionszeiger zunächst auf das Ende der Datei gesetzt. Er kann aber auch auf eine andere Position gesetzt werden.

Wenn der Zustand eines Streams gut ist, erhält man die aktuelle Position des Positionszeigers mit

pos_type **tellp** (); // die Position beim Schreiben
pos_type **tellg** (); // die Position beim Lesen

Diese Funktionen liefern den Funktionswert -1, falls der Zustand des Streams nicht gut ist.

Beispiel: Durch die folgenden Anweisungen erhält man die **Größe einer Datei**, ohne dass man mühsam alle Zeichen lesen und zählen muss:

```
f.seekp(0, ios::end);
int length = f.tellp();
```

Mit dem Direktzugriff ist es insbesondere möglich, einen Datensatz wieder an derselben Position in eine Datei zu schreiben, von der er gelesen wurde. Dazu muss nur der Positionszeiger vor dem Schreiben auf die Anfangsposition zurückgesetzt werden. Diese Position kann vor dem Lesen mit *tellg* bestimmt werden.

12.6 Manipulatoren und Funktionen zur Formatierung von Texten Θ

Mit Manipulatoren kann man Angaben zur Formatierung von Ein- und Ausgaben in eine Kette von Ein- und Ausgabeoperatoren >> bzw. << einfügen. Neben den im letzten Abschnitt vorgestellten Manipulatoren *endl* und *setw* stehen im Namensbereich *std* weitere zur Verfügung nach

```
#include <iomanip>
```

Die Manipulatoren *oct*, *dec* und **hex** setzen die **Basis des Zahlensystems** für die Ausgabe von Ganzzahlwerten. Mit der folgenden Anweisung erhält man die als Kommentar angegebene Ausgabe:

```
ofstream f(fn);
f << "dezimal: " << 123 << " hexadezimal: " << hex << 123
  << " oktal: " << oct << 123 << " dezimal: " << dec << 123 <<endl;
// dezimal: 123 hexadezimal: 7b oktal: 173 dezimal: 123
```

12.6 Manipulatoren und Funktionen zur Formatierung von Texten Θ

Der Manipulator *showbase* bewirkt, dass vor einer Ganzzahl im Oktalsystem eine führende Null und im Hexadezimalsystem „0x" ausgegeben wird. Diese Einstellung kann man mit *noshowbase* wieder zurücksetzen. Ersetzt man in der letzten Anweisung „f" durch

```
f << showbase
```

erhält man

```
dezimal: 123 hexdezimal: 0x7b oktal: 0173 dezimal: 123
```

Das Ausgabeformat von Werten des Datentyps *bool* kann mit dem Manipulator *boolalpha* auf alphabetisch gesetzt und mit *noboolalpha* wieder zurückgesetzt werden. Durch die Anweisungen

```
f << "true=" << true << " false=" << false << endl;
f << boolalpha << "true=" << true << " false=" << false << endl;
f << noboolalpha << "true=" << true << " false=" << false << endl;
```

erhält man die Zeilen

```
true=1 false=0
true=true false=false
true=1 false=0
```

Die Anzahl der Zeichen, die für die nächste Ausgabe verwendet wird, kann man mit dem Manipulator *setw* setzen. Im Unterschied zu den bisher vorgestellten Manipulatoren gilt diese Angabe aber immer nur für die nächste Ausgabe. Als Füllzeichen wird dabei das mit *setfill* gesetzte Zeichen verwendet. Die Ausrichtung innerhalb des Ausgabebereichs erfolgt mit *left* und *right*. Durch die nächsten beiden Anweisungen erhält man die als Kommentar angegebene Ausgabe:

```
f << setw(5) << 1 << "2" << setfill('$') << setw(5) << "3" << endl;
f << right << setw(5) << 1 << "2" << setfill('.') << left <<setw(5)
  << "3" << endl; //     12$$$3      und       $$$123....
```

Für Gleitkommawerte stehen drei Formate zur Verfügung:

- Das Normalformat ist die Voreinstellung und entspricht der Formatangabe %G in *printf*.
- Das sogenannte wissenschaftliche Format erhält man mit dem Manipulator *scientific*. Es entspricht der Formatangabe %e in *printf* und stellt den Wert mit einer Stelle vor dem Komma und einem Exponenten dar.
- Das Format *fixed* stellt eine Zahl durch die Stellen vor dem Komma, einen Dezimalpunkt und die Nachkommastellen dar. Es entspricht der Formatangabe %f in *printf*.

Diese Formate können mit

resetiosflags(ios::fixed)
resetiosflags(ios::scientific)

wieder zurückgesetzt werden. Der mit *setprecision* gesetzte Wert bedeutet beim Normalformat die Anzahl der insgesamt verwendeten Stellen. Bei den anderen beiden

Formaten bedeutet er die maximale Anzahl der Nachkommastellen. Auf Ganzzahlwerte wirkt sich dieser Wert nicht aus. Die Anweisungen

```
f << "N1:" << setprecision(5) << 123.45678
  << " N2:" << setprecision(10) << 123.45678 << endl;
f << "S1:" << setprecision(5) << scientific << 123.45678
  << " S2:" << setprecision(10) << 123.45678 << endl;
f << "F1:" << setprecision(5) << fixed << 123.45678
  << " F2:" << setprecision(10) << 123.45678 << endl;
```

erzeugen die folgende Ausgabe:

```
N1:123.46 N2:123.45678
S1:1.23457e+02 S2:1.2345678000e+02
F1:123.45678 F2:123.4567800000
```

Mit den Manipulatoren *uppercase* bzw. *nouppercase* wird das „E" beim Exponenten einer Gleitkommadarstellung sowie das „X" bei der Hexadezimaldarstellung einer Ganzzahl in Groß- bzw. Kleinbuchstaben dargestellt. Nach dem Manipulator *showpos* wird auch bei positiven Ganzzahlen ein führendes Pluszeichen angezeigt. Diese Einstellung wird mit *noshowpos* wieder zurückgesetzt.

Der Manipulator *showpoint* bewirkt, dass bei einer Gleitkommazahl immer ein Dezimalpunkt angezeigt wird. Diese Einstellung kann mit *noshowpoint* wieder zurückgesetzt werden. So erhält man mit

```
f << "NS" << setprecision(7) << 123.0 << endl;
f << "S1:" << showpoint << 123.0 << endl << "S2:" << 12.0 << endl;
f << "S3:" << 1.0 << endl;
```

die folgende Ausgabe:

```
NS123
S1:123.0000
S2:12.00000
S3:1.000000
```

Das Überlesen von Whitespace-Zeichen kann mit *noskipws* unterbunden und mit *skipws* wieder auf die Voreinstellung zurückgesetzt werden. Durch

```
char c, c1;
f >> noskipws >> c >> skipws >> c1;
```

wird aus der Datei mit dem Text

```
"  Ist das nicht schön?"
```

das erste Leerzeichen in die Variable c eingelesen. Das zweite Leerzeichen wird dann überlesen, und c1 wird das Zeichen 'I' zugewiesen.

13 Funktoren, Funktionsobjekte und Lambda-Ausdrücke

Eine Klasse mit einem Aufrufoperator wird auch als Funktor bezeichnet, und ein Objekt einer solchen Klasse als Funktionsobjekt. Funktionsobjekte können wie Funktionen verwendet werden. Sie bieten aber zusätzliche Möglichkeiten und können oft einfacher als gewöhnliche Funktionen verwendet werden. Funktoren und Funktionsobjekte spielen in C++ und der Standardbibliothek eine große Rolle.

13.1 Der Aufrufoperator ()

Ein Objekt einer Klasse, für die ein Aufrufoperator definiert ist, kann man wie eine Funktion verwenden. Mit dieser Formulierung ist aber nicht gemeint, dass „das Objekt aufgerufen" wird. Ein Aufrufoperator ermöglicht lediglich die Verwendung derselben Syntax wie bei einem Funktionsaufruf. Dabei wird dann die für den Aufrufoperator definierte Operatorfunktion aufgerufen.

Für den einen oder anderen Leser mag es auf den ersten Blick etwas seltsam klingen, ein Objekt wie eine Funktion zu verwenden. Wir werden aber bald sehen, dass viele Sprachkonzepte von C++ auf Funktoren beruhen. Einige dieser Konzepte haben wir bereits früher verwendet, ohne die technischen Hintergründe genauer zu beschreiben.

Der Aufrufoperator muss eine nicht statische Elementfunktion sein. Bei seiner Definition steht ein erstes Klammerpaar ohne Parameter für den Aufrufoperator. Im zweiten Klammerpaar wird die Parameterliste angegeben. Ein Objekt einer Klasse, für die der Aufrufoperator definiert ist, bezeichnet man auch als **Funktionsobjekt**.

Beispiel: Die Klasse C hat zwei überladene Aufrufoperatoren mit einem und mit zwei Parametern:

```
class C {
public:
  int operator()(int x) {};
  double operator()(int x, double y) {};
};
```

Deshalb ist ein Objekt der Klasse C ein Funktionsobjekt, das man mit einem oder zwei Argumenten „aufrufen" kann:

```
C c;
int x1;
double y1;
int y = c(x1);
double z = c(x1, y1);
```

Die nächsten Beispiele sollen zeigen, welche Vorteile Funktionsobjekte gegenüber Funktionen haben können, und wo diese zum Tragen kommen. Diese Beispiele orientieren sich an dem STL-Algorithmus *for_each*, sind aber einfacher als dieser und verwenden keine Templates.

Angenommen, Sie benötigen eine Funktion, die für alle Elemente eines Containers eine Operation durchführt. Dann liegt dieser Ansatz nahe:

```
void for_each(std::vector<int> v, std::function<void(int)> f)
{
  for (auto& i : v)
    f(i);
}
```

for_each kann man dann eine Funktion übergeben, die die gewünschte Operation durchführt. Falls alle Elemente ausgedruckt werden sollen, kann man eine Funktion wie *print* übergeben:

```
void print(int v)
{
  cout << v << endl;
}
```

Die Elemente eines Vektors v mit *int*-Elementen werden dann durch

```
for_each(v, print);
```

ausgegeben.

Wenn man jetzt in der übergebenen Operation nicht nur die Elemente ausgeben will, sondern auch noch die ausgegebenen Elemente zählen will, ist das mit einer Funktion nicht, bzw. nur unschön (z.B. über eine globale Variable) möglich. Hier ist ein Funktor wie *Print* ein Ausweg:

```
class Print {
  int n;
public:
  Print() :n(0) {}
  void operator()(const int& v)
  {
    cout << v << endl;
    n++;
  }
  int Count() { return n; }
};
```

13.1 Der Aufrufoperator ()

Die Funktion

```
Print for_each(std::vector<int> v, Print f)
{
  for (auto& i : v)
    f(i);
  return f;
}
```

kann man mit einem Funktionsobjekt des Typs *Print* aufrufen:

```
Print p = for_each(v, Print()); // Print ist ein temporäres Objekt
```

Hier wird die lokale Variable f in *for_each* mit dem temporären Objekt initialisiert, das mit dem Standardkonstruktor erzeugt wird und in dem die lokale Variable n den Wert 0 hat. Jeder Aufruf von f führt dann zum Aufruf des Aufrufoperators von *Print*. Dieser zählt die Variable n hoch. Da f nach dem Ende der Schleife zurückgegeben wird, kann man mit diesem Rückgabewert Count aufrufen und so die Anzahl der ausgegebenen Werte ausgeben:

```
cout << p.Count() << endl;
```

Die Funktion *print* und ein Funktionsobjekt des Typs *Print* zeigen den wesentlichen Unterschied zwischen Funktionen und Funktionsobjekten:

– Da die nicht statischen lokalen Variablen einer Funktion bei jedem Aufruf neu angelegt werden, kann eine Funktion zwischen zwei verschiedenen Aufrufen keine Daten in solchen Variablen speichern. Will man in einer Funktion Variablen verwenden, die zwischen den verschiedenen Aufrufen existieren, müssen das globale oder statische lokale Variablen sein. Deshalb ruft man ein Funktions-Template wie *for_each* meist nur mit solchen Funktionen auf, die als Daten nur Parameter verwenden.
– Wenn dagegen zwischen verschiedenen Aufrufen Daten erhalten bleiben sollen, verwendet man meist ein Funktionsobjekt. In einem Objekt der Klasse *Print* wird so die Anzahl n zwischen verschiedenen Aufrufen gespeichert.
– Beachten Sie bitte den kleinen Unterschied bei der Übergabe von Funktionsobjekten und von Funktionen: Funktionsobjekte werden oft als temporäre Objekte übergeben, die mit ihrem Standardkonstruktor erzeugt werden. Dann muss nach dem Namen der Klasse ein Paar von Klammern angegeben werden.

   In den Beispielen oben wird die Funktion *print* ohne Klammern übergeben, während das Funktionsobjekt ein temporäres Objekt *Print()* (mit Klammern) ist. Diese syntaktischen Feinheiten werden leicht übersehen und können dann die Ursache von Fehlermeldungen sein, die nicht immer auf die Ursache des Problems hinweisen.

Funktoren und Funktionsobjekte spielen in C++ und der Standardbibliothek eine große Rolle: *std::function* (siehe Abschnitt 8.2.13), *std::bind* (siehe Abschnitt 13.3), die Random-Klassen (siehe Abschnitt 15.14.3) und zahlreiche weitere Klassen sind Funktoren. Die Algorithmen der STL entfalten ihre Leistungsfähigkeit oft nur mit Funktionsobjekten.

Beispiel: Die nächste Tabelle enthält die Laufzeiten der Anweisungen unter a) bis e) nach den folgenden Definitionen:

```
const int max = 10000000;
NumType a[max]; // Type: z.B. int oder double
for (int i = 0; i<max; i++) a[i] = i;
vector<NumType> v(a, a + max);
```

Dabei ist *for_each* nicht eine der Funktionen von oben, sondern der Algorithmus *for_each* aus der STL. Dieser kann sowohl mit *print* als auch mit *Print()* aufgerufen werden.

a) *sum* ist eine Funktion, die die Werte des Arrays in eine globale Variable summiert:

```
for_each(v.begin(), v.end(), sum);
```

b) Anstelle der Funktion *sum* wird ein Funktor *SumClass* verwendet, dessen Aufrufoperator dieselben Anweisungen ausführt:

```
auto r = for_each(v.begin(), v.end(), SumClass());
```

c) Eine *for*-Schleife, bei der bei jeder Wiederholung die Funktion *end* aufgerufen wird:

```
for (auto i = v.begin(); i != v.end(); ++i)
   Summe += (*i); // c)
```

d) Eine *for*-Schleife mit einem gewöhnlichen Array:

```
for (int i = 0; i<max; ++i)
   Summe += a[i];
```

e) Eine bereichsbasierte *for*-Schleife:

```
for (auto i : c)
   sum = sum + i;
```

max= 10'000'000 Alle Zeiten in Sek.	a)	b)	c)	d)	e)
Visual C++ 2017, Release	0,012	0,026	0,026	0,026	0,026

Offensichtlich dauert der Aufruf eines Funktionsobjekts auch nicht länger als der einer gewöhnlichen Funktion. Deshalb sind die Algorithmen der STL, die Funktionsobjekte verwenden, auch nicht langsamer als selbst geschriebene Schleifen.

13.2 Prädikate und Vergleichsfunktionen

Funktionsobjekte oder Funktionen, bei denen der Rückgabetyp des Aufrufoperators bzw. der Funktion *bool* ist, werden auch als **Prädikate** bezeichnet. In den STL-Algorithmen haben Template-Parameter für Prädikate oft den Namen ***Predicate***:

```
template <class InputIterator, class Predicate>
InputIterator find_if(InputIterator first, InputIterator last,
  Predicate pred)
{
  while (first != last && !pred(*first)) ++first;
  return first;
}
```

Diesem Funktions-Template kann man für *InputIterator* Iteratoren eines Containers übergeben. Mit einem *vector<string>* kann man es wie die Funktion

```
std::vector<string>::iterator find_if(std::vector<string>::iterator
    first,   std::vector<string>::iterator last,
  std::function<bool(string)> pred)
{
  while (first != last && !pred(*first)) ++first;
  return first;
}
```

verwenden. In *find_if* steht ***Predicate*** für ein Prädikat mit einem Parameter. Übergibt man für *first* und *last* Iteratoren aus einem Container, gibt *find_if* den ersten Iterator im Bereich [*first*, *last*) zurück, für den das Prädikat *pred* erfüllt ist, bzw. *last*, falls kein Element in diesem Bereich diese Bedingung erfüllt.

Beispiel: Falls man in einem Container mit Strings nach dem ersten String suchen will, der mit einer bestimmten Zeichenfolge beginnt, übergibt man *find_if* z.B. ein Prädikat wie

```
bool StartsWith_123(string s)
{
  bool result = false;
  string start = "123";
  if (s.length() >= start.length())
    result = s.substr(0, start.length()) == start;
  return result;
}
```

Dann hat nach

```
std::vector<string> v = { "ab","1a23" ,"12345" };
auto p = std::find_if(v.begin(), v.end(), StartsWith_123);
string result;
if (p != v.end())
  result = *p;
```

result den Wert "12345".

Prädikate mit zwei Parametern werden auch als **binäre Prädikate** bezeichnet. Der Template-Parameter hat dann meist den Namen ***BinaryPredicate***. In der Standardbibliothek ist das binäre Prädikat *greater* etwa so definiert:

```
template <class T>
struct greater
{
  constexpr bool operator()(const T& x, const T& y) const
  {
    return x > y;
  }
};
```

Damit hat nach

```
greater<int> g;
```

der Ausdruck

```
g(2, 3) // bool
```

denselben Wert wie

```
2 > 3
```

Oft verwendet man als Argument auch ein temporäres Objekt:

```
greater<int>()
```

Diesem kann man die Argumente für die Operatorfunktion übergeben:

```
bool b = greater<int>()(2, 3);
```

Das binäre Prädikat g bzw. *greater()* kann im Unterschied zum Symbol > als Argument an eine Funktion übergeben werden, da *greater* ein Bezeichner ist, aber > nicht.

Für die elementaren Vergleichsoperatoren sind nach

```
#include <functional>
```

ähnliche binäre Prädikate definiert, die sich nur im Rückgabewert unterscheiden:

Name	return	Name	return
greater	x>y	*not_equal*	x!=y
less	x<y	*logical_and*	x&&y
greater_equal	x>=y	*logical_or*	x||y
less_equal	x<=y	*logical_not*	!x
equal_to	x= =y		

13.2 Prädikate und Vergleichsfunktionen

Einige Algorithmen der Standardbibliothek haben Template-Parameter mit dem Namen **Compare**:

template<class RandomAccessIterator, class Compare>
*void **sort**(RandomAccessIterator first, RandomAccessIterator last, Compare comp);*

Hier stehen *first* und *last* für Iteratoren aus einem Container, die den Bereich beschreiben, der sortiert werden soll (wenn der ganze Container v sortiert werden soll, *v.begin()* und *v.end()*). Der Typparameter *Compare* bezeichnet eine **Vergleichsfunktion**. Für den *Compare*-Parameter kann eine Funktion oder ein Funktionsobjekt mit zwei Parametern übergeben werden, die den Datentyp der Container-Elemente haben. Der Rückgabetyp muss *bool* sein bzw. in *bool* konvertiert werden können. Das kann auch ein binäres Prädikat sein.

Beispiel: Um einen Container mit *int*-Elementen

```
vector<int> v = { 3,1,5,1,7 };
```

absteigend zu sortieren, kann man *sort* eine Funktion, ein Funktionsobjekt oder das vordefinierte Prädikat *greater* übergeben:

```
bool absteigend(int a, int b)
{
   return a > b;
}

struct Absteigend {
   bool operator()(int a, int b)
   {
      return a > b;
   }
};

std::sort(v.begin(), v.end(), absteigend); // v = { 7, 5, 3, 1, 1 }
std::sort(v.begin(), v.end(), Absteigend());
std::sort(v.begin(), v.end(), std::greater<int>());
```

Das Argument für den Parameter *comp* muss die folgenden Anforderungen erfüllen, die im C++-Standard als „**strict weak ordering**" („strenge schwache Ordnung") bezeichnet werden (siehe Abschnitt 15.13.2):

a) comp(x,x) == *false* für alle x (d.h. *comp* ist irreflexiv).
b) aus *comp(a,b)* und *comp(b,c)* folgt *comp(a,c)* (d.h. *comp* ist transitiv).
c) Definiert man *equiv(a,b)* durch *!(comp(a,b) && !comp(b,a)*, muss *equiv* transitiv sein, d.h. aus *equiv(a,b)* und *equiv(b,c)* folgt *equiv(a,c)*

Falls diese Voraussetzungen nicht erfüllt sind, kann das Ergebnis von *sort* eine falsche Sortierfolge sein. Im Debug-Modus erkennt der *sort*-Algorithmus oft, dass sie nicht erfüllt sind und gibt zur Laufzeit eine Fehlermeldung aus:

Beispiel: Wegen a) wird durch die Operatoren <= oder >= bzw. Vergleichsfunktionen wie

```
bool GroesserGleich(int a, int b)
{
  return a >= b;
}
```

keine strenge schwache Ordnung definiert, da *comp(x,x)* den Wert *true* hat. Übergibt man diese Funktion als Argument an *sort*, erhält man bei einer Debug-Konfiguration eine Meldung wie oben.

Die Operatoren < oder > bzw. Funktionen wie *Groesser* erfüllen dagegen die Anforderungen an eine strenge schwache Ordnung. Die Voraussetzung c) sieht schlimmer aus als sie ist. Sie bedeutet bei dem Operator <, dass equiv(a,b) dem Ausdruck a==b entspricht:

equiv(a,b)=(!(a<b)) && (!(b<a)) = (a>=b) && (b>=a) = (a==b)

Mit diesem Ausdruck gilt tatsächlich, dass aus equiv(a,b) und equiv(b,c) auch equiv(a,c) folgt.

Strings des Datentyps *string* kann man einem Prädikat wie *greater<string>()* oder mithilfe der Elementfunktion *compare* und nullterminierte Strings mithilfe von *strcmp* sortieren.

Beispiel: Einen Container mit Strings kann man mit einem binären Prädikat sortieren, das zwei Strings als Parameter hat:

```
bool absteigend(string s1, string s2)
{
  return s1.compare(s2)>0;
}
bool aufsteigend(const char* s1, const char* s2)
{
  return strcmp(s1, s2)<0;
}
```

Ersetzt man hier < durch <=, erhält man keine strenge schwache Ordnung. Da für den Datentyp *string* auch der Operator < definiert ist, geht auch:

```
greater<string>()
```

Eine **mehrstufige Sortierung** erreicht man, indem man die Werte in der Reihenfolge ihrer Bedeutung vergleicht, und dabei jeweils bei Ungleichheit das Ergebnis der Anordnung zurückgibt. Falls alle verglichenen Werte gleich sind, gibt man am Ende *false* zurück.

Beispiel: Ein Container mit Elementen des Typs

```
struct Datum
{
  int Tag, Monat, Jahr;
};
```

13.2 Prädikate und Vergleichsfunktionen

wird aufsteigend sortiert mit

```
bool sortiere_Datum_aufsteigend(Datum d1, Datum d2)
{
  if (d1.Jahr != d2.Jahr)
    return (d1.Jahr < d2.Jahr);
  if (d1.Monat != d2.Monat)
    return (d1.Monat < d2.Monat);
  if (d1.Tag != d2.Tag)
    return (d1.Tag < d2.Tag);
  return false;
}
```

Aufgabe 13.2

1. Geben Sie für die folgenden Container jeweils eine Funktion und ein Funktionsobjekt an, das *std::sort* als Argument für *comp* übergeben werden kann:

   a) `vector<int> vi;`
   b) `vector<string> vs;`
   c) `vector<FileInfo> vf;`
   d) `vector<FileInfo*> vp;`

   Hier soll die Klasse *FileInfo* Informationen über eine Datei enthalten und folgendermaßen definiert sein.

   ```
   struct FileInfo {
     string Name; // Name der Datei
     long long Length; // Dateigröße
   };
   ```

   Definieren Sie Argumente für *comp* so, dass die Dateien in vf und vp in dieser Reihenfolge sortiert werden:

   e) aufsteigend nach ihrer Dateigröße (Eigenschaft *Length*)
   f) absteigend nach ihrer Dateigröße
   g) aufsteigend nach ihrem Dateinamen (Eigenschaft *Name*)
   h) absteigend nach ihrem Dateinamen.

2. Ein Container mit Strings soll Meldungen der Art

   ```
   vector<string> Meldungen = {
     "2.12.2015, 2.15: Fehler 0815: Festplatte voll",
     "2.2.2016, 2.18: Warnung: LAN-Kabel abgezogen",
     "2.2.2016, 2.19: Info: Keine Internetverbindung",
     "2.2.2016, 3.18: Info: LAN-Verbindung neu aufgebaut",
     "3.4.2016, 20.25: Fehler 0816: Kein Strom",
     "12.6.2016, 3.32: Fehler 0715: CPU zu heiß",
     "12.6.2016, 4.08: Fehler 0716: CPU zu kalt"
   };
   ```

enthalten. Dabei soll in jeder Meldung die Zeichenfolge „: Fehler" bzw. „: Info" bzw. „: Warnung" nur einmal enthalten sein.

Schreiben Sie eine Funktion, die *sort* übergeben werden kann, so dass *Meldungen* so sortiert wird, dass zuerst alle Fehler, dann alle Warnungen und dann alle Infos kommen.

13.3 Binder Θ

In älteren C++-Compilern waren die in diesem Kapitel vorgestellten Binder oft notwendig, um Funktionen an STL-Algorithmen zu übergeben. Neuere Compiler ermöglichen das mit Lambda-Ausdrücken oft einfacher. Da diese Binder gute Beispiele für Funktionsobjekte sind, und diese auch trotz Lambda-Ausdrücken gelegentlich hilfreich sind, werden die wichtigsten Konzepte kurz vorgestellt. Die Beispiele aus diesem Abschnitt werden im nächsten Abschnitt mit Lambda-Ausdrücken wiederholt, damit man die Unterschiede zwischen diesen beiden Konzepten explizit sieht.

Die an einen STL-Algorithmus übergebenen Funktionen bzw. Funktionsobjekte müssen immer mit derselben Anzahl von Argumenten aufgerufen werden können, mit der sie im Algorithmus aufgerufen werden.

Beispiel: Die am Anfang von Abschnitt 13.2 vorgestellte Funktion

```
std::vector<string>::iterator
find_if(std::vector<string>::iterator first,
   std::vector<string>::iterator last,
std::function<bool(string)> pred)
{
  while (first != last && !pred(*first)) ++first;
  return first;
}
```

und der Algorithmus *find_if* der Standardbibliothek

```
template <class InputIterator, class Predicate>
InputIterator find_if(InputIterator first, InputIterator
last, Predicate pred)
{
  while (first != last && !pred(*first)) ++first;
  return first;
}
```

erwarten für *pred* eine Funktion oder ein Funktionsobjekt, das mit genau einem Argument aufgerufen werden kann.

Diese Anforderung schränkt die Anwendbarkeit der Algorithmen auf den ersten Blick ein, da man *find_if* keine Funktion mit einer anderen Anzahl von Argumenten übergeben kann.

13.3 Binder Θ

Beispiel: Wenn man mit *find_if* in einem Container mit Strings nach dem ersten Element suchen will, das mit einer bestimmten Zeichenfolge beginnt, kann man für *pred* keine Funktion mit zwei Parametern übergeben, die als zweiten Parameter den Startwert hat:

```
bool StartsWith(string s, string start)
{
  bool result = false;
  if (s.length() >= start.length())
  {
    result = s.substr(0, start.length()) == start;
  }
  return result;
}
```

Solche Einschränkungen kann man mit einem Funktionsobjekt umgehen, das einen der beiden Parameter als Datenelement enthält und dessen Aufrufoperator das Argument mit diesem Wert vergleicht. Ein solches Funktionsobjekt wird auch als **Binder** bezeichnet, da es einen der beiden Parameter als Datenelement bindet.

Beispiel: Der Funktor *StartsWith* initialisiert das Datenelement *start* im Konstruktor mit dem Konstruktor-Argument:

```
class StartsWith
{
  string start;
public:
  StartsWith(string s) :start(s) {}
  bool operator()(string s)
  {
    bool result = false;
    if (s.length() >= start.length())
    {
      result = s.substr(0, start.length()) == start;
    }
    return result;
  }
};
```

Der Aufrufoperator vergleicht dann das Argument mit diesem Datenelement. Da der Aufrufoperator mit einem Argument aufgerufen werden kann, kann man ein Funktionsobjekt der Klasse *StartsWith* an *find_if* übergeben und so das erste Element suchen, das mit dem beim Anlegen des Objekts gesetzten String beginnt:

```
auto p =std::find_if(v.begin(), v.end(), StartsWith("123"));
```

Binder werden wie hier oft als temporäres Objekt übergeben.

Ein Binder ermöglicht also den Aufruf einer Funktion über ein Funktionsobjekt einer geringeren Anzahl von Argumenten. Die fehlenden Argumente werden dem Funktionsobjekt meist im Konstruktor übergeben. Damit kann einem Algorithmus, der eine Funktion mit einem Argument aufruft, eine Funktion mit mehr als einem Parameter übergeben werden.

Da Binder in der Standardbibliothek öfter benötigt werden, gibt es die Funktions-Templates **bind**

```
template<class F, class... BoundArgs>
  unspecified bind(F&& f, BoundArgs&&... bound_args);

template<class R, class F, class... BoundArgs>
  unspecified bind(F&& f, BoundArgs&&... bound_args);
```

die ein solches Funktionsobjekt zurückgeben. Es steht nach

```
#include <functional>
```

im Namensbereich *std* zur Verfügung. **bind** erzeugt aus einer Funktion (bzw. aus einem Funktionszeiger, Funktionsobjekt und Zeiger auf eine Elementfunktion), die als erstes Argument übergeben wird, ein Funktionsobjekt.

Beispiel: Mit der Funktion

```
int f(int a, int b, int c)
{
  return 100 * a + 10 * b + c;
}
```

ist *bind(f,1,2,3)* ein Funktionsobjekt ohne Parameter, das *f(1,2,3)* zurückgibt:

```
auto f1 = std::bind(f, 1, 2, 3);
int r1=f1(); // r1 == 123
```

Platzhalter (Placeholder) sind Datentypen mit den Namen _1, _2 usw. (mindestens 10), die im Namensbereich *std::placeholders* definiert sind und die man *bind* übergeben kann. Jeder solche Platzhalter steht dann für einen Parameter, den man dem *bind*-Funktionsobjekt übergeben kann. Der erste Parameter des *bind*-Funktionsobjekts wird dann an der Position des Platzhalters _1, der zweite an der Position des Platzhalters _2 usw. übergeben.

Beispiel: Mit der Funktion f des letzten Beispiels sind die nächsten beiden Ausdrücke Funktionsobjekte, die man mit einem bzw. zwei Argumenten aufrufen kann:

```
using namespace std::placeholders;
auto f2 = std::bind(f, 1, 2,_1); // ein Parameter, da ein
                                                Platzhalter
auto f3 = std::bind(f, 1,_2,_1);// zwei Parameter, da zwei
                                                Platzhalter
```

Die beim Aufruf des Funktionsobjekts angegebenen Argumente werden dann der Reihe nach den Platzhaltern zugeordnet: Das erste Argument dem Platzhalter _1, das zweite dem Platzhalter _2 usw.

13.4 Lambda-Ausdrücke

Beispiel: Mit den Funktionsobjekten des letzten Beispiels entsprechen diese beiden Ausdrücke den als Kommentar angegebenen Funktionsaufrufen:

```
int r2 = f2(3);   // r2 == 123
int r3 = f3(3,4); // r3 == 143
```

Mit *bind* und Platzhaltern kann man Funktionen usw. an Algorithmen übergeben, die eine andere Anzahl von Parametern haben als die im Algorithmus aufgerufenen. Dazu übergibt man dem *bind*-Ausdruck so viele Platzhalter, wie die im Algorithmus aufgerufene Funktion Argumente braucht.

Beispiel: Mit den Definitionen

```
bool groesser(int x, int y)
{
  return x > y;
}

vector<int> v = { 1,2,3,4,5 };
int x = 3;
```

gibt der nächste Aufruf von *find_if* die Position des ersten Elements in v zurück, das größer als der Wert von x ist:

```
using namespace std::placeholders;
vector<int>::iterator p = find_if(v.begin(), v.end(),
                                  bind(groesser, _1, x));
```

In den bisherigen Beispielen wurden nur globale Funktionen und Funktionsobjekte als Parameter übergeben. Die Übergabe von Elementfunktionen wird in Abschnitt 8.2.13 gezeigt.

bind und *mem_fn* wurden relativ spät in C++ aufgenommen. Vorher gab es *binder1st*, *bind1st*, *bind2nd*, *ptr_fun*, *mem_fun*. Diese sind inzwischen überflüssig und sollten nicht mehr verwendet werden.

13.4 Lambda-Ausdrücke

Wenn man in älteren C++-Versionen einer Funktion wie

```
void for_each(std::vector<int> v, std::function<void(int)> f)
{
  for (auto& i : v)
     f(i);
}
```

oder einem STL-Algorithmus wie *for_each* ein Argument für f übergeben will, muss man eine Funktion wie

```
void print(int v)
{
  cout << v << endl;
}
```

schreiben und diese dann dem Algorithmus übergeben:

```
vector<int> v = { 1,3,5,7 };
for_each(v, print);
```

Eine solche Funktion hat nur den Sinn und Zweck, als Argument bei *for_each* eingesetzt zu werden. Sie wird meist nur ein einziges Mal aufgerufen, und deshalb ist es etwas lästig, dafür einen eigenen Namen zu suchen und die etwas umständliche Funktionssyntax einzuhalten. Oft hat man viele solche Funktionen, und die stehen dann auf einer anderen Bildschirmseite als der Aufruf, so dass man hin- und her blättern muss, um zu sehen, was genau passiert.

Hier bieten Lambda-Ausdrücke eine Vereinfachung. Ein **Lambda-Ausdruck** stellte im Wesentlichen eine Funktion (genauer: ein Funktionsobjekt) dar, die keinen Namen hat. Man spricht deshalb auch von **anonymen Funktionen**. Ein Lambda-Ausdruck wird im einfachsten Fall durch [] eingeleitet. Darauf folgen wie bei einer Funktion eine Parameterliste und ein Anweisungsteil.

    [](Parameterliste){Anweisungen}

Auch wenn ein Lambda-Ausdruck auf den ersten Blick vielleicht ein wenig kryptisch aussieht: Bis auf die eckigen Klammern am Anfang hat ein Lambda-Ausdruck große Ähnlichkeiten mit einer Funktion. Er unterscheidet sich von einer benannten Funktion im Wesentlichen nur dadurch, dass er mit [] beginnt, keinen Namen und keinen Rückgabetyp hat. Der Compiler leitet den **Rückgabetyp** aus den Anweisungen zwischen { } ab. Er ist dann der Datentyp des *return*-Ausdrucks oder *void*, falls sie kein *return* enthalten.

Beispiel: Der Lambda-Ausdruck

```
[](int i) {cout << i << endl; }
```

stellt eine Funktion mit einem *int*-Parameter und dem Rückgabetyp *void* dar, da unter den Anweisungen keine *return*-Anweisung enthalten ist. Er kann deshalb wie die *print*-Funktion von oben verwendet werden:

```
for_each(v, [](int i) {cout << i << endl; });
```

Der Aufruf von *for_each* mit diesem Lambda-Ausdruck hat dasselbe Ergebnis wie der Aufruf von *for_each* mit *print*.

Ein Lambda-Ausdruck kann auch direkt aufgerufen werden. Das ist zwar nur selten sinnvoll, aber es geht:

```
[](int i) {cout << i << endl; }(5);
```

13.4 Lambda-Ausdrücke

Dieses Beispiel zeigt bereits einen ersten wichtigen Aspekt von Lambda-Ausdrücken: Ein Lambda-Ausdruck wird an der Stelle definiert, an der er aufgerufen wird, und vermeidet so die oben für *print* genannten Nachteile.

Bei einem Lambda-Ausdruck mit einer leeren Parameterliste kann man die **Parameterliste** auch **auslassen**. Das sieht auf den ersten Blick wie eine unnötige syntaktische Spitzfindigkeit aus. Da wir aber später sehen, dass solche Lambda-Ausdrücke sehr häufig vorkommen, hat diese kleine Reduktion der Schreibarbeit durchaus ihre Berechtigung.

Beispiel: Da im Lambda-Ausdruck

```
[]() { cout << "Hello World" << endl; };
```

keine Parameter verwendet werden, kann man die Parameterliste auch weglassen.

```
[] { cout << "Hello World" << endl; };
```

Vermutlich ist der kürzeste Lambda-Ausdruck

```
[]{}
```

Dieser kann dann so aufgerufen werden:

```
[]{}();
```

Das ist eine syntaktisch spitzfindige Möglichkeit, nichts zu tun.

Genau genommen ist ein Lambda-Ausdruck aber keine Funktion. Vielmehr erzeugt der Compiler aus einem solchen Ausdruck ein **Funktionsobjekt** und ruft es dann auf (siehe Abschnitt 13.5.1). Der Datentyp des Lambda-Ausdrucks ist der Datentyp des dabei erzeugten Funktionsobjekts. Dieser Datentyp ist aber **nur** dem Compiler bekannt. Deswegen kann er nur mit *auto* zur Definition einer Variablen verwendet werden. Man kann einen Lambda-Ausdruck aber einem kompatiblen *function*-Objekt zuweisen. Eine solche Variable kann wie eine Funktion aufgerufen werden.

Beispiel: Die Zuweisungen in der Funktion *lokale_Lambdas* sollen nur zeigen, wie ein Lambda-Ausdruck einer Variablen zugewiesen werden kann, und dass diese wie eine Funktion aufgerufen werden kann:

```
void lokale_Lambdas()
{
std::function<double(double)> f0=[](double x) {return 1; };
auto f1 = [](double x) {return x; };
auto f2 = [](int n) { return "abc"; };
double d0 = f0(1);
double d1 = f1(1);
std::string r2 = f2(3);
auto add = [](int x, int y) {return x + y; };
// auto add = [](string x, string y) {return x + y; }; //
                              Fehler: Überladen geht nicht
```

```
    int x = add(2, 3);
}
```

Ein Lambda-Ausdruck kann lokal in einer Funktion definiert und einer lokalen Variablen zugewiesen werden. Diese Variable ist dann ein Name für die anonyme Funktion und kann wie eine Funktion aufgerufen werden. Das heißt, das ist im Wesentlichen eine **lokale Funktion**. Das ist ein **zweiter wesentlicher Unterschied** zwischen einer benannten Funktion und einer anonymen Funktion: Eine benannte Funktion kann nicht lokal definiert werden. Lokale Funktionen sind dann sinnvoll, wenn eine Funktion nur innerhalb einer Funktion benötigt wird und innerhalb der Funktion mehrfach aufgerufen werden soll. Eine solche lokale Funktion definiert man am einfachsten mit *auto*.

Beispiel: Der Lambda-Ausdruck (eine anonyme Funktion) bekommt durch die Zuweisung an die lokale Variable f einen Namen. f kann dann wie eine lokale Funktion aufgerufen werden:

```
void lokaleFunktion()
{
   auto f = [](int x, int y) { return x + y; };
   int r1 = f(1, 2);
   int r2 = f(3, 4);
}
```

Normalerweise verwendet man anonyme Funktionen aber nicht dazu, sie einer Variablen zuzuweisen. Vielmehr setzt man sie meist als Argumente für einen Parameter eines kompatiblen Funktionstyps ein, wie im Beispiel oben mit *for_each*. Dann steht die Definition genau an der Stelle, an der sie auch verwendet wird.

Ein weiterer entscheidender Unterschied zu gewöhnlichen Funktionen ist, dass man in einem Lambda-Ausdruck **lokale Variablen** aus dem umgebenden Gültigkeitsbereich ansprechen kann. Dazu gibt man die Variablen in der sogenannten **Erfassungsliste** (engl. **capture list**) zwischen den eckigen Klammern an. Mit dem Symbol & vor dem Namen kann man festlegen, dass die Variable als Referenz übergeben wird. Das bedeutet, dass sie im Lambda-Ausdruck verändert werden kann. Ohne & vor dem Namen wird sie als Wert übergeben und kann nicht verändert werden.

Auf **globale Variablen** kann man zugreifen, auch ohne dass man sie in einer Erfassungsliste angibt.

Beispiel: Der Lambda-Ausdruck in

```
void PrintAndCount(vector<int> v)
{
   int count = 0;
   std::for_each(v,
      [&count](double i) {cout << i << endl; count++; });
   cout << "count = " << count << endl;
}
```

13.4 Lambda-Ausdrücke

greift auf die Variable *count* zu. Diese wird im Anweisungsteil des Lambda-Ausdrucks mit jeder Ausführung des Schleifenkörpers hochgezählt, so dass am Ende die Anzahl der Container-Elemente ausgegeben wird. In

```
void PrintAndCount(vector<int> v, std::string msg)
{
  int count = 0;
  std::for_each(v.begin(), v.end(),[&count, msg](double i)
    {cout << msg << i << endl; count++; });
  cout << "count = " << count << endl;
}
```

wird auf die Variable *count* als Referenz und auf die Variable *msg* als Wert zugegriffen.

Gibt man in einer Erfassungsliste das Symbol & ohne einen Namen an, können alle lokalen Variablen verändert werden. Mit dem Symbol = werden alle lokalen Variablen als Wert übergeben und können nicht verändert werden. Die Zugriffsarten können flexibel kombiniert werden. So sind z.B. mit einer lokalen Variablen x die folgenden Erfassungslisten möglich:

```
[=]     // Zugriff auf alle lokalen Variablen als Wert
[&]     // Zugriff auf alle lokalen Variablen als Referenz
[=, &x] // Zugriff auf alle außer x als Wert, auf x per Referenz
[&, x]  // Zugriff auf alle außer x als Referenz, auf x per Wert
```

Die zweite Variante mit & reicht oft aus.

Damit man in einer Elementfunktion auf die Datenelemente der Klasse zugreifen kann, gibt man in der **Erfassungsliste *this*** an. Damit erhält man nicht nur einen Zugriff auf den *this*-Zeiger, sondern auf alle nicht statischen Elemente der Klasse.

Beispiel: In dem Lambda-Ausdruck in

```
class Lambda {
  int x, y;
  void f()
  {
    auto lam = [this] {x = 1; y = 2; };
  }
};
```

kann man auf die Datenelemente der Klasse zugreifen. Ohne *this* in der Erfassungsliste erhält man Fehlermeldungen des Compilers

```
auto lam = [] {x = 1; y = 2; }; // Fehler: Zugriff auf x
                                                und y
auto lam = [x, y] {x = 1; y = 2; }; // Fehler: x und y sind
                                            keine Variablen
```

Es ist nicht möglich, ein Objekt in der Erfassungsliste als Wert zu übergeben und dann eine Elementfunktion aufzurufen, außer man gibt nach der Parameterliste *mutable* an. Dann wird das Objekt in der nur im Lambda-Ausdruck verändert, bleibt aber außerhalb unverändert.

Beispiel: Mit der Klasse Lambda aus dem letzten Beispiel:

```
Lambda lbd; // Lambda aus dem letzten Beispiel
auto f1 = [lbd]() {lbd.f(); }; // Fehler
auto f2 = [lbd]() mutable {lbd.f(); };
```

Mit &*lbd* in der Erfassungsliste wird das Objekt außerhalb des Lambda-Ausdrucks verändert.

Bei Variablen, die als Wert erfasst werden, muss man beachten, dass sie den Wert verwenden, den sie bei der Definition des Lambda-Ausdrucks haben, und nicht den beim Aufruf des Lambda-Ausdrucks. Bei einer Referenz besteht dieser **Fallstrick** nicht, da hier der aktuelle Wert verwendet wird. Der Grund für dieses Verhalten ist, dass aus dem Lambda-Ausdruck ein Funktionsobjekt erzeugt wird. Werte, die per Wert erfasst werden, werden in dieses Objekt kopiert.

Beispiel: In der Funktion

```
void Erfassen_per_Wert_kopiert()
{
  int i = 10, j = 5;
  auto f = [i, &j] { return i + j; };
  // Ändere die Werte von i und j.
  i = 20;
  j = 7;
  int r = f(); // r=10+7=17
}
```

erhält r den Wert 17, und nicht etwa 27, wie man vielleicht erwartet. Hätte man i auch per Referenz übergeben, wäre das Ergebnis 27.

Da man in einem Lambda-Ausdruck auf umgebende Variablen zuzugreifen kann, sind Lambda-Ausdrücke universeller einsetzbar als Funktionen. Dadurch kann man in einem Lambda-Ausdruck auf Variablen zugreifen, die nicht als Parameter übergeben werden. Das ist mit gewöhnlichen Funktionen nicht möglich. Damit kann man einer Funktion, die einen Parameter des Typs

```
std::function<void(void)> f
```

hat, als Argument einen Lambda-Ausdruck übergeben, in dessen Anweisungsteil eine Funktion mit einer beliebigen Parameterliste und einen beliebigen Rückgabetyp aufgerufen wird.

Angenommen, Sie wollen eine Funktion *StartThread* schreiben, der Sie Funktionen mit und ohne Rückgabewert, mit keinem, einem oder mehreren Parametern übergeben können, die

13.4 Lambda-Ausdrücke

beliebige Datentypen haben. Ohne Lambda-Ausdrücke wären dafür Varianten mit allen Signaturen notwendig, wie z.B.

```
void StartThread(std::function<void(void)> f) { f(); }
void StartThread(std::function<void(int)> f) { f(1); }
int StartThread(std::function<int(void)> f) { return f(); }
int StartThread(std::function<int(int)> f) { return f(1); }
// usw., alle Kombinationen von Parameter- und Rückgabetypen
```

Dieser Aufwand ist in der Praxis nicht vertretbar. Mit Lambda-Ausdrücken reicht dagegen eine einzige Funktion

```
void StartThread(std::function<void(void)> f) { f(); }
```

aus. Dieser Funktion übergibt man dann einen Lambda-Ausdruck, in dessen Anweisungsteil die Funktion aufgerufen wird, die gestartet werden

Beispiel: Die Funktionen

```
void f1() {}
void f2(int x) { }
int f3() { return 0; }
int f4(int x) { return x+1; }
```

können in *StartThread*

```
void StartThread(std::function<void(void)> f) { f(); }
```

aufgerufen werden:

```
void callStartThread()
{
int x = 0, result = 0;
StartThread([] { f1(); });
StartThread([x] { f2(x); });
StartThread([&result] { result = f3(); });
StartThread([&result, x] { result = f4(x); });
}
```

Die Klasse *thread* der Standardbibliothek kann man im Wesentlichen genauso verwenden.

Damit eine Funktion mit Argumenten eines beliebigen Funktionstyps aufgerufen werden kann, reicht ein Parameter des Typs *std::function<void(void)>* aus. Als Argument wird dann ein Lambda-Ausdruck übergeben, in dem die Funktion aufgerufen wird. Da das Argument eine leere Parameterliste hat, kann man das Klammerpaar () für die leere Parameterliste weglassen.

Als konkrete Anwendung soll jetzt eine Klasse *BenchmarkTimer* entwickelt werden, mit der man die Laufzeit von Anweisungen messen und anzeigen kann. Mit dieser Klasse wurden alle Benchmarks in diesem Buch ausgeführt.

Im einfachsten Fall kann diese Klasse etwa folgendermaßen aussehen:

```cpp
class BenchmarkTimer {
  // #include <chrono>
  // In VS 2017 sind steady_clock und high_resolution_clock synonym
  typedef std::chrono::steady_clock::time_point  TimePointType;
  typedef std::chrono::duration<double> TimeDurationType;
  TimePointType start_, end_;
  string bench_id; // Bezeichnung, um die Benchmarks zu unterscheiden

  TimePointType Now()
  { // aktuelle Zeit, wie nach #include <Windows.h>
    // mit QueryPerformanceCounter
    return std::chrono::high_resolution_clock::now();
  }

public:

  BenchmarkTimer(std::string id) :bench_id(id), start_(Now()),
                                                      end_(Now()) { }
  void Start() { start_ = Now(); }
  void End() { end_ = Now(); }

  void ShowDuration()
  {
    TimeDurationType sec = end_ - start_;
    std::string text1 = bench_id + " Elapsed time: " +
                        std::to_string(sec.count()) + " secs";
    std::cout << text1 << std::endl;
  }
};
```

Sie kann folgendermaßen verwendet werden:

```cpp
int n = 1'000'000'000;
BenchmarkTimer t1("for-Schleife, n=" + std::to_string(n));
t1.Start();
int sum = 0;
for (int i = 0; i < n; i++)
  sum = sum + i;
t1.End();
t1.ShowDuration();
```

und gibt dann eine Meldung aus wie

for-Schleife, n=1000000000 Elapsed time: 2.691154 secs

13.4 Lambda-Ausdrücke

Mit diesem Konstruktor

```
BenchmarkTimer(std::string id, std::function<void(void)> f)
:bench_id(id)
{
  Start();
  f();
  End();
}
```

wird dann ein Benchmark etwas einfacher, da man die Aufrufe von *Start* und *End* nicht mehr angeben muss und die zu messenden Anweisungen als Lambda-Ausdruck übergeben kann:

```
int sum = 0;
BenchmarkTimer t1("for-Schleife, n=" + std::to_string(n),
                [&sum,n] { for (int i = 0; i < n; i++)
                                sum = sum + i;
                        });
t1.ShowDuration();
```

Aufgabe 13.4

1. a) Weisen Sie Objekten der folgenden *function*-Typen

    ```
    function<void(void)>;
    function<int (double x, string y)>;
    function<double(int x)>;
    function<string(int x)>;
    ```

    passende Lambda-Ausdrücke zu und rufen Sie das *function*-Objekt anschließend auf.

   b) Die Funktion f soll so

    ```
    void f(function<int(int)>) { }
    ```

    definiert sein. Welche der folgenden Aufrufe werden vom Compiler akzeptiert?

    ```
    f([](int x){ return x+1});
    f([](int x){ return x+1;});
    f([](int x){ return x+1;};);
    f([](){ return 3.14;});
    f([] x { return x+1});
    f([](int x) return x+1;
    ```

    Geben Sie für jeden zulässigen Lambda-Ausdruck aus b) ein *function*-Objekt an, das dem Lambda-Ausdruck zugewiesen werden kann.

2. Lösen Sie von Aufgabe 13.2 die Teile 1. e) bis f) und 2. mit Lambda-Ausdrücken.

13.5 Lambda-Ausdrücke – Weitere Konzepte Θ

Die Ausführungen im letzten Abschnitt enthalten die wichtigsten Themen, die für die Arbeit mit Lambda-Ausdrücken notwendig sind. Für die meisten Anwendungen dürften diese ausreichend sein. In diesem Abschnitt werden einige Themen und Hintergründe zusammengefasst, die nicht so oft von Bedeutung sind, aber im Einzelfall doch wichtig sein können.

13.5.1 Lambda-Ausdrücke werden zu Funktionsobjekten

Der Compiler erzeugt aus einem Lambda-Ausdruck einen Funktor. Der Anweisungsteil des Lambda-Ausdrucks wir dabei zum Anweisungsteil der *operator()*-Funktion. Von dieser Klasse erzeugt der Compiler dann ein Objekt und übergibt es anstelle des Lambda-Ausdrucks.

Beispiel: Aus dem Lambda-Ausdruck in

```
for_each(v, [](double i) {cout<<i<<endl; });
```

erzeugt der erzeugt der Compiler eine Klasse wie

```
class _Name_ { // ein vom Compiler erzeugter Name
public:
  void operator()(double i) {cout<<i<<endl; }
};
```

und davon ein Objekt. Dieses wird dann *for_each* übergeben:

```
_Name_ lbd;
for_each(v.begin(), v.end(), lbd);
```

Den Namen dieser Klasse kann man sich mit *typeid* (nach #include <type_info>)

```
auto lbd1=[](double i) {cout<<i<<endl; };
cout<<"lbd1: "<<typeid(lbd1).name()<<endl;
```

anzeigen lassen. Hier erhält man mit Visual Studio eine Ausgabe wie

```
lbd1: class <lambda_ec1e285cc3c795f94156e80d6f0c9dd9>
```

Für jeden Ausdruck in der Capture-Liste nimmt der Compiler ein Datenelement in die erzeugte Klasse auf. Dabei werden die mit = angegebenen Variablen als Werte-Elemente aufgenommen, und die mit & angegebenen als Referenzen. Außerdem erhält die Klasse einen Konstruktor, der diese Elemente initialisiert.

Beispiel: Die aus dem Lambda-Ausdruck in

13.5 Lambda-Ausdrücke – Weitere Konzepte Θ 597

```
int count = 0;
string msg = "i=";
std::for_each(v, [&count, msg](double i) -> int
  {cout << msg << i << endl; count++; return count; });
```

erzeugte Klasse sieht etwa folgendermaßen aus:

```
class _Name_2 {
  int& count;
  string msg;
public:
  _Name_2(int& c, string s):count(c),msg(s){}
  int operator()(double i) {cout<<msg<<i<<endl;count++;
                                        return count;};
};
```

Von dieser Klasse wird dann ein Objekt erzeugt. Dabei werden dem Konstruktor die Werte aus der Erfassungsliste übergeben. Dieses Objekt wird dann als Argument für den Lambda-Ausdruck übergeben:

```
_Name_2 lbd2(count, msg);
for_each(v.begin(), v.end(), lbd2);
```

Lambda-Ausdrücke spielen mit Templates und Exception-Handling ohne Sonderregeln zusammen.

13.5.2 Nachstehende Rückgabetypen

Will man einen anderen Rückgabetyp als den, den der Compiler abgeleitet hat, kann man wie bei *auto* oder *decltype* den Datentyp des Rückgabewertes als **trailing return type** (deutsch bei MSDN: „nachstehender Rückgabetyp") nach der Parameterliste und einem **->** angegeben. Normalerweise ist diese Angabe nicht notwendig. Sie kann aber notwendig sein, wenn verschiedene *return*-Ausdrücke verschiedene Datentypen zurückgeben

Beispiel: Bei dem Lambda-Ausdruck

```
double r3=[](int i) { if (i > 10) return 0; return 1.0; }(6);
```

kann der Compiler nicht entscheiden, ob er als Rückgabetyp *int* oder *double* wählen soll. Dieser Lambda-Ausdruck wird deshalb nicht kompiliert. Mit einem nachstehenden Rückgabetyp

```
double r4 = [](int i) -> double { if (i > 10) return 0; return
                                                    1.0; }(6);
```

wird der Ausdruck dagegen kompiliert.

Bei diesem Beispiel wäre es aber vermutlich besser, in beiden *return*-Anweisungen Werte desselben Typs zurückzugeben.

13.5.3 Generische Lambda-Ausdrücke

Bei der Definition eines Lambda-Ausdrucks kann man für den Datentyp des Parameters *auto* angeben. Dann leitet der Compiler den Datentyp des Parameters aus dem Datentyp der Argumente ab. Mit

```
auto plus = [](auto x, auto y) {return x + y; };
```

sind die folgenden Aufrufe möglich:

```
string s1 = "s1", s2 = "s2";
int x = plus(2, 3);
string s = plus(s1, s2);
```

Das ist meist etwas einfacher als ein entsprechendes Funktionstemplate. Allerdings bieten Funktionstemplates

```
template<typename T>
T plus(T x, T y) { return x + y; }
```

oft viele weitere Möglichkeiten, die für Lambda-Ausdrücke nicht zur Verfügung stehen.

13.5.4 Lambda-Ausdrücke höherer Ordnung Θ

Lambda-Ausdrücke können auch Lambda-Ausdrücke als Parameter oder Rückgabetypen haben. Solche Lambda-Ausdrücke werden auch als Lambda-Ausdrücke höherer Ordnung bezeichnet. Dazu verwendet man einen Parameter- bzw. Rückgabetyp mit *std::function*.

Beispiel: Einen Lambda-Ausdruck kann man mit einem nachstehenden Rückgabetyp zurückgeben:

```
auto plus = [](int x) -> std::function<int(int)> {
  return [=](int y) { return x + y; };
};
```

Ein Lambda-Ausdruck, dem man einen Lambda-Ausdruck als Parameter übergeben kann:

```
auto mal = [](const std::function<int(int)>& f, int z) {
  return f(z) * 2;
};
```

13.6 Kompatible *function*-Typen: Kovarianz und Kontravarianz Θ

Damit *function*-Objekte einander zugewiesen werden können, müssen ihre Datentypen nicht gleich sein. Mit Klassen C, D, X, Y kann einem *function*-Objekt des Typs

```
std::function<C(D)>
```

ein *function*-Objekt des Typs

```
std::function<X(Y)>
```

zugewiesen werden,

- wenn C=X ist oder C Basisklasse von X ist (Kovarianz der Rückgabetypen) und
- wenn D=Y ist oder Y Basisklasse von D ist (Kontravarianz der Parametertypen)

Beispiel: Mit den Klassen

```
class C {};
class D :public C {};
```

und den Definitionen

```
std::function<C(C)> fcc;
std::function<C(D)> fcd;
std::function<D(C)> fdc;
std::function<D(D)> fdd;
```

sind neben den trivialen Zuweisungen mit gleichen Typen die folgenden Zuweisungen möglich:

```
// fcc = fcd; // geht nicht
fcc = fdc; // das geht
// fcc = fdd; // geht nicht

fcd = fcc;
fcd = fdc;
fcd = fdd;

// fdc = fcc; // geht nicht
// fdc = fcd; // geht nicht
// fdc = fdd; // geht nicht

// fdd = fcc; // geht nicht
// fdd = fcd; // geht nicht
fdd = fdc;
```

14 Templates

Templates sind Vorlagen für Funktionen oder Klassen, denen man als Parameter Datentypen übergeben kann. Aus einem Template und einem Argument für den Datentyp eines Parameters erzeugt der Compiler dann eine Funktion oder Klasse, die anstelle des Parameters das Argument als Datentyp enthält. Die Verwendung von Datentypen als Parameter bezeichnet man auch als **generische Programmierung**, und Templates auch als generische Funktionen bzw. Klassen, Schablonen oder Vorlagen.

Generische Programmierung bietet eine beträchtliche Flexibilität, die man allein aus der Verwendung von Datentypen als Parameter zunächst vielleicht gar nicht erwartet. Das sieht man insbesondere an den Containerklassen und Algorithmen der C++-Standardbibliothek, die alle mit Templates realisiert sind. Dieser Teil der Standardbibliothek wird deshalb auch als **STL** (Standard Template Library) bezeichnet. Die STL ist aber nicht nur eine Sammlung nützlicher Funktionen und Datenstrukturen (z.B. Container). Sie bietet durch ihre spezielle Architektur eine Allgemeinheit und Vielseitigkeit, die ohne Templates wohl kaum erreichbar ist. Das zeigt sich insbesondere daran, dass fast jeder Algorithmus mit jedem Container verwendet werden kann. Außerdem kann man leicht eigene Algorithmen definieren, die mit allen Containern funktionieren.

In diesem Kapitel wird gezeigt, wie man Funktions- und Klassen-Templates definieren und verwenden kann. Dazu werden oft Beispiele aus der STL verwendet, um zu zeigen, wie Templates dort eingesetzt werden. Dadurch erhält man ein tieferes Verständnis, wie man die STL verwenden kann. Da die STL in vielerlei Hinsicht vorbildlich ist, erhält man so auch Anregungen für eigene Templates.

Die STL wurde ursprünglich von Alexander **Stepanov** und Meng **Lee** entwickelt und Ende 1993 dem Standardisierungskomitee für C++ vorgestellt. Der Standard war damals kurz vor seiner Verabschiedung. Nach Plauger (1999, S. 10) waren die Teilnehmer von der STL derart beeindruckt, dass die Verabschiedung des Standards aufgeschoben und die STL 1994 als Teil der Standardbibliothek in den C++-Standard aufgenommen wurde. Die STL hat dann eine Flut von Änderungen des damaligen Entwurfs für den Standard ausgelöst. Als Folge wurden dann die Klassen für Strings, komplexe Zahlen, I/O-Streams usw. als Templates realisiert.

Um die Möglichkeiten und den Aufbau der STL zu zeigen, haben Stepanov und Lee eine Version der STL von 1995 frei zur Verfügung gestellt (siehe „http://stepanovpapers.com/-butler.hpl.hp/stl/stl.zip"). Diese stimmt zwar nicht mehr ganz mit dem aktuellen C++-Standard überein, zeigt aber die grundlegenden Konzepte oft besser. Da Teile aus ihr in den

Beispielen und Lösungen übernommen wurden und dort verlangt wird, die folgende „copyright notice" abzudrucken, sei dieser Pflicht hiermit nachgekommen:

```
/*
 * Copyright (c) 1994
 * Hewlett-Packard Company
 *
 * Permission to use, copy, modify, distribute and sell this
 * software and its documentation for any purpose is hereby
 * granted without fee, provided that the above copyright
 * notice appear in all copies and that both that copyright
 * notice and this permission notice appear in supporting
 * documentation.  Hewlett-Packard Company makes no
 * representations about the suitability of this software
 * for any purpose.  It is provided "as is" without express
 * or implied warranty.
 */
```

Eine ausführliche Darstellung der STL findet man bei Jossutis (2012). Weitere Informationen über die STL findet man bei Meyers (2001) und über Templates bei Vandevoorde/Josuttis (2003).

14.1 Generische Funktionen: Funktions-Templates

Wenn ein Compiler eine Funktionsdefinition wie

```
void vertausche(int& a, int& b)
{
  int h = a;
  a = b;
  b = h;
}
```

übersetzt, erkennt er an den Datentypen der Parameter, wie viele Bytes er bei den einzelnen Zuweisungen in der Funktion kopieren muss. Deswegen kann diese Version der Funktion *vertausche* auch nicht dazu verwendet werden, die Werte von zwei Variablen anderer Datentypen als *int* zu vertauschen.

Eine Funktion, die die Werte von zwei *double*-Variablen vertauscht, kann aus denselben Anweisungen bestehen. Sie muss sich nur im Datentyp der Parameter und der lokalen Variablen h von der Funktion oben unterscheiden.

Mit einem **Funktions-Template** kann man sich nun die Arbeit ersparen, zwei Funktionen zu schreiben, die sich lediglich im Datentyp der Parameter unterscheiden. Ein solches Template wird ähnlich wie eine Funktion definiert und kann wie eine Funktion aufgerufen werden. Der Compiler erzeugt dann aus einem Funktions-Template eine Funktion mit den entsprechenden Datentypen und ruft diese Funktion dann auf. Anstelle von Funktions-Templates spricht man auch von generischen Funktionen, Funktionsschablonen oder Funktionsvorlagen.

14.1 Generische Funktionen: Funktions-Templates

Einem Template werden Datentypen als Parameter übergeben. Das erspart aber nicht nur Schreibarbeit, sondern ermöglicht auch, Algorithmen unabhängig von Datentypen zu formulieren. Darauf beruht die Allgemeinheit der STL-Algorithmen.

14.1.1 Die Deklaration von Funktions-Templates mit Typ-Parametern

Eine Template-Deklaration beginnt mit dem Schlüsselwort *template*, auf das in spitzen Klammern Template-Parameter und eine Deklaration folgen. Falls die Deklaration eine Funktionsdeklaration oder -definition ist, ist das Template ein **Funktions-Template**. Der Name der Funktion ist dann der **Name** des Templates.

template-declaration:
    template < *template-parameter-list* > *declaration*

template-parameter-list:
    template-parameter
    template-parameter-list , *template-parameter*

template-parameter:
    type-parameter
    parameter-declaration

type-parameter:
    type-parameter-key ...$_{opt}$ *identifier$_{opt}$*
    type-parameter-key identifier$_{opt}$= *type-id*
    template < *template-parameter-list* > *type-parameter-key* ...$_{opt}$ *identifier$_{opt}$*
    template < *template-parameter-list* > *type-parameter-key identifier$_{opt}$*= *id-expression*

type-parameter-key:
    class
    typename

Ein **Typ-Parameter** ist ein **Template-Parameter**, der aus einem der Schlüsselworte *typename* oder *class* und einem Bezeichner besteht. Der Bezeichner kann dann in der Funktions-Deklaration des Templates **wie ein Datentyp** verwendet werden. Dabei sind *typename* und *class* gleichbedeutend. In den Anfangszeiten von C++ war nur *class* zulässig. Seit etlichen Jahren akzeptieren alle Compiler auch *typename*. Da *typename* explizit zum Ausdruck bringt, dass ein Datentyp gemeint ist, der nicht unbedingt eine Klasse sein muss, wird im Folgenden meist *typename* verwendet.

Beispiel: Die folgenden beiden Templates sind semantisch gleichwertig:

```
template <class T>
void vertausche(T& a, T& b)
{
  T h = a;
  a = b;
  b = h;
}
```

```
template <typename T>
void vertausche(T& a, T& b)
{
  T h = a;
  a = b;
  b = h;
}
```

Alle Algorithmen der STL (siehe Kapitel 15) sind Funktions-Templates. Dazu gehört auch das Funktions-Template *swap*, das im Wesentlichen wie *vertausche* definiert ist.

Will man bei der Definition eines Funktions-Templates Spezifizierer wie *extern*, *inline* usw. angeben, müssen diese nach „template < ... >" angegeben werden.

14.1.2 Spezialisierungen von Funktions-Templates

Ein Funktions-Template kann wie eine gewöhnliche Funktion aufgerufen werden, die kein Template ist.

Beispiel: Das im letzten Beispiel definierte Funktions-Template *vertausche* kann folgendermaßen aufgerufen werden:

```
int i1 = 1, i2 = 2;
vertausche(i1, i2);
string s1 = "3", s2 = "4";
vertausche(s1, s2);
```

Beim Aufruf eines Funktions-Templates erzeugt der Compiler dann eine Funktionsdefinition, wenn diese nicht schon zuvor erzeugt wurde.

Dazu bestimmt er zuerst den Datentyp der Template-Argumente aus dem Datentyp der Argumente des Funktions-Templates, falls das möglich ist. Man sagt auch, dass er das Typ-Argument aus dem Funktionsargument ableitet. Die weitere Vorgehensweise kann man sich vereinfacht als „**copy and paste**"-Operation vorstellen: Der Compiler kopiert das Template und ersetzt dann den Typ-Parameter durch das Typ-Argument. Die so erzeugte Funktion wird dann in den Quelltext eingefügt. Eine aus einem Funktions-Template erzeugte Funktion wird als **Spezialisierung** des Templates bezeichnet.

Beispiel: Aus dem ersten Aufruf von *vertausche* im letzten Beispiel erzeugt der Compiler die folgende Spezialisierung und ruft diese auf:

```
void vertausche(int& a, int& b)
{
  int h = a;
  a = b;
  b = h;
}
```

Aus dem zweiten Aufruf von *vertausche* wird eine Spezialisierung mit dem Datentyp *string* erzeugt:

14.1 Generische Funktionen: Funktions-Templates

```
void vertausche(string& a, string& b)
{
  string h = a;
  a = b;
  b = h;
}
```

Wenn ein Funktions-Template mit Argumenten aufgerufen wird, für die schon eine Spezialisierung erzeugt wurde, wird keine neue erzeugt, sondern die zuvor erzeugte Spezialisierung erneut aufgerufen.

Beispiel: Beim zweiten Aufruf von *vertausche* wird die Spezialisierung aus dem ersten Aufruf aufgerufen:

```
int i1 = 1, i2 = 2;
vertausche(i1, i2);
vertausche(i1, i2); // keine neue Spezialisierung
```

Funktions-Templates unterscheiden sich von Funktionen insbesondere bei der Konversion von Argumenten:
- Ein Parameter einer Funktion hat einen Datentyp, in den ein Argument beim Aufruf der Funktion gegebenenfalls konvertiert wird.
- Ein Template-Parameter hat dagegen keinen Datentyp. Deshalb kann ein Argument beim Aufruf eines Funktions-Templates auch nicht in einen solchen Parametertyp konvertiert werden.

Der Compiler verwendet den Datentyp des Arguments beim Aufruf eines Funktions-Templates meist unverändert in der erzeugten Funktion. Nur für Argumente, deren Datentyp kein Referenztyp ist, werden die folgenden **Konversionen** durchgeführt:

- Ein Arraytyp wird in einen entsprechenden Zeigertyp konvertiert,
- ein Funktionstyp wird in einen entsprechenden Funktionszeigertyp konvertiert,
- *const*- oder *volatile*-Angaben der obersten Ebene werden ignoriert,

Deswegen werden bei Aufrufen eines Funktions-Templates mit verschiedenen Argumenttypen auch verschiedene Spezialisierungen erzeugt. Insbesondere wird ein Argument nicht in den Datentyp des Parameters einer zuvor erzeugten Spezialisierung konvertiert.

Im Zusammenhang mit Templates ist es gelegentlich hilfreich, wenn man sich die Datentypen anzeigen lassen kann, die der Compiler in einer Spezialisierung verwendet. Das ist mit einem Funktions-Template wie

```
template <typename T, typename U>
string Typenames(T x, U y)
{ // gibt die Namen der Typ-Argumente zurück
  return string(typeid(x).name()) + "," + typeid(y).name();
}
```

möglich, das die Namen der Typargumente als String zurückgibt. Sie beruht auf der nach

```
#include <typeinfo>
```

verfügbaren Elementfunktion

const char **name**() const;*

von ***typeid***, die zu einem Typbezeichner oder einem Ausdruck den Namen des Datentyps zurückgibt:

typeid(T).name(); // T: ein Typbezeichner, z.B. typeid(int)
typeid(x).name(); // x: ein Ausdruck, z.B. typeid(17)

Beispiel: Der erste Aufruf zeigt die Konversion eines Array-Arguments in einen Zeiger:

```
int a[10]; int* p;
string s = Typenames(a, p); // int*,int*
```

Die nächsten beiden Aufrufe zeigen, dass für *int* und *char*-Argumente verschiedene Spezialisierungen erzeugt werden, obwohl *char* in *int* konvertiert werden kann:

```
int i; char c;
string s1 = Typenames(i, a); // int,int*
string s2 = Typenames(c, a); // char,int*
```

Der Compiler kann ein Template-Argument auch bei komplexeren Parametern und Argumenten ableiten. Dazu gehören diese und zahlreiche weitere Formen:

const T   T*   T&   T [*integer-constant*]

Beispiel: Mit

```
template <typename T, typename U>
string Typenames2a(vector<T> x, U* y)
{ // returns the template argument typename
  return string(typeid(T).name()) + "," + typeid(U).name();
};

vector<int> v; double* p;
```

erhält man den als Kommentar angegebenen String:

```
string s3 = Typenames2a(v, p); // int,double
```

Falls mehrere Parameter eines Funktions-Templates denselben Template-Parameter als Datentyp haben, müssen die beim Aufruf **abgeleiteten Datentypen** ebenfalls **gleich** sein.

Beispiel: Bei dem Funktions-Template

14.1 Generische Funktionen: Funktions-Templates

```
template <typename T> void f(T x, T y) { }
```

haben die beiden Funktionsparameter x und y beide den Template-Parameter T als Datentyp. Beim Aufruf

```
f(1.0, 2); // error: template-Parameter "T" ist mehrdeutig
```

dieses Templates leitet der Compiler für das erste Argument den Datentyp *double* und für das zweite *int* ab. Da diese verschieden sind, erzeugt der Compiler eine Fehlermeldung.

Da der Compiler den Datentyp eines Template-Arguments aus dem Datentyp der Funktionsargumente ableitet, kann er **nur** Template-Argumente ableiten, die zu **Parametern** gehören. Aus einem Rückgabetyp können keine Argumente abgeleitet werden.

Beispiel   Beim Aufruf des Templates

```
template <typename T>T* New()
{
  return new T;
}
```

erhält man eine Fehlermeldung:

```
int* p = New(); // error: template-Argument für "T" konnte
                    nicht hergeleitet werden
```

Die Ableitung der Template-Argumente durch den Compiler ist nur eine von zwei Möglichkeiten, Template-Argumente zu bestimmen. Die andere ist die Angabe von **explizit spezifizierten Template-Argumenten** in spitzen Klammern nach dem Namen des Templates.

Explizit spezifizierte Template-Argumente werden oft für den Rückgabetyp eines Funktions-Templates verwendet, sowie um den Datentyp der Funktionsargumente zu konvertieren.

Beispiel: Durch das explizit spezifizierte Template-Argument *int*

```
int* p = New<int>();
```

erreicht man, dass die Spezialisierung der Funktion *New* mit dem Datentyp *int* erzeugt wird.

Da der Datentyp eines String-Literals im Wesentlichen *const char** ist, wird aus

```
template <typename T>
T Add(T x, T y)
{
  return x + y;
}
```

durch den Aufruf von

```
string s = Add("a", "b"); // Fehler: Zwei Zeiger können nicht
                                              addiert werden
```

eine Funktion erzeugt, in der zwei Zeiger addiert werden. Das ist aber nicht möglich. Diesen Fehler kann man mit einem explizit spezifizierten Template-Argument korrigieren, das die Argumente der Funktion in den Datentyp *string* konvertiert:

```
string s = Add<string>("a", "b"); // das geht
```

Template-Argumente werden nur abgeleitet, wenn sie nicht explizit spezialisiert sind. Gibt man mehrere Template-Argumente explizit an, werden sie den Template-Parametern in der aufgeführten Reihenfolge zugeordnet.

Beispiel: Aus dem Funktions-Template

```
template<typename T, typename U>
void f(T x, T y, U z) { }
```

werden durch die folgenden Aufrufe Spezialisierungen mit den als Kommentar angegebenen Parametertypen erzeugt:

```
f(1, 2, 3.0);              // f(int,int,double);
f<char>(1.0, 2, 3.0);      // f(char,char,double);
f<double, int>(1.0, 2, 3.0);// f(double,double,int);
```

Während der Datentyp von Funktionsargumenten, die denselben Template-Parametertyp haben, bei abgeleiteten Typargumenten gleich sein muss, kann er bei explizit spezifizierten Template-Argumenten auch verschieden sein. Die Funktionsargumente werden dann in den Datentyp des Template-Arguments konvertiert.

Beispiel: Bei dem Funktions-Template f aus dem letzten Beispiel haben die ersten beiden Funktionsparameter a und b beide den Template-Parameter T als Datentyp. Beim Aufruf

```
f(1.0, 2, 3.0); // error: template-Parameter "T" ist
                                              mehrdeutig
```

dieses Templates leitet der Compiler aus dem ersten Argument den Datentyp *double* und beim zweiten *int* ab. Da diese verschieden sind, erzeugt der Compiler eine Fehlermeldung.

Mit explizit spezifizierten Template-Argumenten werden die Funktions-Argumente dagegen in den Typ der Template-Argumente konvertiert. Deshalb ist der folgende Aufruf möglich:

```
f<int>(1.0, 2, 3.0); // f(int,int,double);
```

Damit der Compiler das Template *Max* auch mit Argumenten eines unterschiedlichen Typs aufrufen kann, müssen die die Typ-Parameter verschieden sein:

14.1 Generische Funktionen: Funktions-Templates

```
template <typename T1, typename T2>
auto Max(T1 x, T2 y)
{
  if (x>y)
    return x;
  else
    return y;
}
```

Dann kann der Compiler den Rückgabetyp aber nicht selbst herleiten. Da dieses Problem bei Templates öfters vorkommt, gibt es die Möglichkeit, den Rückgabetyp mit einem sogenannten nachstehenden Rückgabetyp (siehe Abschnitt 14.4.1) vorzugeben. Dieser wird nach der Parameterliste und -> angegeben. Hier kann man das nach

```
#include <type_traits> // mehr über type traits in Abschnitt 14.3
```

verfügbare Template *common_type* verwenden, das aus zwei oder mehr Typ-Argumenten den gemeinsamen Datentyp konstruiert:

```
template <typename T1, typename T2>
auto meinMax(T1 x, T2 y) -> typename std::common_type<T1,T2>::type
{
  if (x>y)
    return x;
  else
    return y;
}
```

Damit der **Compiler** aus einem Funktions-Template eine Funktion erzeugen kann, **muss** er **seine Definition kennen**. Deshalb muss jedes Programm, das ein Template verwendet, den Quelltext der Template-Definition enthalten. Es reicht nicht wie bei gewöhnlichen Funktionen aus, dass der Compiler nur eine Deklaration sieht, deren Definition dann zum Programm gelinkt wird. Deswegen

- ist es nicht möglich, einem Kunden eine Bibliothek mit Templates zur Verfügung zu stellen, ohne den Quelltext zur Verfügung zu stellen.
- werden Templates in Header-Dateien (*.h) und nicht in cpp-Dateien zur Verfügung gestellt.

Der Compiler kann die aus einem Funktions-Template erzeugte Funktion nur dann übersetzen, wenn die **Anweisungen der Funktion definiert** sind. Andernfalls erhält man eine Fehlermeldung.

Beispiel: Aus dem Funktions-Template *max*, das in der STL etwa folgendermaßen definiert ist

```
template <typename T>
const T& max(const T& x, const T& y)
{
  return ((x>y) ? x : y);
}
```

wird beim Aufruf mit *int*-Argumenten

```
int m1 = std::max(1, 2);
```

eine Funktion erzeugt, in der die *int*-Argumente mit dem Operator > verglichen werden. Da dieser Operator für *int*-Werte definiert ist, kann diese Anweisung kompiliert werden.

Mit Argumenten des Typs

```
struct S { int i; };
```

wird dagegen beim Aufruf von *max*

```
S s1, s2;
S ms = std::max(s1, s2);
```

eine Funktion erzeugt, in der die Argumente des Typs S mit dem Operator > verglichen werden:

```
const S& max(const S& x, const S& y)
{
  return ((x>y) ? x : y);
}
```

Diese Operation kann nicht übersetzt werden, da der Operator > für Operanden des Datentyps S nicht definiert ist. Das führt in der Fehlerliste (*Ansicht|Fehlerliste*) zu Fehlermeldungen, die sich auf den Quelltext von *max* beziehen. Ein Doppelklick auf eine dieser Fehlermeldungen führt zum Quelltext in der Datei *xutility*:

Code	Beschreibung	Datei	Zeile
❌ C2678	Binärer Operator "<": Es konnte kein Operator gefunden werden, der einen linksseitigen Operanden vom Typ "const S" akzeptiert (oder keine geeignete Konvertierung möglich)	xutility	908
❌ C2056	Ungültiger Ausdruck	xutility	908
❌ C2088	"<": Ungültig für struct	xutility	908

Der Quelltext in *xutility* wäre jetzt aber sicher die falsche Stelle, um die Ursache für diesen Fehler zu beheben. Diese Ursache ist nämlich nicht die Definition des Templates, sondern sein Aufruf. Der Hinweis auf S in dieser Fehlermeldung zeigt, dass ein Aufruf von *max* mit Argumenten dieses Typs die Ursache ist. Deshalb muss man im Quelltext die Stelle suchen, an der *max* mit Argumenten dieses Typs aufgerufen wird. Diese Suche kann aber immer noch sehr zeitaufwendig und mühsam sein. Glücklicherweise listet Visual Studio alle fehlerhaften Aufrufe von Templates im Ausgabefenster (*Ansicht|Ausgabe*) auf. Dabei werden alle Zwischenschritte der Template-Ersetzung aufgelistet. In Meldungen wie

14.1 Generische Funktionen: Funktions-Templates

```
c:\program files (x86)\microsoft visual studio
14.0\vc\include\algorithm(3609): note: Siehe Verweis auf
die Instanziierung der gerade kompilierten Funktions-
template "const _Ty &std::max<S>(const _Ty &,const _Ty &)
noexcept(<expr>)".
1>          with
1>          [
1>              _Ty=S
1>          ]
```

sieht man auch noch, dass die Funktion *max* die Ursache ist. Manchmal erhält man auch noch eine Fehlermeldung der Art

„Operator '>': 'S' definiert diesen Operator ... nicht"

Mit einem Klick auf diese Fehlermeldung springt der Cursor im Editor an die Stelle, an der das Template aufgerufen wurde. Das ist dann meist die Stelle, an der der Fehler im Quelltext behoben werden muss.

Jede Spezialisierung eines Funktions-Templates enthält ihre eigenen **statischen lokalen Variablen**.

Beispiel: Mit dem Funktions-Template

```
template <typename T> int f(T j)
{
  static int i = 0;
  return i++;
}
```

erhält man mit den folgenden Funktionsaufrufen die jeweils als Kommentar angegebenen Werte:

```
int i1 = f(1);   // 0
int i2 = f(1);   // 1
int i3 = f(1.0); // 0
```

Eine aus einem Funktions-Template erzeugte Funktion unterscheidet sich nicht von einer „von Hand" geschriebenen Funktion. Deshalb sind Funktions-Templates eine einfache Möglichkeit, Funktionen mit identischen Anweisungen zu definieren, die sich nur im Datentyp von Parametern, lokalen Variablen oder dem des Rückgabewertes unterscheiden.

Die nächste Tabelle enthält die Laufzeiten für eine gewöhnliche Funktion und ein Funktions-Template mit denselben Anweisungen. Obwohl man identische Laufzeiten erwarten könnte, trifft das nicht für alle Compiler zu. Die absoluten Laufzeiten in dieser Tabelle sind aber nicht vergleichbar, da sie zum Teil auf verschiedenen Rechnern erstellt wurden:

Auswahlsort, n=40000	Funktion	Funktions-Template
gcc 3.4.4: g++ -O3	1,41 Sek.	1,38 Sek.

| gcc 5.1, g++ -O3 | 1,16 Sek. | 1,26 Sek. |

Auswahlsort, n=40000	Funktion	Funktions-Template
Visual C++ 2008, Release Build	1,5 Sek.	1,2 Sek.
Visual C++ 2017, Release Build	2,5 Sek.	2,5 Sek.

Ausdrücke mit *static_cast*, *const_cast* usw. sind zwar keine Aufrufe von Funktions-Templates. Sie verwenden aber die Syntax explizit spezifizierter Template-Argumente, um den Datentyp des Rückgabewerts der Konversion festzulegen:

```
static_cast<int>(3.5); // Datentyp int
```

14.1.3 Funktions-Templates mit Nicht-Typ-Parametern

Wie die letzte Zeile der Syntaxregel

template-parameter:
  type parameter
  parameter declaration

zeigt, kann ein Template-Parameter nicht nur ein Typ-Parameter sein, sondern auch ein gewöhnlicher Parameter wie bei einer Funktionsdeklaration. Solche Template-Parameter werden auch als **Nicht-Typ-Parameter** bezeichnet und müssen einen der Datentypen aus der Tabelle von Abschnitt 14.2.3 haben. Vorläufig werden nur die folgenden Parameter und Argumente verwendet.

Datentyp	Argument
Ganzzahldatentyp	konstanter Ausdruck eines Ganzzahltyps
Zeiger auf eine Funktion	eine Funktion mit externer Bindung

Im Template sind **ganzzahlige Nicht-Typ-Parameter** konstante Ausdrücke. Sie können deshalb z.B. zur Definition von Arrays verwendet und nicht verändert werden. In *GetValue* wird beim ersten Aufruf ein Array initialisiert, dessen Elementanzahl über einen Ganzzahlparameter definiert ist. Bei jedem weiteren Aufruf wird dann nur noch der Wert eines Arrayelements zurückgegeben:

```
template<Typename T, int Max>
void NichtTypParam()
{
  T a[Max]; // ein Array
  Max = 17; // Fehler
}
```

Dieses Funktions-Template kann dann folgendermaßen aufgerufen werden:

```
NichtTypParam<int, 100>(); // Max==100
int n = 100;
NichtTypParam<int, n>();   // Fehler
```

14.1 Generische Funktionen: Funktions-Templates

Mit einem **Funktionszeiger** kann man einem Funktions-Template eine Funktion als Template-Argument übergeben:

```
const int Max = 100;
template <double(*f)(double)> double sum2()
{
  double s = 0;
  for (int i = 0; i<Max; i++) s = s + f(i);
  return s; // s=f(0)+f(1)+...+f(Max-1)
};
```

Dieses Funktions-Template kann man z.B. mit

```
inline double g(double x)
{
  return x;
}
```

aufrufen wie in

```
double s2 = sum2<g>();
```

Wenn man ein Funktions-Template mit einem Funktionszeiger aufrufen will, muss man den Template-Parameter aber nicht als Funktionszeiger angeben. Da der Compiler den Typ des Template-Parameters aus dem Template-Argument ableitet, ist *sum3* gleichwertig zu *sum2*:

```
template <typename Function> double sum3(Function f)
{
  double s = 0;
  for (int i = 0; i<Max; i++) s = s + f(i);
  return s; // s=f(0)+f(1)+...+f(Max-1)
};
```

Auf diese Weise ist nicht nur die Definition einfacher, sondern auch der Aufruf:

```
double s3 = sum3(g);
```

Bei älteren Compilern war der Aufruf von *sum2* oder *sum3* manchmal schneller als der Aufruf von *sum1*, der man die Funktion als Funktionszeiger übergibt:

```
double sum1(double(*f)(double x))
{
  double s = 0;
  for (int i = 0; i<Max; i++) s = s + f(i);
  return s; // s=f(0)+f(1)+...+f(Max-1)
}
```

Dieser Geschwindigkeitsvorteil ergab sich daraus, dass der Funktionsaufruf im Template *inline* expandiert wurde, was beim Aufruf über einen Funktionszeiger nicht möglich war. Ohne eine *inline*-Expansion war der Unterschied gering. Bei modernen Compilern konnte aber kein Unterschied mehr festgestellt werden:

n= 10.000.000	sum1	sum2	sum3
Visual C++ 2017, Release Build	0,012 Sek.	0,012 Sek.	0,012 Sek.
Visual C++ 2008, Release Build	0,10 Sek.	0,022 Sek.	0,10 Sek.

Template-Parameter, für die man wie in *sum3* Funktionen einsetzen kann, werden von **vielen STL Algorithmen** verwendet.

14.1.4 Explizit instanziierte Funktions-Templates Θ

Durch eine **explizite Instanziierung** eines Funktions-Templates wird aus dem Template eine Funktion erzeugt, auch ohne dass man das Template aufruft.

explicit-instantiation:
    `template` *declaration*

Dazu gibt man nach dem Wort *template* als *declaration* eine Spezialisierung eines zuvor definierten Funktions-Templates an. Eine explizite Instanziierung muss global oder in einem Namensbereich erfolgen. Sie darf nicht lokal oder in einer Klasse sein.

Beispiel: Mit den Definitionen

```
struct C {};

template <typename T> T Add(T x, T y)
{
  return x + y;
};
```

führt die explizite Instanziierung

```
template C Add(C, C);
```

zu einer Fehlermeldung, falls für C der Operator + nicht definiert ist.

Normalerweise besteht **keine Notwendigkeit** für eine explizite Instanziierung, da die Funktion vom Compiler bei Bedarf automatisch erzeugt wird. Mit einer expliziten Instanziierung kann man aber auch ohne den Aufruf einer Funktion

a) **überprüfen**, ob ihre Anweisungen für die angegebenen Typ-Argumente übersetzt werden können, sowie
b) erreichen, dass die erzeugte Funktion in eine **Object-Datei** aufgenommen wird. Wenn ein Funktions-Template nur definiert, aber nicht aufgerufen wird, erzeugt der Compiler keine Funktion aus dem Template und kann dann auch keine Funktion in die Object-Datei aufnehmen.

14.1.5 Explizit spezialisierte und überladene Templates

Mit den bisher vorgestellten Möglichkeiten werden alle Spezialisierungen eines Templates aus einer einzigen Template-Definition erzeugt. Deshalb bestehen alle diese

14.1 Generische Funktionen: Funktions-Templates

Spezialisierungen aus denselben Anweisungen und unterscheiden sich nur in ihren Datentypen. Das ist aber oft unzureichend, da man für verschiedene Datentypen oft auch verschiedene Funktionen benötigt. Solche unterschiedlichen Varianten von Templates sind mit explizit spezialisierten und überladenen Templates möglich.

Eine **explizite Spezialisierung** ist ein Template, das der Compiler für spezielle Template-Argumente verwendet. Sie beginnt mit dem Schlüsselwort *template* und einem leeren Paar von spitzen Klammern. Die darauf folgende *declaration* muss ein Template deklarieren, dessen Name der eines bereits zuvor deklarierten Templates ist. Nach dem Namen können in spitzen Klammern die Template-Argumente angegeben werden, für die die Spezialisierung verwendet werden soll. Falls die Template-Argumente aus den Argumenten beim Aufruf eines Funktions-Templates abgeleitet werden können, kann man sie auch weglassen.

explicit-specialization:
    `template < >` *declaration*

Beispiel: Für das Template

```
template <typename T> bool kleiner(T x, T y)
{
  return x<y;
}
```

ist

```
template <> bool kleiner<char*>(char* x, char* y)
{
  return strcmp(x, y)<0;
}
```

eine explizite Spezialisierung für das Template-Argument *char**. Da der Compiler diesen Datentyp auch aus dem der Argumente beim Aufruf ableiten kann, ist <*char**> hier nicht notwendig:

```
template <> bool kleiner(char* x, char* y)
{
  return strcmp(x, y)<0;
}
```

Ruft man dann das Template mit den Argumenten der Spezialisierung auf, wird die explizite Spezialisierung verwendet.

```
kleiner("ab", "cd");//abgeleitetes Argument: char*
```

Explizite Spezialisierungen sind auch bei Nicht-Typ-Parametern möglich. Sie sind die Grundlage für rekursive Funktions-Templates (siehe Abschnitt 14.1.6).

Beispiel: Mit

```
template<int n> int f(int x) { return 0; }
template<> int f<0>(int x) { return 1; }
```

wird für das Argument 0 die explizite Spezialisierung verwendet:

```
int x = f<10>(0);  // x==0
int y = f<0>(0);   // y==1
```

Da die Template-Argumente bei einer expliziten Spezialisierung vollständig festgelegt sind, bezeichnet man eine explizite Spezialisierung auch als **vollständige Spezialisierung**.

Die Standardbibliothek enthält zahlreiche Spezialisierungen. Sie enthält z.B. Spezialisierungen von *swap* für alle STL-Container, Strings und zahlreiche weitere Klassen der STL.

Beispiel: Die Spezialisierung von *swap* für Vektoren ist etwa so definiert und ruft die Elementfunktion *swap* auf:

```
template <class T >
void swap(vector<T>& x, vector<T>& y)
noexcept(noexcept(x.swap(y)))
{
  x.swap(y)
};
```

Ebenso wie Funktionen können auch **Funktions-Templates überladen** werden. Falls mehrere Funktions-Templates und „gewöhnliche" Funktionen aufgrund ihrer Parameter usw. für einen Funktionsaufruf in Frage kommen, wird zunächst von jedem Funktions-Template eine Spezialisierung erzeugt. Dabei werden die Template-Argumente aus den Funktionsargumenten abgeleitet. Alle so erzeugten Spezialisierungen sind dann zusammen mit den gewöhnlichen Funktionen Kandidaten für den Aufruf.

Aus diesen Kandidaten wird dann die am besten passende Funktion nach dem unter 1. bis 4. beschriebenen Verfahren ausgewählt. Dieses Verfahren wird am Beispiel der überladenen Funktionen *kleiner* illustriert:

```
template <typename T> bool kleiner(T x, T y) // 1
{
  return x<y;
}

template <typename T> bool kleiner(T* x, T* y) // 2
{                    // überladenes Funktions-Template
  return *x<*y;
}

template <> bool kleiner(const char* x, const char* y) // 3
{                    // explizite Spezialisierung von 2
  return strcmp(x, y)<0;
}
```

14.1 Generische Funktionen: Funktions-Templates

```
bool kleiner(const char* x, const char* y) // 4
{                         // gewöhnliche Funktion
  return strcmp(x, y)<0;
}
```

1. Falls eine „gewöhnliche" Funktion existiert, die zu den Argumenten passt, wird die „gewöhnliche" Funktion aufgerufen.

    Beispiel: Mit den vier Definitionen von oben wird beim Aufruf

    ```
    kleiner("aa", "bb");// 4, kleiner(const char*,const char*)
    ```

    die Funktion (4) und keine der Spezialisierungen des Funktions-Templates aufgerufen. Die überladenen und spezialisierten Templates werden bei der Auswahl nicht berücksichtigt.

    Für Typ-Parameter eines Funktions-Templates kann man sowohl mit einer expliziten Spezialisierung als auch mit einer gewöhnlichen Funktion erreichen, dass für spezielle Argumente eine bestimmte Funktion aufgerufen wird. Wir werden aber unter 3. sehen, dass das mit gewöhnlichen Funktionen am besten erreicht wird.

    Für Nicht-Typ-Parameter besteht diese Möglichkeit aber nur mit einer expliziten Spezialisierung.

2. Falls keine gewöhnliche Funktion passt, wird von allen überladenen Templates das am meisten spezialisierte ausgewählt. Dabei ist ein erstes Template **mehr spezialisiert** als ein zweites, wenn das zweite mit allen Datentypen aufgerufen werden kann, mit denen man auch das erste aufrufen kann, aber nicht umgekehrt.

    Explizite Spezialisierungen werden erst in einem zweiten Schritt berücksichtigt, nachdem eines der überladenen Templates ausgewählt wurde: Falls das ausgewählte Template eine zu den Argumenten passende explizite Spezialisierung hat, wird diese explizite Spezialisierung aufgerufen.

    Beispiel: Durch den nächsten Aufruf wird das Funktions-Template (2) aufgerufen, da es am meisten spezialisiert ist:

    ```
    int *x, *y;
    kleiner(x, y); // kleiner<int*>(x,y)
    ```

3. Bei der Entscheidung, zu welchem Funktions-Template eine explizite Spezialisierung gehört, werden nur die im Quelltext davor definierten Funktions-Templates berücksichtigt.

    Beispiel: Entfernt man von den Funktionsdefinitionen oben die letzte (4), dann wird durch den nächsten Aufruf die Spezialisierung (3) aufgerufen, da sie das am besten passende überladene Funktions-Template spezialisiert:

    ```
    kleiner("aa", "bb"); // kleiner<char*>(x,y)
    ```

Vertauscht man dagegen die Reihenfolge der Funktionen (2) und (3), ist (3) eine explizite Spezialisierung von (1) und nicht mehr eine von (2). Deswegen wird dann durch den letzten Aufruf das überladene Template (2) aufgerufen und nicht mehr (3). Da das etwas verwirrend werden kann, empfiehlt sich eine gewöhnliche Funktion anstelle einer expliziten Spezialisierung.

4. Falls die ersten beiden Schritte zu keiner oder mehr als einer passenden Funktion führen, hat das eine Fehlermeldung des Compilers zur Folge.

Offensichtlich sind die Regeln 2. und 3. verwirrend, da die Reihenfolge im Quelltext einen Einfluss darauf haben kann, welche Funktion ausgewählt wird. Deswegen sollte man Funktionen, die für einen ganz bestimmten Datentyp ausgewählt werden sollen, **immer** als **gewöhnliche Funktionen** und nicht als explizite Spezialisierungen definieren.

Diese Beispiele zeigen, wie man erreichen kann, dass für spezielle Template-Argumente auch spezielle Funktionen aufgerufen werden. Wäre nur die erste Version der Funktion *kleiner* definiert, würden in der Funktion *Minimum* bei Arrays mit Zeigern die Zeiger (mit den Adressen) verglichen und nicht die Werte, auf die sie zeigen.

Im Funktions-Template *Minimum* werden so in Abhängigkeit vom Datentyp der Arrayelemente immer die entsprechenden überladenen Versionen von *kleiner* aufgerufen.

```
template <typename T> T Minimum(T A[], int n)
{ // gibt das kleinste Element von A[0].. A[n-1] zurück
  int iMin = 0;
  for (int j = iMin + 1; j<n; j++)
    if (kleiner(A[j], A[iMin])) iMin = j;
  return A[iMin];
}
```

Für ein Array mit Werten erhält man so den minimalen Wert. Mit einem Array mit Zeigern erhält man den minimalen dereferenzierten Wert und mit einem Array von Zeigern auf *char* den bezüglich *strcmp* minimalen Wert:

```
int a[5] = { 5,4,6,2,1 };
int x = Minimum(a, 5);      // x=1
int* p[5] = { new int(5),new int(4),new int(6),new int(2) };
int* y = Minimum(p, 4);     // *y=2
char* n[5] = { "15","14","16","02","01" };
char* z = Minimum(n, 5); // z="01"
```

14.1.6 Rekursive Funktions-Templates Θ

Mit ganzzahligen Nicht-Typ-Parametern können rekursive Funktions-Templates definiert werden. Diese Technik soll hier nur an einem einfachen Beispiel vorgestellt werden.

In dem Funktions-Template *Sum<n>* wird *Sum<n–1>* aufgerufen:

14.1 Generische Funktionen: Funktions-Templates

```
template<int n>
inline double Sum(double(*f)(double))
{
   return f(n) + Sum<n - 1>(f);
};
```

Die rekursiven Aufrufe können mit einer expliziten Spezialisierung beendet werden:

```
template<>
inline double Sum<0>(double(*f)(double))
{
   return f(0);
};
```

Dieses Template kann man dann mit einer Funktion wie

```
inline double g(double x)
{
   return x;
}
```

und einer Konstanten als Argument für n aufrufen:

```
const int Max = 3;
double y = Sum<Max>(g); // y=g(3)+g(2)+g(1)+g(0);
```

Dieser Aufruf des Funktions-Templates *Sum* führt dann bereits bei der Kompilation zur rekursiven Berechnung des als Kommentar angegebenen Ausdrucks. Während der Laufzeit dauert diese Zuweisung nicht länger als die Zuweisung einer Konstanten. Dabei darf der Wert für *Max* aber nicht allzu groß sein: Für größere Werte als ca. 500 wird dieser Ausdruck für die meisten Compiler zu komplex.

Solche rekursiven Templates kann man als **Code-Generatoren** verwenden, die bereits **bei der Kompilation Ausdrücke berechnen**, die gewöhnlich nur während der Laufzeit eines Programms berechnet werden. Diese Technik wird auch als **Template-Metaprogrammierung** bezeichnet. Sie wurde bis vor einigen Jahren zur Laufzeitoptimierung verwendet:

- Veldhuizen verwendet solche Templates für Berechnungen, bei denen es auf höchste Geschwindigkeit ankommt und nicht auf die Dauer einer Kompilation.
- Die Boost Metaprogramming Library MPL ist eine Bibliothek mit Algorithmen, Sequenzen und Funktionen, die während der Kompilation ausgewertet werden.

In C++11 kann man aber mit *constexpr*-Funktionen Ergebnisse oft einfacher vom Compiler berechnen lassen (siehe Abschnitt 2.7.3).

14.1.7 Variadische Templates

Wenn man in C++03 eine Funktion definieren will, die man mit beliebig vielen Argumenten aufrufen kann, hat man oft für jede Anzahl von Parametern ein eigenes Funktions-Template definiert:

```
template< typename T1>
auto Summe(T1 x1)
{
   return x1;
}

template<typename R, typename T1, typename T2>
auto Summe(T1 x1, T2 x2)
{
   return x1+x2;
}

template<typename R, typename T1, typename T2, typename T3>
auto Summe(T1 x1, T2 x2, T3 x3)
{
   return x1 + x2+x3;
}

// usw.

void test()
{
   double s2 = Summe(1, 2);
   double s3 = Summe(1, 2.0, 3.0f);
}
```

In C++11 kann diese Vielzahl von im Wesentlichen gleichen Definitionen durch variadische Templates ersetzen.

```
template<typename T>
auto Summe(T v)
{
   return v;
}

template<typename T, typename... Args>
auto Summe(T first, Args... args)
{
   return first + Summe(args...);
}

void test()
{
   double s2 = Summe(1, 2);
   double s3 = Summe(1, 2.0, 3.0f);
}
```

Hier ist das Funktions-Template mit dem …-Parameter ein variadisches Template, und die Deklaration in der Parameterliste

```
Args... args
```

14.1 Generische Funktionen: Funktions-Templates

ein sogenanntes Parameter-Pack. Dieses wird im Funktions-Template

```
return first + Summe(args...);
```

aufgerufen. Bitte beachten Sie die unterschiedliche Syntax in der Deklaration und im Aufruf. Ein variadisches Template muss mindestens einen Aufruf eines Parameter-Packs enthalten. Das Parameter-Pack muss immer der letzte Parameter in der Parameterliste sein.

Der Aufruf

```
Summe(1, 2.0, 3.0f);
```

wird dann vom Compiler in das Funktions-Template

```
auto Summe(int a1, double a2, float a3)
{
   return a1 + Summe(a2,a3);
}
```

entwickelt. Hier wird dann der Aufruf

```
Summe(a2,a3);
```

rekursiv weiter entwickelt, bis schließlich im dritten Schritt das Funktions-Template

```
template<typename T>
auto Summe(T v)
{
   return v;
}
```

aufgerufen wird, das die Rekursion beendet.

Aufgabe 14.1

1. Überarbeiten Sie die Funktion *Auswahlsort*

```
void AuswahlSort(int A[], int n)
{
  for (int i = 0; i<n - 1; i++)
  {
    int iMin = i;
    for (int j = iMin + 1; j<n; j++)
      if (kleiner(A[j], A[iMin])) iMin = j;
    vertausche(A[iMin], A[i]);
  }
}
```

zu einem Funktions-Template, mit dem man Arrays beliebiger Elementtypen sortieren kann, wenn für die Elemente der Operator < und die Funktions-Templates *kleiner* wie in

Abschnitt 14.1.5 definiert sind. Die Funktion *kleiner* ist hier deswegen notwendig, weil der Operator < für die fundamentalen Datentypen nicht überladen werden kann.

Testen Sie Ihr Funktions-Template mit Arrays der Typen *int*, *int** und *char**.

2. Die Funktions-Templates *max* und *for_each* sind in der STL etwa folgendermaßen definiert:

```
template <class T>
T max(const T& a, const T& b)
{
  return a < b ? b : a;
}

template <class InputIterator, class Function>
Function for_each(InputIterator first,
  InputIterator last, Function f)
{
  while (first != last) f(*first++);
  return f;
}
```

Außerdem soll die Funktion *print* und die Klasse *Print* definiert sein:

```
void print(int x)              struct Print {
{                                int operator()(int x) {};
  // ...                          // ...
}                              };
```

Geben Sie für die Aufrufe unter a) bis f), die der Compiler übersetzen kann, die Funktionen an, die er dabei erzeugt. Begründen Sie für jeden Aufruf, der nicht übersetzt werden kann, wieso das nicht geht, und mit welchen Änderungen im Programm das doch noch möglich wäre.

a) `max(2, 3);`
b) `max(4.4, 5.5);`
c) `max(6, 7.8);`
d) `int a[10];`
   `for_each(a, a + 10, print);`
e) `vector<int> v;`
   `for_each(v.begin(), v.end(), print);`
f) `vector<int> w;`
   `for_each(w.begin(), w.end(), Print());`

3. Definieren Sie globale Operatorfunktionen als Funktions-Templates, die

   a) den Operator „!=" auf den Operator „==" zurückführen und
   b) die Operatoren „<=", „>" und „>=" auf den Operator „<"zurückführen.

4. Schreiben Sie ein variadisches Template *Max*, mit dem man das Maximum einer beliebigen Anzahl von Argumenten bestimmen kann. Die Datentypen der Argumente

sollen verschieden sein können, müssen aber nicht alle erdenklichen Kombinationen ermöglichen.

14.2 Generische Klassen: Klassen-Templates

Wenn man eine Klasse für einen Stack definieren will, der *int*-Werte verwaltet, dann hat diese Klasse dieselben Elemente wie eine Klasse für einen Stack mit *double*-Werten. Die Elemente der beiden Klassen unterscheiden sich lediglich durch ihren Datentyp.

```
class MeinStack
{
  typedef int T; // Datentyp der Elemente
  int SPtr;  // Index des "obersten" Elements
  T* Array;  // Zeiger auf das erste Element
  int Max;   // Anzahl der reservierten Arrayelemente
public:
  MeinStack(int s) :SPtr(-1), Max(s) { Array = new T[s]; }
  ~MeinStack() { delete[] Array; }
  void push(T a) { Array[++SPtr] = a; }
  T pop()        { return Array[SPtr--]; }
  bool full()    { return SPtr >= Max; }
  bool empty()   { return SPtr<0; }
};
```

Mit einem Klassen-Template kann man sich nun die Arbeit ersparen, zwei Klassen zu definieren, die sich lediglich im Datentyp der Elemente unterscheiden, da man dem Template den Datentyp der Elemente als Parameter übergeben kann. Bei der Verwendung des Klassen-Templates gibt man dann einen Datentyp als Argument für den Parameter an. Der Compiler erzeugt dann aus dem Klassen-Template eine Klasse mit dem Datentyp des Arguments anstelle des entsprechenden Parameters.

Anstelle von generischen Datentypen spricht man auch von parametrisierten Datentypen, Schablonen oder Klassenvorlagen.

14.2.1 Die Deklaration von Klassen-Templates mit Typ-Parametern

Eine Template-Deklaration beginnt mit dem Schlüsselwort *template*, auf das in spitzen Klammern Template-Parameter und eine Deklaration folgen:

templatedeclaration:
    `template` < *templateparameterlist* > *declaration*

Falls diese Deklaration eine Klassendeklaration oder -definition ist, ist das Template ein **Klassen-Template**. Der Name der Klasse ist dann der **Name** des Klassen-Templates. Die Parameterliste eines Klassen-Templates wird im Wesentlichen genau so wie bei einem Funktions-Template gebildet. Ein Typ-Parameter kann dann in der Template-Definition wie ein Datentyp verwendet werden.

Beispiel: Das Klassen-Template T hat zwei Typ-Parameter T1 und T2, die als Datentypen für die Parameter der Elementfunktion f sowie für zwei Datenelemente verwendet werden:

```
template <typename T1, typename T2> class T {
public:
  T1 x;
  T2* py;
  int f(T1 x, T2 y) { return x + y; }
};
```

14.2.2 Spezialisierungen von Klassen-Templates

Nach dem Namen eines Klassen-Templates kann man wie in der Syntaxregel für eine *simple-template-id* in spitzen Klammern Template-Argumente angeben. Für einen Typ-Parameter muss das Argument ein Datentyp sein.

simple-template-id :
  template-name < *template-argument-list$_{opt}$* >

Hier steht *template-name* für den Namen des Templates und *template-argument-list* für eine Folge von Template-Argumenten:

template-name :
  identifier

template-argument :
  constant-expression
  type-id
  id-expression

Eine solche *simple-template-id* kann man als Name einer Klasse verwenden. Diese wird dann auch als **Spezialisierung** des Templates bezeichnet:

class-name :
  identifier
  simple-template-id

Beispiel: Mit den Klassen-Templates aus dem letzten Beispiel kann man die folgenden Spezialisierungen bilden:

```
T<int, int>
T<int, double>
T<C, D> // C und D sollen hier Klassen sein
```

Da die Parameter der Konstruktoren eines Klassen-Templates oft ganz andere Datentypen haben als die Elemente des Templates, werden die Template-Argumente nicht aus den Argumenten eines Konstruktors abgeleitet. Im Unterschied zu einem Funktions-Template müssen die Template-Argumente immer explizit angegeben werden.

14.2 Generische Klassen: Klassen-Templates

Eine Template-Spezialisierung ist eine Klasse und damit ein Datentyp. Deshalb kann man sie wie einen Datentyp zur Definition eines Objekts verwenden. Der Compiler erzeugt aus der Spezialisierung eines Klassen-Templates z.B. dann eine Klasse, wenn die Spezialisierung zur Definition eines Objekts verwendet wird und nicht schon zuvor erzeugt wurde. Für die Template-Parameter werden dabei die Template-Argumente eingesetzt. Er erzeugt für die Klasse außerdem alle Elemente, die verwendet werden. Eine Elementfunktion wird z.B. durch einen Aufruf verwendet.

Beispiele:

1. Aus dem Klassen-Template T des Beispiels von oben erzeugt der Compiler mit der Definition

   ```
   T<int, int> t;
   ```

   die folgende Klasse sowie ein Objekt t dieser Klasse, falls alle Elemente verwendet werden:

   ```
   class T {
   public:
     int x;
     int* py;
     int f(int x, int y) { return x + y; }
   };
   ```

   Aus der Definition

   ```
   T<int, double> u;
   ```

   erzeugt er die folgende Klasse sowie ein Objekt u dieser Klasse:

   ```
   class T {
   public:
     int x;
     double* py;
     int f(int x, double y) { return x + y; }
   };
   ```

   Falls die Elementfunktion f nicht aufgerufen wird, erzeugt der Compiler sie auch nicht. Da zur Definition der Objekte t und u ein Standardkonstruktor notwendig ist, wird dieser für beide Spezialisierungen erzeugt.

2. Aus dem Klassen-Template *MeinStack*

   ```
   template <class T> class MeinStack {
     int SPtr;   // Index des "obersten" Elements
     T* Array;   // Zeiger auf das erste Element
     int Max;    // Anzahl der reservierten Arrayelemente
   public:
     MeinStack(int s) :SPtr(-1), Max(s) { Array = new T[s]; }
     ~MeinStack() { delete[] Array; }
   ```

```
    void push(T a) { Array[++SPtr] = a; }
    T pop() { return Array[SPtr--]; }
    bool full() { return SPtr >= Max; }
    bool empty() { return SPtr < 0; }
};
```

erzeugt der Compiler in der Funktion *test* eine Klasse, die anstelle des Typ-Parameters T das Argument *int* enthält, sowie ein Objekt dieser Klasse:

```
MeinStack<int> si(10);
for (int i = 1; i < 10; ++i) si.push(i);
while (!si.empty())
    cout << si.pop() << endl;
```

Hier werden der Kopierkonstruktor und die Funktion *full* nicht aufgerufen. Deswegen werden diese auch nicht erzeugt.

3. Die STL **Container-Klassen** *vector, list, map, set* usw. sind als Klassen-Templates definiert. Die Typ-Argumente bei ihrer Definition sind die Datentypen der Elemente, die in ihnen abgelegt werden können. Diese Klassen haben viele Elementfunktionen, die aber meist nicht alle benötigt werden. Da die nicht verwendeten Funktionen nicht erzeugt werden, führt die üppige Ausstattung dieser Klassen weder zu einem unnötigen Zeitaufwand beim Kompilieren noch zu einem unnötigen Platzbedarf für das ausführbare Programm.

4. Die STL verwendet das Klassen-Template *pair*, um Paare von Werten darzustellen. Solche Paare werden z.B. in den assoziativen Containern *map, set* usw. verwendet:

```
template <class T1, class T2> // vereinfacht, in <utility>
struct pair {
  typedef T1 first_type;
  typedef T2 second_type;
  T1 first;
  T2 second;
  constexpr pair() {};
  constexpr pair(const T1& x,const T2& y):first(x), second(y) {};
  template<class U, class V>pair(const pair< U, V> & p)
    : first(p.first), second(p.second) {
    ;
  }
};
```

Hier ist der letzte Konstruktor der Kopierkonstruktor. Wäre er nicht mit den Template-Parametern U und V definiert, könnte ein *pair* nur mit einem *pair* mit denselben Template-Argumenten initialisiert werden.

```
pair<int, int> p1;
pair<int, int> p2 = p1;
pair<int, double> p3 = p1;// Error: Cannot convert
                // 'pair<int,int>' to 'pair<int,double>'
```

14.2 Generische Klassen: Klassen-Templates

Für Paare sind die Operatoren == und < als Funktions-Template definiert:

```
template <class T1, class T2>
constexpr bool operator==(const pair<T1, T2>& x,
  const pair<T1, T2>& y)
{
  return x.first == y.first && x.second == y.second;
}

template <class T1, class T2>
constexpr bool operator<(const pair<T1, T2>& x,
  const pair<T1, T2>& y)
{
  return x.first < y.first ||
    (!(y.first < x.first) && x.second <y.second);
}
```

Da *pair* ein Klassen-Template ist, müssen die Datentypen der Template-Argumente immer explizit angegeben werden:

```
std::map<string, string> m;
m.insert(std::pair<string, string>("Daniel", "13.11.79"));
```

Diese umständliche Schreibweise kann man mit dem Funktions-Template ***make_pair*** vereinfachen. Da es ein Funktions-Template ist, werden die Datentypen der Template-Argumente aus den Datentypen der Funktionsargumente abgeleitet. Es erzeugt ein *pair* aus seinen Argumenten und ist im Wesentlichen so definiert:

```
template <class T1, class T2>
constexpr std::pair<T1, T2> make_pair(const T1& x, const T2& y)
{
  return pair<T1, T2>(x, y);
}
```

Damit wird die *insert*-Anweisung von oben etwas einfacher:

```
ac.insert(make_pair("Daniel", "13.11.79"));
```

5. Ein String stellt eine Folge von Zeichen dar. Diese Zeichen können z.B. den Datentyp *char* oder *wchar_t* haben. Da der interne Aufbau eines Strings und seine Operationen vom Datentyp der Zeichen unabhängig sind, liegt es nahe, die Stringklasse als Klassen-Template zu definieren. Der C++-Standard verwendet dazu das Klassen-Template *basic_string* und definiert dann die Datentypen *string* und *wstring* mit diesem Template:

```
using string = basic_string<char>;
// wie typedef basic_string<char> string;
using u16string = basic_string<char16_t>;
using u32string = basic_string<char32_t>;
using wstring = basic_string<wchar_t>;
```

Wenn man also im C++-Standard nach einer Beschreibung der Elemente eines Strings sucht, findet man diese in der Klasse *basic_string*. Der folgende Auszug aus dem C++-Standard ist stark vereinfacht und zeigt den Aufbau dieses Templates:

```
template<class charT, class traits = char_traits<charT>,
  class Allocator = allocator<charT> >
  class basic_string { // nur ein Auszug
  public:
    // einige typedefs:
    using traits_type = traits;// wie typedef traits traits_type;
    // ...
    // einige Konstruktoren:
    basic_string() noexcept;
    basic_string(const basic_string& str);
    explicit basic_string(const Allocator& a = Allocator());
    basic_string(const basic_string& str, size_type pos = 0,
                                          size_type n = npos);
    basic_string(const charT* s, size_type n, const);
    basic_string(const charT* s);
    ~basic_string();
    // ...
};
```

Hier steht *charT* für den Datentyp der Zeichen. Bei einem *string* ist das der Datentyp *char* und bei einem *wstring* der Datentyp *wchar_t*. Dieser Template-Parameter wird auch in vielen Elementfunktionen verwendet:

```
size_type find(const charT* s, size_type pos = 0) const;
```

Für die Default-Argumente von *basic_string* wird normalerweise kein Argument übergeben. Ein *string* bzw. ein *wstring* verwendet deshalb

char_traits<char> und *allocator<char>* bzw.
char_traits<wchar_t> und *allocator< wchar_t>*

Das Klassen-Template ***char_traits*** enthält Datentypen und Funktionen, auf denen die Implementation von *basic_string* beruht. Es ist allerdings nur für die Datentypen *char*, *wchar_t, char16_t* und *char32_t* definiert (siehe Abschnitt 14.2.5). Da es für andere Datentypen nicht definiert ist, kann man für andere Datentypen auch keine Klassen aus einem *basic_string* erzeugen. Die folgende Definition wird deshalb nicht übersetzt, außer man definiert die Klasse *char_traits* für den Datentyp *int*:

```
basic_string<int> is; // Fehler ohne char_traits<int>
```

Das Klassen-Template ***allocator*** fasst Datentypen und Funktionen zur Speicherverwaltung zusammen.

Damit der **Compiler** aus einem Klassen-Template eine Klasse erzeugen kann, **muss** er **seine Definition kennen**. Deshalb muss jedes Programm, das ein Template verwendet, den Quelltext der Template-Definition enthalten. Da die Container-Klassen und Algorithmen der

14.2 Generische Klassen: Klassen-Templates

STL Templates sind, müssen diese immer im **Quelltext** vorliegen. Es ist insbesondere nicht möglich, eine Template-Bibliothek ohne ihren Quelltext zur Verfügung zu stellen.

Eine aus einem Klassen-Template erzeugte Elementfunktion kann Anweisungen enthalten, die der Compiler nicht übersetzen kann. Aus den Fehlermeldungen des Compilers ist es dann nicht immer offensichtlich, wie man die Ursache des Fehlers findet. Siehe dazu die Ausführungen in Abschnitt 14.1.2.

Bei einem Klassen-Template kann man nach dem Template-Parameter und einem „=" ein **Default-Template-Argument** angeben. Auf einen Parameter mit einem Default-Argument dürfen keine weiteren Parameter ohne Default-Argumente folgen. Ein Funktions-Template kann im Unterschied zu einem Klassen-Template keine Default-Argumente haben.

Beispiel: Mit dem Template

```
template <typename T1, typename T2 = int>
class T {
  // ...
};
```

sind die folgenden beiden Spezialisierungen gleichwertig:

```
T<double, int> c1;
T<double> c2;
```

In einem Template können nicht nur die Template-Parameter selbst verwendet werden, sondern auch **Namen, die von einem Template-Parameter abhängig sind**. Vor einem solchen Namen muss *typename* angegeben werden, damit er vom Compiler als Name eines Datentyps betrachtet wird. Ohne *typename* wird ein solcher Name nicht als Datentyp betrachtet. Das Schlüsselwort *typename* kann nur in der Definition oder Deklaration eines Templates verwendet werden.

Beispiel: In dem Klassen-Template

```
template <typename T> class C {
  typename T::X  i;
};
```

wird T::X als Datentyp gekennzeichnet, der im Template-Argumente definiert ist. Dieses Template muss mit einem Template-Argument verwendet werden, das einen Datentyp X enthält wie z.B. die Klasse S:

```
struct S {
  struct X { int i; };
};
```

Alle Container-Klassen der Standardbibliothek enthalten wie die Klasse *deque* den Namen *value_type* für den Datentyp der Elemente des Containers:

```
template <class T, class Allocator = allocator<T> >
class deque {
public:
  using value_type = T;// wie typedef T value_type;
                      // ...
}
```

Dieser Name wird dann z.B. in der Definition der Container-Adapter *stack* und *queue* verwendet:

```
template <class T, class Container = deque<T> >
class stack {
public:
  using value_type = typename Container::value_type;
  using size_type = typename Container::size_type;
  using container_type = Container;
protected:
  Container c;
public:
  explicit stack(const Container&);
  bool empty() const { return c.empty(); }
  size_type size() const { return c.size(); }
  value_type& top() { return c.back(); }
  const value_type& top() const { return c.back(); }
  void push(const value_type& x) { c.push_back(x); }
  void pop() { c.pop_back(); }
};
```

Diese Definition ist übrigens die fast vollständige Definition des Klassen-Templates *stack* aus der STL. Auch die Definition des Containeradapters *queue* besteht nur aus wenigen Zeilen und ist weitgehend identisch mit der von *stack*. Sie enthält lediglich anstelle der Funktionen *top* und *pop* die folgenden:

```
value_type& front() { return c.front(); }
const value_type& front() const { return c.front(); }
value_type& back() { return c.back(); }
const value_type& back() const { return c.back(); }
void pop() { c.pop_front(); }
```

Der Name eines Klassen-Templates kann in seiner eigenen Definition bei einer Deklaration verwendet werden und stellt hier den Namen des Templates mit den Template-Parametern dar:

```
template<typename T> struct C {
  C* x; // C bedeutet hier C<T>
};
```

14.2.3 Klassen-Templates mit Nicht-Typ-Parametern

Die schon bei Funktions-Templates vorgestellten **Nicht-Typ-Parameter** (siehe Abschnitt 14.1.3) können auch bei Klassen-Templates verwendet werden. Die zulässigen Datentypen sind in der linken Spalte der Tabelle

Datentyp	Argument
Ganzzahldatentyp oder Aufzählungstyp	konstanter Ausdruck eines Ganzzahl- oder Aufzählungstyps
Zeiger auf ein Objekt oder eine Funktion	Die Adresse eines Objekts oder einer Funktion mit externer Bindung
Referenz auf ein Objekt oder eine Funktion	Ein Objekt oder eine Funktion mit externer Bindung
Zeiger auf ein Element	Zeiger auf ein Element

angegeben. Als Argument für einen solchen Parameter können dann Ausdrücke wie in der rechten Spalte angegeben werden. Andere Datentypen (insbesondere Gleitkommadatentypen oder *void*) sind nicht zulässig.

Beispiele: Mit den Definitionen

```
class C {};
template <C* pc> class CP {};
template <int(*f)(int) > class Cf {};

int f(int x) { return x; };
C c; // lokales c geht nicht, keine externe Bindung
```

können die folgenden Spezialisierungen erzeugt werden:

```
CP<&c> cp;
Cf<f> cf;
```

Ein ganzzahliger Nicht-Typ-Parameter ist im Template eine Konstante und kann nicht verändert werden. Er kann z.B. wie in *MeinStackA* zur Definition eines Arrays als Elementanzahl dienen. Dieses Template realisiert einen Stack, dem die Anzahl der Elemente als Template-Parameter übergeben wird:

```
template <typename T, int Max> class MeinStackA {
  int SPtr;    // Index des "obersten" Elements
  T Array[Max]; // Array mit Max Elementen des Typs T
public:
  MeinStackA() :SPtr(-1) { }
  void push(T a) { Array[++SPtr] = a; }
  T pop() { return Array[SPtr--]; }
  bool full() { return SPtr >= Max; }
  bool empty() { return SPtr<0; }
};

MeinStackA<int, 10> si; // definiert das Objekt si
```

Die Standardbibliothek verwendet Nicht-Typ-Parameter bei der Klasse *bitset*. Diese Klasse kann eine als Template-Argument übergebene Anzahl von Bits darstellen. Sie ist etwa so definiert und ermöglicht die üblichen Bit-Manipulationen der Digitaltechnik:

```
template<size_t N> class bitset { // nur ein Auszug
public:
  // Einige Konstruktoren:
  bitset();
  bitset(unsigned long val);
  // Einige Operationen:
  bitset<N>& operator&=(const bitset<N>& rhs); // AND
  // analog bitweises OR mit |, XOR mit ^, NOR mit ~
  bitset<N> operator<<(size_t pos) const;
  // Shift, analog >>
  bitset<N>& set(size_t pos, int val = true);
  bitset<N>& reset(size_t pos);
  bitset<N>& flip(size_t pos);
  // Zugriff auf Elemente:
  reference operator[](size_t pos); // für b[i];
  bool operator==(const bitset<N>& rhs) const;
  bool test(size_t pos) const;
};
```

Beispiel: Ein *bitset* mit 10 Bits wird folgendermaßen definiert:

```
bitset<10> bits;
```

14.2.4 Explizit instanziierte Klassen-Templates Θ

Da der Compiler nur diejenigen Elementfunktionen eines Klassen-Templates erzeugt, die auch aufgerufen werden, wird ein Syntaxfehler in einer nicht aufgerufenen Funktion eventuell nicht entdeckt, da die Funktion nicht erzeugt wird.

Beispiel: Da die Elementfunktion f nach

```
template <typename T > class C {
public:
  int f(T x, int y) { return x + y; }
};

C<char*> c;
```

nicht aufgerufen wird, erkennt der Compiler nicht, dass er den Wert in der *return*-Anweisung der Funktion f nicht dem *int*-Funktionswert zuweisen kann.

Das kann dazu führen, dass man munter an einem Template schreibt, aber erst später entdeckt, dass es Fehler enthält. Diesen unangenehmen Effekt kann mit einer **expliziten Instanziierung** vermeiden. Sie bewirkt, dass alle Elemente einer Spezialisierung eines Klassen-Templates erzeugt werden. So werden auch alle Funktionen erzeugt, ohne dass man sie aufruft.

14.2 Generische Klassen: Klassen-Templates

Dazu gibt man nach dem Wort *template* als *declaration* das Wort *class* und einer Spezialisierung des Templates an. Eine explizite Instanziierung muss global oder in einem Namensbereich erfolgen. Sie darf nicht lokal oder in einer Klasse sein.

explicitinstantiation:
    template declaration

Beispiel: Mit dem Template von oben erzeugt die explizite Instanziierung

```
template class C<char*>;
```

eine Fehlermeldung.

14.2.5 Partielle und vollständige Spezialisierungen Θ

Es ist nicht immer sinnvoll, alle Spezialisierungen eines Klassen-Templates nach demselben Schema zu erzeugen. So kann z.B. für ein Typ-Argument, das ein Zeiger ist, eine andere Spezialisierung notwendig oder effizient sein als für eines, das kein Zeiger ist. In Abschnitt 14.1.5 wurde gezeigt, wie man bei Funktions-Templates verschiedene Varianten mit überladenen Funktions-Templates und expliziten Spezialisierungen erzeugen kann.

Klassen und Klassen-Templates können allerdings **nicht überladen** werden, da das eine Ableitung der Template-Argumente aus den Argumenten für den Konstruktor erfordern würde. Als Alternative gibt es für Klassen-Templates sogenannte **partielle Spezialisierungen**. Bei einer partiellen Spezialisierung gibt man ein Muster vor, aus dem dann abgeleitet wird, ob die Template-Argumente dazu passen.

Eine partielle Spezialisierung setzt eine Deklaration eines Klassen-Templates voraus, bei der der Name wie in allen bisherigen Beispielen ein Bezeichner ist. Eine solche Deklaration nennt man auch **primäre** Deklaration. Nach einer primären Deklaration kann man ein Template deklarieren, dessen Name eine *template-id* mit dem Namen eines primären Templates ist:

templateid:
    templatename < *templateargumentlist* >

Dann ist das so deklarierte Klassen-Template eine **partielle Spezialisierung**. Eine partielle Spezialisierung unterscheidet sich nur dadurch von einem gewöhnlichen (primären) Template, dass ihr Name kein Bezeichner, sondern eine *template-id* ist.

Bisher wurde eine *template-id* nur zur Definition von Spezialisierungen (siehe Abschnitt 14.2.2) verwendet. Dabei waren die Template-Argumente die Argumente, mit denen die Spezialisierung erzeugt wurde. Bei einer partiellen Spezialisierung beschreiben die Argumente der *template-id* das Muster, nach dem entschieden wird, ob eine Spezialisierung zu einer partiellen Spezialisierung passt. Diese Argumente sind oft Template-Parameter oder davon abgeleitete Typen.

Bei den folgenden Deklarationen ist die erste (#1) eine primäre Deklaration. Die weiteren (#2 bis #5) sind partielle Spezialisierungen:

```
template<class T1, class T2, int I>   //#1
struct A { int x; };

template<class T, int I>              //#2
struct A<T, T*, I> { int y; };

template<class T1, class T2, int I>   //#3
struct A<T1*, T2, I> {};

template<class T>                     //#4
struct A<int, T*, 5> { int z; };

template<class T1, class T2, int I>   //#5
struct A<T1, T2*, I> {};
```

Wenn der Compiler aus einem Template eine Klasse erzeugen will, sucht er anhand der Template-Argumente nach einer passenden partiellen oder primären Spezialisierung:

- Falls er genau eine passende partielle Spezialisierung findet, erzeugt er die Klasse aus dieser Spezialisierung.
- Falls er mehr als eine passende partielle Spezialisierung findet, wählt er von diesen das am meisten spezialisierte Template aus. Dabei ist ein zweites Template **mehr spezialisiert** als ein erstes, wenn jede Liste von Template-Argumenten, die zur ersten Spezialisierung passt, auch zur zweiten passt, aber nicht umgekehrt. Nach diesen Regeln wird auch bei überladenen Funktions-Templates das am meisten spezialisierte ausgewählt (siehe Abschnitt 14.1.5). Falls keine der partiellen Spezialisierungen mehr spezialisiert ist als alle anderen, ist die Verwendung des Templates mehrdeutig.
- Falls er keine passende partielle Spezialisierung findet, nimmt er das primäre Template.

Nach den Definitionen von oben werden für a1, ..., a5 die jeweils angegebenen Templates verwendet:

```
A<int, int, 1>    a1; // #1 T1=int, T2=int, I=1
A<int, int*, 1>   a2; // #2 T=int, I 1=1
A<int, char*, 5>  a3; // #4 T=char, I=5
A<int, char*, 1>  a4; // #5 T1=int, T2=char, I=1
A<int*, int*, 2>  a5; // mehrdeutig: #3 und #5 passen
```

Ein partiell spezialisiertes Template ist ein völlig eigenständiges Template, das mit dem primären, nicht spezialisierten Template nur den Namen gemeinsam hat. Es besitzt nur die Elemente, die für die Spezialisierung definiert werden, und übernimmt keine Elemente vom primären Template. Deshalb haben a1, a2 und a4 jeweils genau ein Element:

```
a1.x = 17; a2.y = 18; a3.z = 19;
```

Als zweite Möglichkeit, verschiedene Klassen-Templates mit demselben Namen zu definieren, stehen wie bei Funktions-Templates **explizite** oder **vollständige Spezialisierungen** zur Verfügung. Mit einer solchen Spezialisierung kann man ein Klassen-Template deklarieren, das nur für bestimmte Template-Argumente verwendet wird. Diese

14.2 Generische Klassen: Klassen-Templates

können bei Typ-Parametern spezielle Datentypen und bei Nicht-Typ-Parametern spezielle Werte sein.

explicitspecialization:
  `template < > ` *declaration*

Bei einer expliziten Spezialisierung eines Klassen-Templates ist der Name in der *declaration* eine Spezialisierung (*template-id*) eines bereits zuvor deklarierten Templates. In dieser Spezialisierung werden die Datentypen oder Werte als Argumente angegeben, für die die explizite Spezialisierung verwendet werden soll.

Beispiel: Das Template #2 ist eine explizite Spezialisierung von #1:

```cpp
template<typename T> struct C { // #1
  T i;
};

template<> struct C<int> { // #2
  int x;
};
```

Die folgenden Spezialisierungen werden dann aus den als Kommentar angegebenen Definitionen erzeugt:

```cpp
C<int> i;      // #2
i.x = 1;
C<double> d;   // #1
d.i = 2;
```

Wie ein partiell spezialisiertes Template ist auch ein vollständig spezialisiertes ein eigenständiges Template, das mit dem nicht spezialisierten nur den Namen gemeinsam hat.

Die folgenden Beispiele zeigen, wie explizite Spezialisierungen von Klassen-Templates in der **C++-Standardbibliothek** verwendet werden:

1. Die Klasse *numeric_limits* enthält für die fundamentalen Datentypen Informationen, die für den jeweiligen Compiler charakteristisch sind. Dazu gehören z.B. die maximal und minimal darstellbaren Werte. Diese Klasse steht zur Verfügung nach

   ```cpp
   #include <limits>
   ```

   Sie ist im Standard so definiert (nur ein Auszug):

   ```cpp
   template<class T> class numeric_limits {
   public:
     static constexpr bool is_specialized = false;
     // ... unwichtige Default-Werte
   };
   ```

   Für jeden fundamentalen Datentyp existiert eine explizite Spezialisierung:

```
template<> class numeric_limits<bool>;
template<> class numeric_limits<char>;
// usw. für unsigned char, char16_t, char32_t, wchar_t,
// short, int,long, long long, unsigned short, unsigned int,
// unsigned long, float, double, long double
```

In jeder dieser Spezialisierungen hat das Element *is_specialized* den Wert *true*. Deswegen kann man mit diesem Element feststellen, ob die aktuell verwendete Klasse eine Spezialisierung ist oder ob sie aus dem nicht spezialisierten Template erzeugt wurde.

Als Beispiel für eine mögliche Spezialisierung findet man im Standard:

```
template<> class numeric_limits<float> { // nur ein Auszug
public:
  static constexpr bool is_specialized = true;

  static constexpr float min() noexcept
      { return 1.17549435E-38F; }
  static constexpr float max() noexcept
      { return 3.40282347E+38F; }
  static constexpr float lowest() noexcept
      { return -3.40282347E+38F; }

  static constexpr int digits = 24;
  static constexpr int digits10 = 6;
  static constexpr int max_digits10 = 9;

  static constexpr int radix = 2;
  static constexpr float epsilon() noexcept
      { return 1.19209290E-07F; }

  static constexpr int min_exponent = -125;
  static constexpr int min_exponent10 = -37;
  static constexpr int max_exponent = +128;
  static constexpr int max_exponent10 = +38;
};
```

2. Für die Klasse *char_traits*

    ```
    template<class charT> struct char_traits;
    ```

    sind nur diese vier expliziten Spezialisierungen definiert:

    ```
    template<> struct char_traits<char>;
    template<> struct char_traits<char16_t>;
    template<> struct char_traits<char32_t>;
    template<> struct char_traits<wchar_t>;
    ```

    Sie enthalten Datentypen und Funktionen, auf denen die Implementation der Stringklassen und der I/O-Streams beruht.

14.2 Generische Klassen: Klassen-Templates

3. Die Klassen *complex<float>*, *complex<double>* und *complex<long double>* sind explizite Spezialisierungen des primären Templates *complex*.

Die Klasse *char_traits* ist ein Beispiel für die in der Standardbibliothek häufiger verwendeten **traits**-Klassen. Solche Klassen fassen meist eine größere Anzahl Datentypen, Funktionen usw. zusammen, die für einen bestimmten Datentyp charakteristisch sind. Die für einen bestimmten Datentyp charakteristischen Elemente werden dann in einer expliziten Spezialisierung für diesen Datentyp definiert.

Diese Technik soll an einem einfachen Beispiel illustriert werden, das von Veldhuizen (2000) übernommen wurde. Den Mittelwert von n Werten eines Arrays kann man mit dem Funktions-Template *Average* berechnen:

```
template<class T>
T Average(const T* data, int numElements)
{
  T sum = 0;
  for (int i = 0; i < numElements; ++i)
    sum += data[i];
  return sum / numElements;
};
```

Allerdings liefert *Average* nur für Arrays mit Gleitkommatypen korrekte Gleitkommaergebnisse. Für Arrayelemente eines Ganzzahltyps ist auch das Ergebnis ganzzahlig. Der naheliegende Ausweg, immer den Datentyp *double* zurückzugeben, schließt Arrays mit komplexen Elementen aus.

Mit der traits-Klasse

```
template<class T> struct float_trait {
  typedef T    T_float;
};
```

und expliziten Spezialisierungen für alle relevanten Datentypen

```
template<> struct float_trait<int> {
  typedef double T_float;
};

template<> struct float_trait<char> {
  typedef double T_float;
};
```

kann man einem Datentyp die Elemente der Templates zuordnen:

T	struct float_trait<T>
int	double
char	double
T	T

Damit liefert die folgende Version von *average* ihr Ergebnis immer im richtigen Datentyp:

```
template<class T>
typename float_trait<T>::T_float average(const T* data, int
                                                          numElements)
{
  typename float_trait<T>::T_float sum = 0;
  for (int i = 0; i < numElements; ++i)
    sum += data[i];
  return sum / numElements;
}
```

In diesem Beispiel hat die traits-Klasse nur ein Element und kann leicht durch einen Template-Parameter ersetzt werden. Die traits-Klasse *char_traits* hat aber fast 20 Elemente, die nur mühsam als Parameter übergeben werden können.

Partielle Spezialisierungen sind nur für Klassen, aber nicht Elemente einer Klasse möglich. Explizite Spezialisierungen sind dagegen für die folgenden **Elemente eines Klassen-Templates** möglich:

- statische Elemente
- Elementklassen
- Funktions-Templates
- Elementfunktionen
- Klassen-Templates

Die folgenden Beispiele illustrieren die Syntax anhand des Klassen-Templates C:

```
template <typename T> class C {
public:
  static T x;
  int f();
};
```

1. Wie bei Klassen, die keine Templates sind, wird ein **statisches Element** in einer Klasse nur deklariert und nicht definiert. Die Definition muss außerhalb der Klasse erfolgen. Die folgende Definition definiert das statische Element für alle Template-Argumente:

   ```
   template<typename T> T C<T>::x = 0;
   ```

   Jede Klasse, die aus einem Klassen-Template erzeugt wird, hat ihre eigenen statischen Elemente. Deshalb besitzen im folgenden Beispiel c1 und c3 dasselbe statische Element x, während c2 ein anderes statisches Element enthält:

   ```
   C<int> c1;
   C<double> c2;
   C<int> c3;
   ```

   Durch die folgenden Definitionen wird das statische Element x der Klasse C für die Template-Argumente *int* und *double* explizit spezialisiert. Eine explizite Spezialisierung eines statischen Elements ist nur dann eine Definition, wenn sie einen Initialisierer enthält:

14.2 Generische Klassen: Klassen-Templates

```
template<typename T> T C<T>::x = 0;
template<> int C<int>::x = 1;
template<> double C<double>::x = 2;
```

Für die folgenden Objekte hat das statische Element die als Kommentar angegebenen Werte

```
C<char> cc;   // cc.x: 0
C<int> ci;    // ci.x; 1
C<double> cd; // cd.x; 2
```

2. Die **Elementfunktion** f der Klasse C

```
template<typename T> int C<T>::f() { return 0; }
```

wird durch

```
template<> int C<int>::f() { return 1; }
template<> int C<double>::f() { return 2; }
```

für die Template-Argumente *int* und *double* explizit spezialisiert. Für die Objekte aus 1. erhält man die als Kommentar angegebenen Funktionswerte:

```
int fc = cc.f(); // 0
int fi = ci.f(); // 1
int fd = cd.f(); // 2
```

Die explizite Spezialisierung von Elementen eines Klassen-Templates kann die Definition eines kompletten Klassen-Templates ersparen, wenn einzelne Elemente für spezielle Template-Argumente anders als für andere implementiert werden müssen und alle anderen gleich sind.

14.2.6 Vererbung mit Klassen-Templates Θ

Klassen-Templates und gewöhnliche Klassen können Basisklassen von Klassen-Templates und gewöhnliche Klassen sein.

– Mit einem aus einem Nicht-Template abgeleiteten Klassen-Template kann man allen aus dem Template erzeugten Klassen gleiche Elemente zur Verfügung stellen.

Beispiel: Jede aus D1 erzeugte Klasse hat ein *int*-Element c1.

```
struct C1 {
   int c1;
};

template <typename T> struct D1 : public C1 {
   T c2;
};
```

Die Boost-Bibliotheken verwenden die Klasse

```cpp
class noncopyable { // from boost\noncopyable.hpp
protected:
  noncopyable() {}
  ~noncopyable() {}
private://emphasize the following members are private
  noncopyable(const noncopyable&);
  const noncopyable& operator=(const noncopyable&);
};
```

als Basisklasse von gewöhnlichen Klassen und Klassen-Templates, wenn für Objekte solcher Klassen verhindert werden soll, dass sie kopiert werden können. In C++11 erreicht man das einfacher mit der Angabe = *delete* beim Zuweisungsoperator.

- Aus einem Klassen-Template kann man eine gewöhnliche Klasse ableiten:

    ```cpp
    template <typename T> struct C2 {
      T c2;
    };

    struct D2a :public C2<int> {
      int d2a;
    };

    template <typename T> struct D2b :public C2<T> {
      T d2b;
    };
    ```

- Aus einem Klassen-Template kann man ein Klassen-Template ableiten:

    ```cpp
    template <typename T> struct D3a :public C2<T> {
      T d3a;
    };

    template <typename T, typename U>
    struct D3b :public C2<U> {
      T d3b;
    };
    ```

14.2.7 Tupel mit <tuple> Θ

Ein *tuple* ist eine Zusammenfassung von Elementen, die wie ein *struct* verschiedene Datentypen haben können (wie z.B. Paare, Tripel, Quadrupel usw.). Im Unterschied zu einem *struct* muss man bei einem Tupel aber keinen Namen für den Datentyp vergeben. Tupel sind nach

```cpp
#include <tuple>
```

im Namensbereich *std* verfügbar. Einen Tupel-Typ erhält man durch die Angabe der Datentypen der Elemente in spitzen Klammern nach *tuple*.

14.2 Generische Klassen: Klassen-Templates

Beispiel: Die *tuple*-Variable t1 besteht aus einem Element des Datentyps *int* mit dem Wert 1. t2 besteht aus einem *double* und einem *int* mit den Werten 1 und 2:

```
tuple<int> t1(1);
tuple<double, int> t2(1, 2);
```

Tupel eignen sich als Rückgabetypen für Funktionen, die mehrere Werte zurückgeben:

```
tuple<int, double> f1()
{
  return tuple<int, double>(1, 2);
}
```

Mit *make_tuple* kann man Tupel erzeugen, ohne dass man die Datentypen der Elemente angeben muss (analog zu *make_pair*)

```
tuple<int, double> f2()
{
  return make_tuple(1, 2);
}
```

Die Elemente eines Tupels kann man mit der globalen Funktion ***get*** und ihrem Index in spitzen Klammern ansprechen:

```
tuple<int, double> t = f2();
int x = get<0>(t);    // Index 0 für das erste Element
double y = get<1>(t); // Index 1 für das zweite Element
```

Das Ergebnis der Vergleichsoperatoren für Tupel ergibt sich aus dem elementweisen Vergleich. Bei den Operatoren <, <=, > und >= werden die Elemente lexikografisch verglichen:

```
tuple<int, double> t1 = f2();
tuple<int, double> t2 = t1;
get<0>(t) = 3;
if (t1 == t2) ...
if (t1 != t2) ...
if (t1 < t2) ...
```

14.2.8 Alias Templates Θ

Mit einem Alias Template kann man in einem Klassen-Template einzelne Typ-Parameter spezialisieren und die anderen weiterhin als Parameter lassen. Damit werden in der Standardbibliothek gelegentlich Templates mit vielen Parametern vereinfacht.

Beispiel: Das Alias-Template

```
template<typename T> using int_map = std::map<int, T>;
```

ist ein Template mit einem Typ-Parameter. Das Typ-Argument ist dann das zweite Argument im *map*, dessen erstes Argument immer *int* ist:

```
int_map<std::string> im;   // wie map<int,std::string>
```

Aufgabe 14.2

1. Definieren Sie ein Klassen-Template *Array*, das im Wesentlichen wie ein gewöhnliches Array verwendet werden kann. Der Datentyp und die Anzahl der Elemente sollen als Template-Parameter übergeben werden:

   ```
   Array<int, 100> a; // Ein Array a mit 100 int-Elementen
   ```

   Der Zugriff auf ein Element soll wie bei einem gewöhnlichen Array mit dem Indexoperator möglich sein:

   ```
   for (int i = 0; i < a.size(); i++) a[i] = i;
   ```

   Im Gegensatz zu einem gewöhnlichen Array soll eine Exception (z.B. des Typs *std::range_error*) ausgelöst werden, wenn der Index nicht im Bereich der definierten Elemente liegt.

2. Welche der Aufrufe unter a) bis f) sind mit diesen beiden Templates möglich?

   ```
   template <typename T>
   struct Punkt1 {
     T x, y;
     Punkt1(const T& a, const T& b) :x(a), y(b) {}
     Punkt1(const Punkt1& p) :x(p.x), y(p.y) { };
   };

   template <typename T>
   struct Punkt2 {
     T x, y;
     Punkt2(const T& a, const T& b) :x(a), y(b) {}
     template <typename U>
     Punkt2(const Punkt2<U>& p) : x(p.x), y(p.y) { };
   };
   ```

   a) `Punkt1<int> p1a(1, 2);`   d) `Punkt2<int> p2a(1, 2);`
   b) `Punkt1<int> p1b = p1a;`   e) `Punkt2<int> p2b = p2a;`
   c) `Punkt1<double> p1c=p1a;` f) `Punkt2<double> p3b = p2a;`

3. Schreiben Sie ein Klassen-Template *MyVerySimpleSmartPointer*, das einen Zeiger auf einen mit *new* angelegten Speicherbereich enthält und diesen Speicherbereich im Destruktor wieder freigibt. Auf diese Weise wird eine einfache Form von garbage collection erreicht: Für einen solchen Zeiger muss *delete* nicht aufgerufen werden und kann deshalb auch nicht vergessen werden.

14.3 Type Traits

Der Zeiger soll im Konstruktor initialisiert werden und mit den Operatorfunktionen * und -> den internen Zeiger bzw. den dereferenzierten internen Zeiger zurückgeben. Um die bei der Zuweisung von Zeigern möglichen Probleme zu vermeiden, sollen Zuweisungen von *MyVerySimpleSmartPointer*–Objekten unterbunden werden.

4. Die verschiedenen Rückgabetypen der Funktion *Average* von Abschnitt 14.2.5 kann man nicht nur mit einem Template wie *float_trait* erreichen, sondern auch mit überladenen Funktions-Templates. Implementieren Sie beide Varianten. Welche ist Ihrer Meinung nach einfacher?

14.3 Type Traits

Die nach

```
#include <type_traits>
```

im Namensbereich *std* verfügbaren **type traits Klassen** sind vor allem in Templates nützlich. Sie ermöglichen, die Kategorie von Typ-Argumenten zu klassifizieren, Anweisungen in Abhängigkeit von den Typ-Argumenten zu optimieren, Fehler zu entdecken und Typen zu transformieren. In MSDN wird „type traits" mit „Typmerkmale" übersetzt.

14.3.1 Prüfungen bei der Kompilation: *static_assert*

Mit

static_assert(*constant-expression, string-literal*);

kann man während der Kompilation Bedingungen prüfen. Dabei muss der konstante Ausdruck in den Typ *bool* konvertiert werden können. Falls dieser Ausdruck *true* ist, hat die *static_assert*-Deklaration keinerlei Auswirkungen. Ist er dagegen *false*, erzeugt der Compiler eine Fehlermeldung mit der als String-Literal angegebenen Meldung.

Eine *static_assert*-Deklaration kann global, in einem Namensbereich, in einem Block und wie ein Klassenelement in einer Klasse angegeben werden und damit insbesondere auch in einem Funktions- und Klassen-Template.

Ein *static_assert*-Ausdruck unterscheidet sich von einem

void **assert**(*int expression*);

aus <*assert.h*> dadurch, dass ein *assert*-Ausdruck zur Laufzeit ausgewertet wird. Falls das Argument den Wert 0 hat, wird eine Fehlermeldung ausgegeben und das Programm abgebrochen. Ein *static_assert* mit dem Argument 0 führt dagegen zu einem Compiler-Fehler mit der als String-Argument angegebenen Meldung. Ein *static_assert* wird bei der Kompilation geprüft. Eine *assert*-Anweisung wird dagegen nur geprüft, wenn sie ausgeführt wird. Wenn eine *assert*-Anweisung nicht ausgeführt wird, wird der Fehler, den sie prüfen soll nicht entdeckt.

Beispiel: Auf der Ebene eines *namespace* kann ein *static_assert* alternativ zu einer *#error*-Anweisung verwendet werden. Mit

```
static_assert(sizeof(void *) == 4, "only 32-bit code
                                    generation supported.");
```

erhält man bei einem 64-bit Compiler die Compiler-Fehlermeldung

```
"only 32-bit code generation supported."
```

Die Verwendung von *static_assert* in einem Namensbereich ist eine Alternative zu der Präprozessor-Direktive *#error*.

static_assert kann sowohl in einem Block als auch in einer Klasse verwendet werden:

```
class C {
  static_assert(sizeof(void *) == 4, "only 32-bit code generation
                                      supported.");
};
```

Ein *static_assert* wird vor allem in Templates verwendet, um die Datentypen der Typ-Argumente zu prüfen. In einem Template wird es nur ausgewertet, wenn aus dem Template eine Funktion oder Klasse erzeugt wird.

Beispiel: In einem Funktions- oder Klassen-Template kann mit *static_assert* prüfen, ob die Template-Argumente bestimmte Anforderungen erfüllen. Dabei werden oft die in Abschnitt 14.3 vorgestellten type traits (hier *is_pod*) verwendet:

```
template <class CharT, class Traits =
std::char_traits<CharT>>
class basic_string { // aus http://www.open-
   // std.org/jtc1/sc22/wg21/docs/papers/2004/n1720.html
   static_assert(is_pod<CharT>::value, "Typ-Argument muss
                                        POD-Type sein");
   // ...
};
```

14.3.2 type traits und *static_assert*

type traits sind Klassen-Templates wie

| is_void | is_integral | is_floating_point | is_array |
| is_pointer | is_class | is_function | |

usw.

mit denen man für ein Typ-Argument zur Compile-Zeit prüfen kann, ob es den dem Namen entsprechenden Datentyp hat. Dazu hat jedes dieser Templates ein *static const* Datenelement mit dem Namen *value*, das den Wert *true* hat, wenn die Bedingung erfüllt ist, und sonst *false*.

Beispiel: Mit dem Funktions-Template

14.3 Type Traits

```
template<typename T>
void fT1(T x)
{
   const bool b=std::is_integral<T>::value;
}
```

hat die boolesche Konstante in der vom Aufruf

```
fT1(17);
```

erzeugten Funktion den Wert *true*, und in der vom Aufruf

```
fT1(3.14);
```

erzeugten Funktion den Wert *false*.

Der Datentyp *bool* wird hier als Ganzzahldatentyp betrachtet:

```
is_integral<bool>::value; // true
```

type traits werden oft als Argumente von *static_assert* verwendet, um zur Compile-Zeit Typ-Argumente zu prüfen.

Beispiel: Mit dem Funktions-Template

```
template<typename T>
T add(T x, T y)
{
   static_assert(std::is_integral<T>::value, "integral
                                       argument required");
   return x + y;
}
```

erhält man mit dem Aufruf

```
string s1 = add("x", "y");
```

zur Compile-Zeit die Fehlermeldung „integral argument required". Mit dem nächsten Aufruf erhält man keine Fehlermeldung

```
int s2 = add(3, 4);
```

C++ verwendet *static_assert* oft, um fehlerhafte Initialisierungen bereits bei der Kompilation zu diagnostizieren.

Beispiel: Die Klasse *unique_ptr* (siehe Abschnitt 18.2)

```
template<class _Ty, class _Dx>   // stark vereinfacht
class unique_ptr
{
public:
  constexpr unique_ptr()
  {
  static_assert(!is_pointer<_Dx>::value,
        "unique_ptr constructed with null deleter pointer");
```

gibt eine Fehlermeldung aus, wenn ein unzulässiger deleter angegeben wird.

Die Klasse *ratio* (zur Darstellung von Brüchen, siehe Abschnitt 16.1) gibt eine Fehlermeldung aus, wenn ein Bruch mit dem Nenner 0 initialisiert wird:

```
template<intmax_t _Nx, intmax_t _Dx = 1>
struct ratio
{ // holds the ratio of _Nx to _Dx
  static_assert(_Dx != 0, "zero denominator");
```

Als Argumente von *static_assert* sind beliebige Compile-Zeit Ausdrücke zulässig, wie auch *decltype*-Ausdrücke.

Beispiel: Der Aufruf des Funktions-Templates

```
template <typename T, typename U>
auto add3(T lhs, U rhs) -> decltype(lhs+rhs)
{

static_assert(std::is_arithmetic<decltype(lhs+rhs)>::value,
    "arithmetic type arguments required");
  return lhs+rhs;
}
```

ist nur mit Argumenten eines arithmetischen Datentyps (*int*, *double* usw.) möglich. Beim Aufruf von

```
string s1="1", s2="2";
string s=add3(s1,s2);
```

erhält man die Fehlermeldung "arithmetic type arguments required".

Aufgabe 14.3.2

Eine Klasse C soll in verschiedenen Versionen existieren, die in verschiedenen Header-Dateien wie

```
C1.h // Version 1 der Klasse C
C2.h // Version 2 der Klasse C
```

usw. enthalten sind. Wie kann bereits während der Kompilation sichergestellt werden, dass auch tatsächlich eine bestimmte Version der Klasse mit *#include* eingebunden wird?

14.3.3 Eine Konstruktion von type traits

Zunächst soll kurz skizziert werden, wie man sich die Konstruktion von type traits vorstellen kann. Die Boost-Bibliothek (www.boost.org/) geht etwa so vor, um type traits auch für solche Compiler zur Verfügung zu stellen, in denen sie nicht eingebaut sind. Allerdings kann man auf diese Weise nicht alle type traits zur Verfügung zu stellen.

Beginnen wir zunächst mit dem Beispiel des Datentyps *void*:

- Das Klassen-Template *is_void<T>* hat ein Element *value* mit dem Wert *false*.

    ```
    template <typename T>
    struct is_void
    { static const bool value = false; };
    ```

- In einer **expliziten Spezialisierung** für den Typ *void* hat *value* den Wert *true*.

    ```
    template <>
    struct is_void<void>
    { static const bool value = true; };
    ```

Dann ist der Ausdruck *is_void<T>::value* in einem Template mit dem Typ-Parameter T genau dann *true* wenn das Template-Argument *void* ist.

Für Typkategorien wird das mit einer **partiellen Template-Spezialisierung** erreicht. Das soll am Beispiel von *is_pointer<T>* illustriert werden.

- Ein primäres Template *is_pointer<T>* hat ein Element *value* mit dem Wert *false*.

    ```
    template <typename T>
    struct is_pointer
    { static const bool value = false; };
    ```

- In einer partiellen Spezialisierung für Zeiger hat *value* den Wert *true*.

    ```
    template <typename T>
    struct is_pointer<T*>
    { static const bool value = true; };
    ```

Dann ist der Ausdruck *is_pointer<T>::value* in einem Template mit dem Template-Parameter T genau dann *true* wenn das Template-Argument ein Zeiger ist.

Über einige Verfeinerungen wird erreicht, dass man zur Prüfung von *is_xxx* nicht einmal

```
std::is_void<T>::value
```

verwenden muss, sondern direkt eine Instanz des Templates verwenden kann:

```
std::is_void<T>()
```

14.3.4 Die type traits Kategorien

Im C++-Standard sind die type traits nach Gruppen geordnet. Die folgenden Listen sind nur ein Auszug:

- type traits zur Prüfung von Datentypen:

    ```
    // Primary type categories:
    template <class T> struct is_void;
    template <class T> struct is_integral;
    template <class T> struct is_floating_point;
    template <class T> struct is_array;
    template <class T> struct is_pointer;
    template <class T> struct is_reference;
    template <class T> struct is_member_object_pointer;
    template <class T> struct is_member_function_pointer;
    template <class T> struct is_enum;
    template <class T> struct is_union;
    template <class T> struct is_class;
    template <class T> struct is_function;
    ...
    ```

Für einen Zeiger oder eine Referenz auf eine Klasse hat *is_class* den Wert *false*.

- type traits zur Prüfung von Typ-Kategorien:

    ```
    // composite type categories:
    template <class T> struct is_arithmetic;
    template <class T> struct is_fundamental;
    template <class T> struct is_object;
    template <class T> struct is_scalar;
    template <class T> struct is_compound;
    ...
    ```

- type traits zur Prüfung von Eigenschaften von Typen

    ```
    // type properties:
    template <class T> struct is_const;
    template <class T> struct is_volatile;
    template <class T> struct is_polymorphic;
    template <class T> struct is_abstract;
    template <class T> struct has_trivial_constructor;
    template <class T> struct has_trivial_copy;
    template <class T> struct has_trivial_assign;
    template <class T> struct has_trivial_destructor;
    ...
    ```

- type traits zur Prüfung von Beziehungen zwischen Typen

14.3 Type Traits

```
// type relations:
template <class T, class U> struct is_same;
template <class Base, class Derived> struct is_base_of;
template <class From, class To> struct is_convertible;
...
```

- type traits zur Transformationen von Typen. Diese haben anstelle des Elements *value* ein Element *type*, das den modifizierten Typ enthält.

```
// const-volatile modifications:
template <class T> struct remove_const;
template <class T> struct remove_volatile;
template <class T> struct remove_cv;
template <class T> struct add_const;
template <class T> struct add_volatile;

// reference modifications:
template <class T> struct remove_reference;
template <class T> struct add_lvalue_reference;
template <class T> struct add_rvalue_reference;

// pointer modifications:
template <class T> struct remove_pointer;
template <class T> struct add_pointer;
...
```

Beispiel: Das Funktions-Template

```
template<typename T>
typename remove_pointer<T>::type r1(T x)
{
  return *x;
}
```

kann so verwendet werden:

```
int* p = new int(17);
int i = r1(p); // i=17
```

14.3.5 type traits zur Steuerung der Übersetzung und Optimierung

Mit type traits kann man in einem Template Eigenschaften eines Template-Arguments überprüfen. Damit kann man während der Kompilation steuern, welche Anweisungen übersetzt werden. Das nächste Beispiel zeigt am Beispiel des *copy* Algorithmus, wie man damit Optimierungen durchzuführen kann.

Beispiel: Der *copy* Algorithmus der Klasse *copy_impl* funktioniert mit jedem Datentyp:

```
template <bool b>
struct copy_impl
{
  template<typename I1, typename I2>
  static I2 copy(I1 first, I1 last, I2 out)
  { // Anweisungen des copy-Algorithmus der STL
    while(first != last)
    {
      *out = *first;
      ++out;
      ++first;
    }
    return out;
  }
};
```

Falls die Datentypen des Quell- und Zielbereichs gleich sind, beide Zeiger sind und einen trivialen Zuweisungsoperator haben, können sie schneller mit *memcpy* kopiert werden. Diese Variante wird hier mit dem Typ-Argument *true* ausgewählt:

```
template <>
struct copy_impl<true>
{
  template<typename I1, typename I2>
  static I2* copy(I1* first, I1* last, I2* out)
  { // optimierter copy-Algorithmus
    memcpy(out, first, (last-first)*sizeof(I2));
    return out+(last-first);
  };
};
```

In der folgenden Version von *copy* steuern die type traits *is_same*, *is_pointer* und *has_trivial_assign*, welche Variante von *copy_impl* aufgerufen wird:

```
template<typename I1, typename I2>
inline I2 Copy(I1 first, I1 last, I2 out)
{
  using namespace std;
  typedef typename remove_cv<typename
       std::iterator_traits<I1>::value_type>::type tI1;
  typedef typename remove_cv<typename
       std::iterator_traits<I2>::value_type>::type tI2;
  const bool use_opt=is_same<tI1, tI2>::value &&
    is_pointer<I1>::value &&
    is_pointer<I2>::value &&
    has_trivial_assign<tI1>::value;
  // true beim Aufruf
  return copy_impl<use_opt>::copy(first,last,out);
}
```

14.4 Typ-Inferenz

Diese Techniken kann man auch in eigenen Programmen zur Optimierung verwenden. Bei den STL-Algorithmen kann man aber davon ausgehen, dass sie bereits von den Compiler-Herstellern implementiert sind (in Visual Studio seit 2008).

14.4 Typ-Inferenz

Wenn der Datentyp (z.B. bei der Definition einer Variablen) nicht explizit angegeben wird, sondern vom Compiler aus einem Ausdruck abgeleitet wird, spricht man von Typ-Inferenz.

Diese Technik wurde schon in C++03 verwendet: Beim Aufruf eines Funktions-Templates leitet der Compiler den Datentyp des Typ-Arguments aus dem Datentyp des Funktions-Arguments ab (siehe Abschnitt 14.1.2).

In C++11 wurde die Ableitung von Datentypen auf Deklarationen erweitert: Bei einer Deklaration mit *auto* wie in

```
auto i = 17; // wie int i = 17;
```

wird *auto* durch den Datentyp ersetzt, den der Compiler für den Initialisierungsausdruck abgeleitet hat. Dieser Datentyp wird dabei wie bei der Ableitung des Typ-Arguments beim Aufruf eines Funktions-Templates bestimmt. Die wichtigsten Grundzüge von *auto* wurden bereits in Abschnitt 2.3.3 vorgestellt. In Abschnitt 14.4.1 wird *auto* etwas genauer vorgestellt.

In Abschnitt 14.4.2 wird dann gezeigt, wie man mit *decltype* zur Compile-Zeit einen Datentyp nicht nur aus einem Initialisierungsausdruck ableiten kann, sondern aus fast beliebigen Ausdrücken.

14.4.1 Implizite Typzuweisungen mit *auto*

Bei der Definition einer globalen oder lokalen Variablen mit einem Initialisierer kann anstelle eines Datentyps auch das Schlüsselwort **auto** angegeben werden. Dann verwendet der Compiler für diese Variable den Datentyp des Initialisierers. Da der Compiler den Datentyp selbst ableitet, spricht man auch **Typ-Inferenz** oder von **impliziten Typzuweisungen**.

Beispiel: Da der Initialisierungsausdruck 17 in

```
auto i = 17; // wie int i = 17;
```

den Datentyp *int* hat, ersetzt der Compiler *auto* durch *int*. Die Variable i erhält so den Datentyp *int*. Der Initialisierungsausdruck kann auch eine Variable oder ein beliebiger Ausdruck sein:

```
auto k = i; // k hat denselben Datentyp wie int i
```

Ohne einen Initialisierungsausdruck führt *auto* zu einer Fehlermeldung des Compilers:

```
auto i ; // Fehler: Initialisierer erforderlich
```

Bei der Definition eines Klassenelements kann *auto* aber nicht verwendet werden:

```
class C11 {
  auto i = 17; // Fehler: "auto" ist hier nicht zulässig
```

Die Verwendung von *auto* bedeutet nicht, dass die Variable keinen oder einen universellen Datentyp wie in typlosen Sprachen hat. Vielmehr hat sie genau den Datentyp, den der Initialisierer hat. Die Angabe *auto* erspart dem Programmierer lediglich, den Namen dieses Datentyps hinzuschreiben.

Implizite Typzuweisungen bringen bei einfachen Datentypen wie *int* auf den ersten Blick keinen großen Vorteil: Die Vereinfachung des Schreibaufwands ist minimal, und dass der Datentyp der Variablen nicht explizit da steht, macht das Programm nicht immer leichter verständlich. Trotzdem ist die Verwendung von *auto* meist vorteilhaft:

– Da *auto* einen Initialisierer verlangt, kann die Initialisierung einer Variablen nicht vergessen werden.
– Da der Datentyp immer der des Initialisierers ist, werden unbeabsichtigte Konvertierungen vermieden.
– Definiert man weitere Variable mit *auto* und einem Initialisierer, dessen Datentyp ebenfalls mit *auto* bestimmt wurde, werden bei einer Änderung des ersten Initialisierers alle Datentypen automatisch angepasst.
– Bei komplexeren Datentypen (z.B. den Iterator-Klassen der Container-Klassen, siehe Abschnitt 11.1.2) kann *auto* die Schreibarbeit beträchtlich reduzieren.
– In Templates und Lambda-Ausdrücken kann *auto* die einzige Möglichkeit sein, einen Datentyp zu bestimmen.

Deswegen ist es oft empfehlenswert, *auto* gegenüber einer expliziten Typangabe zu bevorzugen.

auto kann in weiteren **syntaktischen Varianten** verwendet werden:

– Mit der Direkt-Initialisierungs-Syntax wie in

```
auto y(1); // wird auf "auto y = 1;" zurückgeführt
```

– Mit einer *new*-Initialisierung wie in

```
auto p = new int(17); // wie int* p = new int(17)
```

– Mehrfachdeklarationen sind nur dann möglich, wenn jeder Initialisierer denselben Datentyp hat.

```
auto a = 1, b = 2;    // Das geht
auto a = 1, b = 3.14; // Fehler
```

Das ermöglicht dann Definitionen wie

14.4 Typ-Inferenz

```
vector<int> v;
for (auto i = v.begin(), e = v.end(); i != e; i++)
```

- Bei Initialisiererlisten ohne *auto* gilt die Regel, dass nach

    ```
    int x1 = { 17 }; // wie int x1 = 17;
    int x2 = 17;
    ```

    x1 und x2 denselben Wert haben. Das gilt allerdings mit *auto* nicht mehr. Da der Datentyp von { 17 } *std::initializer_list<int>* ist, ist der Wert von x3 eine Initialisiererliste (siehe Abschnitt 8.2.3) und der von x4 der *int*-Wert 17:

    ```
    auto x3 = { 17 }; // std::initializer_list<int>
    auto x4 = 17;     // int
    ```

- Mit *auto* wird auch der Datentyp einer Funktion abgeleitet, wenn man als Initialisierer den Namen einer Funktion angibt. So kann man Funktionszeiger einfacher als mit der klassischen Schreibweise definieren. Mit der Funktion

    ```
    int plus1(int x) { return x + 1; }
    ```

    ist

    ```
    auto fp = plus1; // ein Funktionszeiger, wie int (*fp)(int);
    ```

    ein Funktionszeiger, dem man auch eine andere Funktion mit der passenden Signatur zuweisen kann.

Im Visual Studio Editor zeigt Intellisense die abgeleiteten Datentypen an. Mit den nach

```
#include <typeinfo>
```

verfügbaren Anweisungen wie

```
std::string spc = typeid(pc).name(); // "class C*"
```

wird meist, aber nicht immer, der richtige Datentyp angezeigt.

Bei der Ableitung eines Typs mit *auto* geht der Compiler nach denselben Regeln wie bei Templates vor. Diese sollen an Beispielen

```
auto x = t; // Datentyp von t: T
```

für verschiedene Datentypen eines Initialisierers t illustriert werden. Der Datentyp von t soll mit T bezeichnet werden. Falls der Datentyp von t weder *const*, noch & noch && enthält, ersetzt der Compiler das Wort „auto" durch T. Falls der Datentyp *const* oder & oder && enthält, werden diese weggelassen.

Beispiel: Mit den Definitionen

```
int i = 17;
int* pi = &i;
```

erzeugt der Compiler die als Kommentar angegebenen Datentypen:

```
auto ai = i;   // wie "int ai = i;"
auto api = pi; // wie "int* api = pi;"
```

Bei einem Wertetyp gehört *const* nicht zum Datentyp, bei einem Zeiger dagegen schon. Mit

```
const int ci = 19;
const int* cpi = &i;
```

erzeugt der Compiler die als Kommentar angegebenen Datentypen:

```
auto aci = ci;   // wie "int aci = ci;"
auto acpi = cpi; // wie "const int* acpi = cpi;"
```

Wenn der Datentyp von t eine Referenz T& ist, wird "auto" durch T und nicht durch T& ersetzt.

Beispiel: Mit dem Referenztyp von ri

```
int& ri = i; // i aus dem letzten Beispiel
```

erzeugt der Compiler für ar keine Referenz:

```
auto ar = ri; // wie "int ar = ri;" - nicht int& ar = ri; !!!
```

Das sieht man auch daran, dass der Wert von i nach diesen Zuweisungen 20 und nicht 21 ist:

```
int& r2 = ri;
r2 = 20; // i = 20
ar = 21; // i = 20
```

Dieses auf den ersten Blick unerwartete Ergebnis ist aber ohne große praktische Bedeutung, da Variablen eines Referenztyps nur selten verwendet werden.

auto kann auch zusammen mit *, &, const* und *constexpr* zur Definition von Zeigern, Referenzen und Konstanten verwendet werden.

- Bei * nach *auto* muss der Initialisierer ein Zeiger sein. Falls sein Datentyp T* ist, wird *auto* durch T ersetzt.
- Bei & nach *auto* muss der Initialisierer ein L-Wert sein. Falls sein Datentyp T ist, wird *auto* durch T ersetzt.
- Bei *constexpr* muss der Initialisierer eine Compile-Zeit Konstante sein. Falls sein Datentyp T ist, wird *auto* durch T ersetzt.

Beispiel: Mit pi und i aus dem Beispiel oben erhält man

14.4 Typ-Inferenz

```
auto* ap = pi;       // wie "int* ap = pi;"
auto* api = i;// Fehler: Der Typ kann nicht hergeleitet werden
```

Mit *auto* kann auch *constexpr* verwendet werden:

```
constexpr auto ce1 = 17; // wie "constexpr int ce1 = 17;"
constexpr auto ce2 = ce1;// wie "constexpr int ce2 = 17;"
```

Auch bei einer **Funktionsdefinition** kann der Rückgabetyp aus dem Datentyp des Ausdrucks nach *return* abgeleitet werden. Falls die Funktion mehrere *return*-Anweisungen enthält, muss der Rückgabetyp bei allen gleich sein.

```
auto max(int x, int y)
{
  if (x < y) return y;
  else return x;
}
```

Würde man hier die Parameterliste zu

```
auto max(int x, double y)
```

ändern, wäre eine Fehlermeldung des Compilers die Folge. Mit einem sogenannten **nachstehenden Rückgabetyp** kann man aber den Rückgabetyp vorgeben. Dazu gibt man nach der Parameterliste -> und einen Datentyp an. Dann verwendet der Compiler den nach -> angegebenen Datentyp. Ergänzt man die letzte Funktionsdefinition von *max* zu

```
auto max(int x, double y) -> double
```

wird diese Funktion kompiliert.

Die Verwendung von *auto* als Speicherklassen-Spezifizierer wie in C ist nicht mehr möglich und wird vom Compiler als Fehler betrachtet.

Beispiel: Die Definition

```
auto int x; // Fehler
```

wird vom Compiler nicht akzeptiert. Da *auto* in dieser Form aber schon lange kaum noch verwendet wird, dürfte das nicht zu größeren Problemen führen.

Aufgabe 14.4.1

1. Nach

```
int i = 17;
int* pi = &i;
const int ci = 19;
const int* cpi = &i;
```

```
int fii(int x) { return 0; }
```

sollen die folgenden Anweisungen im Programm stehen. Welche werden vom Compiler akzeptiert, und welchen Datentyp erhält die Variable dabei?

```
auto    a;
auto    b = &i;
b = 19;
auto    c(i);
c = 20;
auto    d { i };
d = 21;
auto e = fii(0);
auto f = fii;
f = 23;
f(24);
auto g = new int(25);
g = 26;
auto h = ci;
h = 27;
const auto   j = i;
constexpr auto k = j;
```

2. Wenn man in älteren Versionen von C++ erreichen wollte, dass verschiedene Variablen denselben Datentyp haben, und dieser Datentyp einfach durch eine einzige Änderung geändert werden kann, hat man oft mit *typedef* einen neuen Namen für diesen Datentyp definiert.

```
typedef char MeinTyp; // char soll eventuell zu wchar_t geändert
                                                          werden
MeinTyp v1 = 'x';
MeinTyp v2;
```

Wie lässt sich das in C++11 vereinfachen?

14.4.2 Mit *decltype* den Datentyp eines Ausdrucks bestimmen

Mit

decltype(e)

erhält man zur Compile-Zeit den Datentyp eines Ausdrucks e. *decltype* hat Ähnlichkeiten mit *auto*, ist aber nicht auf den Datentyp eines Initialisierungsausdrucks beschränkt. Trotz dieser Ähnlichkeiten gibt es auch Unterschiede:
– *auto* lässt sich oft in „gewöhnlichen" Programmen einsetzen.
– *decltype* wird vor allem in Templates eingesetzt.
– Außerdem kann sich der von *auto* abgeleitete Typ vom Ergebnis von *decltype* unterscheiden. Die genauen Regeln für *decltype* sind ziemlich komplex. Deswegen werden hier nur die wichtigsten vorgestellt.

14.4 Typ-Inferenz

Eigentlich wäre *typeof* ein besserer Name gewesen. Da dieser Name aber schon belegt war, wurde *decltype* gewählt.

In *decltype(e)* kann das Argument e eine Variable oder ein Klassenelement sein, die nicht in Klammern angegeben sind. Dann ist *decltype(e)* der Datentyp dieser Variablen bzw. dieses Klassenelements.

Beispiel: Mit

```
struct C {
  int x;
};

int i = 0;
C c;
C* pc;
```

haben *di*, *cx* und *cpx* den als Kommentar angegebenen Datentyp:

```
decltype(i) di;      // wie "int di;"
decltype(c.x) cx;    // wie "int cx"
decltype(pc->x) pcx; // wie "int pcx"
```

Zwischen *auto* und *decltype* gibt es einige spitzfindige Unterschiede: Bei *decltype* werden im Gegensatz zu *auto* Referenz- und *const*-Angaben berücksichtigt.

Beispiel: Mit

```
const int ci = 19;
int& ri = i;
```

haben *aci*, *dci*, *ar* und *dr* den als Kommentar angegebenen Datentyp:

```
auto aci = ci;          // wie "int aci = ci;"
decltype(ci) dci = 1;   // wie "const int dci = 1;"

auto ar =ri;// wie "int ar = ri;" - nicht int& ar = ri; !!!
decltype(ri) dr; // wie "int& ar = ri;"
```

Wenn bei *decltype* eine Variable oder ein Klassenelement eines Typs T in Klammern angegeben werden, oder das Argument ein anderer Ausdruck eines Datentyps T ist, ist das Ergebnis von *decltype*

T&, falls e ein L-Wert ist (also z.B. eine Variable)
T, falls e ein R-Wert ist (also z.B. ein Literal, ein Ausdruck wie x+y, ein temporäres Objekt

Es gibt noch weitere Regeln für R-Wert Referenzen, die hier aber nicht behandelt werden sollen.

Beispiel: Die nächsten Deklarationen unterscheiden sich von denen von oben nur dadurch, dass das Argument in Klammern angegeben wird. Dadurch wird der Datentyp zu einem Referenztyp:

```
decltype((i)) dki;       // wie "int& dki;"
decltype((c.x)) dkcx;    // wie "int& dkcx"
decltype((pc->x)) dkpcx; // wie "int& dkpcx"
```

Die nächsten Argumente sind weder Variable noch Klassenelemente. Da es ein R-Wert des Datentyps *int* ist, erhält die Variable i den Datentyp int.

```
decltype(3.14 * i) k;  // wie "double k;"
decltype(1) v1;        // wie "int v1; "
decltype(C()) dc;      // wie "C dc;"
decltype(new C()) pc;  // wie "C* pc;"
```

Bei der Auswertung eines *decltype*-Ausdrucks wird nur während der Compile-Zeit der Datentyp bestimmt. Wenn das Argument ein Funktionsaufruf ist, wird die Funktion nicht aufgerufen. Bei einem Klassenelement wird kein Objekt der Klasse angelegt.

In C++11 kann *decltype* nicht als Rückgabetyp eines Funktions-Templates verwendet werden, wenn die Argumente von *decltype* Typ-Parameter sind. Stattdessen muss ein nachstehender Rückgabetyp verwendet werden.

Mit *decltype* kann man in einem Funktions-Template den Rückgabetyp aus den Datentypen der Argumente bestimmen:

Beispiel: Mit der Definition

```
template <typename T, typename U>
auto add(T lhs, U rhs) -> decltype(lhs + rhs)
{
  return lhs + rhs;
}
```

sind die folgenden Aufrufe möglich:

```
auto x = add(1, 2);      // wie "int x = ..."
auto d = add(1, 0.0);    // wie "double d = ..."
std::string s1 = "1", s2 = "2";
auto s = add(s1, s2);    // wie "string s = ..."
auto n = add(s1, "s2");  // wie "string n = ..."
```

Verwendet man *decltype* als Rückgabetyp

```
template <typename T, typename U>
decltype(lhs + rhs) add2(T lhs, U rhs)
{
   return lhs + rhs;
}
```

erhält man mit jedem der beiden Aufrufe

```
int x1 = add2(1, 2);
int y1 = add2<int, int>(1, 2);
```

die Fehlermeldung „Funktionsvorlage "unknown-type' N_auto::add2(T,U)' konnte nicht spezialisiert werden".

Die etwas umständliche Schreibweise mit dem nachstehenden Rückgabetyp kann in C++14 (ab Visual Studio 2015) durch *decltype(auto)* vereinfacht werden. Damit kann ein Rückgabetyp auch von Typ-Parametern abhängen.

Beispiel: Ab Visual Studio kann das letzte Beispiel vereinfacht werden zu

```
template <typename T, typename U>
decltype(auto) add3
(T lhs, U rhs)
{
   return lhs + rhs;
}
```

Damit sind dann dieselben Aufrufe wie im letzten Beispiel möglich:

```
auto x3 = add3(1, 2);      // wie "int x3 = ..."
auto d3 = add3(1, 0.0);    // wie "double d3 = ..."
auto s3 = add3(s1, s2);    // wie "string s3 = ..."
auto n3 = add3(s1, "s2");  // wie "string n3 = ..."
```

14.5 Kovarianz und Kontravarianz

Damit Objekte eines Klassen-Templates einander zugewiesen werden können, müssen ihre Typ-Argumente nicht gleich sein. Mit einem Klassen-Template G, Klassen C, D, wobei D implizit in C konvertierbar ist, und Objekten *gc* und *gd*

```
G<C> gc;
G<D> gd;
```

bezeichnet man das Template G als

kovariant, wenn die Zuweisung gc=gd zulässig ist, bzw. als
kontravariant, wenn die Zuweisung gd=gc zulässig ist.

Die nächste Tabelle zeigt für einige C++-Templates ihre Kovarianz- und Kontravarianz-Eigenschaften:

	kovariant	kontravariant
STL-Container	nein	nein
std::initializer_list<T *>	nein	nein
std::shared_ptr<T>,	ja	nein
std::unique_ptr<T>	ja	nein
std::pair<T *, U *>	ja	nein
std::tuple<T *, U *>	ja	nein
std::function<R *(T *)>	ja, im Rückgabetyp	ja, im Parametertyp

15 STL-Algorithmen und Lambda-Ausdrücke

Die STL enthält über 100 Algorithmen für viele Aufgaben, die vor allem bei der Arbeit mit Containern immer wieder anfallen. Sie stehen nach

```
#include <algorithm>
```

im Namensbereich *std* zur Verfügung. Diese Algorithmen sind Funktions-Templates, denen oft Iteratoren und Operationen als Argumente übergeben werden. Da Iteratoren Bereiche in Containern der STL, in Arrays und in Dateien beschreiben können, kann man diese Algorithmen mit vielen Containern fast beliebiger Elementtypen aufrufen. Die Operationen, die ein Algorithmus mit den Elementen eines Containers durchführt, werden oft als Lambda-Ausdruck übergeben. Deshalb kann ein Algorithmus nahezu beliebige Anweisungen ausführen.

Im Folgenden werden nicht alle Algorithmen dargestellt. Es soll vor allem gezeigt werden, wie die Algorithmen aufgebaut sind, und wie sie verwendet werden können. Da viele Algorithmen ähnlich aufgebaut sind, dürfte es nicht schwerfallen, auch die anderen zu verwenden.

Die Algorithmen bis Abschnitt 15.6 werden auch als nicht modifizierende Algorithmen bezeichnet, da sie keine Werte in dem als Parameter übergebenen Bereich verändern. Die übrigen Algorithmen verändern Werte oder ihre Anordnung und werden deshalb auch als mutierende Algorithmen bezeichnet.

15.1 Iteratoren

Neben Templates und Funktionsobjekten sind Iteratoren ein weiteres Grundkonzept, auf dem die STL beruht. Ein Iterator ist eine Variable bzw. ein Datentyp, der auf ein Element eines Containers zeigt. Für Iteratoren sind bestimmte Operationen definiert, die es ermöglichen, die Elemente eines Containers zu durchlaufen. So bewirkt z.B. der für jeden Iterator definierte Operator ++, dass der Iterator anschließend auf das nächste Element des Containers zeigt. Mit den ebenfalls in allen Iteratoren definierten Operatoren * und -> kann man das Element ansprechen, auf das er zeigt.

Alle STL Containerklassen haben Iteratoren. Das sind Klassen, die in den Containerklassen definiert sind und die in jeder Containerklasse den Namen *iterator* haben. Deshalb können sie in beliebigen Containerklasse verwendet werden wie in

```
typedef vector<int> Container;
typedef Container::iterator Iterator;
```

Da die verschiedenen Container (z.B. *list*, *vector* oder *set*) intern völlig unterschiedlich implementiert sind, ist auch der Operator ++ in jeder Containerklasse unterschiedlich implementiert. Da jeder Operator aber in allen Containern dieselbe Bedeutung hat, kann man alle Container mit derselben Syntax durchlaufen, ohne dass man sich um die Details der Implementierung kümmern muss.

Damit eine Klasse ein Iterator ist, müssen lediglich die entsprechenden Operatoren definiert sein. Deshalb sind alle Klassen Iteratoren, die diese Operatoren haben. Da die STL-Algorithmen nur diese Operatoren verwenden, können alle Algorithmen mit allen Containern arbeiten, die die jeweils notwendigen Iteratoren haben.

Mit dieser eigentlich sehr einfachen, aber doch auch recht abstrakten Technik wird die Vielseitigkeit der STL erreicht. Sie beruht insbesondere nicht auf einem objektorientierten Ansatz, bei dem alle Containerklassen von einer gemeinsamen Basisklasse abgeleitet sind.

Da ein Iterator nur einen Teil der Operatoren eines Zeigers hat, werden Iteratoren auch als verallgemeinerte Zeiger bezeichnet. Deshalb können viele STL-Algorithmen auch mit konventionellen Arrays aufgerufen werden. Der Begriff „verallgemeinerter Zeiger" sollte aber nicht zu philosophischen Grübeleien über verallgemeinerte Zeiger „an sich" verleiten. Viele Leute haben schon genügend Schwierigkeiten, mit gewöhnlichen Zeigern richtig umzugehen.

15.1.1 Die verschiedenen Arten von Iteratoren

Verschiedene Algorithmen benötigen Iteratoren, für die unterschiedliche Operationen zulässig sind. So müssen z.B. für die Iteratoren *first* und *last* in

```
template <class InputIterator, class Function>
Function for_each(InputIterator first,
  InputIterator last, Function f)
{
  while (first != last) f(*first++);
  return f;
}
```

die Operatoren ++ und != definiert sein. In *replace* muss außerdem eine Zuweisung an das Element **first* möglich sein:

15.1 Iteratoren

```
template <class ForwardIterator, class T>
void replace(ForwardIterator first, ForwardIterator last,
   const T& old_value, const T& new_value) {
   while (first != last)
   {
      if (*first == old_value) *first = new_value;
      ++first;
   }
}
```

Die unterschiedlichen Anforderungen der Algorithmen an die Iteratoren werden in der STL in den folgenden fünf Kategorien zusammengefasst. Damit ein Iterator zu einer dieser Kategorien gehört, muss seine Komplexität für jede dieser Operationen konstant sein.

	Output-Iterator	Input-Iterator	Forward-Iterator	Bidirectio-nalIterator	RandomAccess-Iterator
Lesen		=*p	=*p	=*p	=*p
Zugriff		->	->	->	->, []
Schreiben	*p=		*p=	*p=	*p=
Iteration	++	++	++	++, --	++, --, +, -, +=, -=
Vergleich		==, !=	==, !=	==, !=	==, !=, <, >, >=, <=

Diese Kategorien lassen sich so anordnen:

Hier bedeutet ein Pfeil, dass der Iterator, von dem der Pfeil ausgeht, alle Operationen des Iterators hat, auf den er zeigt. Deswegen kann z.B. ein ForwardIterator überall dort verwendet werden, wo ein Input- oder OutputIterator notwendig ist.

Beispiele: Die Container *list*, *map*, *multimap*, *set* und *multiset* haben bidirektionale Iteratoren und die Container *string*, *deque* und *vector* RandomAccessIteratoren. Da Zeiger auf nicht konstante Arrays RandomAccessIteratoren sind, können alle Algorithmen der STL auch mit solchen Arrays aufgerufen werden. Ein Zeiger auf ein konstantes Array ist dagegen nur ein InputIterator. Die später vorgestellten Einfügeiteratoren (siehe Abschnitt 15.1.3) und die OstreamIteratoren sind OutputIteratoren, und die IstreamIteratoren sind InputIteratoren (siehe Abschnitt 15.1.4).

Die Iterator-Kategorie wird in der STL als Name für einen Template-Parameter verwendet. Wenn ein Algorithmus wie *transform* zwei verschiedene Iteratortypen derselben Kategorie als Parameter hat, können die Argumente verschiedene

```cpp
template <class InputIterator1, class InputIterator2,
  class OutputIterator, class BinaryOperation>
  OutputIterator transform(InputIterator1 first1,
    InputIterator1 last1, InputIterator2 first2,
    OutputIterator result, BinaryOperation binary_op)
{
  while (first1 != last1)
    *result++ = binary_op(*first1++, *first2++);
  return result;
}
```

Deswegen kann dieser Algorithmus verschiedene Container kombinieren. Dabei müssen die Datentypen der Elemente nicht gleich sein: Es reicht aus, wenn alle Operationen im Algorithmus ausgeführt werden können.

Beispiel: *transform* fügt die Summe der beiden Werte aus einem *vector* und einem *set* in einen *list*-Container ein:

```cpp
std::vector<int> v = { 1 };
std::set<double> s = { 2 };
std::list<char> l(10); // Platz reservieren
std::transform(v.begin(), v.end(), s.begin(), l.begin(),
   std::plus<double>());
for (auto i: l)
   cout << i << " ";
```

15.1.2 Umkehriteratoren

Bidirektionale und RandomAccessIteratoren haben **Umkehriteratoren**, die einen Bereich in der umgekehrten Richtung durchlaufen. In diesen Iteratoren mit dem Namen *reverse_iterator* sind die Operatoren ++, –– usw. dann durch die jeweils „entgegengesetzten" Operationen definiert:

```cpp
template <class Iterator>
class reverse_iterator // nur ein vereinfachter Auszug
{
  Iterator current;
public:
  reverse_iterator() {}
  explicit reverse_iterator(Iterator x) : current(x) {}
  reverse_iterator<Iterator>& operator++()
  {
    --current; // nicht ++
    return *this;
  }
  // ...
}
```

Die in allen STL-Containern definierten Elementfunktionen *rbegin()* und *rend()* haben einen Umkehriterator als Rückgabewert:

15.1 Iteratoren

```
reverse_iterator rbegin()
{
  return reverse_iterator(end());
}
reverse_iterator rend()
{
  return reverse_iterator(begin());
}
```

Mit **Umkehriteratoren** kann man einen Bereich **rückwärts** durchlaufen.

Beispiel: Der Elemente von v werden in der umgekehrten Reihenfolge ausgegeben durch

```
vector<int> v = { 1,2,3 };
for (auto i = v.rbegin(); i != v.rend(); i++)
  cout << *i << " "; // Ausgabe: 3,2,1
```

Das Funktions-Template

template <class Iterator>
reverse_iterator<Iterator> **make_reverse_iterator**(*Iterator i*)

erzeugt aus dem als Parameter übergebenen Iterator einen *reverse_iterator*.

15.1.3 Einfügefunktionen und Einfügeiteratoren

Die Elementfunktionen der STL-Container (*insert*, *push_back* usw.) erzeugen automatisch immer dann neue Elemente im Container, wenn das notwendig ist.

Im Unterschied dazu führen die STL-Algorithmen keine solchen Erweiterungen durch, da sie so entworfen sind, dass sie auch mit Arrays arbeiten, die nicht erweitert werden können. Wenn die Algorithmen der STL Daten ausgeben, schreiben sie diese meist in einen Bereich, der durch Iteratoren beschrieben wird.

Beispiel: *copy* kopiert die Werte im Bereich [*first, last*) in den Bereich ab *result*:

```
template <class InputIterator, class OutputIterator>
  OutputIterator copy(InputIterator first,
    InputIterator last, OutputIterator result)
{
  while (first != last) *result++ = *first++;
  return result;
}
```

Da hier **result* überschrieben wird, muss **result* vor der Zuweisung existieren, da sonst nicht reservierte Speicherbereiche angesprochen werden.

Es ist allerdings meist etwas umständlich, die Elemente im Zielbereich vor dem Aufruf des Algorithmus zu erzeugen. Diese Notwendigkeit lässt sich mit Einfügefunktionen vermeiden.

Sie rufen in einem überladenen Zuweisungsoperator eine Funktion wie *push_back* auf, die den zugewiesenen Wert in den Container einfügt. Damit können die STL-Algorithmen auch Werte in einen Container einfügen.

Eine solche Einfügefunktion ist ***back_inserter***:

```
template <class Container>
back_insert_iterator<Container> back_inserter(Container& x)
{
   return back_insert_iterator<Container>(x);
}
```

Dieses Funktions-Template gibt einen **Einfügeiterator** zurück, der aus dem Klassen-Template *back_insert_iterator* erzeugt wird. Der Zuweisungsoperator dieser Klasse fügt das zugewiesene Element mit *push_back* in den Container ein:

```
template <class Container>// nur ein vereinfachter Auszug
class back_insert_iterator : public output_iterator {
protected:
   Container* container;
public:
   back_insert_iterator(Container& x) : container(&x) {}
   back_insert_iterator<Container>& operator=
     (typename Container::const_reference value)
   {
      container->push_back(value);
      return *this;
   }
   // ...
};
```

Weitere Einfügefunktionen werden von den Funktions-Templates ***front_inserter*** bzw. ***inserter*** erzeugt, die einen *front_insert_iterator* bzw. einen *insert_iterator* zurückgeben. Der Zuweisungsoperator dieser Klassen fügt ein neues Element mit *push_front* am Anfang bzw. mit *insert* an einer bestimmten Position des Containers ein, der als Argument für *Container* übergeben wird:

```
template <class Container>
front_insert_iterator<Container> front_inserter(Container& x)
{
   return front_insert_iterator<Container>(x);
}

template <class Container, class Iterator>
insert_iterator<Container> inserter(Container& x, Iterator i)
{
   return insert_iterator<Container>(x, Container::iterator(i));
}
```

Alle diese Iteratoren gehören zur Kategorie OutputIterator und können deshalb anstelle von OutputIteratoren verwendet werden.

15.1 Iteratoren

Beispiel: Da alle STL-Container die Funktionen *push_back* und *insert* haben, können *back_inserter* und *front_inserter* mit allen Containern verwendet werden:

```
string s1 = "abc", s2, s3, s4;
std::copy(s1.begin(), s1.end(), std::back_inserter(s2));
// s2="abc";

std::copy(s1.begin(), s1.end(), inserter(s3, s3.begin()));
// s3="abc";
```

Da ein *string* kein *push_front* hat, kann ein *front_inserter* nicht mit einem *string* verwendet werden:

```
std::copy(s1.begin(), s1.end(), std::front_inserter(s4));
// nicht mit string, aber mit anderen Containern
```

15.1.4 Stream-Iteratoren

Die Stream-Iteratoren ***ostream_iterator*** und ***istream_iterator*** sind ähnlich wie die Einfügeiteratoren konstruiert. Eine Zuweisung an einen *ostream_iterator* bewirkt, dass der zugewiesene Wert in einen *ostream* geschrieben wird:

```
template <class T> // nur ein vereinfachter Auszug
class ostream_iterator : public iterator<...> {
private:
  ostream* out_stream;
  const char* delim;
public:
  ostream_iterator(ostream& s) :out_stream(&s), delim(0) {}
  ostream_iterator(ostream& s, const char* delimiter) :
                        out_stream(&s), delim(delimiter) {}
  ostream_iterator<T>& operator=(const T& value)
  {
    *out_stream << value;
    if (delim != 0) *out_stream << delim;
    return *this;
  }
  // ...
};
```

Beim zweiten Konstruktor dieses Iterators kann man eine zusätzliche Zeichenfolge angeben, die nach jedem Element in den Stream geschrieben wird.

Ein *ostream_iterator* ist ein OutputIterator. Mit einem solchen Iterator kann ein STL Algorithmus wie *copy* in einen Stream schreiben.

Beispiel: Der folgende Aufruf von *copy* schreibt alle Elemente des Containers s zusammen mit jeweils einem Leerzeichen in eine Datei:

```
vector<string> s = { "Chrissie","und","Quitschele" };
std::ofstream fout("c:\\test\\outit.txt");
copy(s.begin(), s.end(),
  std::ostream_iterator<std::string>(fout, " "));
```

Mit "\n" anstelle von " " wird jedes Zeichen in eine neue Zeile geschrieben. Mit *cout* anstelle von *fout* werden die Daten in die Konsole geschrieben.

Ein *istream_iterator* liest Daten aus dem Stream, der bei seinem Konstruktor angegeben wurde. Jeder Aufruf des Operators ++ liest das nächste Element aus dem Stream. Am Ende des Streams liefert der Iterator einen speziellen eindeutigen Wert zurück, den sogenannten *end-of-stream* Iterator. Diesen Wert erhält man auch von einem mit dem Standardkonstruktor erzeugten *istream_iterator*. Deshalb kann man das Objekt *istream_iterator<T>()* immer als Iterator für das Ende eines Streams verwenden. Dieser Iterator ist **der einzig zulässige**, der in einer Abfrage auf das Ende eines Streams verwendet werden darf.

```
template <class T> // nur ein vereinfachter Auszug
class istream_iterator :public input_iterator<T> {
  istream* in_stream;
  T value;
public:
  istream_iterator(); // erzeugt den end-of-stream Iterator
  istream_iterator(istream& s); // initialisiert in_stream mit s
  const T& operator*() const { return value; }

  istream_iterator<T>& operator++();
  {
    *in_stream >> value;
    return *this;
  }

  istream_iterator<T> operator++(int)
  {
    istream_iterator<T, Distance> tmp = *this;
    *in_stream >> value;
    return tmp;
  }
};
```

Stream-Iteratoren sind offensichtlich ziemlich „trickreich" konstruierte Iteratoren. Sie ermöglichen aber, **Container und Streams** mit denselben STL-Algorithmen und damit **einheitlich zu behandeln**. Bei den konventionellen Containern und Streams, die in einer Programmiersprache wie C den Arrays und den durch FILE* dargestellten Streams entsprechen, ist eine solche einheitliche Behandlung nicht möglich.

Beispiel: Der STL-Algorithmus *copy* kann einen Stream in einen Container einlesen:

15.1 Iteratoren

```
ifstream fi("c:\\test\\faust.txt");
vector<string> v;
copy(istream_iterator<string>(fi),
   istream_iterator<string>(), back_inserter(v));
```

Hier wird ein mit dem Standardkonstruktor erzeugter *istream_iterator* verwendet, um bis zum letzten Element des Streams zu lesen.

15.1.5 Container-Konstruktoren mit Iteratoren

Alle STL-Container haben Konstruktoren, denen man ein Paar von Iteratoren übergeben kann. Der Container wird dann bei der Konstruktion mit den Elementen aus dem Bereich gefüllt, den die Iteratoren beschreiben.

Beispiel: Der *vector* v wird mit den Elementen des Arrays a gefüllt:

```
string a[7] = { "Carolin","die","kleine","zappelt","an",
                              "der","Wäscheleine" };
vector<string> v(a, a + 7);
```

Mit der nach dem letzten *copy*-Beispiel naheliegenden Schreibweise ist *vs* allerdings ein Funktionszeiger und kein *vector*:

```
ifstream fi("c:\\test\\faust.txt");
vector<string> vs1(istream_iterator<string>(fi),
   istream_iterator<string>());
vs1.push_back(""); // Fehler: vs1 ist keine Klasse
```

Mit der folgenden Schreibweise ist *vs* dagegen ein *vector*, der bei seiner Konstruktion mit den Elementen der Datei gefüllt wird:

```
ifstream fi("c:\\test\\faust.txt");
istream_iterator<string> it1(fi), it2;
vector<string> vs2(it1, it2);
vs2.push_back(""); // das geht
```

Container-Konstruktoren, Einfügeiteratoren, der copy-Algorithmus und die Elementfunktionen *insert* bieten unterschiedliche Möglichkeiten, einen Container zu füllen. Die Anweisungen unter a) bis e) haben alle dasselbe Ergebnis. Wie die nächste Tabelle zeigt, erreichen sie dieses Ergebnis aber mit teilweise beträchtlichen Zeitunterschieden.

```
const int Max = 10'000'000;
vector<int> src(Max);
a) vector<int> dst;
   std::copy(src.begin(), src.end(), back_inserter(dst));
b) dst.reserve(src.size());
   std::copy(src.begin(), src.end(), back_inserter(dst));
c) dst.reserve(src.size());
   for (auto i : src)
```

```
        dst.push_back(i);
d) vector<int> dst(src.begin(), src.end());
e) dst.insert(dst.end(), src.begin(), src.end());
```

Visual C++ 2017 Release	a)	b)	c)	d)	e)
src.size()==10.000.000	0.074 Sek.	0.039 Sek.	0.039 Sek.	0.012 Sek.	0.012 Sek.

15.1.6 Globale Iterator-Funktionen Θ

Für einen STL-Container c stehen die Iterator-Funktionen *c.begin* und *c.end* auch als globale Funktionen zur Verfügung:

```
template <class C>
auto begin(C& c) -> decltype(c.begin())
{ return c.begin(); }

template <class C>
auto end(C& c) -> decltype(c.end())
{ return c.end(); }
```

Sie ermöglichen für einen Container c die Schreibweise *begin(c)* anstelle von *c.begin()*. Diese neue Schreibweise ist an sich kaum ein Vorteil, der ein neues Sprachelement rechtfertigt. Der einzige Vorteil ergibt sich daraus, dass *begin* und *end* auch für Arrays zur Verfügung steht:

```
template <class T, size_t N>
constexpr T* begin(T(&a)[N]) noexcept
{ return a; }

template <class T, size_t N>
constexpr T* end(T(&a)[N]) noexcept
{ return array + N; }
```

Damit können die Algorithmen der STL für Arrays und STL-Container mit derselben Syntax (insbesondere in einem Template) verwendet werden:

```
vector<int> v = { 2,1,3 };
int a[3] = { 2,1,3 };
std::sort(begin(v), end(v));
std::sort(begin(a), end(a)); // Noch nicht in VS 2017.3
```

Aufgabe 15.1

1. Verwenden Sie zur Definition der folgenden Funktions-Templates die STL-Algorithmen *sort* und *copy* sowie geeignete Iteratoren. Alle Datensätze, die in eine Datei geschrieben werden, sollen in eine eigene Zeile geschrieben werden.

   Die Elemente sollen nicht nur den Datentyp *int* haben können, sondern einen beliebigen Datentyp, für den der Ausgabeoperator >> definiert ist.

15.2 Lineares Suchen

a) Das Funktions-Template *writeToFile* soll die Elemente aus dem Bereich [*first, last*) in eine Datei schreiben, deren Name als Parameter übergeben wird.

```
int a[3] = { 1,2,3 };
writeToFile<int>(as, as + 3, "c:\\test\\s.txt");
```

b) Das Funktions-Template *copyFile* soll eine Datei in eine zweite kopieren. Die Namen der Dateien sollen als Parameter übergeben werden.

```
copyFile<int>("c:\\test\\s.txt", "c:\\test\\sc.txt");
```

c) Das Funktions-Template *sortFile* soll eine Textdatei sortieren. Dazu sollen die Elemente in einen *vector* eingelesen und dieser dann sortiert werden. Der sortierte *vector* soll dann in die Zieldatei geschrieben werden.

```
sortFile<int>("c:\\test\\s.txt", "c:\\test\\s_sor.txt");
```

d) Das Funktions-Template *showFile* soll die Elemente einer Datei, deren Namen als Parameter übergeben wird, am Bildschirm ausgeben.

e) Testen Sie die Funktions-Templates von a) bis e) mit einer sortierten, einer unsortierten, einer leeren und einer Datei mit einem Element des Datentyps *int*. Geben Sie die dabei erzeugten Dateien mit *showFile* aus.

f) Testen Sie *writeToFile* mit einem selbstdefinierten Datentyp, für den der Ein- und Ausgabeoperator definiert ist (wie z.B. *Bruch* von Aufgabe 8.2.5, 2.)

2. Ergänzen Sie das Klassen-Template *Array* (Aufgabe 14.2, 1.) um einen Datentyp *iterator* sowie um die beiden Elementfunktionen *begin* und *end*. Diese Funktionen sollen einen Zeiger (Datentyp *iterator*) auf das erste bzw. auf das Element nach dem letzten zurückgeben. Mit diesen Ergänzungen soll ein Array dann mit dem folgenden Aufruf des STL-Algorithmus *sort* sortiert werden können:

```
const int n = 100;
Array<int, n> a;
for (int i = 0; i<n; i++) a[i] = n - i;
std::sort(a.begin(), a.end());
```

3. Konstruieren Sie einen *vector<int>* und einen *vector<Bruch>* mit den Werten aus einer Datei, die in Aufgabe 1 angelegt wurde.

15.2 Lineares Suchen

Der Algorithmus *find* sucht in einem durch zwei Iteratoren beschriebenen Bereich [*first, last*) nach einem bestimmten Wert. Das Ergebnis ist ein Iterator auf das erste gefundene Element. Falls das Element nicht gefunden wird, ist der Funktionswert das Argument für *last*:

```
template <class InputIterator, class T>
InputIterator find(InputIterator first,
   InputIterator last, const T& value)
{
  while (first != last && *first != value) ++first;
  return first;
}
```

Um alle Elemente mit einem bestimmten Wert zu suchen, ruft man *find* wiederholt auf und sucht jeweils ab der Position, die auf die zuletzt gefundene folgt.

Beispiel: Einen Container s durchsucht man folgendermaßen nach allen Elementen eines bestimmten Wertes:

```
vector< string> v = { "Julia","Bianca","Julia" }, r;
auto p = std::find(v.begin(), v.end(), "Julia");
while (p != v.end())
{
  r.push_back(*p);
  p = std::find(p + 1, v.end(), "Julia");
}
int n = r.size(); // 2
```

Aus der Definition von *find* ergibt sich eine lineare Komplexität. Die **assoziativen Container** *map*, *multimap*, *set* und *multiset* haben eine Elementfunktion, die ebenfalls *find* heißt. Diese nutzt die Baumstruktur dieser Container aus und hat eine logarithmische Komplexität. In einem **sortierten Container**, der nicht notwendig assoziativ sein muss, sucht man ebenfalls mit logarithmischer Komplexität mit den binären Suchfunktionen *lower_bound()*, *upper_bound()*, *equal_range()* und *binary_search()* (siehe Abschnitt 15.13.3).

In der Praxis ist *find* nicht so wichtig, da man genau den gesuchten Wert erhält. Oft sucht man nach Werten, die eine bestimmte Bedingung erfüllen. Das ist mit dem schon in Abschnitt 13.2 vorgestellten Algorithmus *find_if* möglich, dem man eine Bedingung als Prädikat übergeben kann:

template<class InputIterator, class Predicate>
*InputIterator **find_if**(InputIterator first, InputIterator last,Predicate pred);*

Das erste Element, das eine Bedingung nicht erfüllt, erhält man mit

template<class InputIterator, class Predicate>
*InputIterator **find_if_not**(InputIterator first, InputIterator last,Predicate pred);*

Beispiel: Durch die folgenden Anweisungen erhält *result* den Wert „Maximilian":

```
vector<string> v = { "Kaiser","Maximilian","geb. 1495" };
auto p = std::find_if(v.begin(), v.end(), [](std::string s)
               {return s.find("ximi") != string::npos; });
string result;
if (p != v.end())
  result = *p;
```

15.3 Zählen

Die *find_first_of*-Algorithmen liefern einen Iterator auf das erste Element im Bereich [*first1*, *last1*), das im Bereich [*first2*, *last2*) enthalten ist. In der ersten Version werden die Elemente auf Gleichheit geprüft und in der zweiten mit dem binären Prädikat.

> *template<class ForwardIterator1, class ForwardIterator2>*
> *ForwardIterator1* **find_first_of**(*ForwardIterator1 first1,*   // Version 1
>   *ForwardIterator1 last1, ForwardIterator2 first2, ForwardIterator2 last2);*
>
> *template<class ForwardIterator1, class ForwardIterator2,*
>   *class BinaryPredicate>*
> *ForwardIterator1* **find_first_of** (*ForwardIterator1 first1,*   // Version 2
>   *ForwardIterator1 last1, ForwardIterator2 first2, ForwardIterator2 last2,*
>   *BinaryPredicate pred);*

Bei diesen Algorithmen werden die beiden Bereiche durch verschiedene Typen von Iteratoren beschrieben. Deshalb können sie aus verschiedenen Containern sein, die Elemente verschiedener Datentypen enthalten.

Beispiel:
```
int a[10] = { 1,2,3,4,5,6,7,8,9,10 };
double d[3] = { 4,2,6 };
int* i = std::find_first_of(a, a + 10, d, d + 3); // *i=2
```

Mit *adjacent_find* kann man benachbarte Werte finden, die gleich sind (Version 1) bzw. für die ein binäres Prädikat den Wert *true* hat (Version 2). Der Funktionswert ist dann ein Iterator auf das erste gefundene Element des ersten solchen Paars. Falls kein solches Paar gefunden wird, ist der Funktionswert das Argument für *last*.

> *template<class ForwardIterator>*   // Version 1
> *ForwardIterator* **adjacent_find**(*ForwardIterator first, ForwardIterator last);*
>
> *template<class ForwardIterator, class BinaryPredicate>*   // Version 2
> *ForwardIterator* **adjacent_find**(*ForwardIterator first, ForwardIterator last,*
>   *BinaryPredicate pred);*

Beispiel:
```
deque<string> v = { "12","12","123","" };
auto i = adjacent_find(v.begin(), v.end()); // *i="12"
auto j = adjacent_find(v.begin(), v.end(),
    [](string n, string m) {return n.length()==m.length()+3; });
// *j= "123"
```

Falls das binäre Prädikat bei einer Ungleichheit der beiden Argumente den Wert *true* zurückgibt, kann man mit *adjacent_find* auch benachbarte Werte finden, die verschieden sind.

15.3 Zählen

Der Funktionswert von *count* bzw. *count_if* ist die Anzahl der Elemente im Bereich [*first*, *last*), die den Wert *value* haben bzw. das Prädikat *pred* erfüllen. Sein Datentyp ist ein Ganzzahltyp mit Vorzeichen.

template<class InputIterator, class T>
iterator_traits<InputIterator>::difference_type **count**(*InputIterator first,*
    InputIterator last, const T& value);

template<class InputIterator, class Predicate>
iterator_traits<InputIterator>::difference_type
count_if(*InputIterator first, InputIterator last, Predicate pred);*

Die Komplexität dieser Algorithmen ist linear. Die assoziativen Container (*set*, *multiset*, *map* und *multimap*) haben eine Elementfunktion mit dem Namen *count* mit einer logarithmischen Komplexität.

Beispiel: Bei einem sequentiellen Container s kann man *count* folgendermaßen aufrufen:

```
string s = "Bei Bruno im Stern versackt man gern";
int i = count(s.begin(), s.end(), 'e'); // i=4
int j = count_if(s.begin(), s.end(),
  [](char n) {return n >= 's'; }); // j=5
```

Bei einem *set* oder *map* verwendet man besser die Elementfunktion. Sie liefert bei einem *map* die Anzahl der Elemente mit einem bestimmten Schlüsselwert:

```
set<int> s; map<int, int> m;
s.count(2);
m.count(2);
```

15.4 Der Vergleich von Bereichen

Mit *equal* kann man prüfen, ob zwei Bereiche dieselben Elemente enthalten bzw. ob alle Elemente bezüglich eines binären Prädikats gleich sind:

template<class InputIterator1, class InputIterator2>
bool **equal**(*InputIterator1 first1, InputIterator1 last1, InputIterator2 first2);*

template<class InputIterator1, class InputIterator2, class BinaryPredicate>
bool **equal**(*InputIterator1 first1, InputIterator1 last1, InputIterator2 first2,*
    BinaryPredicate pred);

Hier wird für den zweiten Bereich nur ein Iterator auf das erste Element angegeben. Diese Algorithmen setzen voraus, dass im zweiten Bereich mindestens *last1 –first1* Elemente auf den Iterator *first2* folgen. Da die Iteratortypen *InputIterator1* und *InputIterator2* verschieden sind, können mit *equal* auch Bereiche aus Containern verschiedener Datentypen verglichen werden:

Beispiel: Der Wert von b1 gibt an, ob beide Container dieselben Elemente enthalten, und der von b2, ob alle Elemente des ersten kleiner oder gleich allen Elementen des zweiten Containers sind:

```
            list<int> l1 = { 1,2,2,2 }, l2 = { 1,2,3,2 };
            bool b1 = equal(l1.begin(), l1.end(), l2.begin()); // false
            bool b2 = equal(l1.begin(), l1.end(), l2.begin(),
               less_equal<int>()); // b2==true
```

Der Funktionswert von **mismatch** ist ein *pair* von Iteratoren auf die ersten nicht übereinstimmenden Elemente. Falls die beiden Bereiche identisch sind, ist er das *pair* (*last1,end*). Dabei ist *end* der Ende-Iterator des zweiten Bereichs.

template<class InputIterator1, class InputIterator2>
*pair<InputIterator1, InputIterator2>***mismatch**(*InputIterator1 first1,*
   InputIterator1 last1, InputIterator2 first2);

template<class InputIterator1, class InputIterator2,
class BinaryPredicate> pair<InputIterator1, InputIterator2>
mismatch(*InputIterator1 first1, InputIterator1 last1,InputIterator2 first2,*
   BinaryPredicate pred);

```
Beispiel:  string s1="Tour de Alb mit Heidi",s2="Tour de Alb + Humphrey";
           std::pair<string::iterator, string::iterator>
              p = mismatch(s1.begin(), s1.end(), s2.begin());
           // p.first="mit Heidi", p.second="+ Humphrey"
```

Die lexikografische Anordnung der Elemente von zwei Bereichen kann mit den nächsten beiden Funktionen bestimmt werden:

template<class InputIterator1, class InputIterator2>
bool **lexicographical_compare** *(InputIterator1 first1, InputIterator1 last1,*
   InputIterator2 first2, InputIterator2 last2);

template<class InputIterator1, class InputIterator2, class Compare>
bool **lexicographical_compare**(*InputIterator1 first1, InputIterator1 last1,*
   InputIterator2 first2, InputIterator2 last2,Compare comp);

Der Funktionswert dieser beiden Algorithmen ist *true*, falls die erste Folge lexikografisch vor der zweiten kommt. Falls die erste Folge kürzer ist als die zweite und in allen Elementen mit der zweiten übereinstimmt, kommt die erste vor der zweiten.

15.5 Suche nach Teilfolgen

Mit *search* und *find_end* kann man prüfen, ob eine Folge von Werten in einem Bereich enthalten ist. Der Funktionswert von *search* ist dann ein Iterator auf die Position des ersten Elements in der ersten so gefundenen Folge. Im Unterschied zu *search* sucht *find_end* von hinten und liefert die Position des ersten Elements in der letzten so gefundenen Teilfolge. Falls die gesuchte Folge nicht gefunden wird, ist der Funktionswert *last1*.

template<class ForwardIterator1, class ForwardIterator2>
*ForwardIterator1 **search** (ForwardIterator1 first1, ForwardIterator1 last1,*
 ForwardIterator2 first2, ForwardIterator2 last2);

template<class ForwardIterator1, class ForwardIterator2,
 class BinaryPredicate>
*ForwardIterator1 **search**(ForwardIterator1 first1, ForwardIterator1 last1,*
 ForwardIterator2 first2, ForwardIterator2 last2, BinaryPredicate pred);

template<class ForwardIterator1, class ForwardIterator2>
*ForwardIterator1 **find_end** (ForwardIterator1 first1, ForwardIterator1 last1,*
 ForwardIterator2 first2, ForwardIterator2 last2);

template<class ForwardIterator1, class ForwardIterator2,
 *class BinaryPredicate>ForwardIterator1 **find_end**(ForwardIterator1 first1,*
 ForwardIterator1 last1, ForwardIterator2 first2, ForwardIterator2 last2,
 BinaryPredicate pred);

Beispiel:
```
string s1 = "12342356", s2 = "23";
  string::iterator i = search(s1.begin(), s1.end(),
    s2.begin(), s2.end()); // i-s1.begin() = 1
  string::iterator j = find_end(s1.begin(), s1.end(),
    s2.begin(), s2.end()); // j-s1.begin() = 4
```

Der Funktionswert von *search_n* ist die Position des ersten von n gleichen Elementen im Bereich [*first,last*):

template<class ForwardIterator, class Size, class T>
*ForwardIterator **search_n**(ForwardIterator first, ForwardIterator last,*
 Size count, const T& value);

template<class ForwardIterator, class Size, class T, class BinaryPredicate>
*ForwardIterator **search_n**(ForwardIterator first, ForwardIterator last,*
 Size count, const T& value, BinaryPredicate pred);

15.6 Minimum und Maximum

Mit *min* und *max* erhält man das **Minimum** bzw. **Maximum** von zwei Werten:

template<class T>
*constexpr const T& **min**(const T& a, const T& b); // analog mit **max***

template<class T, class Compare>
*constexpr const T& **min**(const T& a, const T& b, Compare comp); // analog mit **max***

Das Argument kann auch eine Initialisiererliste sein:

15.7 Mit all_of, any_of, none_of alle Elemente in einem Bereich prüfen

```
template<class T>
constexpr T min(initializer_list<T> t); // analog mit max
```

```
template<class T, class Compare>
constexpr T min(initializer_list<T> t, Compare comp); // analog mit max
```

Die mit *constexpr* gekennzeichneten Algorithmen bestimmen den Wert schon während der Kompilation, wenn die Argumente schon während der Kompilation bekannt sind.

Beispiel: Da der Rückgabetyp *constexpr* ist, kann er einem *constexpr* zugewiesen werden.

```
constexpr int min1 = std::min(1,2);
constexpr int min2 = std::min({ 1,2,3 });
```

Die Algorithmen **min_element** bzw. **max_element** geben einen Iterator auf den minimalen bzw. maximalen Wert im Bereich [*first*, *last*) zurück. **max_element** hat dieselben Parameter und denselben Rückgabetyp wie *min_element*:

```
template<class ForwardIterator>
constexpr ForwardIterator min_element(ForwardIterator first, ForwardIterator last);
```

```
template<class ForwardIterator, class Compare>
constexpr ForwardIterator min_element(ForwardIterator first, ForwardIterator last, Compare comp);
```

Mit *minmax_element* erhält man das Minimum und das Maximum mit einem einzigen Aufruf (als Wertepaar):

```
template<class ForwardIterator>
pair<ForwardIterator, ForwardIterator>
minmax_element(ForwardIterator first, ForwardIterator last);
```

```
template<class ForwardIterator, class Compare>
pair<ForwardIterator, ForwardIterator>
minmax_element(ForwardIterator first, ForwardIterator last, Compare comp);
```

15.7 Mit *all_of*, *any_of*, *none_of* alle Elemente in einem Bereich prüfen

Die Algorithmen

```
template <class InputIterator, class Predicate>
bool all_of(InputIterator first, InputIterator last, Predicate pred);
```

```
template <class InputIterator, class Predicate>
bool any_of(InputIterator first, InputIterator last, Predicate pred);
```

```
template <class InputIterator, class Predicate>
bool none_of(InputIterator first, InputIterator last, Predicate pred);
```

geben *true* zurück, wenn für alle Elemente (bzw. mindestens ein Element bzw. kein Element) im Bereich [*first, last*) das Prädikat erfüllt bzw. nicht erfüllt ist.

```
Beispiel: std::vector<int> v = { 1,2,3,7 };
        auto gerade = [](int i) { return i % 2 == 0; };
        auto positiv = [](int i) { return i > 0; };
        auto null = [](int i) { return i == 0; };

        bool alle_gerade = std::all_of(v.cbegin(), v.cend(), gerade);
                                                                // false
        bool eines_positiv = std::any_of(v.cbegin(), v.cend(),
                                                        positiv); // true
        bool keines_null = std::none_of(v.cbegin(), v.cend(), null);
                                                                // true
```

15.8 Kopieren und Verschieben von Bereichen

copy kopiert die Elemente im Bereich [*first, last*) in den Bereich ab *result*:

```
template <class InputIterator, class OutputIterator>
OutputIterator copy(InputIterator first,
  InputIterator last, OutputIterator result)
{
  while (first != last) *result++ = *first++;
  return result;
}
```

Wie diese Anweisungen zeigen, werden dabei die Elemente im Bereich ab *result* überschrieben. Deshalb muss ab *result* bereits Platz reserviert sein oder ein Einfügeiterator verwendet werden.

copy_if kopiert alle Elemente, für die das Prädikat *true* ist:

template<class InputIterator, class OutputIterator, class Predicate>
*OutputIterator **copy_if**(InputIterator first, InputIterator last, OutputIterator result,*
Predicate pred);

copy_backward kopiert die Elemente im Bereich [*first,last*) in den Bereich, der mit *result* endet. *copy* und *copy_backward* unterscheiden sich nicht im Ergebnis, sondern nur in der Reihenfolge, in der die Elemente kopiert werden.

```
template <class BidirectionalIterator1, class
                                        BidirectionalIterator2>
BidirectionalIterator2 copy_backward(BidirectionalIterator1 first,
    BidirectionalIterator1 last, BidirectionalIterator2 result)
```

15.8 Kopieren und Verschieben von Bereichen

```
{
  while (first != last) *--result = *--last;
  return result;
}
```

Bei beiden Algorithmen darf *result* nicht im Bereich [*first,last*] enthalten sein. Falls sich der Quellbereich und der Zielbereich überlappen und der Quellbereich vor dem Zielbereich liegt, muss *copy* verwendet werden. Wenn der Quellbereich hinter dem Zielbereich liegt, muss *copy_backwards* verwendet werden.

Die folgenden Beispiele verwenden die Container

```
string s = "abc", s1 = "12345", s2 = s1, s3;
vector<char> v;
```

1. Diese beiden Aufrufe überschreiben die Elemente im Zielbereich:

    ```
    std::copy(s.begin(), s.end(), s1.begin());  // s1="abc45"
    std::copy_backward(s.begin(), s.end(), s2.end());//s2="12abc"
    ```

2. Falls die kopierten Elemente in den Zielbereich eingefügt werden sollen, verwendet man einen Einfügeiterator:

    ```
    std::copy(s.begin(), s.end(), back_inserter(s3));  // s3="abc"
    ```

3. Mit einem Stream-Iterator (siehe Abschnitt 15.1.4) können die kopierten Elemente in eine Datei geschrieben werden:

    ```
    #include <fstream>
    std::fstream f("c:\\test\\outit.txt");
    std::copy(s.begin(), s.end(),std::ostream_iterator<char>(f," "));
    ```

4. Die beiden Bereiche können aus verschiedenen Containern sein. Deswegen kann ein Array in einen Container der Standardbibliothek kopiert werden oder ein Array auf ein anderes:

    ```
    char a[5] = "xyz", b[10]; string c = "abcdef";
    std::copy(a, a + 4, c.begin()); // c="xyz";
    std::copy(a, a + 4, b);         // b="xyz";
    ```

Die *move*-Algorithmen verschieben die Elemente. Damit können Container mit Elementen verschoben werden, die nicht kopierbar sind. Das muss aber nicht bedeuten, dass die Elemente aus dem Quellbereich entfernt werden:

template<class InputIterator, class OutputIterator>
*OutputIterator **move**(InputIterator first, InputIterator last, OutputIterator result);*

template<class BidirectionalIterator1, class BidirectionalIterator2>
*BidirectionalIterator2 **move_backward**(BidirectionalIterator1 first,*
                              BidirectionalIterator1 last,BidirectionalIterator2 result);

Beispiel: Mit den *move*-Algorithmen können Container mit Elementen verschoben werden, die nicht kopierbar sind:

```
std::vector<std::thread> v;
std::list<std::thread> l;
std::move(v.begin(), v.end(), std::back_inserter(l));
// copy wird nicht kompiliert, da thread nicht kopierbar ist
```

15.9 Elemente transformieren und ersetzen

Die Algorithmen *transform* sind ähnlich aufgebaut wie *copy*. Der einzige Unterschied zwischen den beiden ist der, dass bei *transform* das Ergebnis einer Operation in den Bereich geschrieben wird, auf den der *result*-Iterator zeigt:

template<class InputIterator, class OutputIterator, class UnaryOperation>
*OutputIterator **transform**(InputIterator first, InputIterator last,*
OutputIterator result, UnaryOperation op);

Beispiel: Durch *transform* wird für jeden Wert i aus v ein Wertepaar (i,i*i) in den Vektor *result* eingefügt:

```
std::vector<int> v = { 1, 3, 7 };
std::vector<std::pair<int, double>> results;
std::transform(v.begin(), v.end(), back_inserter(results),
   [](int i) { return std::make_pair(i, i*i); });
// result = { {1,1}, {3,9}, {7,49} }
```

Eine zweite Variante führt für die Elemente der beiden Bereiche *first1 .. last1* und *first2 .. last2* eine binäre Operation aus und schreibt ihr Ergebnis in den Bereich ab *result*:

```
template <class InputIterator1, class InputIterator2,
  class OutputIterator, class BinaryOperation>
  OutputIterator transform(InputIterator1 first1,
    InputIterator1 last1, InputIterator2 first2,
    OutputIterator result, BinaryOperation binary_op)
{
  while (first1 != last1)
    *result++ = binary_op(*first1++, *first2++);
  return result;
}
```

replace ersetzt jedes Element im Bereich [*first, last*), das den Wert *old_value* hat, durch den Wert *new_value*:

```
template <class ForwardIterator, class T>
void replace(ForwardIterator first, ForwardIterator last,
  const T& old_value, const T& new_value)
{
```

15.9 Elemente transformieren und ersetzen

```
    while (first != last)
    {
      if (*first == old_value) *first = new_value;
      ++first;
    }
}
```

replace_if ersetzt die Werte, für die das Prädikat *pred* den Wert *true* hat:

```
template <class ForwardIterator, class Predicate, class T>
void replace_if(ForwardIterator first, ForwardIterator
   last, Predicate pred, const T& new_value)
{
   while (first != last)
   {
     if (pred(*first)) *first = new_value;
     ++first;
   }
}
```

Die *replace*-Algorithmen mit *copy* im Namen

template<class InputIterator, class OutputIterator, class T>
*OutputIterator **replace_copy** (InputIterator first, InputIterator last,*
  OutputIterator result, const T& old_value, const T& new_value);

template<class Iterator, class OutputIterator, class Predicate, class T>
*OutputIterator **replace_copy_if** (Iterator first, Iterator last,*
  OutputIterator result, Predicate pred, const T& new_value);

verändern die Werte im Bereich [*first, last*) nicht, sondern schreiben die Werte, die man mit dem entsprechenden Algorithmus ohne *copy* erhalten würde, in den Bereich ab *result*. Der Funktionswert ist wie bei allen Algorithmen mit *copy* im Namen ein Zeiger auf das letzte Element, also *result + last – first*.

Beispiel:
```
string s1 = "12345", s2 = s1, s3 = s1, s5 = s1, s4, s6;
replace(s1.begin(), s1.end(), '2', 'b'); // s1="1b345"
replace_if(s2.begin(), s2.end(),
        [](char c) {return c > '2'; },'b'); //s2="12bbb";
replace_copy(s1.begin(), s1.end(), back_inserter(s4), '2',
                                    'b'); // s4="1b345";
replace_copy_if(s5.begin(),   s5.end(),   back_inserter(s6),
           [](char c) {return c > '2'; }, 'b');//s6="12bbb";
```

Die *replace*-Funktionen mit *copy* im Namen benötigen nur InputIteratoren und können deswegen im Unterschied zu den anderen *replace*-Funktionen auch mit Stream-Iteratoren aufgerufen werden.

15.10 Elementen in einem Bereich Werte zuweisen ☉

Die praktische Bedeutung der folgenden Algorithmen ist gering: *fill* und *fill_n* weisen allen Elementen in einem Bereich denselben Wert zu, und *iota* weist aufeinanderfolgende Werte zu. *generate* und *generate_n* sind flexibler, aber eine Schleife (z.B. eine bereichsbasierte *for*-Schleife) ist oft einfacher.

fill weist allen Elementen im Bereich [*first*, *last*) den Wert *value* zu:

> *template<class ForwardIterator, class T>*
> *void **fill**(ForwardIterator first, ForwardIterator last, const T& value);*

fill_n weist n Elementen ab der Position *first* den Wert *value* zu:

> *template<class OutputIterator, class Size, class T>*
> *void **fill_n**(OutputIterator first, Size n, const T& value);*

generate weist allen Elementen im Bereich [*first*, *last*) einen von einem Funktionsobjekt oder einer Funktion *gen* erzeugten Wert zu.

> *template<class ForwardIterator, class Generator>*
> *void **generate**(ForwardIterator first, ForwardIterator last, Generator gen);*

generate_n weist n Elementen ab *first* den von *gen* erzeugten Wert zu:

> *template<class OutputIterator, class Size, class Generator>*
> *void **generate_n**(OutputIterator first, Size n, Generator gen);*

Beispiel: Mit

```
std::vector<int> v(100); // 100 Elemente einfügen
std::minstd_rand rnd(std::time(0)); // #include <random>
```

entspricht das Ergebnis von

```
std::generate(v.begin(), v.end(), [] { return rnd(); });
```

dem von

```
for (auto& i : v)
  i = rnd();
```

Da man mit *fill* allen Elementen nur denselben Wert zuweisen kann,

```
std::vector<int> v3(100);
fill(v3.begin(), v3.end(), 17);
```

erhält man bei einem *vector* mit dem Konstruktor mit zwei Parametern denselben Effekt.

15.11 Elemente entfernen – das *erase-remove* Idiom

```
        std::vector<int> v2(100,17);
```

Der nach

```
#include <numeric>
```

im Namensbereich *std* verfügbare Algorithmus *iota* füllt einen Bereich mit aufeinanderfolgenden Werten, die mit dem Argument für *value* beginnen. Der Name kommt von einer Funktion der Programmiersprache APL.

template <class ForwardIterator, class T>
*void **iota**(ForwardIterator first, ForwardIterator last, T value);*

Beispiel: Einen Vektor kann man mit aufeinanderfolgenden Werten füllen:

```
        vector<int> v(5); // Ein Vektor mit 5 Elementen
        std::iota(v.begin(), v.end(), 3); // v={3, 4, 5, 6, 7}
```

15.11 Elemente entfernen – das *erase-remove* Idiom

Alle Container der STL haben Elementfunktionen mit dem Namen *erase*, die ein Element oder alle Elemente aus einem zusammenhängenden Bereich

*iterator **erase**(const_iterator position);*
*iterator **erase**(const_iterator first, const_iterator last);*

aus dem Container entfernen.

Bei der Verwendung von *erase* muss man allerdings beachten, dass **Iteratoren** bei den meisten Containern **ungültig** werden können. Deshalb darf man nicht vergessen, diesen einen gültigen Wert zuzuweisen. Das ist oft der Rückgabewert von *erase*.

Beispiel: Die Zuweisung an den Iterator in einer Schleife wird oft vergessen, was zu einem ungültigen Iterator und zu einem Programmabbruch führen kann. Anstatt

```
        vector<int> v = { 1,17,3,4,17,6,7 };
        for (auto i = v.begin(); i != v.end(); i++)
        {
          if (*i == 17)
            v.erase(i); // i ungültig, Programmabbruch
        }
```

sollten Anweisungen wie diese verwendet werden:

```
        auto i = v.begin();
        while (i != v.end())
        {
          if (*i == 17)
            i = v.erase(i); // kein Programmabbruch
          else i++;
        } // v = { 1,3,4,6,7 };
```

Falls Elemente aus einem Container entfernt werden sollen, die eine bestimmte Bedingung erfüllen, führt das bei manchen Containern (z.B. einem *vector*) dazu, dass bei jedem Aufruf von *erase* alle Elemente nach dem entfernten nach vorne verschoben werden müssen. Diese **vielen Aufrufe** von *erase* (mit den eventuell damit verbundenen Verschiebungen) kann man mit den *remove*-Algorithmen

> *template<class ForwardIterator, class T>*
> *ForwardIterator **remove**(ForwardIterator first, ForwardIterator last, const T& value);*
>
> *template<class ForwardIterator, class Predicate>*
> *ForwardIterator **remove_if**(ForwardIterator first, ForwardIterator last,*
>   *Predicate pred);*

auf **einen einzigen Aufruf** reduzieren. Die Namen dieser Algorithmen sind etwas irreführend, da sie in Wirklichkeit keine Elemente entfernen, sondern die Elemente nur so umordnen, dass diese danach in einem zusammenhängenden Bereich sind. Der Rückgabewert ist ein Iterator, der dann auf den Anfang dieses Bereichs zeigt. Die Elemente in diesem Bereich können dann mit einem einzigen Aufruf von

> *erase(remove(...),v.end());*

entfernt werden. Der Aufruf von *remove* ist nicht nur schneller als viele Aufrufe von *erase*, sondern er vermeidet auch Probleme aufgrund von ungültigen Iteratoren.

Beispiel: Aus

```
        vector<int> v0 = {1,17,3,4,17,6,7}, v=v0, w=v0;
```

werden durch die nächsten Anweisungen alle Element mit dem Wert 17 entfernt, bzw. alle Werte die größer als 5 sind:

```
        v.erase(remove(v.begin(), v.end(), 17), v.end());
        // v = { 1,3,4,6,7 }

        w.erase(remove_if(w.begin(), w.end(),
                      [](int x) { return x > 5; }), w.end());
        // v = { 1,3,4 }
```

Diese Kombination der *erase*-Elementfunktionen und der *remove*-Algorithmen wird als **erase-remove Idiom** bezeichnet. Es ist generell empfehlenswert, alle Elemente, die eine bestimmte Bedingung erfüllen, auf diese Art aus einem Container zu entfernen.

15.11 Elemente entfernen – das erase-remove Idiom

Die *remove*-Algorithmen der STL können auch mit einem Array aufgerufen werden. Allerdings kann man aus einem Array keine Elemente entfernen.

unique ordnet unmittelbar aufeinander folgende gleiche Elemente im Bereich [*first, last*) an das Ende dieses Bereichs um. Aus einem sortierten Container können so alle Duplikate entfernt werden. In der Variante mit einem binären Prädikat werden aufeinanderfolgende Elemente, für die das Prädikat *true* ist, umgeordnet:

template<class ForwardIterator>
*ForwardIterator **unique**(ForwardIterator first, ForwardIterator last);*

template<class ForwardIterator, class BinaryPredicate>
*ForwardIterator **unique**(ForwardIterator first, ForwardIterator last,*
    BinaryPredicate pred);

Beispiel: Die auf den Rückgabewert von unique folgenden Werte sind undefiniert:

```
string s=" Viele aufffeinander folgende      Leerzeichen";
auto p = std::unique(s.begin(), s.end());
// s = " Viele aufeinander folgende Lerzicheneerzeichen"
```

Kopiert man die Werte bis zu p, erhält man die Werte ohne Duplikate:

```
string t(s.begin(), p);
// t = " Viele aufeinander folgende Lerzeichen"
```

Mit einem binären Prädikat:

```
auto p = std::unique(s.begin(), s.end(),
   [](char c1, char c2) { return c1 == ' ' && c2 == ' '; });
string t(s.begin(), p);
// t = " Viele aufffeinander folgende Leerzeichen"
```

Auch von den ***remove*-** und ***unique*-**Algorithmen gibt es Varianten mit ***copy*** im Namen (siehe auch Seite 681). Sie kopieren die Werte, die man in der Version ohne *copy* erhalten würde, in den Bereich ab *result*. Der Funktionswert ist *result + last – first*.

template<class InputIterator, class OutputIterator, class T>
*OutputIterator **remove_copy**(InputIterator first, InputIterator last,*
    OutputIterator result, const T& value);

template<class InputIterator, class OutputIterator>
*OutputIterator **unique_copy**(InputIterator first,*
    InputIterator last, OutputIterator result);

Diese Algorithmen gibt es auch noch in Varianten mit Prädikaten.

Beispiel: Mit dem String aus dem letzten Beispiel erhält man

```
    std::string t;
    std::unique_copy(s.begin(), s.end(), std::back_inserter(t),
        [](char c1, char c2) { return c1 == ' ' && c2 == ' '; });
    // s= "  Viele aufffeinander folgende        Leerzeichen";
    // t = " Viele aufffeinander folgende Leerzeichen"
```

15.12 Die Reihenfolge von Elementen vertauschen

15.12.1 Elemente vertauschen

swap vertauscht die Werte der beiden als Argument übergebenen Variablen. Im Unterschied zu den meisten anderen Algorithmen der STL arbeitet *swap* nicht mit Elementen aus einem Bereich, sondern mit einzelnen Variablen.

*template<class T> void **swap**(T& a, T& b);*

Viele Klassen der STL haben Spezialisierungen für *swap*, die auf die jeweilige Klasse abgestimmt und optimiert sind.

swap_ranges vertauscht die Werte des Bereichs [*first1, last1*) mit denen im Bereich [*first2, first2+last1–first1*):

template<class ForwardIterator1, class ForwardIterator2>
*ForwardIterator2 **swap_ranges**(ForwardIterator1 first1,*
  ForwardIterator1 last1, ForwardIterator2 first2);

```
Beispiel: vector<string> s = { "Senf","-","Hugo" };
          deque<string> a = { "Der","Jazz","Messenger" };
          swap_ranges(s.begin(), s.begin() + 2, a.begin() + 1);
          // s={ "Jazz","Messenger","Hugo" };
```

iter_swap vertauscht die Werte, die auf die beiden als Argument übergebenen Iteratoren zeigen. Diese Funktion ist lediglich aus historischen Gründen in der STL enthalten und sollte nicht mehr verwendet werden:

template<class ForwardIterator1, class ForwardIterator2>
*void **iter_swap**(ForwardIterator1 a, ForwardIterator2 b);*

15.12.2 Permutationen Θ

Die Algorithmen

template <class BidirectionalIterator>
*bool **next_permutation**(BidirectionalIterator first, BidirectionalIterator last);*

15.12 Die Reihenfolge von Elementen vertauschen

template <class BidirectionalIterator, class Compare>
*bool **next_permutation**(BidirectionalIterator first, BidirectionalIterator last,*
    Compare comp);

erzeugen eine Permutation der Elemente des Bereichs [*first*, *last*). Dabei wird in der ersten der Operator < zur Bestimmung des nächsten Elements verwendet und in der zweiten die Funktion *comp*. Der Funktionswert zeigt an, ob es noch weitere Permutationen gibt.

Die verschiedenen Permutationen entsprechen den verschiedenen lexikografischen Anordnungen der Elemente. Mit *next_permutation* erhält man die nächste Anordnung und mit *prev_permutation* die vorherige:

template <class BidirectionalIterator>
*bool **prev_permutation**(BidirectionalIterator first, BidirectionalIterator last);*

template <class BidirectionalIterator, class Compare>
*bool **prev_permutation**(BidirectionalIterator first, BidirectionalIterator last,*
    Compare comp);

Beispiel: Durch

```
std::vector<string> s = { "Contessa","Laura","spielt" };
cout << s[0] << " " << s[1] << " " << s[2] << endl;
while (next_permutation(s.begin(), s.end()))
  cout << s[0] << " " << s[1] << " " << s[2] << endl;
```

werden alle Permutationen der Elemente von s ausgegeben:

```
Contessa Laura spielt      Laura spielt Contessa
Contessa spielt Laura      spielt Contessa Laura
Laura Contessa spielt      spielt Laura Contessa
```

Mit diesen Funktionen kann man insbesondere eine Funktion für alle Permutationen von Argumenten aufrufen.

Beispiel: Mit

```
void test_sort(std::vector<int> p)
{
for (auto i : p)
  cout << i << " ";
cout << "  sortiert: ";
std::sort(p.begin(), p.end());
for (auto i : p)
  cout << i << " "; // #include <iomanip> für boolalpha
cout << "  is_sorted: " << std::boolalpha <<
          std::is_sorted(p.begin(), p.end()) << endl;
}
```

und

```
std::vector<int> p = { 1,2,3 };
test_sort(p);
while (next_permutation(p.begin(), p.end()))
  test_sort(p);
```

kann man prüfen, ob *sort* tatsächlich alle Reihenfolgen eines Containers richtig sortiert.

```
1 2 3    sortiert: 1 2 3    is_sorted: true
1 3 2    sortiert: 1 2 3    is_sorted: true
2 1 3    sortiert: 1 2 3    is_sorted: true
2 3 1    sortiert: 1 2 3    is_sorted: true
3 1 2    sortiert: 1 2 3    is_sorted: true
3 2 1    sortiert: 1 2 3    is_sorted: true
```

15.12.3 Die Reihenfolge umkehren und Elemente rotieren Θ

reverse kehrt die Reihenfolge der Elemente im Bereich [*first,last*) um:

template<class BidirectionalIterator>
*void **reverse**(BidirectionalIterator first, BidirectionalIterator last);*

Beispiel:
```
string s = "1234567";
std::reverse(s.begin() + 1, s.end() - 2); // s="1543267"
```

rotate rotiert die Elemente im Bereich [*first,last*) so, dass das Element, auf das *middle* zeigt, anschließend das erste Element ist:

template<class ForwardIterator>
*void **rotate**(ForwardIterator first, ForwardIterator middle, ForwardIterator last);*

Beispiel:
```
string s = "1234567";
string::iterator p = find(s.begin(), s.end(), '3');
rotate(s.begin(), p, s.end()); // s="3456712"
```

Auch von diesen Algorithmen gibt es Varianten mit ***copy*** im Namen (siehe auch Seite 681). Sie kopieren die Werte, die man in der Version ohne *copy* erhalten würde, in den Bereich ab *result*. Der Funktionswert ist *result + last − first*.

template<class BidirectionalIterator, class OutputIterator>
*OutputIterator **reverse_copy**(BidirectionalIterator first,*
    BidirectionalIterator last, OutputIterator result);

template<class ForwardIterator, class OutputIterator>
*OutputIterator **rotate_copy**(ForwardIterator first, ForwardIterator middle,*
    ForwardIterator last, OutputIterator result);

15.12.4 Elemente durcheinander mischen ϴ

Mit *shuffle* können die Elemente eines Bereichs durchmischt (permutiert) werden, so dass jede mögliche Permutation dieselbe Wahrscheinlichkeit hat, dass sie da Ergebnis ist. Dazu muss in Zufallszahlengenerator übergeben werden:

template<class RandomAccessIterator, class UniformRandomNumberGenerator>
void **shuffle**(RandomAccessIterator first, RandomAccessIterator last, UniformRandomNumberGenerator&& g);

Beispiel:
```
vector<int> v = { 1,7,9 };
std::random_device rd;
std::mt19937 g(rd());
std::shuffle(v.begin(), v.end(), g);
// z.B. v = { 7,1,9 };
```

15.13 Algorithmen zum Sortieren und für sortierte Bereiche

Sortierte Bereiche sind oft die Grundlage für besonders schnelle Algorithmen.

15.13.1 Partitionen ϴ

Die *partition*-Algorithmen sind eine Grundlage des Quicksort-Algorithmus. Sie werden vor allem von den *sort*-Algorithmen benötigt. Für eigene Algorithmen benötigt man sie eher selten.

partition vertauscht die Position der Elemente so, dass diejenigen am Anfang kommen, für die das Prädikat *pred* den Wert *true* hat, und alle anderen anschließend. Bezeichnet man den Bereich, für den das Prädikat gilt, mit [*first*, *middle*) und den Bereich, für den es nicht gilt, mit [*middle*, *last*), dann ist der Funktionswert der Wert *middle*.

template<class BidirectionalIterator, class Predicate>
BidirectionalIterator **partition**(BidirectionalIterator first,
    BidirectionalIterator last, Predicate pred);

stable_partition vertauscht die Elemente ebenfalls so, dass das bei *partition* angegebene Kriterium erfüllt ist. Der Unterschied zwischen den beiden besteht lediglich darin, dass *stable_partition* die ursprüngliche Anordnung der Elemente erhält, für die *pred* gilt bzw. nicht gilt.

template<class BidirectionalIterator, class Predicate>
BidirectionalIterator **stable_partition**(BidirectionalIterator first,
    BidirectionalIterator last, Predicate pred);

Beispiel: Nach

```
string s1 = "1544256", s2 = s1;
auto pred = [](char x) {return x < '4'; };
partition(s1.begin(), s1.end(), pred); // s1=1244556
stable_partition(s2.begin(), s2.end(), pred); // s2=1254456
```

kommen alle Zeichen, die vor '4' kommen (also '4' und '4') vor allen Zeichen, die danach kommen. In s2 ist die ursprüngliche Reihenfolge erhalten.

partition_copy kopiert die Elemente aus dem Bereich [*first,last*) in Abhängigkeit vom Wert des Prädikats in zwei verschiedene Bereiche.

template <class InputIterator, class OutputIterator1, class OutputIterator2, class Predicate>
pair<OutputIterator1, OutputIterator2> **partition_copy**(*InputIterator first, InputIterator last, OutputIterator1 out_true, OutputIterator2 out_false, Predicate pred);*

is_partitioned gibt *true* zurück, wenn alle Elemente, die das Prädikat erfüllen, vor den Elementen kommen, die es nicht erfüllen.

template <class InputIterator, class Predicate>
bool **is_partitioned**(*InputIterator first, InputIterator last, Predicate pred);*

15.13.2 Bereiche sortieren

sort und **stable_sort** sortieren die Elemente im Bereich [*first,last*) mit einer als Introsort bezeichneten Variante des Quicksort:

template<class RandomAccessIterator>
void **sort**(*RandomAccessIterator first, RandomAccessIterator last);*

Von jeder dieser beiden Funktionen gibt es zwei Versionen: In der ersten ohne den Parameter *Compare* werden zwei Elemente mit dem Operator < verglichen. In der zweiten Version

template<class RandomAccessIterator, class Compare>
void **sort**(*RandomAccessIterator first, RandomAccessIterator last, Compare comp);*

kann für den Parameter *comp* eine Funktion (meist ein Lambda-Ausdruck) eingesetzt werden, die mit zwei Argumenten aufgerufen werden kann und einen booleschen Wert liefert. Gibt *comp(x,y)* den Wert *true* zurück, kommt x vor y. Mit dem vordefinierten Funktionsobjekt *greater* wird der Bereich dann mit dem Operator > sortiert. *comp* muss die Anforderungen an eine „strict weak ordering" erfüllen (siehe unten).

Beispiel: Der Container

```
std::vector<int> v = { 5, 7, 7, 2, 8};
```

wird durch

15.13 Algorithmen zum Sortieren und für sortierte Bereiche

```
std::sort(v.begin(), v.end()); // 1.
std::sort(v.begin(), v.end(), std::greater<int>()); // 2.
std::sort(v.begin(), v.end(), // 3.
        [](int a, int b) {  return b < a; });
```

sortiert.

1. Mit dem <-Operator der Elemente. Ergebnis v = { 2, 5, 7, 7, 8}.
2. Mit dem >-Operator der Elemente. Ergebnis v = { 8, 7, 7, 5, 2}.
3. Mit dem Lambda-Ausdruck, wie a>b. Ergebnis v = { 8, 7, 7, 5, 2}.

Um ein Array a mit 5 Elementen zu sortieren, muss man *v.begin()* durch a und *v.end()* durch a+5 ersetzen:

```
int a[5] = { 5, 7, 7, 2, 8 };
std::sort(a, a + 5); // { 2, 5, 7, 7, 8}
```

Falls man Strings des Datentyps *char** mit der Funktion *strcmp* sortieren will, ist das mit einem Prädikat wie *comp* möglich:

```
bool comp(const char* s1, const char* s2)
{
   return strcmp(s1, s2)<0;
}
```

Die Komplexität dieser Funktionen ist im Durchschnitt n*log(n), kann aber in ungünstigen Fällen n*n sein. Dieser ungünstigste Fall kann mit **stable_sort** ausgeschlossen werden, dessen Komplexität n*log(n)*log(n) ist. Ein weiterer Unterschied zwischen *sort* und *stable_sort* besteht darin, dass beim *stable_sort* die Anordnung gleicher Werte erhalten bleibt.

template<class RandomAccessIterator>
void **stable_sort**(RandomAccessIterator first, RandomAccessIterator last);

template<class RandomAccessIterator, class Compare>
void **stable_sort**(RandomAccessIterator first, RandomAccessIterator last,
    Compare comp);

Alle diese Algorithmen benötigen RandomAccess-Iteratoren. Da der Container *list* und die assoziativen Container nur bidirektionale Iteratoren haben, können sie nicht mit *sort* oder *stable_sort* sortiert werden. Beim Container *list* steht dafür eine Elementfunktion *sort* zur Verfügung. Die assoziativen Container sortieren ihre Elemente immer automatisch.

Das Argument für den Parameter *comp* muss die folgenden Anforderungen erfüllen, die im C++-Standard als „**strict weak ordering**" („strenge schwache Ordnung") bezeichnet werden:

a) comp(x,x) == *false* für alle x (d.h. *comp* ist irreflexiv).
b) aus *comp(a,b)* und *comp(b,c)* folgt *comp(a,c)* (d.h. *comp* ist transitiv).
c) Definiert man *equiv(a,b)* durch *!(comp(a,b) && !comp(b,a)*, muss *equiv* transitiv sein, d.h. aus *equiv(a,b)* und *equiv(b,c)* folgt *equiv(a,c)*

Falls diese Voraussetzungen nicht erfüllt sind, kann das Ergebnis von *sort* eine falsche Sortierfolge sein. Oft erkennt der *sort*-Algorithmus auch, dass sie nicht erfüllt sind und gibt zur Laufzeit eine Fehlermeldung aus:

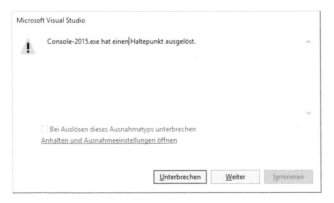

Beispiel: Wegen a) wird durch die Operatoren <= oder >= bzw. Vergleichsfunktionen wie

```
bool GroesserGleich(int a, int b)
{
   return a >= b;
}
```

keine strenge schwache Ordnung definiert. Übergibt man diese Funktion als Argument an *sort*, erhält man bei einer Debug-Konfiguration eine Meldung wie oben.

Die Operatoren < oder > bzw. Funktionen wie *greater* erfüllen dagegen die Anforderungen an eine strenge schwache Ordnung. Die Voraussetzung c) sieht schlimmer aus als sie ist. Sie entspricht bei den arithmetischen Datentypen der Gleichheit:

equiv(a,b)=(!(a<b)) && (!(b<a)) = (a>=b) && (b>=a) = a==b

partial_sort platziert die ersten (*middle–first*) sortierten Elemente des Bereichs [*first, last*) in den Bereich [*first, middle*). Die Reihenfolge der übrigen Elemente ist undefiniert:

template<class RandomAccessIterator>
*void **partial_sort**(RandomAccessIterator first, RandomAccessIterator middle,*
    RandomAccessIterator last); // eine weitere Version mit Compare

Mit **partial_sort_copy** wird der sortierte Bereich [*first, last*) in den Bereich [*result_first, result_last*) kopiert.

template<class InputIterator, class RandomAccessIterator>
*RandomAccessIterator **partial_sort_copy**(InputIterator first,*
    InputIterator last, RandomAccessIterator result_first,
    RandomAccessIterator result_last); // eine weitere Version mit Compare

Beispiel:
```
string s1 = "1523467";
partial_sort(s1.begin(), s1.begin() + 3, s1.end());
// s1="123xxxx", hier steht x für einen undefinierten Wert
```

Die *is_sorted*-Algorithmen geben *true* zurück, wenn die Elemente im Bereich *[first,last)* sortiert sind:

template<class ForwardIterator>
*bool **is_sorted**(ForwardIterator first, ForwardIterator last);*

template<class ForwardIterator, class Compare>
*bool **is_sorted**(ForwardIterator first, ForwardIterator last,Compare comp);*

template<class ForwardIterator>
*ForwardIterator **is_sorted_until**(ForwardIterator first, ForwardIterator last);*

template<class ForwardIterator, class Compare>
*ForwardIterator **is_sorted_until**(ForwardIterator first, ForwardIterator last,Compare comp);*

nth_element ordnet die Elemente im Bereich [*first, last*) so um, dass sich das Element, auf das *nth* zeigt, bezüglich der Sortierfolge anschließend an der Position befindet, an der es sich befinden würde, wenn der ganze Bereich sortiert würde. Alle Elemente, die kleiner sind als dieses, werden davor und alle anderen danach angeordnet. Die Anordnung der Elemente vor und nach dem n-ten ist undefiniert.

template<class RandomAccessIterator>
*void **nth_element**(RandomAccessIterator first, RandomAccessIterator nth,*
    RandomAccessIterator last); // eine weitere Version mit Compare

Beispiel:
```
string s1 = "1523467";
nth_element(s1.begin(), s1.begin() + 0, s1.end());
// s1="1yyyyyy", wobei jedes y >= 1 ist
s1 = "1523467";
nth_element(s1.begin(), s1.begin() + 1, s1.end());
// s1="x2yyyyy", wobei x<=2 und y=>2 ist
s1 = "1523467";
nth_element(s1.begin(), s1.begin() + 2, s1.end());
// s1="xx3yyyy", wobei x<=3 und y=>3 ist
nth_element(s1.begin(), s1.begin() + 3, s1.end());
// s1="xxx4yyy", wobei x<=4 und y=>4 ist
```

15.13.3 Binäres Suchen in sortierten Bereichen

Die Algorithmen in diesem und den folgenden Abschnitten setzen voraus, dass der jeweils als Parameter übergebene Bereich bezüglich der verwendeten Vergleichsfunktion sortiert ist. Ihre Laufzeit ist für RandomAccess-Iteratoren proportional zum Logarithmus der Elementanzahl und für andere Iteratoren linear.

Mit *binary_search* kann man mit einer binären Suche prüfen, ob der Wert *value* im Bereich [*first,last*) enthalten ist.

> *template<class ForwardIterator, class T>*
> *bool **binary_search**(ForwardIterator first, ForwardIterator last,*
>   *const T& value);* // *eine weitere Version mit Compare*

Der Funktionswert von *binary_search* ist *true*, falls im sortierten Bereich [*first, last*) ein Element mit dem Wert *value* enthalten ist.

Beispiel:
```
string s = "125";
bool b1 = binary_search(s.begin(), s.end(), '2');//true
bool b2 = binary_search(s.begin(), s.end(), '3');//false
```

lower_bound bzw. *upper_bound* liefern die erste bzw. die letzte Position im sortierten Bereich [*first, last*), in die *value* eingefügt werden kann, ohne dass die Sortierfolge verletzt wird.

> *template<class ForwardIterator, class T> ForwardIterator*
> ***lower_bound**(ForwardIterator first, ForwardIterator last, const T& value);*
> // *eine weitere Version mit Compare*

> *template<class ForwardIterator, class T>ForwardIterator*
> ***upper_bound**(ForwardIterator first, ForwardIterator last, const T& value);*
> // *eine weitere Version mit Compare*

Diese beiden Werte erhält man auch durch einen einzigen Aufruf der Funktion *equal_range* als Elemente eines Paares:

> *template<class ForwardIterator, class T>*
> *pair<ForwardIterator, ForwardIterator> **equal_range**(ForwardIterator first,*
>   *ForwardIterator last, const T& value);//eine weitere Version mit Compare*

Beispiel:
```
string s = "12378";
auto lo = lower_bound(s.begin(), s.end(), '4'); // *lo='7'
auto up = upper_bound(s.begin(), s.end(), '4'); // *up='7'
s = "12344478";
auto p = equal_range(s.begin(), s.end(), '4');
// *(p.first)='4', *(p.second)='7'
```

Die assoziativen Container (*map*, *multimap*, *set* usw) enthalten Elementfunktionen *lower_bound*, *upper_bound* und *equal_range* mit einer logarithmischen Komplexität.

15.13.4 Mischen von sortierten Bereichen

merge mischt die beiden sortierten Bereiche [*first1, last1*) und [*first2, last2*) zu einem sortierten Bereich zusammen. Dabei dürfen sich die beiden Bereiche nicht überlappen:

15.13 Algorithmen zum Sortieren und für sortierte Bereiche

template<class InputIterator1, class InputIterator2, class OutputIterator>
*OutputIterator **merge**(InputIterator1 first1, InputIterator1 last1,*
   InputIterator2 first2, InputIterator2 last2, OutputIterator result);
// eine weitere Version mit Compare

Beispiel:
```
string s1 = "125", s2 = "126", s;
merge(s1.begin(), s1.end(), s2.begin(), s2.end(),
   std::back_inserter(s));   // s="112256"
```

Die Funktion *merge_files* mischt zwei sortierte Dateien zu einer neuen sortierten Datei zusammen. Dieses Ergebnis könnte man auch dadurch erhalten, dass man beide Dateien in einen Container einliest und diesen dann sortiert. Bei großen Dateien wäre das aber mit einem großen Speicherbedarf verbunden. Da *merge_files* Stream-Iteratoren verwendet, wird aus jeder Datei immer nur ein Datensatz in den Hauptspeicher eingelesen.

```
template<typename T>
void merge_files(string in1fn, string in2fn, string outfn)
{
   ifstream in1(in1fn), in2(in2fn);
   ofstream out(outfn);
   merge(istream_iterator<T>(in1), istream_iterator<T>(),
     istream_iterator<T>(in2), istream_iterator<T>(),
     ostream_iterator<T>(out, "\n"));
}
```

Falls die beiden zu mischenden Bereiche in demselben Container enthalten sind und hier unmittelbar aufeinander folgen, kann man diesen mit ***inplace_merge*** so umordnen, dass der gesamte Container anschließend sortiert ist. Die beiden aufeinander folgenden Bereiche sind [*first, middle*) und [*middle, last*) und müssen bereits sortiert sein.

template<class BidirectionalIterator>
*void **inplace_merge**(BidirectionalIterator first, BidirectionalIterator middle,*
   BidirectionalIterator last); // eine weitere Version mit Compare

Beispiel:
```
string s = "456123";
inplace_merge(s.begin(), s.begin() + 3, s.end());
// s="123456";
```

Ein *inplace_merge* ist z.B. vorteilhaft, wenn zwei sortierte Dateien nacheinander in einen Container eingelesen werden und der gesamte Container anschließend sortiert werden soll.

Aufgabe 15.13

1. Definieren Sie die folgenden Funktions-Templates der STL selbst. Sie können sich dazu an den Algorithmen orientieren, deren Quelltext in diesem Abschnitt gezeigt wurde. Testen Sie diese mit verschiedenen Containerklassen, z.B. *vector*, *list*, *set*, *string* sowie mit einem Array.

```
template<class InputIterator, class T>
iterator_traits<InputIterator>::difference_type
count(InputIterator first, InputIterator last,
  const T& value);

template<class InputIterator, class Predicate>
iterator_traits<InputIterator>::difference_type
count_if(InputIterator first, InputIterator last,
  Predicate pred);

template<class ForwardIterator>
ForwardIterator min_element(ForwardIterator first,
  ForwardIterator last);
```

2. In einer Folge mit einer ungeraden Anzahl von Werten ist der **Median** der Wert, der nach einer Sortierung der Folge in der Mitte steht. Bei einer geraden Anzahl von Werten ist der Median der Mittelwert der beiden mittleren Werte. Schreiben Sie ein Funktions-Template *Median*, das den Median der Werte aus einem Container der STL zurückgibt.

15.14 Numerische Berechnungen

Die Standardbibliothek enthält einige Algorithmen und Klassen für numerische Anwendungen. Da sie aber nur in speziellen Anwendungen von Bedeutung sind, werden sie nur kurz skizziert.

15.14.1 Verallgemeinerte numerische Algorithmen

Nach

```
#include <numeric>
```

stehen im Namensbereich *std* einige Funktions-Templates zur Verfügung, die numerische Algorithmen typunabhängig implementieren. Sie können nicht nur mit Ganzzahl- und Gleitkommadatentypen verwendet werden, sondern auch mit anderen Datentypen, die die im Algorithmus verwendeten Operationen haben. Sie sind optimiert und können schneller sein als selbstgestrickte Schleifen (siehe die Benchmarks am Ende dieses Abschnitts).

Die folgenden Beispiele sollen nur zeigen, wie diese Algorithmen verwendet werden können. Eine bereichsbasierte *for*-Schleife ist oft leichter verständlich.

accumulate summiert die Werte aus dem Bereich *[first,last)* zu dem Wert, der als Argument für *init* übergeben wurde.

> template <class InputIterator, class T>
> T **accumulate**(InputIterator first, InputIterator last, T init);

15.14 Numerische Berechnungen

In einer zweiten Variante kann als letztes Argument eine binäre Operation angegeben werden, die den nächsten Wert aus dem bisherigen Wert und dem Element berechnet, auf den der Iterator zeigt:

template <class InputIterator, class T, class BinaryOperation>
*T **accumulate**(InputIterator first, InputIterator last, T init, BinaryOperation binary_op);*

Diese Funktions-Templates können folgendermaßen implementiert sein:

```
template <class InputIterator, class T>
T accumulate(InputIterator first, InputIterator last, T init)
{
  while (first != last)
    init = init + *first++;
  return init;
}

template <class InputIterator, class T,
  class BinaryOperation>
T accumulate(InputIterator first, InputIterator last, T init,
                            BinaryOperation binary_op)
{
  while (first != last)
    init = binary_op(init, *first++);
  return init;
}
```

Beispiel: Die Summe der Werte eines Containers mit Zahlen

```
std::vector<double> vd{ 1.1, 2.2, 3.3 };
```

erhält man mit

```
auto ac = std::accumulate(vd.begin(), vd.end(),0.0); // 6.6
```

Man muss allerdings mit dem Datentyp des *init*-Wertes aufpassen, da er der Datentyp des Ergebnisses ist. Mit

```
auto ac= std::accumulate(vd.begin(), vd.end(), 0); // 6
```

erhält man die Summe als Ganzzahlwert.

Die Strings aus einem Container sv können mit

```
std::string join1(std::vector<string> sv)
{
  string s;
  return std::accumulate(sv.begin(), sv.end(), s,
    [](std::string a, std::string b) {
    return a + "-" + b;
  });
}
```

zu einem String zusammengefügt werden, bei dem die einzelnen Strings durch ein
" – " getrennt sind:

```
std::vector<string> sv{ "1", "2", "3"};
std::string s = join1(sv); // "-1-2-3"
```

Hier ist das Zeichen "-" am Anfang eventuell nicht gewünscht. Man kann es unterbinden, wenn man als *init*-Wert das erste Element nimmt und dann erst mit dem zweiten Element beginnt:

```
std::string join(std::vector<string> sv)
{ // Programmabbruch mit leerem sv
  return std::accumulate(next(sv.begin()), sv.end(), sv[0],
    [](std::string a, std::string b) {
    return a + "-" + b;
  });
}
```

Die nächste Tabelle zeigt, dass die Operationen mit *accumulate* schneller sein können als gleichwertige Operationen. So erhält man z.B. nach

```
valarray<double> va(nValues); // valarray: siehe Abschnitt 15.14.1
vector<double> vd;
for (int i = 0; i < nValues; i++)
{
  vd.push_back(i);
  va[i] = i;
}
```

für die Anweisungen, die alle dasselbe Ergebnis produzieren

1. ```
   double Summe = 0;
   for (int i = 0; i < vd.size(); i++)
     Summe += vd[i];
   ```

2. `Summe = va.sum();`

3. `s=std::accumulate(vd.begin(),vd.end(),0.0);//siehe Abschnitt 15.14.1`

diese Laufzeiten:

Laufzeit VS 2017, Release	n=1'000'000; Zeit in Sek.	n=10'000'000;Zeit in Sek.
1. *for*-Schleife	0,0026	0,026
2. *valarray*	0,0011	0,011
3. *std::accumulate*	0,0011	0,011

Wie *accumulate* haben auch die folgenden Algorithmen noch eine zweite Version mit einem zusätzlichen Parameter *binary_op*. *inner_product* hat zwei solche Parameter.
   ```

15.14 Numerische Berechnungen 699

template <class InputIterator1, class InputIterator2, class T>
T **inner_product** *(InputIterator1 first1, InputIterator1 last1,*
InputIterator2 first2, T init); // berechnet das innere Produkt

template <class InputIterator, class OutputIterator>
OutputIterator **partial_sum** *(InputIterator first, InputIterator last,*
OutputIterator result); // berechnet Teilsummen

template <class InputIterator, class OutputIterator>
OutputIterator **adjacent_difference** *(InputIterator first, InputIterator last,*
OutputIterator result); // berechnet Differenzen benachbarter Elemente

Für weitere Informationen wird auf die Online-Hilfe verwiesen.

15.14.2 Valarrays Θ

Die Klasse *valarray* der Standardbibliothek steht im Namensbereich *std* nach

```
#include <valarray>
```

zur Verfügung. Ein *valarray* ist ein Array von Werten, ähnlich wie die Container-Klasse *vector*. Während ein *vector* aber vor allem der Verwaltung von Daten dient, sind für Variablen des Typs *valarray* auch Rechenoperation definiert. Diese Operationen werden dann für alle Elemente des Valarrays durchgeführt. So haben nach der Definition

```
int n = 8;
std::valarray<double> v1(n), v2(n);
for (int i = 0; i<n; i++) v1[i] = i; // v1[0]=0, ..., v1[7]=7
```

die Anweisungen

```
v2 = v1;      // for (int i=0; i<n; i++) v2[i]=v1[i];
v2 = v1 + v2; // for (int i=0; i<n; i++) v2[i]=v1[i]+v2[i];
```

denselben Effekt wie die als Kommentar angegebenen *for*-Schleifen. Damit ist mit Valarrays die in der Mathematik für Vektoren übliche Schreibweise möglich. Diese Schreibweise ist oft übersichtlicher als eine *for*-Schleife mit „normalen" Arrays (wie „double a[n]").

Neben dem Operator + sind die Operatoren

–, *, /, %, ^, &

sowie

die trigonometrischen Funktionen *sin*, *cos*, *tan*, *acos*, *asin*, *atan*,
die Hyperbelfunktionen *sinh*, *cosh*, *tanh*
und die mathematischen Funktionen *exp*, *log*, *log10*, *pow*, *sqrt*, *abs*

definiert. Damit sind z.B. die folgenden Operationen möglich:

```
v1 = sin(v1); // v1[0]=sin(0), ..., v1[7]=sin(7)
v1 = sqrt(sin(v1)*sin(v1) + cos(v1)*cos(v1));
```

Sie haben dasselbe Ergebnis, wie wenn man die entsprechenden Operationen mit allen Elementen durchführt. Mit Funktionen wie *min*, *max*, *sum* usw. erhält man das Minimum, Maximum und die Summe der Elemente eines Valarrays:

```
double Min = v1.min();
double Max = v1.max();
double Sum = v1.sum();
```

Ursprünglich sollten die Operationen mit *valarray* optimiert implementiert und eventuell sogar auf verschiedenen Prozessoren parallel abgearbeitet werden. Diese wird aber von vielen Compilern nicht umgesetzt. Zeitmessungen haben gezeigt, dass manche Operationen mit *valarray* etwas schneller sind als gleichwertige Schleifen mit „normalen" Arrays. Manchmal sind sie aber auch langsamer.

Aufgabe 15.14.2

Bei manchen Experimenten (Physik, Psychologie usw.) besteht ein linearer Zusammenhang der Art

$y = a*x + b$

zwischen einer unabhängigen Variablen x und einer abhängigen Variablen y. Allerdings sind die Werte von a und b oft nicht bekannt. Man versucht sie deswegen zu schätzen, indem man das Experiment mit n verschiedenen Werten von x_0, x_1, ..., x_{n-1} wiederholt und dabei die Werte y_0, y_1, ..., y_{n-1} für y ermittelt. Falls die Messwerte für y durch Störungen und/oder Messfehler verfälscht werden, kann man jedoch nicht erwarten, dass die Punkte (x_0, y_0), (x_1, y_1), ..., (x_{n-1}, y_{n-1}) alle auf einer Geraden liegen.

Zur Lösung dieses Problems hat der Mathematiker Gauß vorgeschlagen, die Werte für a und b so zu bestimmen, dass das Quadrat der Abweichungen

$F(a,b) = (y_0 - (ax_0+b))^2 + (y_1 - (ax_1+b))^2 + ... + (y_{n-1} - (ax_{n-1}+b))^2$

möglichst klein wird (**Methode der kleinsten Quadrate**). Die so ermittelte Gerade wird auch als **Regressionsgerade** bezeichnet. Mit

$s_{xy} = x_0 y_0 + x_1 y_1 + ... + x_{n-1} y_{n-1}$
$s_x = x_0 + x_1 + ... + x_{n-1}$
$s_y = y_0 + y_1 + ... + y_{n-1}$
$s_{xx} = x_0 x_0 + x_1 x_1 + ... + x_{n-1} x_{n-1}$
$x_M = s_x/n$
$y_M = s_y/n$

führt dieser Ansatz auf die folgenden Werte für a und b:

15.14 Numerische Berechnungen

$$a = (n*s_{xy} - s_x*s_y)/(n*s_{xx} - s_x*s_x)$$
$$b = y_M - a*x_M$$

1. Formulieren Sie diese Gleichungen

   a) mit Valarrays und den zugehörigen Funktionen (*sum* usw.)
   b) mit Schleifen und dem Indexoperator wie mit normalen Arrays.

2. Testen Sie die Lösungen für a und b mit n (2, 100, 10 000) Messwerten, die

   a) auf einer Geraden y = ax + b liegen. Die berechneten Werte müssen dann die ursprünglichen Werte für a und b ergeben.
   b) um kleine Zufallswerte von der Geraden y = ax + b abweichen. Die berechneten Werte

   müssen dann in der Nähe der Werte für a und b liegen.

15.14.3 Zufallszahlen mit <random> Ө

Die einzige in C++03 verfügbare Funktion für Zufallszahlen ist **rand**: Sie gibt gleichverteilte Werte im Bereich 0..32767 zurück. Diese Funktion wird in C++11 um Klassen ergänzt, die

– neben gleichverteilten auch anders verteilte Werte (z.B. normal, exponential oder binomial usw. verteilte) liefern
– Werte aus einem größeren Bereich liefern
– nach verschiedenen Kriterien besser sind (z.B. längere Zyklen haben)

Im Folgenden soll anhand einiger Beispiele gezeigt werden, wie diese Klassen verwendet werden können. Sie stehen nach

```
#include <random>
```

im Namensbereich *std* zur Verfügung. Diese Zufallszahlengeneratoren sind so aufgebaut, dass sie

– einen Generator für gleichverteilte Zufallszahlen mit
– einer Verteilungsfunktion kombinieren

und so sehr vielfältige Arten von Zufallszahlen erzeugen können.

1. Die zugrundeliegenden Generatoren für gleichverteilte Zufallszahlen wie z.B.

```
linear_congruential      mersenne_twister
subtract_with_carry      subtract_with_carry_01
```

können über zahlreiche Parameter konfiguriert werden. Oft reichen die vordefinierten Spezialisierungen wie z.B.:

```
typedef linear_congruential_engine<unsigned int, 48271, 0,
                                    2147483647> minstd_rand;
typedef mersenne_twister_engine<unsigned int, 32, 624, 397, 31,
                0x9908b0df, 11, 0xffffffff, 7, 0x9d2c5680,
                15, 0xefc60000, 18, 1812433253> mt19937;
```

Die nächste Tabelle enthält die Zykluslänge dieser Generatoren. Sie gibt an, nach wie vielen Aufrufen sich die erzeugten Zufallszahlen wiederholen, und wird oft als Kennzeichen für die Qualität eines Zufallszahlengenerators betrachtet:

Generator	Zykluslänge
minstd_rand	$2^{31}-2$
mt19937	$2^{19937}-1$

Einer der einfachsten ist **minstd_rand**, der den Park-Miller Algorithmus von oben implementiert. Die Verwendung von *minstd_rand* ist auf den ersten Blick etwas ungewöhnlich, da *minstd_rand* ein Datentyp ist und eine Variable dieses Datentyps wie eine Funktion aufgerufen werden kann. Jeder Aufruf liefert dann eine neue Zufallszahl im Bereich 0 .. 2147483647-1 zurück.

Beispiel: Jeder Aufruf von *rnd* liefert eine neue Zufallszahl:

```
std::minstd_rand rnd;
for (int i = 0; i < 10; i++)
{
  int r = rnd();
  cout<<r<<endl;
}
```

Den Zufallszahlengenerator kann man bei der Definition mit einem Startwert initialisieren:

```
std::minstd_rand rnd(std::time(0));
```

2. Als **Verteilungen** stehen unter anderem zur Verfügung:

Verteilung	Konstruktorparameter
uniform_int	min = 0, max = 9
uniform_real	min = 0, max = 1
normal_distribution	mean = 0, sigma = 0
binomial_distribution	int t=1, double p = 0.5

Diese Verteilungen haben einen überladenen Aufrufoperator, dem man einen Generator übergeben kann,

result_type operator()(Engine& eng);

und der dann einen Zufallswert zurückliefert.

15.14 Numerische Berechnungen

Das nächste Beispiel zeigt, wie die Generatoren mit den Verteilungen kombiniert werden können.

Beispiel: Mit

```
std::mt19937 gen1;
std::uniform_int<int> distr(1, 100);
for (int i = 0; i < 10; i++)
  cout << distr(gen1) << endl;
```

erhält man gleichverteilte *int*-Werte im Bereich 1..100. Ersetzt man hier die zweite Zeile durch eine der folgenden

```
std::uniform_real<double> distr(0, 1);
std::binomial_distribution<> distr(100, 0.8);
std::normal_distribution<double> distr(0.8, 2.1);
```

erhält man

> gleichverteilte *double*-Werte im Bereich 0..1.
> binomialverteilte *double*-Werte mit den Parametern t und p, bzw.
> normalverteilte *double*-Werte mit den Parametern m (Mittelwert) und Sigma.

15.14.4 Komplexe Zahlen Θ

Die im C++-Standard definierten Klassen für **komplexe Zahlen** erhält man mit

```
#include <complex>
```

Bei der Definition von Variablen dieser Klassen gibt man nach *complex* in spitzen Klammern den Datentyp des Real- und Imaginärteils an. Dafür sind die Datentypen *float*, *double* und *long double* zulässig:

```
std::complex<float> cf = -1;
std::complex<double> cd = -1;
```

Aus diesen komplexen Zahlen, die alle den Wert −1 haben, kann man mit der Funktion *sqrt* die Wurzel ziehen:

```
cf = sqrt(cf);
cd = sqrt(cd);
```

Dabei erhält man die Ergebnisse

```
0+1i //Darstellung mit der Funktion to_string von unten
```

Zieht man dagegen die Wurzel aus dem Wert −1 des Datentyps *double*, hat das einen NAN-Wert zur Folge:

```
cd = sqrt(-1);
```

Eine komplexe Zahl besteht aus einem **Real-** und **Imaginärteil** des Datentyps, der bei der Definition der Variablen angegeben wurde. Dieser Datentyp wird im Folgenden mit T bezeichnet und steht für *float, double* oder *long double*. In jeder dieser Klassen werden der Real- und Imaginärteil durch die Datenelemente

> T re_, im_; // interne Datenelemente für den Real- und Imaginärteil

dargestellt. Allerdings besteht keine Möglichkeit, diese Elemente direkt anzusprechen. Man erhält sie aber sowohl mit den Elementfunktionen

> T *imag*() const { return im_; }// Die Anweisungen in geschweiften Klammern
> T *real*() const { return re_; } // werden beim Aufruf der Funktion ausgeführt

als auch mit gleichnamigen globalen Funktionen. Damit kann man eine komplexe Zahl durch die Funktion *to_string* als *string* darstellen:

```
std::string to_string(std::complex<double> c)
{
  return std::to_string(c.real()) + "+" + std::to_string(c.imag()) +
                                                                "i";
}
```

Variablen komplexer Zahlen können mit dem **Konstruktor**

> *complex(const T& re = T(), const T& im = T());*

definiert werden. Ruft man ihn ohne Argument auf, werden Real- und Imaginärteil auf Null gesetzt. Mit einem Argument wird dieses zum Realteil, und der Imaginärteil wird Null:

```
std::complex<float> cf;            // cf.real()=0,  cf.imag()=0;
std::complex<double> cd = -1;      // cd.real()=-1, cd.imag()=0;
std::complex<double> cd(-1);       // wie cd=-1;
std::complex<double> cl(1, -1);//cl.real()=1,cl.imag()=-1;
```

Für komplexe Zahlen sind die Operatoren +, −, *, /, +=, −= usw. definiert. Ausdrücke mit diesen Operatoren können auch komplexe Zahlen und Gleitkommadatentypen verbinden:

```
cf = cf + 1.0f;
cd = cd + 1.0;
```

Allerdings können keine verschiedenen Typen komplexer Zahlen kombiniert werden:

```
cf = cf + 1.0;// complex<float> + double geht nicht
cd = cd + 1;  // complex<double> + int geht nicht
cd = cd + cf; // complex<float>+complex<double> geht nicht
```

Mit den Operatoren == und != können komplexe Zahlen auf Gleichheit oder Ungleichheit geprüft werden. Da komplexe Zahlen aber nicht wohlgeordnet sind, können sie nicht mit einem der Operatoren <, <=, > und >= verglichen werden.

15.14 Numerische Berechnungen

Seit C++11 sind nach `#include <complex>` im Namensbereich *std::complex_literals* die Literaloperatoren "i", "i" und "i" definiert:

```
constexpr complex<double> operator""i(long double _Val)
{ // return imaginary _Val
  return (complex<double>(0.0, static_cast<double>(_Val)));
}
```

Damit können Literale für komplexe Zahlen in der üblichen mathematischen Schreibweise angegeben werden:

```
using namespace std::complex_literals;
std::complex<double> c1 = 3.0 + 4i;
std::string sc1 = to_string(c1); // sc1 = "3.000000+4.000000i"
```

Für die üblichen Operationen mit komplexen Zahlen stehen globale Funktionen zur Verfügung:

*T **norm**(const complex<T>& a) // das Quadrat des Betrags*
*T **abs**(const complex<T>& a) // Betrag, die Wurzel aus norm(a)*
*complex<T> **conj**(const complex<T>& a) // der konjugierte Wert von a*
*T **arg**(const complex<T>& a) // Winkel in Polarkoordinaten*
*complex<T> **polar**(const T& r, const T& theta) // komplexe Zahl zu Polarkoordinaten*
  (r,theta)

```
Beispiele: std::complex<double> c(3, 4); // c=3+4i
           double d = std::norm(c);      // d=25
           d = std::abs(c);              // d=5
           c = std::conj(c);             // c=3-4i
```

Außerdem sind zahlreiche mathematische Funktionen für komplexe Zahlen definiert:

*complex<T>**exp**(const complex<T>& x);// e^x*
*complex<T>**log10**(const complex<T>& x); // Logarithmus zur Basis 10*
*complex<T>**log**(const complex<T>& x); // natürlicher Logarithmus*
*complex<T>**pow**(const complex<T>& x, int y); // x^y*
*complex<T>**pow**(const complex<T>& x, T y); // x^y*
*complex<T>**pow**(const complex<T>& x, const complex<T>& y); // x^y*
*complex<T>**pow**(T x, const complex<T>& y); // x^y*
*complex<T>**sqrt**(const complex<T>& x)*
die trigonometrischen Funktionen *sin, cos, tan, asin, acos, atan*
die Hyperbelfunktionen *sinh, cosh, tanh*

Aufgaben 15.14.4

1. Die **quadratische Gleichung**

   $ax^2+bx+c=0$

   hat die beiden Lösungen

$$x = (-b \pm \sqrt{b^2 - 4ac})/2a$$

Schreiben Sie ein Programm, das die Lösung dieser Gleichung zu den komplexen Koeffizienten a=2+3i, b=4–5i und c=–7+8i ausgibt. Außer der Lösung soll auch noch die Probe angezeigt werden.

2. Die Gleichung vom Grad n (n >= 1, ganzzahlig)

   $x^n - 1 = 0$

   hat n komplexe Lösungen, die mit

   $w = \cos(2\pi/n) + i \cdot \sin(2\pi/n)$

   durch $x_0=1$, $x_1=w$, $x_2=w^2$, ..., $x_{n-1}=w^{n-1}$ gegeben sind. Geben Sie (z.B. für n=10) jede dieser **Einheitswurzeln** x_i aus.

15.14.5 Numerische Bibliotheken neben dem C++-Standard Θ

Neben den numerischen Bibliotheken, die zum C++-Standard gehören, gibt es noch zahlreiche weitere. Auf einige der wichtigsten soll hier kurz hingewiesen werden.

Die GNU Scientific Library (GSL -) enthält zahlreiche mathematische Funktionen aus verschieden Bereichen für C and C++ Programme.

Die Boost Bibliothek (http://www.boost.org) enthält unter anderem die Bibliotheken:
- Math: weitere mathematische Funktionen
- Multiprecision: Klassen für Ganzzahl- und Gleitkommaoperationen mit erhöhter Genauigkeit
- Rational: Eine Klasse für rationale Zahlen und ihre Arithmetik
- Math/Special Functions: Spezielle Mathematische Funktionen, z.B. Gamma-, Bessel-Funktionen
- Interval: Intervall-Arithmetik, gibt für Operationen ein Intervall zurück, in dem Ergebnisse liegen
- uBLAS: Matrix- und Vektorklassen sowie zugehörige Operationen

16 Zeiten und Kalenderdaten mit *chrono*

Seit C++11 steht in C++ nach

```
#include <chrono>
```

eine leistungsfähige Bibliothek für Zeitpunkte (z.B. Uhrzeiten), Zeiträume (z.B. 5 Sekunden) und Uhren zur Verfügung. Mit dieser Bibliothek kann man z.B. die aktuelle Uhrzeit anzeigen oder die Dauer der Ausführung von Anweisungen messen. Im Zusammenhang mit Multithreading (siehe Kapitel 17) wird sie benötigt, um ein Programm bzw. einen Thread eine bestimmte Zeit zu blockieren (d.h. von der Zuteilung von CPU-Zeit auszunehmen), eine bestimmte Zeit auf eine Bedingungsvariable oder eine Sperre (z.B. ein *lock* auf ein Mutex) zu warten.

Die Klassen und Funktionen dieser Bibliothek sind in vielerlei Hinsicht einfacher und sicherer als die klassischen Bibliotheken wie z.B. die von C, die ähnliche Möglichkeiten bieten. In diesen wird eine Zeitdauer oft einfach durch einen *int*-Wert angegeben, wie z.B. in

```
sleep(5);
```

Hier muss man wissen, was das Argument 5 bedeutet (5 Millisekunden oder 5 Sekunden oder noch etwas Anderes?). Mit den entsprechenden Funktionen aus *chrono* muss man die Zeiteinheit angeben, z.B.

```
sleep(5s); // 5s steht für 5 Sekunden
```

Deshalb ist die Gefahr geringer, Zeiteinheiten zu verwechseln. Die *chrono*-Bibliothek hat zahlreiche weitere Vorteile dieser Art.

Achtung: Bis auf die in Abschnitt 16.1 beschriebene Klasse *ratio* sind alle in diesem Kapitel beschriebenen Klassen im Namensbereich *std::chrono* (nicht im Namensbereich *std*) enthalten.

16.1 Brüche als Datentypen: Das Klassen-Template *ratio*

In *chrono* werden für Zeiträume und Zeitpunkte Brüche (rationale Zahlen mit einem Zähler und einem Nenner) verwendet. Diese werden durch den Datentyp (ein Klassen-Template mit Nicht-Typ Parametern)

```
template <intmax_t N, intmax_t D = 1>
class ratio {
public:
  static constexpr intmax_t num;
  static constexpr intmax_t den;
  typedef ratio<num, den> type;
};
```

dargestellt, bei dem der Zähler **num** und der Nenner **den** den Datentyp *intmax_t* haben („numerator" und „denominator" sind die englischen Worte für Zähler und Nenner). Das ist in Visual Studio ein Synonym für *long long* (64 Bit):

```
typedef long long intmax_t;
```

Es mag auf den ersten Blick überraschend sein, dass ein Bruch ein Datentyp und nicht etwa ein Wert ist. Deshalb ist dieser Datentyp auch nicht geeignet, zur Laufzeit Brüche zu addieren. Vielmehr ist das Ziel dieses Designs, Werte verschiedener Bruch-Typen konvertieren zu können.

Beispiele: Die ersten beiden Beispiele zeigen, dass der Zähler und Nenner gekürzt werden:

```
        std::ratio<3, 60> r1;
        std::cout << r1.num << "/" << r1.den << std::endl;   // 1/20

        std::ratio<60, 3> r2;
        std::cout << r2.num << "/" << r2.den << std::endl;   // 20/1

        std::ratio<5> r3; // wie std::ratio<5,1> t3;
        std::cout << r3.num << "/" << r3.den << std::endl;   // 5/1
```

   Mit dem Nenner 0 erhält man eine Fehlermeldung beim Kompilieren:

```
        std::ratio<5,0> n; // Fehler beim Kompilieren
```

Dabei sind die Einzelheiten der Implementation von *ratio* gar nicht so wichtig. Entscheidend ist vor allem:

- Ein Bruch des Typs *ratio* ist ein Datentyp, und zwar ein Nicht-Typ Template. Er wird deshalb bereits während der Kompilation ausgewertet und führt nicht zu längeren Laufzeiten.
- Zähler und Nenner werden bereits während der Kompilation gekürzt: *num* und *den* erhalten die Werte
    num = sign(N) * sign(D) * abs(N) / gcd;
    den = abs(D) / gcd;
- Viele Fehler (z.B. Division durch 0 oder ein Überlauf) werden schon während der Kompilation erkannt, was Laufzeitfehler reduziert.

Im C++-Standard sind unter anderem die folgenden Datentypen definiert:

```
typedef ratio<1, 1'000'000'000> nano;
typedef ratio<1,     1'000'000> micro;
```

```
typedef ratio<1,               1'000> milli;
typedef ratio<1,                 100> centi;
typedef ratio<1,                  10> deci;
typedef ratio<10,                  1> deca;
typedef ratio<100,                 1> hecto;
typedef ratio<1'000,               1> kilo;
typedef ratio<1'000'000,           1> mega;
```

16.2 Ein Datentyp für Zeiteinheiten: *duration*

Mit der Klasse *duration* kann man eine Zeiteinheit (Zeitdauer, z.B. 5 Sekunden, 5 Minuten, 5 Millisekunden) darstellen. Obwohl die Grundidee dieser Klasse in wenigen Zeilen dargestellt werden kann,

```
template<class _Rep,class _Period>//aus <chrono>, stark vereinfacht
class duration
{ // represents a time duration
public:
  typedef _Rep rep;
  typedef _Period period;
  constexpr _Rep count() const
  {  // get stored rep
    return (_MyRep);
  }
private:
  _Rep _MyRep;   // the stored rep
};
```

ist sie auf den ersten Blick nicht unbedingt intuitiv. Falls Sie also nicht gleich sehen, wieso *duration* so gestaltet wurde, lesen Sie einfach weiter. In etwa einer halben Seite sehen Sie dann, dass die diese Klasse einfach und intuitiv verwendet werden kann.

In *duration* wird durch *static_assert* sichergestellt, dass das Typ-Argument für *_Period* ein *ratio* ist. Dieser Bruch gibt die Dauer einer Zeiteinheit in Einheiten einer Sekunde an. Das erste Typ-Argument *_Ref* ist der arithmetischer Datentyp, in dem die Anzahl der Zeiteinheiten angegeben ist.

Im Namensbereich *std::chrono* sind diese Einheiten definiert:

```
typedef duration<long long, nano> nanoseconds;
typedef duration<long long, micro> microseconds;
typedef duration<long long, milli> milliseconds;
typedef duration<long long> seconds;
typedef duration<int, ratio<60> > minutes;
typedef duration<int, ratio<3600> > hours;
```

Es ist auch möglich, eigene *duration*-Typen zu definieren. Da das erste Typ-Argument ein beliebiger arithmetischer Datentyp sein kann, ist auch ein Gleitkomma-Wert zulässig. Damit kann die Anzahl der Perioden auch Nachkommastellen haben:

```
typedef std::chrono::duration<double, std::ratio<1, 50>> AC_Hertz;
```

Beispiel: Mit diesen Einheiten ist *rep* der Datentyp des ersten Typ-Arguments:

```
std::chrono::milliseconds::rep x; // long long x;
std::chrono::hours::rep y; // int y

AC_Hertz::rep z; // double z
```

Das zweite Typ-Argument ist ein *ratio* und hat den Zähler *num* und den Nenner *den*. Dieser Datentyp ist die Dauer einer Einheit in Bruchteilen einer Sekunde:

```
x = std::chrono::milliseconds::period::num; // 1;
x = std::chrono::milliseconds::period::den; // 1000;
```

In der Klasse *milliseconds* ist *period* der Bruch 1/1000, und stellt 1/1000 Sekunden dar. In *hours* ist *period* der Bruch 3600/1: Eine Stunde dauert 3600 Sekunden:

```
x = std::chrono::hours::period::num; // 3600;
x = std::chrono::hours::period::den; // 1;
```

Eine Variable eines *duration*-Typs kann man dann mit einem Wert initialisieren, der die Anzahl der Zeiteinheiten angibt. Diese Anzahl erhält man mit der Elementfunktion

constexpr _Rep **count**() *const*

Beispiel: Variablen eines *duration*-Typs können Zeiträume durch aussagekräftige Namen darstellen:

```
std::chrono::seconds eineHalbeMinute(30); // 30 Sekunden
std::chrono::hours   eineWoche(7*24);     // 7*24 Stunden
```

Da die Konstruktoren von *duration* mit *constexpr* definiert sind, kann man auch Variablen mit *constexpr* definieren und die Werte von Intellisense im Editor anzeigen lassen:

```
constexpr std::chrono::seconds eineHalbeMinute(30); // 30
                                                    Sekunden
constexpr long long c1 = eineHalbeMinute.count(); // 30
```

Bei diesen Beispielen erhält man mit *count* jeweils den bei der Initialisierung angegeben Wert. Bei den später folgenden Konversionen und arithmetischen Operationen sieht man dann, wie der Wert von *count* angepasst wird.

Mit den im Namensbereich *std::chrono_literals* definierten **Suffixes** „h" (für *hours*), „min" (für *minutes*), „s" (für *seconds*), „ms" (für *milliseconds*) und „us" (für *microseconds*) können Literale eines *duration*-Typs noch einfacher angegeben werden. Ein Auszug aus <chrono>:

16.2 Ein Datentyp für Zeiteinheiten: duration

```
constexpr chrono::hours operator "" h(unsigned long long _Val)
{ // return integral hours
  return (chrono::hours(_Val));
}

constexpr chrono::minutes operator "" min(unsigned long long _Val)
constexpr chrono::seconds operator "" s(unsigned long long _Val)
constexpr chrono::milliseconds operator "" ms(unsigned long long
                                                              _Val)
constexpr  chrono::microseconds  operator  ""  us(unsigned  long  long
                                                              _Val)
```

Beispiel: Die Zeiteinheiten aus dem letzten Beispiel können einfacher so definiert werden:

```
using namespace std::chrono_literals;
std::chrono::seconds eineHalbeMinute=30s; // 30 Sekunden
std::chrono::hours   eineWoche=168h;      // 7*24 Stunden
```

Da der Datentyp eines solchen Literals der entsprechende *duration*-Typ ist, kann man den Datentyp auch vom Compiler mit *auto* ableiten lassen. Das ist die einfachste Form, eine Zeitdauer zu definieren:

```
using namespace std::chrono_literals;
auto eineHalbeMinute = 30s; // 30 Sekunden
auto eineWoche = 168h;      // 7*24 Stunden
```

Für *duration*-Werte sind implizite **Konversionen** definiert, wenn der zugewiesene Wert ohne Verlust dargestellt werden kann. Andernfalls ist eine explizite Konversion mit einem *duration_cast* möglich. Dabei werden nicht darstellbare Stellen abgeschnitten.

Beispiel: Mit

```
using namespace std::chrono_literals;
std::chrono::milliseconds d1 = 3141ms;
std::chrono::seconds d2 = 18s;
```

ist die implizite Konversion

```
d1 = d2; // d1.count = 18000
```

möglich, da Sekunden ohne Verlust durch Millisekunden dargestellt werden können. Die umgekehrte Konversion wird dagegen vom Compiler zurückgewiesen:

```
d2 = d1;  // Fehler
```

Sie kann mit einer expliziten Konversion erzwungen werden:

```
d2 = std::chrono::duration_cast<std::chrono::seconds>(d1);
                                     // d2.count() = 3
```

Um eine **Zeitdauer als Parameter** zu übergeben, kann man den Datentyp des Parameters in der relativ umständlichen Schreibweise

```
template< class Rep, class Period >
void Sleep(const std::chrono::duration<Rep, Period>& d)
{
  std::this_thread::sleep_for(d); // siehe Abschnitt 17.1.9
}
```

übergeben. Kürzer schreibt sich das mit dem in einer Uhr enthaltenen Typ *duration*:

```
void Sleep(const std::chrono::steady_clock::duration& d)
{
  std::this_thread::sleep_for(d); // siehe Abschnitt 17.1.9
}

void Sleep(const std::chrono::system_clock::duration& d)
{
  std::this_thread::sleep_for(d); // siehe Abschnitt 17.1.9
}
```

Einfacher ist oft eine Zeiteinheit, die alle gewünschten Argumente darstellen kann:

```
void Sleep(const std::chrono::nanoseconds d)
{
  std::this_thread::sleep_for(d); // siehe Abschnitt 17.1.9
}
```

Für *duration*-Ausdrücke sind außerdem die **arithmetischen Operationen** + und - definiert. Dabei können verschiedene Zeiteinheiten kombiniert werden. Der Compiler bestimmt dann einen gemeinsamen Datentyp für die verschiedenen Operanden.

Beispiel: Der Compiler bestimmt einen passenden Datentyp für *r1*:

```
            using namespace std::chrono_literals;
            auto d1 = 3141ms;   // d1.count() = 3141;
            auto d2 = 18s;      // d2.count() = 18;
            auto r1 = d1 + d2; // Datentyp von r1: milliseconds,
                                            r1.count() = 21141;
```

16.3 Datentypen für Zeitpunkte: *time_point*

Ein Zeitpunkt stellt einen bestimmten Punkt im Lauf der Zeit dar. In der *chrono*-Bibliothek wird ein Zeitpunkt durch eine Anzahl von Zeiteinheiten des Typs *duration* dargestellt, die auf einer Uhr (z.B. *system_clock oder steady_clock*, siehe Abschnitt 16.4) seit einem Startzeitpunkt vergangen sind. Dieser Startzeitpunkt wird auch als „epoch" bezeichnet.

Beispiel: Mit

16.3 Datentypen für Zeitpunkte: time_point

```
            std::chrono::time_point<std::chrono::system_clock,
                            std::chrono::seconds> t(10s),u;
```

stellt t den Zeitpunkt "10 Sekunden nach dem Startzeitpunkt der system_clock" dar. Mit dem Standardkonstruktor erhält man den Startzeitpunkt. Mit der Funktion *to_string* (siehe Abschnitt 16.4) wird ein Zeitpunkt als String dargestellt:

```
    string s1=to_string(t); //z.B. s1="Thu Jan 1 01:01:40 1970"
    string s2=to_string(u); //z.B. s2="Thu Jan 1 01:00:00 1970"
```

Der String *s2* zeigt, dass der 1.Januar 1970 0 Uhr der Startzeitpunkt ist. Dieser Startzeitpunkt ist bei UNIX und POSIX-Systemen üblich.

Die Uhr und die Zeitdauer werden dem Template als Typ-Argument übergeben. Dieser stark gekürzte Auszug aus <chrono>

```
  template<class _Clock, class _Duration = typename _Clock::duration>
    class time_point
    { // represents a point in time
  public:
  constexpr time_point(): _MyDur(_Duration::zero()){ } // construct
                                           // with value epoch

      constexpr explicit time_point(const _Duration& _Other):
            _MyDur(_Other) { } // construct from a duration

  private:
    _Duration _MyDur;// duration since the epoch
  };
```

soll nur zeigen, dass ein Zeitpunkt

− durch eine Uhr und ihren Startzeitpunkt
− durch eine Zeiteinheit des Typs *duration* (z.B. Sekunden) und
− durch die Anzahl der Zeiteinheiten

charakterisiert ist.

Die langen Typnamen können durch ein Alias Template abgekürzt werden.

Beispiel: Mit dem Alias-Template

```
        template<typename D>
          using sys_tp =
            std::chrono::time_point<std::chrono::system_clock, D>;
```

können Definitionen wie im letzten Beispiel kürzer formuliert werden:

```
    sys_tp<std::chrono::seconds> tp1(5s);
    sys_tp<std::chrono::milliseconds> tp2 = tp1;
```

Konversionen zwischen verschiedenen *time_point*-Ausdrücken sind implizit möglich, wenn sie nicht mit einem Verlust von Informationen verbunden sind. Andernfalls müssen sie mit *time_point_cast* explizit konvertiert werden.

Beispiel: Die folgenden Konversionen sind möglich:

```
sys_tp<std::chrono::seconds> tp1(5s);
sys_tp<std::chrono::milliseconds> tp2 = tp1;
auto tp3 =
    std::chrono::time_point_cast<std::chrono::seconds>(tp2);
```

Diese erhalten die folgenden Werte:

```
int c1 = tp1.time_since_epoch().count(); // 5 Sekunden
int c2 = tp2.time_since_epoch().count(); // 5000
                                                Millisekunden
int c3 = tp3.time_since_epoch().count(); // 5 Sekunden
```

Die folgende Konversion wird dagegen vom Compiler nicht akzeptiert:

```
tp1 = tp2; // Fehler
```

Für *time_point* Ausdrücke sind diese **arithmetischen Operationen** definiert:

- Zwei Ausdrücke des Typs *time_point* können nicht addiert, sondern nur subtrahiert werden. Das Ergebnis hat den Typ *duration* und ist die Zeitdauer zwischen den beiden Zeitpunkten.
- Ein Ausdruck des Typs *time_point* und ein Ausdruck des Typs *duration* können addiert und subtrahiert werden. Das Ergebnis hat den Datentyp *time_point*.

Beispiel: Die folgenden Operationen sind auch mit Operanden des Typs

```
std::chrono::time_point<std::chrono::system_clock>  t1, t2;
```

möglich:

```
std::chrono::time_point<std::chrono::steady_clock>  t1, t2;
auto d = t1 - t2;//Datentyp von d: std::chrono::nanoseconds
auto d1 = t1 + d; // Datentyp von d1:
        std::chrono::time_point<std::chrono::steady_clock>
auto d2 = t1 - d; // Datentyp von d2:
        std::chrono::time_point<std::chrono::system_clock>
```

16.4 Uhren: *system_clock* und *steady_clock*

In der chrono-Bibliothek stehen im Wesentlichen zwei Uhren zur Verfügung.

16.4 Uhren: system_clock und steady_clock

- **system_clock**: Diese stellt die aktuelle Uhrzeit unter Windows dar, wie sie z.B. auf dem Desktop angezeigt wird. Diese ist aber für Laufzeitmessungen nur begrenzt geeignet, da sie vom Benutzer oder z.B. aufgrund der Sommerzeit verstellt werden kann. Sie hat unter Windows oft eine Auflösung von 100 Nanosekunden.
- **steady_clock**: Die Uhrzeit dieser Uhr nimmt im Lauf der Zeit immer zu. Sie ist für Laufzeitmessungen geeignet. Sie verwendet unter Windows die Win32-Funktionen *QueryPerformanceCounter* und *QueryPerformanceFrequency* und hat typischerweise eine Auflösung von einer Nanosekunde.

Eine dritte Uhr *high_resolution_clock* ist nach dem C++-Standard ein Synonym für eine dieser beiden. In Visual C++ ist sie ein Synonym für *steady_clock*:

```
using high_resolution_clock = steady_clock;
```

Normalerweise gibt es keinen Grund, *high_resolution_clock* zu verwenden.

Beispiel: Variablen dieser clock-Typen können folgendermaßen definiert werden:

```
std::chrono::system_clock s;
std::chrono::steady_clock c;
```

Die **Auflösung** dieser Uhren kann man mit

```
template <typename Clock>
void display_precision(std::string s)
{
  std::chrono::duration<double, std::nano> ns = Clock::duration(1);
  std::cout << s << " count=" << ns.count() << " ns\n";
}
```

anzeigen. Mit den folgenden Aufrufen dieser Funktion

```
using namespace std::chrono;
display_precision<system_clock>("system_clock   ");
display_precision<steady_clock>("steady_clock   ");
display_precision<high_resolution_clock>("high_res_clock");
```

sieht man, dass *steady_clock* auf meinem Rechner eine Auflösung von einer Nanosekunde hat:

```
system_clock    count=100 ns
steady_clock    count=1 ns
high_res_clock  count=1 ns
```

Jede dieser Uhren hat eine Funktion

*static time_point **now**() noexcept;*

die die aktuelle Zeit zurückgibt. Hier ist *time_point* ein in der clock-Klasse definierter Typ:

```
typedef std::chrono::time_point<system_clock> time_point; // in
                                                           system_clock
typedef  std::chrono::time_point<steady_clock>  time_point;  //  in
                                                           steady_clock
```

Ein *time_point* einer *steady_clock* stellt einen Zeitpunkt dar, der unabhängig von einer Darstellung als string ist. Es gibt keine Möglichkeit, diesen in einer üblichen Form als String darzustellen. Für einen Zeitpunkt mit einer *system_clock* ist das aber möglich.

Die Funktion *to_string* zeigt zwei Varianten, mit denen ein Zeitpunkt als String dargestellt werden kann. Die erste ist ein einfaches Standardformat. Die zweite gibt einen Eindruck von der Vielfalt der Formatierungsmöglichkeiten mit *put_time*:

```
string to_string(const std::chrono::system_clock::time_point& tp)
{
  std::time_t t = std::chrono::system_clock::to_time_t(tp); //
                                                 convert to system time
  { // Variante 1 - Die #pragmas sind nur in VS 2015 notwendig
    #pragma warning( push )
    #pragma warning(disable : 4996) //_CRT_SECURE_NO_WARNINGS
    return ctime(&t); // This function may be unsafe.
    #pragma warning( pop )
  } // z.B. "Mon Apr 17 21:36:01 2017\n"
  { // Variante 2 – put_time benötigt #include <iomanip>
    std::ostringstream ostr;      // #include <sstream>
    #pragma warning( push )
    #pragma warning(disable : 4996) //_CRT_SECURE_NO_WARNINGS
    ostr << std::put_time(std::localtime(&t), "%d.%B %Y %H:%M:%S");
    #pragma warning( pop )
    return ostr.str(); // z.B. "17.April 2017 23:40:57"
  }
}
```

Die Subtraktion kann man insbesondere zur Laufzeitmessung von Anweisungen verwenden. Siehe dazu auch die Klasse *BenchmarkTimer* in Abschnitt 13.4.

Beispiel: Um die Laufzeit einer Funktion f zu messen, ruft man vor und nach ihrer Ausführung die Funktion *now* auf. Diese gibt den aktuellen Zeitpunkt zurück (siehe Abschnitt 16.4). Die Differenz dieser beiden Zeitpunkte ist dann die Dauer der Ausführung von f.

```
auto start = steady_clock::now();
f(); // Messe die Laufzeit dieser Funktion
auto end = steady_clock::now();
cout << nanoseconds{ end - start }.count() << "ns" << endl;
                                                 // 235149457ns
```

Mit einer Konversion in *duration<double>* wird die Zeitdauer als *double*-Wert in Sekunden dargestellt:

16.4 Uhren: system_clock und steady_clock

```
cout << duration<double>{end - start}.count() << "s" << endl;
                                                  // 0.2351494s
```

Eine Konversion in eine andere Einheit ist mit einem *duration_cast* möglich:

```
cout << duration_cast<milliseconds>(end - start).count() <<
                                        "ms" << endl; // 235ms
```

Die Klasse

```cpp
class Stoppuhr {
  std::chrono::steady_clock::time_point Start;
public:
  Stoppuhr() :Start(std::chrono::steady_clock::now()) {};
  void reset() { Start = std::chrono::steady_clock::now(); };
  std::string nach()
  {
    auto End = steady_clock::now();
    auto d = duration_cast<milliseconds>(End - Start);
    return " - nach " + std::to_string(d.count()) + "ms";
    return "verstrichen: " + std::to_string(d.count()) + "ms";
  };
};
```

verwendet dieselben Techniken. Sie wird später gelegentlich verwendet, um die Zeit anzuzeigen, die seit einem Startzeitpunkt vergangen ist.

Beispiel: Führt man zwischen dem Anlegen bzw. dem Aufruf von *reset* und dem Aufruf von *nach* eine Anweisung aus, die zwei Sekunden dauert, gibt *nach* den String "nach 2000ms" zurück.

17 Multithreading

Mit der seit C++11 nach

```
#include <thread> // ab VS 2012
```

im Namensbereich *std* verfügbaren Klasse *thread* sowie dem Funktions-Template *async* kann man Funktionen als eigene **Threads** starten. Damit werden die Funktionen quasi-parallel auf verschiedenen Prozessoren bzw. Kernen eines Prozessors ausgeführt. Startet man mehrere Funktionen eines Programms als Thread, spricht man auch von Multithreading.

In den bisher entwickelten Programmen wurden die Funktionen ohne die Verwendung der Klasse *thread* gestartet. Diese Programme bestanden dann nur aus einem Thread, außer wenn Systemfunktionen Threads gestartet haben. Die Anzahl der Threads eines Programms wird im Task Manager angezeigt, wenn man unter *Ansicht* die Spalte *Threads* markiert:

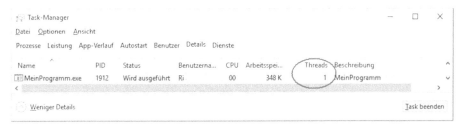

Ein Thread stellt eine Folge von Anweisungen dar, der vom Betriebssystem CPU-Zeit zugeteilt werden kann. Damit ein Thread, der auf ein Ereignis wartet (z.B. auf die Eingabe von Daten durch einen Benutzer, auf den Abschluss einer Leseoperation von einer Festplatte bzw. aus einem Netz, auf einen Mutex usw.), keine CPU-Zeit verbraucht, verwaltet das Betriebssystem die Threads in verschiedenen Warteschlangen. Ein Modell mit zwei Warteschlangen ist stark vereinfacht, reicht aber als Hintergrund meist aus:

Warteschlange	
Bereite Threads	Enthält alle Threads, denen CPU-Zeit zugeteilt werden kann.
Blockierte Threads	Enthält Threads, denen keine CPU-Zeit zugeteilt wird, weil sie auf ein Ereignis warten.

Startet man einen Thread, wird er in die Warteschlange der **bereiten Threads** eingefügt. Das Betriebssystem teilt jedem Thread aus dieser Warteschlange nacheinander CPU-Zeit zu (meist eine sogenannte **Zeitscheibe** in der Größenordnung von ca. 20 Millisekunden).

Ein Thread, der auf ein Ereignis wartet, kann **blockiert** werden. Damit ist gemeint, dass er aus der Warteschlange der bereiten Threads entfernt und in die Warteschlange der wartenden Threads eingefügt wird. Sobald das Ereignis eintritt, wird er wieder in die Warteschlange der bereiten Prozesse umgehängt. Vor allem in Abschnitt 17.2.2 werden einige Techniken vorgestellt, mit denen Threads blockiert werden.

Multithreading kann zu schnelleren Ergebnissen eines Programms führen:

- Das gilt bei einem Einprozessor-Rechner vor allem dann, wenn auf zeitaufwendige Ein- und Ausgabeoperationen gewartet werden muss. Ein Programm, das nacheinander auf die Daten von 10 Servern wartet, wird meist länger brauchen, als wenn alle 10 Anfragen in einem jeweils eigenen Thread parallel angefordert werden.
- Bei einem Mehrprozessorrechner (Mehrkern-CPU) kann das Betriebssystem die verschiedenen Threads auf verschiedene Prozessoren verteilen.
- Threads kann man entsprechend ihrer Wichtigkeit eine höhere oder niedrigere **Priorität** geben.

Diese Vorteile bekommt man aber nicht umsonst:

- Das Betriebssystem muss die Threads anlegen (was ca. 100 Mikro-Sekunden dauern kann) und verwalten, was mit einem zusätzlichen Aufwand verbunden ist. Es bringt keinen Vorteil, Funktionen auf Threads zu verteilen, die weniger lang als das Anlegen eines Threads dauern. Das Beispiel am Ende von Abschnitt 17.1.3 zeigt, dass zu viele Threads zu einer Verlangsamung führen können.
- Die Programmierung von Threads kann fehleranfällig und komplizierter sein. Falls die Threads ihre Zugriffe auf gemeinsame Daten nicht synchronisieren, kann das Fehler nach sich ziehen, die nur schwer zu finden sind, weil sie z.B. erst nach einigen Stunden Laufzeit auftreten.

Deswegen sollte man Threads nur verwenden, wenn die Vorteile die Nachteile überwiegen. In diesem Zusammenhang bezeichnet man ein Programm, das in den Hauptspeicher geladen (gestartet) wurde, als **Prozess**. Zu jedem Prozess gehört ein privater Adressraum, Code, Daten usw. Jedes Programm wird mit einem Thread (dem sogenannten primären Thread) gestartet, kann aber weitere Threads erzeugen. Viele Programme bestehen nur aus einem einzigen Thread.

17.1 Funktionen als Threads starten

Es gibt im Wesentlichen zwei Möglichkeiten, Funktionen als Threads zu starten: Mit der Klasse *thread* und mit dem Funktions-Template *async*. Diese beiden Möglichkeiten werden in den nächsten beiden Abschnitten 17.1.1 und 17.1.2 zunächst kurz gezeigt. Anschließend folgen dann weitere Details.

thread steht nach

```
#include <thread>
```

17.1 Funktionen als Threads starten

und *async* nach

```
#include <future>
```

im Namensbereich *std* zur Verfügung. Mit *using*-Deklarationen wie

```
using std::thread;
using std::async;
```

kann man sich die Angabe des Namensbereichs sparen. In älteren Versionen (z.B. VS 2010) kann man die Boost-Bibliothek (http://www.boost.org/) verwenden,

```
#include <boost/thread/thread.hpp>
using boost::thread;
```

die im Wesentlichen dieselbe Funktionalität und Syntax wie *std::thread* bietet.

Im Folgenden wird als Beispiel immer wieder die Funktion

```
long long fibo(int n)
{ // Fibonacci-Zahlen rekursiv berechnen
  if (n <= 0) return 0;
  else if (n == 1) return 1;
  else return fibo(n - 1) + fibo(n - 2);
}
```

verwendet. Diese ist hochgradig ineffizient ist und braucht sehr viel länger für die Berechnung der Fibonacci-Zahlen als eine iterative Version. Sie ist aber ein einfaches Beispiel für eine zeitaufwendige Funktion, mit der man die Auswirkungen von Multithreading illustrieren kann. Ruft man sie mit entsprechenden Argumenten (je nach Rechner: n im Bereich 40 bis 45) auf, dauert ihr Aufruf einige Sekunden oder Minuten.

17.1.1 Funktionen mit *async* als Threads starten

Das nach

```
#include <future>
```

im Namensbereich *std* zur Verfügung stehende Funktions-Template

> *template <class F, class... Args>*
> *future<typename result_of<F(Args...)>::type>*
> ***async**(launch policy, F&& f, Args&&... args);*

bietet oft die einfachste Möglichkeit, eine Funktion als Thread zu starten. Es kann für einfache Anwendungen sogar ohne ein tieferes Verständnis von *async* und den beteiligten Klassen wie z.B. *future* verwendet werden. Deswegen wird zunächst nur gezeigt, wie man dabei vorgehen kann. Weitere Hintergründe folgen später.

Damit eine Funktion g mit *async* als Thread gestartet wird, übergibt man

- als erstes Argument (für den Parameter *policy*) den Wert *std::launch::async*,
- als zweites Argument (für den Parameter *f*) die Funktion g, und
- als weitere Argumente die Argumente für die Funktion g

Falls die als Thread gestartete Funktion g den Rückgabetyp R hat, ist der Rückgabetyp von *async* der Datentyp *std::future<R>*. Dieser Rückgabewert enthält den Rückgabewert der Funktion g. Man erhält ihn mit der Funktion *get*.

Beispiel: Die **globale Funktion** *fibo* (siehe Abschnitt 17.1) kann wie in

```
std::future<long long> f42 = async(std::launch::async, fibo,
                                                       42);
```

als Thread gestartet werden. Den im Thread berechneten Wert erhält man nach der Fertigstellung des Threads mit

```
long long r42 = f42.get();
```

Den Schreibaufwand kann man mit *auto* noch etwas reduzieren, da der Compiler den Rückgabetyp von *async* selbst ableiten kann:

```
auto f42 = async(std::launch::async, fibo, 42);
```

Ruft man *async* mit einer Anzahl von Argumenten auf, die keinen gültigen Funktionsaufruf erzeugen

```
auto r = std::async(std::launch::async, fibo);     // Fehler:
auto r = std::async(std::launch::async, fibo,1,2); // Fehler:
```

erhält man Fehlermeldungen des Compilers wie etwa

```
// Fehler: keine übereinstimmende überladene Funktion
                                             gefunden
// Fehler: Funktionsvorlage std::async konnte nicht speziali-
                                             siert werden
```

Zum Start einer Elementfunktion ohne Lambda-Ausdrücke ist die relativ grässliche Syntax der Zeiger auf Elementfunktionen notwendig. Die Techniken sind in der Praxis ohne große Bedeutung, da die im nächsten Abschnitt gezeigte Übergabe mit Lambda-Ausdrücken einfacher ist. Das nächste Beispiel hat nur den Zweck, die Vereinfachung mit Lambda-Ausdrücken explizit zu zeigen.

Beispiel: Wäre *fibo* eine *public* **Elementfunktion einer Klasse** C, könnte man sie über ein Objekt c der Klasse C

```
C c;
```

so starten (analog zu Abschnitt 8.2.13.):

```
auto f1 = std::async(std::launch::async, &C::fibo, &c, 43);
```

17.1 Funktionen als Threads starten

In einer Elementfunktion der Klasse C übergibt man als Adresse des Objekts den *this*-Zeiger:

```
auto f2 = std::async(std::launch::async, &C::fibo, this, 43);
```

Eine **statische Elementfunktion** *fibos* übergibt man ohne Zeiger auf das Objekt, nur mit ihrem Namen:

```
auto f3 = std::async(std::launch::async, C::fibos, 43);
```

Argumente für **Referenzparameter** müssen mit *std::ref* und Argumente für konstante Referenzparameter mit *std::cref* übergeben werden.

Beispiel: Will man die globale Funktion

```
void ref_cref(int& ref, const int& cref)
{
  ref = cref;
}
```

mit

```
int x = 1, y;
auto f = std::async(std::launch::async, ref_cref, x, y);
```

als Thread starten, erhält man eine Fehlermeldung. Mit

```
auto f = std::async(std::launch::async, ref_cref,
                    std::ref(x), std::cref(y));
```

werden die Argumente richtig übergeben.

Der Aufruf von *async* startet den Thread unmittelbar. Es gibt keine Möglichkeit, eine Thread-Funktion später zu starten (z.B. durch den Aufruf einer Funktion *Start*).

Da ein *thread* unabhängig vom aktuellen Programm ausgeführt wird, muss man auf seine Fertigstellung warten. Durch den Aufruf von *get* wird der aktuelle Thread so lange blockiert (d.h. von der Zuteilung von CPU-Zeit ausgenommen), bis der Thread fertig ist und der Rückgabewert verfügbar ist.

Die **globale Funktion** *fibo* (siehe Abschnitt 17.1) kann man wie in

```
void FiboAsync()
{ // die syntaktischen Varianten nur als Beispiel
  std::future<long long> f42 = std::async(std::launch::async, fibo, 42);
  using std::async;
  std::future<long long> f43 = async(std::launch::async, fibo, 43);
  auto f44 = async(std::launch::async, fibo, 44);
  auto f45 = async(std::launch::async, fibo, 45);
```

```
        cout << "f42=" << f42.get() << " f43=" << f43.get() << " f44=" <<
                f44.get() << " f45=" << f45.get() << endl;
}
```

in verschiedenen Threads starten. Kompiliert man das Programm im Release-Modus und startet es ohne Debugging auf einem Vierkern-Prozessor, erhält man etwa die CPU-Auslastung

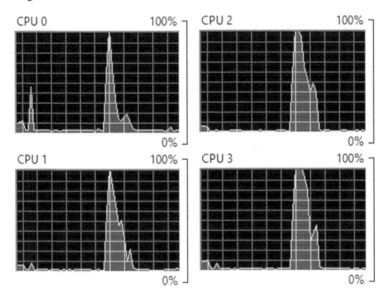

und Laufzeiten wie diese, die etwa der Laufzeit der längsten Funktion bei einer sequentiellen Ausführung entsprechen:

```
Elapsed time: 8.57 secs
```

Führt man diese Anweisungen dagegen sequentiell (d.h. ohne Threads) aus wie in

```
    void FiboSequentiell()
    {
    long long r1 = fibo(42);
    long long r2 = fibo(43);
    long long r3 = fibo(44);
    long long r4 = fibo(45);
    cout << "Summe: " << r1 + r2 + r3 + r4 << endl;
       // Ohne eine Verwendung der Funktionswerte
    } // optimiert der Compiler die Aufrufe von fibo weg
```

wird keiner der Kerne voll ausgelastet:

17.1 Funktionen als Threads starten

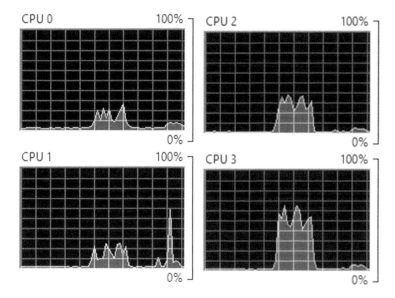

Die Laufzeit liegt bei etwa 13 Sekunden. Falls Sie überrascht sind, dass hier nicht eine CPU zu 100% ausgelastet ist und alle anderen untätig sind: Windows kann die Arbeit auf verschiedene Prozessorkerne verteilen, damit nicht ein Kern besonders heiß wird. Bei einem 4-Kern Prozessor mit Hyperthreading müssen 8 Prozesse gestartet werden, um eine volle Auslastung zu erreichen.

Im Debug-Modus erhält man übrigens wesentlich längere Laufzeiten: ca. 200 Sekunden für die sequentielle und ca. 95 Sekunden für die parallele Version. Deswegen sollte man Multithreading-Programme außer zum Debuggen nie im Debug-Modus ausführen.

17.1.2 Funktionen mit *thread* als Threads starten

Mit der Klasse *thread* kann man Funktionen als Threads starten. Zum Start einer Funktion kann man einen der Konstruktoren

```
class thread {
  public:
    ...
    thread() noexcept;
    template <class F> explicit thread(F f);
    template <class F, class ...Args> thread(F&& f, Args&&... args);
    ...
};
```

verwenden, dem man als erstes Argument die Funktion und danach ihre Argumente übergibt. Da dieser Konstruktor ein variadisches Template (siehe Abschnitt 14.1.7) ist, passt er zu einer beliebigen Anzahl von Argumenten.

Beispiel: Die globale Funktion (siehe Abschnitt 17.1)

```
long long fibo(int n) { } // siehe oben
```

kann durch

```
thread t1(fibo, 43); // startet fibo(43) als Thread
```

als Thread gestartet werden. Ruft man den *thread*-Konstruktor mit einer Anzahl von Argumenten auf, die keinen gültigen Funktionsaufruf erzeugen

```
thread f1(fibo, 43, 44);
thread f2(fibo);
```

erhält man (wie das für Templates typisch ist) eine Fehlermeldung des Compilers, die nicht für jeden Leser einen Hinweis auf die Ursache des Fehlers gibt:

Funktionsvorlage "unknown-type std::invoke(_Callable &&,_Types &&...)" konnte nicht spezialisiert werden

Klickt man diese Fehlermeldung im Fenster *Fehlerliste* an, landet man in einer Datei mit dem Namen xthread, deren Anweisungen auch nicht für jeden verständlich sind. Um die Stelle im Quelltext zu finden, in der die Verwendung des Templates einen Fehler verursacht hat, muss man im Fenster *Ausgabe* auf die entsprechende Zeile klicken:

```
void start_thread()
{
    thread f1(fibo);
    thread t1(fibo, 43); // startet fibo(43) als Thread
}
```

```
Ausgabe
Ausgabe anzeigen von: Erstellen
]
2015.boo\beispiele\multithreading.h(27): note: Siehe Verweis auf die Instanziierung der gerade kompi
with
[
    _Fn=__int64 (__cdecl &)(int)
]
Erstellen: 0 erfolgreich, 1 fehlerhaft, 0 aktuell, 0 übersprungen ==========
```

Die Argumente können auch mit Initialisiererlisten übergeben werden

```
std::thread t3{ fibo, 43 };
```

Der Aufruf des *thread*-Konstruktors startet den Thread unmittelbar. Die Klasse *thread* besitzt (im Gegensatz zu manchen anderen Thread-Bibliotheken) keine Möglichkeit, eine Thread-Funktion später zu starten (z.B. durch den Aufruf einer Funktion *Start*).

Da ein *thread* unabhängig vom aktuellen Programm ausgeführt wird, muss man auf seine Fertigstellung warten. Das ist mit der Elementfunktion

*void **join**();*

möglich. Durch *join* wird der aktuelle Thread so lange blockiert (d.h. von der Zuteilung von CPU-Zeit ausgenommen), bis der Thread fertig ist.

17.1 Funktionen als Threads starten

Der Destruktor von *thread* bricht das Programm ab, wenn nicht zuvor *join* aufgerufen wurde. Das heißt, wenn man vergisst, für einen gestarteten Thread *join* aufzurufen, hat das einen Programmabbruch zur Folge.

Die **globale Funktion** *fibo* (siehe Abschnitt 17.1) kann man wie in

```
void FiboParallel()
{
thread t1(fibo, 42); // startet fibo(42) als Thread
thread t2(fibo, 43);
thread t3(fibo, 44);
thread t4(fibo, 45);
t1.join(); t2.join(); t3.join(); t4.join();
}
```

in verschiedenen Threads starten. Kompiliert man das Programm im Release-Modus und startet es ohne Debugging auf einem Vierkern-Prozessor, erhält man etwa dieselbe CPU-Auslastung wie in Abschnitt 17.1.1. Stören Sie sich bitte nicht daran, dass mit den bisher vorgestellten Mitteln ein *thread* noch keinen Funktionswert zurückgeben kann. In Abschnitt 17.1.3 wird gezeigt, wie das mit Lambda-Ausdrücken einfach möglich ist.

Wie am Ende von Abschnitt 17.1.1 soll jetzt auch noch an einem Beispiel gezeigt werden, wie man Elementfunktionen ohne Lambda-Ausdrücke an *thread* übergeben kann. Dazu ist die Syntax der Zeiger auf Elementfunktionen notwendig. Mit der im nächsten Abschnitt gezeigten Übergabe mit Lambda-Ausdrücken ist das aber einfacher.

Beispiel: Wäre *fibo* eine *public* **Elementfunktion einer Klasse** C, könnte man sie über ein Objekt c der Klasse C so

```
C c;
```

so starten (analog zu Abschnitt 8.2.13.):

```
std::thread t1(&C::fibo, &c, 43);
```

In einer Elementfunktion der Klasse C übergibt man als Adresse des Objekts den *this*-Zeiger:

```
std::thread t1(&C::fibo, this, 43);
```

Eine **statische Elementfunktion** übergibt man ohne Zeiger auf das Objekt, nur mit ihrem Namen:

```
std::thread t2(&C::fibo,43);
```

Argumente für **Referenzparameter** müssen mit *std::ref* und Argumente für konstante Referenzparameter mit *std::cref* übergeben werden.

Beispiel: Die globale Funktion

```
void ref_cref(int& ref, const int& cref) {}
```

kann man so starten:

```
thread t(ref_cref, std::ref(x), std::cref(y));
```

17.1.3 Lambda-Ausdrücke als Threads starten

Um eine Funktion einer beliebigen Art (eine globale, statische oder nicht statische, ein Funktionsobjekt usw.) an einen *thread* oder *async* zu übergeben, verwendet man am einfachsten Lambda-Ausdrücke. Alle anderen Techniken (insbesondere die von Abschnitt 17.1.2), sind meist umständlicher und zum Teil mit einigen syntaktischen Verrenkungen verbunden.

Dazu übergibt man dem *thread*-Konstruktor einen Lambda-Ausdruck mit einer leeren Parameterliste und ruft die Funktion, die im Thread ausgeführt werden soll, im Anweisungsteil des Lambda-Ausdrucks auf. Parameter und Rückgabewerte übergibt man in der Erfassungsliste.

Beispiel: In

```
void ThreadsMitLambdas()
{
  long long f42 = 0, f43 = 0, f44 = 0, f45 = 0;
  // Beispiel 1:
  std::function<void(void)> f= [&f42]() {f42 = fibo(42); };
  thread t1(f) ; // startet fibo(42) als Thread
  // Beispiel 2:
  auto Lambda = [&f43]() { f43 = fibo(43); };
  thread t2(Lambda);
  // Beispiel 3:
  thread t3([&f44]() {f44 = fibo(44); });
  // Beispiel 4:
  thread t4([&f45]{f45 = fibo(45); });
  t1.join(); t2.join(); t3.join(); t4.join();
  cout << "f42=" << f42 << " f43=" << f43 << "f44=" << f44
                                  << "f45=" <<f45<<endl;
}
```

soll das erste Beispiel (mit *f42*) nur explizit zeigen, dass dem Thread *t1* eine Funktion mit dem Rückgabetyp *void* und einer leeren Parameterliste übergeben wird.

Die Beispiele 2 und 3 (mit *f43* und *f44*) sollen explizit zeigen, wie ein Lambda-Ausdruck übergeben wird.

Da alle diese Lambda-Ausdrücke eine leere Parameterliste haben, kann man () wie in Beispiel 4 auch weglassen. Diese Schreibweise wird beim Start von *thread*-Funktionen üblicherweise verwendet.

17.1 Funktionen als Threads starten

Im nächsten Beispiel werden dieselben Arten von Elementfunktionen (statische und nicht statische) wie im vorletzten Beispiel von Abschnitt 17.1.2 mit Lambda-Ausdrücken aufgerufen. Offensichtlich ist das deutlich einfacher, da man nicht die Syntax der Zeiger auf Elementfunktionen verwenden muss.

Beispiel: Die Elementfunktionen der Klasse

```cpp
class C {
  int m_;
public:
  C(int m) :m_(m) {}
  static string fs(int n)
  {
     return " statische Elementfunktion,
                               n="+std::to_string(n) ;
  }

  string f(int n) {
     return " Elementfunktion, n=" + std::to_string(n);
  }
};
```

werden in *t1*, *t2* und *t3* aufgerufen. Das Objekt, über das eine nicht statische Elementfunktion übergeben wird, kann wie in t2 im Lambda-Ausdruck erzeugt werden. Dann müssen die Konstruktor-Argumente in der Erfassungsliste übergeben werden. Oder das Objekt wird außerhalb des Lambda-Ausdrucks erzeugt und dann als Referenz in der Erfassungsliste übergeben:

```cpp
void LambdasMitElementfunktionen(int n)
{
  string r1, r2, r3;
  thread t1([&r1] {r1 = C::fs(43); }); // statische
                                         Elementfunktion
  thread t2([&r2,n] {C c(n); r2 = c.f(44); });
  C c(n);
  thread t3([&r3, &c] {r3 = c.f(44); });
  t1.join(); t2.join(); t3.join();
}
```

Es ist nicht möglich, ein Objekt in der Erfassungsliste als Wert zu übergeben und dann eine Elementfunktion aufzurufen,

```cpp
thread t3([&r3, c] { r3 = c.f(44); }); // Fehler: const ...
```

außer man gibt nach der Parameterliste *mutable* an:

```cpp
thread t3([&r3, c]() mutable { r3 = c.f(44); });
```

Aber da ist *&c* in der Erfassungsliste doch wieder einfacher.

Einen Lambda-Ausdruck kann man auch an *async* übergeben. Dabei muss man den Lambda-Ausdruck nach dem *launch*-Argument angeben:

```
void AsyncWithLambdas()
{
  std::future<long long> fut43 = std::async(std::launch::async, []
                                            { return fibo(43); });
  auto fut44 = std::async(std::launch::async, [] { return fibo(44);
                                                              });
  long long f43 = { fut43.get() }, f44 = { fut44.get() };
  std::cout << "fib(43)=" << f43 << " fib(44)=" << f44 <<std::endl;
}
```

thread-Objekte kann man auch in einem Array oder in einem Container anlegen. Diese kann man in einer Schleife füllen. Auch auf die Fertigstellung der Threads kann man in einer Schleife warten:

```
void Array_of_threads()
{
const int nt = 20;
thread t[nt];
long long result[nt];
for (int i = 0; i < nt; i++)
  t[i] = thread([i, &result] {result[i] = fibo(10 + i % 3); });
for (int i = 0; i < nt; i++)
  t[i].join();
for (int i = 0; i < nt; i++)
  std::cout << " result[i]=" << result[i];
std::cout << std::endl;
}

void vector_of_threads(int n)
{
  vector<thread> vt;
  vector<long long> result;
  for (int i = 0; i < n; i++)
    vt.push_back(thread([i, &result] {result.push_back(fibo(10 + i
                                                        % 3)); }));
  for (auto& i : vt) { i.join(); }
  for (auto& r : result) { std::cout << " result[i]=" << r; }
  std::cout << std::endl;
}
```

Offensichtlich ist es einfach, 100 oder 1000 Threads zu starten. Das bedeutet aber nicht, dass das auch sinnvoll ist. Die nächste Tabelle enthält die Laufzeiten für die Berechnung einer Summe von $n=1000000$ Werten, wobei die Berechnung der Teilsummen auf N Threads verteilt wird (bei 2 Threads die Summe der ersten n/2 Werte in einem ersten und die Summe der zweiten n/2 Werte in einem zweiten Thread):

```
double SummeGeomReihe(int von, int bis, double a, double q)
{ // result = a*q^von + a*q^(von+1) + ... + a*q^(bis-1)
```

17.1 Funktionen als Threads starten

```
  double result = 0;
  for (int i = von; i < bis; i++)
    result = result + a*std::pow(q, i);
  return result;
}

double SummiereGeomReiheParallel(int n, int nThreads)
{ // result = a*q^von + a*q^(von+1) + ... + a*q^(bis-1)
  double a = 0.8, q = 0.8, result = 0;
  if (nThreads == 0)
    return SummeGeomReihe(0, n, a, q);
  else
   {
    vector<double> r(nThreads);
    vector<thread> t(nThreads);
    int nnT = n / nThreads;
    for (int i = 0; i < nThreads; i++)
      t[i] = thread([&] {r[i] = SummeGeomReihe(i*nnT, (i + 1)*nnT, a,
                                                              q); });
    for (int i = 0; i < nThreads; i++)
      t[i].join();
    for (int i = 0; i < nThreads; i++)
      result += r[i];
   }
  return result;
}
```

Mit einem Vierkern-Prozessor wurden die folgenden Laufzeiten gemessen:

VS 2017 Release	N=0	N=1	N=2	N=3	N=4	N=10	N=100	N=1000
Laufzeit in Sek.	0,050	0,050	0,027	0,018	0,016	0,016	0,020	0,067

Offensichtlich ist dieses CPU-intensive Programm dann am schnellsten, wenn die Anzahl der Threads etwa der Anzahl der Prozessorkerne entspricht. Bei einer großen Anzahl von Threads dauert das Anlegen der Threads länger als die Zeitersparnis durch die parallele Ausführung. Dann kann ein Programm ohne Threads (Spalte N=0) schneller sein als eines mit vielen Threads (Spalte N=1000). Bei IO-intensiven Programmen (die vor allem Daten von einer Festplatte oder einem Netz lesen bzw. schreiben) kann auch eine wesentlich höhere Anzahl von Threads sinnvoll sein. Die Anzahl der Prozessorkerne kann man mit *thread::hardware_concurrency* bestimmen (siehe Abschnitt 17.1.8).

Aufgabe 17.1.3

1. Mit dieser Aufgabe soll mit den Funktionen f1, ..., f6 (die alle ziemlich sinnlos sind) vor allem die Syntax geübt werden.

    ```
    string f1(int x) { return std::to_string(x); }
    int f2(int x, std::string y, int z) { return x + std::stoi(y) +
                                                              z; }
    ```

```
void f3(int& i) { i = i + 1; }
int f4(const string& s) { return s.length(); }

class C {
public:
  int f5(int x) { return x + 1; }
  static int f6(int x) { return x + 1; }
};
```

Starten Sie diese Funktionen mit Argumenten Ihrer Wahl als Thread und weisen Sie die Rückgabewerte einer Variablen zu, indem Sie

a) diese Funktionen an *thread* übergeben und keine Lambda-Ausdrücke verwenden
b) diese Funktionen an *async* übergeben und keine Lambda-Ausdrücke verwenden
c) in a) Initialisiererlisten verwenden (d.h. { } statt ())

d) diese Funktionen an *thread* übergeben und Lambda-Ausdrücke verwenden
e) diese Funktionen an *async* übergeben und Lambda-Ausdrücke verwenden

17.1.4 Zuweisungen und *move* für Threads

Die Klasse *thread* enthält keinen Kopierkonstruktor und keinen Zuweisungsoperator für L-Werte, sondern nur entsprechende Operationen für R-Werte:

class thread {
   ...
   thread(const thread&) = delete;
   thread(thread&&) noexcept;
   thread& operator=(const thread&) = delete;
   thread& operator=(thread&&) noexcept;
   ...
};

Deshalb kann einem Thread nur ein R-Wert Thread zugewiesen werden, aber kein L-Wert. Entsprechendes gilt auch für eine Initialisierung. Dabei darf der Thread, an den die Zuweisung erfolgt, kein Thread sein, der gerade eine Funktion ausführt (d.h. *joinable* muss *false* zurückgeben, siehe Abschnitt 17.1.8). Sonst ist ein Programmabbruch die Folge.

Beispiel: In diesem und im nächsten Beispiel wird eine Funktion f wie z.B.

```
void f() {};
```

verwendet. Damit ist diese Zuweisung an t zulässig:

```
thread t;        // t führt keine Funktion aus
t = thread(f);   // thread(f) ist ein R-Wert
```

Die nächste Zuweisung führt zu einem Programmabbruch, da t vor der Zuweisung eine Funktion ausführt:

17.1 Funktionen als Threads starten

```
thread t(f); // t führt eine Funktion aus
t = thread(f); // Laufzeitfehler
```

Die Zuweisung eines L-Werts wird vom Compiler unterbunden:

```
thread t1;
thread t2(f);
t1 = t2; // Fehler: operator= delete
```

Mit *move* erhält man einen R-Wert:

```
thread t1;
thread t2(f);
t1 = std::move(t2); // die rechte Seite ist ein R-Wert
t1.join(); // t1.join(), da verschoben - nicht t2.join()
```

Da *swap* intern *move* verwendet, hat man damit dieselben Möglichkeiten:

```
thread t1;
thread t2(f);
std::swap(t1, t2);   // das geht auch
t1.join(); // t1.join(), da vertauscht - nicht t2.join()
```

Deswegen können Threads auch nicht mit dem Algorithmus *std::copy* von einem Container in einen anderen kopiert werden, sondern nur mit *std::move*. Da die Container-*push_back* Funktion in C++11 um R-Wert Referenzparameter erweitert wurde, kann ein *thread* mit *push_back* in einen Container eingefügt werden. Mit *emplace* bzw. *emplace_back* wird der Thread aus den Argumenten konstruiert.

Beispiel: Die *copy*-Anweisung wird vom Compiler nicht akzeptiert:

```
std::vector<thread> v1, v2;
v1.push_back(thread(f));
v1.emplace_back(f);
//copy(v1.begin(), v2.end(), std::back_inserter(v2)); // Fehler
move(v1.begin(), v1.end(), std::back_inserter(v2));
```

17.1.5 Die Klassen *future* und *promise*

Mit der nach

```
#include <future>
```

verfügbaren Klasse **future** kann man entweder einen Wert oder eine Exception aus einem Thread an einen anderen Thread übergeben. Meist verwendet man ein *future*, um das Ergebnis aus einem Thread t an den Thread übergeben, der t gestartet hat. Der Name *future* soll zum Ausdruck bringen, dass der Wert eventuell erst in der Zukunft verfügbar ist. Das heißt: Ruft man *get* auf, ohne dass die Anweisungen in t schon fertig sind, wartet der aufrufende Thread so lange, bis t fertig ist.

Dieser Auszug aus dem C++-Standard

```
template <class R>
class future
{
public:
  future() noexcept;
  future(const future& rhs) = delete;
  future& operator=(const future& rhs) =
  delete;
  R future::get();
};
```

enthält nur die Elemente, die für ein grundlegendes Verständnis von *future* notwendig sind.

Im Klassen-Template *future* steht R für den Datentyp des übergebenen Wertes. Falls das Typ-Argument für R nicht *void* ist, kann das *future* einen Wert des Typs R oder eine Exception darstellen. Mit dem Typ-Argument *void* kann das *future* nur eine Exception darstellen.

Beispiel: Ein *future*-Objekt mit dem Typargument *int* kann entweder einen *int*-Wert oder eine Exception darstellen:

```
std::future<int> fi;
```

Ein *future*-Objekt mit dem Typargument *void* kann nur eine Exception darstellen, aber keinen Wert:

```
std::future<void> fv;
```

Der Wert oder die Exception in einem *future* wird meist in einem anderen Thread gesetzt. Das ist **nur** mit Objekten der Klassen **promise** und **packaged_task** sowie mit der Funktion **async** möglich. Die Klasse *future* selbst hat keine Elementfunktion dafür. In einem *promise* stehen dafür Funktionen wie

*void **set_exception**(exception_ptr p);*
*void promise::**set_value**(const R& r);* // außerdem mit R&& r und R& r
*void promise<void>::**set_value**();*

zur Verfügung, die in Abschnitt 17.1.6 noch genauer vorgestellt werden. Die *async*-Funktionen (siehe Abschnitt 17.1.1 und 17.1.7) starten eine Funktion als Thread und geben ihren Rückgabewert oder eine in der Funktion ausgelöste Exception in dem *future* zurück, das von *async* zurückgegeben wird.

Beispiel: Die in Abschnitt 17.1.6 noch genauer beschriebene Funktion *throw_0* löst für bestimmte Argumente eine Exception aus und gibt für andere Argumente einen *int*-Wert zurück. Die folgenden Anweisungen sollen nur zeigen, wie die Werte des *future*-Objekts mit einem *promise* in einem anderen Thread gesetzt werden:

```
std::promise<int> p; // außerhalb des Threads
thread t = thread([&] {
```

17.1 Funktionen als Threads starten

```
      try {
        int result = throw_0(17);
        p.set_value(result);
      }
      catch (...) // ... !!!
      {
        p.set_exception(std::current_exception()); // die
                                             aktuelle Exception
      }
    });
```

Durch den in Abschnitt 17.1.1 vorgestellten Aufruf von *async*

```
    std::future<long long> f42 = async(std::launch::async, fibo,
                                                             42);
```

wird in das zurückgegebene *future*-Objekt *f42* der Rückgabewert *fibo(42)* oder eine von *fibo* ausgelöste Exception eingetragen.

Das *future* aus einem *promise* erhält man mit der *promise*-Elementfunktion

future<R> **get_future**();

Den Wert in einem *future* erhält man mit der Elementfunktion *get*. Falls der Wert den Datentyp *R&* bzw. *void* hat, ist *get* folgendermaßen definiert:

*R& future<R&>::**get**();*
*void future<void>::**get**();*

Falls ein *future* keinen Wert, sondern eine Exception enthält, wird diese durch den Aufruf von *get* erneut ausgelöst. Deswegen muss man **get in einem *try*-Block aufrufen**, falls eine Exception auftreten kann.

Beispiel: Die Werte aus den futures des letzten Beispiels erhält man so:

```
      try {
        cout << "Ergebnis =" << p.get_future().get() << endl;
      }
      catch (std::future_error& fe)
      {
        cout << "code=" << fe.code() << " what()=" << fe.what()
                                                       << endl;
      }

      try {
        cout << "Ergebnis =" << f42.get() << endl;
      }
```

```
      catch (std::future_error& fe)
      {
        cout << "code=" << fe.code() << " what()=" << fe.what()
                                                  << endl;
      }
```

Falls das Ergebnis beim Aufruf von *get* noch nicht vorliegt, wird der Thread, der *get* aufruft, so lange blockiert (d.h. nicht mehr bei der Zuteilung von CPU-Zeit berücksichtigt), bis das Ergebnis vorliegt. Sobald das Ergebnis im Thread gesetzt wird, wird dem Thread wieder CPU-Zeit zugeteilt.

Beim Aufruf von *get* muss der Thread nicht mit *lock* oder einer ähnlichen Operation synchronisiert werden. Sowohl *get* als auch *get_future* dürfen **nur ein einziges Mal** aufgerufen werden. Ab ihrem zweiten Aufruf wird eine Exception des Typs *future_error* ausgelöst.

future-Objekte sind in gewisser Weise die andere Seite von *promise* bzw. *async*: Werte oder Exceptions, die mit *promise* bzw. *async* in einem Thread gesetzt werden, werden mit einem *future* abgeholt. Das Besondere ist dabei, dass diese in verschiedenen Threads verwendet werden und diese Threads zeitlich entkoppelt sind. Der Thread, der *get* aufruft, wartet so lange, bis ein anderer Thread einen Wert oder eine Exception mit *promise* bzw. *async* zur Verfügung stellt.

Die wichtigsten Elemente der nach

```
#include <future>
```

verfügbaren Klasse ***promise*** sind:

```
template <class R>
class promise {
    public:
        promise();
        promise(const promise& rhs) = delete;
        promise& operator=(const promise& rhs) = delete;
        void swap(promise& other) noexcept;
        future<R> get_future();
        void set_value(see below );
        void set_exception(exception_ptr p);
```

Die Funktionen *get_future*, *set_value* und *set_exception* wurden schon zusammen mit *future* und *async* vorgestellt: Mit *get_future* erhält man das zugehörige *future*. Diese Funktion darf nur ein einziges Mal aufgerufen werden. Ab ihrem zweiten Aufruf wird eine Exception des Typs *future_error* ausgelöst.

Die Namen „future" und „promise" wurden oft als verwirrend und nicht aussagekräftig kritisiert. Diese Klassen werden meist so eingesetzt, dass ein *promise* von einem Produzenten einer asynchronen Operation verwendet wird, und ein *future* von einem Konsumenten.

Beispiel: Die folgenden Anweisungen zeigen das Zusammenspiel von *promise* und *future* knapp und prägnant. Ein von einem Thread ausgeführter Produzent legt einen Wert in einem *promise* ab:

```
std::promise<int> p;
std::thread producer([&] {p.set_value(17); });
```

Ein von einem anderen Thread ausgeführter Konsument holt den Wert mit *get* aus dem *future*-Objekt des *promise* ab:

```
std::future<int> f = p.get_future();
std::thread consumer([&] {std::cout << f.get(); });

producer.join();
consumer.join();
```

17.1.6 Exceptions in Threads und ihre Weitergabe mit *promise*

Falls in einem Thread eine Exception ausgelöst und nicht abgefangen wird, führt das zu einem Programmabbruch.

Beispiel: Startet man die Funktion

```
int throw_0(int n)
{
  if (n == 0)
    throw(std::logic_error("throw_0, n==0"));
  return n;
}
```

mit dem Argument 0 als Thread

```
thread t(throw_0, 0); // oder thread t([] {throw_0(0); });
t.join();
```

führt das zu einem Programmabbruch. Dieser Programmabbruch wird auch nicht dadurch vermieden, dass *thread* in einem *try*-Block aufgerufen wird:

```
void Crash(int n)
{
  try {
    thread t(throw_0, 0); // oder thread t([] {throw_0(0); });
      t.join(); // dieses join wird bei einer Exception nicht
                                                       erreicht
  }
  catch (...) {}; // ignoriere die Exception
}
```

Fängt man die Exception dagegen im Thread ab, wird das Programm ordnungsgemäß ausgeführt. Deswegen sollte jede von *thread* gestartete Funktion alle Exceptions abfangen.

Beispiel: Startet man die Funktion

```
int catch_0(int n)
{
  try { n = throw_0(n); }
  catch (...) {} // ignoriere die Exception
  return n;
}
```

mit dem Argument 0 als Thread, wird das Programm nicht abgebrochen.

Normalerweise will man auf eine Exception aber nicht im Thread, sondern außerhalb in einer Funktion reagieren, die den Thread gestartet hat. Das ist mit einem ***promise***-Objekt möglich. Damit kann man nicht nur wie im letzten Abschnitt einen Wert, sondern auch eine Exception weitergeben. Bei der Definition eines *promise*-Objekts gibt man den Datentyp des Wertes, der zurückgegeben werden soll, als Typargument an. Will man keinen Wert zurückgeben, verwendet man das Typargument *void*.

Beispiel: Für eine Funktion mit dem Rückgabetyp *int* verwendet man ein *promise*-Objekt wie *pi*, und für den Rückgabetyp *void* eines wie *pv*. Ein solches Objekt wird außerhalb des Threads definiert:

```
std::promise<int> pi;
std::promise<void> pv;
```

Beim Aufruf einer Funktion gibt es zwei Möglichkeiten: Entweder tritt eine Exception auf oder nicht. Falls die Funktion in einem Thread ausgeführt wird, kann man dann folgendermaßen vorgehen:

a) Falls eine Exception auftritt, wird diese durch

```
std::current_exception()
```

dargestellt und mit der *promise*-Elementfunktion (das ist eine atomare Operation)

*void **set_exception**(exception_ptr p);*

in das zum *promise*-Objekt gehörende *future*-Objekt eingetragen. Hier ist ***exception_ptr*** ist ein spezieller Datentyp, der eine beliebige Exception darstellen kann. Da *current_exception* beliebige Exceptions darstellen kann, verwendet man sie in einem Exception-Handler ***catch(...)***. Dieser passt zu allen Exceptions.

b) Falls keine Exception auftritt, wird der Rückgabewert der Funktion mit einer der *set_value*-Funktionen:

*void promise::**set_value**(const R& r);* // außerdem mit R&& r und R& r
*void promise<void>::**set_value**();*

17.1 Funktionen als Threads starten

eingetragen. Der Aufruf von *set_value* ist auch beim Rückgabetyp *void* notwendig.

Achtung: Es **muss genau eine** der beiden Funktionen aufgerufen werden, also entweder nur *set_exception* oder nur eine der *set_value*-Funktionen, aber nicht beide, und auch nicht keine der beiden.

Wenn man das Ergebnis oder die Exception dann wie unter a) oder b) in ein *promise*-Objekt p einträgt, **muss** nach dem Start des Threads die Funktion *get_future().get()* des *promise*-Objekts aufgerufen werden:

```
p.get_future().get(); // promise p;
```

get_future gibt das *future*-Element zurück. Falls in das *promise*-Objekt ein Wert eingetragen wurde (mit einer der *set_value*-Funktionen), gibt *get()* diesen Wert zurück. Wurde dagegen eine Exception eingetragen, wird durch *get()* ein *rethrow_exception* ausgeführt, das diese Exception erneut auslöst. Deswegen muss dieser Aufruf in einem *try*-Block erfolgen.

Das nächste Beispiel zeigt diese Vorgehensweise.

Beispiel: Startet man eine Funktion, die wie *throw_0* (siehe oben) eine Exception auslösen kann, in einem Thread, nimmt man diese im Thread in einen *try*-Block auf. Ihren Rückgabewert übergibt man dann nach dem Aufruf mit *set_value* an das *promise*-Objekt. Im Exception-Handler übergibt man die aktuelle Exception *current_exception()* mit *set_exception* an das *promise*-Objekt.

```
void Exception_in_Threads(int n)
{
std::promise<int> p; // außerhalb des Threads
thread t = thread([&p,n] {
  try {
    int result = throw_0(n);
    p.set_value(result);                         // b)
  }
  catch (...) // ... !!!
  {
    p.set_exception(std::current_exception()); // a)
  }
});

try {
  cout << "result=" << p.get_future().get() << endl;
}
catch (std::exception& ex)
{
  cout << "Exception: " << ex.what() << endl;
}
t.join();
}
```

Beim Aufruf mit n==0 erhält man die Meldung

```
Exception: throw_0, n==0
```

und beim Aufruf mit dem Wert 2

```
result=2
```

Die Funktion, bei der eine Exception auftreten kann, kann man an *thread* nicht nur mit einem Lambda-Ausdruck übergeben, sondern auch als Funktion. Das führt aber zu einer umständlicheren Vorgehensweise als mit einem Lambda-Ausdruck:

- Da ein *promise*-Objekt entweder eine Exception oder ein Ergebnis enthalten muss, muss man auch das Ergebnis in das *promise* eintragen. Die an *thread* übergebene Funktion muss dann *void* zurückgeben.
- Damit das *promise*-Objekt Werte aus der Funktion übergeben kann, muss es als Referenzparameter übergeben werden und beim Aufruf das Argument mit *std::ref*

Das nächste Beispiel ist deshalb nicht als Empfehlung gedacht. Es wurde nur aufgenommen, um vor dieser naheliegenden Vorgehensweise abzuraten und um einige Hintergründe zu verdeutlichen.

Beispiel: Bei der Übergabe von

```
void promise_als_Parameter(int n, std::promise<int>& p) //
                                                    umständlich
{ // Rückgabetyp void, da Rückgabe in p
  try {
    n = throw_0(n); // das Ergebnis
    p.set_value(n);
  }
  catch (...) // ... !!!
  {
    p.set_exception(std::current_exception()); // #include
                                                <exception>
  }
}
```

an *thread* muss das *promise*-Argument mit *std::ref* übergeben werden:

```
std::promise<int> p;
thread t(promise_als_Parameter, n, std::ref(p)); // p
                                         anstelle std::ref(p)
t.join();                                // ist ein Fehler
```

Das *promise* p kann man dann so verwenden:

```
try {
  int result = p.get_future().get(); // damit eine
                            Exception weitergegeben wird.
  cout << "result=" << result << endl;
}
```

17.1 Funktionen als Threads starten

```
      catch (const std::exception& e)
      {
        cout << "Exception e: " << e.what() << endl;
      }
```

Aufgabe 17.1.6

1. Die Funktion *throw_0* soll wie im Text mit dem Argument 0 eine Exception auslösen. Beschreiben Sie den Programmablauf für jeden der Aufrufe von

   ```
   void parallel(std::function<void()> f1, std::function<void()> f2)
   {
     thread t{ f1 }; // starte f1 in einem neuen thread
     f2();           // starte f2 in diesem thread
     t.join();       // warte auf f1
   }
   ```

   beim Aufruf von *Exception_Aufgabe_1* mit den Argumenten 1 bis 4:

   ```
   void Exception_Aufgabe_1(int p)
   {
     if (p == 1) parallel([] {throw_0(1); }, [] {throw_0(1); });
     if (p == 2) parallel([] {throw_0(1); }, [] {throw_0(0); });
     if (p == 3) parallel([] {throw_0(0); }, [] {throw_0(1); });
     if (p == 4) parallel([] {throw_0(0); }, [] {throw_0(0); });
   }
   ```

17.1.7 Der Programmablauf mit *async*

Mit dem Funktions-Template **async** kann man eine Funktion (oder einen Lambda-Ausdruck oder ein Funktionsobjekt) in einem eigenen Thread starten (siehe Abschnitt 17.1.1). Das Ergebnis der Funktion wird dann in einem *future*-Objekt zurückgegeben:

template <class F, class... Args>
future<typename result_of<F(Args...)>::type>
async(F&& f, Args&&... args);

template <class F, class... Args>
future<typename result_of<F(Args...)>::type>
async(launch policy, F&& f, Args&&... args);

Normalerweise wählt man die zweite Variante und übergibt als erstes Argument **launch::async**. Anstelle von *launch::async* ist auch noch der Wert **launch::deferred** zulässig. Diese Werte bewirken:

- **launch::async**: Die als zweites Argument übergebene Funktion wird mit dem Start von *async* gestartet.
- **launch::deferred**: Die als zweites Argument übergebene Funktion wird beim Aufruf von *get* gestartet.

Die erste Variante von *async* (ohne den *launch policy* Parameter) erlaubt dem Compiler, die launch policy auszuwählen. In Visual C++ hat kein policy Parameter denselben Effekt wie die zweite mit *launch::async*. Bei anderen Compilern kann das anders sein. Deshalb empfiehlt es sich, immer eine launch policy anzugeben. Meist ist das *launch::async*.

Die Funktion und ihre Argumente werden wie bei *thread* anschließend übergeben.

Der Rückgabewert von *async* ist ein *future*-Objekt, das entweder den Funktionswert enthält, sobald er verfügbar ist, oder eine Exception, die in der von *async* gestarteten Funktion ausgelöst wird. Den Rückgabewert des *future*-Objekts erhält man mit der Elementfunktion *get*.
- Falls die Funktion beim Aufruf von *get* noch nicht mit der Berechnung fertig ist, wartet *get* bis sie fertig ist.
- Falls beim Aufruf der Funktion eine Exception aufgetreten ist, wird diese beim Aufruf von *get* erneut ausgelöst. Deswegen muss man **get in einem *try*-Block aufrufen**, falls eine Exception auftreten kann.

In den folgenden Beispielen wird zur Veranschaulichung des Ablaufs immer wieder die Funktion

```
int arbeite(string Aufgabe, int n) // n Sekunden
{
  cout << "Wir arbeiten daran: " << Aufgabe << endl;
  if (n <= 0)
    throw std::logic_error(Aufgabe + ", n<=0 in 'arbeite'");
  Sleep(seconds(n)); // blockiere den Thread n Sekunden, siehe
                                                    Abschnitt 17.1.9
  return n;
}
```

gestartet. Diese löst mit einem Argument <= 0 eine Exception aus, und wartet mit einem positiven Argument n Sekunden. Mit der Elementfunktion *nach* der Klasse *Stoppuhr* (siehe Abschnitt 16.3) wird dann die bis zum aktuellen Zeitpunkt verstrichene Zeit angezeigt.

Beispiel: Startet man die Funktion *arbeite* zweimal mit *async* und wie in

```
void async_zwischendurch_was_anderes_tun()
{
  Stoppuhr t; // siehe Abschnitt 16.3
  std::future<int> f1 = std::async(std::launch::async,
                        arbeite, "Aufgabe 1", 3);
  std::future<int> f2 = std::async(std::launch::async,
                        arbeite, "Aufgabe 2", 7);
  cout << "Inzwischen arbeiten wir etwas anderes ..." <<
                                                    endl;
  Sleep(5s); // In Wirklichkeit geschlafen und nicht
                                                 gearbeitet
  cout << "Andere Arbeit fertig" << t.nach() << endl;
  try {
    int r1 = f1.get();
    string v1 = t.nach();
```

17.1 Funktionen als Threads starten

```
        int r2 = f2.get();
        string v2 = t.nach();
        cout << "Ergebnis 1: " << r1 << v1 << "   Ergebnis 2: "
                                        << r2 <<v2 << endl;
    }
    catch (const std::exception& e)
    {
        cout << "Exception e: " << e.what() << endl;
    }
}
```

erhält man eine Ausgabe wie

```
Inzwischen arbeiten wir etwas anderes ...
Wir arbeiten daran: Aufgabe 2
Wir arbeiten daran: Aufgabe 1
Andere Arbeit fertig - nach 5003ms
Ergebnis 1 : 3 - nach 5005ms   Ergebnis 2 : 7 - nach 7003ms
Jetzt ist alles fertig!- nach 7006ms
```

Hier sieht man, dass die beiden Aufgaben 1 und 2 parallel zu der anderen Aufgabe abgearbeitet werden.

Mit dem *policy*-Argument *std::launch::deferred* wird die übergebene Funktion erst beim Aufruf von *get* gestartet.

Beispiel: Ersetzt man das *policy*-Argument im letzten Beispiel durch *launch::deferred*

```
auto f1 = std::async(std::launch::deferred, arbeite,
                                        "Aufgabe 1", 3);
auto f2 = std::async(std::launch::deferred, arbeite,
                                        "Aufgabe 2", 7);
```

erhält man diese Ausgabe:

```
Inzwischen arbeiten wir etwas anderes ...
Andere Arbeit fertig - nach 5001ms
Wir arbeiten daran: Aufgabe 1
Wir arbeiten daran: Aufgabe 2
Ergebnis 1: 3 - nach 8004ms   Ergebnis 2: 7 - nach 15006ms
Jetzt ist alles fertig! - nach 15009ms
```

Hier sieht man, dass alle Aufgaben nacheinander ausgeführt werden: Nachdem Sleep(5s) fertig ist, beginnt Aufgabe 1 mit dem Aufruf von *f1.get()*. Nachdem Aufgabe 1 fertig ist, beginnt Aufgabe 2 mit dem Aufruf von *f2.get()*.

Ohne die Angabe einer launch policy kann der Compiler wählen, ob er wie mit *launch::async* oder wie mit *launch::deferred* vorgeht. In Visual C++ geht er wie mit *launch::async* vor. Bei anderen Compilern kann das anders sein.

Wenn in einer mit *thread* bzw. *async* gestarteten Funktion eine Exception ausgelöst wird, führt das zum Verlassen der Funktion und damit zum Ende des *thread* bzw. von *async*.

Beispiel: Beim Aufruf von *arbeite* mit dem Argument 0 wird eine Exception ausgelöst. Ruft man im Beispiel oben *arbeite* mit dem Argument 0 auf

```
void async_zwischendurch_was_anderes_tun()
{
  Stoppuhr t; // siehe Abschnitt 16.3
  auto f1 = std::async(std::launch::async, arbeite,
                                           "Aufgabe 1", 0);
  auto f2 = std::async(std::launch::async, arbeite,
                                           "Aufgabe 2", 0);
  ...
```

erhält man eine Meldung wie

```
Exception e: Aufgabe 2, n==0 in 'arbeite'
```

Hier sieht man, dass die Aufgabe 2 zuerst ausgeführt wird.

Dass eine mit *thread* bzw. *async* gestartete Funktion bei einer Exception beendet wird, kann man auch dazu nutzen, einen *thread* bzw. *async* nach einem Timeout **abzubrechen**. Dazu kann man eine globale Variable eines atomaren Typs (siehe Abschnitt 17.2.1) verwenden, die vor dem Start der abzubrechenden Funktion auf *false* gesetzt wird:

```
std::atomic_bool interrupt_Fibo = false;
```

Diese setzt man dann nach dem asynchronen Start der Funktion (hier *fibo_interruptable*) nach dem timeout auf *true*:

```
void fibo_start_with_timeout(int n, std::chrono::milliseconds
                                                   timeout)
{
  auto f = std::async(std::launch::async, fibo_interruptable, n);
  Sleep(timeout)
  interrupt_Fibo = true;
  try {
    long long r = f.get();
  }
  catch (std::exception& ex)
  {
    cout << ex.what() << endl;
  }
}
```

Falls die atomare Variable den Wert *true* bekommt, löst man in der Funktion eine Exception aus:

17.1 Funktionen als Threads starten

```
long long fibo_interruptable(int n)
{ // Fibonacci-Zahlen rekursiv berechnen
  if (interrupt_Fibo)
    throw std::runtime_error("Fibo abgebrochen");
  if (n <= 0) return 0;
  else if (n == 1) return 1;
  else return fibo_interruptable(n - 1) + fibo_interruptable(n - 2);
}
```

Futures kann man auch in einem Array oder einem Container ablegen und den Elementen dann in einer Schleife die Rückgabewerte von *async* zuweisen. In der Funktion *SummiereGeomReiheParallel_async* werden die Berechnungen, die in *SummiereGeomReiheParallel* (siehe Abschnitt 17.1.3) mit *thread* durchgeführt werden, mit *async* durchgeführt:

```
double SummiereGeomReiheParallel_async(int n, int nThreads)
{ // result = a*q^von + a*q^(von+1) + ... + a*q^(bis-1)
  double a = 0.8, q = 0.8, result = 0;
  if (nThreads == 0)
    return SummeGeomReihe(0, n, a, q);
  else if (nThreads >= 1)
  {
    std::vector<double> r(nThreads);
    std::vector<std::future<double>> t(nThreads);
    int nnT = n / nThreads;
    for (int i = 0; i < nThreads; i++)
    {
      t[i] = std::async(std::launch::async, SummeGeomReihe, i*nnT,
                                            (i + 1)*nnT, a, q);
    }
    for (int i = 0; i < nThreads; i++)
    {
      try {
        result += t[i].get();
      }
      catch (std::exception& ex)
      {
        cout << ex.what() << endl;
      }
    }
  }
  return result;
}
```

Bei einer kleineren Anzahl von Threads sind die Laufzeiten mit *async* und *thread* im Wesentlichen gleich. Bei einer großen Anzahl ist *async* aber schneller, da *async* bereits beendete Threads wiederverwendet (siehe dazu das Beispiel in Abschnitt 17.1.8). Die nächste Tabelle enthält die Laufzeiten für die beiden Varianten von *SummiereGeomReiheParallel*:

VS 2017 Release	N=0	N=1	N=2	N=3	N=4	N=10	N=100	N=1000
thread, in Sek.	0,050	0,050	0,027	0,018	0,016	0,016	0,020	0,067
async in Sek.	0,050	0,050	0,026	0,018	0,016	0,016	0,019	0,024

Der Start einer Funktion mit *async* führt ohne einen Aufruf von *get* oder *wait* dazu, dass beim Verlassen eines Blocks auf den Destruktor des future gewartet wird. Dieser wird erst dann aufgerufen, wenn die mit *async* gestartete Funktion beendet ist.

Obwohl man eventuell auf den ersten Blick erwartet, dass eine Funktion, die in einem Block (z.B. in einer Funktion) mit *async* gestartet wird, nach dem Verlassen des Blocks weiterhin ausgeführt wird, ist das nicht so. Der Destruktor des *future* blockiert, bis die mit *async* gestartete Funktion beendet ist.

Beispiel: Durch die Anweisungen

```
Stoppuhr t; // siehe Abschnitt 16.3
{
  std::future<int> f1 =std::async(arbeite, "Aufgabe 1", 3);
  std::future<int> f2 =std::async(arbeite, "Aufgabe 2", 5);
  cout << "Ohne get - vor dem Verlassen des Blocks" <<
                                    t.nach() << endl;
  // Vergisst man den Aufruf von get, wird auf den
                      Destruktor der futures gewartet
} // Aufruf der Destruktoren von f1 und f2 nach dem Ende
                                             der Blocks
cout << "Nach dem Aufruf der Destruktoren" << t.nach() <<
                                                    endl;
```

erhält man eine Ausgabe wie

```
Ohne get - vor dem Verlassen des Blocks - nach: 1ms
Wir arbeiten daran: Aufgabe 2
Wir arbeiten daran: Aufgabe 1
Nach dem Aufruf der Destruktoren - nach: 5002ms
```

Falls man meint, dass man mit *async* eine Funktion, die endlos lang arbeitet, im Hintergrund starten kann, und danach außerhalb des Blocks weitermachen kann, ist das ein Irrtum. Beim Aufruf einer Funktion wie *starte_im_Hintergrund*, die eine Funktion *arbeite_endlos_lang* (die nie verlassen wird) startet, hängt das Programm beim Verlassen von *starte_im_Hintergrund*:

```
void starte_im_Hintergrund()
{
  future<int> f = std::async(std::launch::async,
                                 arbeite_endlos_lang);
  //... weitere Anweisungen, die nicht f.get() oder
                                f.wait() aufrufen
}
```

17.1 Funktionen als Threads starten

Obwohl die Funktion *starte_im_Hintergrund* auf den ersten Blick so aussieht, als ob sie sofort nach der Ausführung der letzten Anweisung verlassen wird, ist das nicht richtig: Beim Verlassen von *starte_im_Hintergrund* wird der Destruktor von f aufgerufen. Dieser Destruktor-Aufruf dauert aber so lang, bis *arbeite_endlos_lang* fertig ist.

Das asynchrone Verhalten von *async* ist also auf den Block beschränkt, in dem *async* gestartet wird. Das ist ein wesentlicher Unterschied zu *async* und *await* von C#, wo man auch außerhalb eines Blocks mit *await* auf die Fertigstellung einer mit *async* gestarteten Task warten kann.

Zum Schluss eine **Gegenüberstellung** von *thread* und *async*:

- Der Start von Funktionen ist mit **async** oft etwas **einfacher** als mit **thread**, da eine mit async gestartete Funktion eine **Exception** auslösen darf. Bei *thread* muss sie manuell abgefangen und mit einem *promise* aus dem Thread herausgegeben werden. Stattdessen wird sie bei *async* automatisch im Rückgabewert des Typs *future* abgelegt.
- Bei *async* ist im Unterschied zu *thread* **kein** Aufruf einer Funktion wie *join* notwendig. Deshalb besteht auch keine Gefahr, dass ein vergessenes *join* einen Programmabbruch zur Folge hat. Ein vergessenes *get* bewirkt lediglich, dass *async* wartet, bis die Funktion fertig ist.
- Will man einen Thread bei einem Timeout abbrechen, ist das mit *async* einfacher als mit *thread*.
- *async* kann einen Threadpool verwenden und damit Zeit für das Erzeugen von Threads sparen. Siehe dazu Abschnitt 17.1.8.
- Obwohl **async** oft **einfacher** ist als **thread**, kann man *thread* nicht immer durch *async* ersetzen. Wie in Abschnitt 17.2.2 gezeigt wird, darf ein bereits gesperrtes *mutex*-Objekt nicht erneut durch denselben Thread gesperrt werden. Da Threads von *async* wiederverwendet werden, ist das bei der Verwendung von Mutexen in einer von *async* gestarteten Funktion möglich. Das kann einen Programmabbruch zur Folge haben.

Aufgabe 17.1.7

1. Beschreiben Sie die Ausgabe unter a), b) und c):

```
Stoppuhr t; // siehe Abschnitt 16.3
// Zur Vereinfachung ohne try-catch

a) {
     std::future<int> f1 = std::async(std::launch::async,
       [] {return arbeite("Aufgabe 1", 3);  });
     std::future<int> f2 = std::async(std::launch::async,
       [] {return arbeite("Aufgabe 2", 5);  });
     int r1 = f1.get();
     std::string n1 = " f1: " + t.nach();
     int r2 = f2.get();
     std::string n2 = " f2: " + t.nach();
     std::cout << "Nach a): f1+f2=" << r1 + r2 << n1 << n2 << endl;
   }
```

b) ```
t.reset();
{
  std::future<int> f = std::async(std::launch::async,
    [] {return arbeite("Aufgabe 1", 3) + arbeite("Aufgabe 2", 5);
    });
  int r1 = f.get();
  std::string n1 = " f1: " + t.nach();
  std::cout << "Nach b): f1+f2=" << r1 << n1 << endl;
}
```

c) ```
t.reset();
{
  std::future<int> f = std::async(std::launch::async,
    [] {
      future<int> f1 = async(launch::async, [] {return
                                arbeite("Aufgabe 2", 3); });
      future<int> f2 = async(launch::async, [] {return
                                arbeite("Aufgabe 2", 5); });
      return f1.get()+f2.get();  });
  int r1 = f.get();
  std::cout << "Nach c): f1+f2=" << r1 << t.nach() << endl;
}
```

2. Die von *async* zurückgegeben futures sollen in einem *vector* gespeichert werden. Werden die folgenden Anweisungen kompiliert? Falls nicht, geben Sie an, was geändert werden muss.

```
void store_futures()
{
  std::vector<std::future<void>> futures;
  for (int i = 0; i < 20; ++i)
  {
    auto fut = std::async([]
    {
      std::this_thread::sleep_for(std::chrono::seconds(1));
      std::cout << std::this_thread::get_id() << " ";
    });
    futures.push_back(fut);
  }
  for (auto f : futures)
  {
    f.get();
  };
}
```

17.1.8 Informationen über Threads

Die Elementfunktion

*static unsigned **hardware_concurrency**() noexcept;*

17.1 Funktionen als Threads starten

gibt die maximale Anzahl der Threads zurück, die auf dem aktuellen System parallel ausgeführt werden können, bzw. den Wert 0, wenn diese Anzahl nicht verfügbar ist. Das ist normalerweise die Anzahl der verfügbaren Hardware-Threads (CPUs, Prozessorkerne, Hyperthreading-Kerne usw.) auf dem Rechner, der virtuelle Maschine usw.

Beispiel: Da das eine *static* Funktion ist, kann man sie sowohl über den Namen der Klasse als auch über ein Objekt aufrufen:

```
int n = thread::hardware_concurrency();
cout << "thread::hardware_concurrency=" << n << endl; //
thread t([] {});
int s = t.hardware_concurrency();
cout << "t.hardware_concurrency=" << s << endl;
t.join();
```

Hier wird auf meinem Rechner mit einem 4-Kern Prozessor der Wert 4 ausgegeben, wenn man das Programm direkt vom Betriebssystem startet. Startet man es von einer virtuellen VMWare-Maschine, der ein Prozessorkern zugeteilt wurde, wird dagegen 1 ausgegeben.

Mit

  *bool **joinable**() const noexcept;*

kann man feststellen, ob einem *thread*-Objekt eine Folge von ausführbaren Anweisungen zugewiesen wurde, und für dieses noch nicht *join* aufgerufen wurde. Bei einem solchen Thread kann man dann mit *join* warten, bis er fertig ist. Der Aufruf von *join* für einen Thread, der nicht *joinable* ist, kann eine Exception auslösen.

Beispiel: Ein mit dem Standardkonstruktor erzeugtes *thread*-Objekt stellt ohne weitere Operationen (wie z.B. eine Zuweisung an das *thread*-Objekt) keinen Ausführungs-Thread dar. Deswegen gibt *joinable* den Wert *false* zurück.

```
thread t0;
bool b0 = t0.joinable(); // false
thread t1(f);  // f eine Funktion
bool b1 = t1.joinable(); // true
t1.join();
bool b2 = t1.joinable(); // false
```

Nach der Zuweisung

```
t0 = thread(f);  // f eine Funktion
```

gibt *joinable* den Wert *true* zurück.

Wird ein Programm beendet, ohne dass *join()* für alle Threads aufgerufen wird, hat das einen Programmabbruch zur Folge.

Ein Aufruf von

*void **detach**();*

bewirkt, dass der zugehörige Thread unabhängig von dem Thread ausgeführt wird, der ihn gestartet hat. Danach wird der Thread durch kein Objekt des Typs *thread* mehr dargestellt, so dass auch keine Möglichkeit mehr besteht, auf den Thread zu warten. Er wird spätestens mit dem Ende des Programms beendet, von dem er gestartet wurde. Normalerweise besteht keine Veranlassung, *detach* aufzurufen.

Beispiel: Nach dem Start von

```
thread t(f); // f: eine Funktion
bool b0 = t.joinable(); // true
```

gibt *joinable* den Wert *true* zurück. Nach dem Aufruf von *detach* ist *joinable false*.

```
t.detach();
bool b1 = t.joinable(); // false
```

Informationen zur Identifikation eines Threads erhält man mit

*id **get_id**() const noexcept;*
*native_handle_type **native_handle**()*

Hier ist *id* eine innerhalb der Klasse *thread* definierte Klasse, die einen eindeutigen Bezeichner für den Thread zurückgibt. Für diese Klasse sind die Operatoren

*bool **operator==**(thread::id x, thread::id y); // analog !=, <, <=, >, >=*

definiert, sowie der Ausgabeoperator <<. Mit **native_handle** erhält man das thread-handle des Betriebssystems. Über dieses handle kann man dann auch API-Operationen für diesen Thread aufrufen.

Beispiel: Mit

```
thread t1(f);
thread t2(f);
cout << "id1=" << t1.get_id() << " id2=" << t2.get_id()
  << " n1=" << t1.native_handle()
  << " n2=" << t2.native_handle() << endl;
```

erhält man eine Ausgabe wie

```
id1=22316 id2=16028 n1=00000060 n2=00000064
```

Entsprechende Informationen über den **aktuellen Thread** erhält man mit der Funktion *get_id* aus dem verschachtelten Namensbereich *std::this_thread*:

namespace this_thread {
  thread::id get_id() noexcept;
  ...
}

17.1 Funktionen als Threads starten

Beispiel: Ergänzt man das letzte Beispiel noch um die Anweisung

```
cout << "parent thread: " << std::this_thread::get_id() <<
                                                      endl;
```

erhält man eine Ausgabe wie

```
parent thread: 00398F28
```

Mit *get_id* kann man sich davon überzeugen, dass *async* beendete Threads wiederverwendet. Dazu legt man die von *get_id* zurückgegebenen Werte in ein

```
set<std::thread::id>
```

ab. Da *set* keine Duplikate aufnimmt, feststellen, wie viele Threads erzeugt werden.

Beispiel: Startet man die Funktion

```
void store_id(std::set<std::thread::id>& count_ids)
{
  count_ids.insert(std::this_thread::get_id());
}
```

von vielen Threads, werden die IDs dieser threads in einem *set* abgelegt:

```
void thread_id_count()
{
  std::set<std::thread::id> async_ids;
  std::set<std::thread::id> thread_ids;

  const int nt = 1000;
  std::future<void> a[nt];
  for (int i = 0; i < nt; i++)
    a[i] = std::async(std::launch::async, store_id,
                                   std::ref(async_ids));
  for (int i = 0; i < nt; i++)
    a[i].get();

  thread t[nt];
  for (int i = 0; i < nt; i++)
    t[i] = thread(store_id, std::ref(thread_ids));
  for (int i = 0; i < nt; i++)
    t[i].join();

  cout << "n_as="<< async_ids.size() <<" n_th"<<
                                   thread_ids.size() <<endl;
}
```

Das Ergebnis zeigt dann an, dass mit *async* nur z.B. 5 Threads erzeugt wurden, während mit *thread* 1000 Threads erzeugt werden.

17.1.9 *Sleep*-Funktionen

Mit den sleep-Funktionen aus dem Namensbereich *std::this_thread* kann man erreichen, dass der aktuelle Thread für eine bestimmte Zeit nicht bei der Zuteilung von CPU-Zeit berücksichtigt werden soll

namespace this_thread {
  void yield() noexcept;
  template <class Clock, class Duration>
    void sleep_until(const chrono::time_point<Clock, Duration>& abs_time);
  template <class Rep, class Period>
    void sleep_for(const chrono::duration<Rep, Period>& rel_time);
}

Dabei können der Zeitpunkt bzw. die Zeitdauer mit Elementen der *chrono*-Klassen angegeben werden. Die Signatur dieser Funktionen mag auf den ersten Blick etwas abschreckend aussehen:

template <class Clock, class Duration>
*void **sleep_until**(const chrono::time_point<Clock, Duration>& abs_time);*

template <class Rep, class Period>
*void **sleep_for**(const chrono::duration<Rep, Period>& rel_time);*

Wenn man aber weiß, wie das geht, ist ihre Verwendung einfach.

Beispiel: Die aktuelle Zeit (als Zeitpunkt) erhält man mit *now*. Einen Zeitpunkt 500 Millisekunden später als jetzt mit

```
auto in500ms = std::chrono::steady_clock::now() +
                      std::chrono::milliseconds(500);
```

Bis dahin kann man dann warten mit

```
std::this_thread::sleep_until(in500ms);
```

Misst man die Laufzeit der Funktion

```
void Sleep(const std::chrono::steady_clock::duration& d)
{
   std::this_thread::sleep_for(d);
}
```

mit dem Benchmarktimer von Abschnitt 13.4,

```
using namespace std::chrono_literals;
BenchmarkTimer t1("Sleep(1ms) ",    [] {Sleep(1ms); });
BenchmarkTimer t2("Sleep(10ms) ",   [] {Sleep(10ms); });
BenchmarkTimer t3("Sleep(100ms) ",  [] {Sleep(100ms); });
BenchmarkTimer t4("Sleep(1000ms) ", [] {Sleep(1000ms); });
```

17.1 Funktionen als Threads starten

sieht man, dass die Ergebnisse mit Argumenten des Typs milliseconds und seconds gut zusammenpassen:

```
Sleep(1ms)      Elapsed time: 0.001000 secs
Sleep(10ms)     Elapsed time: 0.010001 secs
Sleep(100ms)    Elapsed time: 0.100006 secs
Sleep(1000ms)   Elapsed time: 1.000057 secs
```

Mit Argumenten des Typs *nanoseconds* und microseconds haben die Ergebnisse stark geschwankt und waren ungenau:

```
BenchmarkTimer t3("Sleep(1000ns) ", [] {Sleep(1000ns); });
```

Ein Aufruf von

*void **yield**() noexcept;*

bewirkt, dass der aktuelle Thread auf den restlichen Teil der aktuellen Zeitscheibe verzichtet. Bei der nächsten Zuteilung einer Zeitscheibe wird er aber wieder berücksichtigt.

17.1.10 Threads im Debugger

Startet man verschiedene Threads im Debugger und hält man an einem Haltepunkt an, werden die aktuell laufenden Threads mit *Debuggen|Fenster|Tasks|Threads* angezeigt:

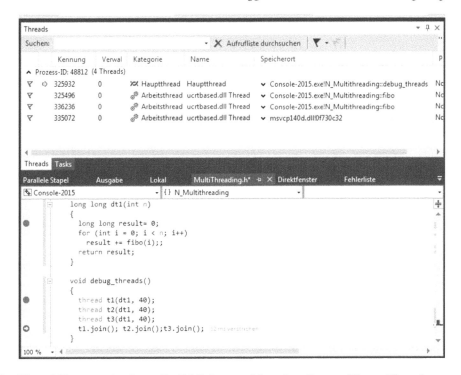

Im Thread-Fenster zeigt der gelbe Pfeil dann auf den aktuell ausgeführten Thread.

Im Kontextmenü zu einem Thread

kann man dann zu diesem Thread wechseln und dann z.B. die Werte der lokalen Variablen in diesem Thread anzeigen. Mit *Einfrieren* erreicht man, dass der Thread nicht mehr ausgeführt wird.

Mit einem bedingten Breakpoint, bei dem als Bedingung ein Filter mit der ThreadId gesetzt wird

kann man erreichen, dass das Programm nur für einen bestimmten Thread am Breakpoint anhält:

17.2 Kritische Abschnitte

Den verschiedenen Threads eines Programms wird die CPU vom Betriebssystem zugeteilt und wieder entzogen. Da eine C++-Anweisung vom Compiler in mehrere Maschinenanweisungen übersetzt werden kann, kann es vorkommen, dass einem Thread die

17.2 Kritische Abschnitte

CPU während der Ausführung einer C++-Anweisung entzogen wird, obwohl diese erst zum Teil abgearbeitet ist.

Beispiel: Während der Ausführung eines Programms im Debugger (*Debuggen|Debuggen starten*) werden nach dem Anhalten an einem Haltepunkt im Fenster *Debuggen|Fenster|Disassembly* die Maschinenanweisungen angezeigt, die der Compiler aus den C++-Anweisungen erzeugt hat:

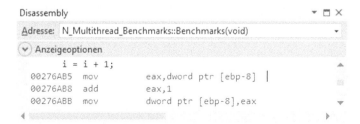

Hier sieht man, dass die C++-Anweisung

```
i = i + 1;
```

zu drei Maschinenanweisungen führt:

1. Kopiere den Wert von i aus dem Hauptspeicher in das Prozessorregister *eax*
2. Addiere 1 zum Wert in *eax*
3. Kopiere den Wert von *eax* an die Adresse von i

Wenn i == 0 ist und die Anweisung i = i + 1 von zwei Threads ausgeführt wird, wobei der eine Thread nicht vom anderen unterbrochen zu werden, hat i anschließend den Wert 2. Wird der erste Thread nach der Anweisung 1. dagegen vom zweiten Thread unterbrochen, hat i nach den beiden Threads den Wert 1.

Wenn mehrere Threads auf gemeinsame Daten zugreifen, kann das also zu völlig unerwarteten und falschen Ergebnissen führen. Deswegen bezeichnet man einen Speicherbereich (z.B. eine Variable), auf den mehrere Threads zugreifen können, als **kritischen Abschnitt** (critical section). Da das Ergebnis der Operationen in einem kritischen Abschnitt davon abhängt, welche Operationen zuerst ausgeführt werden, spricht man auch von einem **data race** oder von einem **kritischen Wettlauf**.

Da man nicht weiß, ob und wann ein Thread einen anderen unterbricht, sind die Ergebnisse eines kritischen Wettlaufs nicht vorhersagbar. Insbesondere können die Ergebnisse von zwei verschiedenen Ausführungen derselben Anweisungen verschieden sein. Oft treten solche Effekte nur selten auf. Startet man das Programm im Debugger, ist der Fehler oft nicht reproduzierbar und kann nur sehr schwierig gefunden werden.

Beispiel: Die Werte des globalen Arrays

```
const int nArrayElemente = 100000;
```

```cpp
int a[nArrayElemente];
```

werden bei jedem Aufruf von

```cpp
void Add_ohne_Sync()
{
  for (int j = 0; j < nArrayElemente; j++)
    a[j] = a[j] + 1;
}
```

um 1 erhöht. Startet man diese Funktion von *nThreads* verschiedenen Threads aus, indem man sie

```cpp
int IncrementArrayByThreads(std::function<void(void)> f,
int nThreads)
{
  AlleArrayelementeAufNullsetzen();
  // for (int i = 0; i < nArrayElemente; i++) a[i] = 0;
  std::vector<std::thread> t(nThreads);
  for (int i = 0; i < nThreads; i++)
    t[i] = std::thread([f] {f(); });
  for (int i = 0; i < nThreads; i++)
    t[i].join();
  return Anzahl_Fehler(nThreads); // Anzahl der Werte,
}                     // die von nThreads verschieden sind
```

als Argument für f übergibt, erhält man meist nicht *nThreads* als Wert der Arrayelemente, sondern einen anderen Wert. Zählt man die falschen Ergebnisse mit einer Funktion wie

```cpp
int Anzahl_Fehler(int Sollwert)
{
  int Fehler = 0;
  for (int i = 0; i < nArrayElemente; i++)
    if (a[i] != Sollwert)
      Fehler++;
  return Fehler;
}
```

dann kann man beobachten, dass nicht jedes Mal Fehler auftreten. Manchmal treten keine Fehler auf, manchmal nur wenige und manchmal auch viele. Deswegen sind solche Fehler oft auch schwer zu finden.

Zur Vermeidung von Fehlern infolge eines kritischen Wettlaufs gibt es im Prinzip zwei Möglichkeiten:

1. Man verwendet Operationen, die nicht unterbrochen werden können. Solche Operationen werden als **atomar** bezeichnet und in Abschnitt 17.2.1 vorgestellt.
2. Man verhindert, dass ein zweiter Thread die Anweisungen eines kritischen Abschnitts ausführt, wenn schon ein erster Thread diese Anweisungen ausführt. Diese Vorgehensweise wird als gegenseitiger Ausschluss („mutual Exclusion") bezeichnet und

17.2 Kritische Abschnitte

in den Abschnitten 17.2.2 und 17.2.4) vorgestellt. Sie kann dadurch erreicht werden, dass der zweite Thread wartet, bis der erste den kritischen Bereich verlassen hat. Damit der zweite Thread beim Warten keine CPU-Zeit in Anspruch nimmt, wird er in die Warteschlange der wartenden Threads umgehängt.

Die nächste Tabelle enthält ab 2. die Laufzeiten der wichtigsten Synchronisationsmechanismen, die in diesem Kapitel vorgestellt werden. Offensichtlich ist der Aufwand für die Synchronisation meist nicht sehr hoch.

Diese Laufzeiten wurden mit der Funktion *IncrementArrayByThreads* aus dem letzten Beispiel gemessen. Dieser Funktion wurden anstelle von *Addiere_ohne_Sync* Funktionen übergeben, die als Thread gestartet werden und die die Werte im Array hochzählen.

Laufzeit VS 2017, Release nElements=10000, alle Zeiten in Sek.	nThreads 100	nThreads 1000	nThreads 10000
1. Add_ohne_Sync (siehe oben)	0,008	0,09	0,8
2. Add_Atomic (siehe Abschnitt *17.2.1*)	0,009	0,08	0,8
3. lock_mtx_vor_for (siehe 17.2.1)	0,008	0,07	0,7
5. lock_guard_vor_for (siehe 17.2.2)	0,008	0,08	0,8
6. lock_guard_in_for (siehe 17.2.2)	0,04	0,4	4
7. lock_guard_Array (siehe 17.2.2)	0,017	0,17	1,7
8. lock_guard_rec_vor_for (siehe 17.2.2)	0,008	0,075	0,75

17.2.1 Atomare Datentypen

Atomare Datentypen sind Datentypen, für die gewisse Operationen unteilbar sind. Variablen dieser Datentypen sind dann für solche Operationen keine kritischen Bereiche. Atomare Datentypen stehen in C++11 nach

```
#include <atomic>
```

zur Verfügung. Die Bezeichnung „atomar" bezieht sich lediglich auf die Unteilbarkeit der Operationen. Der C++-Standard weist darauf mit einem Späßchen hin:

"Atomic objects are neither active nor radioactive."

Beispiel: Für den atomaren Datentyp *std::atomic_int* (der *int*-Werte darstellt), ist die Operation += unteilbar. Deswegen erhält man mit den atomaren Variablen

```
std::atomic_int a_atomic[nArrayElemente];
```

durch Operationen wie in

```
void Add_Atomic()
{
  for (int j = 0; j < nArrayElemente; j++)
  {
```

```
            a_atomic[j] += 1;
        }
    }
```

bei dem Aufruf

```
Fehler_atomar = IncrementArrayByThreads(Addiere_Atomic,
                                                      nTasks);
```

immer das richtige Ergebnis.

Allerdings sind nicht alle Operationen mit atomaren Datentypen unteilbar. So ist z.B. im Gegensatz zu += die Operation + nicht unteilbar. Visual Studio gibt in einem solchen Fall keine Warnung aus.

Beispiel: Ersetzt man im letzten Beispiel in der Zeile

```
            a_atomic[j] += 1;
```

die Operation += durch +

```
            a_atomic[j] = a_atomic[j] + 1;
```

erhält man falsche Ergebnisse.

Im Header *<atomic>* stehen die folgenden atomaren Ganzzahldatentypen zur Verfügung, die den elementaren Ganzzahldatentypen in der Spalte rechts davon entsprechen:

Datentyp	Ganzzahl Datentyp	Datentyp	Ganzzahl Datentyp
atomic_char	*char*	*atomic_long*	*long*
atomic_schar	*signed char*	*atomic_ulong*	*unsigned long*
atomic_uchar	*unsigned char*	*atomic_llong*	*long long*
atomic_short	*short*	*atomic_ullong*	*unsigned long long*
atomic_ushort	*unsigned short*	*atomic_char16_t*	*char16_t*
atomic_int	*int*	*atomic_char32_t*	*char32_t*
atomic_uint	*unsigned int*	*atomic_wchar_t*	*wchar_t*

Für jeden dieser atomaren Datentypen sind die folgenden Operationen und Funktionen atomar:

Operation	
=	Zuweisung
++, – –	Präfix und Postfix
+=, – =, &=, |=, ^=	kombinierte Zuweisungen

Die atomaren Datentypen *atomic_int* usw. (aus der Tabelle oben) sind aber nicht die einzigen atomaren Datentypen. Sie sind partielle Spezialisierungen eines Klassen-Templates *atomic*, wie z.B.

17.2 Kritische Abschnitte

```
typedef std::atomic<int> atomic_int;
```

Dieses Klassen-Template kann mit Typ-Argumenten, die gewisse Anforderungen erfüllen (z.B. keine virtuellen Funktionen, trivialer Kopierkonstruktor und Zuweisungsoperator), spezialisiert werden. Für andere Typ-Argumente als die elementaren Ganzzahldatentypen stehen die Operationen aus der letzten Tabelle allerdings nicht zur Verfügung. Die im Wesentlichen einzigen Funktionen einer solchen Klasse sind *load*, *store*, *exchange*, die eine Variable laden, speichern oder vertauschen. Da diese Operationen aber für größere Typ-Argumente nicht in einer einzigen Maschinenanweisung ausgeführt werden können, werden intern Locks (siehe Abschnitt 17.2.2) verwendet. Für solche Typ-Argumente ist die Bezeichnung „atomar" eigentlich irreführend, und sie bringt auch keinen Geschwindigkeitsvorteil gegenüber Locks.

Atomare Ganzzahldatentypen mit ihren unteilbaren Operationen bieten also eine einfache Möglichkeit, die mit kritischen Abschnitten verbundenen Probleme zu vermeiden. Allerdings sind atomare Datentypen nicht für alle Anwendungsfälle ausreichend. In der Praxis verwendet man deshalb oft Mechanismen, die verhindern, dass andere Threads Anweisungen aus einem kritischen Abschnitt ausführen (gegenseitiger Ausschluss, mutual exclusion), die in den nächsten Abschnitten vorgestellt werden.

17.2.2 Kritische Bereiche mit *mutex* und *lock_guard* sperren

Kritische Bereiche kann man mit Objekten der nach

```
#include <mutex>
```

im Namensbereich *std* verfügbaren Klassen sperren. In diesem Abschnitt wird zunächst nur die grundlegende Vorgehensweise an Beispielen mit den Klassen **mutex** und **lock_guard** gezeigt. Diese Vorgehensweise ist für viele Anwendungen ausreichend. Spezialfälle und Hintergründe werden dann in Abschnitt 17.2.4 beschrieben.

Die Klasse

```
class
  mutex {
public:
  constexpr
  mutex() noexcept;
  ~mutex();
  mutex(const mutex&) = delete;
  mutex& operator=(const mutex&) = delete;
  void lock();
```

```
    bool try_lock();
    void unlock();
};
```

besteht im Wesentlichen nur aus einem Standardkonstruktor und den beiden Funktionen **lock** und **unlock**, die auf atomaren Datentypen basieren. Da *mutex* keinen Kopierkonstruktor hat, kann ein *mutex* nicht als Werteparameter, sondern nur als Referenzparameter übergeben werden.

Mit einem Aufruf von *lock* kann ein Thread ein *mutex*-Objekt sperren. Falls das *mutex*-Objekt

– nicht bereits gesperrt ist, wird es durch *lock* gesperrt. Anschließend werden die auf *lock* folgenden Anweisungen ausgeführt.
– bereits durch einen anderen Thread gesperrt ist, wird der Thread durch *lock* so lange blockiert (d.h. in die Warteschlange der wartenden Threads umgehängt), bis das *mutex*-Objekt vom anderen Thread mit *unlock* wieder freigegeben wird. Nach der Freigabe wird der Thread von der Warteschlange der wartenden Threads in die der bereiten Threads zurückgehängt.
– bereits durch denselben Thread gesperrt ist, ist das Verhalten des Programms undefiniert. Ein Thread darf ein bereits von ihm gesperrtes *mutex*-Objekt nicht erneut sperren.

Nach dem Aufruf von *lock* wird ein weiterer Aufruf von *lock* **von einem anderen Thread** aus so lange gesperrt, bis der erste den Mutex mit *unlock* wieder frei gibt. Dieses *lock* bewirkt, dass der Thread vom Betriebssystem aus in den Zustand „blockiert" gesetzt wird, in dem er bei der Vergabe der Zeitscheibe nicht berücksichtigt wird. Die entscheidende Voraussetzung ist hier, dass der Aufruf von *lock* von einem anderen Thread erfolgt. Falls derselbe Thread mit demselben Mutex *lock* aufruft, wird eine Exception ausgelöst.

Da ein anderer Thread so lange auf einen gesperrten *lock* warten muss, bis dieser wieder freigegeben wird, sollten die Anweisungen im gesperrten Bereich möglichst kurz sein.

Beispiel: Übergibt man der Funktion *IncrementArrayByThreads* von Abschnitt 17.2 die Funktion

```
std::mutex mtx_global;

void lock_mtx_vor_for()
{
  mtx_global.lock();
  for (int j = 0; j < nArrayElemente; j++)
    a[j] = a[j] + 1;
  mtx_global.unlock();
}
```

als Argument für f, erhalten alle Array-Elemente den gewünschten Wert. Ebenso mit

```
void lock_mtx_in_for()
{
  for (int j = 0; j < nArrayElemente; j++)
  {
```

17.2 Kritische Abschnitte

```
      mtx_global.lock();
      a[j] = a[j] + 1;
      mtx_global.unlock();
   }
}
```
Wenn ein Thread einen Mutex gesperrt hat, sagt man auch, dass der Thread den Mutex besitzt. Der Thread besitzt den Mutex dann bis zur Freigabe mit **unlock**. Unterbleibt der Aufruf von *unlock*, bleibt der Mutex bis zum Ende des Programms gesperrt. Beim nächsten Aufruf von *lock* wartet das Programm dann wie bei einer Endlosschleife auf ein *unlock*, das nie stattfindet.

Ein Aufruf von *unlock* kann auch dadurch unterbleiben, dass zwischen *lock* und *unlock* eine Funktion aufgerufen wird, die eine Exception auslöst.

Beispiel: Wenn der Aufruf von f in

```
     void mutex_wird_nicht_freigegeben(int n)
     {
       mutex.lock();
       f(n);
       mutex.unlock();
     }
```

eine Exception auslöst, wird das Programm nach dieser Exception im zugehörigen Exception-Handler fortgeführt, ohne das *unlock* ausgeführt wird.

Das Unterbleiben von *unlock* kann man dadurch verhindern, dass man den *mutex* in eine Klasse aufnimmt und im Destruktor der Klasse wieder frei gibt. Genau das wird von der Klasse **lock_guard** gemacht. Deshalb verwendet man anstelle eines *mutex*-Objekts am besten ein Objekt der Klasse *lock_guard*.

Da der Destruktor immer beim Verlassen eines Blocks aufgerufen wird (RAII, siehe Abschnitt 10.5), ist damit sichergestellt, dass der Mutex wieder freigegeben wird (auch bei einer Exception), wenn dem Block verlassen wurde, in dem das *lock_guard*-Objekt angelegt wurde. Das ist der entscheidende Unterschied zu einem *mutex*: Mit einem lokalen *lock_guard* die Freigabe eines Mutex nicht vergessen werden kann. Deswegen sollte man immer ein *lock_guard*-Objekt verwenden und nie ein *mutex*-Objekt manuell mit *lock* sperren und mit *unlock* freigeben.

Diese Klasse besteht im Wesentlichen nur aus zwei Konstruktoren, denen ein *mutex* übergeben wird, und einem Destruktor: Der Konstruktor sperrt den übergebenen Mutex, und der Destruktor gibt ihn wieder frei. Der zweite Konstruktor mit *adopt_lock_t* ist nur in Spezialfällen von Bedeutung und wird in Abschnitt 17.2.5 vorgestellt.

```
template <class Mutex>
class lock_guard {
  public:
    typedef Mutex mutex_type;
    explicit lock_guard(mutex_type& m);
    lock_guard(mutex_type& m, adopt_lock_t);
    ~lock_guard();
    lock_guard(lock_guard const&) = delete;
    lock_guard& operator=(lock_guard const&) = delete;
  private:
    mutex_type& pm; // exposition only
};
```

Die Verwendung von *lock_guard* ist sehr einfach: Man muss nur in einem Block ein Objekt des Typs *lock_guard* anlegen, das mit einem globalen Mutex initialisiert wird. Dann können die darauf folgenden Anweisungen des Blocks nicht von einem anderen Thread ausgeführt werden, bevor der Mutex wieder freigegeben wird. Beim Verlassen des Blocks wird er dann automatisch wieder freigegeben.

Beispiel: Mit einem *lock_guard* kann man viele Anweisungen sperren

```
std::mutex mtx_global;

void lockguard_vor_for()
{
  lock_guard<mutex> lg(mtx_global);
  for (int j = 0; j < nArrayElemente; j++)
  {
    a[j] = a[j] + 1;
  }
}
```

oder auch nur wenige:

```
void lockguard_in_for()
{
  for (int j = 0; j < nArrayElemente; j++)
  {
    lock_guard<mutex> lg(mtx_global);
    a[j] = a[j] + 1;
  }
}
```

In beiden Fällen erhält man korrekte Ergebnisse. Die Laufzeiten sind aber verschieden: Im ersten Fall wird weniger Zeit für das Anlegen der *mutex*-Objekte benötigt, aber andere Threads müssen länger warten. Im zweiten Fall wird mehr Zeit für das Anlegen *mutex*-Objekte benötigt, dafür müssen andere Threads nicht so lange warten.

Wenn der kritische Bereich ein Array ist, kann man für jedes Array-Element einen eigenen Mutex verwenden. Dann müssen andere Threads nicht so oft auf ein Mutex warten, das gerade gesperrt ist:

17.2 Kritische Abschnitte

```
std::mutex mtx_arr[nArrayElemente];

void lock_guard_Array()
{
  for (int j = 0; j < nArrayElemente; j++)
  {
    lock_guard<mutex> guard(lg_arr[j]);
    a[j] = a[j] + 1;
  }
}
```

Die Laufzeiten dieser drei Varianten sind ziemlich verschieden (siehe die Tabelle in Abschnitt 17.2). Diese Laufzeiten können aber bei anderen Anweisungen als „a[j] = a[j] + 1;" ganz anders sein.

Gibt man von mehreren Threads aus Meldungen mit *std::cout* aus, kann es vorkommen, dass der Text aus einem Thread durch den eines anderen Threads unterbrochen wird. Das kann man verhindern, indem man den Zugriff auf *cout* durch einen Mutex (am einfachsten mit *lock_guard*) sperrt.

Beispiel: Mit *write* kann man von mehreren Threads aus Meldungen ausgeben, ohne dass diese sich gegenseitig zerstückeln.

```
std::mutex cout_mtx;

void write(std::string s)
{
  std::lock_guard<std::mutex> g(cout_mtx);
  std::cout << s;
}
```

Damit verschiedene Threads durch ein *mutex*-Objekt synchronisiert werden können, müssen alle diese Threads dieses *mutex*-Objekt verwenden. Deswegen wird es meist auf derselben Ebene wie die zu synchronisierenden Daten definiert:

- globale Daten werden durch ein globales *mutex*-Objekt synchronisiert
- Daten in einer Klasse werden durch ein Mutex in der Klasse synchronisiert

Beispiel: Eine lokales *mutex*-Objekt wird vom Compiler nicht bemängelt. Da es aber bei jedem Aufruf der Funktion neu angelegt wird, hat es keinen Synchronisationseffekt.

```
void lokales_Mutex()
{ // Fehler bei der Summation, Unsinn
  std::mutex mtx_lokal; // keine Synchronisation!
```

```
        for (int j = 0; j < nArrayElemente; j++)
        {
          lock_guard<mutex> lock(mtx_lokal);
          a[j] = a[j] + 1;
        }
      }
```

Falls beim Aufruf von *lock* ein Fehler auftritt, wird eine Exception ausgelöst. Der C++-Standard sieht die folgenden Exceptions vor:

— *resource_unavailable_try_again*: Falls der Lock nicht verfügbar ist.
— *operation_not_permitted*: Falls der Thread kein Recht für die Sperre hat.
— *device_or_resource_busy*: Falls der Thread schon belegt ist.
— *invalid_argument*: Falls bei der Konstruktion des Mutex ein Fehler auftritt.

Beispiel: Ruft man in einem Thread ein zweites Mal mit demselben Mutex *lock* auf, bevor dieser wieder freigegeben wurde, erhält man die am Schluss als Kommentar angegebene Ausgabe.

```
          auto f = std::async(std::launch::async, [] {
            lock_guard<mutex> lg1(mtx_global);
            lock_guard<mutex> lg2(mtx_global); // löst eine Exception
                                                                  aus
          ; });
          try {
            f.get(); // damit die Exception weitergegeben wird.
          }
          catch (const std::exception& e)
          {
            cout << "Exception e: " << e.what() << endl;
          } // Ausgabe: Exception e: device or resource busy: device
                                                    or resource busy
```

Aufgabe 17.2.2

1. In der Klasse *SperreFrüherOderSpäter* soll *zeitaufwendige_Operation* etwas länger dauern. Vergleichen Sie das Laufzeitverhalten von *starteThreads*, wenn entweder *SperreFrüher* oder *SperreSpäter* oft als Threads gestartet werden:

```
      class SperreFrüherOderSpäter {
        std::mutex mtx;
        int kritischerBereich;
        int zeitaufwendigeOperation(int n) { return n; }

        void sperreFrüher()
        {
          std::lock_guard<std::mutex> lg(mtx);
          kritischerBereich = zeitaufwendigeOperation(17);
        }
```

17.2 Kritische Abschnitte

```cpp
      void sperreSpäter()
      {
        int n = zeitaufwendigeOperation(17);
        std::lock_guard<std::mutex> lg(mtx);
        kritischerBereich = n;
      }
    public:
      void starteThreads()
      { /* Starte entweder sperreFrüher oder sperreSpäter oft als
                                                        Threads */ }
    };
```

2. Sehen Sie eine Möglichkeit, die Laufzeit von *starteThreads* zu verbessern?

   ```cpp
   class ZweiKritischeBereiche {
     std::mutex mtx;
     int kritischerBereich1;
     int kritischerBereich2;

     void Funktion1()
     {
       std::lock_guard<std::mutex> lg(mtx);
       // zeitaufwendige Operation mit kritischerBereich1
     }

     void Funktion2()
     {
       std::lock_guard<std::mutex> lg(mtx);
       // zeitaufwendige Operation mit kritischerBereich2
     }
   public:
     void starteThreads()
     {
       // starte Funktion1 und Funktion2 in verschiedenen Threads
     }
   };
   ```

3. Eine Klasse *Logger* soll eine Elementfunktion *log* enthalten, mit der man Meldungen in eine Textdatei schreiben kann. Bisher wurde diese Klasse nur für Programme ohne Multithreading eingesetzt:

   ```cpp
   class Logger { // sehr einfach, nur die Grundidee
     std::ofstream fout;
   public:
     Logger(string fn)
     {
       fout.open(fn);
     }
   ```

```cpp
    void log(string msg)
    {
      fout << msg << std::endl;
    }
};
```

Überarbeiten Sie die Klasse Logger zu einer Klasse *Multithread_Logger*, so dass ihre Funktion *log* auch von verschiedenen Threads in einem Programm aufgerufen werden kann.

4. Ein Container *Multithread_vector* soll eine Elementfunktion *push_back* haben, mit der man von verschiedenen Threads aus Daten in den Container einfügen kann. Dieser Container soll mit einem *vector* der Standardbibliothek implementiert werden.

5. Welche Meldungen werden beim Start der Funktion *starteThreads* ausgegeben? Was kann man über die Reihenfolge dieser Meldungen sagen?

```cpp
    class MeineThreads {
      int Daten = 0;
      std::mutex mtx;

      void arbeite_im_kritischen_Bereich(int x)
      { // das lock_guard wäre hier effizienter
        Daten = Daten + x;
      }

      void Aufgabe(int n)
      { // das ist nicht effizient, es geht hier nur um den Ablauf!
        cout << "Aufgabe " << n << " vor lock " << endl;
        std::lock_guard<std::mutex> lk(mtx);
        cout << "Aufgabe " << n << " nach lock " << endl;
        std::this_thread::sleep_for(std::chrono::seconds(n));
        arbeite_im_kritischen_Bereich(1);
        cout << "Aufgabe " << n << " fertig " << endl;
      }

    public: void starteThreads()
      {
        cout << "Am Anfang, Daten: " << Daten << endl;
        auto f1 = std::async(std::launch::async,[this]{Aufgabe(1);});
        auto f2 = std::async(std::launch::async,
                             &MeineThreads::Aufgabe, this, 2);
        auto f3 = std::async(std::launch::async,
                             &MeineThreads::Aufgabe, this, 3);
        f1.get(); f2.get(); f3.get();
        cout << "Am Ende, Daten: " << Daten << endl;
      }
    };
```

17.2.3 Weitere Lock-Klassen: *unique_lock* und *shared_lock*

Neben dem Klassen-Template *lock_guard* gibt es die Templates *unique_lock* und *shared_lock*. Mit allen diesen Klassen-Templates kann mit einem Typ-Argument eines geeigneten Mutex-Typs (siehe Abschnitt 17.2.4) eine Lock-Klasse definiert werden: Diese Klassen implementieren RAII für den Mutex, d.h. sie reservieren ihn im Konstruktor und geben ihn im Destruktor wieder frei. Damit ist für den Mutex kein Aufruf von *lock* und *unlock* notwendig, und es besteht keine Gefahr, dass die Freigabe des Mutex unterbleibt, weil vor dem Aufruf von *unlock* eine Exception auftritt.

Grundsätzlich sollten Mutexe nur als Typ-Argument einer *lock*-Klasse verwendet werden und nie als eigenständige Objekte, mit denen *lock* und *unlock* aufgerufen wird.

Die wesentlichen Merkmale der Lock-Klassen:

– Ein *lock_guard* sichert einen exklusiven Zugriff. Zulässige Typ-Argumente sind alle Mutex-Klassen, die die Elementfunktionen *lock* und *unlock* haben.
– Ein *shared_lock* kann mit einem der Typ-Argumente *std::shared_mutex* und *std::shared_timed_mutex* definiert werden. Damit können mehrere Threads einen kritischen Bereich betreten. Zusammen mit einem *lock_guard* werden damit vor allem **Reader-Writer-Locks** (siehe Abschnitt 17.2.4) definiert, bei denen nur ein Thread in einem kritischen Bereich schreiben kann, aber viele Threads in diesem kritischen Bereich lesen können.
– Ein *unique_lock* ermöglicht wie *lock_guard* einen exklusiven Zugriff. Im Unterschied zu einem *lock_guard* kann ein Mutex aber auch wieder explizit freigegeben werden. Das ist z.B. bei Bedingungsvariablen (siehe Abschnitt 17.3) notwendig. Außerdem kann man damit Mutexe anlegen und verzögert sperren. Das kann notwendig sein, um bei mehreren Mutexen Deadlocks zu vermeiden (siehe Abschnitt 17.2.5). Zulässige Typ-Argumente sind dieselben wie bei *lock_guard*.

Beispiel: In den meisten Anwendungsfällen ist ein *lock_guard* ausreichend. Anstelle von

```
std::mutex mtx_global;

void SoNicht()
{
  mtx_global.lock();
  // Zugriff auf den kritischen Bereich
  mtx_global.unlock();
}
```

sollte man immer

```
void SoIstEsRichtig()
{
  lock_guard<mutex> lg(mtx_global);
  // Zugriff auf den kritischen Bereich
}
```

verwenden. Mit den anderen Lock-Klassen kann man genauso vorgehen:

```cpp
std::shared_mutex rw_mtx;

int read() // Siehe Abschnitt 17.2.4
{
  std::shared_lock<std::shared_mutex> lock(rw_mtx);
  // Zugriff auf den kritischen Bereich
}

int unique()
{
  std::unique_lock<std::mutex> lock(mtx_global);
  // Zugriff auf den kritischen Bereich
}
```

Betrachten wir nun die Möglichkeiten eines *unique_lock* etwas genauer. Im Unterschied zu einem *lock_guard*, der im Wesentlichen nur zwei Konstruktoren und einen Destruktor hat, hat ein *unique_lock* weitere Elementfunktionen. Die wichtigsten sind

```cpp
template <class Mutex>
class unique_lock
{ // hier nur die Elemente, die für ein Grundverständnis notwendig
                                                                sind
  typedef Mutex mutex_type;
  unique_lock() noexcept;                                  // 1.
  unique_lock(unique_lock&& u) noexcept;                   // 2.
  explicit unique_lock(mutex_type& m);                     // 3.
  unique_lock(mutex_type& m, defer_lock_t) noexcept;       // 4.
  unique_lock(mutex_type& m, adopt_lock_t);                // 5.
  ~unique_lock();

  unique_lock& operator=(unique_lock&& u);                 // 6.

  void lock();
  void unlock();
  bool owns_lock() const noexcept;
private:
  mutex_type* pm;
};
```

Den Konstruktoren von *lock_guard* muss ein Mutex übergeben werden, für den dann *lock* aufgerufen wird. Mit den Konstruktoren // 3. und // 5. von *unique_lock* hat man dieselben Möglichkeiten. Verwendet man keine weiteren Elementfunktionen von *unique_lock*, sind *unique_lock* und *lock_guard* gleichwertig. Dann ist aber ein *lock_guard* besser, da mit ihm einige Fehlermöglichkeiten ausgeschlossen sind.

Die zusätzlichen Möglichkeiten eines *unique_lock* sind:

- Ein *unique_lock* hat einen Standardkonstruktor. Damit kann ein *unique_lock* angelegt werden, ohne dass dieser einen Mutex besitzt. Der Mutex kann dann später mit dem Zuweisungsoperator zugewiesen werden.

17.2 Kritische Abschnitte

```
std::mutex mtx;
std::unique_lock<std::mutex> u;
// ... später:
u = std::unique_lock<std::mutex>(mtx);
```

Während ein *lock_guard* immer einen Mutex besitzt, muss das bei einem *unique_lock* nicht der Fall sein. Mit der Funktion

   bool **owns_lock**() *const noexcept;*

kann man prüfen, ob ein *unique_lock* einen Mutex besitzt.

– Mit den Elementfunktionen

   void **lock**();
   void **unlock**();

kann man den Mutex auch explizit sperren und freigeben. Dieses *unlock* ist z.B. bei Bedingungsvariablen (siehe Abschnitt 17.3) notwendig. Deswegen ist für Bedingungsvariablen ein *lock_guard* nicht ausreichend, sondern ein *unique_lock* notwendig.

Ein *unique_lock* bietet also praktisch alle Möglichkeiten, die man auch mit dem Mutex und einem expliziten Aufruf von *lock* und *unlock* hat. Der **wesentliche Unterschied** ist nur, dass der *unique_lock* den Mutex im Destruktor freigibt, wenn er einen Mutex besitzt.

Beispiele für einen *unique_lock* folgen in den Abschnitten 17.2.5 und 17.3.

17.2.4 Weitere Mutex-Klassen

Neben *mutex* gibt es noch einige weitere Mutex-Klassen. Diese sind oft auch unter Voraussetzungen einsetzbar, die für *mutex* nicht gegeben sind. Diese Mutex-Klassen können auch den Lock-Klassen als Typ-Argument übergeben werden.

Eine maßgebliche Voraussetzung beim Einsatz eines *mutex*-Objekts ist, dass damit von demselben Thread aus nicht erneut *lock* aufgerufen wird, bevor es nicht mit *unlock* wieder frei gegeben wurde. Diese Voraussetzung ist aber bei rekursiven Funktionen oder bei Funktionen, die sich gegenseitig aufrufen, nicht immer gewährleistet. Dann kann man

```
#include <mutex>
```

die Klasse **recursive_mutex** verwenden, die im Wesentlichen dieselben Elementfunktionen hat (nicht alle, aber die meisten). Sie unterscheidet sich von einem gewöhnlichen *mutex* vor allem dadurch, dass *lock* auch von einem Thread aufgerufen werden kann, der den Mutex bereits blockiert hat.

Beispiel: In dem Beispiel am Ende von Abschnitt 17.2.2

```
std::mutex mtx_global;
```

```cpp
auto f = std::async(std::launch::async, [] {
  lock_guard<mutex> lg1(mtx_global);
  lock_guard<mutex> lg2(mtx_global); // löst eine Exception
                                                        aus
});
```

wurde gezeigt, dass diese Anweisungen eine Exception auslösen. Ersetzt man hier *mutex* durch *recursive_mutex*, wird keine Exception ausgelöst:

```cpp
std::recursive_mutex rec_mtx;

auto f = std::async(std::launch::async, [] {
  lock_guard<std::recursive_mutex> lg1(rec_mtx);
  lock_guard<std::recursive_mutex> lg2(rec_mtx); // keine
                                                    Exception
});
```

In der Praxis hat man oft die Situation, dass gemeinsame Daten von bestimmten Threads nur gelesen, aber nicht verändert werden, während andere Threads diese Daten auch verändern. Da beim Lesen der Daten kein data race entstehen kann, muss man das Lesen der Daten nur sperren, wenn sie gerade aktualisiert werden. Diese Vorgehensweise wird auch als **Reader-Writer-Lock** bezeichnet. Falls die Daten oft gelesen und nur selten geändert werden, ist ein Reader-Writer-Lock schneller als ein exklusiver Lock. Falls die Daten nur von einem Thread geändert werden, kann im Unterschied zu einem exklusiven Lock auch kein **Deadlock** (siehe Abschnitt 17.2.5) eintreten.

Reader-Writer-Locks sind mit der nach

```cpp
#include <shared_mutex>
```

verfügbaren Klasse ***shared_timed_mutex*** möglich. Diese Klasse hat neben den Funktionen *lock* und *unlock*, die den Mutex wie bei einem *mutex* exklusiv sperren, auch noch die beiden Funktionen

*void **lock_shared**();*
*void **unlock_shared**();*

die den Mutex nur dann sperren, wenn er exklusiv mit *lock* gesperrt ist. Verwendet man einen *shared_timed_mutex* mit der Lock-Klasse *shared_lock*, wird der kritische Bereich dann gesperrt, wenn er mit *lock_guard* gesperrt wurde. Bei einer Sperre mit *shared_lock* wird er nicht gesperrt.

Beispiel: Falls Daten häufig gelesen und nur selten geschrieben werden, ist es schneller, die Leseoperation nur mit *shared_lock* zu sperren:

```cpp
class ReaderWriterLock {
  std::shared_timed_mutex rw_mtx;
  int data;
public:
```

17.2 Kritische Abschnitte

```
      int read() // Multiple reads, no write
      {
        std::shared_lock<std::shared_timed_mutex> lock(rw_mtx);
        int result = data;
        return result; // Daten lesen
      }
      void write(int value)  // One write, no reads.
      {
        std::lock_guard<std::shared_timed_mutex> lock(rw_mtx);
        data = value; // Daten schreiben
      }
    };
```

Alle Mutex-Klassen haben die Elementfunktion

   *bool **try_lock**();*

Mit ihr kann man versuchen, einen Mutex zu sperren. Falls der nicht durch einen anderen Thread blockiert ist, ist der Rückgabewert *true*, und der Mutex wird belegt. Falls er aber schon belegt ist, wird der Thread nicht blockiert, und *try_lock* gibt *false* zurück. Mit *try_lock* kann man aber nicht feststellen, ob der aktuelle Thread einen Mutex bereits belegt: Falls das zutrifft, ist das Ergebnis von *try_lock* undefiniert. Da man aber meist nichts anderes machen kann, wenn der Mutex schon belegt ist, wird diese Funktion in der Praxis nur selten benötigt. Sie ist aber die Voraussetzung, damit Mutexe mit der Funktion *lock* (siehe Abschnitt 17.2.5) gesperrt werden können, ohne dass dabei ein Deadlock auftritt.

Die Mutex-Klassen ***std::timed_mutex*** und ***std::recursive_timed_mutex*** haben zusätzlich zu den Elementen von *std::mutex* und *std::recursive_mutex* die Funktionen

   template <class Rep, class Period>
   *bool **try_lock_for**(const chrono::duration<Rep, Period>& rel_time);*

   template <class Clock, class Duration>
   *bool **try_lock_until**(const chrono::time_point<Clock, Duration>& abs_time);*

Diese blockieren den aufrufenden Thread und versuchen, innerhalb der angegebenen Zeit den Mutex zu bekommen. Falls das möglich ist, geben sie *true* zurück, und andernfalls *false*.

17.2.5 Deadlocks

Wenn man mehrere kritische Bereiche hat, kann es sein, dass ein erster Thread einen sperrt, während ein zweiter Thread einen anderen sperrt. Wenn dann beide darauf warten, dass der andere den kritischen Bereich freigibt, spricht man von einem Deadlock.

Beispiel: Ruft man

```
      void sperreMutexe(std::mutex& m1, std::mutex& m2)
      { // using std::mutex; using std::lock_guard;
```

```cpp
    lock_guard<mutex> lock1(m1);
    std::cout << "Mutex m1 bekommen" << std::endl;
    Sleep_ms(100); // damit der andere Thread genug Zeit hat,
    // den Mutex zu sperren, bevor diese Funktion fertig ist.
    lock_guard<mutex> lock2(m2);
    std::cout << "Mutex m2 bekommen" << std::endl;
}

mutex mtx_1, mtx_2;
```

von zwei verschiedenen Threads aus auf, werden in beiden Threads zunächst die Anweisungen bis zu *Sleep_ms(1000)* ausgeführt:

```cpp
void sperre_in_umgekehrter_Reihenfolge() // Deadlock
{
    thread t1 = thread([] { sperreMutexe(mtx_1, mtx_2); });
    thread t2 = thread([] { sperreMutexe(mtx_2, mtx_1); });
    t1.join();
    t2.join();
}
```

Dadurch wird *mtx_1* vom ersten Thread *t1* und *mtx_2* vom zweiten Thread *t2* gesperrt. Nach dem Ablauf der Wartezeit will *t1* *mtx_2* sperren, das aber bereits von *t2* gesperrt ist. Deshalb muss *t1* warten. Da *t2* aber auf die Freigabe von *mtx_1* wartet, ist das gesamte Programm blockiert.

Sperrt man die Mutexe dagegen von beiden Threads aus in derselben Reihenfolge, tritt kein Deadlock auf:

```cpp
void sperre_in_gleicher_Reihenfolge() // kein Deadlock
{
    thread t1 = thread([] { sperreMutexe(mtx_1, mtx_2); });
    thread t2 = thread([] { sperreMutexe(mtx_1, mtx_2); });
    t1.join();
    t2.join();
}
```

Dieses Beispiel zeigt bereits eine mögliche Ursache für Deadlocks: Wenn zwei Threads zwei Mutexe sperren, kann ein Deadlock auftreten, wenn beide Threads die Mutexe in einer unterschiedlichen Reihenfolge sperren. Sperren die Threads sie dagegen in derselben Reihenfolge, kann kein Deadlock auftreten.

Das ist bereits eine erste Möglichkeit, **Deadlocks** zu **verhindern**: Wenn alle Threads alle Mutexe in derselben Reihenfolge sperren, kann kein Deadlock auftreten. Diese Anforderung ist aber nicht immer einfach umzusetzen. Deadlocks kann man gelegentlich auch dadurch vermeiden, dass man mehrere Mutexe vermeidet und

- nur atomare Operationen verwendet, oder
- maximal nur einen Mutex verwendet.

Die **generischen *lock*-Algorithmen** sind dagegen oft geeignet, **mehrere Mutexe zu** sperren:

17.2 Kritische Abschnitte

template <class L1, class L2, class... L3>
*void **lock**(L1&, L2&, L3&...);*

template <class L1, class L2, class... L3>
*int **try_lock**(L1&, L2&, L3&...);*

Die Argumente müssen Mutexe (Datentypen L1, L2 usw.) sein, die die Elemente *lock()*, *unlock()* und *try_lock()* enthalten. Das trifft für diese Mutex-Typen zu:

std::mutex   std::recursive_mutex   std::timed_mutex   std::recursive_timed_mutex
std::shared_mutex, std::unique_lock

std::lock verwendet einen Algorithmus, der alle Argumente so sperrt, dass dabei keine Deadlocks auftreten. Vor dem Aufruf von *std::lock* dürfen die Argumente nicht gesperrt sein. Damit die Mutexe anschließend sicher freizugeben, überträgt man sie anschließend in einen *lock_guard* oder einen *unique_lock*, damit der Destruktor auch definitiv aufgerufen wird. Dazu kann man folgendermaßen vorgehen:

- Entweder sperrt man die Mutexe zuerst mit *std::lock* und überträgt danach jeden in einen *lock_guard*. Das ist mit dem *lock_guard*-Konstruktor mit dem zweiten Argument *std::adopt_lock* möglich. Mit diesem Konstruktor wird ein bereits gesperrter Mutex in das *lock_guard*-Objekt verschoben. Der Mutex wird dann vom Destruktor des *lock_guard*-Objekts wieder freigegeben. Falls der übergebene Mutex nicht gesperrt ist, ist das Verhalten undefiniert.
- Oder man legt zuerst einen *unique_lock* an, der aber noch keinen Mutex sperrt. Das ist mit dem zweiten *unique_lock*-Argument *std::defer_lock* möglich.

Beide Vorgehensweisen sind gleichwertig.

Beispiel: Sowohl mit

```
void sperre_mit_std_lock_1(std::mutex& m1, std::mutex& m2)
{ // using std::mutex; using std::lock_guard;
  std::lock(m1, m2);
  std::lock_guard<std::mutex> lg1(m1, std::adopt_lock);
  std::lock_guard<std::mutex> lg2{ m2, std::adopt_lock };
  Sleep(1000ms);
  std::cout << "Mutex m1 bekommen" << std::endl;
  std::cout << "Mutex m2 bekommen" << std::endl;
}
```

als auch mit

```
void sperre_mit_std_lock_2(std::mutex& m1, std::mutex& m2)
{ // using std::mutex; using std::lock_guard;
  std::unique_lock<mutex> u1{ m1,std::defer_lock };
  std::unique_lock<mutex> u2{ m2,std::defer_lock };
  Sleep(1000ms);
  std::lock(u1, u2);
  std::cout << "Mutex m1 bekommen" << std::endl;
```

```
        std::cout << "Mutex m2 bekommen" << std::endl;
      }
```

führen die Aufrufe

```
  void sperre_in_umgekehrter_Reihenfolge_mit_std_lock_1()
  {
    cout <<
  "sperre_in_umgekehrter_Reihenfolge_mit_std_lock_1" << endl;
    std::mutex mtx_1, mtx_2;
    thread t1 = thread([&] {
     sperre_mit_std_lock_1(std::ref(mtx_1), std::ref(mtx_2));
    });
    thread t2 = thread([&] {
     sperre_mit_std_lock_1(std::ref(mtx_2), std::ref(mtx_1));
    });
    t1.join();
    t2.join();
  }

  void sperre_in_umgekehrter_Reihenfolge_mit_std_lock_2()
  {
    cout <<
  "sperre_in_umgekehrter_Reihenfolge_mit_std_lock_2" << endl;
    std::mutex mtx_1, mtx_2;
    auto f1 = std::async(sperre_mit_std_lock_2,
                         std::ref(mtx_1), std::ref(mtx_2));
    auto f2 = std::async(sperre_mit_std_lock_2,
                         std::ref(mtx_2), std::ref(mtx_1));
    f1.get();
    f2.get();
  }
```

zu keinem Deadlock. Man erhält die Meldungen

    Mutex m1 bekommen
    Mutex m2 bekommen
    Mutex m1 bekommen
    Mutex m2 bekommen

17.2.6 *call_once* zur Initialisierung von Daten

Mit dem nach

```
  #include <mutex>
```

verfügbaren Funktions-Template

> *template<class Callable, class ...Args>*
> *void **call_once**(once_flag& flag, Callable&& func, Args&&... args);*

17.2 Kritische Abschnitte

kann man erreichen, dass die als Argument für *func* übergebene Funktion nur ein einziges Mal ausgeführt wird, und zwar auch dann, wenn sie von mehreren Threads aufgerufen wird.

Das erste Argument des Typs *once_flag* gewährleistet, dass *call_once* die zu *func* gehörenden Anweisungen nur ein einziges Mal ausführt. Es ist so implementiert, dass auch bei einem mehrfachen Aufruf von *call_once* kein kritischer Wettlauf oder ein Deadlock auftreten kann.

Das nächste Argument ist die Funktion, die nur einmal aufgerufen werden soll. Darauf folgen die Argumente für diese Funktion.

Beispiel: Durch

```
void init(int n, string msg)
{
  cout << msg << endl;
}

void callOnce()
{
  std::once_flag flag1;
  thread t1 = thread([&flag1] {std::call_once(flag1, init,
                                        1, "Aufruf"); });
  thread t2 = thread([&flag1] {std::call_once(flag1, init,
                                        2, "Aufruf"); });
  t1.join();
  t2.join();
}
```

erhält man nur eine Meldung ausgegeben. Ob das „Aufruf 1" oder „Aufruf 2" ist, kann man nicht vorher entscheiden.

17.2.7 Thread-lokale Daten

Mit dem Schlüsselwort **thread_local** kann man Thread-lokale Variablen definieren. Das sind globale oder lokale Variablen, die beim Start eines Threads angelegt werden und so lange existieren, wie der Thread ausgeführt wird. Mit dem Ende des Threads werden sie wieder freigegeben. Da sie zu einem Thread gehören, behalten sie ihre Werte zwischen zwei verschiedenen Aufrufen eines Threads.

Beispiel: Die Funktion *show_thread_local* gibt genau eine der Zeichenfolgen „2349", „2439", „3249", „3429", „4239" oder „4329"aus:

```
thread_local int i = 0; // global

void threadfunc(int n)
{
  i = n;
  i++;
  std::cout << i;
}
```

```
void show_thread_local()
{
  i = 9;
  std::thread t1(threadfunc, 1);
  std::thread t2(threadfunc, 2);
  std::thread t3(threadfunc, 3);
  t1.join(); t2.join(); t3.join();
  std::cout << i << std::endl;
}
```

17.3 Bedingungsvariablen zur Synchronisation von Threads

Mit den nach

```
#include <condition_variable>
```

verfügbaren Bedingungsvariablen des Datentyps *condition_variable* kann man Threads synchronisieren: Ein Thread (oder auch mehrere) warten (werden blockiert), bis sie von einem anderen Thread über die Bedingungsvariable wieder aktiviert werden. Alle Threads greifen dabei normalerweise auf gemeinsame Daten zu.

Ein typischer Anwendungsfall besteht aus einem Thread, der Daten in einen Container ablegt und der als **Produzent** bezeichnet wird. Er benachrichtigt dann einen anderen Thread, der bisher blockiert war (durch den Aufruf einer *wait*-Funktion), durch einen Aufruf einer *notify*-Funktion. Dieser andere Thread (der auch als **Konsument** bezeichnet wird) wird dadurch aktiviert und holt die Daten aus dem Container ab.

Dazu kann man im Prinzip (eine genauere Vorgehensweise folgt anschließend) folgendermaßen vorgehen:

– Die Synchronisation erfolgt über einen Mutex und eine Bedingungsvariable. Dazu definiert man z.B. in einer Klasse Variablen wie

```
class ProduzentUndVerbraucher {
  std::mutex mtx;
  std::condition_variable cv;
```

Falls mehrere Threads warten sollen, ist für jeden Thread ein Mutex notwendig. Für alle Threads reicht aber eine einzige Bedingungsvariable aus. Die gemeinsamen Daten sollen in diesem einführenden Beispiel ein First-In-First-Out Container sein, damit die Daten in derselben Reihenfolge abgeholt werden:

```
std::queue<int> gemeinsameDaten;
```

Das folgende Beispiel benötigt außerdem noch eine boolesche Variable, mit der der Produzent dem Verbraucher mitteilt, dass er fertig ist:

```
bool fertig = false;
```

17.3 Bedingungsvariablen zur Synchronisation von Threads

- Ein Thread, der warten soll (typischerweise der **Konsument**),

    a) belegt den Mutex mit einem *unique_lock*, um die gemeinsamen Daten zu schützen.
    b) ruft *wait*, *wait_for* oder *wait_until* mit der Bedingungsvariablen auf. Diese wait-Operationen geben den Mutex wieder frei und blockieren die Ausführung des Threads.
    c) Wenn die Bedingungsvariable benachrichtigt wird oder ein Timeout abläuft, wird der Thread geweckt und der Mutex automatisch wieder erworben.

    Diese Freigabe des Mutex über die Bedingungsvariable in b) durch *wait*, und seine erneute Sperre in c) sind die entscheidende Grundlage für die Synchronisation. Die nachträgliche Freigabe und Sperre sind auch der Grund, wieso hier ein *unique_lock* notwendig ist. Mit einem *lock_guard* wäre diese Freigabe nicht möglich.

    ```
    void verbrauche()
    {
      while (!fertig)
      {
        std::unique_lock<std::mutex> lock(mtx);
        cv.wait(lock); // das Argument muss ein unique_lock sein
        while (!gemeinsameDaten.empty())
        {
          std::cout << "konsumiere " << gemeinsameDaten.front() <<
                                                        std::endl;
          gemeinsameDaten.pop();
        }
      } // lock wieder freigeben
    }
    ```

- Der Thread, der den wartenden Thread wieder aktivieren will (typischerweise ein **Produzent**),

    a) belegt denselben Mutex wie der wartende Thread. Hier reicht ein *std:: lock_guard*
    b) verändert die Variable
    c) ruft mit der Bedingungsvariablen *notify_one* oder *notify_all* auf. Dieser Aufruf aktiviert den wartenden Thread.

    ```
    void produziere(int n)
    {
      for (int i = 0; i < n; i++)
      {
        std::this_thread::sleep_for(std::chrono::seconds(1));
        std::lock_guard<std::mutex> lock(mtx); // hier reicht
                                                        lock_guard
        std::cout << "produziere " << i << std::endl;
        gemeinsameDaten.push(i);
        cv.notify_one();
      }
      fertig = true;
    }
    ```

Beispiel: Nimmt man alle diese Funktionen und Daten in die Klasse *ProduzentUndVerbraucher* auf sowie noch die Funktion

```
  public:
    void starte(int n)
    { // Nur zur Illustration einmal als Funktion und einmal
                                                   als Lambda
      std::thread t1 = std::thread(
              &ProduzentUndVerbraucher::verbrauche, this);
      std::thread t2=std::thread([n,this]{ produziere(n); });
      t1.join();
      t2.join();
      std::cout << "fertig" << std::endl;
    }
}; // end of class ProduzentUndVerbraucher
```

erhält man bei einem Aufruf dieser Funktion mit dem Argument 3 eine Ausgabe wie:

```
produziere 0
konsumiere 0
produziere 1
konsumiere 1
produziere 2
konsumiere 2
fertig
```

Die bisher beschriebene Vorgehensweise wird in den allermeisten Fällen funktionieren. Es kann allerdings vorkommen, dass ein sogenannter „**spurious wakeup**" vorkommt: Ein Thread wird aufgeweckt, ohne dass er von einer Bedingungsvariablen benachrichtigt wurde. Dieser Fall dürfte eigentlich nie eintreten, kann aber bei den meisten Betriebssystemen vorkommen.

Es ist aber einfach möglich, diese Fälle zu erkennen: Man setzt eine boolesche Variable wie

```
bool notified = false;
```

1. im Produzenten vor dem Aufruf von *notify* auf *true*,

```
notified = true; // vor notify einfügen
cv.notify_one();
```

2. Im Konsumenten prüft man, ob sie auch tatsächlich den Wert *true* hat. Dazu ersetzt man

```
cv.wait(lock); // das Argument muss ein unique_lock sein
```

durch

```
while (!notified)
{ // bei einem spurious wakeup weiter warten
  cv.wait(lock);
}
```

17.4 Die „Parallel Patterns Library" von Microsoft

Nachdem der Konsument die Arbeiten abgeschlossen hat, die er aufgrund der Benachrichtigung ausführen wollte, setzt er diese boolesche Variable wieder zurück:

```
notified = false;
```

Arbeitet man diese Änderungen in die Funktionen von oben ein, erhält man:

```
void verbrauche()
{
  while (!fertig)
  {
    std::unique_lock<std::mutex> lock(mtx);
    while (!notified)
    { // bei einem spurious wakeup weiter warten
      cv.wait(lock);
    }
    while (!gemeinsameDaten.empty())
    {
      std::cout << "konsumiere " << gemeinsameDaten.front() <<
                                                      std::endl;
      gemeinsameDaten.pop();
    }
    notified = false;
  } // lock wieder freigeben
}

void produziere(int n)
{
  for (int i = 0; i < n; i++)
  {
    std::this_thread::sleep_for(std::chrono::seconds(1));
    std::lock_guard<std::mutex> lock(mtx);// hier reicht lock_guard
    std::cout << "produziere " << i << std::endl;
    gemeinsameDaten.push(i);
    notified = true; // vor notify einfügen
    cv.notify_one();
  }
  fertig = true;
}
```

17.4 Die „Parallel Patterns Library" von Microsoft

In Visual C++ steht neben den Multithreading-Möglichkeiten von Standard-C++ auch noch die Parallel Pattern Library (PPL) zur Verfügung. Da diese oft bessere Möglichkeiten als Standard-C++ zur Verfügung stellt, soll sie kurz vorgestellt werden.

Die PPL besteht im Wesentlichen aus drei Algorithmen:

template <typename Index_type, typename Function>
*void **parallel_for**(Index_type First, Index_type Last, const Function& Func);*

template <typename Iterator, typename Function>
*void **parallel_for_each**(Iterator First, Iterator Last, const Function& Func);*

parallel_invoke können zwei bis zehn Funktionen übergeben werden, die dann parallel ausgeführt werden.

Diesen kann man Funktionen (Funktoren, Lambda-Ausdrücke usw.) übergeben, die dann parallel ausgeführt werden. Die PPL

- verwendet einen Thread-Pool. Damit werden auch kurze Threads schneller ausgeführt.
- hat konkurrente Container, in die man ohne explizite Synchronisation von verschiedenen Threads aus Daten ablegen kann:

concurrent_vector	*concurrent_queue*
concurrent_unordered_map	*concurrent_unordered_multimap*
concurrent_unordered_set	*concurrent_unordered_multiset*

- bietet Möglichkeiten, Threads abzubrechen

Beispiel: Die folgenden Anweisungen sollen nur zeigen, wie einfach man mit den konkurrenten Containern arbeiten kann:

```cpp
#include <ppl.h>
#include <concurrent_vector.h>

using namespace Concurrency;

void fibo_ppl()
{
  std::vector<int> args = {43,42,41,40};
  concurrent_vector<std::tuple<int, int>> results;
  BenchmarkTimer t_ppl("fibo PPL: ", [args, &results] {
    // verwende die parallele PPL-Variante von for_each:
    parallel_for_each(args.begin(), args.end(),[&](int n) {
      results.push_back(std::make_tuple(n, fibo(n))); }
    );
    // Da die verschiedenen Threads parallel laufen,
    // liefern sie die Ergebnisse in einer unbestimmten
    // Reihenfolge ab. Deswegen sortieren:
    sort(results.begin(), results.end());
  });
  t_ppl.ShowDuration();
  for_each(results.begin(), results.end(),
                          [](std::tuple<int, int>& pair)
  { // Ergebnisse ausgeben:
    cout << "fib(" << std::get<0>(pair) << "): " <<
                                std::get<1>(pair) << endl;
  });
}
```

18 C++11 Smart Pointer: *shared_ptr*, *unique_ptr* und *weak_ptr*

Die Arbeit mit Zeigern auf dynamisch erzeugte Speicherbereiche ist oft fehleranfällig: Obwohl z.B. die beiden Funktionen

```
int* pi;
int* pj;

void initPtr()
{
  pi = new int(17);
  pj = new int(18);
}

void finitPtr()
{
  delete pi;
  delete pj;
}
```

auf den ersten Blick korrekt aussehen und die Anforderung erfüllen, dass zu jedem *new* ein *delete* gehört, sind mit ihnen trotzdem z.B. diese Probleme möglich:

– Wenn zwischen den Aufrufen der beiden Funktionen eine Zuweisung

```
pi = pj;
```

stattfindet, ist das Ergebnis der zweiten *delete*-Operation undefiniert.

– Falls zwischen diesen beiden Aufrufen eine Exception (siehe Kapitel 10) ausgelöst wird, die erst in einem umgebenden Block abgefangen wird, ist ein Speicherleck die Folge.

– Falls ein lokaler Container Zeiger auf dynamisch erzeugte Variable enthält, die vor dem Verlassen des lokalen Blocks nicht mit *delete* freigegeben werden, ist ein Speicherleck die Folge.

Solche Fehler kann man mit **smart Pointern** wie den Klassen *shared_ptr, unique_ptr* und *weak_ptr* vermeiden, die zu C++11 gehören und die eine effiziente Form der **Garbage Collection** ermöglichen. Sie sind verfügbar nach

```
#include <memory>
using namespace std;   // bzw. using std::shared_ptr; using
                       //                       std::unique_ptr;
```

In älteren Versionen von C++ wurde versucht, mit der Klasse **auto_ptr** ähnliche Möglichkeiten zu schaffen. Dieser Versuch hat aber gravierende Schwächen, da C++ damals noch keine move-Semantik kannte. Deshalb wurde *auto_ptr* im C++-Standard inzwischen als deprecated gekennzeichnet: Das heißt, dass diese Klasse nicht verwendet werden soll.

18.1 Gemeinsamkeiten von *unique_ptr* und *shared_ptr*

Bevor in den nächsten Abschnitten die inhaltliche Bedeutung und die Unterschiede der smart pointer Klassen beschrieben wird, sollen zunächst einige Gemeinsamkeiten beschrieben werden.

Ein Objekt des Typs *unique_ptr* bzw. *shared_ptr* enthält einen Zeiger und gibt den Speicherbereich, auf den dieser Zeiger zeigt, wieder frei, wenn das *unique_ptr* bzw. *shared_ptr* Objekt den Gültigkeitsbereich verlässt, in dem es definiert wurde.

Ein *unique_ptr* bzw. *shared_ptr* Objekt wird dadurch definiert, dass man in spitzen Klammern den Datentyp angibt, auf den der Zeiger zeigen soll. Eine Variable dieses Datentyps kann dann im Wesentlichen wie ein gewöhnlicher Zeiger verwendet werden.

Beispiel: Hier sind nach den smart pointer Anweisungen als Kommentar entsprechende Anweisungen für gewöhnliche Zeiger angegeben:

```
shared_ptr<int> s1;                    // int* s1;
shared_ptr<int> s2(new int(17));       // int* s2=new int(17);
shared_ptr<int> s3{ new int(17) };     // int* s3={new int(17)};
unique_ptr<int> u1;                    // int* u1;
unique_ptr<int> u2(new int(17));       // int* u2=new int(17);
unique_ptr<int> u3{ new int(17) };     // int* u3={new int(17)};
```

Mit einer Klasse wie

```
class C {
public:
  virtual void f()
  {
    cout << "C::f" << endl;
  }

  virtual ~C()
  {
    cout << "Destruktor C" << endl;
  }
};
```

18.1 Gemeinsamkeiten von unique_ptr und shared_ptr

sind die folgenden Definitionen möglich:

```
{
shared_ptr<C> sp(new C()); // C* sp = new C();
unique_ptr<C> up(new C()); // C* up = new C();
};
```

Führt man diese Anweisungen in einem Block aus, wird beim Verlassen des Blocks der Destruktor aufgerufen:

```
Destruktor C
Destruktor C
```

Das letzte Beispiel sollte vor allem zeigen, dass ein smart pointer einen gewöhnlichen Zeiger enthält und für diesen automatisch *delete* aufruft. Zum Anlegen eines smart pointers sollte man aber besser die Funktions-Templates

template <class T, class... Args>
*shared_ptr<T> **make_shared**(Args&&... args);*

und

template <class T, class... Args>
*unique_ptr<T> **make_unique**(Args&&... args);*

verwenden. Diese erzeugen das Objekt intern mit *new*, vermeiden aber das Argument *new* und sind effizienter. Hier ist T der Datentyp, auf den die Zeiger zeigen. Es gibt nur wenige Situationen, bei denen *make_shared* und *make_unique* nicht eingesetzt werden können.

Diesen Funktions-Templates werden die Argumente für die Konstruktoren übergeben. Zu diesen Argumenten sucht der Compiler einen passenden Konstruktor, der dann mit den Argumenten aufgerufen wird.

Beispiel: Die nächsten Definitionen haben denselben Effekt wie die im letzten Beispiel, sind aber übersichtlicher und effizienter:

```
shared_ptr<int> s = std::make_shared<int>(17);
unique_ptr<int> u = std::make_unique<int>(17);

shared_ptr<C> sc = std::make_shared<C>();
unique_ptr<C> uc = std::make_unique<C>();
```

Ergänzt man die Klasse C um einen Konstruktor

```
C(int x, string s) {};
```

kann man die Argumente für den Konstruktor als Argumente an *make_shared* und *make_unique* übergeben:

```
shared_ptr<C> sc = std::make_shared<C>(1, "a");
unique_ptr<C> uc = std::make_unique<C>(2, "b");
```

Mit der Bemerkung, dass ein solcher smart pointer im Wesentlichen wie ein gewöhnlicher Zeiger verwendet werden kann, ist insbesondere auch gemeint, dass man die Elemente der Klasse wie bei einem gewöhnlichen Zeiger ansprechen kann.

Beispiel: Mit den Definitionen aus den letzten Beispielen kann die Elementfunktion f wie über einen gewöhnlichen Zeiger aufgerufen werden:

```
sc->f();
uc->f();
```

Außerdem kann ein smart pointer wie ein gewöhnlicher Zeiger dereferenziert werden:

```
cout << "*s=" << *s << " *u=" << *u << endl; // *s=17 *u=17
```

Wenn also ein Zeiger nach dem Verlassen eines Blocks wieder freigegeben werden soll, kann man mit einem *unique_ptr bzw. shared_ptr* sicherstellen, dass der Aufruf von *delete* nicht vergessen werden kann. Das gilt auch für Container, die Zeiger enthalten.

Beispiel: Nach dem Verlassen eines Blocks mit den Anweisungen

```
using std::vector; // #include <vector>
vector<shared_ptr<C>> vs;
vs.push_back(std::make_shared<C>());
vector<unique_ptr<C>> vu;
vu.push_back(std::make_unique<C>());
```

wird der Destruktor für jedes Element des Containers aufgerufen.

Die Klassen *unique_ptr bzw. shared_ptr* implementieren das **RAII**-Konzept, das heißt sie rufen im Destruktor für den enthaltenen Zeiger *delete* auf. Da ein Destruktor automatisch aufgerufen wird

– beim Verlassen eines Blocks
– beim Aufruf des Destruktors einer Klasse für alle enthaltenen Elemente eines Klassentyps
– beim Aufruf von *delete* für einen Zeiger auf eine Variable eines Klassentyps

sind smart pointer immer dann angemessen, wenn beim Aufruf eines Destruktors der zugehörige Speicherbereich automatisch freigegeben werden soll.

Beispiel: Mit den Definitionen aus dem vorletzten Beispiel wird nach dem Verlassen des Blocks

```
{
  shared_ptr<C> sc = std::make_shared<C>();
  unique_ptr<C> uc = std::make_unique<C>();
}
```

automatisch der jeweilige Destruktor aufgerufen, so dass die Meldungen

18.1 Gemeinsamkeiten von unique_ptr und shared_ptr

```
Destruktor C
Destruktor C
```

ausgegeben werden.

Nimmt man in eine Klasse einen Zeiger auf, der auf einen dynamisch erzeugten Bereich zeigt, muss man diesen im Destruktor der Klasse mit *delete* wieder freigeben. Ersetzt man diesen Zeiger durch einen Smart Pointer, ist kein expliziter Aufruf von *delete* notwendig, da der Destruktor einer Klasse automatisch die Destruktoren aller Datenelemente aufruft.

Da smart pointer RAII implementieren, sind sie auch nur dann sinnvoll, wenn RAII sinnvoll ist.

- Wenn ein dynamisch reservierter Speicherbereich nur über ein einzige Variable angesprochen werden soll, ist ein *unique_ptr* als Datentyp für diese Variable angemessen. Dieser *unique_ptr* ist dann der **alleinige Verantwortliche** für die Verwaltung des Speicherbereichs.
- Wenn ein dynamisch reservierter Speicherbereich über mehrere Variablen angesprochen werden soll, ist ein *shared_ptr* als Datentyp für diese Variablen angemessen. Diese *shared_ptr* sind dann **gemeinsam** für die Verwaltung des Speicherbereichs verantwortlich.
- Wenn es **keinen Verantwortlichen** für einen Speicherbereich gibt, sind gewöhnliche Zeiger angemessen.

Beispiel: In einer verketteten Liste gibt es keinen alleinigen oder gemeinsamen Verantwortlichen für einen Knoten. RAII für einen einzelnen Knoten macht keinen Sinn, da ein Knoten nicht einfach nur gelöscht werden kann, sondern die Verweise in den Knoten davor und danach beim Löschen umgehängt werden müssen. Falls eine Klasse für eine verkettete Liste einen Zeiger auf den ersten Knoten enthält, hilft die Freigabe des ersten Knotens nichts, da danach die anderen Knoten der Liste als memory leak bleiben.

Die Klassen *unique_ptr* bzw. *shared_ptr* haben einen **Standardkonstruktor**, mit dem ein Objekt erzeugt wird, das einen Zeiger mit dem Wert *nullptr* enthält. Ein solches Objekt wird auch als **leerer smart pointer** bezeichnet. Wenn der Destruktor für einen leeren smart pointer aufgerufen wird, hat das keinen Aufruf von *delete* für den enthaltenen Zeiger und auch keine anderen Anweisungen zur Folge.

Beispiel: Nach dem Verlassen eines Blocks mit den Anweisungen

```
unique_ptr<C> u;
shared_ptr<C> s;
```

wird der Destruktor von C weder für u noch für s aufgerufen, d.h. das Verlassen des Blocks hat keine Auswirkungen.

Den in einem *unique_ptr* bzw. *shared_ptr* enthaltenen Zeiger erhält man mit der Elementfunktion

T **get**() const noexcept;*

Normalerweise besteht aber keine Notwendigkeit, *get* aufzurufen. Der Zugriff auf den internen Zeiger ermöglicht aber insbesondere die Verwendung von Funktionen, die früher einmal für Zeiger geschrieben wurden.

Beispiel: Wenn in einem Programm eine Funktion mit einem Zeiger-Parameter aufgerufen werden soll, deren Quelltext nicht zur Verfügung steht,

```
void alteFunktion(int* p) { }
```

kann man das Programm trotzdem auf smart pointer umstellen und diese mit *get* übergeben:

```
alteFunktion(u.get());
```

Mit *get* kann man auch *delete* aufrufen. Das sollte aber unbedingt vermieden werden, da es meist eine Zugriffsverletzung zur Folge hat.

Beispiel: Ein *delete* mit einem Rückgabewert von *get* wird vom Compiler akzeptiert, führt aber zu einem Laufzeitfehler:

```
shared_ptr<C> sp(std::make_shared<C>());
unique_ptr<C> up(std::make_unique<C>());
delete up.get(); // Laufzeitfehler
delete sp.get(); // Laufzeitfehler
```

Eine Zuweisung an *get* ist nicht möglich:

```
up.get() = nullptr; // Fehler: get() ist kein L-Wert
```

Wenn man prüfen will, ob ein smart pointer leer ist, ist das auch mit einer Prüfung des Objekts möglich. Die vordefinierte Konversion

*explicit operator **bool**() const noexcept;*

gibt den Wert von

```
get() != nullptr
```

zurück, d.h. *true*, wenn der enthaltene Zeiger kein Nullzeiger ist, und sonst *false*.

Beispiel: Die Abfrage

```
if (up.get() != nullptr)
```

kann man vereinfachen zu

```
if (up)
```

Mit *reset* kann man einen smart pointer zurücksetzen oder auf einen anderen Wert setzen. Dabei wird der Destruktor des zurückgesetzten Objekts aufgerufen.

Beispiel: Durch die Anweisungen

```
shared_ptr<C> sp(std::make_shared<C>());// C* sp = new C();
unique_ptr<C> up(std::make_unique<C>());// C* up = new C();
cout << "vor reset(): " << sp.get() << " : " << up.get() <<
                                                        endl;
up.reset();
sp.reset();
cout << "nach reset(): " << sp.get()<<" : "<<up.get()<< endl;
```

erhält man eine Ausgabe wie

```
vor reset():  0057E140 : 0057E1D0
nach reset(): 00000000 : 00000000
```

Dabei kann man auch einen anderen Wert übergeben:

```
up.reset(std::make_unique<C>());
sp.reset(std::make_shared<C>());
```

Mit *unique_ptr* und *shared_ptr* werden auch virtuelle Funktionen und Destruktoren aus einer Klassenhierarchie richtig (d.h. mit ihrem dynamischen Datentyp) aufgerufen.

Beispiel: Mit der Klasse

```
class D :public C { // Basisklasse C von oben
public:
  void f() override
  { cout << "D::f" << endl; }
  ~D() { cout << "Destruktor D" << endl;}
};
```

werden bei der Ausführung des Blocks

```
{
   std::unique_ptr<C> up=std::make_unique<D>();
   up->f(); // D::f
   std::shared_ptr<C> sp = std::make_shared<D>();
   sp->f(); // D::f
} // 2 Mal Destruktor D und Destruktor C
```

die Funktion D::f und der Destruktor von D aufgerufen.

18.2 unique_ptr

Die Probleme, die infolge einer Zuweisung von Zeigern auftreten können, vermeidet man am einfachsten dadurch, dass man solche Zuweisungen unterbindet. Das ist mit einem *unique_ptr* gewährleistet, da für ein Objekt dieser Klasse weder eine Kopie (der Aufruf des Kopierkonstruktors) noch eine Zuweisung möglich ist.

Die Klasse *unique_ptr* implementiert die Philosophie, dass ein *unique_ptr* der alleinige Verantwortliche für den enthaltenen Zeiger ist.

Beispiel: Mit dem *unique_ptr*-Objekt

```
unique_ptr<C> up(std::make_unique<C>());
```

sind diese beiden Operationen

```
unique_ptr<C> up1 = up; // Fehler: Kein Zugriff auf den
                                  Kopierkonstruktor
up1 = up; // Fehler: Kein Zugriff auf operator=
```

nicht möglich.

Da ein Werteparameter mit dem Kopierkonstruktor übergeben wird, kann ein *unique_ptr* nur als Referenzparameter an eine Funktion übergeben werden.

Beispiel: Die Funktion

```
void UP_WParameter(std::unique_ptr<int> up)
{
  int x=*up;
}
```

kann nicht mit einem *unique_ptr*-Argument (wie z.B. *up* aus dem letzten Beispiel) aufgerufen werden. Mit einem Referenzparameter geht das aber:

```
void UP_RParameter(std::unique_ptr<int>& up)
void UP_CRParameter(const std::unique_ptr<int>& up)
```

Diese Einschränkung, einen *unique_ptr* nicht als Werteparameter übergeben zu können, kann man oft durch eine Übergabe des Zeigers ersetzen, oder durch eine Übergabe als Referenzparameter.

Es ist aber möglich, Objekte in einen *unique_ptr* mit *std::move* (**move-Semantik**) zu verschieben. Durch *std::move* kann ein konstanter Wert oder eine Variable in einen Container verschoben werden. Die ursprüngliche Variable wird dann dadurch ein leerer *unique_ptr*. Bei einem leeren *unique_ptr* ist der Aufruf des Destruktors eine leere Operation.

Beispiel: Beim Verlassen des Blocks

```
{
  unique_ptr<C> up(std::make_unique<C>());
  unique_ptr<C> up2(std::move(up)); // das geht
  up2 = std::move(up);
}
```

18.2 unique_ptr

wird nur ein Destruktor aufgerufen, da *up* durch *std::move* zu einem leeren *unique_ptr* wird, bei dem der Aufruf des Destruktors eine leere Operation ist.

Durch *std::move* wird das Argument von *std::move* verändert. Die Anweisungen

```
unique_ptr<C> p1 = std::make_unique<C>();
unique_ptr<C> p2;
cout << "vor move: p1.get()=" << p1.get() << " p2.get()="
                              << p2.get() << endl;
p2 = std::move(p1);
cout << "nach move: p1.get()=" << p1.get() << " p2.get()="
                               << p2.get() << endl;
```

erzeugen eine Ausgabe wie

```
vor move: p1.get()=0042C120 p2.get()=00000000
nach move: p1.get()=00000000 p2.get()=0042C120
```

Die Rückgabe eines *unique_ptr* aus einer Funktion ist möglich, da der Rückgabewert einer Funktion ein R-Wert ist und deshalb die move-Semantik zum Tragen kommt.

Beispiel: Durch den Aufruf der Funktion

```
std::unique_ptr<C> create()
{
  std::unique_ptr<C> local_ptr = std::make_unique<C>();
  return local_ptr; // local_ptr wird mit
}                   // move-Semantik zurückgegeben
```

in

```
unique_ptr<C> p = create();
```

wird der lokale *unique_ptr* zu p verschoben.

Die von einem Smart Pointer verwalteten Speicherbereiche werden in der Voreinstellung mit *delete* wieder freigegeben. Das ist aber bei einem dynamisch erzeugten Array ein Fehler: Ein solches Array muss mit *delete[]* freigegeben werden. Für diesen Fall gibt es eine **Array**-Variante, die man für ein Array mit Elementen des Typs T mit dem Typ-Argument „T[]" erhält. Es gibt aber keine Möglichkeit, diese Variante mit *make_unique* zu nutzen.

Beispiel: Mit der Klasse C von oben erhält man beim Verlassen des Blocks 4 Mal die Meldung „Destruktor". Für *shared_ptr* ist aber eine andere Syntax notwendig:

```
{ // Array-Variante für unique_ptr
  std::unique_ptr<C[]> du{ new C[4] };
  // std::shared_ptr<C[]> ds{ new C[4] };
} // 4 mal die Meldung "Destruktor"
```

18.3 shared_ptr

Die Ausführungen der letzten beiden Abschnitte über *unique_ptr* haben gezeigt, dass man mit diesen smart pointern schon sehr weit kommt, und dass diese oft ausreichend sind. Allerdings ist die Einschränkung, solche Objekte nicht kopieren und zuweisen zu können, oft zu streng. Dann können smart pointer der Klasse *shared_ptr* notwendig sein.

Ein *shared_ptr* unterscheidet sich von einem *unique_ptr* vor allem dadurch, dass verschiedene *shared_ptr*-Objekte Zeiger auf dasselbe Objekt enthalten können. Dieses Objekt darf erst dann mit *delete* freigegeben werden, wenn das letzte *shared_ptr*-Objekt verschwindet. Das wird mit einem Referenzzähler erreicht, der bei jeder Zuweisung oder Kopie um 1 hochgezählt und bei jedem Destruktoraufruf um 1 reduziert wird. Erst dann, wenn dieser Referenzzähler den Wert 0 erreicht, wird dann *delete* für das Objekt aufgerufen. Es wird oft empfohlen, *unique_ptr* zu bevorzugen, falls sie ausreichend sind. Dazu Stroustrup „... shared ownership isn't my ideal: It is better if an object has a definite owner and a definite, predictable lifespan."

Diesen Zähler kann man mit der Elementfunktion *use_count()* abfragen. Dazu besteht allerdings außer für Testzwecke nur selten Veranlassung.

Beispiel: Mit der Klasse C aus Abschnitt 18.1 erhält man bei der Ausführung des Blocks

```cpp
{
  shared_ptr<C> s1 = make_shared<C>();
  cout << "s1.uc=" << s1.use_count() << endl;
  {
    shared_ptr<C> s2 = s1;
    cout << "s1.uc=" << s1.use_count() << " s2.uc=" <<
                                  s2.use_count() << endl;
    {
      shared_ptr<C> s3 = s1;
      cout << "s1.uc=" << s1.use_count() << " s2.uc=" <<
                                  s2.use_count()
           << " s3.uc=" << s3.use_count() << endl;
    }
    cout << "s1.uc=" << s1.use_count() << " s2.uc=" <<
                                  s2.use_count() << endl;
  }
  cout << "s1.uc=" << s1.use_count() << endl;
} // Aufruf des Destruktors von s1
```

diese Meldungen:

```
s1.uc=1
s1.uc=2 s2.uc=2
s1.uc=3 s2.uc=3 s3.uc=3
s1.uc=2 s2.uc=2
s1.uc=1
Destruktor C
```

18.3 shared_ptr

Hier sieht man, dass der *use_count* auch dann erhöht wird, wenn ein *shared_ptr* auf der rechten Seite steht, und der Destruktor erst dann aufgerufen wird, wenn der Referenzzähler den Wert 0 erhält.

Die von einem Smart Pointer verwalteten Speicherbereiche werden in der Voreinstellung mit *delete* wieder freigegeben. Das ist aber bei einem dynamisch erzeugten Array ein Fehler: Ein solches Array muss mit *delete[]* freigegeben werden. Für diesen Fall gibt es eine **Array-**Variante, die man für ein Array mit Elementen des Typs T mit *default_delete<T[]>* erhält. Im Unterschied zur Array-Variante bei *unique_ptr* wird der Deleter nicht als Typ-Argument, sondern als Konstruktor-Argument übergeben. Es gibt aber keine Möglichkeit, diese Array-Variante mit *make_shared* zu nutzen.

Beispiel: Mit der Klasse C von oben erhält man beim Verlassen des Blocks 5 Mal die Meldung „Destruktor":

```
{ // Array-Variante für shared_ptr
  std::shared_ptr<C> sp(new C[5],
                        std::default_delete<C[]>());
} // 5 mal die Meldung "Destruktor"
```

Aufgabe 18.3

1. Fügen Sie in einen *vector* mit smart pointer Elementen Werte ein:

    a) in einen *vector* mit Elementen des Typs *unique_ptr<int>*
    b) in einen *vector* mit Elementen des Typs *shared_ptr<int>*
    c) Können die Vektoren unter a) und b) mit *std::sort* nach den *int*-Werten sortiert werden?

2. Die Klasse

    ```
    class C_alt {
      int* p;
    public:
      C_alt(int n) :p(new int(n)) {}
      C_alt(const C_alt& x)
      {
        // ...
      }
      C_alt& operator=(const C_alt& x)
      {
        // ...
      }
      ~C_alt() { delete p; }
    };
    ```

    die für einen älteren Compiler geschrieben wurde, der noch keine smart pointer kennt, soll auf smart pointer überarbeitet werden:

a) mit *shared_ptr*
b) mit *unique_ptr*
c) unterscheiden sich die Einsatzmöglichkeiten von a) und b)?

3. In der Klasse C soll beim Aufruf von *init* eine Exception auftreten können. Damit in diesem Fall kein Speicherleck auftritt, wurde für einen älteren Compiler, der noch keine *unique_ptr* kennt, diese Variante mit *try-catch* gewählt.

```
struct A {/* ... */ };
struct B {/* ... */ };

class C {
  A *a;
  B *b;
  void init() noexcept(false);
public:
  C()
  {
    try {
      a = new A();
      b = new B();
      init();
    }
    catch (...)
    {
      delete a;
      delete b;
      a = nullptr;
      b = nullptr;
      throw;
    }
  }
};
```

Überarbeiten Sie diese Variante mit *unique_ptr* so, dass kein *try-catch* mehr notwendig ist und bei einer Exception in *init* trotzdem kein Speicherleck mehr auftritt.

4. Beschreiben Sie, was beim Aufruf der folgenden Funktionen passiert:

a)
```
void Aufgabe_4a()
{
  C1* p1 = new C1();
  shared_ptr<C1> s1(p1);
  shared_ptr<C1> s2(p1);
};
```

b)
```
void Aufgabe_4b()
{
  shared_ptr<C1> s1(new C1());
  shared_ptr<C1> s2(s1.get());
}
```

c) ```
void Aufgabe_4c()
{
   int* p = new int(17);
   {
      shared_ptr<int> s1(p);
   }
   cout << *p << endl;
}
```

5. Welche Werte werden beim Aufruf der Funktion Z_1 ausgegeben?

   ```
   struct Node1
   {
      shared_ptr<Node1> next;
   };

   void Z_1()
   {
   shared_ptr<Node1> first=make_shared<Node1>();
   first->next = make_shared<Node1>();
   cout << "first.uc=" << first.use_count() << " first->next.uc=" <<
           first->next.use_count() << endl;
   first->next = first;
   cout << "first.uc=" << first.use_count() << " first->next.uc=" <<
           first->next.use_count() << endl;
   }
   ```

6. Geben Sie die Werte von *uc1* bis *uc6* bei der Ausführung dieser Anweisungen an:

   ```
   std::shared_ptr<int> s1=std::make_shared<int>(3);
   int uc1 = s1.use_count();
   std::shared_ptr<int> s2 = s1;
   int uc2 = s1.use_count();
   SP_WParameter(s1,s1);
   int uc3 = s1.use_count();
   ```

   Dabei soll diese Funktion aufgerufen werden:

   ```
   void SP_WParameter(std::shared_ptr<int> sp, std::shared_ptr<int>& out )
   {
      sp.get();
      int uc4 = sp.use_count();
      int uc5 = out.use_count();
      std::shared_ptr<int> sp1 = sp;
      int uc6 = out.use_count();
   }
   ```
   ```

18.4 Deleter Θ

Im Destruktor der Klassen *unique_ptr* und *shared_ptr* wird in der Voreinstellung *delete* aufgerufen. Deswegen ist diese Voreinstellung nur für Zeiger sinnvoll, die auf eine mit *new* erzeugte Variable zeigen.

Diese Voreinstellung kann mit einem sogenannten **Deleter** geändert werden. Ein solcher Deleter ist eine Funktion, ein Funktionsobjekt oder ein Lambda-Ausdruck, der für das Typ-Argument T mit einem Parameter des Typs T* aufgerufen werden kann. Dieser Deleter wird dann beim Aufruf des Destruktors aufgerufen.

Beispiel: Mit einem Deleter wie

```
template<typename T>
void MeinArrayDeleter(const T* p) // ein Funktions-Template
{
  cout << "MeinArrayDeleter" << endl;
  delete[] p;
};
```

kann man ein dynamisch erzeugtes Array wie mit den Array-Varianten von *unique_ptr* oder *shared_ptr* mit *delete[]* freigeben:

```
unique_ptr<C, std::function<void(C*)>> ud(new C[4],
                                          MeinArrayDeleter<C>);
shared_ptr<C> sd(new C[3], MeinArrayDeleter<C>);
```

Mit einem Funktor wie

```
template<typename T> struct MeinDeleter // ein Funktor
{
  MeinDeleter() {}
  void operator ()(T* ptr) const
  {
    cout << "Mein deleter" << endl;
    delete[] ptr;
  }
};
```

erhält man denselben Effekt. Diesen kann man so verwenden:

```
unique_ptr<C, std::function<void(C*)>> ud1(new C[4],
                                           MeinDeleter<C>());
unique_ptr<C, decltype(MeinDeleter<C>()) > ud2(new C[4],
                                               MeinDeleter<C>());
shared_ptr<C> sd(new C[3], MeinDeleter<C>());
```

Der Deleter kann auch als Lambda-Ausdruck angegeben werden. Das spart die Definition einer eigenen Funktion, geht aber oft ein wenig auf Kosten der Lesbarkeit.

18.4 Deleter Θ

```
unique_ptr<C, std::function<void(C*)>> ud1(new C[4],
   [](C* p) { delete[] p; } );
shared_ptr<C> sd(new C[3], [](C* p) { delete[] p;});
```

Es gibt aber keine Möglichkeit, einen deleter an *make_shared* und *make_unique* zu übergeben.

Mit einem Deleter kann man RAII auch für Datentypen implementieren, ohne diese in eine selbst geschriebene Klasse zu kapseln, in deren Destruktor die Ressource dann wieder frei gegeben wird.

Beispiel: Für einen *FILE*-Pointer aus C kann man mit der nächsten Definition sicherstellen, dass *fclose* nicht vergessen wird:

```
std::unique_ptr<std::FILE, decltype(&std::fclose)>
         fp(std::fopen("demo.txt", "r"), &std::fclose);
if (fp) // Nur falls fopen erfolgreich war
  int c= std::fgetc(fp.get()); // lese ein Zeichen

// shared_ptr geht auch, obwohl man FILE* Zeiger vermutlich
                                   nie kopieren wird
std::shared_ptr<std::FILE> fps(std::fopen("demo.txt", "r"),
                                      &std::fclose);
if (fps) // Nur falls fopen erfolgreich war
  int c = std::fgetc(fp.get()); // lese ein Zeichen
```

Die unterschiedliche Syntax beim Anlegen eines *unique_ptr* und eines *shared_ptr* mit einem Deleter ist auf den ersten Blick überraschend: Bei einem *unique_ptr* muss man den Datentyp des Deleters angeben und bei einem *shared_ptr* nicht. Das liegt daran:

– Die Klasse *unique_ptr<T>* hat als Default Typ-Argument

   *template<class T, class D = default_delete<T>> class **unique_ptr**;*

   die Klasse *default_delete<T>* mit einem Aufrufoperator

   *void **operator**()(T*) const;*

   der *delete* aufruft. Gibt man für D kein Typ-Argument an, wird dieser Aufrufoperator vom Destruktor des *unique_ptr* aufgerufen. Für den default-Deleter kann man im Konstruktor

   ***unique_ptr**(pointer p, d) noexcept;*

   einen eigenen Deleter d übergeben.

   Da *unique_ptr* ein Klassen-Template ist, leitet der Compiler den Datentyp des Typ-Arguments nicht aus dem Datentyp des Konstruktor-Arguments ab.

– Bei einem *shared_ptr* ist der Datentyp des Deleters kein Typ-Argument des Klassen-Templates. Deswegen kann der Compiler den Datentyp aus dem Typ-Argument ableiten und muss beim Konstruktor nicht angegeben werden.

   ***shared_ptr**(T* p, D d);*

18.5 weak_ptr Θ

Ein **weak_ptr** speichert einen Verweis auf ein Objekt, das bereits über einen *shared_ptr* verwaltet wird. Diese eingeschränkte Verwendung wird dadurch erreicht, dass ein *weak_ptr* nur mit einem *shared_ptr* oder mit einem *weak_ptr* initialisiert werden kann, bzw. einem *weak_ptr* nur ein solches Objekt zugewiesen werden kann. Außerdem kann ein *weak_ptr* mit seinem Standardkonstruktor erzeugt werden. Er enthält dann vor einer entsprechenden Zuweisung keinen Verweis. Andere Möglichkeiten zur Konstruktion bzw. zur Zuweisung an einen *weak_ptr* gibt es nicht.

Die Klasse **weak_ptr** dient im Wesentlichen nur dazu, *shared_ptr* zu beobachten, ohne diese und ihre Referenzzähler verändern zu können. Ein *weak_ptr* ist tatsächlich auch kein smart pointer, da er selbst überhaupt keine Ressourcen verwaltet, kein RAII implementiert und insbesondere keine Ressourcen freigibt.
– Anstelle eines *weak_ptr* kann man oft auch einen gewöhnlichen Zeiger verwenden.
– Würde man einen Verweis auf einen *shared_ptr* über einen anderen *shared_ptr* implementieren, würde die Initialisierung oder Zuweisung zur Erhöhung des Referenzzählers führen, und diese würde sich auf den Aufruf des Destruktors auswirken.

Beispiel: Ein *weak_ptr* kann nur mit einem *shared_ptr* oder mit einem *weak_ptr* initialisiert werden:

```
shared_ptr<C> s = make_shared<C>();
std::weak_ptr<C> w1(s);
std::weak_ptr<C> w2(w1);;
```

aber nicht mit einem *unique_ptr*:

```
unique_ptr<int> pu = make_unique<int>(1);
std::weak_ptr<int> p(pu); // Fehler
```

Ein mit dem Standardkonstruktor erzeugter *weak_ptr* enthält keinen Verweis:

```
std::weak_ptr<C> we;
```

Führt man diese Anweisungen in einem Block aus, werden beim Verlassen des Blocks die Destruktoren von *s*, *w1* und *w2* aufgerufen. Aber nur der Aufruf des Destruktors von *s* führt zum Aufruf des Destruktors von *C*.

Ein *weak_ptr* hat wie ein *shared_ptr* die Elementfunktion

   *long **use_count**() const noexcept;*

18.5 weak_ptr ⊖

Diese gibt wie ein *shared_ptr* die Anzahl der *shared_ptr* Instanzen zurück, die gemeinsam für ein verwaltetes Objekt verantwortlich sind. Falls die aktuelle Instanz leer ist, hat *use_count* den Wert 0. Genau dann ist auch der Rückgabewert der Elementfunktion

   bool **expired**() *const noexcept;*

false. An ihrem Wert *true* erkennt man also, ob das verwaltete Objekt noch existiert. Falls der *use_count* den Wert 0 erreicht, wird kein Destruktor aufgerufen.

Beispiel: Nach den Anweisungen des letzten Beispiels hat *use_count* diese Werte:

```
//   s.use_count()==1   w1.use_count()==1   w2.use_count()==1
                                            we.use_count()==0
```

Hätte man im letzten Beispiel die *weak_ptr* durch *shared_ptr* ersetzt, wäre der *use_count* von s, *w1* und *w2* jeweils 3.

Führt man im letzten Beispiel außerdem noch die Zuweisung

```
shared_ptr<C> s2 = s;
```

aus, hat *use_count* von s, *w1* und *w2* jeweils den Wert 2.

Im nächsten Block hat *we.expired* den Wert *false* und nach dem Verlassen des Blocks den Wert *true*.

```
std::weak_ptr<C> we;
{
  shared_ptr<C> sp = make_shared<C>();
  we = sp;
  cout << we.use_count() << " " << we.expired() << endl;
} // 1 false
cout << we.use_count() << " " << we.expired() <<endl;//0 true
```

Ein *weak_ptr* hat im Vergleich mit einem *shared_ptr* nur wenige Operationen. Insbesondere gibt es keine *get*-Funktion oder keinen *-Operator, mit dem man auf das Objekt zugreifen kann, auf das der Zeiger zeigt. Man kann nur mit der Funktion

   std::shared_ptr<T> **lock**() *const noexcept;*

den verwiesenen *shared_ptr* lesen, und über den dann den Wert.

weak_ptr werden vor allem zur Vermeidung von **zyklischen Abhängigkeiten** zwischen shared pointern benötigt. Ein solcher Zyklus entsteht dann, wenn zwei oder mehr *shared_ptr* Verweise aufeinander enthalten. Dann kann der erste nicht freigegeben werden, weil er einen Verweis auf den zweiten enthält, und der zweite nicht, weil er einen Verweis auf den ersten enthält. Diese Situation kann mit einem Deadlock beim Multithreading verglichen werden.

Beispiel: Mit

```
struct Node1
{
  shared_ptr<Node1> next;
};
```

entsteht in der Funktion *Zyklen_1* eine zyklische Abhängigkeit: Durch diesen Zyklus ist der *use_count* in beiden Knoten auch beim Verlassen der Funktion 2. Deshalb kann der Destruktor diese beiden Knoten nicht freigeben, obwohl von außerhalb der Funktion kein Zugriff mehr auf diese Knoten möglich ist. Das hat ein memory leak zur Folge:

```
void Zyklen_1()
{
shared_ptr<Node1> first=make_shared<Node1>();
first->next = make_shared<Node1>();
//  first.use_count() = 1 first->next.use_count() = 1
first->next = first;
//  first.use_count() = 2 first->next.use_count() = 2
} // memory leak
```

Eine zyklische Abhängigkeit wie in *Zyklen_1* kann vermieden werden, wenn man eine Verweisrichtung durch einen *weak_ptr* implementiert.

Beispiel: Ersetzt man *Node1* aus dem letzten Beispiel durch *Node2*

```
struct Node2
{
  shared_ptr<Node2> next;
  weak_ptr<Node2> w_next;
};
```

und den zyklischen Verweis der *shared_ptr*

```
first->next = first;
```

durch einen Verweis auf den *weak_ptr*

```
first->w_next = first;
```

gibt es keinen zyklischen Verweis mehr:

```
void Zyklen_2()
{
  shared_ptr<Node2> first = make_shared<Node2>();
  first->next = make_shared<Node2>();
  //   first.use_count() = 1 first->next.use_count() = 1
  first->w_next = first; // Zyklus
  // first.use_count()=1 first->next.use_count()=1
} // kein memory leak
```

Da der *use_count* 1 ist, wird beim Aufruf der Destruktoren von *first* und *first->next* für die Zeiger *delete* aufgerufen. Deshalb gibt es auch kein memory leak.

Erratum zu: C++ mit Visual Studio 2017

Erratum zu:
R. Kaiser, C++ *mit Visual Studio 2017*, Xpert.press,
https://doi.org/10.1007/978-3-662-49793-7

Das Copyrightjahr der Originalversion wurde von 2019 zu 2018 geändert;
der Copyright Holder zu: Springer-Verlag GmbH Deutschland.
Die Originalversion wurde korrigiert.

Die aktualisierte Originalversion des Buches kann hier abgerufen werden
https://doi.org/10.1007/978-3-662-49793-7

19 Literaturverzeichnis

C-Standards
  C89: ANSI X3.159-1989 (identisch mit ISO/IEC 9899:1990 (C90))
  C99: ISO/IEC 9899:1999
  C11: ISO/IEC 9899:2011
  Published by American National Standards Institute, 11 West 42nd Street, New York, New York 10003, www.ansi.org

C99-Rationale: Rationale for International Standard Programming Languages C
  Revision 5.10 April-2003
  http://www.open-std.org/jtc1/sc22/wg14/www/C99RationaleV5.10.pdf

C++ Standards:
  C++98: International Standard ISO/IEC 14882:1998
  C++03: International Standard ISO/IEC 14882:2003
  C++11: International Standard ISO/IEC 14882:2011
  C++14: International Standard ISO/IEC 14882:2014
  Published by American National Standards Institute, 11 West 42nd Street, New York, New York 10003, www.ansi.org

  Enwürfe (Drafts) für diese Standards (weitgehend identisch) sind frei verfügbar unter: http://www.open-std.org/jtc1/sc22/wg21/

C++ Core Guidelines:
  https://github.com/isocpp/CppCoreGuidelines/blob/master/CppCoreGuidelines.md

  Hier findet man unter

  http://isocpp.github.io/CppCoreGuidelines/CppCoreGuidelines#rfrules-coding-rules

  auch eine Liste von weiteren C++ GuideLines.

Coplien, James O..: *Advanced C++ Programming Styles and Idioms*
  Addison Wesley, Reading, Mass. 1991

Cormen, Thomas H., C. E. Leiserson, R. L. Rivest, C. Stein: *Introduction to Algorithms*
  MIT Press, 2001

Coverity Scan Report: https://news.synopsys.com/2014-04-15-Coverity-Scan-Report-Finds-Open-Source-Software-Quality-Outpaces-Proprietary-Code-for-the-First-Time

Dijkstra, Edsger W.: *A Discipline of Programming*
Prentice Hall, Englewood Cliffs, N. J. 1976

Josuttis, Nicolai: *The C++ Standard Library 2nd Edition*
Addison-Wesley, 2012

Kaiser, Richard: *C++ mit Microsoft Visual C++ 2008*
Springer-Verlag, Berlin, Heidelberg, New York 2009

Kaner, Cem; Jack, Falk, Hung Quoc Nguyen: *Testing Computer Software*
John Wiley, New York, 1999

Kernighan, Brian; Ritchie, Dennis: *The C Programming Language*
2nd ed., Prentice Hall, Englewood Cliffs, N. J. 1988

Knuth, Donald: *The Art of Computer Programming*
Vol. 1, Fundamental Algorithms, Addison-Wesley, Reading, Mass. 1973

Liggesmeyer, Peter: *Software-Qualität*
Spektrum, Akad.-Verlag, Heidelberg Berlin 2002

Meyers, Scott: *Effective C++*
Addison Wesley, Reading, Mass. 1998

Meyers, Scott: *Effective STL*
Addison Wesley, Reading, Mass. 2001

Meyers, Scott: *More Effective C++*
Addison Wesley, Reading, Mass. 1996

Park, Stephen K.; K. W. Miller: *Random Number Generators: Good ones are hard to find*
Communications of the ACM, Vol. 31, Number 10, May 1988, pp. 1192–1201.

Stroustrup, Bjarne: *The C++ Programming Language*
2nd ed., Addison-Wesley, Reading, Mass. 1991
3rd ed., Addison-Wesley, Reading, Mass. 1997
4th ed., Addison-Wesley, Reading, Mass. 2013

Sutter, Herb: *Exceptional C++*
Addison-Wesley, 2000

Sutter, Herb: *Exceptional C++ Style*
Addison-Wesley, 2005

Veldhuizen: *Techniques for Scientic C++*
Indiana University Computer Science Technical Report # 542 Version 0.4, August 2000
https://www.cs.indiana.edu/pub/techreports/TR542.pdf

Index

-- 55

!

! *Siehe not*, logisches
!= 63

#

π *Siehe* Pi
#define 164
#elif 166
#else 166
#endif 166
#if 166
#ifdef 169
#ifndef 169
   include-guard 170
#include 82, 162
#pragma 170
   once 170
#undef 164

&

& *Siehe* Adressoperator, *Siehe and*, bitweise
& (Referenztyp) 308
&& *Siehe and*, logisches

*

* (Dereferenzierungsoperator) 237

/

/* 151
// 151

^

^ *Siehe xor*, bitweises

_

__cplusplus 169
__DATE__ 166
__FILE__ 166
__FUNCSIG__ 166
__FUNCTION__ 166
__LINE__ 166
__TIME__ 166
__try-__except 491
_CRT_SECURE_NO_WARNINGS
   Fehlermeldung 171
_MSC_FULL_VER 168
_MSC_VER 168

|

| *Siehe or*, bitweises
|| *Siehe or*, logisches

~

~ *Siehe not*, bitweises

+

++ 55

<

< 63
<< 305
<= 63

=

== 63

>

> 63
>= 63
>> 305

3

3n+1-Problem 80

A

Ablaufprotokoll 137
  für Zeiger 243
  Horner-Schema 214
  symbolisches 141
Ableitung von Klassen *Siehe* Vererbung
abs 291
abstrakte Basisklasse *Siehe* Basisklasse
abstrakte Klasse *Siehe* Klasse
abstrakter Typ 459
accumulate Siehe STL
Ackermann-Funktion 99
adjacent_difference Siehe STL
adjacent_find Siehe STL
Adresse 37
Adressoperator & 240
Algorithmus *Siehe* STL
Alias für einen Datentyp *Siehe* using-
  Deklaration
Aliasing *Siehe* Zeiger
all_of Siehe STL
and
  & bitwise 55
  logisches 63
anonyme Funktion 588
ANSI-Zeichensatz 58
any_of Siehe STL
AreEqual *Siehe* Unittests
Argument 75
  Default- 85, *Siehe* Default-Argument

arithmetische Konversion *Siehe* Konversion
arithmetische Operatoren
  für Ganzzahldatentypen 52
  für Gleitkommadatentypen 111
arithmetischer Datentyp 106
Array 207
  Adresse Element 210
  als Parameter übergeben 258
  Container 216
  dynamisch erzeugtes 207, 246, 253
  fixed size 539
  gewöhnliches 207
  Initialisierung 215
  mehrdimensionales 220
  mit *char*-Elementen 215
  mit Elementen eines Klassentyps 336
  mit range-checks 642
  ohne Elementanzahl 216
  Speicherbereich 210
  std array 539
  Vergleich mit Liste 275
Arraygrenze
  mit *enum* 232
ASCII-Zeichensatz 57
asm 105
Assembler Ausgabe 257
Assembler-Anweisung 105
assert 503
Assert *Siehe* Unittests
  AreEqual 135
assoziative Container 540
assoziativer Container
  Iteratoren 544
  map 542
  multimap 542
  multiset 541
  set 541
  unordered *set*, *map* usw. 546
Assoziativgesetz 109
async Siehe Multithreading, *Siehe*
  Multithreading
at 517
atof Siehe nullterminierter String
atoi Siehe nullterminierter String
atomare Datentypen *Siehe* Multithreading
Aufgabe
  Klasse *Bruch* 304, 370
  Klasse *Kreis* 342
  Klasse *Quadrat* 342
  Klasse *Rechteck* 342
Aufgabenliste 28

Aufrufhierarchie anzeigen *Siehe* Editor
Aufrufliste *Siehe* Debugger
Aufrufoperator () *Siehe* operator
Aufzählungstyp *Siehe* enum
ausführbares Programm 24
Ausführungszeit 534
Ausgabeoperator << 563
Ausnahme *Siehe* Exception-Handling
Ausnahmebehandlung *Siehe* Exception-Handling
auto 48, 651
   in C 655
auto_ptr 782

B

bad_alloc 245
basic_string 174, 627
Basisklasse 402, 453
   abstrakte 458
   als Teilobjekt 403
   direkte 402
   indirekte 402
   private 404
   protected 404
   public 404
   virtuelle 425
Baum
   balancierter 280
   binärer Suchbaum 279
   iterativ einfügen 279
   rekursiv durchlaufen 281
   rekursiv durchsuchen 281
   rekursiv einfügen 280
Bearbeiten und Fortfahren *Siehe* Debugger
bedingte Kompilation 166
Bedingungsüberdeckung *Siehe* Test
Bedingungsvariable *Siehe* Multithreading
Befehlsfenster 126
begin Iterator 520
Benchmarks 114
benutzerdefinierte Konversion *Siehe* Konversion
Bereich, Iteratoren 521
   zulässiger Bereich 521
bereichsbasierte *for*-Schleife 525
Bezeichner 35
Beziehungen zwischen Variablen 144
Bibliothek 82
BidirectionalIterator 663
Binärbaum 540

binäre Ziffern einer Zahl 185
binäres Suchen 217, 694
Binärliteral *Siehe* Literal
Binärmodus (stream) 553, 557
Binärsystem 43
binary_search Siehe STL
BinaryPredicate 580
bind Siehe Binder
Binder 584, 585
   placeholder 586
   Platzhalter 586
   std bind 395, 586
   std mem_fn 396
Bindung
   frühe 332, 432, 435, 440
   späte 332, 428, 432
Binomialkoeffizient 98, 222
bitset 632
Block 67
bool 41, 62
boolesche Konversionen 64
Boost-Bibliothek
   noncopyable 640
branch coverage *Siehe* Test, Zweigüberdeckung
break-Anweisung 101, 104
Breakpoint *Siehe* Debugger
Bruchrechnung 304

C

c_str Siehe string
C++11
   Initialisiererliste 359, 516
   vererbter Konstruktor 408
C2DKreis 357, 365
C2DPunkt 334, 417, 419, 433
C3DPunkt 410, 417, 433, 437
call_once Siehe Multithreading
callback-Funktion 393
case-Marke 100
catch Siehe Exception-Handling
char 41, 57
char_traits 628, 636
char16_t 41, 61
char32_t 41, 61
chrono
   duration 709
   duration als Parameter 712
   duration Arithmetik 712
   ratio 707

system_clock 714
Uhr 714
Uhrzeit als String 716
Zeitdauer 709
cin 4
cl Kommandozeilen Compiler 11
class 318, 603
cmath 83
cmath-Funktionen 115
Code-Ausschnitt
 switch und enum class 230
Code-Ausschnitte 28
Compiler
 Fehlermeldung 6
complex 637, 703
condition coverage Siehe Test,
 Bedingungsüberdeckung
condition_variable Siehe Multithreading
const 146
 const-Korrektheit 149
 const-Korrektheit bei Zeigern 262
 Elementfunktion 391
 konstante Variable 148
 konstante Zeiger 261
 Objekt 391
 Rückgabetyp 263
 symbolische Konstante 147
constexpr 149
 Funktion 149
 Konstante 149
Container
 Adapter 537
 Array 216
 assoziativer 540
 Klasse 516
 Konstruktor 669
 sequenzieller 535
 std array 539
 verkettete Liste 268
Containerklasse
 als Basisklasse 446
continue-Anweisung 104
copy Siehe STL
copy_backward Siehe STL
cos 115
count Siehe STL
count_if Siehe STL
cout 4
 von mehreren Threads 763
Cross-Reference-Liste 546
Csv-Tabelle 568

D

Datei Siehe Stream-Klassen
Datenbank 226
Datenelement
 Initialisierung 321
Datenkapselung 330
Datentyp 37
 arithmetischer 106
 dynamischer 428
 eingebauter 106
 fundamentaler 106
 Gleichheit bei Klassen 321
 minimal wählen 52
 rekursiver 268
 skalarer 229
 statischer 428
 Stringliteral 263
 vordefinierter 106
Datumsvergleich 69
Deadlock Siehe Multithreading
Debug Konfiguration 24
Debugger 120
 Ablaufverfolgungspunkt 125
 Array anzeigen 211
 Aufrufliste 122
 Ausführungsposition anzeigen 122
 Bearbeiten und Fortfahren 125
 Bedingungen für Haltepunkte 123
 Befehlsfenster 126
 Breakpoint 120
 Darstellung von Klassen 228
 Datentipps 127
 Direktfenster 126
 Disassembly 257
 Haltepunkt 120
 lokale Variablen 121
 nächste Anweisung 122, 123
 Programm beenden 122
 Programm unterbrechen 122
 Rückgabewerte anzeigen 125
 schrittweise Programmausführung 121
 überwachte Ausdrücke 121
 Vektor anzeigen 517
 Werte anzeigen 121
 Werte protokollieren 125
decltype 656
Default-Argument 85
 eines Klassentyps 335
 Elementfunktion 321
 vs. überladene Funktionen 86

Definition
  von Variablen 37
Definition einsehen *Siehe* Editor
delete 247
  destroy 247
delete[] 247
Deployment *Siehe* Software-Verteilung
deque 535
  shrink_to_fit 532
Dereferenzierungsoperator 237
design by contract 502
Design eines Softwaresystems 92
Destruktor 337
  Aufruf 338
  ausgeführte Anweisungen 338
  delete 338
  implizit erzeugter 339, 411
  Klasse mit Arrayelement 338
  Reihenfolge der Aufrufe 409, 505
  rein virtueller 456
  temporäres Objekt 338
  virtueller 445
  virtueller und *final* Klassen 446
Dezimalbruch 107
Dezimalliteral *Siehe* Literal
Dezimalsystem 43
direkte Basisklasse *Siehe* Basisklasse
Direktzugriff 551, 570
Direktzugriff *Siehe* Stream-Klassen
do-Anweisung 73
doppelt verkettete List *Siehe* Liste, verkettete
double 106
Dreierregel *Siehe* Klassen
duration Siehe chrono
dynamisch erzeugte Variablen 245
  Fehlermöglichkeiten 250
dynamische Programmierung 221
dynamischer Datentyp *Siehe* Datentyp
dynamischer Speicher 245
dynamisches Array 253

E

e (Eulersche Zahl) 116, 164
Editor
  Aufrufhierarchie anzeigen 27
  Definition einsehen 14
  Intellisense 13
  Tastenkombinationen 11, 12
  Umbenennen 16

Einerkomplement 44
Einfachvererbung 423
Einfügeiterator 666
Eingabeoperator >> 565
Element einer Klasse 319
Elementfunktion 319
  Aufruf 332
  Default-Argument 321, 399
  inline-Funktion 320
  Namensgebung 348
Elementinitialisierer 354, 355, 356
  Basisklasse 409
else-Zweig 66
end Iterator 520
endl 563
Endlosschleife 71, 73
Entwicklungsumgebung 1
enum 229
  Arraygrenze 232
  C/C++03 229
  C++11 232
  class 232
  Konversionen 231
  schwach typisierter Aufzählungstyp 229
  stark typisierter Aufzählungstyp 232
Enumerator 229
equal Siehe STL
equal_range Siehe STL
erase
  string 178
  vector 521
erase-remove Idiom *Siehe* STL
Eratosthenes, Sieb des 214
errno 485
  system_error 512
Erweiterbarkeit 452
  und virtuelle Funktion 449, 458
Escape-Sequenz 58
Exception-Handling 156, 485
  Aufrufstack 488
  catch 156
  catch, Exception-Handler 489
  Exception auslösen 494
  Exceptions im Konstruktor 505
  Fehler und Exceptions 500
  noexcept 160, 511
  stack unwinding 488
  throw 159, 494
  try 156, 486
  try und abhängige Anweisungen 501
exception-Klasse 491

abgeleitete Klasse 497
Klassenhierarchie 492
what 496
exceptions (Funktion)
  bei Streams 492
exp 115
explicit
  Konstruktor 384
explizite Instanziierung *Siehe* Template,
  Siehe Template
explizite Spezialisierung 635, *Siehe*
  Funktions-Template

F

fabs 292
Fakultät 117
  rekursiv 99
Fehler und Exceptions *Siehe* Exception-
  Handling
Fehlermeldung des Compilers 6
Fehlerrate, Software 119
Fibonacci-Zahlen 79
  aus Array 216
  dynamische Programmierung 221
  iterativ 79
  rekursiv 99
FIFO *Siehe* Liste
fill, fill_n Siehe STL
final 403
  für eine Klasse 403
  für eine virtuelle Funktion 437
  und virtuelle Destruktoren 446
find Siehe STL
find_end Siehe STL
find_first_of Siehe STL
find_if 584, *Siehe* STL
flache Kopie 373, 376
float 106
for-Anweisung 70
  bereichsbasierte *for*-Schleife 525
Formatangabe *Siehe printf*
for-Schleife 210
ForwardIterator 663
fprintf 285
free 251
freier Speicher 245
friend
  Funktion 364
  Klasse 365
front_inserter 666

frühe Bindung *Siehe* Bindung
fstream Siehe Stream-Klassen
function<R(T1,T2, …)> wrapper 393
function-try-block 506
Fünferregel *Siehe* Klassen
Funktion 74, 289
  als Parameter übergeben 393
  am besten passende 294
  anonyme 588
  Aufruf 75
  callback-Funktion 393
  exakt passende 294
  Größe der Parameterliste 91
  inline 290
  letzte überschreibende 438
  Name 89, 93
  Parameter 74
  Programmierstil 89
  Spezifikation 88
  überladene 77, 291, 444
  überladene vs. Default-Argument 86
  überschreibende 429, 444
  verdeckte 429, 444
  virtuelle 429
  virtuelle mit *override* 430
  virtuelle, Aufruf 431
Funktionsaufruf 94
  Nachbedingung 88
Funktionsdefinition 94
Funktionsobjekt 575
Funktions-Template 602, 603
  Aufruf 604
  explizite Spezialisierung 615
  Metaprogrammierung 619
  Nicht-Typ-Parameter 612
  statische lokale Variablen 611
  überladenes 616
  variadisches Template 619
Funktions-Typ
  mit Funktionszeiger 260
  mit *std*
    function 393
  mit Typ-Alias (*using*) 260
Funktionswert 74
Funktionszeiger *Siehe* Funktions-Typ
Funktor 575
future Siehe Multithreading

G

Ganzzahldatentyp 40, 41

mit Vorzeichen 41, 44
ohne Vorzeichen 41, 43
ganzzahlige Typangleichung 50
Ganzzahlliteral *Siehe* Literal
garbage collection 781
Gauß'sche Osterformel 80
Geburtstagsproblem von Mises 118, 214
Generalisierung *Siehe* Vererbung
generate, generate_n Siehe STL
generische Programmierung 601
generische Zeiger *Siehe* Zeiger
gestreute Speicherung 119
getline 567
Gleitkommadatentyp 105
    Genauigkeit 106
    Wertebereich 106
Gleitkommaformat 106
    binäres 106
    dezimales 106
    Überlauf (overflow) 108
    Unterlauf (underflow) 108
Gleitkommaliteral *Siehe* Literal
Gleitkommawerte
    Gleichheit 114
Goldbach'sche Vermutung 79
goto-Anweisung 103
Gregorianischer Kalender 62
größter gemeinsamer Teiler 99
Gültigkeitsbereich 326
    Klasse 323

H

Haltepunkt *Siehe* Debugger
Handlungsreisender *Siehe* Problem des
Hash-Container *Siehe* assoziative Container
Hash-Tabelle 119
hat ein-Beziehung 420
Hauptspeicher 37
Header-Datei 399
Heap 245
Hexadezimalliteral *Siehe* Literal
Hexadezimalsystem 44
Hilfe *Siehe* Online-Hilfe
Hornerschema 214, 260
HTML-Format 568
Hypothekendarlehen 117

I

IDE 1

identifier 35
if-Anweisung 66
ifstream Siehe Stream-Klassen
Implementationsdatei 399
implizite Typzuweisung *Siehe* auto
include-guard 170
Indexoperator [] *Siehe* operator
indirekte Basisklasse *Siehe* Basisklasse
information hiding 330
inheriting constructor *Siehe* Konstruktor, vererbter
Initialisiererliste 359, 516
    elementare Datentypen 49
    Initialisierung in Klassen 321
    return - sichere Konversion 75
    Sequenzkonstruktor 362
    Zuweisung - sichere Konversion 49
Initialisierung
    Array 215
    dynamisch erzeugte Variable 246
    struct 227
inline Siehe Funktion
inline-Funktion 320, 399
inner_product Siehe STL
inplace_merge Siehe STL
InputIterator 663
insert
    string 176
    vector 521
inserter 666
Installation von Visual Studio 2017 1
Instanz *Siehe* Objekt
int 41
int8_t, int16_t, int32_t, int64_t 41
integral conversion 50
integral promotion 50
integrierte Entwicklungsumgebung 1
Intellisense *Siehe* Editor
    switch und *enum* 231
Interface-Datei 399
Invariante 143
    Klasseninvariante bei Vererbung 415
iostream 4
iota Siehe STL
ist ähnlich wie ein-Beziehung 456
ist ein-Beziehung 414
    als notwendige Bedingung 418
    C2DPunkt und *C3DPunkt* 417, 433, 456, 457
    Kriterium 417
    Quadrat und Rechteck 416

und Umgangssprache 418
istream_iterator 668
istringstream 191, 306
iter_swap Siehe STL
Iterator 301, 520, 662
   Bidirektional- 663
   Einfüge- 666
   Forward- 663
   Input- 663
   Output- 663
   RandomAccess- 663
   Stream- 667
   Umkehr- 664
   ungültiger 523, 535, 544, 683

J

join Siehe Multithreading
Julianischer Kalender 62

K

Klasse 223, 317, 318
   abgeleitete 401
   abstrakte 454
   als Datentyp 351
   Diagramm 349
   Element 319
   Gleichheit des Datentyps 321
   im Debugger 228
   Konsistenzbedingung 346
   Name Datenelement 348
   Name Elementfunktion 348
   Namensgebung 348
   reales Konzept 417
   Schnittstelle 329
   static Element 387
   verdecktes Element 405
   Vergleichsoperator 227
Klassen
   Dreierregel 377
   Fünferregel 472
Klassendiagramme 349
Klassenelement *Siehe* Klasse
Klassengültigkeitsbereich *Siehe*
   Gültigkeitsbereich
Klassenhierarchie 402, 419
   systematische Konstruktion 452
Klasseninstanz *Siehe* Objekt
Klasseninvariante 346
Klassen-Template 623

abhängige Parameter 629
Array mit range-checks 642
Default Argument 629
erzeugte Elemente 625, 632
explizite Spezialisierung 635
mehr spezialisiertes 634
Nicht-Typ-Parameter 631
partielle Spezialisierung 633
primäre Deklaration 633
Quelltext 629
Spezialisierung 624
template<> 635
und abgeleitete Klassen 639
vollständige Spezialisierung 635
Klassifikation 416
kleinste Quadrate 700
Knoten *Siehe* Liste, verkettete
Kommandozeilen Compiler *cl* 11
Kommentar 4, 151
   Dokumentationskommentar // 154, 155
   verschachtelter 168
   Zeilenendkommentar // 151
komplexe Zahlen 703
Komplexität 534
Komponententests *Siehe* Unittests
Komposition 419
Konkordanzliste 545
konkreter Typ 458
Konsistenzbedingung 346
Konsolen-Anwendung 2
Konstante 45
   const *Siehe* const
   constexpr *Siehe* constexpr
konstante Referenzparameter 313
konstante Variable *Siehe* const
konstante Zeiger *Siehe* const
Konstruktor 334
   Aufgabe 337
   automatischer Aufruf 334
   Datenelement einer Klasse 355
   Default- *Siehe* Standardkonstruktor
   delegierender 397
   Exceptions 506
   explicit 384
   expliziter 384
   expliziter C++11 385
   function-try-block 506
   konvertierender 383
   Kopier- *Siehe* Kopierkonstruktor
   new 335
   Reihenfolge der Aufrufe 355, 409, 426

Index   811

Standard- *Siehe* Standardkonstruktor
und Exceptions 501
und virtuelle Funktionen 442
vererbter 408
virtueller 444
Konstruktor-Initialisierer 354
Kontextmenü *Siehe* Menü, Kontextmenü
Kontobewegung (Beispiel) 226
Kontravarianz
  bei *std*
      function 599
  bei Tempates 660
Konversion 50
  benutzerdefinierte 298
  explizite 383
  implizite 383
  Konversionsfunktion 386
  Parameter 50
  sichere 51
  übliche arithmetische 53, 111
  von Zeigern 242
  zwischen abgeleiteten Klassen 421
Kopierkonstruktor 371
  =default 381
  =delete 381
  Aufruf bei Parameterübergabe 374
  der Basisklasse aufrufen 412
  implizit erzeugter 372, 411
Kovarianz
  bei *std*
      function 599
  bei Tempates 660
kritischer Abschnitt *Siehe* Multithreading

L

Lambda-Ausdruck 588
  capture list 590
  Datentyp 589
  Erfassungsliste 590
  lokale Funktion 590
  mutable 592
  Rückgabetyp 588
  Zugriff auf umgebende Variablen 590
landesspezifische Einstellungen 194
  locale 194
Laufzeitfehler und Exceptions 487
Laufzeitvergleiche 114
letzte überschreibende Funktion 438
lexicograhical_compare *Siehe* STL
LIFO *Siehe* Liste

limits.h 42
lineares Suchen 217
Linker 24
list 535, 626
Liste, verkettete 268
  ausgeben 271
  doppelt verkettete 277
  FIFO 274
  Knoten 268
  Knoten einfügen 270
  LIFO 271
  Speicher freigeben 275
  Vergleich mit Array 275
  Zeiger auf letztes Element 272
Literal 45
  Binär- 47
  boolesches 62
  Dezimalliteral 46
  Ganzzahl-, Datentyp 47
  Ganzzahlliteral Trennzeichen 45
  Gleitkomma- 109
  Hexadezimal- 46
  Oktal- 46
  String- 263
  Suffix 47
  Zeichen- 58
locale *Siehe* Landesspezifische Einstellungen
lock_guard *Siehe* Multithreading
log 115
lokales Menü *Siehe* Menü, Kontextmenü
Lokalität 289
long 41
long double 106
long long 41
lower_bound *Siehe* STL
L-Wert Referenz 462

M

M_E 116, 164
M_PI 116, 164
main Funktion 23
make_pair 627
make_shared *Siehe* smart pointer
make_unique *Siehe* smart pointer
Makro 164
malloc 251
Manipulator 563, 572
Mantisse 106
map 626, *Siehe* assoziative Container
math.h 83

math.h-Funktionen 115
mathematische Funktionen 115
Matrix 220, 533
max Siehe STL
max_element Siehe STL
Median 696
Mehrfachvererbung 423
MeinStack 625
MeinString 331
　c_str() 344
　Destruktor 340
　Klasseninvariante 346
　Konstruktor 339, 358
　Kopierkonstruktor 373
　Operator [] 369, 392
　Operator + 368, 369
　Operator < 368
　Operator = 378
　Standardkonstruktor 352
mem_fn Siehe Binder
memory leak 247
Menü
　Kontextmenü 19
merge Siehe STL
Methode der kleinsten Quadrate 700
min Siehe STL
min_element Siehe STL
Mischen
　merge Siehe STL
Mises, Geburtstagsproblem 118, 214
mismatch Siehe STL
move Siehe STL
move-Konstruktor Siehe move-Semantik
move-Semantik 463, 464
　move-Konstruktor 465
　move-Kopierkonstruktor für eigene
　　Klassen 470
　move-Zuweisungsoperator 465
　move-Zuweisungsoperator für eigene
　　Klassen 470
　STL 469
move-Zuweisungsoperator Siehe move-
　Semantik
MSDN-Dokumentation Siehe Online-Hilfe
multimap Siehe assoziative Container
multiset Siehe assoziative Container
Multithreading 719
　async 721, 741
　async vs. thread 747
　atomare Datentypen 757
　Bedingungsvariable 776

　call_once 775
　condition_variable 776
　cout von mehreren Threads 763
　Deadlock 771
　future 734, 738
　join 726
　kritischer Abschnitt 755
　lock_guard 762, 767
　lock_guard adopt_lock 773
　lock_guard defer_lock 773
　Mutex 759
　Parallel Patterns Library (PPL) 779
　promise 736, 738
　Reader-Writer-Lock 770
　recursive_mutex 769
　recursive_timed_mutex 771
　shared_lock 767
　shared_timed_mutex 770
　spurious wakeup 778
　std thread-Klasse 725
　std timed_mutex 771
　Thread 719
　thread Destruktor 727
　thread vs. *async* 747
　thread_local 775
　try_lock_for 771
　try_lock_until 771
　unique_lock 768

N

Nachbedingung 143, 503
nachstehender Rückgabetyp Siehe
　Rückgabetyp
Name
　Bezeichner 35
　Datenelement 348
　Elementfunktion 348
Namensbereich 160, 473
　Aliasname 483
　globaler 477
　Grundlagen 160
　rk1 83
　using-Deklaration 82, 477
　using-Direktive 82, 479
　using-namespace 479
　vs. *static* Klassenelement 390
namespace Siehe Namensbereich
new 245
new[] 246
next_permutation Siehe STL

Nicht-Typ Parameter *Siehe* Klassen-
   Template, *Siehe* Funktions-Template
noexcept Siehe Exception-Handling
none_of Siehe STL
not
   ~ bitweise 55
   logisches 63
npos 176
nth_element Siehe STL
NULL 169, 242
null terminierter String
   wchar_t* 287
nullptr 242
Nullterminator *Siehe* Nullzeichen
nullterminierter String 263
   atof 190, 285
   atoi 190, 285
   sprintf 190
   sscanf 190
   strcat 284
   strcmp 284
   strcpy 284
   strlen 284
   strstr 285
   wcscat 287
   wcscpy 287
   wcslen 287
Nullzeichen 58, 263
Nullzeiger *Siehe* Zeiger
numeric_limits 42, 635
numerische Integration 117

O

Objekt 248, 318
   Namensgebung 348
objektbasierte Programmierung 459
Objektdatei 24
objektorientierte Analyse 345
objektorientierte Programmierung 317
objektorientiertes Design *Siehe* OO-Design
ofstream Siehe Stream-Klassen
Oktalliteral *Siehe* Literal
Online-Hilfe 20
   F1 21
   MSDN-Dokumentation 20
OO-Design 345
   iterativer Prozess 345
   Komposition 419
   OOAD 345
   und abstrakte Basisklassen 457

operator 300
   () -Aufrufoperator 575
   [] 369, 392
   = 375
   = *default* (C++11) 379, 381
   = *delete* (C++11) 379, 381
   Konversionsfunktion 386
Operator =
   der Basisklasse aufrufen 412
   implizit erzeugter 375, 411
Operatorfunktion 300
   (++/−−, Präfix- vs. Postfix) 367
   << 305
   >> 305
   als Elementfunktion 367
   binäre Operatoren 368
   eingängige Symbole 301
   globale 302
or
   | bitweise 55
   logisches 63
ostream_iterator 667
ostringstream 191, 306
OutputIterator 663
override 430

P

pair 626
Parallel Pattern Library (PPL) *Siehe*
   Multithreading
Parameter 289
   Array 258
   Konversion 50, 110
   Referenz- 81, 309
   Werte- 74, 81, 307
   Werteparameter Kopierkonstruktor 374
   Werteparameter temporäres Objekt 374
partial_sort Siehe STL
partial_sort_copy Siehe STL
partial_sum Siehe STL
partition Siehe STL
Pascal-Dreieck 97, 222
path coverage *Siehe* Test,
   Bedingungsüberdeckung
Permutation 687
Pfadangaben, '_ in 59
Pfadüberdeckung *Siehe* Test
Pi, π 116, 164
   numerische Integration 118
placeholder 395, *Siehe* Binder

Platzhalter *Siehe* Binder, *Siehe* placeholder
Pointer *Siehe* Zeiger
Polymorphie 317, 432
Polynom 214, 260
Positionszeiger 555
postcondition *Siehe* Nachbedingung
pow 115
Prädikat 579
pragma *Siehe* #pragma
Präprozessor 162
precondition *Siehe* Vorbedingung
Predicate 579
prev_permutation Siehe STL
Primzahl 79, 214
printf 285
    Formatangabe 285
priority_queue 537
private Siehe Zugriffsrecht
    Element Basisklasse 404
Problem des Handlungsreisenden 117
Programmgerüst 455
Programmverifikation 142
Projekt
    Dateien automatisch speichern 24
    Dateien speichern 24
Projekt 23
Projektmappe 24
Projektmappen-Explorer 25
promise Siehe Multithreading
protected Siehe Zugriffsrecht
    Element Basisklasse 404
Protokollklasse 455
Prozess 720
public Siehe Zugriffsrecht
    Element Basisklasse 404
push_back 516
push_front 666
Pythagoräische Zahlentripel 79

Q

Quadrat 414, 415
queue 537, 630
Queue 274

R

RAII 504
    resource acquisition is initialization 504
    Ressourcen im Destruktor freigeben 504
    und smart pointer 784

RAM 37
rand() Siehe Zufallszahlen
random access 571
RandomAccessIterator 663
range based *for*-Schleife 525
ratio Siehe chrono
Raw-String-Literal *Siehe* string
rbegin Iterator 664
rdtsc 105
Reader-Writer-Lock *Siehe* Multithreading
realloc 254
Rechteck 414, 415
Rechtschreibprüfung 545
recursive_mutex Siehe Multithreading
Refactoring *Siehe* Umbenennen
Referenzparameter 309, 313, *Siehe*
    Parameter
    Initialisierung 309
    konstante 313, 314
Referenzsemantik 443
Referenztyp 308, 309
    Rückgabetyp 311
regex Siehe regulärer Ausdruck
Regressionsgerade 700
regulärer Ausdruck
    Email-Adressen 203
    Exceptions 196
    regex 196
    wregex 196
rein virtuelle Funktion 454
Rekursion
    Effizienz 99
    Einfachheit 99
Rekursive Funktion 94
Release Konfiguration 24
remove Siehe STL
remove_if Siehe STL
rend Iterator 664
replace Siehe STL
    string 178
replace_copy Siehe STL
replace_copy_if Siehe STL
replace_if Siehe STL
resource acquisition is initialization 504,
    Siehe RAII
Ressourcen-Freigabe bei Exceptions *Siehe*
    RAII
return-Anweisung 74, 104
reverse Siehe STL
reverse_iterator 664
rk1 Namensbereich (utilities) 83

Assert 135
Rohzeichenfolge *Siehe* string
rotate Siehe STL
RoundToInt 119
Rückgabetyp 74
  nachstehender 655
  Referenztyp 311
Rückgabewert 74
Rundungsfehler 109
R-Wert Referenz 462

S

Schaltjahr 61
Schleifen 70
Schleifenbedingung 70, 73
Schleifenkörper 70
Schlüsselwert 279
Schlüsselwort 36
  kontextsensitiv 431
Schnittstelle
  einer Klasse 329
schrittweise Programmausführung 121
schrittweise Verfeinerung 92
sealed 403
search Siehe STL
seekp 571
sequenzielle Container 535
sequenzieller Dateizugriff *Siehe* Stream-Klassen
Sequenzkonstruktor *Siehe* Initialisiererliste
set 626, *Siehe* assoziative Container
shared_lock Siehe Multithreading
shared_ptr 250, *Siehe* smart pointer
  für Arrays 791
shared_timed_mutex Siehe Multithreading
short int 41
Short-Circuit Evaluation 65
shrink_to_fit Siehe vector, deque, string
shuffle Siehe STL
Sieb des Eratosthenes 214
signed char 41
signed long 41
Signifikand 106
SimpleUnitTests Siehe Unittests
sin 115, 215
Singleton 390
size 516
size_t 56
size_type 176, 517
sizeof 56

sleep 752
  sleep_for 752
  sleep_until 752
smart pointer
  leerer smart pointer 785
  make_shared 783
  make_unique 783
  shared_ptr 781, 790
  und RAII 784
  unique_ptr 781, 788
  weak_ptr 781, 796
Software, Fehlerrate 119
Software-Verteilung 31
sort Siehe STL
Sortieren
  Array, durch Auswahl 212
  Array, mit *sort* 519
  Container, mit *sort* 519
späte Bindung *Siehe* Bindung
Speicherleck (memory leak) 247
Speicherplatzbedarf Objekt 327
Spezialisierung
  eines Funktions-Templates 604
  eines Klassen-Templates 624
  explizite, Funktions-Template 615
  swap für STL-Klassen 616
  und Vererbung *Siehe* Vererbung
  vollständige 635
Spezifikation 127
  einer Funktion und Exceptions 500
  Funktion 88
sprintf 285
spurious wakeup *Siehe* Multithreading
sqrt 115
srand() Siehe Zufallszahlen
stable_partition Siehe STL
stable_sort Siehe STL
stack 537, 630
Stack 94, 95, 307, 623
Standard Template Library *Siehe* STL
Standardbibliothek 82, 515
  C, C++-Version 83
Standardkonstruktor 351, 354
  =default 352, 381
  =delete 352, 381
  implizit erzeugter 352, 356, 411
  Teilobjekt 409
Standardkonversion 50, 110, 296
static
  Klassenelement 387
  Klassenelement vs. globale Variable 389

Klassenelement vs. Namensbereich 390
static_assert 643
statischer Datentyp 428
std
    function Siehe Funktions-Typ
    array Siehe Array
stdafx.h/.cpp 24
STL 515, 601
    accumulate 696
    adjacent_difference 699
    adjacent_find 673
    all_of 677
    any_of 677
    begin 670
    binary_search 694
    copy 530, 665, 678
    copy stream einlesen 668
    copy_backward 678
    count Algorithmus 673
    count für map, set 674
    count_if 673
    end 670
    equal 528, 674
    equal_range 694
    erase-remove Idiom 684
    fill, fill_n 682
    find 529, 671
    find_end 676
    find_first_of 673
    find_if 672
    for_each 662
    generate, generate_n 682
    inner_product 699
    inplace_merge 695
    iota 683
    iter_swap 686
    lexicographical_compare 675
    lower_bound 694
    max 676
    max_element 677
    merge 694
    min 676
    min_element 677
    mismatch 675
    move 465
    next_permutation 686
    none_of 677
    nth_element 693
    partial_sort 692
    partial_sort_copy 692
    partial_sum 699
    partition 689
    prev_permutation 687
    remove 684
    remove_if 684
    replace 662, 680
    replace_copy 681
    replace_copy_if 681
    replace_if 681
    reverse 688
    rotate 688
    search 676
    search_n 676
    shuffle 689
    sort 300, 519, 529, 581, 690
    stable_partition 689
    stable_sort 690, 691
    swap 465, 604, 686
    swap C++11 465
    swap_ranges 686
    transform 680
    unique 685
    upper_bound 694
STL-Algorithmus 661
Stoppuhr 714
strcat Siehe nullterminierter String
strcmp Siehe nullterminierter String
strcpy Siehe nullterminierter String
Stream
    mode app 572
    mode ate 572
    seekg 571
    tellg 572
    tellp 572
Stream-Iterator 667
Stream-Klassen 551
    << 563
    >> 565
    Binärmodus 553, 557
    close 554
    Csv-Tabelle 568
    Datei 551
    Direktzugriff 551
    eof 560
    exceptions 556
    Fehler 555
    flush 559
    fstream 551, 554
    good 555
    ifstream 551, 553
    mode-Parameter 553
    ofstream 551, 554

Index 817

   open 552
   read 559
   sequentieller Dateizugriff 551
   Textmodus 553, 562
   write 557
   Zustand 555
strenge schwache Ordnung 581, 691
strict weak ordering 581, 691
string 173, 188, 627
   at 179
   c_str 181
   Elementfunktionen 176
   erase 178
   Index 179
   insert 176
   Konstruktoren 174
   Konversionsfunktionen 188
   length 176
   Raw-String-Literal 186
   replace 178
   Rohzeichenfolge 186
   shrink_to_fit 532
   size 176
   to_string 188
   u16string 193
   u32string 193
   Unicode 193
   Unicode Raw-String-Literal 193
   Vergleichsoperatoren 182
String
   Groß-/Kleinbuchstaben 194
   Literale 186
   toupper 194
Stringliteral *Siehe* Datentyp
Stringstream 191
strlen Siehe nullterminierter String
strstr Siehe nullterminierter String
strstream 190
struct 223, 318
   Initialisierung 227
Suchen
   binär 217, 694
   lineares 217
swap Siehe STL
   Spezialisierungen für die STL 616
swap_ranges Siehe STL
switch
   Code-Ausschnitt 230
switch-Anweisung 100
symbolische Ausführung *Siehe* symbolisches
   Ablaufprotokoll

symbolische Konstante *Siehe* const
symbolisches Ablaufprotokoll 141
   Beziehungen zwischen Variablen 144
Symbolleiste 20
Syntaxfehler 6
Syntaxregel 34
system_error 512

T

Tabelle der virtuellen Funktionen 440
tan 115
Taylor-Reihe Sinus 215
Teilobjekt 403
Template *Siehe* Klassen- oder Funktions-
   Template
   Argument 624
   explizite Instanziierung 614, 633
   Funktions- 603
Template-Argument
   abgeleitetes 604
   explizit spezifiziertes 607
   Konversionen 605
template-id 624
Template-Metaprogrammierung 619
Template-Parameter 603
temporäres Objekt 335
Test 142, *Siehe* Unittests
   Bedingungsüberdeckung 129
   Black-Box Test 128
   Dokumentation 133
   Funktionen 130
   mentale Einstellung 131
   Pfadüberdeckung 129
   SimpleUnitTests 135
   Testfall 128
   Test-First-Programming 137
   Testfunktionen 133
   verallgemeinerter 141
   virtuelle Funktion 448
   White-Box Test 128
   Zweigüberdeckung 128
Textmodus (stream) 553
then-Zweig 66
this-Zeiger 333
thread
   als Array-Element 730
   als Container-Element 730
   Exception in 737
   Lambda-Ausdruck starten 728
Thread *Siehe* Multithreading

primärer 720
Priorität 720
thread_local *Siehe* Multithreading
thread-Klasse *Siehe* Multithreading
throw *Siehe* Exception-Handling
time stamp counter 105
tokenize 185, 530
Toolbar *Siehe* Symbolleiste
traits-Klassen 637
transform *Siehe* STL
Trapezregel 117
Trennzeichen *Siehe* Literal
try *Siehe* Exception-Handling
Tupel 640
Typ-Alias *Siehe* using-Deklaration
Typangleichung 296
    ganzzahlige 53
type traits 643
typedef 208
typename 603
Typfeld 450
Typ-Inferenz 651, *Siehe* auto
Typmerkmal *Siehe* type traits
Typumwandlung, ganzzahlige 50

U

u16string 193, *Siehe* string
u32string 193, *Siehe* string
überladene
    Funktion *Siehe* Funktion
    Funktions-Templates 616
überschreibende Funktion 429
Uhr *Siehe* chrono
Uhrzeit als String *Siehe* chrono
uint8_t, uint16_t, uint32_t, uint64_t 42
Umkehriterator 664
Umlaute 60
UML-Diagramm
    Vererbung 402
unbestimmter Wert einer Variablen 39
Unicode
    Zeichen *char16_t, char32_t* 61
Unicode string *Siehe* string
union 318
unique *Siehe* STL
unique_lock *Siehe* Multithreading
unique_ptr
    für Arrays 789
unique_ptr *Siehe* smart pointer
Unittests 135

AreEqual 135
Assert 135
SimpleUnitTests 135
unordered_map, set usw. *Siehe* assoziative
    Container
unsigned char 41
unsigned int 41
unsigned long long 41
unsigned short int 41
upper_bound *Siehe* STL
using-Deklaration *Siehe* Namensbereich
    mit Basisklasse 407
    Typ-Alias 208
    Typ-Alias für Funktionen 260
using-Direktive *Siehe* Namensbereich

V

valarray 699
value_type 629
Variablen 37
    Beziehungen zwischen 144
    globale 38
    lokale 39, 67, 74
    Name 35, 37, 154
    unbestimmter Wert 39
variadisches Template *Siehe* Funktions-
    Template
vector 207, 516, 535, 626
    erase 521
    Initialisiererliste 516
    insert 521
    Konstruktoren 518, 522
    mehrdimensionaler 533
    shrink_to_fit 532
    Speicherverwaltung 531
    vector<bool> 533
Verallgemeinerung *Siehe* Vererbung
Verbundanweisung 67
verdeckte Funktion 422, 429
verdecktes Klassenelement 405
Vererbung 317, 401, 414
    auf verdeckte Elemente zugreifen 406
    C2DPunkt und *C3DPunkt* 410, 417, 433,
        456, 457
    Diagramm 402
    Generalisierung 414
    ohne virtuelle Funktionen 459
    Quadrat und Rechteck 416
    Spezialisierung 414
    Verallgemeinerung 414

Index

Vergleichsoperatoren
    für Strings 182
Verhaltensklasse 455
Verifikation *Siehe* Programmverifikation
Verschiebekonstruktor *Siehe* move-Semantik
Verschiebesemantik *Siehe* move-Semantik
Verschiebezuweisungsoperator *Siehe* move-Semantik
vertausche 142, 283
virtual function table 440
virtual table pointer 441
virtuelle Basisklasse 425
virtuelle Funktion 428, 429, 447
    Aufruf 431
    rein virtuelle 454
    Test 448
    und Erweiterbarkeit 449
    Voraussetzungen 435
virtueller Destruktor *Siehe* Destruktor
void 75
void* *Siehe* Zeiger
Vorbedingung 143, 503
Vorzeichenerweiterung 51
vptr Siehe virtual table pointer
vtbl Siehe virtual function table

W

wahlfreier Dateizugriff *Siehe* Stream-Klassen
wahlfreier Zugriff 551, 571
Warteschlange 274
wchar_t 41, 61
wchar_t* 287
wcscat Siehe nullterminierter String
wcscpy Siehe nullterminierter String
wcslen Siehe nullterminierter String
weak_ptr Siehe smart pointer
Werteparameter *Siehe* Parameter
while-Anweisung 72
Wiederholungsanweisungen 70
Wiederverwendbarkeit 452
Windows-Zeichensatz 58
write Stream-Klasse 557
wstring 173, 627

X

xor

^ bitweise 55

Z

Zahlensystem zur Basis B 43
Zeichenliteral *Siehe* Literal
Zeiger 235
    ==,!=, <, <=, > oder >= 243
    Aliasing 240
    auf Elementfunktion 397
    explizite Typkonversion 242
    Fehlermöglichkeiten 250
    konstante 261
    Nullzeiger 242
    void* 243
    Zeigervariable 237
    Zuweisung 240
Zeigerarithmetik 256, 522
Zeilenendkommentar *Siehe* Kommentar
Zeitaufwand 534
Zeitdauer *Siehe* chrono
Zufallszahlen
    minstd_rand() 84, 702
    rand() 83, 117
    random 701
    srand() 84
Zugriffsrecht 327
    aus der Basisklasse ändern 407
    Basisklasse 403
    class 328
    Element Basisklasse 404
    private 327
    protected 327
    public 327
    struct 328
Zuweisung
    Konversion 50
    von Arrays 212
Zuweisungsoperator = *Siehe* operator
Zweierkomplement 44
Zweigüberdeckung *Siehe* Test
zyklomatische Komplexität 91

Θ

Θ xvii, 33

C#/C++-Schulungen
Workshops – Beratung – Coaching

Prof. Richard Kaiser führt seit über 20 Jahren Seminare über C, C++, C# usw. durch. Im Vordergrund stehen dabei Zusammenhänge und Sprachkonzepte. Der Lehrstoff wird durch Übungen ergänzt, in denen die Teilnehmer praxisnahe Programme entwickeln.

Diese Seminare richten sich an Software-Entwickler in Firmen, die C++ oder C# für den professionellen Einsatz lernen wollen.

▶Microsoft Visual C++ 2017

Fünf aufeinander abgestimmte Seminare: Behandelt wird der gesamte Sprachumfang des C++-Standards.

1. Die Entwicklungsumgebung Visual Studio
2. C/C++ Grundlagen
3. Objektorientierte Programmierung
4. Die C++-Standardbibliothek (STL)
5. Lambda-Ausdrücke, Templates, Multithreading

▶C# und .NET mit Visual Studio 2017

Die C#-Seminare stellen C# umfassend dar:

C# Grundkurs
C# Aufbaukurs
C# für C/C++-Sprachumsteiger

Diese Seminare werden vor allem als Firmenseminare (inhouse) durchgeführt. Die Inhalte können an die Wünsche der Teilnehmer angepasst werden.

▶Weitere Informationen: http://www.rkaiser.de/

© Springer-Verlag GmbH Deutschland 2018
R. Kaiser, *C++ mit Visual Studio 2017*, Xpert.press,
https://doi.org/10.1007/978-3-662-49793-7

Ihr Bonus als Käufer dieses Buches

Als Käufer dieses Buches können Sie kostenlos das eBook zum Buch nutzen. Sie können es dauerhaft in Ihrem persönlichen, digitalen Bücherregal auf **springer.com** speichern oder auf Ihren PC/Tablet/eReader downloaden.

Gehen Sie bitte wie folgt vor:
1. Gehen Sie zu **springer.com/shop** und suchen Sie das vorliegende Buch (am schnellsten über die Eingabe der eISBN).
2. Legen Sie es in den Warenkorb und klicken Sie dann auf: **zum Einkaufswagen/zur Kasse.**
3. Geben Sie den untenstehenden Coupon ein. In der Bestellübersicht wird damit das eBook mit 0 Euro ausgewiesen, ist also kostenlos für Sie.
4. Gehen Sie weiter **zur Kasse** und schließen den Vorgang ab.
5. Sie können das eBook nun downloaden und auf einem Gerät Ihrer Wahl lesen. Das eBook bleibt dauerhaft in Ihrem digitalen Bücherregal gespeichert.

EBOOK INSIDE

eISBN	978-3-662-49793-7
Ihr persönlicher Coupon	5dSbRCCAg8pMaCF

Sollte der Coupon fehlen oder nicht funktionieren, senden Sie uns bitte eine E-Mail mit dem Betreff: **eBook inside** an **customerservice@springer.com**.